Isaac Kalimi
Zur Geschichtsschreibung des Chronisten

Beihefte zur Zeitschrift für die alttestamentliche Wissenschaft

Herausgegeben von
Otto Kaiser

Band 226

Walter de Gruyter · Berlin · New York
1995

Isaac Kalimi

Zur Geschichtsschreibung des Chronisten

Literarisch-historiographische Abweichungen
der Chronik von ihren Paralleltexten in den
Samuel- und Königsbüchern

Walter de Gruyter · Berlin · New York
1995

∞ Gedruckt auf säurefreiem Papier,
das die US-ANSI-Norm über Haltbarkeit erfüllt.

Die Deutsche Bibliothek — CIP-Einheitsaufnahme

[Zeitschrift für die alttestamentliche Wissenschaft / Beihefte]
Beihefte zur Zeitschrift für die alttestamentliche Wissenschaft. —
Berlin ; New York : de Gruyter.
  Früher Schriftenreihe
  Reihe Beihefte zu: Zeitschrift für die alttestamentliche Wissen-
  schaft
NE: HST
Bd. 226. Qalīmī, Yiṣḥāq: Zur Geschichtsschreibung des Chroni-
  sten. — 1995
Qalīmī, Yiṣḥāq:
Zur Geschichtsschreibung des Chronisten : literarisch-historiogra-
phische Abweichungen der Chronik von ihren Paralleltexten in
den Samuel- und Königsbüchern / Isaac Kalimi. — Berlin ; New
York : de Gruyter, 1995
  (Beihefte zur Zeitschrift für die alttestamentliche Wissenschaft ;
  Bd. 226)
  Jerusalem, Univ., veränd. Diss., 1989
  ISBN 3-11-014237-6

ISSN 0934-2575

Printed in Germany
Druck: Gerike GmbH, Berlin
Buchbinderische Verarbeitung: Lüderitz & Bauer-GmbH, Berlin

Inhaltsverzeichnis

Einleitung

A) *Thema und Intention der Arbeit*

Die Bücher der Chronik sind der einzige umfassendere biblische Text, dessen Quellen uns zum großen Teil vorliegen. Ein Vergleich mit anderen Büchern der Bibel ergibt, daß annähernd die Hälfte des Textes Parallelen zu den Samuel- und Königsbüchern aufweist[1]. Die Parallelität reicht von wörtlicher Übereinstimmung über oberflächliche Veränderung bis hin zu grundlegender Bearbeitung durch den Chronisten. Um die Beobachtung seiner Arbeitsweise und – soweit möglich – Aufdeckung seiner Intention geht es in der vorliegenden Arbeit.

Über die Abfassungszeit der Chronik gehen die Meinungen der Fachgelehrten zwar auseinander[2], doch gehört das Buch zweifellos in die Zeit des Zweiten Tempels[3]. Und da die Samuel- und Königsbücher im großen und ganzen aus der Zeit des Ersten Tempels stammen, jedenfalls nicht später als das babylonische Exil anzusetzen sind[4], ha-

---

1 In geringerem Maße finden sich Parallelen auch im Pentateuch, bei Josua, in den Psalmen, bei Ruth, Esra und Nehemia. Auflistung der Parallelen bei Keil, Manual, 49-54; Driver, Introduction, 519-525; Kittel, Chron, 82; Curtis, Chron, 17-19. Die Texte selbst sind zugänglich bei S. K. Mosiman, Eine Zusammenstellung und Vergleichung der Paralleltexte der Chronik und der älteren Bücher des Alten Testaments, Diss. Halle 1907; P. Vannutelli, Libri Synoptici Veteris Testamenti seu Librorum Regum et Chronicorum Loci Paralleli, Roma 1931-1934; W. D. Crockett, A Harmony of the Books of Samuel, Kings and Chronicles, Grand Rapids, MI 1951; Bendavid, Maqbilot; J. Kegler/M. Augustin, Synopse zum Chronistischen Geschichtswerk, Frankfurt a. M./Bern/New York/Nancy 1984.

2 Vgl. dazu Kalimi, Abfassungszeit, 223-233.

3 Verschiedene sprachliche Kriterien sprechen für späte Abfassungszeit: Verwendung persischer Wörter, Einfluß des Reichsaramäischen und erste Anzeichen mischnischen Sprachgebrauchs in Stil und Orthographie. Dazu kommt die Erwähnung von Personen und Ereignissen aus persischer Zeit (z.B. 1 Chr 3, 19, vielleicht auch 2 Chr 36, 22f), vgl. dazu: L. Zunz, Die gottesdienstlichen Vorträge der Juden (Berlin 1832), 2nd ed., Frankfurt a. M. 1892, 32-34; Kropat, Syntax; Curtis, Chron, 27-36; Elmslie, Chron (1916), XXI; Polzin, Biblical Hebrew; Hurvitz, Laschon, 15f; idem, haLaschon havrit, 214f.

4 Ungeachtet der grundlegenden Unterschiede zwischen den Samuel- und den Königsbüchern, was den Charakter der verwendeten Quellen betrifft, den historischen Hintergrund und die Intentionen ihrer Abfassung, Ort und Zeit ihrer Niederschrift u.a.m., betrachten wir sie in unserem Zusammenhang als einen historiographischen Komplex (= deuteronomistische Geschichtsschreibung) gegenüber dem Werk des Chronisten (= chronistische Geschichtsschreibung).

ben wir ein ebenso aufschluß- wie umfangreiches Beispiel für die redaktionelle Bearbeitung literarisch-historiographischer Quellen durch
einen späteren biblischen Schriftsteller. Mit anderen Worten: die Paralleltexte bieten allerlei Material für die diachronische Forschung in
sprachlicher (Wortschatz, Syntax, Morphologie und Orthographie)[5],
textueller und theologisch-ideologischer[6] Hinsicht. Die vorliegende
Arbeit konzentriert sich auf die literarisch-historiographischen Abweichungen der Paralleltexte von ihren jeweiligen Vorlagen. Es geht
in der Hauptsache darum, das Vorkommen verschiedenartiger Techniken der literarisch-historiographischen Gestaltung, die der Chronist
auf die ihm in den Samuel- und Königsbüchern vorliegenden Texte
anwandte, zu beobachten und deren Auswirkung auf seine Darstellung der Geschichte des davidischen Königshauses zu bestimmen. Zu
beachten ist der Umfang der einzelnen Erscheinungen in den Paralleltexten, ihr etwaiges Vorkommen im Sondergut des Chronisten[7]
sowie ihr Stellenwert im Gesamtrahmen der biblischen Geschichtsschreibung. Wir werden uns bemühen, die mutmaßlichen Leitlinien
des Chronisten bei der Vornahme der literarisch-historiographischen
Veränderungen auszumachen und im Hinblick auf die Interpretation
des chronistischen Geschichtswerks aus diesem oder jenem Blickwinkel auszuwerten.

B) Entstehung und Abweichung der
Paralleltexte: zum Forschungsstand

Wie gesagt hat nahezu die Hälfte des Textmaterials der Chronik
Parallelen in den Samuel- und Königsbüchern. Die Frage nach dem
Zustandekommen dieser Parallelen und nach etwaigen Abweichungen der späteren Texte von ihrer Vorlage – die wichtigste Voraussetzung für das Verständnis der Geschichtsschreibung des Chronisten
sowie für die Beurteilung der Authentizität seiner Darstellung der
Königszeit – hat die Erforscher der Chronik bereits im 19. Jahrhundert beschäftigt[8]. Unbestritten ist wohl, daß der Pentateuch sowie die

---

5   Beispiele etwa in der oben (Anm. 3) aufgeführten Literatur; ferner: Bendavid, Le-
    schon Miqra, I, 67-73; Japhet, Interchanges, 9-50. Eine Liste von orthographi-
    schen Varianten und sprachlichen Abweichungen findet sich bei Keil, Manual, 56-59
    Anm. 6f (obwohl einige seiner Beispiele nicht ganz richtig sind).
6   Vgl. etwa die Beispiele bei Japhet, Ideology.
7   Eine Liste solchen chronistischen Sonderguts findet sich bei Keil, Manual, 54f Anm.
    4 (in den früheren Büchern nicht Erwähntes) und 55f Anm. 5 (Erweiterungen von
    in früheren Büchern Erwähntem).
8   Die Abweichungen der Paralleltexte von ihren Vorlagen in den Samuel- und
    Königsbüchern wurden schon in der Antike wahrgenommen. Nicht umsonst sag-

Ersten Propheten, die Parallelen zur Chronik aufweisen, viel früher niedergeschrieben worden sind als diese und daß der Chronist sie kannte. Von daher läßt sich die Frage nach dem **Ursprung** der Paralleltexte in der Chronik auf zwei Weisen beantworten: entweder hat der Chronist die ihm vorliegenden Bücher Samuel und Könige direkt benutzt oder aber älteres Quellenmaterial, aus dem bereits die Verfasser von Samuel und Könige schöpften (das setzt allerdings voraus, daß dieses Material sich bis auf seine Zeit erhalten hatte). Entsprechend läßt sich auch das Problem der **Abweichungen** zwischen den Paralleltexten lösen: die Abweichungen rühren entweder daher, daß der Chronist die Texte aus Samuel-Könige tendenziös bearbeitet, oder aber daher, daß die Verfasser von Samuel-Könige und der Chronist die gemeinsame, offenbar ausführlichere Quelle unterschiedlich ausschrieben.

Gebahnt, formuliert und präzisiert wurden diese Wege im vorigen Jahrhundert. Für die zweite Möglichkeit entschieden sich etliche Forscher und Exegeten[9], ausgebaut und vervollkommnet wurde sie besonders durch Keil[10]. Allerdings wurde dieser Ansatz in der Forschung

---

ten schon die Rabbinen: »Die Chronik ist nur als Auslegung (*Drasch*) gegeben« (Lev.R. I 3 // Midrasch Ruth R. II 1; b Megilla 13a). Im Vorwort zu seinem Chronik-Kommentar schreibt R. David Kimchi (ca. 1160-1235): »Es gibt in diesem Buch sehr unklare Dinge, auch Widersprüche zu dem bei Samuel und in den Königsbüchern Gesagten«. Im Mittelalter wurden diese Widersprüche natürlich noch nicht wissenschaftlich ausgewertet, sondern allenfalls homiletisch ausgelegt, wie R. David Kimchi selbst bezeugt: »Ich kenne keinen Exegeten, der sich um eine exakte Auslegung bemüht hätte; hier in Narbonne habe ich zwar Kommentare zu diesem Buch gefunden, deren Verfasser mir nicht namentlich bekannt sind, aber auch sie gehen überwiegend homiletisch [*derech drasch*] vor«. Etwa 250 Jahre später diskutiert Don Isaak Abarbanel (1437-1503) im Vorwort zu seinem Samuel-Kommentar das Verhältnis zwischen der Chronik und den Büchern Samuel und Könige und klagt, er sei der einzige, der sich ernsthaft mit dieser Frage auseinandersetze: »Dazu habe ich weder Großes noch Kleines, weder Gutes noch Böses von unseren Meistern s.A. gefunden, weder von den frühen talmudischen Autoren noch von den späteren Verfassern und Exegeten. Kein einziger unter ihnen stellt überhaupt die Frage und keiner sucht einen Weg zu ihrer Beantwortung. Und zu meinem Schmerz kommt noch der Kummer, daß es hier bei uns keinen Kommentar zur Chronik gibt, abgesehen von knappen Ausführungen bei R. David Kimchi, die zum einen allzu kurz, zum anderen zu wenig gründlich sind. Überhaupt wird das Buch der Chronik von jüdischen Auslegern so gut wie gar nicht herangezogen ... «.

9 J. G. Eichhorn, Einleitung ins Alte Testament, II, 2nd ed., Reutlingen 1790, 529-550, bes. 537. 540. 548f; D. L. Bertholdt, Historisch-kritische Einleitung in die Schriften des Alten und Neuen Testaments, III, Erlangen 1813, 965f. 972-988; Bertheau, Chron, XXIX-XLV, bes. XLI-XLV.

10 Keil, Apologetischer Versuch, 159. 199-235, bes. 206. 235; idem, Chron, 28-38, bes. 38; idem, Manual, 49-75, bes. 50. 63. 65 Anm. 2. 67-71. Keil verweist auf weitere Vertreter seiner These wie A. Dillmann und H. A. C. Havenick.

aus verschiedenen Gründen zurückgewiesen: Die Annahme der gemeinsamen Quelle gehörte nämlich in den Rahmen der konservativ-
orthodoxen Bibelwissenschaft des 19. Jahrhunderts, der daran gelegen
war, die historische Glaubwürdigkeit der Chronik bei ihrer Darstellung der Königszeit und von daher das hohe Alter und die Autorität des Pentateuch gegen die harten Angriffe de Wettes und seiner
Anhänger zu verteidigen. Rein sachlich hat die Annahme einer dritten Schrift (einer »gemeinschaftlichen Quelle«), die einerseits von den
Verfassern der Samuel- und Königsbüchern (bzw. von deren Vorlagen), andererseits vom Chronisten ausgeschrieben worden sei, ihre
Schwierigkeiten: zum einen wegen des erheblichen Zeitraums, der die
Niederschrift der jeweiligen Bücher voneinander trennt, zum anderen
wegen der zahlreichen historischen Wechselfälle, Zerstörungen und
Verschleppungen, von denen Land und Volk Israel innerhalb dieses
Zeitraums heimgesucht wurden. Außerdem wäre es höchst erstaunlich,
daß der Chronist zwar die ältere Quelle, nicht aber die vorhandenen
biblischen Schriften benutzt haben sollte, mit denen die Chronik doch
zum Teil wörtliche Übereinstimmungen aufweist. Schon de Wette betonte, die Paralleltexte der Chronik gingen ohne weiteres mit den Texten der Samuel- und Königsbücher zusammen, die in der Chronik
ausgelassen seien; an Beispielen nennt er etwa: 1 Chr 10 (// 1 Sam
31) mit 1 Sam 28-30; 1 Chr 11, 1-3 (// 2 Sam 5, 1-3) mit 2 Sam 2,1;
1 Chr 14, 3 (// 2 Sam 5, 13) mit 2 Sam 3, 2-5; 1 Chr 15, 29 (// 2 Sam
6, 16) mit 2 Sam 6, 20-23[11]. Sogar Textentstellungen und irrelevante
Details in den Samuel- und Königsbüchern tauchen in den Paralleltexten der Chronik wieder auf[12]. Außerdem finden sich viele unverkennbar deuteronomistisch bearbeitete Texte aus den Königsbüchern
offenbar unverändert in der Chronik und nicht in einer archaischen,
prä-deuteronomistischen oder in einer neuen chronistischen Form. Im
folgenden werden wir beobachten, daß der Chronist häufig auf das in
den Samuel- und Königsbüchern Erzählte anspielt; an etlichen Stellen ist sein Bericht ohne Kenntnis des dort Erzählten geradezu unverständlich. Außerdem ist in der Chronik an etlichen Stellen ›Parallelenchiasmus‹ gegenüber dem Vergleichsmaterial in Samuel-Könige
zu beobachten, was auch dafür spricht, daß der Chronist diese Texte
unmittelbar vor Augen hatte.
    Der erste Weg dagegen wurde zunächst von de Wette eingeschlagen[13], von Gramberg und Graf neu überprüft und verbessert[14] und

---

11 de Wette, Lehrbuch, 278f.
12 Dazu Curtis, Chron, 19 mit Beispielen.
13 de Wette, Beiträge, 1-132, ferner idem, Lehrbuch, 278-284, bes. 278f.
14 C. P. W. Gramberg, Die Chronik nach ihrem geschichtlichen Charakter und ihrer
    Glaubwürdigkeit neu geprüft, Halle 1823; Graf, Chron.

erreichte seinen Höhepunkt durch Wellhausen[15]. Von da an hatte er in der Forschung nahezu unangefochtene Geltung, und im Prinzip ist er unter den Fachgelehrten – mit gewissen Schwerpunktverschiebungen, auf die wir noch zu sprechen kommen werden – bis heute anerkannt. Die Anhänger dieser Richtung gehen von grundsätzlicher Identität der Vorlage des Chronisten mit den Büchern Samuel-Könige in ihrer uns vorliegenden Form aus. Diese Annahme bildet die selbstverständliche Grundlage eines überwiegenden Teils der wissenschaftlichen Arbeiten und Kommentare zur Chronik, bis Gerleman sie 1948 in Frage stellte[16]. Zwar führt auch er die Paralleltexte auf Benutzung des Pentateuch und der Ersten Propheten durch den Chronisten zurück, aber die Abweichungen rühren nach seiner Meinung nicht von tendenziöser Überarbeitung des älteren Materials durch den Chronisten her, sondern geben die Text-Differenzen zwischen dem volkstümlichen, noch nicht redaktionell überarbeiteten (»erratic vulgar«) ihm vorliegenden und dem nach der Zerstörung des Zweiten Tempels durch die Rabbinen bearbeiteten massoretischen Text (»textus receptus«) wieder. Wegen ihres vergleichsweise niedrigen Heiligkeitsgrades in der Hierarchie der Heiligen Schriften, ihrer geringeren Bedeutung für das Volksleben und wegen mangelnder Benutzung in Liturgie und Synagogengottesdienst sei die Chronik nicht, oder zumindest nicht im selben Maße, textlich überarbeitet und sprachlich archaisiert worden wie der Pentateuch und die Ersten Propheten. So seien dort Zitate aus den frühen, volkstümlichen, nicht-redigierten Fassungen des Pentateuch und der Ersten Propheten (mit Merkmalen späten Sprachgebrauchs!) stehen geblieben, die vom massoretischen Text der betreffenden Bücher an vielen Punkten abwichen, dagegen mit dem nicht-redigierten Text des samaritanischen Pentateuch häufig zusammengingen.[17] Allerdings halten die Voraussetzungen von Gerle-

---

15 Wellhausen, Prolegomena, 165-223.
16 Gerleman, Synoptic Studies, 3-35.
17 Dazu Gerleman, Synoptic Studies, 13f, vgl. auch 12. 15-22. Die textlichen Unterschiede zwischen Chronik einerseits und Samuel-Könige andererseits gleichen angeblich in mancher Hinsicht denen zwischen dem samaritanischen und dem massoretischen Pentateuch. Außerdem stehen laut Gerleman sprachliche Formen, Schreibweise, Art der Niederschrift und Anordnung des Materials in der Chronik dem samaritanischen Pentateuch jeweils nahe, wodurch sich beide von Samuel-Könige und vom massoretischen Pentateuch unterscheiden. Nach seiner Ansicht handelt es sich nicht um eine Modernisierung des Pentateuch durch den samaritanischen Bearbeiter und des Textes von Samuel-Könige durch den Chronisten, sondern »we are concerned with a critically restored text, on the one hand, and a vulgar text on the other«. Gerleman hat sogar die Vermutung geäußert, wenn Samuel-Könige in samaritanischer Fassung vorlägen, müßten sie sprachlich weitgehende Übereinstimmungen mit der Chronik in ihrer massoretischen Gestalt aufweisen, außerdem stünden sie dem samaritanischen Pentateuch nahe (ebd., 19f).

mans These eingehender Überprüfung nicht stand, wie Talmon überzeugend nachgewiesen hat[18], und die Forschung ist davon abgekommmen.

Heutzutage gehen immer mehr Forscher davon aus, daß die überwiegende Mehrzahl der Unterschiede zwischen den Paralleltexten tatsächlich auf tendenziöse Überarbeitung durch den Chronisten zurückgehen, rechnen aber auch mit der Möglichkeit, daß manche Unterschiede durch Differenzen zwischen dem Wortlaut des Pentateuch und der Ersten Propheten, wie sie dem Chronisten vorlagen, und ihrer uns heute vorliegenden Form bedingt sein könnten[19], andere wiederum durch Abschreibfehler in den Jahrhunderten der jeweiligen Textüberlieferung.

Im Jahre 1972 veröffentlichte Th. Willi sein Buch: *Die Chronik als Auslegung*. Dort vergleicht er einige der Paralleltexte in der Chronik mit den entsprechenden Stellen aus Samuel-Könige und kommt zu dem Schluß, die Abweichung der Chronik von ihrer Vorlage sei die eines Kommentars zu seinem Text. So definiert er die Chronik literarisch als »Auslegung« und sieht im Chronisten einen Kommentator seiner Quellen. Willi geht sogar so weit, in der Auslegungstechnik des Chronisten einige der späteren rabbinischen Regeln für die Auslegung des Pentateuchs wiederfinden zu wollen[20]. Er hält den ganzen Pentateuch sowie die Ersten Propheten für den ›Kanon‹ des Chronisten[21]. Außerdem gelten ihm die Bücher Esra-Nehemia und die Chronik als zwei eigenständige Werke **desselben Verfassers**[22]; der meiste Stoff in 1 Chr 1-9; 15, 2-16; 23, 2b-27 sowie einige Stellen aus 2 Chr sind in

---

18 Talmon, Leitlinien; idem, Art. ›TaNaCH, Text‹ (hebr.), in: Encyclopaedia Miqrat VIII, 626f. 630.

19 So etwa von Rad, Geschichtsbild, 63 mit Anm. 106; Rudolph, Chron, XV; Japhet, Ideology, 244 Anm. 149 – zum Pentateuchtext, den der Chronist benutzte; Cross, Biblical Fragment; idem, Oldest Manuscript; idem, Report, 11; idem, Ancient Library, 30-33. 140-143; Ulrich, Qumran, 257-259; Segal, Samuel, 46f – zum Samueltext, den der Chronist benutzte; Lemke, Synoptic Problem, bes. 362; Japhet, Ideology, 8; Williamson, Chron, 2f. 19 – zur Textgestalt von Samuel-Könige, wie sie der Chronist benutzte. Unlängst hat McKenzie, Chron, 119-154, versucht zu differenzieren: die Samuel-Vorlage des Chronisten sei vom massoretischen Text dieses Buches verschieden, dagegen gehöre die vom Chronisten benutzte Fassung der Königsbücher demselben Texttyp an wie die massoretische.

20 Dazu Willi, Chron, 48-66, bes. 53f. 55f. 66. 193; 54 schreibt er: »Wenn der Chronist der Nötigung, Geschichte der vorexilischen Zeit zu schreiben nachgeben wollte, so blieb ihm schon aus diesem Grunde nur ein Weg: der der Interpretation des überlieferten Materials, mithin der Auslegung des deuteronomistischen Geschichtswerkes.«

21 Willi, Chron, 176ff. 241-244; ihm folgt Smend, Entstehung, 228f.

22 Dazu Willi, Chron, 180. Ähnlich vermuteten bereits de Wette, Lehrbuch, 290f und Keil, Chron, 23-25.

seinen Augen Zusätze eines (oder mehrerer) späterer Redaktoren[23]. So wie Willi das literarische Genre der Chronik und ihr Anliegen definiert, kann sie nicht mehr als historische Quelle für die israelitische Königszeit fungieren. Für die Erforschung der Abfassungszeit des Buches interessiert er sich nicht.

Mein eigener Zugang zur wissenschaftlichen Untersuchung der Chronik ist ein anderer: Mir geht es in erster Linie um die **literarisch-historiographischen** Abweichungen in den Paralleltexten, für die Willi sich nicht sonderlich interessiert hat. Ich betrachte den Chronisten als einen schöpferischen Schriftsteller, einen **Geschichtsschreiber**, der aus älteren Quellen auswählte, was ihm geeignet schien, es in die in seinen Augen richtige Reihenfolge und literarische Form brachte und so ein literarisch-historiographisches Werk innerhalb der spätbiblischen Geschichtsschreibung schuf. Bei der ›Auslegung‹ des Chronisten handelt es sich in erster Linie um Bestimmung der älteren historiographischen Daten, aus denen er seine Auswahl traf. Die rabbinischen Techniken der Bibelauslegung wiederum sind seiner Gedankenwelt völlig fremd, und es wäre ein Anachronismus, sie bei ihm finden zu wollen[24]. Das Anliegen des Chronisten erschöpft sich jedenfalls nicht in der Auslegung älterer Quellen. Die Samuel- und Königsbücher galten ihm nicht als kanonisch, denn er behandelt sie ja gerade nicht als **abgeschlossene, unveränderliche Schriften**, die ausgelegt und verstanden werden müssen, **wie sie sind**. Vielmehr dienen sie ihm gewissermaßen als Rohmaterial, mit dem er nach Gutdünken verfährt: er bearbeitet, fügt hinzu, läßt aus – je nach seiner ideologisch-theologischen Einstellung, seiner literarischen und historiographischen Technik und seinem sprachlich-stilistischen Geschmack. Die interpretatorischen Abweichungen in seinem Werk rühren in erster Linie daher, daß er älteres Material benützt (das die verschiedensten Schwierigkeiten enthalten mag, bisweilen sogar Widersprüche zu anderen Bibelstellen) und daß er ein Historiker ist, der seinen Quellen Stellungnahmen und Erklärungen beigibt, die in den Gesamtkomplex der Unterschiede zwischen seinem Werk und der deuteronomistischen Geschichtsschreibung eingegangen sind.[25]

Demnach stellen die Chronik einerseits und Esra-Nehemia andererseits[26] zumindest in ihrer gegenwärtigen Form zwei getrennte historiographische Gebilde dar, wie sie auch im hebräischen Kanon

---

23 Dazu Willi, Chron, 194-204, so schon Noth und Rudolph.
24 Dazu Seeligmann, Vorboten, 15 Anm. 3.
25 Dazu auch Mosis, Untersuchungen, 12f.
26 Hier wollen wir – wie schon andere Forscher – Esra-Nehemia als *ein* Werk betrachten; so wird schon im Talmud (b Baba batra 15a, vgl. auch b Sanhedrin 93b) die Frage gestellt, weshalb eigentlich kein biblisches Buch nach Nehemia ben Hilkia benannt sei – d.h. das Buch ›Nehemia‹ erschien mit unter der Überschrift ›Esra‹

und in allen antiken Bibelübersetzungen erscheinen. Aus den markanten Unterschieden in der Weltanschauung, in Historiosophie und -graphie, in Sprache und Stil der beiden Schriften sowie aus ihren inhaltlichen Überschneidungen geht hervor, daß sie **von verschiedenen Verfassern zu verschiedenen Zeiten** niedergeschrieben worden sind. Die Berührungspunkte zwischen den beiden ergeben sich ganz natürlich aus der zeitlichen Nähe ihrer Abfassung: Esra-Nehemia und die Chronik haben viel an religiösem, kulturellem, sozialem, politischem, geographischem und sprachlichem Hintergrund gemeinsam. Aus Esra-Nehemia ist zu entnehmen, daß Esra und Nehemia (gemeinsam und/oder getrennt) unter dem persischen König Artaxerxes I. (464-424 v. Chr.) wirkten[27]. Laut Neh 5, 14; 13, 6 schrieb Nehemia seine Memoiren kurz nach dem 32. Regierungsjahr von Artaxerxes I. (433/2 v.Chr.) nieder; die genealogische Liste Neh 12, 10f endet mit Jaddua, dem Sohn des Jochanan[28], der nach den Schriftzeugnissen aus Elephantine im Jahre 407 v. Chr. Hohepriester war[29]. Demnach gehört das Buch Nehemia allem Anschein nach ins ausgehende 5. vorchristliche Jahrhundert. Unmittelbar im Anschluß daran wurde das Buch Esra verfaßt[30]. Der Chronist, der offenbar im ausgehenden 5./frühen 4. Jahrhundert schrieb[31], kannte sowohl Wirken und Erinnerung dieser Männer als auch die Bücher Esra-Nehemia; ein Indiz dafür ist die aus Neh 11, 3-19 übernommene Liste der Einwohner von Jerusalem 1 Chr 9, 2-17[32], auf weitere Hinweise werden wir im Verlauf der Arbeit stoßen[33]. Eine Überlieferung, wonach Esra-Nehemia früher verfaßt und redigiert seien als die Chronik, findet sich vielleicht auch im babylonischen Talmud (Baba batra 14b-15a).[34]. Mit Recht sehen

---

und nicht als eigenständiges Werk; ähnliches beobachten wir bei Josephus, C. Ap. I 8, bei Eusebius, im Codex Alexandrinus der Septuaginta, in der Peschitta und in einigen mittelalterlich-jüdischen Kommentaren.

27 Esr 4, 7f. 11; 7, 1; 8, 1; Neh 2, 1; 13, 6 ist von Artaxerxes I. die Rede. Dazu Tadmor, Chronologie, 304-306; Segal, Bücher, 87; idem, Esra-Nehemia, 151; Harrison, Introduction, 1157. Eine andere Auffassung vertritt etwa Ackroyd, Israel, 191-196; idem, I & II Chron, 24-26 mit weiteren Verweisen.

28 Massora: ›Jonathan‹ – ein Schreiberversehen, vgl. auch V. 22f.

29 Cowley, Aramaic Papyri, Nr. 30 Z. 18. 30 // Nr. 31 Z. 17f. 29.

30 Segal, Esra-Nehemia, 151; zur Abfassungszeit vgl. auch Rudolph, Esra, XXIVf.

31 Dazu Kalimi, Abfassungszeit, 223-233.

32 Dazu im folgenden Kap. XIV Abschnitt 2, Beispiel 4 mit Anm.

33 Kap. VII Beispiel 7; Kap. III Abschnitt 1, Beispiel 3 und Kap. III, D, Beispiel 2.

34 Diese Auffassung prinzipiell auch bei Harrison, Introduction, 1150 und bei Japhet, die die Niederschrift der Chronik »in den Übergang vom 5. zum 4. vorchristlichen Jahrhundert« verlegt; sie schreibt: »Obwohl das Buch Esra-Nehemia eine spätere Epoche der israelitischen Geschichte behandelt, ist es anscheinend früher abgefaßt [als die Chronik]«(Historiographie, 176. 186).

nicht wenige Forscher in der Chronik ein eigenständiges Werk neben Esra-Nehemia[35].

Der Stoff von 1 Chr 1, 1 bis 2 Chr 36, 21 erscheint mehr oder weniger als **ein literarischer Komplex** aus der Feder des Chronisten[36]. Wie weit seine Berichte glaubwürdig sind, muß von Fall zu Fall überprüft werden. Das Wirken des Chronisten läßt sich zwar nicht exakt zeitlich fixieren, auch ist unsere Kenntnis seiner mutmaßlichen (der persischen) Epoche relativ gering, aber mit Einflüssen von Ort und Zeit auf sein Werk ist doch zu rechnen, denn der Chronist dürfte den historischen Umständen seiner Umwelt und Epoche nicht weniger ausgesetzt gewesen sein als jeder andere Zeitgenosse. Demnach sollte man zumindest versuchen, die Chronik von dem kulturellen und historischen Hintergrund ihrer Entstehungszeit aus anzugehen, denn nur so tritt der Eigenwert des Werkes recht hervor.

Im Jahre 1977 erschien die Arbeit von S. Japhet über den gedanklichen Gehalt der Chronik und seine Einordnung in die Welt

---

35 König, Einleitung, 285; Welch, Judaism, 185-187; idem, Chronicler, 1; Segal, Bücher, 81-88. 93; idem, Mewo haMiqra, III, 776-778. 801; idem, Esra-Nehemia, 150; Mazar, Chronik, 605; Elmslie, Chron (1954), 345. 547f; Liver, Geschichte, 154-156; s. Livers Besprechung von Rudolph, Chron, in: Beth Mikra 1 (1956), p. 33; Grintz, Episoden, 138-140; Uffenheimer, Secharja, 172-177; Harrison, Introduction, 1149f. 1157; Japhet, Common Authorship; idem, Ideology, 4. 269; idem, Historiographie, 176; Williamson, Israel, 5-82; idem, Chron, 5-11. Ferner auch Welten, Geschichte, 4 Anm. 15. 172; Newsome, Understanding, 202 Anm. 10. 215; Porter, Historiography, 152-154; Seeligmann, Vorboten, 14 Anm. 1; Braun, Apologetic, 516; idem, 1 Chron, bes. 63. Im Unterschied zu der oben angeführten Auffassung halten jedoch die meisten Forscher die Chronik und Esra-Nehemia für ursprünglich *ein* großes literarisches Werk von einem einzigen Verfasser, d.h. eine Darstellung der israelitischen Geschichte von ihren Anfängen bis auf Esra und Nehemia, sozusagen historisch in einem Atemzug. Diesen Standpunkt vertritt bereits R. Levi ben Gerson (1288-1344) in seinem Kommentar zu 2 Chr 36, 22: »Dieses Buch sowie das Buch Esra hat ein und derselbe Mann geschrieben, denn sie ähneln sich sprachlich« (M. H. Mortara [Ed.], Der Kommentar des RaLBaG zu Esra, Nehemia, Chronik, Krakau 1888, 86); vgl. auch Nachmanides zu Ex 1,1. Wissenschaftlich fundiert wurde er 1832 von Leopold Zunz in seinen »Gottesdienstlichen Vorträgen der Juden« (vgl. auch die Einleitung von Ch. Albeck zur überarbeiteten hebräischen Übersetzung des Werks von Zunz, haDeraschot beJisrael, Jerusalem 1947, p. 7-17); zwei Jahre später erschien das Buch von Movers (F. C. Movers, Kritische Untersuchungen über die biblische Chronik – ein Beitrag zur Einleitung in das AT, Bonn, 1834), der fast zum selben Resultat gekommen war. Seit damals ist die Annahme eines gemeinsamen Verfassers zum Gemeingut der meisten Einleitungen, Kommentare und Untersuchungen der betreffenden biblischen Bücher geworden; um nur die neueren zu nennen: McKenzie, Chron, 25f; M. Haran, Explaining the Identical Lines at the End of Chronicles and the Beginning of Ezra, in: Bible Review II 3 (1986), 18-20; Hanson, Israelite Religion (Cross, McKenzie und Hanson nehmen für das große chronistische Geschichtswerk drei Entstehungsstufen an: Chr^1, Chr^2 und Chr^3); Smend, Entstehung, 226.

36 Weiteres dazu unten im Nachwort.

biblischen Denkens[37]. In dem Buch geht es um die Erhellung der
in der Chronik zum Ausdruck gebrachten Weltanschauung mit all
ihren Komponenten und Ausprägungen im Gesamtgefüge der biblischen Gedankenwelt. Die Verfasserin sucht die theologisch-nationale
Botschaft des Chronisten aufzudecken (z.B.: Gottes Wesen und die
Grundzüge seines Handelns; das Land sowie die Beziehung zwischen
Volk und Land), wobei sie sich mit einigen überkommenen Meinungen
der Chronikforschung auseinandersetzt (z.B.: die Chronik als antisamaritanische Streitschrift, als Vehikel messianisch-eschatologischer
Hoffnung)[38]. Auf diesem Wege untersucht sie sämtliche Bestandteile
der Chronik, sowohl das vielfältige chronistische Sondergut als auch
die Paralleltexte, darunter auch die zu Stellen aus Samuel-Könige, und
wertet sie aus im Hinblick auf Position und Tendenz des Chronisten.
Allerdings hat sie die literarisch-historiographische Neugestaltung der
Paralleltexte und die dabei angewandten Techniken nicht eigens behandelt, vermutlich weil dies zu weit über den Rahmen ihrer Forschungen
hinaus geführt hätte.

Abschließend bleibt festzuhalten, daß die technischen Details der
Paralleltexte ungeachtet ihrer Bedeutung für deren Interpretation noch
keiner eingehenden und systematischen Untersuchung gewürdigt worden sind. In Kommentaren und Monographien zur Chronik sind zwar
Einzelbeobachtungen zu Unterschieden, auch zu literarischen und historiographischen Varianten angestellt worden, zumeist bei der Erörterung einer Einzelfrage im Rahmen des Buches. Doch stehen solche
Beobachtungen in der Regel isoliert, sozusagen am Rande des betreffenden Kommentars, der Abhandlung oder Streitschrift und sind
nicht selten tendenziös gefärbt. Jedenfalls ist das Phänomen als solches
nicht erschöpfend, unter Berücksichtigung all seiner Aspekte und Implikationen behandelt worden. Es sind nicht nur Details aufzudecken,
die von der bisherigen Forschung übersehen worden sind, sondern
der bisherige Befund harrt dringend einer eigenständigen Aufarbei-
tung und Konsolidierung zu einem wissenschaftlich durchstrukturier-
ten und systematisch erforschten Komplex; im Zuge dieser Arbeit sind
sicherlich nicht wenige Aussagen früherer Forscher und Kommenta-
toren erneut zu hinterfragen und gegebenenfalls zurechtzurücken.

---

37 Das hebräische Original von Japhet, Ideology.
38 Dazu Japhet, »The Attitude towards the Samaritans«, Ideology, 325-334; »The Hope
   of Redemption«, ebd., 493-504.

C) Quellen und Arbeitstechniken

Die vorliegende Arbeit stützt sich in erster Linie auf den Text der Chronik und der Samuel- und Königsbücher in seiner massoretischen Gestalt.

Diese seine Bevorzugung vor allen übrigen Textzeugen hat der massoretische Text nicht nur seinem Status als textus receptus zu verdanken, sondern vor allem der Tatsache, daß er der einzige vollständige Text ist, der die betreffenden Bücher direkt, zusammenhängend und in ihrer Ursprache, auf Hebräisch, überliefert; dazu kommt die sorgfältige Wahrung des Wortlauts durch die Massoreten. Alttestamentliche Textforschungen haben tatsächlich ergeben, daß der massoretische Text in der Regel den übrigen Textzeugen vorzuziehen ist und daß man nicht ohne gute Gründe von ihm abweichen sollte.[39] Dabei ist allerdings zu beachten, daß der Vorrang des massoretischen Textes doch nur statistisch begründet ist und bei der Beurteilung einzelner Stellen nicht ohne weitere Begründung den Ausschlag geben darf, »denn die unseren Erwartungen zuwiderlaufenden Fälle sind unvorhersehbar«[40].

Die Untersuchung wurde nach literarischen und historiographischen Kriterien vorgenommen unter Heranziehung der Ergebnisse biblischer und außerbiblischer Forschungen. Berücksichtigt wurde jeweils das mannigfache und vielschichtige Erbe der biblischen Literatur, wie sie dem Chronisten vorgelegen haben dürfte. Sorgfältig beachtet wurde auch die historisch-politische, soziale und religiöse, kulturelle und materielle Realität der mutmaßlichen zeitlichen und räumlichen Umwelt des Chronisten, soweit uns diese bekannt sind.

D) Methodische Probleme

Bevor wir an die Untersuchung der Texte selbst gehen, sind einige Punkte methodisch zu klären. Zunächst stellt sich die Frage, wie weit die Version der Samuel- und Königsbücher, die der Chronist vor sich hatte, mit der uns geläufigen übereinstimmt; die entsprechende Frage richtet sich auch auf den Text der Chronik selbst. Wenn, wie wohl anzunehmen, die Frage in Bezug auf beide Texte mit nein zu beantworten ist, wird die Unterscheidung zwischen bewußten Veränderungen von

---

39 Vgl. Würthwein, Text, 105f; Noth, Welt, 286f; Thompson, Textual Criticism, 888; Roberts, Text, 270; Seeligmann, Anzeichen, 279; Tov, Kriterien, 120, dort Anm. 23 weitere Literaturhinweise. Die Überlegenheit des massoretischen Textes über die übrigen Textzeugen erhellt auch aus den Beispielen bei Brin, Bibelübersetzer.
40 Tov, Kriterien, 120.

der Hand des Chronisten (die zweifellos den Löwenanteil ausmachen), von der Textgestalt der Vorlage herrührenden und Abschreibfehlern und Textentstellungen, die sich im Zuge der Überlieferung in den Text der Chronik selbst eingeschlichen haben, recht schwierig[41]. Da es für diese Fälle keine Patentlösung gibt, bin ich besonders behutsam zu Werke gegangen, wo es zu entscheiden galt, welche Unterschiede vom Chronisten bewußt eingeführt und welche ohne sein Zutun entstanden waren. Herangezogen habe ich natürlich die Fragmente aus Samuel-Könige in den Handschriften vom Toten Meer, soweit sie veröffentlicht sind[42], außerdem auch die antiken Übersetzungen von Samuel, Könige und Chronik. Mit Hilfe dieser antiken Versionen kann nicht nur eine ältere Textgestalt erschlossen werden, es lassen sich auch nachträgliche Fehler und Korrekturen erkennen. Folgende Faktoren sind zu berücksichtigen: die Entstehungsbedingungen für Versehen und Korrekturen beim Abschreiben; die Überlieferungsgeschichte des massoretischen Textes in Anbetracht des originalen Hebräisch und der konservativen Haltung, die das Verfahren der Massoreten kennzeichnet; die wichtigsten Kriterien für die Erstellung der besten Lesart, ohne deren beschränkte Geltung zu vergessen[43]. Außerdem ist zu bedenken, wie sich eine Lesart sprachlich, stilistisch, inhaltlich und von der literarischen Struktur her in ihren (engeren oder weiteren) Kontext fügt, die Grundprinzipien des gesamten Werks, seinen historischen, geographischen und sonstigen Hintergrund nicht zu vergessen.

Textlich weicht die Septuaginta-Version von Samuel-Könige an manchen Stellen von der massoretischen ab, scheint aber mit dem jeweiligen Paralleltext in der massoretischen Chronik zusammenzugehen.[44]

---

41 Allerdings ist der Text der Chronik in der Regel gut überliefert. Die relativ späte Abfassungszeit des Buches, seine geringe Verbreitung in weiteren Volksschichten und mangelnde Verwendung in liturgischem Zusammenhang haben sicherlich dazu beigetragen. Doch ist natürlich auch dieses Buch nicht frei von Schreibfehlern, solche finden sich besonders in den Namenlisten.

42 Zur Veröffentlichung der Handschriftentexte vgl. bes. die im Rahmen dieser Arbeit angeführten Arbeiten von Cross und seinen Schülern, z.B.: Ulrich; McKenzie. Vgl. auch die neueren Kommentare: McCarter, I Sam; idem, II Sam; Gray, Kings. Von der Chronik ist in Höhle IV in Qumran ein einziges Fragment gefunden worden (4QChr = 4Q118). Es besteht aus sechs Zeilen auf zwei Seiten; leider ist es so stark beschädigt, daß nurmehr vier Wörter zu entziffern sind, dazu Cross, Report, 11; idem, Ancient Library, 32.

43 Zu diesen Kriterien und ihrem vernünftigen Gebrauch vgl. Tov, Kriterien, 112-132.

44 Der wichtigste griechische Text der Chronik, Kodex B, steht dem massoretischen so nahe, daß manche Forscher annehmen, der bzw. die Übersetzer hätten den massoretischen Text vor Augen gehabt; diese Übersetzung wird dem Theodotion zugeschrieben (um 200 der christlichen Zeitrechnung). Dazu etwa Torrey, Ezra Studies, 63. 66-82 (mit Angabe weiterer Gewährsleute); Olmstead, Text, 3f; Curtis, Chron,

Ein systematischer Vergleich des massoretischen Textes mit der Septuaginta würde zwar den Rahmen dieser Arbeit sprengen, aber in gewissen Fällen mußte ich mich diesem Problem dennoch zuwenden. Ich habe mich bemüht, jeweils im Sinne der oben dargelegten Leitlinien für die Erstellung des besten Textes zu verfahren. Dabei ist allerdings zu bedenken, daß die Gemeinsamkeiten der Septuaginta-Fassung zu Samuel mit dem massoretischen Text der Chronik bisweilen auf die Ähnlichkeit der Vorlage des Chronisten mit der Vorlage der Septuaginta einerseits und dem Text des Samuel-Fragments aus Qumran (4QSam^a) zurückgehen könnten[45]. Doch scheinen nicht wenige textliche Übereinstimmungen zwischen der Septuagintafassung von Samuel-Könige und dem massoretischen Text der Chronik auf eine Harmonisierung zwischen den Paralleltexten zurückzugehen, die entweder von den Schreibern des hebräischen Textes, der als Vorlage der Septuaginta diente, vorgenommen worden war oder aber von den Übersetzern selbst (so wie sie gelegentlich zwei parallele Überlieferungen kombinierten)[46]. Diese Technik war unter den Abschreibern

---

38f; Elmslie, Chron (1916), LVIII-LX.

1946 hat Gerleman diese Zuschreibung angefochten; er meint, da Eupolemos und Josephus diesen Text benützt hätten, müsse er spätestens um die Mitte des 2. vorchristlichen Jahrhunderts entstanden sein. Er führt noch stilistische und sprachliche Beobachtungen für seine These an und sieht in dem Text Spuren einer Hellenisierung, wie sie damals am ptolemäischen Hofe üblich gewesen sei. Ferner vertritt Gerleman die Auffassung, aus dem Vergleich der Paralleltexte in der griechischen Fassung der Chronik einerseits und der griechischen Fassung von Samuel- Könige andererseits gehe hervor, daß die beiden einander angeglichen worden seien; außerdem sei die griechische Übersetzung der Chronik nach dem massoretischen Text der Paralleltexte aus Samuel-Könige überarbeitet worden (vgl. Gerleman, Septuagint, 3-45). Danach hat Shenkel gezeigt, daß der Übersetzer von LXX-B zu 1 Chr Stücke aus den parallelen Abschnitten von LXX-B zu Samuel verwendet und außerdem eine Angleichung an den massoretischen Text von 1 Chr vorgenommen hat (Shenkel, Synoptic Parallels).

45 Gerleman, Synoptic Studies, 34, vgl. auch 10. 23. 25f. 30-32, nimmt an, die von den griechischen Übersetzern benutzten Versionen von Samuel-Könige hätten sich noch in derselben volkstümlichen Form (»the same vulgar textual tradition«) befunden, wie sie dem Chronisten vorgelegen hätten, als er die Paralleltexte daraus entnahm; so erklärt Gerleman die Nähe der Septuagintafassung von Samuel-Könige-LXX zum massoretischen Text der Chronik. Zur Kritik an Gerlemans Argumentation Talmon, Leitlinien. Cross nimmt an, der Chronist habe einen frühen zu seiner Zeit in Jerusalem umlaufenden Text verwendet, so daß seine Vorlage von 1 Sam 1 – 2 Sam 11, 1 den Versionen der Codices B und L der LXX sowie 4QSam^a sehr nahe stand; seine Vorlage von 2 Sam 11, 2 – 24, 25 sei nur mit LXX L und mit 4QSam^a zusammengegangen, nicht mit LXX B; dazu Cross, History, 294f; idem, Contribution, 88; vgl. auch Lemke, Synoptic Problem, 362f. Vgl. ferner die oben im Zusammenhang mit der Entstehung der Paralleltexte angeführte Literatur.

46 Beispiele dafür an verschiedenen Stellen der vorliegenden Arbeit jeweils in Anmerkungen.

und Übersetzern in der Antike überhaupt und speziell im Fall der
Septuaginta durchaus üblich[47].

Es gibt allerdings auch Stellen im massoretischen Text von Samuel,
deren abweichende Fassung in der Chronik nach den zugrundeliegen-
den religiösen Vorstellungen, nach literarischer Form u. a. m. eindeutig auf den Chronisten zurückgeht, und sie erscheinen mit eben diesen Veränderungen in der Septuaginta-Fassung von Samuel-Könige.
An zwei Stellen ist diese Erscheinung besonders gut zu beobachten:
a) 2 Sam 8, 8 wird erzählt, David habe aus den Städten Hadad-Esers
»Erz in Menge« mitgebracht. 1 Chr 18, 8 fügt der Chronist dem hinzu:
»*woraus dann Salomo das eherne Meer und die Säulen und die ehernen
Geräte machen ließ*«. Dieser Zusatz soll offenbar die Kontinuität von
Davids und Salomos Regierung unterstreichen: Was der Vater plante,
aber aus diesem oder jenem Grund nicht durchführen konnte, vollendete der Sohn; und ohne die Vorbereitungen des Vaters hätte der
Sohn das von langer Hand geplante Werk nicht in die Tat umset-
zen können.[48] Möglicherweise kündigt der Chronist hier auch schon
sein besonderes Interesse für Tempel und Tempelkult an[49]. In der
Septuaginta-Fassung von Samuel steht nun folgendes: ἐν αὐτῷ ἐποίησε
Σαλωμὼν τὴν θάλασσαν τὴν χαλκῆν, καὶ τοὺς στύλους, καὶ τοὺς λουτῆρας,
καὶ πάντα τὰ σκεύη. Diese Worte hat der Übersetzer (oder der Abschreiber seiner Vorlage) offenbar hinzugesetzt, um den älteren Text
zu ›vervollständigen‹ und mit der Parallelstelle zu harmonisieren. Das
Wörtchen ›auch‹ (»*auch* diese weihte der König David ... «) in V. 11
läßt nicht darauf schließen, daß der betreffende HalbVers (»woraus
dann Salomo ... machen ließ«) versehentlich aus dem massoretischen
Text von Samuel ausgefallen sei[50]; vielmehr leitet es über zur Fortsetzung des Verses »gleich dem Silber und Gold, das er von allen Völkern
erhoben hatte«[51].

---

47 Tov, Harmonizations. Brin, Bibelübersetzer, 449 hat überzeugend dargelegt, daß
   sich die Texteingriffe der Übersetzer nicht nur auf einzelne Wörter oder Ausdrücke
   beschränkten, sondern daß auch gedankliche und inhaltliche Zusammenhänge des
   jeweils zu übersetzenden Verses mit Stellen im selben oder sogar in anderen biblischen Büchern berücksichtigt wurden (dazu bes. seine Beispiele p. 445-448).
48 Dazu Williamson, Accession, 356-359 mit weiteren Beispielen, ferner auch Braun,
   1 Chron, 204f.
49 Vgl. Brunet, Chroniste, 506; Ackroyd, I & II Chron, 70.
50 Gegen Rudolph, Chron, 135.
51 Dazu Smith, Samuel, 307f; Budde, Samuel, 240f; Curtis, Chron, 234; Rehm, Untersuchungen, 25; Williamson, Accession, 357f Anm. 17; Braun, 1 Chron, 204f; Pisano,
   Additions, 47f, gegen Thenius, Samuel, 163f, Lemke, Synoptic Problem, 355 und
   McKenzie, Chron, 65. Die beiden zuletzt genannten Forscher berufen sich darauf, der Halbvers stehe doch auch bei Josephus, ant. VII 106, somit gäben sowohl
   der Chronist als auch die Septuaginta zu Samuel ihre Vorlage wieder, doch dieser ›Beweis‹ ist nicht stichhaltig. Josephus hatte nämlich beide Texte, Samuel und

b) Die Vermutung scheint berechtigt, daß die Erzählung von der Volkszählung und vom Bau des Altars auf der Tenne Araunas in ihrem jetzigen Kontext (2 Sam 24) nicht an der richtigen Stelle steht; wo in der Geschichte von Davids Königtum sie eigentlich hingehöre, darüber gehen die Meinungen der Gelehrten auseinander[52]. Die Plazierung ans Ende des Buches geschah in einem Stadium der literarischen Gestaltung des Textes (wahrscheinlich im Zuge der deuteronomistischen Überarbeitung), um die Errichtung des Altars durch David möglichst nahe an den Bau des Tempels durch Salomo in den Königsbüchern heranzurücken und dadurch die Beziehung zwischen den beiden hervorzuheben. Ausdrücklich verknüpft werden die beiden Ereignisse 1 Chr 21, 28 – 22, 1. Hier hat der Chronist dem Samuel-Text hinzugefügt: »Zu jener Zeit, als David sah, daß ihm der Herr auf der Tenne des Jebusiters Ornan geantwortet hatte, opferte er daselbst. ... Und David sprach: Dies hier ist die Wohnstätte Gottes, des Herrn, und dies der Altar für das Brandopfer Israels.« (22,1). Im unmittelbaren Anschluß daran berichtet er von Davids Vorbereitungen zum Tempelbau (22, 2ff). Ein solches Bindeglied, ganz im Sinne des Chronik-Zusatzes, steht in der Septuaginta 2 Sam 24, 25: καὶ προσέθηκεν Σαλωμὼν ἐπὶ τὸ θυσιαστήριον ἐπ᾽ ἐσχάτῳ, ὅτι μικρὸν ἦν ἐν πρώτοις, ein Satz, der im massoretischen Text von Samuel nicht vorkommt.[53]

Bedeutsam sind auch Fälle, in denen verderbte Stellen der Chronik in die Septuaginta zu Samuel-Könige eingegangen sind, obwohl die entsprechenden Verse im massoretischen Text von Samuel-Könige korrekt überliefert sind: So ist etwa die Namensform ›Hadar-Eser‹ ,

---

Chronik, vor sich und wählte die vollständigere Version der Chronik, wobei er seinerseits noch Veränderungen vornahm. Ein anderes Argument führt McKenzie an: die Wörter καὶ τοὺς λουτῆρας aus Samuel-LXX fehlten in der Chronik, was die Unabhängigkeit der beiden Texte voneinander beweise. Aber auch dieses Argument, das sich schon bei Klostermann, Samuel- Könige, 166 findet, vermag nicht zu überzeugen: Es könnte durchaus sein, daß der Übersetzer (bzw. der Verfasser seiner Vorlage) sich die Freiheit genommen hat, die Stelle aus der Chronik aufgrund der Beschreibung der Tempelgeräte aus 1 Kön 7, 38 (// 2 Chr 4, 6) zu erweitern: »Und er machte zehn eherne Kessel, ... «; auch auf Darstellungen der Geräte des Stiftszelts wie Ex 30, 18. 28; 31, 9 u.a. könnte er zurückgegriffen haben.

52 z. B. betonte Budde die enge Beziehung zwischen 2 Sam 24 und 2 Sam 21, 1-14 und meinte, daß im Original die Reihenfolge des Kapitels 2 Sam 8 + 21, 1-14 + 24 + 9-20, 22 war, s. Budde, Samuel, 304, 326; idem, Die Bücher Richter und Samuel, ihre Quellen und ihr Aufbau, Leipzig/Giessen 1890, 256. Eißfeldt dachte, daß 2 Sam 21, 1-14 die Vorbereitung für die Geschichte in 2 Sam 9 war und Sehte Kap. 24 hinter Kap. 9. Ihm zufolge war die Reihenfolge 2 Sam 21, 1-14 + 9 + 24, s. Eißfeldt, Einleitung, 333. Auch McCarter meint, daß 2 Sam 24 2 Sam 21, 1-14 nachfolgt. Er hält es für möglich, daß diese Abschnitte nach der Eroberung Jerusalems in 2 Sam 5, 5-10 geschrieben standen, s. McCarter, II Sam, 516f.

53 Vgl. dazu Kalimi, Moriah, 357, Anm. 41.

wie sie in 1 Chr 18, 3. 5. 7-10 und 19, 16. 19 und in den Parallelstellen bei Samuel-LXX (᾽Αδρααζαρ) steht, eindeutig eine Verschreibung des theophoren Namens ›Hadad-Eser‹, der im massoretischen Text von Samuel und in 1 Kön 11, 23 korrekt überliefert ist. Die zugrundeliegende Verwechselung der hebräischen Buchstaben ›Dalet‹ und ›Resch‹ kommt häufiger vor, so z.B. 1 Chr 1, 6 »rodanim« gegenüber Gen 10, 4 »dodanim« und 1 Chr 1, 41 »chamran« gegenüber Gen 36, 26 »chamdan«.[54] Für die Richtigkeit von ›Hadad-Eser‹ spricht auch die analoge Namensform ›Adad-idri‹ in einer Inschrift von Salmanassar III.[55] Die Form הדד wurde auch in aramäischen Inschriften in den Ausgrabungen in Tell Dan gefunden[56].

E) Aufbau der Arbeit

Die Kapitelgliederung folgt den verschiedenen literarischen und historiographischen Beobachtungen an den Paralleltexten innerhalb der Chronik. In den ersten Kapiteln sind die historiographisch bedingten Änderungen behandelt, in den letzten die literarischen, und dazwischen die übrigen je nach ihrer Nähe zur einen oder anderen Hauptgruppe.

Die Anhänge am Schluß der Arbeit wollen einen weiteren Aspekt der Arbeitsweise des Chronisten illustrieren, wodurch das Gesamtbild seiner literarisch-historiographischen Tätigkeit abgerundet wird: Bei seiner literarisch-historiographischen Neubearbeitung der älteren Texte sind ihm gelegentlich Ungereimtheiten unterlaufen. Durch etliche der von ihm vorgenommenen Veränderungen kommen Widersprüche zu anderen Versen innerhalb der Chronik oder in anderen biblischen Büchern zustande. Und einige seiner historiographischen Umgestaltungen beruhen auf objektiv falschen Vorstellungen von der israelitischen Geschichte zur Königszeit.

Vorkommen von Veränderungen, deren Grundeigenschaften und Definition mehr oder weniger übereinstimmen, sind jeweils in einem Kapitel zusammengefaßt; die Untergliederung in Paragraphen spiegelt engere Zusammengehörigkeit wider. Gelegentlich schien es geboten, gewisse Erscheinungen in zwei getrennten Kapiteln zu behandeln, um Gemeinsamkeiten und Unterschiede deutlich hervortreten zu lassen.

---

54 Weitere Beispiele aus dem biblischen Schrifttum bei Sperber, Parallel Transmission, 167 §21.

55 Basaltstatue (Assur 742) Z. 14, dazu E. Michel, Die Assur-Texte Salmanassars III. (858-824), in: WO 1 (1947-1952), 57, 59; Luckenbill, ARAB, I, §608; Pritchard, ANET, 278f.

56 S. A. Biran/J. Naveh, An Aramaic Stele Fragment form Tel Dan, in: IEJ 43 (1993), 81-98 bes. 87.

Jedes Kapitel beginnt mit der Beschreibung und exakten Bezeichnung der jeweiligen Erscheinung; darauf folgen Hinweise auf ihre Häufigkeit im biblischen Schrifttum überhaupt und speziell in der Chronik (wo nötig, wird der Forschungsstand referiert); danach werden charakteristische Beispiele aus den verschiedenen Gattungen und Zeitstufen der biblischen und außerbiblischen Literatur angeführt – d.h. auch aus den altorientalischen Kulturen und aus der jüdisch-hellenistischen Literatur.

Die Beispiele sind jeweils nicht in der Reihenfolge ihres Vorkommens angeordnet, sondern nach ihrer Aussagekraft für die jeweils behandelte historiographische bzw. literarische Technik.

Aus der Anzahl der beobachteten Erscheinungen ist der Umfang ihres Vorkommens in den Paralleltexten der Chronik sowie ihr Stellenwert innerhalb der Arbeitsweise des Chronisten abzulesen.

Kapitel I
Literarische vs. chronologische Folge

In der Chronik lassen sich zwei Haupttypen von literarisch/
chronologischer Folge beobachten: Gelegentlich schafft der Chronist
einen literarischen und/oder chronologischen Zusammenhang zwischen historischen Ereignissen, die im Text von Samuel-Könige getrennt berichtet waren (Aa); einmal verknüpft er zwei Dinge, zwischen
denen ursprünglich überhaupt kein Zusammenhang bestand (Ab). In
anderen Fällen wiederum verwandelt er einen bestehenden literarischen Zusammenhang in einen sachlich-chronologischen (B).

Aa) Herstellung von literarischem und
chronologischem Zusammenhang

(1) Laut deuteronomischer Geschichtsschreibung wurde David
nach Sauls Tod (1 Sam 31) zunächst nur zum König über Juda gesalbt,
über die Nordstämme dagegen setzte Abner Sauls Sohn Isch-Boschet
(=Isch-Baal) ein (2 Sam 2, 1-4. 8-10). *Zwei* Jahre später, nach der Ermordung von Abner und Isch-Boschet (ebd. 3, 12-39; 4), kamen die
Ältesten der israelitischen Stämme im Norden zu David nach Hebron,
schlossen einen Bund mit ihm und salbten ihn »zum König über ganz
Israel« (ebd. 5, 1-3).

Der Chronist hat eben die zwei Jahre, in denen David nur über
die südlichen und Isch-Boschet über die nördlichen Stämme regierte
(2 Sam 1-4), einfach übersprungen. Er bringt den Bericht von Davids
Proklamation zum König über Israel in Hebron (1 Chr 11, 1-3 //
2 Sam 5, 1-3) unmittelbar im Anschluß an Sauls Tod (1 Chr 10 //
1 Sam 31) und vermittelt so den Eindruck, als seien die beiden Ereignisse ohne nennenswerten zeitlichen Abstand aufeinander gefolgt.
Verstärkt wird dieser Eindruck durch den Zusatz »**da tötete [Gott
Saul]** *und übertrug die Königsherrschaft David dem Sohn Isais*« (1 Chr
10, 14b), der die Brücke schlägt vom **Tod Sauls** (1 Chr 10, 1-14a) zur
Königsproklamation Davids (1 Chr 11, 1-3).

Diese literarisch-chronologische Zusammenrückung soll also den
zeitlichen Abstand zwischen den beiden Ereignissen verschwinden lassen, auf daß David während seiner gesamten Regierungszeit als König

über Nord- und Südstämme gleichermaßen erscheine.[1] So kommt die unterschiedliche Referenz scheinbar gleichlautender Ausdrücke zustande: »alle Stämme Israels« und »alle Ältesten Israels« in 2 Sam 5, 1. 3 bezieht sich auf die Vertreter der Nordstämme (über die Südstämme hatte David ja schon zuvor regiert, vgl. 2 Sam 2, 4); bei »ganz Israel« und »alle Ältesten Israels« in 1 Chr 11, 1. 3 dagegen handelt es sich um die Vertreter aller israelitischen Stämme, denn dort kommt die Episode von Davids Regierung über Juda allein gar nicht vor (ähnlich verhält es sich mit der Bezeichnung »Israel«: 2 Sam 5, 3b sind damit nur die Nordstämme gemeint, 1 Chr 11, 3b dagegen Nord- und Südstämme).[2]

(2) Im 2. Buch Samuel steht der Bericht von der Eroberung Jerusalems (5, 6-9) zwischen zwei bedeutenden Ereignissen: Davids Proklamation zum König über die Nordstämme (ebd. 1-3) und den Feldzügen der Philister gegen David (ebd. 17-25).

Offenbar brach der Krieg mit den Philistern aus, sobald David die Herrschaft über die Nordstämme angetreten hatte: »Da hörten die Philister, daß David zum König über ganz Israel gesalbt war, und zogen hinauf gegen David« (V. 17). Dieser Vers schließt unmittelbar an Vers 3 an: »Da schloß König David mit ihnen einen Bund zu Hebron vor dem Herrn, und sie salbten David zum König über ganz Israel«.[3] Demnach hätte sich David erst nach seinen Siegen über die Philister an die Eroberung Jerusalems gemacht[4]. So würde die Abfolge der drei

1 In 1 Chr 3, 4 erwähnt der Chronist zwar Davids siebenjährige Regierungszeit in Hebron, läßt die Ausdrücke ›über Juda‹ und ›über ganz Israel und Juda‹ aus dem älteren Text (2 Sam 5, 5) aber weg, da sie einen Hinweis darauf enthalten, daß sich Davids Herrschaft in der ersten Periode nur über Juda erstreckte. Auch in 1 Chr 29, 27 stellte seine Aufzählung von Davids Regierungsjahren (7 in Hebron, 33 in Jerusalem) unter die Überschrift: »So regierte David, der Sohn des Isai, über ganz Israel« (ebd. V. 26). S. dazu auch unten, Kap. IV, Anm. 32.

2 In den geläufigen Kommentaren ist dieses Beispiel erwähnt; s. etwa Curtis, Chron, 184; Myers, I Chron, 85; Williamson, Chron, 96f. Hier ist es ausgebaut und um einige Nuancen bereichert.

3 Die Vermutung von Hauer, Jerusalem, 574, Davids Salbung zum König über ganz Israel sei »an internal Israelite event« gewesen und unbemerkt geblieben, »until a trickle of Jebusite refugees heralded«, überzeugt nicht. Eher dürfte dieses bedeutende Ereignis in der Geschichte des Alten Orients sich rasch nicht nur unter den israelitischen Stämmen, sondern bis zu den Philistern herumgesprochen haben, wie in der biblischen Überlieferung belegt. Hauers Äußerung scheint von dem Vorurteil bestimmt, »the order of the text in 2 Sam. 5 may imply a chronology«, woraufhin er zu dem Schluß gelangt: »the capture of Jerusalem was prior to the Philistine wars« (ibid. 574f).

4 Vgl. Smith, Samuel, 287; Noth, Geschichte Israels, 163; J. Bright, A History of Israel, 2nd ed., Philadelphia 1972, 194 Anm. 33; A. Lemaire, The United Monarchy, in: H. Shanks (Ed.), Ancient Israel, Washington, DC 1991, 94.
Wenn David Jerusalem erst nach seinen Philisterfeldzügen (1 Sam 5, 17-25) er-

Berichte bei Samuel nicht der historischen Chronologie entsprechen[5], sondern wäre auf die Absicht des Redakteurs zurückzuführen, die Eroberung Jerusalems sozusagen als Davids erste Amtshandlung nach dem Antritt der Herrschaft über ganz Israel und als Sprungbrett zur Expansion seines Reiches (vgl. V. 10) darzustellen.

Diese Tendenz ist in der Chronik ganz deutlich faßbar: Um die Eroberung Jerusalems (1 Chr 11, 4-8 // 2 Sam 5, 6-9) möglichst bruchlos auf Davids Salbung zum König in Hebron (1 Chr 11, 1-3 // 2 Sam 5, 1-3) folgen zu lassen, hat der Chronist die Aufzählung von Davids Regierungsjahren (2 Sam 5, 4f) herausgenommen und (in leicht veränderter Form) an anderer Stelle (1 Chr 3, 4b) wieder eingefügt[6]. Außerdem ignoriert der Chronist wie gesagt die beiden Jahre, die David über die Süd- und Isch-Boschet über die Nordstämme regierte, und macht David sofort nach Sauls Tod zum König über ganz Israel

---

oberte, ist die 2 Sam 5, 17 erwähnte »Festung« (המצודה), in die David gegen die Philister hinabgezogen sei, nicht mit der V. 7 und 9 genannten »Feste Zions« (מצדת ציון) »Festung« (המצודה) zu identifizieren. Bei der »Festung« in 2 Sam 5, 17 handelt es sich vermutlich um die Höhle Adulams, die 1 Sam 22, 4f ebenfalls »Festung« genannt wird (zur Bezeichnung einer Höhle als »Festung« vgl. auch Hi 39, 27f). Dafür spricht auch die Formulierung von 2 Sam 23, 13f // 1 Chr 11, 15f, wo »die Höhle Adulams« und »die Festung« als zwei parallele Bezeichnungen von Davids Standort erscheinen. Ein zusätzliches Argument ist der Höhenunterschied: Die Angabe 2 Sam 5, 17f, David sei zur »Festung« *hinab*gezogen, paßt besser zur Höhle Adulams als zum hochgelegenen Jerusalem, und in Davids Frage und der göttlichen Antwort in V. 19 heißt es, David solle gegen die im Tal Refam lagernden Philister *hinauf*ziehen – der Weg von Jerusalem hätte eindeutig bergab geführt!

Yeivin, Milchamot David, 152 identifiziert die »Festung« in 2 Sam 5, 17 mit der Höhle Adulams, obwohl er die Eroberung Jerusalems vor den Philisterkriegen ansetzt. Er argumentiert damit, der Davidsstadt könne hier nicht gemeint sein, weil David doch dort bereits gesessen habe. Wenn es sich bei der »Festung« in 2 Sam 5, 17 allerdings wirklich um die Höhle Adulams handelt, erhebt sich die Frage, weshalb die Philister im recht weit entfernten Tal Refam angetreten seien (V. 18). Sollten sie Davids genauen Standort nicht gekannt haben? Oder wollten die Philister zunächst einen Keil treiben zwischen David und die Streitkräfte der Nordstämme, mit denen er sich erst unlängst verbündet hatte? Die Entscheidung muß wohl offen bleiben.

Eine andere Auffassung vertritt Mazar, David's Reign, 242 Anm. 2. Er verlegt die Eroberung Jerusalems in den Anfang von Davids Herrschaft in Hebron, d.h. noch vor den Zusammenschluß von Nord- und Südstämmen und vor die Philisterkriege; die »Festung« identifiziert er mit Zion. So auch Aharoni, Land, 299; Garsiel, Malchut David, 43 (zum Ausgangspunkt dieser Forscher s. nächste Anm.).

5   Gegen Hauer, Jerusalem. Dagegen halten Yeivin, Milchamot David, 151f; Aharoni, Land, 299f; Garsiel, Malchut David, 42f und Oded, Israel und Juda, 118 die Anordnung in 2 Sam 5 für die historische. Ebensowenig vermag Japhet, Conquest, 208 Anm. 12 zu überzeugen, die mit der politischen Logik der 2 Sam 2-5 geschilderte Ereignisse für die Historizität ihrer geschilderten Abfolge argumentiert.

6   Zur Übertragung dieses Abschnitts nach 1 Chr 3, 4b und ihrer Funktion s. ausführlich unten, Kap. XIV, B, Beispiel 1.

(1 Chr 10, 13f; 11, 1-3)[7]. In der Chronik steht nun der Bericht von der Eroberung Jerusalems (1 Chr 11, 4-8) zwischen Davids Proklamation zum König in Hebron (ebd. 1-3 // 2 Sam 5, 1-3) und der Aufzählung der Volksvertreter, die Davids Inthronisation in Hebron drei Tage lang gefeiert hätten (1 Chr 11, 9-12. 41). So entsteht der Eindruck, »**ganz Israel**« (anstelle von »alle Stämme Israels« 2 Sam 5, 1) sei zu *David* nach Hebron gezogen, habe ihn zum König gesalbt und ihn dann sogleich, noch vor der Krönungsfeier, zur Eroberung von Jerusalem begleitet: »Da zog *David* mit ganz Israel nach Jerusalem« (1 Chr 11, 4 vs. »da zog der König mit seinen Männern« 2 Sam 5, 6)[8].

Die Darstellung der Eroberung Jerusalems als Davids erster Amtshandlung sofort nach Übernahme der Königsherrschaft[9] sowie die Beteiligung »**ganz Israels**« und nicht nur eines Teils des Volkes – »der König und **seine Männer**« 2 Sam 5, 6[10] – spricht für die entscheidende Bedeutung, die der Chronist (im Anschluß an die Tendenz seiner Vorlage[11]) der Eroberung Jerusalems beimaß. Dadurch suchte er offenbar bereits auf die künftige Bedeutung der Stadt im Leben des Volkes als Residenz des davidischen Königshauses und Ort des zentralen Heiligtums (was ihm sehr am Herzen lag) hinzuweisen. In dieselbe Richtung geht wohl auch die Betonung der mit der Eroberung verbundenen Schwierigkeiten und die Aussetzung eines Preises für Besiegung der Jebusiter und Einnahme der Stadt.[12]

7　Dazu oben, Beispiel 1.

8　In der griechischen Fassung von 1 Chr 11, 4 sind die beiden Versionen zusammengezogen: καὶ ἐπορεύθη ὁ βασιλεὺς καὶ ἄνδρες Ισραηλ.

9　Anders Japhet, Conquest, 208, die meint, der Chronist habe die Hinaufführung der Bundeslade nach Jerusalem als Davids erste Amtshandlung dargestellt; in ihren Augen gehört die Eroberung Jerusalems in den Rahmen von Davids Einsetzungsfeierlichkeiten zu Hebron, und nur so vermag sie sich den literarischen Aufbau von 1 Chr 11 zu erklären (a. a. O. Anm. 13). Auch Cogan, Chronology, 206f, will in der Hinaufführung der Lade nach Jerusalem Davids erste Amtshandlung im Sinne des Chronisten sehen.

10　Mit »seinen Männern« sind die Truppen um ihn gemeint, wie aus etlichen Belegstellen in Sam hervorgeht: 1 Sam 23, 13; 27, 2f. 8; 29, 2; 2 Sam 2, 3.

11　Gegenstandslos sind insofern die Ausführungen von H. Gilad, Die Eroberung Jerusalems durch David (hebr.), in: FS J. Gil, Jerusalem 1979, 101, der aus der Angabe »ganz Israel« schließen will, David habe nicht nur eine Elitetruppe bei sich gehabt (wie einige Exegeten meinen), sondern ein großes, zur Eroberung der militärisch und topographisch befestigten Jebusiterstadt wohl gerüstetes Heer.

12　Williamson, »We are Yours . . . «, 168 führt einen weiteren Gesichtspunkt an, der bei der Anordnung des Stoffes hier mitgespielt haben könnte: »Since both the start of 1 Chr xi and the close of 1 Chr xii are dealing with David's coronation at Hebron, it is clear that the Chronicler‹s account of the capture of Jerusalem in xi 4-9 must be out of order. His purpose in this case may well have been to develop his ideal portrayal, already begun in xi 1-3, of a united Israel centred by David on Jerusalem«. Aus diesem Grund könnte der Chronist 11, 4-9 für einen integralen Bestandteil des

Demnach hätte David nach den Krönungsfeierlichkeiten (1 Chr 12, 39-41) keinerlei Pause eingelegt, sondern sich sofort daran gemacht, die Bundeslade aus Kirjat-Jearim ins bereits eroberte Jerusalem zu transferieren (1 Chr 13 // 2 Sam 6, 1-12). Der Bau des Palastes, die Aufzählung der David in Jerusalem geborenen Kinder und Davids Philisterfeldzüge (2 Sam 5, 11f.13-16.17-25) werden somit ins 14. Kapitel der Chronik (VV. 1f. 3-7. 8-17) verdrängt, in den dreimonatigen Zeitraum zwischen der ersten (aus Kirjat-Jearim, ebd. Kap. 13) und der zweiten Heraufführung der Lade (aus dem Hause Obed-Edoms, ebd. Kap. 16f).

(3) Laut 2 Kön 22, 3 (vgl. 2 Chr 34, 8) fiel Josias Kultreform in sein 18. Regierungsjahr, ins selbe Jahr wie seine Passafeier (2 Kön 23, 23 // 2 Chr 35, 19). Josias Regierungszeit betrug insgesamt 31 Jahre (2 Kön 22, 1 // 2 Chr 34, 1). Nach Darstellung der Königsbücher hätten also Josias Kultreform und Passafeier ca. 13 Jahre vor seinem Tod in Megiddo (im Jahre 609 v. Chr.) stattgefunden.

Der Chronist hat diesen zeitlichen Abstand nicht beachtet; er rückt Josias Kultreform und Passafest unmittelbar mit seinem Tod in Megiddo zusammen: Sein Bericht über das Passafest schließt mit den Worten »im 18. Jahre der Regierung Josias ist dieses Passafest gefeiert worden« (2 Chr 35, 19 // 2 Kön 23, 23), und der nächste Vers (V. 20) beginnt »**Nach all dem**[13], da Josia den Tempel wiederhergestellt hatte, rückte Necho, der König von Ägypten, heran, um bei Karchemis am Euphrat zu kämpfen. Da zog Josia ihm entgegen.« In 2 Kön 23, 29 steht dagegen: »**zu seiner Zeit** (בימיו)[14] zog der Pharao Necho, der König von Ägypten, wider den König von Assyrien ... «.

Dieser ausdrückliche chronologische Zusammenhang wird in der Chronik noch verstärkt durch die literarische Annäherung von Josias Kultreform und Passafeier an den Bericht von Josias militärischer Konfrontation mit Necho. Der Chronist hat nämlich den Text 2 Kön

---

Eröffnungsteils, d.h. des Berichts von der Königskrönung in Hebron, gehalten haben (ebd., 169 Anm. 17).

13 Die Formel אחרי כל זאת wird offenbar zur zeitlichen Fixierung eines Ereignisses innerhalb einer Abfolge von Ereignissen verwendet, vgl. 2 Chr 21, 18: »Nach all dem [nachdem König Jorams Kinder, Frauen und Besitz von den Philistern und Arabern weggeführt worden waren, wie in VV. 16f geschildert] schlug ihn der Herr mit einer unheilbaren Krankheit der Eingeweide« [wie ihm Elia brieflich angekündigt hatte, VV. 14f]. Zu der Anknüpfung אחרי ... אשר (=nachdem) vgl. Jos 7, 8 (»nachdem Israel seinen Feinden den Rücken gekehrt hat ... «); 9, 16; 23, 1; 24, 20; Ri 11, 36; 19, 23; 2 Sam 19, 31.

14 Vgl. 2 Kön 8, 20: »Zu seiner Zeit machten sich die Edomiter von der Herrschaft Judas los ... «. Diese Zeitangabe entspricht etwa »damals« (אז), »in jenen Tagen« (בימים ההם), »zu jener Zeit« (בעת ההיא) u.a.m., dazu im folgenden, Abschnitt B Beispiel 1; vgl. Cogan-Tadmor, II Kings, 291.

23, 24-27 (Würdigung von Josias religiösen Verdiensten) ausgelassen und Vers 28 (»Was sonst noch von Josia zu sagen ist ...«) aus seinem Kontext herausgenommen und (in leicht abgewandelter Form) hinter die Erzählung von Josias Tod (2 Chr 35, 26f) plaziert.[15]

Offenbar soll durch diese chronologisch-literarische Aufeinanderfolge Josias Schicksal dem Hiskias gegenübergestellt werden: Während Hiskia nach Erneuerung des Tempeldienstes, Kultreform und Passafeier im Kampf gegen Sanherib von Assyrien siegreich war, ist Josia trotz vergleichbarer kultischer Maßnahmen im Kampf gegen Pharao Necho gefallen. Unterstrichen wird diese Gegenüberstellung noch durch die literarisch-stilistischen Anklänge in der jeweiligen Einleitung des Berichts durch den Chronisten (2 Chr 32, 1; 35, 20):

> 2 Chr 32, 1: Nach diesen Begebenheiten und diesen Beweisen der Treue[16] zog Sanherib, der König von Assyrien, heran; er rückte in Juda ein und belagerte die festen Städte und gedachte, sie für sich zu erobern.
>
> 2 Chr 35, 20: Nachdem Josia all dies vollbracht und so den Tempel wiederhergestellt hatte, rückte Necho, der König von Ägypten, heran, ... Da zog Josia ihm entgegen.

Unter den jüdischen Exegeten weist der dem Raschi zugeschriebene Kommentar zu 2 Chr 35, 20 sehr schön auf diesen Kontrast hin: »Der Bibelvers hier ist eine Klage über Josia, da ihm kein Wunder geschah wie Hiskia, bei dem ebenfalls die gottgefälligen Taten und die Bedrohung durch Sanherib nacheinander berichtet sind, doch ihm geschah ein Wunder.«[17]

Das Schicksal des frommen Königs Josia (2 Kön 23, 25; 2 Chr 34, 1 // 1 Kön 22, 1) wird sogar ähnlich geschildert wie das des Ahab (vgl. 2 Chr 35, 22-24 mit 1 Kön 22, 30. 34-37), des ganz und gar bösen Königs von Israel (2 Kön 16, 29-33). Gerechtfertigt wird dies vom Chronisten durch die Bemerkung »er hörte nicht auf Nechos Worte, die aus dem Munde Gottes kamen« (2 Chr 35, 21f).

(4) Der Verfasser der Königsbücher macht eine präzise chronologische Angabe zu Sanheribs Einfall in Juda: »Im vierzehnten Jahre des Königs Hiskia aber zog Sanherib, der König von Assyrien, wider alle festen Städte Judas heran und nahm sie ein.« (2 Kön 18, 13 // Jes

---

15 Gegen Williamson, Chron, 408f, der behauptet: »the Chronicler does not follow precisely the order of his Vorlage as regards his source citation formula (contrast verses 26-27 and 2 Kg. 23:28, ...). There is no apparent reason for this quite exceptional circumstance. It is thus reasonable to suppose that the form of Kings which he was following, and which we know was not always identical with our MT, already reflected this change of order«.

16 Das bezieht sich auf Hiskias Taten, die in Kap. 31 berichtet waren, dazu auch im folgenden Beispiel.

17 Vgl. Ehrlich, Mikrâ Ki-Pheschutô, 469; Elmslie, Chron (1916), 343f.

36, 1)[18]. Diese Angabe des früheren Textes ersetzt der Chronist durch
eine feste Formel, die den neuen Vorgang in die Kette von Hiskias
Taten einreiht: »Nach diesen Begebenheiten und diesen Beweisen der
Treue zog Sanherib, der König von Assyrien, heran; er rückte in Juda
ein und belagerte die festen Städte und gedachte, sie für sich zu erobern.« (2 Chr 32, 1)[19]. Die Einleitung »nach diesen Begebenheiten
und diesen Beweisen der Treue« soll eine deutliche literarische und
»chronologische« Beziehung herstellen zwischen Sanheribs Kriegszug
nach Juda, der in Kapitel 32 geschildert wird, und Hiskias kultisch-
religiösen Maßnahmen (Erneuerung des Gottesdienstes am Jerusalemer Tempel, Feier des Passafestes und umfassende Kultreformen), von
denen die Kapitel 29-31 ausführlich berichten. Dazu verwendet der
Chronist nicht die geläufige Formel »nach diesen Begebenheiten«, wobei mit den ›Begebenheiten‹ das unmittelbar zuvor Berichtete gemeint
ist, sondern er erweitert sie durch Einfügung der Vokabel »Treue«
(אמת) mit bestimmtem Artikel[20]. Damit schließt Kapitel 32 direkt an
2 Chr 31, 20 an, wo der Chronist bei der Zusammenfassung von Hiskias kultischen Maßnahmen die entsprechende Formel durch dieselbe
Vokabel erweitert: »was vor dem Herrn, seinem Gott, gut und recht
und Pflicht war (הטוב והישר והאמת), das tat er«[21].

Auf die Formulierung von 2 Chr 31, 20 hat möglicherweise der
Wortlaut von Hiskias Gebet eingewirkt: »Ach Herr, gedenke doch,
daß ich mit **Treue** und mit ungeteiltem Herzen vor dir gewandelt bin
und getan habe, was **gut vor deinen Augen**« (2 Kön 20, 3 // Jes 38,
3).

Die hier in der Chronik hergestellte deutliche literarische und
»chronologische« Beziehung zwischen Hiskias erfolgreichem Wirken einerseits und Sanheribs Mißerfolg andererseits soll dem Leser

---

18 Im Vergleich zu chronologischen Angaben an anderen Stellen der Bibel sowie in
Sanheribs Denkmälern wirft das hier genannte Datum Probleme auf; dazu Montgomery, Kings, 483; Tadmor, Chronologie, 278f; Cogan-Tadmor, II Kings, 228.

19 Montgomery, Archival Data, 49, hat die Vermutung geäußert, der Redaktor der
Königsbücher habe anstelle eines präzisen Datums aus dem ihm vorliegenden Archivmaterial die unscharfe Zeitangabe »damals« eingesetzt (so etwa 1 Kön 9, 24:
»damals baute er das Millo«); unsere Stelle spricht für Montgomery. Außerdem
lehrt sie, daß auch der Ausdruck »nach diesen Begebenheiten« ein präziseres Datum
der Vorlage ersetzen konnte.

20 Die in biblischen Erzählungen übliche Formel lautet »nach diesen Begebenheiten«:
אחר(י) הדברים האלה (z.B.: Gen 15, 1; Est 2, 1; 3, 1), gelegentlich mit vorangestelltem »es geschah«: ויהי (z.B.: Gen 22, 1. 20; 39, 7; 40, 1; 48, 1; 1 Kön 17, 17; 21, 1).
Die Formulierung »nach diesen Begebenheiten und diese[n] Beweisen de]r Treue«
kommt so nur in 2 Chr 32, 1 vor.

21 Die übliche Formel lautet »was recht und gut ist vor den Augen des Herrn (s/deines
Gottes)«: הטוב והישר בעיני יהוה (אלהי)ך/ך, so etwa Dtn 6, 18; 12, 28. Ähnlich wie
in Dtn hat der Chronist auch in 2 Chr 14, 1 den Text von 2 Kön 15, 11 abgewandelt.

unmißverständlich klar machen: »Solange der König auf Gottes Wegen geht, kann ihm kein Feind etwas anhaben, nicht einmal der Herrscher des assyrischen Weltreiches«, oder, wie ein jüdischer Exeget es formuliert hat: »›Nach diesen Begebenheiten und diesen Erweisen der Treue‹ – dieser Vers kündigt von vornherein an, daß Sanheribs Unternehmen zum Scheitern verurteilt ist, da er zur unrechten Zeit gekommen ist; denn nachdem Hiskia alle diese guten Taten vollbracht hatte, war doch klar, daß der Herr sein Gott ihn aus der Hand seiner Feinde erretten würde«.[22] In dieselbe Richtung geht wohl die chronistische Formulierung der Fortsetzung eben dieses Verses: »er [Sanherib] rückte in Juda ein und belagerte die festen Städte und gedachte, sie für sich zu erobern«; demnach war die Eroberung der befestigten Städte zwar geplant, kam aber letzten Endes nicht zustande (genauso wenig wie die Eroberung von Jerusalem). Im Gegensatz dazu steht 2 Kön 18, 13: »... zog Sanherib, der König von Assyrien, wider alle festen Städte Judas heran und nahm sie ein«. Die Version der Königsbücher, wonach die judäischen Städte wirklich eingenommen wurden, findet ihre Bestätigung in biblischen und außerbiblischen Quellen. Besonders berühmt ist der Bericht von Sanheribs drittem Feldzug (701 v. Chr.):

ù^{m}Hazaqiau $^{kur/uru}$Iaudā ša la iknušu ana nirīya, 46 ālānīšu dannūti bīt dūrānī ù ālānī ṣehrūti ša limētīšunu ša nība la išû, ina šubkus arammē ù qitrub šūpî mithuṣ zūk šēpī pilšī niksī ù kalbannāte alme akšud[23].

Auch die Darstellung der Eroberung von Lachisch auf den Wänden von Sanheribs Palast in Ninive und die Ausgrabungen von Tell Lachisch III sprechen unwiderleglich für die Eroberung[24]. Folglich hat der Chronist die historischen Fakten bezüglich der Eroberung der judäischen Städte durch Sanherib geändert zugunsten der theologisch-religiösen Aussage, die er seinen Lesern vermitteln wollte.

Rudolph[25] führt in 2 Chr 32, 1ff die Fälle auf, in denen das Prinzip der göttlichen Gerechtigkeit, unter das der Chronist die Vorgänge der Königszeit stelle, durchbrochen sei: Hier wird Hiskia keine Verfehlung zugeschrieben, obwohl Sanheribs Kriegszug gegen Juda durchaus

---

22 Ehrlich, Mikrâ Ki-Pheschutô, 467.

23 »Hiskia aus dem Lande Juda, der sich meinem Joch nicht unterworfen: 46 seiner befestigten Städte, ummauerte Städte, sowie kleine Städte ohne Zahl ringsum habe ich durch Aufschütten von Rampen und Wällen [vor den Mauern], durch Überfall des Fußvolks, durch Durchstiche [unter der Mauer] und Einbrüche [in die Befestigungen] belagert und erobert«; Chicago Oriental Institute Prism Inscription, col. III, 18-23; s. Luckenbill, Annals, 32f; Pritchard, ANET, 288.

24 Dazu Ussishkin, Conquest; idem, Lachisch, 42-56; I. Eph'al, Die assyrische Rampe in Lachisch: militärisch und sprachliche Aspekte (hebr.), in: Zion 49 (1984), 333-347.

25 Rudolph, Chron, XIX.

als Strafe aufgefaßt werden kann. Diese Unstimmigkeit beobachteten bereits die antiken Rabbinen und suchten sie verschiedentlich zu erklären[26]. In der Tat stempelt der Chronist Hiskia hier nicht zum Sünder, wie er es mit Asa und Josaphat tut (2 Chr 16, 10-12; 20, 35-37), übergeht aber nicht die potentielle ›Strafe‹, Sanheribs Feldzug gegen Juda. Und doch weicht er dem hier auftauchenden theologischen Problem nicht aus, sondern ordnet auch dieses Geschehen unter die Erweise der göttlichen Gerechtigkeit in seinem Sinne ein: Er stellt den assyrischen Feldzug gegen Juda als ein militärisches Unternehmen dar, das gar nicht gelingen konnte, und zwar wegen Hiskias Treue gegenüber Gott (2 Chr 32, 1). Folgerichtig berichtet er im selben Kapitel (V. 21), auf die göttliche Intervention hin sei Sanherib »mit Schimpf und Schande in sein Land zurückgekehrt« – ein Zusatz, der durch seine Vorlagen (2 Kön 19, 36 // Jes 37, 37) in keiner Weise gedeckt ist. Der Chronist geht sogar noch weiter: er begnügt sich nicht damit, Hiskia als gerechten König darzustellen, dem die assyrischen Truppen dank Eingreifen seines Gottes keinen Schaden zufügten (laut Auskunft der Chronik waren Hiskias Städte ja nicht erobert worden), sondern er schildert noch den Vorteil, der Hiskia aus dem ganzen Unternehmen erwuchs: »Und viele brachten dem Herrn Gaben nach Jerusalem und dem König Hiskia von Juda Kleinodien, sodaß er bei allen Völkern seither in hohem Ansehen stand« (2 Chr 32, 23 – chronistischer Zusatz).

Anders erklärt Japhet[27] das Verfahren des Chronisten in unserem Zusammenhang: Sie nimmt an, Sanheribs Kriegszug gehöre in die Reihe der Versuchungen, mit denen Gott nach Meinung des Chronisten seine Getreuen bisweilen heimsuche.

(5) Die Erzähleinheit von Davids Errettung vor einem riesenhaften Philister, auf die hin ihn seine Leute beschworen haben sollen: »Du darfst nicht mehr mit uns in den Kampf ziehen« (2 Sam 21, 15-17) ist in den Samuelbüchern durch die Formel »und danach geschah es« (ebd. V. 18a) mit der Erzählung von der Erschlagung des Riesen Saph durch den Husathiter Sibbechai (ebd. V. 18b) verknüpft. In der Chronik fehlt alles, was in 2 Sam 13, 1 bis 21, 17 erzählt ist: die Geschichte von Amnon und Tamar, Absaloms Aufstand, der Aufstand des Benjaminiten Seba und die Rache der Gibeoniten an Sauls Söhnen. Daher verbindet die Formel »und danach geschah es« in 1 Chr 20, 4a (// 2 Sam 21, 18a) die Erzählung von der Erschlagung des Riesen Saph

---

26 b Sanhedrin 94b mit Raschi zugeschriebenem Kommentar: »Bringt man eine solche Gabe einem solchen Herrn? Sollte Sanherib wegen Hiskias Treue-Erweisen gekommen sein?«. Vgl. ferner den Kommentar von R. David Kimchi zu 2 Chr 32, 1.

27 Japhet, Ideology, 154 Anm. 453 und 193ff.

(1 Chr 20, 4b) mit dem Bericht von der Einnahme der Ammoniter-Hauptstadt durch Joab und David 20, 1-3 // 2 Sam 12, 26-31).

Ob der Chronist diese literarische Aufeinanderfolge bewußt geschaffen hat oder ob sie durch seine Auslassungen unbeabsichtigt zustandekam, läßt sich wohl kaum entscheiden. Hier geht es uns nur um den im Text der Chronik vorliegenden Befund, der schließlich das Entscheidende ist.

(6) In 1 Kön 9, 24b verbindet die Zeitangabe »da« (אָז) mit dem Umzug der Pharaonentochter »aus der Davidsstadt in das Haus, das er [Salomo] für sie gebaut hatte« (V. 24a), mit dem Bau des Millo (V. 24b). In 2 Chr 8 hat der Chronist zwar den Bau des Millo ausgelassen, nicht aber das Wörtchen אָז, das nunmehr zwischen dem Bericht vom Umzug der Pharaonentochter in ihren Palast außerhalb der Davidsstadt (2 Chr 8, 11) und der Schilderung von Salomos kultischen Einrichtungen am Tempel (ebd. 8, 12-16 // 1 Kön 9, 25) steht.[28]

Die Bedeutung dieser literarisch/chronologischen Abfolge ist auch hier schwer auszumachen, aber ihre Existenz in dem durch den Chronisten geschaffenen Text ist doch unübersehbar.

(7) Die Verbindung zwischen der Einrichtung des Tempeldienstes durch Salomo (2 Chron 8, 12-16 // 1 Kön 9, 25 teilweise) und der Erzählung von der Exkursion nach Ophir (VV. 17-18 // 1 Kön 9, 26-28) hat erst der Chronist geknüpft, indem er V. 17 die Vokabel אָז vorangestellt hat. Dabei ist zu beobachten, daß אָז in der Chronik offenbar ein gleichzeitiges Geschehen einleitet, während es in den Königsbüchern einen Zeitpunkt bezeichnet, der mit dem zuvor Berichteten nicht unmittelbar zusammenhängt[29].

Ab) Literarische Verknüpfung von getrennten Ereignissen

2 Chr 32, 20 deutet der Chronist Hiskias Gebet während der Krise mit Assyrien nur kurz an; in 2 Kön 19, 15-19 (// Jes 37, 15-20) dagegen steht es ausführlich.[30] Dies überrascht angesichts der Beobachtung, daß der Chronist seinerseits in 2 Chr 30, 18f Hiskia ein Gebet in den Mund gelegt hat (wenn auch aus völlig anderem Anlaß). Außerdem läßt er an anderer Stelle seines Werks einen König, der sich in ähnlicher Krisensituation befindet, ebenfalls ein Gebet sprechen. Es handelt

---

28 Curtis, Chron, 354 meint, die Zeitangabe »da« beziehe sich hier auf die Einweihung des Tempels; Williamson, Chron, 231 hält die Vokabel für eine Art Vorspann zu Salomos Einrichtung des Tempeldienstes – weder diese noch jene Vermutung vermag so recht zu überzeugen.

29 Zur Bedeutung der Vokabel אָז in den Königsbüchern s. Montgomery, Archival Data.

30 Dazu eingehender unten, Kap. X, wo es um Anspielungen geht.

sich um das Gebet des judäischen Königs Josaphat, als etliche Fürsten aus dem östlichen Transjordanien gegen Juda zu Felde zogen (2 Chr 20, 1-13)[31]. Der Chronist hat sogar Jesajas Prophezeiung und seine Reaktion auf Hiskias Gebet (2 Kön 19, 20-34 // Jes 37, 21-35) weggelassen, ebenfalls im Gegensatz zu seinem Verfahren in 2 Chr 20, 14-17, wo er einen Propheten Jahasiel, Sohn Sacharjas, auf Josaphats Gebet reagieren läßt. Dies verblüfft umso mehr, als der ausgelassene Prophetenspruch Sanheribs Sturz ankündigt (2 Kön 19, 32f // Jes 37, 33-35), den der Chronist wiederum erwähnt; hier hätte er vorführen können, wie Gott seine Verheißung erfüllt und sich als Herr der Geschichte erweist, was der Chronist an anderen Stellen durch Zusätze zum älteren Text zu erhärten sucht.[32] Hier begnügt er sich damit, neben Hiskia »den Propheten Jesaja, den Sohn des Amoz«, zu nennen und zu berichten, beide zusammen hätten »zum Himmel geschrien« (2 Chr 32, 20)[33].

Offenbar hat der Chronist Hiskias Gebet nur kurz angedeutet und Jesajas Reaktion darauf sogar ausgelassen, um einen literarischen Zusammenhang zwischen dem gemeinsamen Gebet von König und Prophet und der göttlichen Rettungstat herzustellen. So schließt Gottes Errettung Hiskias unmittelbar an dessen Gebet an (2 Chr 32, 20f). Verstärkt wird dieser Anschluß noch durch die Auslassung der Zeitangabe »es geschah in derselben Nacht«, womit im früheren Text (2 Kön 19, 35) der Bericht von der wunderbaren Errettung einsetzt: »*Da beteten* der König Hiskia und der Prophet Jesaja, der Sohn des Amoz, und schrien zum Himmel. *Und der Herr sandte einen Engel,* der ver-

---

31 Abgesehen von sonstigen Gebeten, die der Chronist verschiedenen Personen zu anderen Gelegenheiten in den Mund legt, z.B.: 1 Chr 29, 10-19 (David). Daß er die Gebete, die er in den Samuel- und Königsbüchern vorfand, gewöhnlich bringt, ist etwa in 1 Chr 17, 16-27 // 2 Sam 7, 18-29 (Davids Gebet) oder 2 Chr 6, 1-42 // 1 Kön 8, 12-53 (Salomos Gebet) zu beobachten.

32 Dazu unten, Kap. VII, C.

33 Auffällig ist Jesajas Erwähnung als ישעיהו בן אמוץ הנביא, genau wie vorher, als Hiskia den Schreiber Sebna samt den Ältesten der Priester zu ישעיהו בן אמוץ הנביא sandte (Jes 37, 2; an der Parallelstelle 2 Kön 19, 2 steht das Attribut zwischen Name und Patronymikon: ישעיהו הנביא בן אמוץ) und ihn aufforderte: »So bete denn für den Rest, der noch vorhanden ist« (2 Kön 19, 4 // Jes 37, 4). Dort beruhig Jesaja den König und kündigt Sanheribs Niederlage und Fall an, aber nirgends steht, er habe gebetet, wie Hiskia gewünscht hatte. Der Chronist berichtet in diesem Zusammenhang, ישעיהו בן אמוץ הנביא habe zusammen mit König Hiskia gebetet. B. S. Childs, Isaiah and the Assyrian Crisis, London 1967, 108, hat schon bemerkt, daß der Chronist hier eine Umstimmigkeit des älteren Textes harmonisieren wollte: »in II Kings 19.3 ff. (B1) Hezekiah is reticent to pray directly and requests Isaiah to pray on his behalf. In 19. 14ff (B2) Hezekiah confidently offers a lengthy prayer with no reference to Isaiah‹s intercession. The Chronicler harmonizes the difficulty by having both Hezekiah and Isaiah pray (32. 20)«.

nichtete alle Kriegshelden samt Anführern und Fürsten im Heerlager des Königs von Assyrien ... «.

Durch die unmittelbare Aufeinanderfolge wollte der Chronist offenbar den Eindruck erwecken, Gott habe das Gebet Hiskias und Jesajas sofort (nicht erst in der Nacht) erhört und Israel vor dem assyrischen König errettet, nach dem Muster von »wir wollen in unsrer Not zu dir schreien, daß du uns erhörest und uns errettest« (2 Chr 20, 9b).[34] So wird die Gerechtigkeit und die Gebetsmacht dieser Männer betont.[35] In Kön (und Jes) dagegen ste-hen nicht weniger als zwanzig Verse – der ganze Wortlaut von Hiskias Gebet und von Jesajas Spruch – zwischen der menschlichen Bitte und dem Bericht von der göttlichen Rettungstat (2 Kön 19, 15-35 // Jes 37, 15-36).

B) Literarische wird zu sachlich-chronologischer Folge

(1) Nach der aus den Königsbüchern zu erschließenden Zeittafel trat der israelitische König Joahas, der Sohn Jehus, seine Herrschaft im 23. Regierungsjahr des judäischen Königs Joas an und starb in dessen 37. Jahr (2 Kön 13, 1. 10). Und der judäische König Joas starb im 2. Regierungsjahr von Joahas‹ Nachfolger im Nordreich, der ebenfalls Joas hieß (ebd. 14, 1). Demnach hätte der judäische König Joas zwei Jahre länger gelebt als der israelitische König Joahas, der Sohn Jehus.

Laut 2 Kön 13, 2-3 tat Joahas, der Sohn Jehus, »was dem Herrn mißfiel« und wurde zur Strafe »die ganze Zeit über in die Hand Hasaels, des Königs von Syrien, und in die Hand Benhadads, des Sohnes Hasaels« gegeben. Daraus geht hervor, daß der syrische König Hasael starb, solange Joahas an der Regierung war; sein Sohn Benhadad regierte eine Zeitlang gleichzeitig mit Joahas, dem Sohn Jehus, und bekämpfte ihn ebenso wie sein Vater Hasael. Dasselbe ergibt sich aus den Angaben zu Joas, dem Sohn des Joahas in 2 Kön 13, 25: »da entriß

---

34 Weitere Beispiele: »Aber *Josaphat rief laut, und der Herr half ihm,* und Gott lockte sie von ihm weg« (2 Chr 18, 31 – ›Zusatz‹ innerhalb einer Parallelstelle: 1 Kön 22, 32); »Als sich nun die Judäer umwandten, sahen sie sich in den Kampf verwickelt nach vorn und im Rücken; *da schrien sie zum Herrn,* und die Priester stießen in die Posaunen, und die Judäer erhoben das Kriegsgeschrei. *Sowie aber die Judäer das Kriegsgeschrei erhoben, ließ Gott Jerobeam und ganz Israel dem Abia und den Judäern erliegen.*« (2 Chr 13, 14f – ›Zusatz‹, ohne Parallele in Kön).

35 Schärferen und eindeutigeren Ausdruck hat dies später im Midrasch Echa Rabba, Petichta 30 (Ed. Buber, S. 32) gefunden: »Da stellte Hiskia sich hin und sprach: Ich habe keine Kraft zu töten oder zu verfolgen oder zu singen, ich schlafe in meinem Bett und du handelst, darauf sagte ihm der Heilige gelobt sei Er: Ich tu‹s, wie geschrieben steht: ›In derselben Nacht ging der Engel des Herrn aus ...« [2 Kön 19, 35]. Das Motiv, daß Gott Gebete der Gerechten prompt erhört, findet sich auch in chassidischen Erzählungen.

Joas, der Sohn des Joahas, **Benhadad, dem Sohne Hasaels,** die Städte
wieder, **die dieser seinem Vater Joahas im Kriege weggenommen
hatte«.**

Die zeitlichen Relationen stellen sich also folgendermaßen dar: der
syrische König Hasael starb zu Lebzeiten des israelitischen Königs
Joahas, dieser wiederum starb zu Lebzeiten des judäischen Königs
Joas. Demnach müßte der syrische König Hasael etliche Jahre früher
gestorben sein als der judäische König Joas.

In 2 Kön 12, 18-19 wird berichtet, daß Hasael ins Land Israel einfiel
und der judäische König Joas ihn nur durch hohen Tributzahlungen
vom Zug gegen Jerusalem abhalten konnte. Aus dem oben Gesagten
ergibt sich, daß dieser syrische Feldzug einige Jahre vor der Ermordung des Joas durch seine eigenen Leute (ebd. V. 21-22a) stattgefunden haben muß. Mazar[36] meint daraufhin, aus der Erzählung 2 Kön
12 gehe eindeutig hervor, daß Hasaels Einfall ins Land Israel im 23. Regierungsjahr des Joas, gleichzeitig dem Todesjahr Jehus stattgefunden
habe und daß diese Ereignisse zwischen Tischri 814 und Nissan 813
anzusetzen seien. Zu diesem Schluß kommt er, weil er die Zeitangabe
»damals« zu Anfang des Berichts von Hasaels Feldzug in 2 Kön 12,
18f auf das präzise Datum »im 23. Jahre des Königs Joas« bezieht, mit
dem der Bericht von der Instandsetzung des Tempelgebäudes VV. 7-17
einsetzt. Dazu nimmt er noch Informationen über Jehu: »denn Hasael schlug sie im ganzen Grenzland Israels: vom Jordan ostwärts die
ganze Landschaft Gilead, die Gaditen, Rubeniten und Manassiten, von
Aroer am Bache Arnon an, also Gilead und Basan« (2 Kön 10, 32f) und
über Joahas: »Da entbrannte der Zorn des Herrn über Israel, und er
gab sie in die Hand Hasaels, ... « (ebd. 13, 3). Dieser Auffassung Ma-
zars haben sich etliche Forscher angeschlossen[37]. Schon Montgomery
ging davon aus, daß die Zeitangabe »damals« nicht chronologisch eng
gefaßt werden dürfe; er meint, durch diese unbestimmte Zeitangabe
habe der Redaktor von Könige ein exaktes Datum ersetzt, das in
dem ihm vorliegenden älteren Archivmaterial gestanden habe[38]. Wie
hier beobachtet, dient sie offenbar dazu, die Geschichte des jeweiligen Königs literarisch einheitlich zu gestalten. Außerdem dürfte es
schwer fallen, Hasaels 2 Kön 10, 31-34 berichteten Kriegszug ins öst-
liche Transjordanien mit seinem Feldzug ins westliche Transjordanien

---

36 Mazar, Samaria, 180.
37 z.B. Loewenstamm, Hasael, 88; auch Tadmor, Jehu, 477, schreibt: »Gegen Ende von
    Jehus Regierung fiel Hasael ins westliche Transjordanien ein ... gelangte bis Gat
    und ließ sich Tribut entrichten vom judäischen König Joas«. Laut Mazar fiel dieser
    Feldzug, der nach 2 Kön 12, 7. 18 im 23. Regierungsjahr des Joas stattfand, ins 28.
    Regierungsjahr des Jehu, also ins Jahr 815/14 v. Chr.
38 Montgomery, Archival Data, 49; dazu das dort angeführte Beispiel. Vgl. auch Cogan-
    Tadmor, Ahas, 57.

von 2 Kön 12, 18f zusammenzubringen, denn die an beiden Stellen geschilderten Marschrouten (›Königsweg‹ bzw. ›Meeresweg‹) liegen zu
weit auseinander. Für unseren Zusammenhang hier bleibt festzuhalten,
daß laut Mazar und seinen Anhängern Hasaels Kriegszug ins westliche
Transjordanien viele Jahre[39] vor der Ermordung des Joas stattgefunden hat. In 2 Kön ist die Erzählung von der Ermordung des Joas in
die Formel eingespannt, mit der der deuteronomistische Historiograph
den Bericht über die Regierungszeit des Joas abschließt (2 Kön 12, 20-
22)[40]. Diese Abschlußformel steht zwar im Anschluß an den Bericht
von Hasaels Einfall ins Land Israel und Tributerhebung von Joas, aber
ein kausaler Zusammenhang zwischen Hasaels Feldzug und Joas‹ Ermordung wird nicht hergestellt. Dieser Historiograph betrachtete Hasaels Zug gegen Jerusalem, den Joas nur durch hohe Tributzahlungen
abwenden konnte, also nicht als Strafe für irgendeine Verfehlung des
Joas. Ganz im Gegenteil, er schreibt ausdrücklich: »Und Joas tat, was
dem Herrn wohlgefiel, **sein ganzes Leben lang**, weil ihn der Priester
Jojada unterwies« (ebd. V. 3).

In ganz anderem Lichte erscheint die Parallelerzählung 2 Chr 24.
Der Chronist weiß zu berichten, daß Joas nach dem Tode des Priesters Jojada den Tempel des Herrn verlassen und den Ascheren gedient
habe. Jojadas Sohn Sacharja habe dagegen einzuschreiten versucht, sei
aber »auf Befehl des Königs im Vorhofe des Tempels des Herrn« ge-
steinigt worden (2 Chr 24, 17-22). Diese Sünde des Joas habe eine
Strafaktion nach sich gezogen: »Und um die Jahreswende zog das
Heer der Syrer wider ihn heran, und als diese nach Juda und Jerusalem gekommen waren, machten sie im Volke alle Obersten des Volkes
nieder und sandten alles, was sie bei ihnen erbeutet hatten, dem König
von Damaskus . . . « (ebd. V. 23ff). Der Chronist geht noch weiter und
nützt die literarische Abfolge, die im Königsbuch zwischen dem Syrer-
Einfall ins Land Israel und dem Bericht von der Ermordung des Joas
durch seine eigenen Leute besteht, dazu aus, die beiden Ereignisse in
einen sachlich-chronologischen Zusammenhang zu bringen, wobei er
den beträchtlichen Zeitabstand zwischen den beiden entweder kühn
überspringt oder aber gar nicht darum weiß. Wie er die Sache darstellt, besiegten die syrischen Truppen Joas und »vollzogen an Joas

---

39 ca. 16 Jahre, somit würde es sich um die Jahre 815/14 und 798 v. Chr. handeln.
40 Ein ähnlicher Fall liegt 2 Kön 23, 28-30 in Bezug auf Josia vor: Die Erwähnung
   seines Todes bei Megiddo ist eingespannt in die Abschlußformel, mit der der deuteronomistische Historiker den Bericht über Josias Regierungszeit abschließt: »Was
   sonst noch von Josia zu sagen ist, alles, was er getan hat, das steht ja geschrieben
   in der Chronik der Könige von Juda. Zu seiner Zeit zog der Pharao Necho . . . .
   [Bericht von Josias Tod bei Megiddo, VV. 29-30a]. Das Landvolk aber nahm Joahas,
   den Sohn Josias, und sie salbten ihn und machten ihn zum König an seines Vaters
   Statt.« Die Erscheinung als solche ist in Kön recht verbreitet.

das Strafgericht. Und als sie von ihm wegzogen – sie verließen ihn nämlich schwerkrank – zettelten seine Diener eine Verschwörung wider ihn an wegen seiner Blutschuld am Sohne des Priester Jojada und töteten ihn auf seinem Bette« (ebd. VV. 24c-25a).

Daraus geht hervor, daß der hier vom Chronisten hergestellte sachlich-chronologische Zusammenhang historisch in keiner Weise abgesichert ist.[41] Vielmehr sollte sie nur das dem chronistischen Historiographen eigene Gerechtigkeitsprinzip auf das im älteren Text Berichtete anwenden helfen: Der syrische Feldzug gegen Juda fungiert als Strafe für Judas Volk, Fürsten und König. Während dieses Krieges wurde Joas physisch krank – zur Strafe dafür, daß er den Tempel des Herrn verlassen und den Ascheren gedient hatte. Auf diesem Hintergrund wurde er dann von seinen eigenen Leuten umgebracht – zur Strafe für die von ihm veranlaßte Steinigung des Priesters Sacharja, Sohn des Jojada.[42]

(2) Ähnlich wie beim vorigen Beispiel verhält es sich mit dem Bericht von der Ermordung des assyrischen Königs Sanherib:

In 2 Kön 19, 35f (// Jes 37, 36f) wird von der Niederlage der assyrischen Truppen und Sanheribs Rückkehr nach Ninive erzählt. Im Anschluß daran (V. 37 // Jes 37, 38) wird Sanheribs Ermordung durch seine Söhne berichtet:

> 35-36: In derselben Nacht ging der Engel des Herrn aus und erschlug im Lager der Assyrer 185 000 Mann. . . . Da brach Sanherib, der König von Assyrien, auf und zog hinweg, kehrte heim und blieb in Ninive.

---

41 Und doch hat die literarische Nachbarschaft bzw. der sachlich-chronologische Zusammenhang zwischen Hasaels erfolgreichem Einfall ins Land Israel und der Ermordung des Joas etliche Forscher dazu veranlaßt, zwischen den beiden Ereignissen einen Zusammenhang zu sehen, so etwa Reviv, Bet-Aw, 204: Die Eingriffe in die Tempeleinnahmen und -schätze (die zusammen mit den Schätzen des Königs als Tribut an Hasael gingen) hätten wiederum den Zorn der Priesterschaft erregt; daraufhin sei gegen Joas eine Verschwörung angezettelt worden. Oded, Israel und Juda, 149f, hält es für wahrscheinlich, daß unter dem Eindruck von Joas' Besiegung durch die syrischen Truppen und seiner Krankheit Gegner des Königs am Hofe und außerhalb Auftrieb erhalten hätten, so daß die Palastverschwörung gelang. Schon Tadmor, Zeit des Ersten Tempels, 126 schrieb: **Auf dem Hintergrund** der innerjüdäischen Konflikte und der **Unterdrückung durch die Syrer wurde Joas von zwei seiner eigenen Leute umgebracht** (orig. hebr.). Vgl. ferner nächste Anm.

42 Dagegen sieht Mazar, Samaria, 181, in 2 Chr 24, 23-25 einen eigenständigen, glaubwürdigen Bericht und keine Bearbeitung des im Parallelbericht 2 Kön 12, 18f. Erzählten. Aufgrund dieser seiner Annahme kommt er zu dem Schluß, in 2 Chr 24, 23ff sei von einem anderen syrischen Feldzug die Rede, dem unter Leitung des Ben-Hadad im Jahre 798 v. Chr.: »Ben-Hadad attacked the kingdom of Israel and Jehoahaz perished in this war or as a consequence of it. The army of Aram continued southwards, and invaded Judah, perpetrating a great massacre in Jerusalem and Judah. This caused a revolt in Jerusalem, during which Joash perished about a year after the Aramean invasion« [797/6].

37:     Und einstmals, als er im Tempel seines Gottes Nisroch anbetete, da erschlugen
        ihn Adrammelech und Sarezer [seine Söhne] mit dem Schwerte.

Der deuteronomistische Historiograph stellt zwar keine ausdrückliche Verbindung zwischen den beiden Ereignissen her, aber ihre Hin-
tereinanderordnung kann beim Leser schon den Eindruck erwecken,
daß Sanherib auf seinen erfolglosen Juda-Feldzug hin von seinen
Söhnen ermordet wurde. Verstärkt wird dieser Eindruck noch durch
Jesajas Prophezeiung »Siehe, ich will ihm einen Geist eingeben, daß
er ein Gerücht hört und in sein Land zurückkehrt, und daselbst will
ich ihn fällen durch das Schwert« (2 Kön 19, 7 // Jes 37, 7).[43]
Was der deuteronomistische Historiograph seinen potentiellen Lesern indirekt, sozusagen zwischen den Zeilen, zu vermitteln suchte,
machte der Chronist ganz deutlich: Er stellt die Verbindung her zwischen der Rückkehr aus Juda »mit Schimpf und Schande« und der
Ermordung in Ninive. Er nennt die beiden Ereignisse geradezu im
gleichen Atemzug: »... so daß er mit Schimpf und Schande in sein
Land zurückkehren mußte. Und als er in den Tempel seines Gottes
eintrat, schlugen ihn daselbst einige seiner leiblichen Söhne mit dem
Schwerte nieder« (2 Chr 32, 21b). Hier wollte der Chronist offenbar deutlich machen, wie sich Jesajas Weissagung erfüllt habe, wonach
Sanherib vor den Toren Jerusalems unverrichteter Dinge umkehren
müsse und im eigenen Lande ermordet werden solle (2 Kön 19, 7 //
Jes 37, 7).[44]
Wie aus den einschlägigen assyrischen und babylonischen Urkunden hervorgeht, bestand in Wirklichkeit keinerlei Zusammenhang zwischen Sanheribs erfolglosem Kriegszug nach Juda vom Jahre
701 v. Chr. und seiner Ermordung durch seinen Sohn zwanzig Jahre
später, 681 v. Chr.[45]

---

43 Dazu Eph'al, Sanherib, 1065. Ähnlich wie in der Bibel wird die Ermordung Sanhe-
   ribs durch seinen Sohn auch in einer Inschrift aus der Frühzeit des babylonischen
   Königs Nabonid erklärt, als Strafe des Gottes Marduk für die Zerstörung der Stadt
   Babel (689 v. Chr.), vgl. S. Langdon, Die neu-babylonischen Inschriften, Leipzig
   1912, 270-272, I. 7-40.
44 Dazu auch unten, Kap. VII, C, Beispiel 1. So stellen sich die Dinge auch späteren
   Geschichtsschreibern dar, vgl. etwa Josephus, ant. X 21f: »denn Gott hatte sein
   Heer mit einer pestartigen Krankheit heimgesucht, und in der ersten Nacht der
   Belagerung starben hundertfünfundachtzigtausend Mann samt ihren Führern und
   Hauptleuten [Kombination des Berichts aus 2 Kön 19, 35 mit 2 Chr 32, 21]. Dieser
   Schlag versetzte ihn in Trauer und Angst, und da er befürchtete, sein ganzes Heer
   möchte dahingerafft werden, floh er mit dem Rest seiner Truppen in sein Reich und
   nach der Stadt zurück, welche Stadt des Ninus (Ninive) heißt. **Doch nur kurze
   Zeit blieb er noch am Leben**, denn seine ältesten Söhne Adramelech und Sarasar
   brachten ihn um in seinem eigenen Tempel, der Araska genannt wurde«.
45 Ausführlich erörtert sind die Umstände von Sanheribs Tod bei Parpola, Murderer,

Aus dem Vergleich der Paralleltexte der Chronik mit den Samuel-
und Königsbüchern erhellt, daß der Chronist zweierlei Arten von li-
terarisch/ chronologischer Abfolge geschaffen hat.

So operiert der Chronist mit literarischen Mitteln, um verschiedene
historiosophische und historiographische Konzeptionen zu artikulie-
ren und seine eigenen Ansichten zu propagieren. Von daher ist der
historische Wert von solchermaßen literarisch gestalteten Geschichts-
darstellungen des Chronisten recht niedrig zu veranschlagen.

Dasselbe Verfahren findet sich übrigens auch in den assyrischen
Königsinschriften, z.B. in der Zusammenfassung der Taten von Tiglat-
Pileser III[46] und bei Sanherib[47].

171-182.

46 Dazu Eph'al, Arabs, 29 Anm. 76.

47 Dazu L. D. Levin, Manuscripts, Texts and the Study of the Neo-Assyrian Royal Inscriptions, in: F. M. Fales (Ed.), Assyrian Royal Inscriptions: New Horizons, Roma
   1981, 63.

Kapitel II
Historiographische Korrekturen

Historiographische Korrekturen nimmt ein späterer Historiker an einem früheren historiographischen Werk vor, um bestehende innere Widersprüche zu beseitigen oder um keine Widersprüche zu von ihm eingefügten Zusätzen aufkommen zu lassen. Gelegentlich soll eine solche Korrektur die ältere Darstellung dem Geist und Geschmack, den Zeitumständen oder dem anderen Informationsstand des späteren Historikers anpassen.

Aus den in der Chronik zu beobachtenden Korrekturen dieser Art geht hervor, daß der Chronist in der Regel Wörter oder Ausdrücke aus dem Text von Samuel-Könige getilgt hat, um Widersprüche verschiedenster Art, die innerhalb dieser Geschichtswerke vorliegen oder zwischen diesen und seinen ›Zusätzen‹ entstehen, aus der Welt zu schaffen. Nur an wenigen Stellen geschieht die Überarbeitung durch Umformulierung oder Erweiterung des älteren Textes, um dessen Inhalte den Vorstellungen des Chronisten anzupassen.

Typische Beispiele für solche Korrekturen finden sich auch im weiteren Umkreis der biblischen Literatur:

(a) Der samaritanische Pentateuch etwa beobachtet Widersprüche innerhalb des massoretischen Textes, so steht z.B. Ex 13, 4: »Heute (wörtlich: am heutigen **Tage**) zieht ihr aus, im Frühlingsmonat«, was Dtn 16, 1 widerspricht, wo ausdrücklich vom Auszug zur **Nacht**zeit die Rede ist. Um diesen Widerspruch zu vermeiden, haben die Samaritaner die Vokabel »heute« einfach ausgelassen und bei ihnen lautet der Vers: »Ihr zieht aus im Frühlingsmonat«.

(b) Ein semantischer Widerspruch besteht innerhalb des Verses Ex 20, 18: »Das ganze Volk **sah** *die Stimmen* und die Fackeln und den *Klang des Schofars* und den brennenden Berg«. In der samaritanischen Version sind die akustischen von den optischen Eindrücken getrennt und jeweils mit eigenem Verb der sinnlichen Wahrnehmung versehen: »Das ganze Volk **hörte** die Stimmen und den Klang des Schofars und **sah** die Fackeln und den brennenden Berg.«

Auch Josephus Flavius bei der Nacherzählung biblischer Geschichte achtet auf Details und gleicht Ungereimtheiten aus, z.B.:

(a) 1 Sam 18, 14-27 verlangt Saul von David, er solle ihm hundert ›Vorhäute‹ der Philister bringen (V. 25), wenn er seine Tochter Michal zur Frau haben wolle; David brachte sogar doppelt so viele Vorhäute und erhielt Sauls Tochter zur Frau (V. 27). Da Josephus für hellenistische Leser schreibt, die unbeschnitten waren, ersetzt er die ›Vorhäute‹ durch ›Schädel‹, sowohl in Sauls Bedingung (ant. VI 197; vgl. 201) als auch in Davids Erfüllung derselben (ebd. 203).

(b) 1 Sam 27 bekommt David vom Philisterfürsten Achis die Stadt Ziklag, von wo aus er Überfälle auf Gesuriter, Girsiter und Amalekiter machte; dabei pflegte er das Vieh als Beute mitzuführen, Männer und Frauen aber zu töten, damit sie nicht gegen ihn aussagten. Dieses grausame Vorgehen des nachmaligen israelitischen Königs verschweigt Josephus: Bei ihm werden nur Tiere erbeutet, das Schicksal der Menschen bleibt unklar (ant. VI 323).

(c) Esra 4, 7 wird der persische König Artaxerxes als Empfänger des Beschwerdebriefs über den Wiederaufbau Jerusalems genannt. Nach den Josephus vorliegenden historischen Daten gehört das Schreiben jedoch nicht in die Regierungszeit des Artaxerxes, sondern in die von Kyros‹ Sohn und Nachfolger Kambyses[1]. In seiner Wiedergabe des Schreibens (ant. XI 21f.) setzt Josephus daher nicht den Namen des Königs ein, sondern die allgemeine Anrede ›mein Herr‹ (δέσποτα).

Ähnlich verfuhr schon Nikolaus von Damaskus in seinem Geschichtswerk: Ant. XIV 8f wird Antipater, der Vater des Herodes, als ›Idumäer‹ eingeführt und Josephus kommentiert: »Nikolaus von Damaskus leitet seine Herkunft von den ersten Juden ab, die aus Babylon nach Judäa zurückkehrten. Doch sagt er das wohl nur, um seinem Sohn Herodes, der durch Zufall König der Juden wurde … , einen Gefallen zu tun«. Bell I 123f. zitiert Josephus zwar Nikolaus von Damaskus, spricht aber nur von Antipaters idumäischer Herkunft.[2] Demnach wäre Nikolaus aus politischen Erwägungen von den historischen Fakten abgewichen; für den späteren Historiker entfielen solche Rücksichten, und er konnte die Abweichung seines Vorgängers sozusagen rückgängig machen.

Auch von den Alexandrinern ist bekannt, daß sie ähnliche ›Verbesserungen‹ an den Homerischen Schriften vornahmen, »whenever it was not in conformity with the manners of the court of the Ptolemies or the customs of certain Greeks«[3].

---

1 Zur Josephus' Chronologie dieser Epoche s. C. G. Tuland, Josephus, Antiquities Book XI: Correction or Confirmation of Biblical Post-Exilic Records? in: AUSS 4 (1966), 176-192.

2 Vgl. O. Michel/O. Bauernfeind, Flavius Josephus: De bello Judaico – Der Jüdische Krieg, Bd. I, Darmstadt 1959, Anm. 68 z. St.

3 Lieberman, Hellenism, 37.

A) Aufhebung von Widersprüchen innerhalb von Samuel-Könige

(1) 2 Sam 7, 1 faßt König David den Plan, dem Herrn ein Haus zu erbauen, und als Hintergrund für diesen seinen Entschluß steht: »der Herr aber hatte ihm Ruhe verschafft vor all seinen Feinden ringsumher«[4]. Diese Angabe geht schlecht zusammen mit V. 11 im selben Kapitel, wo Gott David erst verheißt, er werde »ihm Ruhe schaffen vor all seinen Feinden«, woraus hervorgeht, daß dieser Idealzustand noch nicht bestand. V. 12 verheißt Gott David weiter »dann will ich deinen Nachwuchs aufrichten, der von deinem Leibe kommen wird ...«, demnach läge Nathans Weissagung noch vor Salomos Geburt, d.h. auch vor Davids Kriegen gegen die Syrer und Ammoniter, von denen erst 2 Sam 8, 3-8; 10; 11, 1; 12, 26-31 berichtet wird. Von »Ruhe vor all seinen Feinden« kann also zum Zeitpunkt von Nathans Weissagung überhaupt nicht die Rede sein. Auch redaktionell paßt der Einschub 2 Sam 7, 1b nicht gut zur Fortsetzung des Textes in Kapitel 8, das mit der Formel »Darnach begab es sich« an das Geschehen von Kapitel 7 anknüpft: »**Darnach begab es sich,** daß David die Philister **schlug** ... Er **schlug** auch die Moabiter ... Dann **schlug** David den König von Zoba, Hadad-Eser ...« (8, 1ff). Im Widerspruch zu dieser »Ruhe vor allen seinen Feinden« steht auch Salomos Erklärung an König Hiram von Tyrus, daß sein Vater David wegen seiner Kriegstaten den Tempel nicht habe erbauen dürfen, im Unterschied zu ihm selbst: »Nun aber hat mir der Herr, mein Gott, **auf allen Seiten Ruhe** gegeben; kein Widersacher ist mehr da, kein Mißgeschick« (1 Kön 5, 17f). Diese Erwägungen dürften den Chronisten dazu veranlaßt haben, in Bezug auf David die Angabe »der Herr aber hatte ihm Ruhe verschafft vor all seinen Feinden ringsumher« in 1 Chr 17, 1 einfach wegzulassen.[5] In dieser Hinsicht wird Salomo in der Chronik als Antityp seines Vaters dargestellt: Salomo ist der »**Mann der Ruhe**«, ihm hat Gott verheißen: »ich will ihm Ruhe schaffen vor allen seinen Feinden ringsumher, denn er soll Salomo [Friedemann] heißen, und ich werde Frieden und Ruhe über Israel walten lassen, solange er lebt« (1 Chr 22, 9f.). Demgegenüber erscheint David als »**Mann des Krieges**«, der »Blut vergossen« hat (1 Chr 28, 3)[6].

(2) 1 Kön 5, 27f. steht, Salomo habe zur Vorbereitung des Tempelbaus »aus ganz Israel Fronarbeiter ausgehoben« und zwar 30 000 Mann, von denen er jeden Monat 10 000 auf den Libanon entsandte,

---

4 Derselbe Ausdruck steht außerdem Dtn 12, 10f: »und er wird euch Ruhe schaffen vor all euren Feinden ringsumher«; Dtn 25, 19; Jos 21, 44; 23, 1; 1 Kön 5, 18 u. ö.

5 Vgl. dazu Curtis, Chron, 226.

6 Vgl. auch 1 Chr 22, 8: »Du hast viel Blut vergossen und große Kriege geführt«.

um Bauholz zu beschaffen. Diese Information[7] steht im Widerspruch
zu 1 Kön 9, 20-22, wo ausdrücklich steht: »Von den Israeliten aber
machte er keinen zum Fronknecht, sondern sie waren seine Kriegsleute und Beamten, die Obersten über seine Wagenkämpfer und die
Obersten über seine Streitwagen und Reiter«. Als Fronknechte für
die Bauarbeiten herangezogen habe er dagegen »alles Volk, das noch
übrig war von den Amoritern, Hethitern, Pheresitern, Hewitern und
Jebusitern, **die nicht zu den Israeliten gehörten**«.

Um den Widerspruch zwischen den beiden Stellen aufzuheben, läßt
der Chronist an der entsprechenden Stelle (2 Chr 2) die Information
aus 1 Kön 5, 27f über die Bevorzugung von israelitischen Arbeitern
einfach weg und erwähnt nur die Heranziehung von Resten der vorisraelitischen Bevölkerung des Landes zu den Bauarbeiten (2 Chr 8,
7-9)[8]. Außerdem schickt er der Auskunft in der Fortsetzung des Textes (1 Kön 5, 29f) über die 70 000 Lastträger und 80 000 Steinmetze,
die für den Tempelbau tätig waren, die Erläuterung voraus, es habe
sich um »alle Fremdlinge im Lande Israels« gehandelt (2 Chr 2, 16f)[9];
demnach identifiziert er sie mit »**allem Volk**, das noch übrig war von
den Amoritern, Hethitern, Pheresitern, Hewitern und Jebusitern, **die
nicht zu den Israeliten gehörten**« (2 Chr 8, 7f // 1 Kön 9, 20f)[10].

---

7   Ebenso die Angabe 1 Kön 11, 28, Jerobeam habe als »Aufseher über alle Fronarbeiter
    des Hauses Joseph« fungiert.
8   Der Chronist schreibt, die Nachkommen dieser Völkerschaften hätten noch im
    Lande gesessen, weil Israel »sie nicht vertilgt hatte« (ebd. V. 8). In dem früheren
    Text, 1 Kön 9, 21 dagegen steht, »ihre Nachkommen, die im Lande übriggeblie-
    ben waren, an denen die Israeliten den Bann **nicht hatten vollstrecken können**,
    die machte Salomo zu Fronknechten«. Dazu hat Seeligmann, Übergang, 287f, die
    überzeugende Vermutung geäußert, diese Änderung sei tendenziös: Der Chronist
    habe nicht mit der Möglichkeit rechnen wollen, daß die Israeliten nicht imstande
    gewesen seien, am kanaanäischen Feind den Bann zu vollstrecken. In seinen Augen
    war die unterlassene Ausrottung der kanaanäischen Völkerschaften Nicht-Erfüllung
    eines göttlichen Gebots.
9   Ausführlich behandelt wird dieser Zusatz unten, Kap. XIV, A, Beispiel 3. Die
    Auskunft, beim Tempelbau seien Fremdarbeiter beschäftigt gewesen, ist zu noch
    einem Historiker aus der Zeit des Zweiten Tempels gedrungen, zu dem jüdisch-
    hellenistischen Schriftsteller Eupolemos (ca. 157 v. Chr.). Er berichtet, Suron, der
    König von Tyrus und Sidon, sowie Vaphres, der König von Ägypten, hätten Sa-
    lomo auf seinen Wunsch je 80 000 Arbeiter zum Tempelbau nach Jerusalem ents-
    andt. N. Walter, Fragmente jüdisch-hellenistischer Historiker: Eupolemos, Güters-
    loh 1976, 101f (Salomos Brief an Vaphres mit dessen Antwort); 102-106 (Salomos
    Brief an Suron und dessen Antwort).
10 Zur Gleichsetzung ›aller Fremdlinge‹ mit den Nachkommen der kanaanäischen
    Völkerschaften vgl. Japhet, Ideology, 335.

(3) 1 Kön 9, 11-14 wird berichtet, Salomo habe Hiram, dem König von Tyrus, zwanzig galiläische Städte übereignet, offenbar als Entgelt für Bauholz, Gold und Facharbeiter, die er aus Tyrus erhielt[11]:

> Hiram, der König von Tyrus, hatte Salomo Zedern- und Zypressenholz und Gold, soviel er haben wollte, dazu geliefert -, damals trat König Salomo dem Hiram zwanzig Städte in der Landschaft Galiläa ab. Als aber Hiram von Tyrus auszog, die Städte zu besehen, die ihm Salomo gegeben hatte, gefielen sie ihm nicht, und er sprach: Was sind das für Städte, die du mir da gegeben hast, mein Bruder? Daher nennt man sie ›Land Kabul‹[12] bis auf diesen Tag.[13] Und Hiram sandte dem König[14] 120 Talente Gold.

Im Buch der Könige wird Salomo als ein Regent dargestellt, der wirtschaftlich solche Schwierigkeiten hat, daß er gelieferte Waren nicht mit Geld bezahlen kann, sondern dafür israelitisches Territorium abtreten muß. Dies steht in eklatantem Widerspruch zu dem Salomo verheißenen Reichtum: »Dazu gebe ich dir auch … **Reichtum** und Ehre, daß deinesgleichen keiner sein soll unter den Königen dein ganzes Leben lang« (1 Kön 3, 13; noch eindrucksvoller in der Formulierung des Chronisten 2 Chr 1, 12: »dazu will ich dir **Reichtum und Schätze und Ehre geben, wie sie kein König vor dir besessen hat und keiner nach dir besitzen wird**«). Einen ebenso scharfen Gegensatz dazu bilden Schilderungen von Salomos außerordentlichem Reichtum wie etwa 1 Kön 10, 27: »Und der König machte, daß in Jerusalem Silber war so viel wie Steine, und Zedern so viel wie Maulbeerbäume in der Niederung« (// 2 Chr 9, 27, vgl. auch ebd. 1, 15, wo zusätzlich zum Silber noch Gold erwähnt wird).[15]

---

11 Auffallend ist die Verwendung der Verben נשא und נתן, die den Tauschhandel bezeichnen (V. 11); dazu de Vries, 1 Kings, 131f.

12 Zur Bedeutung des Namens ›Kabul‹ und zur Lokalisierung des entsprechenden Landstrichs s. die Abhandlung von Katzenstein, Tyre, 104f mit Hinweis auf ältere Literatur.

13 Noth, Geschichte Israels, 194 Anm. 2 u. 195 Anm. 3, sieht in 1 Kön 9, 10-14 eine späte ätiologische Erzählung zur Erklärung des Namens ›Land Kabul‹ und zweifelt daher an ihrer Historizität. Dagegen der einleuchtende Einwand von Liver, Chronologie, 189f Anm. 3: »Selbst wenn die Deutung des Namens mit der charakteristischen Formel ›daher nennt man sie Land Kabul bis auf diesen Tag‹ ätiologisch ist, kann die Nachricht als solche historisch sein; zumal da sie dem Ansehen König Salomos abträglich ist, dürfte der israelitische Schriftsteller sie nicht frei erfunden haben« (orig. hebr.). Allerdings ist nicht sicher, ob der Verkauf dieser Städte in den Augen des Verfassers von Kön ›Salomos Ansehen abträglich‹ war, solche Transaktionen waren nämlich im Alten Orient nichts Ungewöhnliches; einen vergleichbaren Fall – allerdings aus früherer Zeit – finden wir in Urkunden aus Alalach, dazu F. C. Fensham, The Treaty between Solomon and Hiram and the Alalakh Tablets, in: JBL 79 (1960), 59f (mit Hinweisen auf frühere Literatur).

14 In Septuaginta, Peschiṭta und Vulgata erscheint hier der Name ›Salomo‹.

15 Vgl. auch 1 Kön 10, 21 // 2 Chr 9, 20, wo ebenfalls Salomos Reichtum an Silber

Wegen dieser Widersprüche, wahrscheinlich auch, weil er daran
Anstoß nahm, daß König Salomo israelitische Städte einem fremden
Herrscher übereignet und damit das Territorium seines Reiches ge-
schmälert haben sollte, ›verbesserte‹ der Chronist die Angaben der
früheren Geschichtsschreibung und schrieb ganz im Gegenteil, Salomo
habe die Grenzen des Landes erweitert; er habe nämlich vom Hiram
Städte erhalten, diese ausgebaut (was für seinen Reichtum spricht) und
mit Israeliten besiedelt (2 Chr 8, 2): »die Städte, die Huram dem Salomo abgetreten, befestigte er und siedelte daselbst Israeliten an«. Um
seine Darstellung zu untermauern, fügt der Chronist noch hinzu: »Salomo zog nach Hamath-Zoba und überwältigte es. Und er befestigte
Tadmor in der Wüste[16] und alle Vorratsstädte, die er in Hamath baute«
(VV. 3-4 – ›Zusatz‹). Nach Auskunft des Chronisten hat Salomo sein
Territorium also nicht reduziert, sondern erweitert, ausgebaut und besiedelt bis an die äußerste Grenze seines Reiches. So verherrlicht der
Chronist an dieser Stelle die Gestalt König Salomos[17], was er durch
bloße Auslassung des anstößigen Textes aus Kön nicht hätte erreichen
können[18].

Demnach ist 2 Chr 8, 2 nicht als frühe historische Überlieferung zu
betrachten[19] und auch nicht mit 1 Kön 9, 10-14 zusammenzubringen,
dergestalt daß sich die beiden Stellen zu einer gemeinsamen frühen
Erzählung ergänzten[20]. Bei dieser Kombination handelt es sich um ei-

---

und Gold hervorgehoben wird.

16 Statt »›Tamar‹ in der Wüste« 1 Kön 9, 18b, womit offenbar eine Ortschaft im Süden
der Wüste Juda gemeint ist.

17 2 Chr 8, 2 als Verherrlichung Salomos sehen auch Ehrlich, Mikrâ Ki-Pheschutô,
451; Liver, Chronologie, 189f Anm. 3. Anders deuten den Vers Rudolph, Chron
219; Bickerman, Ezra, 22 und zuletzt Japhet, Ideology, 480: »Apparently conside-
rations of ›historical probability‹ led to the change in Chronicles. The Chronicler
could not even conceive of the possibility that Solomon might have been unable to
pay Hiram for his assistance and therefore had to hand over part of his territory. It
seemed to him that the reverse situation rang much truer«. Rudolph sieht in den Angaben über Vorbereitungen zum Tempelbau, die bereits David unternommen habe,
sowie in der bloßen Tatsache, daß die Kosten des Tempelbaus zur Abtretung eines
Teiles des heiligen Landes geführt hätten, den Anlaß zur Änderung (im Unterschied
zu Bickerman und Japhet hält er die Version der Chronik allerdings für eine alte
Überlieferung, die der Chronist der Alternative aus Kön vorgezogen habe).

18 Gegen Williamson, Chron, 228.

19 Wie etwa Katzenstein, Tyre, 104; Williamson, Chron, 229: »little historical weight
should be afforded the Chronicler‹s version here«. Williamson und Willi (Chron,
75-78) nehmen an, die Vorlage des Chronisten sei an dieser Stelle verderbt gewesen
und die Version 2 Chr 8, 1-6 sei die bestmögliche Rekonstruktion. Diese Annahme
ist allerdings unbegründet; s. auch folgende Anm.

20 So nimmt etwa Myers, II Chron, 47, die beiden Stellen zusammen und vermutet:
»The cities may have been collateral until the time when payment could be made

nen reinen Harmonisierungsversuch zwischen zwei widersprüchlichen Stellen.

(4) 2 Kön 8, 20-22a berichtet von einem Feldzug König Jorams von Juda gegen Edom, um die judäische Oberhoheit wiederherzustellen. Nach dem uns vorliegenden Text, steht das Ergebnis dieses Feldzugs im Widerspruch zu seinem Verlauf: Wenn Joram die Edomiter samt den Obersten über die Streitwagen tatsächlich geschlagen hatte, wieso floh dann ›das Volk‹[21] zu seinen Zelten? Diese Unstimmigkeit läßt eine Textverderbnis vermuten, für die schon verschiedene Korrekturen vorgeschlagen wurden: Stade[22] verändert die Reihenfolge der Wörter und liest: »Da brach Edom bei Nacht auf und wandte sich gegen ihn und schlug ihn und die Obersten über die Streitwagen, und das Volk flüchtete zu seinen Zelten«; Kittel[23] schlägt vor: »Da er sich bei Nacht erhob, schlug ihn Edom ... «, Jepsen und Rudolph[24] wollen lesen: »da schlug ihn Edom« statt »da schlug er Edom«[25].

Wahrscheinlich war bereits die Vorlage des Chronisten an dieser Stelle verdorben, denn weshalb sonst hätte der Chronist den frühen Text geändert, der Jorams Feldzug als einen Mißerfolg schilderte, wo dies doch seinen Vorstellungen von gerechter Bestrafung des bösen Königs genau entsprach? Jedenfalls versuchte er, die Unstimmigkeit durch Auslassung des Ausdrucks »da floh das Volk zu seinen Zelten« zu beseitigen[26]:

2 Kön 8, 20-22a	2 Chr 21, 8-10a
20. Zu seiner Zeit machten sich die Edomiter von der Herrschaft Judas los und setzten einen König über sich.	8. Zu seiner Zeit machten sich die Edomiter von der Herrschaft Judas los und setzten einen König über sich.
21. Da zog Joram mit allen Streit-wagen[28] nach Zair hinüber;	9. Da zog Joram mit seinen Fürsten[27] und er und allen Streitwagen hinüber; und er

---

in gold«! Ähnlich äußerten sich weitere Forscher wie A. Noordtzij, A. van Selms, J. Göttsberger (vor ihnen schon Josephus, ant. VIII 5, und Pseudo-Hieronymus, in MSL 23, 1456); widerlegt hat diese Ansicht bereits Rudolph, Chron, 219.

21 Damit sind hier offenbar Jorams Streitkräfte gemeint, vgl. 2 Sam 20, 15; 1 Kön 20, 15 u.ö.

22 Stade, Kings, 218; idem, König Joram von Juda und der Text von 2 Kön 8, 21-24, in: ZAW 21 (1901), 337-340; in seinem Gefolge auch Curtis, Chron, 415.

23 R. Kittel, BH, 571.

24 A. Jepsen, BHS, 633; Rudolph, Chron, 264 (in Anlehnung an Šanda), ähnlich auch die Version der New English Bible zu 2 Chr 21, 9.

25 ריכה את אדום statt ויכה אתו אדם.

26 So in allen antiken Versionen mit Ausnahme der griechischen, wo der Ausdruck offenbar unter dem Einfluß der Parallelstelle aus Kön eingedrungen ist.

27 »mit seinen Fürsten« (עם שריו) statt »nach Zair« (צעירה) in Kön. צעירה ist ein hapax legomenon in der Bibel, vielleicht Verschreibung aus שעירה (Verwechselung der stimmlosen Sibilanten ש und צ), dazu Rudolph, Chron, 264; Liver, Kriege, 200 (dort noch weitere Deutungsmöglichkeiten des betreffenden Wortes). Auch wenn

brach bei Nacht auf und schlug
sich durch die Edomiter, die ihn
einschlossen, durch und mit ihm
die Obersten über die Streitwagen,
und das Volk floh zu seinen Zelten.
22. So machten sich die Edomiter
von der Herrschaft Judas los
bis auf den heutigen Tag.

brach bei Nacht auf und schlug sich
durch die Edomiter, die ihn einschlossen, durch und mit ihm die Obersten
über die Streitwagen.

10. So machten sich die Edomiter
von der Herrschaft Judas los
bis auf den heutigen Tag.

Die Abschlußformel des Feldzugs, 2 Chr 21, 10a (// 2 Kön 8, 22a),
steht zwar auch in einer gewissen Spannung zu dem in V. 9 berichteten
Sieg Jorams[29], aber vielleicht stellte der Chronist sich vor, daß Joram
Edom trotz seines militärischen Erfolges nicht zu überwältigen und
sich untertan zu machen vermochte. Solche Fälle waren in der Antike
nicht selten: a) Jehoram, der König von Israel, und seine Verbündeten
errangen zwar einen Sieg über König Mesa von Moab, aber es gelang
ihnen nicht, Kir-Hareseth einzunehmen und Moab wieder unter ihre
Gewalt zu bringen (2 Kön 1, 1; 3). Besondere Anklänge an unseren
Kontext weist 2 Kön 3, 24 auf: »Als sie aber zum Lager Israels kamen,
machten sich die Israeliten auf und **schlugen die Moabiter** und **sie flohen vor ihnen** ... «. b) Sanherib von Assyrien schlug zwar die ägyptische Armee, die der Mohr Schabtaba Hiskia zu Hilfe geschickt hatte
(Eltaka, 701 v.Chr), aber Ägypten überwältigte er nicht, und offenbar gelang es der assyrischen Armee nicht einmal, dem geschlagenen
Feind nachzusetzen[30]. c) Sanherib verwüstete Juda, eroberte seine Festungen, an erster Stelle Lachisch, trennte erhebliche Territorien von
Juda ab[31], aber es gelang ihm nicht, Jerusalem zu erobern und Hiskias
Königtum aufzuheben.

(5) 1 Kön 15, 18 steht, König Asa von Juda habe dem syrischen
König Ben-Hadad (I.) »*den ganzen Rest* von Silber und Gold aus den
Schatzkammern des Tempels und aus den Schatzkammern des Königs-
palastes« geschickt. ›Rest‹ bezieht sich hier offenbar auf das, was nach
Pharao Sisaks Raubzug nach Jerusalem unter Rehabeam noch übrig-
geblieben war. Aber das Wort steht im Widerspruch zu den Angaben

---

man mit Liver, ebd. 205 Anm. 29, annimmt, der Chronist habe die Lesart שעירה
vor sich gehabt, ist die Verschiebung von שעירה zu עם שריד שריו plausibel; dazu auch
Japhet, Ideology, 418.

28 ריעבר יורם ...וכל הרכב עמו. Vgl. Jos 10, 29: »Danach zog Josua und ganz Israel
mit ihm (ריעבר יהושע וכל ישראל עמו) von Makkeda nach Libna...«, ebenso V. 31.

29 Rein literarisch betrachtet bildet die Wiederholung der Wendung »die Edomiter
machten sich von der Herrschaft Judas los« 2 Chr 21, 8a und 10a einen Rahmen
(inclusio).

30 Dazu Tadmor, Feldzüge, 277; Eph'al, Sanherib, 1066.

31 Dazu 2 Kön 18f // Jes 36f, die Sanherib-Inschrift, die Reliefs von Lachisch sowie
die Ausgrabungen von Lachisch.

dort: »Und er nahm die Schätze des Tempels und die Schätze des Königspalastes, **alles nahm er weg** ...« (1 Kön 14, 26 = 2 Chr 12, 9b). Wenn Sisak zu Rehabeams Zeiten ›alles‹ genommen hatte, konnte zu Asas Zeiten kein ›Rest‹ mehr vorhanden sein. Vielleicht deshalb hat der Chronist bei der Übersendung der Schätze an Ben-Hadad 2 Chr 16, 2 die Vokabel ›Rest‹ weggelassen: »Da ließ Asa aus den Schatzkammern des Tempels und des Königspalastes Silber und Gold ——holen und sandte es zu Benhadad ...«[32].

(6) 1 Kön 5, 1 steht: »Und Salomo war Herrscher über alle Königreiche vom Strome an bis zum Lande der Philister und bis an die Grenze Ägyptens[33]; **die brachten Abgaben und waren Salomo untertan sein Leben lang.**« Der Schluß dieses Verses geht nicht zusammen mit den Berichten über die Revolten des Edomiters Hadad (1 Kön 11, 14-25) und des Reson, Sohn des Eljada, der »Israels Widersacher war, solange Salomo lebte« (ebd. V. 25)[34]. Aus diesen Aufständen erhellt, daß durchaus nicht alle Königreiche vom Euphrat bis zum Philisterland Salomo Geschenke gaben und untertan waren sein Leben lang[35]. In seinem Werk erwähnt der Chronist die Vorgänge von 1 Kön 11, 14-25 zwar nicht[36], setzt sie bei seinen Lesern aber offenbar als bekannt voraus[37]. Daher zitiert er 2 Chr 9, 26 den Text aus 1 Kön 5, 1 in ›verbesserter‹ Form, d.h. unter Auslassung der Wörter »die brachten Abgaben und waren Salomo untertan sein Leben lang« (obwohl sie seiner Tendenz zur Verherrlichung Salomos durchaus entsprochen hätten).

(7) 2 Kön 23, 34 steht, Pharao Necho habe »Eljakim, den Sohn Josias, zum König an Stelle seines Vaters Josia« gemacht und seinen Namen in Jojakim geändert. Da Josias Sohn Joahas aber schon zuvor zum König »an seines Vaters Statt« gemacht worden war (2 Kön 23, 30 // 2 Chr 36, 1), hielt der Chronist es für nötig, die Worte »an Stelle

---

32 Curtis, Chron, 388, gibt eine andere mögliche Erklärung für die Auslassung: »This statement is omitted, doubtless, because such a reference to depleted treasuries would have been quite inappropriate after the prosperity of Asa mentioned above«.

33 Zur Problematik dieses Verses und dem Lösungsversuch des Chronisten s. unten Kap. VI, A, Beispiel 1.

34 Dazu kommt noch der Aufstand von Jerobeam, Sohn des Nebat (1 Kön 11, 26-41).

35 Der territoriale Umfang von Salomos Reich nach 1 Kön 5, 1.4 wird fraglich nach den Angaben von 1 Kön 11, 14-24; dazu Miller-Hayes, History, 214. Anders Malamat, Außenpolitik, 195-222.

36 »Die Erwähnung dieser Aufstände hätte Salomos Größe Abbruch getan und womöglich auf eine Dezimierung seines Territoriums hingedeutet« – Abramsky, König Salomo, 8. Außerdem steckt darin ein Hinweis auf Salomos Sünden, die der Chronist zu vertuschen suchte.

37 Im Werk des Chronisten finden sich allenthalben Stellen, wo er eindeutig auf Verse aus dem Pentateuch und den Frühen Propheten anspielt, die er nirgends ausdrücklich anführt; dazu unten Kap. X.

seines Vaters Josia« aus 2 Kön 23, 34 auszulassen; er schrieb einfach:
»Dann machte der König von Ägypten Joahas' Bruder Eljakim zum
König über Juda und Jerusalem und änderte seinen Namen in Jojakim«
(2 Chr 36, 4).[38]

Aus der Wendung »an Stelle seines Vaters Josia« 2 Kön 23, 34 ließe
sich auch entnehmen, daß Pharao Necho den vom ›Landvolk‹ zum
König gesalbten Joahas nicht als legitimen Erben Josias anerkannte,
sondern ihm den pro-ägyptisch eingestellten Eljakim/Jojakim vorzog.

(8) 1 Kön 3, 14 steht die göttliche Verheißung an Salomo: »Wenn
du in meinen Wegen wandelst, indem du meine Satzungen und Gebote hältst, wie dein Vater David getan hat, so will ich dir ein langes
Leben geben«[39]. An der Parallelstelle 2 Chr 1 hat der Chronist diese
Verheißung ausgelassen. Die Tilgung des Bedingungssatzes »Wenn du
in meinen Wegen wandelst ...« ist zwar insofern verständlich, als
der Chronist überhaupt bemüht war, jegliche Andeutung auf Salomos
Sünden zu vermeiden (1 Kön 11, 1-13) und einen Gedanken daran
gar nicht erst aufkommen zu lassen, aber deshalb hätte er doch die
Verheißung langen Lebens nicht auszulassen brauchen[40].

1 Chr 29, 1 (vgl. ebd. 22, 5) beschreibt der Chronist Salomo bei
seinem Regierungsantritt als »noch jung und zart«[41]. Diese Darstellung des Chronisten stützt sich offenbar auf 1 Kön 3, 7: »ich aber
bin noch ein Kind und weiß nicht aus noch ein«.[42] Neben dem Ausdruck »jung und zart«, der 1 Chr 29, 1 Salomos Alter kennzeichnet,
findet sich im Sprachgebrauch des Chronisten auch die Charakter-
bezeichnung »noch jung und verzagt«[43]. Da Salomos Regierungszeit
mit 40 Jahren angegeben wird (2 Chr 9, 30 // 1 Kön 11, 42), scheint
Salomo kein sonderlich hohes Alter erreicht zu haben[44]. Wenn der

---

38 Die griechische Version der Chronik hat 2 Chr 36, 4 mit 2 Kön 23, 34f verschränkt,
   dazu Curtis, Chron, 520.

39 Dieser Vers ist im Geiste der deuteronomistischen Quelle Dtn 17, 20 gehalten. Eine
   andere Auffassung vertritt Malamat, Longevity, 222 Anm. 29, dort auch ältere Literatur zum Thema. Zum Motiv des langen Lebens von Königen je nach Gerechtigkeit
   ihrer Taten im Alten Orient überhaupt ebd. 221-224.

40 Rudolph, Chron, 197, vermutet, der Chronist habe die Verheißung langen Lebens
   weggelassen, weil Salomo die Bedingung nicht erfüllt habe; aber er hätte, wie gesagt,
   die Verheißung ohne die Bedingung bringen können, etwa: »du sollst lange leben«
   als einfache Ankündigung.

41 Salomos Inthronisierung wird in der Fortsetzung dieses Kapitels, V. 22-25, geschildert (2. Inthronisierung), s. auch 1 Chr 23, 1 (1. Inthronisierung).

42 Yeivin (Salomo, 693) vermutet, Salomo sei 16 Jahre alt gewesen, als er König wurde.
   Malamat, Longevity, 223f Anm. 32, äußert sich weniger bestimmt: unter zwanzig.

43 Siehe 2 Chr 13, 7, ferner ebd. 12, 13 (mit Bezug auf Salomos Sohn Rehabeam).

44 Anderer Auffassung scheint Josephus, denn er schreibt: »Salomo aber starb im hohen
   Alter von 94 Jahren nach achtzigjähriger Regierung« (ant. VIII 211). Er ging offenbar
   davon aus, Salomo habe die göttliche Bedingung erfüllt und ein hohes Alter erreicht

Chronist den Ausdruck »so will ich dir langes Leben geben« hätte stehen lassen, wäre der Eindruck entstanden, daß entweder Gott seine Verheißung nicht erfüllt oder aber daß Salomo gesündigt und dadurch eine Verkürzung seines Lebens bewirkt hätte[45], und beide Möglichkeiten paßten durchaus nicht ins Konzept des Chronisten.

B) Vermeidung von Widersprüchen
zwischen älterem Text und ›Zusatz‹ und/oder anderem Bibeltext

(1) Bei der rühmenden Hervorhebung von Josias Passafeier schreibt der deuterononistische Historiograph (2 Kön 23, 22): »Denn ein solches Passa war nie mehr gefeiert worden seit der Zeit der Richter, die Israel gerichtet haben, während der ganzen Zeit der Könige von Israel **und der Könige von Juda**«. Im Paralleltext 2 Chr 35, 18 hat der Chronist den Hinweis auf die ›Könige von Juda‹ weggelassen, denn er stünde im Widerspruch zu dem, was er selbst in Kapitel 30 (›Zusatz‹) über das Passafest erzählte, das Josias Großvater Hiskia, der doch ein ›König von Juda‹ war, mit großem Aufwand am Tempel gefeiert hatte (allerdings ›im zweiten Monat‹)[46].

(2) In seinem positiven Bericht über Amazia schreibt der deuteronomistische Historiograph (2 Kön 14, 3): »Er tat, was dem Herrn wohlgefiel, doch nicht wie sein Ahnherr David, sondern **ganz wie sein Vater Joas** getan hatte«. Statt ›doch nicht wie sein Ahnherr David‹ schrieb der Chronist (2 Chr 25, 2) »doch nicht mit ungeteiltem Herzen«[47], und den Vergleich mit Joas ließ er überhaupt weg. Der Grund dieser Auslassung wird deutlich auf dem Hintergrund dessen, was der Chronist von Joas berichtet: er habe nach dem Tode des Priesters Jojada den Tempel des Herrn verlassen und den Ascheren und Götzenbildern gedient (2 Chr 24, 18 ›Zusatz‹) und er habe Jojadas Sohn Sacharja steinigen lassen (ebd. 20-22, ›Zusatz‹). Da Amazia solches nicht tat, sondern ganz im Gegenteil die göttlichen Gebote wahrte: »er ließ die Diener töten, die seinen Vater, den König, erschlagen hatten; ihre Söhne aber tötete er nicht, entsprechend dem Gebot des Herrn, das im Gesetz, im Buche Moses, geschrieben steht ... « (2 Chr 25, 3f // 2 Kön 14, 5f), schien es dem Chronisten unangebracht

---

und erst in seinen letzten Lebensjahren gesündigt (1 Kön 11, 4: »Als Salomo alt war, verführten ihn seine Frauen, daß er andern Göttern diente ... «).

45 So ähnlich bei Zalewski, Salomo, 257ff.

46 Williamson, Chron, 407 nimmt an, hinter der Auslassung stehe die Vorstellung des Chronisten von der Einheit des Gottesvolks.

47 Dies bezieht sich offenbar auf Verfehlungen Amazias, von denen der Chronist 2 Chr 35, 14-16 (›Zusatz‹) andeutungsweise erzählt.

zu schreiben: ›ganz wie sein Vater Joas getan hatte‹. Im Unterschied
dazu tat Amazia laut Auskunft der Königsbücher ›was dem Herrn
wohlgefiel‹ (2 Kön 14, 3a), ganz wie sein Vater Joas getan hatte ›was
dem Herrn wohlgefiel‹ (ebd. 12, 3).

(3) 2 Kön 24, 19 (// Jer 52, 2) heißt es von judäischen König Zedekia:
»Er tat, was dem Herrn mißfiel, ganz wie Jojakim getan hatte«. In
2 Chr 36, 12 bringt der Chronist diesen Vers, läßt aber den Vergleich
mit Jojakim weg. Von Jojakim berichtet Jeremia (22, 13-17; 26, 20-23)
nämlich böse Taten wie Ausbeutung von Arbeitern für Luxusbauten
und Verfolgung und Tötung eines Propheten; von Zedekia dagegen ist
in Kön und Jer nichts dergleichen bekannt.[48]

(4) In 2 Chr 32 hat der Chronist das Vertrauen auf Ägypten ausgelassen: so den Vers 2 Kön 18, 21 (// Jes 36, 6), wo es heißt: »Siehe,
du verlässest dich auf diesen geknickten Rohrstab, auf Ägypten ...«
und ebd. VV. 23f (// Jes 36, 8f), wo unter anderem steht: »Und du
verlässest dich auf Ägypten um der Wagen und Reiter willen?«[49] Dies
stünde im Widerspruch zu dem Gottvertrauen, zu dem König Hiskia
seine Leute in der Chronik (2 Chr 32, 6-8) aufruft: »Seid fest und
unverzagt, fürchtet euch nicht und verzaget nicht vor dem König von
Assyrien und vor dem ganzen Haufen, der mit ihm zieht; denn mit
uns ist ein Größerer als mit ihm. Mit ihm ist ein fleischerner Arm,
mit uns aber ist der Herr, unser Gott, **der wird uns helfen und unsre
Kriege führen**«.[50]

(5) 2 Kön 10, 13f ist von dem Blutbad die Rede, das Jehu unter
den **Brüdern Ahasjas** anrichtet. 2 Chr 22, 8 nennt der Chronist in
diesem Zusammenhang ›**die Söhne der Brüder Ahasjas**‹, denn bei
ihm waren Ahasjas Brüder (die Söhne des judäischen Königs Joram)
in die Gefangenschaft der Araber und Philister geraten (2 Chr 21, 17 –
›Zusatz‹)[51]: »und sie zogen heran wider Juda, ... führten alle Habe

---

48 Vgl. auch 2 Chr 36, 8: »Was sonst noch von Jojakim zu sagen ist und **die Greuel-**
taten, die er beging, ...« anstelle von »Was sonst noch von Jojakim zu sagen ist,
alles, was er getan hat« (2 Kön 24, 5). Ähnlich hat der Chronist bei der Bewertung
von Jojachin in 2 Chr 36, 9b den Ausdruck »wie alles, was sein Vater [scil. Jojakim]
getan« aus 2 Kön 24, 9 weggelassen – wahrscheinlich aus denselben Gründen, wie
oben für Zedekia aufgeführt.

49 Daß das Reich Juda sich im Jahre 701 v. Chr. auf ägyptische Hilfe verließ, geht auch
aus 2 Kön 19, 9 // Jes 37, 9 hervor sowie aus dem Bericht vom dritten Feldzug des
assyrischen Königs Sanherib.

50 Ähnlich bei Curtis, Chron, 487f; Williamson, Chron, 383. Dieser Vers ist eine literarische Reminiszenz an Jos 1, 9: »Habe ich dir nicht geboten: Sei fest und unverzagt?
So laß dir nicht grauen und fürchte dich nicht; denn der Herr, dein Gott, ist mit dir
auf allen deinen Wegen«.

51 Japhet, Ideology, 466 Anm. 57, nimmt an, der Chronist habe hier die Vokabel
»Brüder« im engeren Sinne verstanden.

hinweg, ... dazu auch seine **Söhne** und Frauen, und es blieb ihm kein Sohn übrig außer Joahas, der jüngste seiner Söhne«.

(6) 2 Kön 12, 21 wird erzählt, die Knechte des judäischen Königs Joas hätten einen Anschlag auf ihren Herrn verübt und ihn ›im Hause Millo‹[52] umgebracht. In 2 Chr 24, 25b hat der Chronist ein Detail geändert, damit es zu einem Zusatz paßt, den er unmittelbar zuvor (VV. 24-25a) einfügt; dort schreibt er, die Syrer hätten an Joas ›das Strafgericht vollzogen‹ und ihn ›schwerkrank‹ verlassen. Da ein Kranker bzw. Verwundeter ins Bett gehört, läßt der Chronist König Joas ›in seinem Bett‹ ermordet werden:

2 Kön 12, 21	*2 Chr 24, 25*
	Und als sie von ihm wegzogen – sie verließen ihn nämlich schwerkrank –,
Seine Diener aber erhoben sich,	zettelten seine Diener eine
zettelten eine Verschwörung an	Verschwörung wider ihn an ...
und erschlugen Joas	und töteten ihn[53]
im Hause **Millo**.	auf seinem Bette.

Durch diese kleine Veränderung im Text der Chronik wird der Lebenskreis des judäischen Königs Joas eindrucksvoll geschlossen: Er entrann Athaljas Schwert durch Flucht ›in den Bettenraum‹ (2 Chr 22, 11 // 2 Kön 11, 2) und fand seinen gewaltsamen Tod ›auf seinem Bette‹ (2 Chr 24, 25).

Dadurch hat der Chronist zwar auch eine unklare Ortsangabe beseitigt und seinen Text lesbarer gemacht, aber diese Erleichterung für den Leser war nur Nebenprodukt bei der Gestaltung eines literarischen Rahmens, nicht Selbstzweck, wie manche Forscher meinen[54].

(7) Der deuteronomistische Historiograph schließt den Bericht über die Regierungszeit des judäischen Königs Jojakim mit der geläufigen Formel (2 Kön 24, 6): »Und **Jojakim legte sich zu seinen Vätern,** und sein Sohn Jojachin wurde König an seiner Statt«. Die Worte ›Jojakim legte sich zu seinen Vätern‹ stehen aber im Widerspruch zu Jeremias Weissagung über Jojakim: »Wie man einen Esel begräbt, wird man ihn begraben, wird ihn fortschleifen und hinwerfen vor die Tore Jerusalems« (Jer 22, 19). Möglicherweise aus diesem Grund hat der Chronist sie ausgelassen und schreibt nur: »Und sein Sohn Jojachin wurde König an seiner Statt« (2 Chr 36, 8).[55] Ein anderer Grund für diese Auslassung des Chronisten wäre wohl darin zu sehen, daß in

---

52 Diese Ortsangabe ist nicht ganz klar; zu den Erklärungsversuchen der antiken Übersetzer und der modernen Forscher (gelegentlich mit Konjekturen) vgl. Montgomery, Kings, 433; Gray, Kings, 590 Anm. a, 590f; Cogan-Tadmor, II Kings, 139.

53 Zum Wechsel des Verbs ›töten‹ statt ›schlagen‹ s. unten Kap. IX.

54 z.B. Willi, Chron, 122; Williamson, Chron, 326.

55 In der griechischen Übersetzung der Chronik steht hier: »Und Jojakim legte sich

der Chronik von Jojakims Hinabführung nach Babel berichtet wird
(2 Chr 36, 6b – ›Zusatz‹), nicht aber von seiner Rückkehr; auch deshalb
konnte der Chronist von diesem judäischen König nicht gut sagen, er
habe sich ›zu seinen Vätern gelegt‹.[56] Aus der Angabe »und legte ihn
in Ketten, um ihn nach Babel zu führen« geht allerdings nicht hervor, daß Jojachin tatsächlich nach Babel verschleppt worden wäre;
vielleicht wurde er auch nur zwecks Einschüchterung vorübergehend
gefesselt. In diesem Fall erübrigt sich die oben angebotene Erklärung
für die Auslassung.

C) Ausgleich von Widersprüchen
zwischen zeitgenössischer Wirklichkeit und älterem Text

(1) 1 Sam 31, 12f steht, die Männer von Jabes in Gilead hätten die
Leichen Sauls und seiner Söhne verbrannt: »sie nahmen den Leichnam
Sauls und die Leichen seiner Söhne von der Mauer von Bethsan weg, /
brachten sie nach Jabes und **verbrannten sie dort**. / Dann nahmen sie
ihre Gebeine und begruben sie unter der Tamariske in Jabes«. In Israel
war die Leichenverbrennung bekanntlich nie üblich[57]. Für gewisse als
besonders schwerwiegend geltende Vergehen sieht die Bibel Verbrennung als Strafe vor (Lev 20, 14: sexuelle Beziehungen mit Mutter und
Tochter; 21, 9: Unzucht einer Priestertochter; Jos 7, 15: Veruntru-
ung von Banngut; vielleicht auch Jes 30, 33). Aber unter normalen
Umständen galt die Verbrennung einer Leiche als schweres Verbrechen, wie aus der Weissagung des Amos über Moab hervorgeht (2, 1).
Dieser Brauch hielt sich in Israel; noch Tacitus berichtet, die Juden
»begraben den Leichnam und verbrennen ihn nicht; damit setzen sie
den Brauch der Ägypter fort« (Historiae V 5).
Der Brauch der Totenverbrennung war Israel fremd und galt zumindest zur Zeit des Propheten Amos als schweres Verbrechen[58],

---

zu seinen Vätern und ward begraben im Garten Usas bei seinen Vätern«. Dies ist
eine Kontamination von 2 Kön 24, 6a: »Und Jojakim legte sich zu seinen Vätern«
mit 2 Kön 21, 18 (mit Bezug auf Manasse): »und ward begraben im Garten seines
Palastes, im Garten Usas« (vgl. ebd. V. 26). An der Parallelstelle im apokryphen
Buch Esra (= 3. Esra) 1, 40f findet sich der Vers nicht.

56 Vgl. Williamson, Chron, 414.

57 Üblich war die Feuerbestattung offenbar bei den Hethitern in Anatolien und Nordsyrien, ebenso in der Ägeis. Eine vereinzelte Feuerbestattung ist in Azor gefunden
worden; sie wird den Siedlern aus den ›Seevölkern‹ zugeschrieben und ins 12. oder
11. vorchrisltiche jahrhundert datiert. Dazu M. Dothan, Eine Feuerbestattung in
Azor im Stammesgebiet von Dan (hebr.), in: EI 20 (1989), 164-174, dort Verweise
auf ältere Literatur.

58 Zu diesem Punkt vgl. Curtis, Chron, 182.

außerdem ist Verbrennung in alten Bibeltexten als Bestrafung schwerwiegender Vergehen vorgesehen, was in unseren Zusammenhang sicherlich nicht paßt, denn die Leute von Jabes in Gilead wollten ihrem Wohltäter Saul Gutes tun (1 Sam 11, 1-11) – Grund genug für den Chronisten, die Wörter ›und verbrannten sie dort‹ einfach auszulassen. Er schrieb also nur: »sie nahmen den Leichnam Sauls und die Leichen seiner Söhne,/ brachten sie nach Jabes,/ — — — / begruben ihre Gebeine unter der Terebinthe zu Jabes«.[59]

Übersetzer und Exegeten aller Zeiten haben versucht, das Problem dieser Stelle zu lösen, entweder durch Korrektur des massoretischen Textes[60] oder durch Umdeutung[61].

(2) 1 Kön 10, 11f ist von König Salomos großem Sandelholz-Import berichtet, und der Erzähler fügt hinzu: »so viel Sandelholz ist nie mehr ins Land gekommen noch gesehen worden bis auf diesen Tag«.

Sandelhölzer oder Hölzer, die der Chronist für Sandelholz hielt, könnten zu seiner Zeit in Jehud Medinta gewachsen sein, somit hätte für ihn ein Widerspruch zwischen der Aussage des älteren Erzählers und seiner modernen Realität bestanden. Demnach hat der Chronist den älteren Text gemäß den eigenen Umweltbedingungen gekürzt und

---

59 Gegen Budde, Samuel, 192, der die Fassung der Chronik hier für die ältere hält, also meint, der Chronist gebe hier seine Vorlage wieder. Laut Budde ist die Erwähnung der Leichenverbrennung bei Sam Glosse eines späten Schreibers, der Saul gehaßt habe und daher sein Andenken verunglimpfen wollte. Aber ohne die Wörter ›und verbrannten sie dort‹ wirkt die Fortsetzung des Verses (V. 13) »Dann nahmen sie ihre Gebeine und begruben sie« deplaziert und schwer verständlich, denn warum sollten die Männer von Jabes nur die Gebeine begraben haben, was wurde aus den übrigen Teilen der Leichen? Auch in der Chronik verlangt der Nachsatz »sie begruben ihre Gebeine« den Vordersatz »und verbrannten sie dort«, und einem aufmerksamen Leser muß die Auslassung auffallen.

60 So verbesserte etwa Targum Jonathan in »da verbrannten sie über ihnen wie man dort über den Königen verbrennt« (s. A. Sperber, The Bible in Aramaic Based on Old Manuscripts and Printed Texts, vol. II, Leiden 1959, 157), vgl. auch Raschi zur Stelle. Aber in der Bibel steht ausdrücklich »verbrannten **sie**«, nicht ›ihnen‹ oder ›über ihnen‹, etwa im Sinne von Jer 34, 5: ›werden **dir** verbrennen‹, 2 Chr 16, 14: ›verbrannten **ihm**‹, vgl. auch 21, 19; b Avoda sara 11a: »Wie man über die Könige verbrennt, so auch über die Fürsten ... Es geschah, als Rabban Gamliel der Ältere starb, da verbrannte Onkelos der Proselyt über ihn 70 tyrische Minen«. Unter den neueren Exegeten soll der Hinweis auf Klostermann, Samuel-Könige, 128f. genügen, der statt der Lesart ›sie verbrannten‹ vorschlägt: ›sie hielten Totenklage‹. Diesen Vorschlag hat Smith, Samuel, 254 mit Recht zurückgewiesen, denn in der Fortsetzung ist ja noch das Fasten der Bewohner von Jabes erwähnt, so daß die Beerdigung der Gebeine zwischen den verschiedenen Trauerbräuchen stünde.

61 R. David Kimchi vermutete etwa: »Vielleicht war das Fleisch von Würmern zerfressen und sie wollten die Leichen nicht mit den Würmern zusammen begraben, das wäre unehrenhaft gewesen, deshalb begruben sie nur die Gebeine«. Driver übersetzt: »and anointed them there with resinous«, versteht also ein Salben mit Spezereien; dazu G. R. Driver, A Hebrew Burial Custom, in: ZAW 66 (1954), 314f.

geschrieben: »**dergleichen im Lande Juda vorher nie zu sehen war**«
(2 Chr 9, 10f). Nach der Version von Kön unterschied sich Salomos
Epoche in puncto Sandelholz von allen übrigen Epochen der israelitischen Geschichte, nach der Chronik dagegen hatte es vor Salomo kein
Sandelholz in Juda gegeben, nach ihm aber wohl.

D) Anpassung der älteren Darstellung an den Geist des Chronisten

(1) Laut 2 Sam 5, 6-9 eroberte David Jerusalem, ließ sich dort nieder,
baute die Stadt aus und gab ihr den Namen ›Davidsstadt‹. Das Verfahren – Eroberung einer Stadt, Wiederaufbau und Benennung nach
dem Eroberer – ist auch in anderen Bibelstellen und altorientalischen
Texten belegt. So wird etwa in Numeri die Stadt Hesbon erwähnt,
die der Amoriterkönig Sihon von den Moabitern eroberte, woraufhin
sie ›Stadt Sihons‹ genannt wurde (Num 21, 26-28). Ebenso verfuhr
Jar, der Sohn Manasses: »er eroberte ihre Zeltdörfer[62] und nannte sie
Zeltdörfer Jars« (ebd. 32, 41, vgl. Dtn 3, 14), auch Nobah »eroberte
Kenath samt seinen Nebenorten und nannte es nach seinem Namen
Nobah« (Num 32, 42). Auf der Monolitheninschrift von Kurch be-
richtet Salmanasser III. von Assyrien, er habe das aramäische Königr-
tum Bit Adini (das biblische Beth-Eden, vgl. Am 1, 5; Ez 27, 23;
2 Kön 19, 12 // Jes 37, 12) am Ufer des Euphrat eingenommen und
auf den Trümmern seiner Hauptstadt Tell-Bursaip eine Stadt namens
Kur Salmanasser gegründet (i. J. 855 v. Chr.)[63] Auf seinem zweiten
Feldzug (i. J. 702 v. Chr.) eroberte Sanherib von Assyrien die Stadt
Elenzas im Lande Elipi (am Zagros-Gebirge), baute sie wieder auf und
änderte ihren Namen in Kur Sanherib[64]. Im Jahre 676 v. Chr. eroberte
Asarhaddon von Assyrien die Stadt Sidon, zerstörte sie und erbaute
daneben eine neue Stadt namens Kur Asarhaddon[65]. Die Benennung
der Stadt nach dem König verewigte dessen Namen und militärischen
Erfolg, außerdem markierte sie sein Besitzrecht.

Die Angabe 2 Sam 5, 9 »Darnach ließ sich David auf der Burg
nieder und nannte sie Stadt Davids« mißfiel dem Chronisten, wohl
nicht, weil dieses Verfahren in späterer Zeit nicht mehr üblich gewe-

---

62 Das plurale Possessivsuffix bezieht sich auf die Kollektivbezeichnung ›Amoriter‹
   aus Vers 39. A. Bergman (= Biran), The Israelite Occupation of Eastern Palestine in
   the Light of Territorial History, in: JAOS 54 (1934), 176, möchte lesen: ›Zeltdörfer
   von Ham‹ (vgl. Gen 14, 5) statt ›ihre Zeltdörfer‹. Vielleicht sind eher ›Festungen‹
   gemeint, dazu G. B. Gray, Numbers, Edinburgh 1903, 440.
63 Dazu Luckenbill, ARAB, I, § 610; Pritchard, ANET, 278b.
64 Dazu Luckenbill, ARAB, II, § 237.
65 Dazu Borger, Asarhaddon, Prisma A, I 48; Luckenbill, ARAB, II, §§ 527f; Pritchard,
   ANET, 290.

sen wäre. Aus der Zeit des Chronisten selbst haben wir zwar keine Belege, aber zahlreiche Beispiele aus hellenistischer Zeit zeugen für ein Fortdauern dieses Brauchs in der Antike: So berichtet Plutarch (Alexander IX 1), Alexander d. Gr. habe bereits als Sechzehnjähriger (also i. J. 340 v. Chr.) gegen den Stamm der Maider am Oberlauf des Satrimon gekämpft, ihre Stadt eingenommen und Alexandropolis genannt. Berühmter ist die Eroberung der ägyptischen Stadt Rakutis i. J. 332 v. Chr. und ihre Verwandlung in eine Hafenstadt, die den Namens des Eroberers trägt: Alexandria.[66]

Vielleicht empfand der Chronist es als unwürdig, daß König David selbst die Stadt nach sich benannt haben sollte; außerdem stand im Vers vorher (1 Chr 11, 6 – ›Zusatz‹), Joab, der Sohn Zerujas, habe die Jebusiter als erster geschlagen und so die Stadt eingenommen. Daher änderte der Chronist den Wortlaut und schrieb: »Darnach ließ sich David auf der Burg[67] nieder, weshalb **man** (d.h. nicht David selbst) sie die Davidsstadt heißt« (ebd. V. 7). So löste der Chronist einerseits die syntaktische Ambivalenz der Verbform in seiner Vorlage (unbestimmtes Subjekt oder David selbst) und fand außerdem einen weiteren Beleg für die Bescheidenheit und Frömmigkeit des Königs David und seine Beliebtheit beim Volk.

(2) 1 Kön 3 heißt es, Gott sei Salomo ›des Nachts im Traum‹ erschienen (V. 5a), und der Erzähler schließt diese Szene mit den Worten: »Als Salomo erwachte, siehe, da war es ein Traum gewesen« (V. 15a). Gotteserscheinungen im Traum sind legitim und in der biblischen Literatur recht verbreitet (Dtn 13, 2. 4. 6; 1 Sam 28, 6. 15; Joel 3, 1; Gen 20, 3; 31, 10-13; Hi 33, 14-18). Nach Num 12, 6-8 stellt die Traumvision die niedrigere Stufe der Gotteserscheinungen dar, daher war der Bericht aus Kön, wo Salomo eine Gotteserscheinung im Traum zugeschrieben wird, nicht im Sinne des Chronisten. Er tilgte also die Wörter ›im Traum‹ und ›Als Salomo erwachte, siehe, da war es ein Traum gewesen‹ aus dem älteren Text. Diese Auslassung soll verhindern, daß der Leser auf den Gedanken kommen könnte, Salomo sei einer höheren Stufe göttlicher Offenbarung vielleicht nicht würdig gewesen, was das positive Salomo-Bild des Chronisten beeinträchtigt hätte[68]. Durch die Auslassungen entsteht nun der Ein-

---

66 Dazu D. Golan, A History of the Hellenistic World, Jerusalem 1987, 27f. Bei Alexanders Feldzügen im Osten ist dieser Brauch noch häufig belegt; dazu J. B. Bury/R. Neiggs, A History of Greece, London 1975, 457. 462. 473f. 487. 491.

67 Hurvitz, Laschon, 59 Anm. 158 nimmt an, die hier für ›Burg‹ verwendete Vokabel מצד sei aramäisch beeinflußt wie מצדה in 2 Sam 5, 9.

68 Coggins, Chron, 148 führt diese Auslassungen auf Jer 23, 25-32 zurück, wo die Bedeutung der Traumvision herabgemindert wird. Doch der Chronist hat sicher bemerkt, daß Jeremia sich dort gegen die angeblichen Traumgesichte von falschen Propheten ausspricht, und in diese Kategorie gehört König Salomo gewiß nicht.

druck einer direkten unmittelbaren Gotteserscheinung vor Salomo[69],
was seinen Ruhm zweifellos erhöht:

1 Kön 3, 5 – 15a	*2 Chr 1, 7 – 12*
5a. In Gibeon erschien der Herr dem Salomo *des Nachts im Traum*	7a. In jener Nacht erschien Gott dem Salomo
5b-14. (Traumgesicht in Gibeon)	7b-12. (Gotteserscheinung in Gibeon)
15a. *Als Salomo erwachte, siehe, da war es ein Traum gewesen.*	

(3a) Im Buch der Könige steht im Anschluß an Josias Tod in Megiddo: »Das Landvolk aber nahm Joahas, den Sohn Josias, und **sie salbten ihn** und machten ihn zum König an seines Vaters Statt« (2 Kön
23, 30)[70]. In 2 Chr 36, 1 läßt der Chronist die Salbung durch das
Landvolk aus und schreibt nur: »Und das Landvolk nahm Joahas, den
Sohn Josias – – – und machte ihn in Jerusalem zum König an seines
Vaters Statt«[71].

Aus anderen Berichten über die Einsetzung von Königen in den
Samuel- und Königsbüchern geht hervor, daß die Salbung des Königs
durch einen Priester und/oder durch einen Propheten (oder Prophetenjünger) vorgenommen wurde: So salbt der Prophet Samuel, der
eine Zeitlang am Heiligtum zu Silo Dienst getan hatte (1 Sam 1-3)[72]
zunächst Saul (1 Sam 9, 16; 10, 1) und danach David (ebd. 16, 13)
zum König[73]; der Priester Zaddok und anscheinend auch der Prophet
Nathan salbten Salomo zum König an seines Vaters Statt (1 Kön 1,

---

Eine andere Erklärung bietet Rudolph, Chron, 197: Nach seiner Meinung rühren die
Auslassungen daher, daß der Chronist den allzu ausführlichen Text kürzen wollte,
zumal ein Traum als Medium der Offenbarung unpassend sei.

69 Vgl. Curtis, Chron, 316f; Myers, II Chron, 6.
70 Zu ähnlicher Beteiligung des ›Landvolks‹ an der Einsetzung von Königen in Juda
    vgl. 2 Kön 14, 21 // 2 Chr 26, 1 (›das Volk von Juda‹, aber in der griechischen
    Version steht ›Landvolk‹); 2 Kön 21, 24 // 2 Chr 33, 25. – Zum Begriff ›Landvolk‹
    (עם הארץ) vgl. Sh. Talmon, Der judäische עם הארץ in historischer Perspektive, in:
    idem, Gesellschaft und Literatur in der Hebräischen Bibel, Gesammelte Aufsätze,
    Bd. I, Neukirchen-Vluyn 1988, 80-91 und T. Ishida, The People of the Land and the
    Political Crises in Judah, in: AJBI 1 (1975), 23-38 mit Hinweisen auf ältere Literatur.
71 So lautet der Text auch im apokryphen Buch Esra (=3. Esra) 1, 32. Der griechische
    Übersetzer hat an dieser Stelle hinzugefügt καὶ ἔχρισαν αὐτόν (›sie salbten ihn‹),
    offenbar unter dem Einfluß von Kön.
72 Nach Meinung des Chronisten stammte Samuel aus dem Stamme Levi (1 Chr 6,
    1-12); vgl. auch unten Kap. VII, B, Beispiel 4.
73 Zum hohen Alter dieser Überlieferung s. Smith, Samuel, 143-147. In 2 Sam 2, 4
    heißt es: »Da kamen die Männer von Juda und salbten David dort zum König über
    das Haus Juda«, und 2 Sam 5, 3 wird berichtet: »Da kamen alle Ältesten Israels ...
    dann salbten sie David zum König über Israel«. Mit ›salben‹ ist hier offenbar ganz
    allgemein die Einsetzung zum König gemeint, nicht speziell das Ausgießen von Öl,
    dazu Z. Ben-Barak, Die Königseinsetzung des Joas im Lichte der Königseinsetzung

34. 45, vgl. dagegen V. 39)[74]; der Prophet Elia erhielt den Auftrag: »geh hinein und salbe Hasael zum König über Syrien. Jehu aber, den Sohn Nimsis, sollst du zum König über Israel salben« (1 Kön 19, 15f), letzten Endes wird Jehu zum König über Israel, aber durch einen Prophetenjünger gesalbt, den der Prophet Elisa zu diesem Zweck entsandt hatte (2 Kön 9, 1-6).[75]

Die Salbung als sakraler Akt, der den Gesalbten in sein Amt einsetzte, war nicht ausschließlich Königen vorbehalten[76]. Aber auch in anderen Fällen wurde die Salbung durch einen Propheten/Priester vollzogen: Mose (der Erste unter den Propheten) salbte den Hohenpriester Aaron mit Salböl (Ex 29, 7 und vgl. V. 21; 30, 30; Lev 8, 12). Ebenso salbte er die heiligen Geräte: das Stiftszelt, die Bundeslade, den Tisch, den Leuchter, den Altar und alle übrigen Gerätschaften im Heiligtum (Ex 30, 22-29; Lev 8, 11), wodurch er sie heiligte und ihrer Bestimmung übergab. Das Salböl war Elasar, dem Sohn des **Priesters** Pinehas anvertraut, was darauf hindeutet, daß die Salbung zu den Obliegenheiten des Hohenpriesters gehörte. Und 1 Kön 1, 39 heißt es, das Horn, mit dem der Priester Zaddok Salomo zum König salbte, sei ›im Zelt‹ aufbewahrt worden – offenbar in dem Zelt, das David für die Bundeslade errichtet hatte (2 Sam 1, 17).

Aus all diesen Erzählungen folgerte der Chronist anscheinend, daß die Salbung zum König nicht durch einfache Israeliten, ›Landvolk‹ vorgenommen sein konnte, wie 2 Kön 23, 30 berichtet, sondern nur durch einen Priester und/oder Propheten (oder Prophetenjünger). Daher schien ihm die Angabe ›und sie [das Landvolk] salbten ihn‹ unpassend und er ließ sie weg.

(b) Im selben Zusammenhang ist auch die folgende Änderung zu sehen: 2 Kön 11, 12 heißt es »er führte den Königssohn heraus, setzte ihm das Diadem auf und übergab ihm das Zeugnis. Und sie machten ihn zum König **und salbten ihn**, klatschten in die Hände und riefen: Es lebe der König!«. Aus dieser Stelle geht nicht eindeutig hervor, wer

---

des Nabupolassar (hebr.), in: Mechqarim beToldot Am Israel wErez-Israel, vol. V, Haifa 1980, 44 Anm. 7 und 47 Anm. 26.

74 Vgl. Šanda, Könige, 20; Noth, Könige, 24. Manche meinen jedoch, Vers 39, wo von Salomos Salbung nur durch den Priester Zaddok die Rede ist, gebe die historische Realität wieder und die Erwähnung der Salbung auch durch Nathan V. 34 und 45 sei sekundär, damit auch Salomo als von einem Propheten gesalbt erscheine wie Saul und David vor ihm; so z.B. Benzinger, Könige, 7-9; Jepsen, BH, 559. 560. Andere dagegen meinen, die Erwähnung des Priesters Zaddok sei sekundär, um das Ansehen dieser Priesterdynastie zu erhöhen, dazu A. Schoors, Isaiah, the Minister of Royal Anointment? in: OTS 20 (1977), 85-107.

75 2 Chr 22, 7 kommt der Chronist auf genau diesen Punkt zu sprechen: Ahasja und Joram gehen zu »Jehu, dem Sohne Nimsis, den **der Herr gesalbt**, hatte . . .«.

76 Vgl. Liver, König, 1100.

das Subjekt der Verbform ›salbten ihn‹ ist[77]. Der Chronist jedenfalls
läßt daran keinen Zweifel; er schreibt ausdrücklich, die Salbung sei
durch den Priester Jojada und seine Söhne vorgenommen worden:
»sie führten den Königssohn heraus, setzten ihm das Diadem auf,
übergaben ihm das Zeugnis und machten ihn zum König; **Jojada und
seine Söhne salbten ihn** und riefen: Es lebe der König!« (2 Chr 23,
11).

(4) Nach dem gescheiterten Versuch, die Bundeslade in die Davidsstadt zu bringen, beließ David sie für drei Monate Im Hause Obed-
Edoms aus Gath (1 Chr 13, 13f // 2 Sam 6, 10f). Obed-Edom war
offenbar philistäischer Herkunft, aus der Philisterstadt Gath (vgl. Jos
13, 3, ähnlich wie Ithai aus Gath 2 Sam 15, 19) und wohnte in der
Nähe der Gibeoniten bei Kirjath-Jearim (vgl. Jos 9, 17). Bei Samuel
gibt es jedenfalls keinen Anhaltspunkt dafür, daß er etwa levitischer
Abstammung gewesen sei. Die Aufbewahrung der Lade bei einem
Manne, der kein Israelit, geschweige denn ein Levit war, widerstrebte
dem Chronisten. Im Pentateuch ist vom Aufbewahrungsort der Lade
zwar gar nicht die Rede, es heißt dort nur, ihre **Träger** müßten Leviten
sein (Num 3, 28-31; 4, 4-15 [P]; Dtn 10, 8 [D])[78], aber der Chronist
machte Obed-Edom doch zum Leviten, zu einem der Türhüter vor
der heiligen Lade (1 Chr 15, 18. 24; 16, 38 auch 26, 1-5; 2 Chr 25, 24)
und führte ihn auch unter den Leviten auf, die den Einzug der Lade
in Jerusalem musikalisch begleiteten (1 Chr 15, 21; 16, 4f)[79]. Nach
Darstellung des Chronisten hätte Obed-Edom sogar zwei levitische
Funktionen gleichzeitig ausgeübt, die eines Türhüters und die eines
Sängers! Dies ist ein deutliches Indiz für die Unglaubwürdigkeit der
chronistischen Schilderung an dieser Stelle.[80]

---

77 Die Lesart des massoretischen Textes ›salbten‹ (Plural) ist der Singularform ἔχρισεν
   der LXX vorzuziehen; dazu Montgomery, Kings, 425, gegen Gray, Kings, 571 Anm.
   f. Vielleicht wollte der Übersetzer dadurch andeuten, daß der Priester Jojada derjenige gewesen sei, der Joas zum König salbte, ähnlich der deutlichen Tendenz des
   Chronisten, u. Ü. sogar davon beeinflußt; Weiteres dazu im folgenden.
78 Weiteres dazu unten, Kap. VII, B, Beispiel 3.
79 Daß die levitische Abstammung Obed-Edoms auf den Chronisten zurückgeht, meinen auch Curtis, Chron, 215; Segal, Samuel, 272f; Haran, Priester, 157. Anderer Ansicht sind W. Jawitz, Sefer Toldot Israel, II, Wilna 1905, 14; D. Hoffmann, Die wichtigsten Instanzen gegen die Graf-Wellhausensche Hypothese, in: Jahresberichte des
   Rabbinerseminars zu Berlin 1-2, 138 Anm. a; S. Klein, Priester- und Levitenstädte
   (hebr.), in: idem, Palästina-Studien III 4, Jerusalem 1930, 5; Young, Introduction,
   399. Die älteren jüdischen Forscher nehmen die Angaben des Chronisten wörtlich
   und gehen davon aus, Obed-Edom sei ein Levit aus der Levitenstadt Gath-Rimmon
   (Jos 19, 45; 21, 24) gewesen, wie schon Josephus, ant. VII 83 und R. David Kimchi
   in seinem Kommentar zu 1 Chr 13, 13 vermutet hatten. Weiteres dazu unten, Anm.
   4 zu den Anhängen.
80 Gegen Young, Introduction, 399, der annimmt, der Chronist beschreibe hier zwei

E) Präzisierung einzelner Ausdrücke

An manchen Stellen hatte der Chronist offenbar den Eindruck, der ältere Schriftsteller habe nicht genau den richtigen Ausdruck verwendet. Daher änderte er den Text und korrigierte die Formulierung, obwohl es inhaltlich keinen Unterschied macht.

Ein typisches Beispiel für diese Art von Korrektur läßt sich in der Geschichtsschreibung der Hasmonäerzeit beobachten: 1 Makk 2, 28 heißt es von Mattatias: »Und er floh mit seinen Söhnen in die Berge; ihren ganzen Besitz ließen sie in der **Stadt** (ἐν τῇ πόλει) zurück.« Josephus, ant. XII 271, korrigierte dann den Wortlaut des älteren Textes, insofern als er die Größe der Ortschaft Modiin berücksichtigte und schrieb: »Er zog mit seinen Söhnen hinaus in die Wüste, wobei er seinen ganzen Besitz im **Dorf** (ἐν τῇ κώμῃ) zurückließ.«[81]

(1) 2 Kön 22, 14-16 steht, König Josia habe Boten zur Prophetin Hulda entsandt, um den Herrn zu befragen, was es mit dem im Tempel gefundenen Buch für eine Bewandnis habe. In ihrer Antwort sagt die Prophetin:

> So spricht der Herr:
> Siehe, ich will Unglück bringen über diesen Ort und über seine Bewohner,
> alle Worte dieses Buches,
> das der König von Juda gelesen hat.

Demnach ist die Erfüllung ›aller Worte dieses Buches‹ gleichbedeutend mit ›Unglück bringen über diesen Ort und über seine Bewohner‹, also eine Unheilsprophezeiung. Mit ›alle Worte dieses Buches‹ sind anscheinend in erster Linie die Strafdrohungen Dtn 28, 15-68 gemeint, aber auch Stellen wie 27, 15-26 und 29, 19-28. Insofern scheint die Formulierung des Chronisten, 2 Chr 34, 24 präziser; statt ›alle **Worte** dieses Buches‹ schrieb er: »entsprechend all den **Verwünschungen**[82], die in dem Buche geschrieben sind«[83] (in Anlehnung an Dtn 29, 19: »alle die Verwünschungen, die in diesem Buche geschrieben sind«).

(2) Ps 105, 6 steht das Kolon »Same **Abrahams**, seines Knechtes« parallel zu »Söhne **Jakobs**, seine Erwählten«. Die Nennung des Na-

---

verschiedene Leviten, die beide Obed-Edom geheißen hätten: 1 Chr 15, 18. 24 den Türhüter und ebd. V. 21 den Sänger. Doch nach dem einfachen Wortsinn von 1 Chr 15, 18-24 scheint die Spaltung Obed-Edoms in zwei Personen überaus künstlich.

81 Vgl. E. Z. Melammed, Josephus verglichen mit 1 Makk (hebr.), in: EI 1 (1951), 122-130, hier: 124.

82 In der griechischen Übersetzung steht τοὺς πάντας λόγους (›alle Worte‹), offenbar in Angleichung an die Parallelstelle in den Königsbüchern.

83 Vgl. Benzinger, Chron, 131; Rudolph, Chron, 324. McKenzie, Chron, 166, möchte die Änderung entweder der Vorlage des Chronisten oder einem späteren Abschreiber zuweisen, was jedoch unbegründet erscheint.

mens ›Jakob‹ in Parallele zu ›Abraham‹ ist aus Mi 7, 20 und aus Jes 63,
16 bekannt. Um die Übereinstimmung der beiden Vershälften besser
zu gestalten, ersetzte der Chronist den Personennamen ›Abraham‹ seiner Vorlage durch den Volksnamen ›Israel‹, er schrieb also: »Same Israels[84], seines Knechtes[85]/ Söhne Jakobs, seine Erwählten« (1 Chr 16,
13). Diese Änderung harmoniert gut mit ähnlichen Versen bei Jesaja,
z.B. 41, 8: Du aber, *Israel*, mein Knecht / **Jakob**, mein Auserwählter«
(vgl. auch 45, 4); außerdem paßt sie zur Fortsetzung des Textes 1 Chr
16, 17 (// Ps 105, 10): »Er stellte ihn auf für **Jakob** als Recht / für
Israel als ewigen Bund«. Beachtenswert ist in diesem Zusammenhang
noch die sachliche Erklärung von Rudolph: ›Same Abrahams‹ umfasse
nicht nur Israeliten, sondern auch die Nachkommen Ismaels (Gen 25,
1ff)[86].

---

84 Die Lesart ›Abraham‹ der Peschiṭta ist sekundär, offenbar eine Angleichung an den
   Text von Ps.
85 Die griechische Übersetzung hat im Plural, entsprechend den »Erwählten« in der
   zweiten Vershälfte. Manche halten letzteren Plural für falsch und wollen lieber Singular »seines Erwählten« lesen in Analogie zu »seines Knechtes«; z.B. Briggs, Psalms,
   II, 344; Ehrlich, Miqrâ Ki-Pheschutô, 442 (aufgrund zweier Handschriften von Ps).
86 Rudolph, Chron, 120. Ähnlich erklärt bereits R. David Kimchi zur Stelle: »Abraham
   hatte noch anderen Samen, ›Same Israels‹ dagegen meint eindeutig uns [Juden]; wenn
   hier steht ›Same Abrahams‹, ist eigentlich ›Same Israels‹ gemeint.«

Kapitel III
Ergänzungen

A) Ergänzung nach anderen Bibelstellen

Gelegentlich hat der Chronist den Wortlaut von Samuel-Könige nach einer anderen Stelle in diesen Büchern selbst oder anderswo im biblischen Schrifttum ›ergänzt‹. Diese Erscheinung äußert sich in den Paralleltexten der Chronik in den verschiedensten Formen: Bisweilen ergänzt der Chronist die Schilderung eines Helden oder Ereignisses nach dem Muster einer vergleichbaren Schilderung an anderer Stelle; gelegentlich fügt er zu einem allgemeinen Ausdruck konkrete Details hinzu, die er bei anderen Vorkommen dieses Ausdrucks in der Bibel gefunden hat; oder er setzt einen (in seinen Augen) gleichbedeutenden Namen neben den jeweils gegebenen, wie er es an einer anderen Bibelstelle beobachtet hat; außerdem kommt es vor, daß er den Text um Informationen bereichert, die er aus einem anderen Kontext im selben Buch gewonnen hat.

a) Schilderung eines Helden oder Ereignisses nach dem Muster einer vergleichbaren Schilderung an anderer Stelle

(1) In 2 Sam 23, 21 heißt es von Benaja, dem Sohn Jojadas:

Er erschlug auch einen Ägypter,
einen hochgewachsenen[1] Mann[2] ——
Der Ägypter hatte einen Speer in der Hand ——

---

1 מראה ist wohl Verschreibung für מדה, vgl. die Parallelstelle 1 Chr 11, 23. Zu איש מדה vgl. auch 2 Sam 21, 20: איש מדין // 1 Chr 20, 6: איש מדה; dazu Segal, Samuel, 372. 392. Außerdem ist es viel wahrscheinlicher, daß der Erzähler die Heldentat des Benaja dadurch steigern wollte, daß er die Kraft und die Größe des Ägypters betonte, als daß er diesen als schön und wohlgestalt schildern wollte, wie in Peschitta und Vulgata z. St.

2 Statt אשר ist wohl איש zu lesen, denn in der LXX steht ἄνδρα; auch die Parallelstelle 1 Chr 11, 23 spricht dafür, daß dies die ursprüngliche Lesart ist.

In 1 Chr 11, 23 hat der Chronist die Schilderung jenes Ägypters ausgeschmückt in Anlehnung an die Beschreibung des Philisters Goliath aus 1 Sam 17, 4. 7:

<table>
<tr><td>1 Sam 17, 4. 7</td><td>1 Chr 11, 23</td></tr>
<tr><td></td><td>Er erschlug auch den Ägypter</td></tr>
<tr><td>Da trat aus den Reihen der
Philister ein Zweikämpfer hervor
mit Namen Goliath, aus Gath,</td><td>einen hochgewachsenen Mann</td></tr>
<tr><td>sechs Ellen und eine Spanne[3] hoch.</td><td>von fünf Ellen Länge.</td></tr>
<tr><td>Der Schaft[4] seines Speeres
war wie ein Weberbaum.</td><td>Der Ägypter hatte einen Speer in der
Hand, der war wie ein Weberbaum.[5]</td></tr>
</table>

So entsteht eine Analogie zwischen dem Ägypter, den Benaja erschlug, und dem Philister Goliath, den David bzw. Elchanan erschlug, was Benajas Heldentum verherrlicht (zusätzlich zu seiner ausführlichen Erwähnung unter Davids Helden 1 Chr 11, 22-25 // 2 Sam 23, 20-23).

(2) Im Bericht von der Heraufführung der Lade aus dem Hause Obed-Edoms nach Jerusalem (im folgenden: der zweite Bericht), steht in 2 Sam 6, 15: »So führten David und das ganze Haus Israel die Lade des Herrn unter Jubel und Posaunenschall hinauf.« In 1 Chr 15, 28 bringt der Chronist diesen Text bereichert um Elemente aus einem ähnlichen Bericht, dem von der Heraufführung der Lade aus Kirjat Jearim (1 Chr 13, 8 // 2 Sam 6, 5, im folgenden: der erste Bericht):

<table>
<tr><td>2 Sam 6, 15 //</td><td>1 Chr 15, 28</td><td>1 Chr 13, 8 //</td><td>2 Sam 6, 5</td></tr>
<tr><td>So brachten David
und das ganze
Haus Israel die
Lade des Herrn</td><td>So brachte
ganz Israel
die Bundeslade
des Herrn hinauf</td><td>David aber und
ganz Israel tanzten
vor Gott her mit
aller Macht, unter</td><td>David aber und das
ganze Haus Israel
tanzten vor dem Herrn
mit allen Zypressen-
hölzern[6], unter</td></tr>
</table>

---

3   In der LXX (B und L), in 4QSam[a] und in antiquitates VI 171 steht ›vier Ellen und eine Spanne‹, aber LXX (A) hat ›sechs Ellen und eine Spanne‹.

4   Statt רחץ lesen Massora und antike Übersetzungen רעץ, vgl. 2 Sam 21, 19 = 1 Chr 20, 5: »dessen Speerschaft wie ein Weberbaum war«, auch 2 Sam 23, 7: »niemand berührt sie, außer mit Eisen oder Speerschaft«. Die Vertauschung von צ und ח findet sich noch öfter, z.B. Gen 10, 22: ערץ, LXX: חרץ; 2 Kön 20, 13: רישמע // Jes 39, 2: רישמח.

5   Unten Kap. XVI wird dieser Vers noch mit 2 Sam 23, 21- LXX verglichen.

6   M hat hier: בכל עצי ברושים (mit allen Zypressenhölzern). Ehrlich (Mikrâ Ki-Pheschutô, 198) möchte für רבכל (und mit allen) רבכלי (und mit Instrumenten) lesen. Demnach wären aus Zypressenholz gemachte Musikinstrumente gemeint; vgl. auch Segal, Samuel, 271. Die LXX hat hier ›mit aller Macht‹ wie an der Parallelstelle in Chr (vgl. auch V. 14: »David aber tanzte mit aller Macht vor dem Herrn her«), und manche bevorzugen diese Version (Segal, a.a.O.; Curtis, Chron, 207). Für den Wortlaut von Massora spricht allerdings nicht nur das Prinzip der lectio difficilior, sondern auch der Kontext, der eher Musikinstrumente verlangt.

unter Jubel und Posaunenschall hinauf.	mit Jubel und Posaunenschall, mit Trompeten und klingenden *Zimbeln*[7], mit Harfen- und Lautenspiel.	Gesängen und mit Lauten, Harfen und Handpauken, mit *Zimbeln* und mit Trompeten.	Gesängen und mit Lauten, Harfen und Handpauken, mit Schellen und mit *Zimbeln*[8].

Daß der Text aus 2 Sam 6, 15 auf der Grundlage von 1 Chr 13, 8 // 2 Sam 6, 5 ausgebaut ist, erweisen schon die Chiasmen, die der Chronist zwischen den Aufzählungen der Musikinstrumente in 1 Chr 15, 28 und 1 Chr 13, 8 hergestellt hat[9].

Durch die Übertragung der Musikinstrumente aus dem ersten in den zweiten Bericht wollte der Chronist wohl andeuten, daß die zweite Heraufführung der Lade nicht weniger freudig und prächtig vonstatten ging als die erste.[10]

(3) 1 Kön 5, 24f steht, für das Bauholz, das König Hiram an Salomo lieferte, habe dieser ihn in Naturalien bezahlt: ›Weizen zum Unterhalt für seinen Hof‹ und Öl. 2 Chr 2, 9 hat der Chronist die Liste der landwirtschaftlichen Produkte, die Salomo an Hiram sandte, um ›Wein‹ erweitert, offenbar nach dem Muster des Berichts vom Bau des Zweiten Tempels unter Serubbabel, Esr 3, 7. Nach seinem Empfinden

---

7 Zu den ›klingenden Zimbeln‹ vgl. H. Avenary, Klingende Zimbeln (hebr.), in: *Tazlil* 3 (1966), 24f. Die Verbindung ›klingende Zimbeln‹ kommt allein in 1 Chr 15f nicht weniger als fünfmal vor.

8 Die hier genannten צלצלים werden häufig mit מצלתים (Zimbeln) gleichgesetzt; dazu Avenary (s. vorige Anm.), 25.

9 Dazu ausführlich unten Kap. XI.

10 Im ersten Bericht befinden sich die Musikinstrumente in den Händen von ›David und ganz Israel‹ (1 Chr 13, 8), im zweiten Bericht gibt sie der Chronist levitischen Sängern in die Hand (in Sam sind in beiden Berichten ›David und das ganze Haus Israel‹ die Musikanten – 2 Sam 6, 5. 15). In 1 Chr 15, 16 (›Zusatz‹) berichtet der Chronist von den Vorbereitungen, die David getroffen habe: »Und David befahl den Obersten der Leviten, sie sollten die Sänger, ihre Stammesgenossen, antreten lassen mit ihren Musikinstrumenten, den Harfen und Lauten und Zimbeln, damit sie laute Freudenklänge ertönen ließen. In der Fortsetzung ordnet er jedem der in V. 16 und V. 28 genannten Instrumente seinen Musikanten zu: »Die Sänger Heman, Asaph und Ethan hatten eherne Zimbeln, um Musik zu machen« (V. 19); »Sacharja, Usiel ... hatten Harfen, um על-עלמות zu spielen« (V. 20); »Matthithja, Eliphelehu ... hatten Lauten, um in der Oktave zu spielen und den Gesang zu leiten« (V. 21). »Sebanja, Josephat, ... bliesen die Trompeten vor der Lade Gottes her« (V. 24). Diesen Anachronismus – die Leviten als Tempelmusikanten – scheint der Chronist aus der Zeit des Zweiten Tempels in den frühen Text projiziert zu haben, vgl. etwa Neh 12, 27: »Zur Einweihung der Mauern Jerusalems holte man die Leviten aus ihren Wohnsitzen nach Jerusalem, um die Weihe und ein Freudenfest mit Lobeshymnen und Gesängen, mit Zimbel-, Harfen- und Lautenklang zu begehen«. Dies geht zusammen mit dem Transport der Lade auf den Schultern der Leviten, worauf nach Meinung des Chronisten das Gelingen der zweiten Heraufführung zurückzuführen war.

sollte nichts von dem, was beim Bau des Zweiten Tempels vorhanden war, beim Bau des ersten gefehlt haben:[11]

1 Kön 5, 24f	*2 Chr 2, 9*	*Esr 3, 7*
Also lieferte Hiram dem Salomo Zedern- und Zypressenholz, soviel er haben wollte. Salomo aber lieferte dem Hiram ... *Weizen* **zum Unterhalt** für seinen Hof und ... vom feinsten *Öl.*	Und siehe, ich will den Holzhauern[12] deinen Knechten, die die Bäume fällen, **zum Unterhalt**[13] geben ... *Weizen,* ... *Gerste,* ... *Wein* und ... *Öl.*	Sie gaben aber den Steinmetzen und Zimmerleuten Geld und den Sidoniern und Tyriern *Speise, Getränk*[14] und *Öl,* daß sie Zedernstämme vom Libanon ... brächten.

Anschließend (V. 14) bringt der Chronist die Liste der Nahrungsmittel noch einmal, allerdings mit Vertauschung der beiden Endglieder: »So möge nun mein Herr seinen Knechten den Weizen, die Gerste, das Öl und den Wein senden, wovon er geredet hat«.

b) Präzisierung nach weiteren Vorkommen desselben Ausdrucks

In 1 Kön 9, 25 steht, König Salomo habe ›dreimal im Jahr‹ auf dem Altar im Tempel Opfer dargebracht. Jene ›drei Mal‹ beziehen sich mit großer Wahrscheinlichkeit auf die drei im Pentateuch verschiedentlich genannten Wallfahrtsfeste (Ex 23, 14-17; 34, 23f; Dtn 16, 16). Der

---

11 Williamson, Chron, 200, meint, allein aufgrund von Kön auf eine andere Vorlage des Chronisten schließen zu können. Dem steht entgegen, daß die LXX zu Kön weder Wein noch Gerste erwähnt. Die Gleichheit der Ölmenge in der LXX zu Kön und in Chr reicht nicht aus, um eine solche Hypothese zu stützen.

12 Zu dem Doppelausdruck ›Holzhauer, die die Bäume fällen‹ (Hendiadyoin oder Doppelschreibung) vgl. Dtn 19, 5: »um Holz zu hauen, ... um den Baum zu fällen«.

13 Die Vokabel מכרת (Schläge) gibt hier keinen Sinn, gemeint ist wohl מכלת (Unterhalt), wie in Kön, entsprechend in den Targumim und in der Vulgata z. St. Diese Vokabel wiederum scheint eine Kurzform von מאכלת (s. Jes 9, 4), die ihrerseits von מאכל (Speise) abgeleitet ist, wie Esr 3, 7. Die Worte »Salomo lieferte dem Hiram ... Weizen **zum Unterhalt für seinen Hof** (V. 25) bilden sozusagen die Antwort auf Hirams Bitte: »Du aber sollst ... **meinem Hofe Speise** liefern« (V. 23). S. auch 2 Chr 2, 14 sowie unsere weiteren Ausführungen.

14 Zur Kombination von יין (Wein) und משתה (Getränk, auch: Gelage) vgl. Jes 5, 12: »Da halten sie Gelage mit ... und Wein«; Dan 1, 5: »Und der König ließ ihnen den täglichen Unterhalt von der königlichen Tafel und dem Weine, den er selber trank, zukommen«, vgl. auch VV. 8 und 16. Auch bei Est (5, 6; 7, 2. 7f) kommt die Wortverbindung vor.

Chronist begnügte sich nicht mit der allgemeinen Bezeichnung, sondern setzte jeweils den Namen des Festes hinzu nach der Aufzählung in Dtn 16, 16:

1 Kön 9, 25	*2 Chr 8, 12f*	*Dtn 16, 16*
Salomo opferte	Damals[15] opferte Salomo dem Herrn auf dem Altar des Herrn, den er ... gebaut hatte, ...	
dreimal im Jahre	und dreimal im Jahre an den Festen, am Fest der ungesäuerten Brote und *am Wochenfest* und *am Laubhüttenfest.*	Dreimal im Jahr soll ... erscheinen ...: am Feste der ungesäuerten Brote, *am Wochenfest* und *am Laubhüttenfest.*

Der Ausdruck ›dreimal im Jahr‹ zusammen mit der namentlichen Aufzählung der Feste findet sich im ganzen biblischen Schrifttum nur in Dtn 16, 16 und in 2 Chr 8, 12f[16], was doch wohl eindeutig für eine Abhängigkeit des Chronikverses von Dtn spricht.

c) Hinzufügung von Eigennamen aus anderen Bibelstellen

(1) Bei der Eroberung Jerusalems heißt es 2 Sam 5, 6: »Als der König mit seinen Leuten nach Jerusalem ... zog«; 1 Chr 11, 4 erweitert der Chronist diese Ortsangabe nach Ri 19, 10:

2 Sam 5, 6	*1 Chr 11, 4*	*Ri 19, 10*
Als der König mit seinen Leuten nach **Jerusalem** wider die Jebusiter **zog**	Als David und ganz Israel nach **Jerusalem** **zog** – das ist **Jebus**, und dort waren die Jebusiter	... machte sich auf und **zog** bis nach **Jebus** – das ist **Jerusalem**[17]

---

15 Die Vokabel ›damals‹ hier ist ein Überbleibsel aus 1 Kön 9, 24b: »damals baute er das Millo«; dazu oben, Kap. I, Aa, Beispiel 7.

16 Die beiden anderen Pentateuchstellen weichen nicht nur in der Benennung der Feste ab, sondern auch im Aufbau: Ex 23, 14-17: »Dreimal im Jahre sollst du mir ein Fest feiern. Das Fest der ungesäuerten Brote sollst du halten: ... Sodann das Fest der Kornernte, der Erstlinge ... und das Fest der Lese am Ausgang des Jahres ...«; Ex 34, 18-24: »Das Fest der ungesäuerten Brote sollst du halten. ... Und das Wochenfest sollst du halten ... und das Fest der Lese an der Wende des Jahres. Dreimal im Jahre sollen alle deine Männer vor dem Herrn, dem Gott Israels, erscheinen« (hier steht zunächst die Aufzählung und dann die Zusammenfassung, an den übrigen Stellen umgekehrt).

17 Vgl. dazu ferner V. 11, außerdem Jos 18, 28-LXX, Peschitta und Vulgata. In der Anordnung der Ortsnamen besteht zwischen der Ri- und der Chr-Stelle ein deutlicher Chiasmus.

Hier macht der Chronist eine geographisch-historische Anmerkung zum älteren Text gemäß der Information aus Ri 19, 10, ähnlich wie in der Fortsetzung des Textes das alte und das neue Toponym nebeneinandersteht: »Aber David nahm die *Burg Zion* ein; das ist die *Davidsstadt*« (2 Sam 5, 7 = 1 Chr 11, 5)[18].

Zur Benennung einer Stadt nach ihrem Regenten oder ihren Bewohnern vgl. 2 Chr 25, 28 (Juda); 1 Sam 15, 5 (Amalek); Jes 15, 1 (Moab).

(2) 2 Sam 6, 2 steht: »Dann machte sich David auf und zog mit allem Volk, das bei ihm war von den Herren Judas, um von dort die Lade Gottes heraufzuholen«. Die Lesart des massoretischen Textes ›von den Herren Judas‹ (ähnlich auch in der LXX: τῶν ἀρχόντων Ἰούδα) ist problematisch, denn die Proform ›dort‹ in der Fortsetzung des Verses weist eindeutig auf einen Ortsnamen. Die Version מבעלי יהודה ist offenbar eine Verschreibung aus בעלתה oder aus אל בעלה/בעלת) oder gar aus בעל יהודה / אל בעלת יהודה), wie aufgrund der Samuelrolle aus Qumran (4QSam^a) und der Parallelstelle 1 Chr 13, 6 zu vermuten (dazu mehr im folgenden). Außerdem »finden wir in der Bibel zwar die Wortverbindung ›Herren der Stadt X‹ – z.B. ›Herren von Jericho« (Jos 24, 11), ›Herren von Sichem‹ (Ri 9, 22), ›Herren von Gibea‹ (ebd. 20, 5), ›Herren von Kela‹ (1 Sam 23, 12) und ›Herren von Jabes Gilead‹ (2 Sam 21, 12), aber Juda als Stammesgebiet paßt in diese Liste nicht hinein; auch ohne Toponym gibt es nur ›Herren der Stadt‹ (Ri 9, 51), nicht ›Herren des Landes‹.«[19] 1 Chr 13, 6 hat der Chronist den Ortsnamen ›Baala‹ folgendermaßen glossiert: »Baala, das ist Kirjath-Jearim in Juda«; dabei orientiert er sich offenbar an der

---

18 In umgekehrter Reihenfolge 2 Chr 5, 2 = 1 Kön 8, 1: »aus der Davidsstadt – das ist Zion«.

19 So Ehrlich, Mikrâ Ki-Pheschutô, 197; vgl. Curtis, Chron, 207; McCarter, II Sam, 162; gegen S. I. Feigin, Die Überführung der Lade von Kirjat-Jearim nach Jerusalem (hebr.), in: Missitrei heAvar, Mechqarim bamiqra ubhistoria atiqa, New York 1943, 84f und gegen J. Blenkinsopp, Kiriath-Jearim and the Ark, in: JBL 88 (1960), 152, der unter den בעלי יהודה ›lords, free citizens, burghers of Judah‹ versteht und das ›dort‹ auf Gibeon beziehen will, das 2 Sam 5, 25 am Schluß des Berichts über Davids siegreiche Philisterfeldzüge erwähnt war. Als Alternative schlägt er vor, das ›dort‹ auf ›das Haus des Abinadab auf dem Hügel‹ aus 1 Sam 7, 1 zu beziehen (wenn wir L. Rosts Vermutung folgen, wonach 2 Sam 6 ursprünglich die unmittelbare Fortsetzung von 1 Sam 7, 2 war). Einen ähnlichen Vorschlag macht auch A. F. Campbell, The Ark Narrative (1 Sam 4-6; 2 Sam 6), Missoula, MT 1975, 128: ›von dort‹ beziehe sich auf ›Kirjath-Jearim‹ aus 1 Sam 7, 2. Der Ausdruck ›mit allem Volk, das bei ihm war‹ vom Anfang des Verses schließt jedoch unmittelbar an den derzeit voranstehenden Vers an: »Und David versammelte wiederum alle Auserlesenen in Israel, 30 000 Mann« (2 Sam 6, 1). Insofern bleibt die Verbindung כל העם אשר אתו מבעלי יהודה problematisch, auch wenn man Blenkinsopps gesuchte Erklärung für מבעלי יהודה akzeptiert.

Abgrenzung des Stammesgebiets von Juda im Buche Josua: »Baala –
das ist Kirjath-Jearim« (15, 9)[20]:

2 Sam 6, 2	1 Chr 13, 6
Dann machte sich David auf und zog mit allem Volk, das bei ihm war, nach *Baala um von dort die Lade Gottes heraufzuholen.	Dann zog David mit ganz Israel nach Baala, das ist Kirjath-Jearim in Juda, um die Lade Gottes, des Herrn, … von dort heraufzuholen.

Ähnlich wie der Chronist, vielleicht direkt von ihm beeinflußt, formuliert auch der Verfasser der Samuel-Rolle (4QSam[a]) aus Qumran:
»Baala, das ist Kir[jat Jearim, das] zu Juda [gehört]«[21].

Die ausdrückliche Gleichsetzung von Baala mit Kirjath-Jearim soll
offenbar den Anschluß an V. 5 (›Zusatz‹) herstellen: »So versammelte
David nun ganz Israel …, um die Lade Gottes von Kirjath-Jearim zu
holen«. Vielleicht spielt auch der Bericht aus 1 Sam 6, 21 – 7, 2 mit,
wonach die Leute von Kirjath-Jearim die Lade vom Feld des Josua
aus Beth-Schemesch ins Haus des Abinadab auf dem Hügel in ihrer
Stadt brachten. Der Chronist will also deutlich machen, daß es sich bei
Baala nicht um einen anderen Ort handelt, sondern um einen älteren
Namen von Kirjath-Jearim, wo die Lade zwanzig Jahre lang stand, bis
David sie nach Jerusalem überführte, wie in der Fortsetzung erzählt[22].

2 Sam 6, 2 und 1 Chr 13, 6 sind demnach zwei parallele Überlieferungen, nicht etwa zwei einander ergänzende Verse, wie Naor
annimmt[23].

(3) Ebenso verfährt der Chronist mit weiteren Namen, z.B.: 1 Chr
1 bringt er die Genealogie der Söhne Sems nach Gen 11, 10-26; bei
der zehnten Generation, ›Abram‹, setzt er die gebräuchlichere Namensform ›Abraham‹ (V. 27) hinzu, nach Gen 17, 5: »Darum sollst du
nicht mehr **Abram** heißen, sondern **Abraham** soll dein Name sein«[24].
Eine ähnliche Erscheinung ist in 2 Chr 20, 2 (›Zusatz‹) zu beobachten:
»… schon sind sie in Hazezon-Tamar – **das ist Engedi**«, nur ist hier
nicht klar, woraufhin der Chronist die Gleichsetzung vornimmt.

---

20 Vgl. auch: »Kirjath-Baal – das ist Kirjath-Jearim« (Jos 15, 60). S. auch Jos 18, 14.
21 Text bei McCarter, II Sam, 162.
22 Allerdings gilt die Gleichsetzung Baala = Kirjath-Jearim unter den Erforschern der
    biblischen Geographie durchaus nicht als selbstverständlich, dazu McCarter, II Sam,
    168 mit Verweisen auf ältere Literatur.
23 M. Naor, Salomo, Hiram und das Land Kabul (hebr.), in: Ma'arawo schel haGalil
    weChof haGalil, Jerusalem 1965, 94-100.
24 Vgl. auch Neh 9, 7: »Du, o Herr, bist Gott, der du **Abram** erwählt und aus Ur
    in Chaldäa herausgeführt und mit dem Namen **Abraham** benannt hast«. Zur Be-
    deutung der Namen und der etwaigen Beziehung der beiden vgl. Curtis, Chron,
    70f.

Erläuternde Appositionen zu Eigennamen begegnen in der spät-biblischen Literatur auch sonst, etwa Neh 8, 9: »Nehemia, der Statt-halter« und Est 2, 7: »Hadassa, d.i. Ester«. Solche finden sich schon in der älteren biblischen Literatur, dazu die oben (Nr. 1) angeführt-ten Beispiele, Gen 14^{25} sowie Ri 1, 10f. Ebenfalls anzutreffen sind sie in der nachbiblischen Literatur: Im Genesis-Apokryphon steht für den Ortsnamen ›Salem‹ aus Gen 14, 18: »Jerusalem, d. i. Salem«, an-scheinend nach Ps 76, 3: »In **Salem** erstand seine Hütte/ und seine Wohnstatt in **Zion**«[26]. Josephus schreibt von Agrippas: »Er kam in die Stadt **Caesarea**, die vormals **Stratonsturm** hieß« (ant. XIX 343, vgl. XIV 76).

d) Zusätzliche Information aus anderem Kontext

1 Kön 5, 29f ist die Rede von den Lastträgern und Steinmetzen und Aufsehern über die Bauarbeiten am Salomonischen Tempel ohne An-gabe ihrer ethnischen Zugehörigkeit. Dagegen schreibt der Chronist über eben diese Bauarbeiter 2 Chr 2, 16f, sie seien aus ›allen Fremd-lingen im Lande Israel‹ zusammengesetzt[27]:

1 Kön 5, 29f	*2 Chr 2, 16f*
Auch hatte Salomo	Und Salomo ließ **alle Fremdlinge im Lande Israels** zählen nach der Zählung, die sein Vater David veranstaltet hatte[28], und es fan-den sich 153 600. Und er machte
70 000 Lastträger und 80 000 Stein-metzen im Gebirge, ohne die Aufseher Salomos, die über die Arbeit gesetzt waren, nämlich 3 300, die den Arbei-tern zu gebieten hatten.	70 000 von ihnen zu Lastträgern, 80 000 zu Steinmetzen im Gebirge und 3 600 zu Aufsehern, die die Leute zur Arbeit anzu-halten hatten.

Die fremde Herkunft der Arbeiter am Tempelbau erschloß der Chronist aus den Angaben über die Errichtung von Salomos Städten für Streitwagen und Reiterei sowie für die Lagerung von Proviant.

---

25 »Bela, d.h. Zoar« (VV. 2.8), »Siddimtal, d.h. Salzmeer« (V. 3), »En Mischpat, d.h. Kades« (V. 7), עמק שוה, d.h. עמק המלך (V. 17).

26 Zur Gleichsetzung Salem = Jerusalem vgl. ant. I 180; Targum Onkelos und Targum Pseudo-Jonathan zu Gen 14, 18; Gen. R. XLIII 7 u. ö. Mit dieser Gleichsetzung wird offenbar gegen die Samaritaner polemisiert, die unter ›Salem‹ ihre Stadt Sichem verstehen wollten; dazu Kalimi, Streit, 47-52.

27 Zur Frage der Fremdlinge und Beisassen in der Chronik s. Japhet, Ideology, 334-351.

28 Vgl. 1 Chr 22, 2: »Und David gebot, die **Fremdlinge**, die sich **im Lande Israels** befanden, zu versammeln, und bestellte Steinmetzen, welche die Quadersteine für den Bau des Gotteshauses zu behauen hatten.«

Dort steht ausdrücklich, die Bauarbeiter seien »keine Israeliten gewesen, sondern Angehörige der vorisraelitischen Bevölkerung des Landes: »alles Volk, das noch übrig war von den Amoritern, Hethitern, Pheresitern, Hewitern und Jebusitern, die nicht zu den Israeliten gehörten; ihre Nachkommen, die im Lande übriggeblieben waren, an denen die Israeliten den Bann nicht hatten vollstrecken können, die machte Salomo zu Fronknechten bis auf diesen Tag. Von den Israeliten aber machte er keinen zum Fronknecht, sondern sie waren seine Kriegsleute und Beamten, die Obersten über seine Wagenkämpfer und die Obersten über seine Streitwagen und Reiter.« (1 Kön 9, 20-22 // 2 Chr 8, 7-9)[29].

B) Ausfüllung von Lücken

Gelegentlich sind im Erzählstrom einzelne Wörter oder ganze Ausdrücke ausgelassen (elidiert), die nicht eigens genannt zu werden brauchen, weil sie sich von selbst verstehen[30].

Bei einigen Versen aus Sam-Kön handelt es sich um solche ›Ellipsen‹. Durch die Kürze des Ausdrucks wird die Verständlichkeit zwar in keiner Weise beeinträchtigt, aber dennoch hat der Chronist es für richtig gehalten, die sachlichen Lücken auszufüllen. Folgende Beispiele seien genannt:

(1) 2 Sam 5, 6 steht im Zuge der Eroberung Jerusalems folgender Satz: »... sprach er zu David: Da kommst du nicht hinein«. Syntaktisch unklar ist hier die Referenz des ›er‹, d.h. die Identität des Sprechers; aus dem Kontext geht hervor, daß es sich um einen (bevollmächtigten?) Vertreter der Belagerten handeln muß. 1 Chr 11, 5a

---

29 Die Nachricht von der Aushebung der 30 000 Arbeiter aus ganz Israel (1 Kön 5, 27f) hat der Chronist weggelassen; dazu oben, Kap. II, A, Beispiel 2.

30 Dazu Gesenius-Kautzsch, Hebräische Grammatik, § 117 g mit Beispielen aus der ganzen Bibel; Watson, Poetry, 303-306 und dort ältere Literatur. Erwähnt wird dieses Verfahren bereits in der Baraita der 32 Middot (Auslegungsweisen der Tora) des R. Elieser, Sohn des R. Jossi des Galiläers als Kürzel (דרך קצרה); vgl. auch bSanhedrin 93a; Ibn Esra zu Dtn 20, 19: »Jeder Ausdruck läßt sich kürzen, wie z.B. ›ein Esel Brot‹ für ›eine Esellast Brot‹ (1 Sam 16, 20)«; ähnlich in seinem Kommentar zu Gen 43, 20; Ex 4, 10 (im Namen von R. Jehuda Halevi); 9, 30; 13, 15; 14, 4; Lev 5, 1. R. David Kimchi zu Ps 21, 13: »›sobald du deine [Bogen-]Sehnen auf ihr Antlitz richtest‹, auch das ist ein Kürzel, wie im biblischen Text üblich, wenn die Sache sich von selbst versteht«. Weitere Beispiele bringt Melammed, Mefarsche haMiqra, II, 838-843. Vgl. auch Raschi (bei Melammed, op. cit., I, 427f) und R. Isaiah di Trani (bei E. Z. Melammed, Zum Kommentar des R. Isaiah di Trani zu Propheten und Hagiographen [hebr.], in: idem, Mechqarim baMiqra, beTargumaw uwiMefarschaw, Jerusalem 1984, 285-288).

füllt der Chronist diese Lücke aus, indem er ›die Bewohner von Jebus‹ sprechen läßt:

2 Sam 5, 6b	*1 Chr 11, 5a*
... sprach er zu David also[31]:	... sprachen *die Bewohner von Jebus* zu David:
Da kommst du nicht hinein.	Da kommst du nicht herein.

(2) Beim Bericht der Heldentaten des Elasar, Sohn des Dodo, 2 Sam 23, 9 steht: »Nach ihm Elasar, Sohn des Dodo, der Ahohiter, unter den drei Helden[32] ——————mit David, als sie sich unter die Philister wagten, die dort zum Kampf versammelt«. Die Angabe ›mit David‹ (V. 9b) hat keinen exakten Bezugspunkt, anscheinend liegt eine Ellipse vor. 1 Chr 11, 13a vervollständigt der Chronist die Formulierung: »**Er** [sc. Elasar] **war** mit David in Pas Dammim, wo die Philister sich zum Kampf versammelt hatten«.

(3) Nachdem die drei Helden David auf seinen Wunsch Wasser aus der von den Philistern kontrollierten Quelle/Zisterne von Bethlehem gebracht hatten, wurde ihm klar, in welche Gefahr er sie gestürzt hatte; daraufhin betrachtete er dieses unter Lebensgefahr erlangte Wasser wie Blut, das nicht zu trinken war, sondern auf die Erde zu schütten[33]. Dieses Wasser goß David als Trankopfer aus mit den Worten: »Davor bewahre mich der Herr[34], daß ich dies tue! Das Blut der Männer, die ihr Leben gewagt haben und hingegangen sind ——————?« (2 Sam 23, 15-17).

An der durch Gedankenstriche markierten Stelle scheint eine Form des Verbs ›trinken‹ zu fehlen, und eine solche hat der Chronist ergänzt: »Das Blut dieser Männer **sollte ich trinken**, die mit Lebensgefahr hingegangen sind?«[35] Außerdem entfaltete er auch den Ausdruck ›mit

---

31 In der LXX zu Sam steht die Vokabel ›also‹ (לֵאמֹר) nicht, vielleicht fehlte sie bereits in der Vorlage des Chronisten. Segal, Samuel, 260, meint, sie sei vom Versende her ein zweites Mal eingedrungen.

32 Der bestimmte Artikel vor ›Helden‹ ist durch Haplographie mit dem letzten Buchstaben des Zahlworts ›drei‹ zusammengefallen. Möglicherweise lag hier in einem frühen Stadium der Textüberlieferung auch eine Art abgekürzter Schreibweise vor, wobei der Buchstabe He nur einmal geschrieben wurde, obwohl er zweimal hintereinander hätte stehen müssen. Diese Technik findet sich auch auf den Lachisch-Ostraka, z.B. וכיאמר = וכי יאמר (Nr. 3, Z. 8), ähnlich Z. 9; zur Transkription des Ostrakons s. Tur-Sinai, Lachisch, 53.

33 Vgl. Lev 17, 10-14; Dtn 12, 16. 23-25; 15, 23, vgl. auch Gen 9, 4.

34 In der lukianischen Rezension der LXX, in der Peschitta, im Targum Jonathan und in einigen Handschriften des massoretischen Textes ist die Schwurformel durch ein מ-Präfix eingeleitet, ähnlich wie an der Parallelstelle 1 Chr 11, 19: חלילה לי מאלהי.

35 Ähnlich ergänzen LXX und Vulgata zu Sam; dazu bemerkt McCarter, II Sam, 491 mit Recht: »But if this was the primitive text, it is difficult to see how 'šth was lost in MT«.

Lebensgefahr‹: »Denn unter Lebensgefahr haben sie es hergebracht«
(1 Chr 11, 19):

2 Sam 23, 17	1 Chr 11, 19
und [David] sprach:	und [David] sprach:
Davor bewahre mich der Herr,	Davor bewahre mich mein Gott,
daß ich dies tue!	daß ich dies tue!
das Blut der Männer, die ihr Leben	Das Blut dieser Männer, die mit Lebens-
gewagt haben und hingegangen sind	gefahr hingegangen sind,
————?	sollte ich trinken?
	Denn mit Lebensgefahr haben sie es
	hergebracht.
Und er wollte es nicht trinken.	Und er wollte es nicht trinken.[36]

(4) In 2 Sam 7, 6 reagiert Gott auf Davids Bitte, ihm ein Haus bauen zu dürfen, mit den Worten: »Habe ich doch in keinem Hause gewohnt von dem Tage an, da ich Israel aus Ägypten heraufführte, bis auf diesen Tag, sondern in Zelt und Wohnstätte bin ich umhergezogen«. Die Formulierung ›in Zelt und Wohnstätte bin ich umhergezogen‹ ist offenbar abgekürzte Ausdrucksweise, wie schon die Verfasser der Baraita von den 32 Middot bemerkten: »Abgekürzte Ausdrucksweise – inwiefern? ›in Zelt und Wohnstätte bin ich umhergezogen‹ – es hätte heißen müssen: ›von Zelt zu Zelt und von Wohnstätte zu Wohnstätte bin ich umhergezogen‹, aber hier ist die biblische Formulierung etwas kurz gefaßt«[37].
An diesem Punkt ist der Chronist den Rabbinen bereits zuvorgekommen; er ergänzt folgendermaßen: »... sondern von Zelt zu Zelt

---

36 Die Episode mit David und dem Wasser aus der Quelle von Bethlehem ist in Sam von den Sätzen eingerahmt: »Und er wollte es nicht trinken« (2 Sam 23, 16b/ 17b). Der Chronist hat diesen Rahmen übernommen (1 Chr 11, 18b/19b), nur an der ersten Stelle um den Namen ›David‹ erweitert: »Und David wollte es nicht trinken«. Allerdings könnte der Name bereits in der Sam- Fassung gestanden haben, wie in einigen Handschriften des massoretischen Textes und in der lukianischen Rezension der LXX belegt.
37 Dazu E. Z. Melammed, Die Baraita des R. Elieser, Sohns von R. Jossi dem Galiläer, von den 32 Middot (hebr.), in: Ijjunim beSifrut haTalmud, Jerusalem 1976, 43 (= idem, Mefarsche haMiqra II, 1070); M. Zucker, Zur Lösung des Problems der 32 Middot (hebr.), in: PAAJR 23 (1954), 19.

[bin ich umhergezogen][38] und von Wohnstätte [zu Wohnstätte][39]«
(1 Chr 17, 5).[40]

Diese Stelle ließe sich allerdings auch anders erklären: die Vokabeln
›Zelt‹ (אהל) und ›Wohnstätte‹ (משכן) stehen im biblischen wie im
ugaritischen Schrifttum parallel, z.B.: »Er verwarf die **Wohnung** zu
Silo, / das **Zelt**, wo er unter den Menschen geweilt« (Ps 78, 60); »Da
bedeckte die Wolke das heilige **Zelt**, und die Herrlichkeit des Herrn
erfüllte die **Wohnung**« (Ex 40, 34); »Und jedesmal, wenn die Wolke
sich von dem **Zelte** weghob, brachen die Israeliten auf, ... solange
die Wolke auf der **Wohnung** blieb, so lange lagerten sie« (Num 9,
17f); ugaritisch: *tity.ilm.lahlhm / dr.il.lmšknthm*[41]. Demnach könnte
der Ausdruck ›in Zelt und Wohnstätte‹ 2 Sam 7, 6 ein Hendiadyoin
sein[42]. In diesem Falle hätte der Chronist auf dem Hintergrund der
Berichte vom Hin und Her der Bundeslade bei den Älteren Propheten
die feste Verbindung aufgelöst und ausgebaut.[43]

(5) Auch in 2 Sam 24, 16 liegt eine Ellipse vor, denn zwischen der
ersten und der zweiten Vershälfte besteht eine sachliche Lücke:

16a: Da reckte seine Hand aus der Engel über Jerusalem, es zu verderben[44]

---

38 Die Notwendigkeit des Verbs ›umherziehen‹ ergibt sich hier aus dem Kontext sowie
   aus der unmittelbaren Fortsetzung »solange ich ... umherzog« (V. 6 // 2 Sam 7,
   17); es steht in der Peschitta, vgl. auch den Targum z. St. Hier scheint eine Art
   Haplographie מתהלך מאהל vorzuliegen.

39 ›zu Wohnstätte‹ wird hier vom Kontext verlangt, ergibt sich auch aus dem
   Targum; die Worte könnten aufgrund von Homoioteleuton ausgefallen sein:
   וממשכן אל משכן. Vgl. Rudolph, Chron, 130, so auch in BHS, 1492; Segal, Samuel,
   277. Allerdings ist nicht auszuschließen, daß der Chronist selbst hier eine abgekürzte
   Ausdrucksweise verwendet haben könnte, wie R. David Kimchi vermutet: »und von
   Wohnstätte‹ – soll heißen: ›von Wohnstätte zu Wohnstätte‹. In Analogie zu ›von Zelt
   zu Zelt‹ unmittelbar davor – er verläßt sich auf den verständigen Leser«; vgl. auch
   den Raschi zugeschriebenen Kommentar z. St.

40 Stilistisch vergleichbar scheint ein Vers wie 1 Chr 16, 20 // Ps 105, 13: »wanderten
   sie von Volk zu Volk, von einem Königreich zum andern«.

41 Dazu Gordon, Ugaritic, 195, Text 128: III 18f. Zur Übersetzung S. E. Loewen-
   stamm, Das erweiterte Stichon im ugaritischen und im biblischen Reim (hebr.), in:
   Leschonenu 27/28 (1964), 116f. Ebenso: tb^c ktr l'ahl / hyn tb^c lmšknth – 2 Aqht,
   V: 31-33. Vgl. ferner Cassuto, Anath, 28f.

42 Wie die Übersetzung der Zürcher Bibel (›Zeltwohnung‹) anzunehmen scheint; vgl.
   auch die Verbindung משכן אהל מרעד (Ex 39, 32; 40, 2. 6. 29 – P; 1 Chr 6, 17).

43 Die Formulierung der LXX zu Chr: ›in Zelt und Wohnung‹ beruht offenbar auf
   einem Harmonisationsversuch mit dem älteren Text aus Sam.

44 Die Wortfolge ist ungewöhnlich, gebräuchlicher wäre: ›Da reckte der Engel seine
   Hand aus‹. Auch der bestimmte Artikel bei ›Engel‹ überrascht, denn der Engel war
   zuvor noch nicht erwähnt. Daher spricht einiges für die Vermutung, daß statt der
   jetzigen Buchstaben ה- ידו ursprünglich das Tetragramm stand, so daß der ältere
   Text lautete: ›Da sandte der Herr einen Engel nach Jerusalem‹ wie im Paralleltext

16b: da reute den Herrn das Unheil, und er sprach zu dem Engel, der das Volk würgte: Genug! Zieh nun deine Hand zurück!

Aus diesem Grund hat der Chronist hier einen Handlungsschritt eingeschoben:

Da sandte Gott einen Engel nach Jerusalem, darin zu würgen. **Als er aber am Würgen war, hatte der Herr ein Einsehen;** es reute ihn das Unheil, und er sprach zu dem Würgeengel: Genug! Zieh nun deine Hand zurück! (1 Chr 21, 15)[45].

(6) In 2 Sam 6, 6 steht: »Da reckte Usa ————nach der Lade Gottes aus und hielt sie fest, weil das Vieh strauchelte«. Bei Sam ist dieser Vers insofern elliptisch, als das direkte Objekt ›seine Hand‹ fehlt[46]; an der Parallelstelle 1 Chr 13, 7 hat der Chronist es ohne weiteres ergänzt: »... streckte Usa **seine Hand** aus, die Lade festzuhalten, weil die Rinder umwerfen wollten«.[47]

(7) Die Maße des Salomonischen Tempels werden 1 Kön 6, 2 mit »60 Ellen Länge und 20 Breite« angegeben, d.h. bei der Bezeichnung der Breite fehlt die Maßeinheit ›Ellen‹. An der Parallelstelle 2 Chr 3, 3 hat der Chronist sie ergänzt: »die Länge sechzig Ellen ... und die Breite zwanzig Ellen«; ebenso verfahren LXX, Peschiṭta und Vulgata zu 1 Kön 6, 2. Weniger wahrscheinlich ist die Annahme, daß die Maßeinheit in der Vorlage des Chronisten gestanden habe und erst aus dem massoretischen Text von Kön getilgt worden sei – schon wegen der Häufigkeit, mit welcher der Chronist solche selbstverständlichen Ergänzungen vornimmt.[48]

---

1 Chr 21, 15. Dazu Budde, Samuel, 333; Smith, Samuel, 391; Rofé, Mal'achim, 191 Anm. 17. Andere Deutungen bei Ehrlich, Mikrâ Ki-Pheschuṭô, 260f (der Engel als erklärender Zusatz zu ›seine Hand‹) und Segal, Samuel, 401 (frühere Erwähnung des Engels ausgefallen).

45 Anders beurteilt Japhet, Ideology, 140, die Textgenese: Sie konstatiert, laut Sam sei die Stadt unversehrt geblieben, denn dort habe der Engel erst die Hand ausgestreckt und sei schon zurückgerufen worden, während er laut Chr sein verderbliches Wirken zumindest begonnen habe. Dies führt sie zu der erstaunten Frage, weshalb der Chronist das Schicksal der Stadt negativer dargestellt habe als seine Vorlage. Nach der oben angebotenen Erklärung erübrigt sich diese Frage.

46 Ähnlich 2 Sam 22, 17 // Ps 18, 17: »Er reckt ————aus der Höhe und holt mich; vgl. auch »Recke deine Hände (einige MSS: deine Hand) aus der Höhe, rette mich« (Ps 144, 7).

47 Ähnlich wie der Chronist, vielleicht von ihm beeinflußt, verfährt auch 4QSamᵃ: »Da reckte Usa seine Hand nach der Lade [Gottes] aus«; ebenso LXX: καὶ ἐξέτεινεν ʼΟζὰ τὴν χεῖρα αὐτοῦ ἐπὶ τὴν κιβωτὸν τοῦ θεοῦ, Peschiṭta, Vulgata und Targum Jonathan. Es könnte sich, wie McCarter, II Sam, 164, vermutet, beim massoretischen Text von Sam auch um ein bloßes Abschreibeversehen handeln, eine Art Homoioarkton: רישלח עזה את ידר אל ארון.

48 Zu elliptischer Ausdrucksweise in der Chronik s. auch unten, Anhang A, Ab-

C) Benennung anonymer Figuren

Es kommt vor, daß der Chronist Figuren, die von den älteren historischen Schriftstellern anonym belassen sind, Namen verleiht. In den unten angeführten Beispielen hat er die anonymen Personen nicht mit bekannten biblischen Persönlichkeiten identifiziert, sondern ihnen anscheinend frei erfundene Namen gegeben. Dies kommt der natürlichen Neugier des Lesers entgegen, der vielleicht wissen möchte, wie Davids sämtliche Brüder geheißen, und das Fehlen von Eigennamen bei biblischen Personen überhaupt als erzählerischen Mangel empfinden mag.

Dasselbe Verfahren ist in anderen Werken aus der Zeit des Zweiten Tempels zu beobachten: Im Jubiläenbuch etwa trägt Noahs Frau den Namen ›Emsara‹ (4, 33), die Frauen von Sem, Ham und Japhet werden namentlich genannt (7, 13-16), nicht einmal die Frau des Arpachschad aus Gen 10, 22f bleibt namenlos (Jub 8, 1); Jakobs Schwiegertöchter erhalten Namen: Rubens Frau heißt Ada, Simons Frau ist die Kanaanäerin Adiva, Levis Frau heißt Milka usw. (34, 20); und die Pharaonentochter aus Ex 2, 5 trägt den Namen ›Termut‹ (47, 5). Die Mutter des Micha, der laut Ri 17 eine eigene Kultstätte errichtete, hat in der Bibel keinen Namen, Pseudo-Philo weiß zu berichten, sie habe Dedila geheißen (44, 1. 2); er kennt auch den Namen des »alten Mannes«, der Ri 19 den Leviten mit seiner Nebenfrau bei sich aufnimmt: er habe ›Bateq‹ geheißen, der Levit selbst ›Behel‹ (45,2 2).

Auch die jüdische Literatur nach der Zerstörung des Zweiten Tempels ist reich an Personennamen: Josephus gibt den Namen der Pharaonentochter als Thermutis (ant. II 224)[49]. Die Mütter von Abraham, Haman und David sind in der Bibel namenlos, in der rabbinischen Literatur heißt Abrahams Mutter ›Amathlai, Tochter Karnebos‹, Hamans Mutter ›Amathlai, Tochter Orabthis‹, Davids Mutter ›Nizeveth, Tochter Adaels‹ (b Baba batra 91a); im selben Kontext wird der Name von Simsons Mutter, in der Bibel nur als ›die Frau‹ bezeichnet (Ri 13, 3. 6. 10), mit ›Zlelfonit‹ angegeben[50], und die berühmte Pharaonentochter heißt nach rabbinischer Überlieferung ›Bathja‹ (Dtn R. VII 5; Midrasch Mischle XXXI 15; b Megilla 13a; Pirqe deRabbi Elieser XLVIII). Targum Pseudo-Jonathan zu Gen 21, 21 weiß sogar die Namen von Ismaels Frauen, obwohl im Bibeltext nur steht, seine Mutter habe ihm **eine** Frau genommen.

---

schnitt c) ›Inkonsequenz bei der Ergänzung von elliptischen Ausdrücken‹.
49 Offenbar im Anschluß an Jub XLVII 5, dazu ferner im folgenden.
50 Im Midrasch Num. R. X 5 lautet die Namensform etwas anders: ›haZlelfoni‹.

(1) Aus der Überlieferung, die sich in 1 Sam 16, 6-13; 17, 12 niedergeschlagen hat, geht hervor, daß Isai außer David, seinem Jüngsten, noch sieben Söhne hatte, doch nur die ersten drei von ihnen werden namentlich genannt: »der Erstgeborene Eliab, der zweite Abinadab und der dritte Samma« (1 Sam 17, 13, vgl. 15, 6-9), vier weitere Brüder bleiben namenlos.

Laut 1 Chr 2, 13-15 dagegen war David einer von Isais sieben Söhnen[51], und der Chronist führt alle sieben mit Namen auf:

> Isai zeugte Eliab, seinen erstgeborenen Sohn,
> ferner Abinadab, seinen zweiten Sohn, dann Simea, seinen dritten,
> Nathanael, seinen vierten, Raddai, seinen fünften, Ozem, seinen sechsten,
> und David seinen siebenten Sohn.

Die ersten drei Namen sind aus Samuel übernommen, die anderen drei – Nathanael, Raddai, Ozem – hat der Chronist seiner Vorlage hinzugefügt, um Davids übrige Brüder aus der Anonymität zu erlösen[52]. Der Name ›Raddai‹ steht in der ganzen Bibel völlig vereinzelt da, der Name ›Ozem‹ kommt ein weiteres Mal vor (1 Chr 5, 25 – ›Zusatz‹), dagegen ist ›Nathanael‹ in der Bibel nicht weniger als 13 Mal belegt: achtmal in Schriften aus der persischen Epoche (1 Chr 15, 24; 24, 6; 2 Chr 17, 7; 35, 9 – ›Zusätze‹; Esr 10, 22; Neh 12, 21. 36) und fünfmal in P (Num 1, 8; 2, 5; 7, 18. 23; 10, 15).

(2) 2 Kön 11, 4 wird erzählt, der Priester Jojada habe ›die Obersten der Leibwache und der Trabanten‹ zu sich in den Tempel beordert und mit ihnen ein Bündnis zugunsten des unmündigen Königs Joas geschlossen. Der deuteronomistische Historiker hat die Namen dieser Obersten nicht angegeben, und sie sind auch anderswo im biblischen Schrifttum nicht genannt. Der Chronist aber zählt an dieser Stelle nicht weniger als fünf Namen auf:

2 Kön 11, 4	*2 Chr 23, 1*
Aber im siebenten Jahre	Aber im siebenten Jahre ermannte sich
sandte Jojada hin und ließ die	Jojada und verbündete sich mit den *Obersten*
Obersten der Leibwache und	**Asarja**, dem Sohn Jerohams, **Ismael**, dem
der Trabanten zu sich in den	Sohn Johanans, **Asarja**, dem Sohn Obeds,
Tempel des Herrn kommen.	**Maasseja**, dem Sohn Adajas, und **Elisaphat**,
Mit ihnen schloß er einen Bund ...	dem Sohn Sichris.

---

51 Zu der in 1 Sam 16f und 1 Chr 2, 13-15 unterschiedlich überlieferten Zahl der Söhne Isais siehe noch unten, Kap. XVIII, B.

52 Vgl. Zakovitch, drei/vier, 47. Gegen Noth, ÜS, 119f Anm. 5, 132f und Braun, 1 Chron, 34, die annehmen, der Chronist habe die Namen von Davids Brüdern aus einem nicht auf uns gekommenen königlichen oder Tempelarchiv bezogen.

Der Name ›Elisaphat‹ steht in der Bibel vereinzelt da[53]. Der Name seines Vaters, ›Sichri‹ scheint spät; er kommt in der Bibel 12 Mal vor: neunmal in der Chronik (1 Chr 8, 19. 23. 27; 9, 15; 26, 25; 27, 16; 2 Chr 17, 6; 23, 1; 28, 7), zweimal bei Nehemia (11, 9; 12, 17) und einmal in P (Ex 6, 21). Dieser Name sowie die übrigen sind in erster Linie als Namen von Priestern und Leviten aus den genealogischen Listen der Chronik bekannt: ›Asarja‹ erscheint unter den Söhnen Aarons 1 Chr 5, 40 (s. auch ebd. V. 35-37 sowie 6, 21; 9, 11), ›Jeroham‹ unter den Söhnen Levis 1 Chr 6, 12 (ebenfalls unter den Söhnen Benjamins 1 Chr 8, 27; 9, 8 sowie unter Davids Helfern 1 Chr 12, 8); ›Johanan‹ ist unter Aarons Söhnen 1 Chr 5, 35 erwähnt und unter den Türhütern 1 Chr 26, 3 (vgl. auch Neh 12, 22); ›Maasseja‹ wird 1 Chr 15, 18. 20 unter den Sängern genannt (s. auch Jer 21, 1: »Maasseja der Priester«); ›Adaja‹ erscheint in der Liste der Priester 1 Chr 9, 12 // Neh 11, 12 (außerdem unter den Söhnen Benjamins 1 Chr 8, 22); der Name ›Sichri‹ erscheint in der Liste der Leviten 1 Chr 9, 15; 26, 25 (und in Ex 6, 21 [P] unter den Söhnen von Levis Sohn Jizhar, Neh 12, 17 als Oberhaupt einer Priesterfamilie unter Jojakim). ›Asarja‹ heißen zwei von deren Obersten, der erste und der dritte. ›Asarja, Sohn des Jeroham‹ erinnert an ›Asarel, Sohn des Jeroham‹, den 1 Chr 27, 22 genannten Fürsten des Stammes Dan, ›Asarja, Sohn des Obed‹ wiederum erinnert an ›Obed‹ und ›Asarja‹, die 1 Chr 2, 38 in der Familie Jerachmiel aus dem Stamme Juda als Großvater und Enkel aufgeführt sind und nur in der Chronik vorkommen. Von daher erscheint die Annahme etlicher Forscher[54], der Chronist habe eine alte Liste von Offiziersnamen aus der Zeit der Königin Athalja benutzt, wenig wahrscheinlich. Eher dürfte es sich um eine Zusammenstellung der in den genealogischen Listen der Chronik erwähnten Priester und Leviten handeln. Daß die Verbündeten Priester und Leviten sind, spricht auch für die Lesart, wonach Jojada die Obersten ›zu sich ins Haus des Herrn‹[55] holte (an der Parallelstelle 2 Kön 11, 4a bringt er sie nicht nur ins Haus des Herrn, sondern vereidigt sie auch dort). Denn der Chronist geht davon aus, daß nur Priester und Leviten zum Tempel Zutritt haben, wie er in der Fortsetzung ausdrücklich schreibt: »Ins Haus des Herrn soll niemand gehen außer den Priestern und den diensttuenden Leviten; diese dürfen hineingehen, denn sie sind geweiht« (2 Chr 23, 6, vgl. auch V. 7).

---

53 Vergleichbar sind von der Bildung her Namen wie ›Josaphat‹ oder ›Saphatja‹.

54 Z.B. Keil, Chron, 408; Curtis, Chron, 425.

55 So auch LXX: εἰς οἶκον [κυρίου] – die Gottesbezeichnung steht nur in den Rezensionen A und L, fehlt dagegen in B. Vgl. auch die Parallelstelle 2 Kön 11, 4a: »Er holte sie zu sich ins Haus des Herrn«. Die Lesart des massoretischen Textes ›im Bunde‹ (בברית) scheint eine Verschreibung aus ›ins Haus‹ (לבית) zu sein.

D) Ergänzung des Schauplatzes

An etlichen Stellen in Samuel und Könige wird nicht genau gesagt, wo ein bestimmtes Ereignis stattgefunden hat. In solchen Fällen hat der Chronist es für nötig gehalten, eine exakte Ortsangabe hinzuzufügen. Diese bezieht er gelegentlich aus vergleichbaren Kontexten innerhalb der biblischen Literatur, gelegentlich aus der Fortsetzung der betreffenden Erzählung selbst; an mindestens einer Stelle jedoch wissen wir schlechterdings nicht, woher der Chronist die Information über den Schauplatz des Geschehens genommen hat:

(1) In den Königsbüchern heißt es von zwei judäischen Königen, Ahas und Manasse, sie hätten ihre Söhne durchs Feuer gehen lassen; bei beiden steht nicht, wo dies geschehen sei (2 Kön 16, 3; 21, 6). Aus 2 Kön 23, 10 sowie aus einigen Stellen bei Jeremia (7, 31; 19, 5f; 32, 35) geht eindeutig hervor, daß eine Kultstätte, wo Kinder durchs Feuer geführt bzw. verbrannt wurden[56] südlich von Jerusalem gelegen war, und zwar im sogenannten Hinnomtal. Daraus schloß der Chronist, daß derselbe Vorgang unter Ahas und Manasse auch dort stattgefunden haben müsse, und erweiterte den ihm vorliegenden Text um den Ortsnamen:

---

56 Nach Ansicht mancher Forscher handelte es sich nicht um Kinderverbrennung, sondern um einen symbolischen Akt, in dem Kinder zwischen zwei brennenden Holzstößen oder Fackeln hindurchgeführt wurden, zwecks Weihung an die Gottheit oder Läuterung oder als symbolisches Opfer (ähnlich wie in bSanhedrin 64a geschildert) – so z.B.: J.S. Licht, Art. ›Moloch‹ (hebr.), in: Encyclopaedia Miqrat IV, 1114; M. Weinfeld, Der Molochkult und sein Hintergrund (hebr.), in: Proceedings of the Fifth World Congress of Jewish Studies, vol. I, Jerusalem 1969, 37-61, 152; N.H. Snaith, The Cult of Molech, in: VT 16 (1966), 123f. In letzter Zeit hat jedoch Stager aus den Ausgrabungen von Karthago gewichtige archäologische Beweise erbracht, daß dort Kinder tatsächlich verbrannt wurden, wie in griechischen und römischen Quellen ausdrücklich berichtet, z.B.: Diodurus Siculus, XX 14: 4-7; Plutarch, Moralia 171C-D; 175A. S. L. E. Stager, The Rite of Child Sacrifice at Carthage, in: J. G. Pedley (Ed.), New Light on Ancient Carthage, Ann Arbor, MI 1980, 1-11; idem, Das phönizische Karthago (hebr.), in: Qadmoniot 17 (1984), 39-49; P. G. Mosca, Child Sacrifice in Canaanite and Israelite Religion, Diss. Harvard University, Cambridge, MA 1975. Auch aus dem Verbot der Kinderverbrennung Dtn 12, 31 geht doch wohl eindeutig hervor, daß es wirklich um Verbrennung ging; s. auch Jer 7, 31; 19, 5f; 32, 35. Zu diesem Schluß gelangt auch J. Day, Molech – A god of Human Sacrifice in the Old Testament, Cambridge 1989, 82-85.

2 Kön	*2 Chr*
16, 3	28, 3 Er selber brachte *im Tal Ben-*
	Hinnom Räucheropfer dar und
er ließ seinen Sohn durchs Feuer	ließ seine Söhne durchs Feuer
gehen nach der greulichen Sitte	gehen nach der greulichen Sitte
der Völker, die der Herr vor	der Völker, die der Herr vor
Israel vertrieben hatte.	Israel vertrieben hatte.
21, 6 Er ließ seinen Sohn durchs	33, 6 Er ließ sogar seine Söhne durchs
Feuer gehen	Feuer gehen *im Tal Ben-Hinnom*

(2) König Hiram von Tyrus lieferte Salomo Zedern- und Zypressenstämme für den Bau des Jerusalemer Tempels. Sie sollten auf dem Seeweg von Phönizien an die israelische Küste gelangen: »ich will sie auf dem Meere flößen lassen bis an *den Ort,* den du mir bestimmen wirst. Dort will ich sie wieder auseinandernehmen, und du läßt sie dann holen« (1 Kön 5, 22f).[57] In diesem Text fehlen Name und genaue Lage des ›Ortes‹, d.h. des Bestimmungshafens, wo das Holz an Land gehen sollte. 2 Chr 2, 15 benennt der Chronist diesen Ort: **Japho,** offenbar unter dem Einfluß von Esr 3, 7, wo es um die Beschaffung von Materialien für den Tempelbau unter Serubbabel geht:

1 Kön 5, 22f	*2 Chr 2, 15*	*Esr 3, 7*
ich will all dein Begehren nach Zedern- und Zypressenstämmen erfüllen.	wir aber wollen Bäume fällen auf dem Libanon, soviel du bedarfst	Sie gaben aber den Steinmetzen und Zimmerleuten Geld und den Sidoniern und Tyriern[58] Speise, Getränk und
Meine Knechte sollen sie vom Libanon ins Meer hinabschaffen; ich will sie auf dem Meere flößen lassen		Öl, daß sie Zederstämme vom Libanon
bis an den Ort, den du mir *bestimmen wirst.* Dort will	und sie dir *auf dem* Meere nach Japho	nach dem Hafen Joppe brächten, wie es ihnen
ich sie wieder auseinandernehmen, und du läßt sie dann holen.	(יפר ים על) flößen, und du kannst sie dann nach Jerusalem hinaufholen.	von Cyrus, dem König von Persien, erlaubt worden war.

Hier handelt es sich wohl nicht nur um die Ergänzung eines technischen Details aus einer anderen biblischen Erzählung vergleichbaren Inhalts, sondern mitgespielt hat sicherlich auch die geographische Lage von Japho[59], die näher an Jerusalem liegt als jede andere Hafenstadt.

---

57 Vereinbarungen über den Transport von Holz und sonstigen Materialien vom Ursprungsort zur Baustelle sind auch aus mesopotamischen Königsinschriften und Geschäftsbriefen bekannt; dazu Hurowitz, Temple Building, 191-194.

58 Zur Voranstellung der Sidonier von den Tyriern vgl. auch 1 Chr 22, 4: »denn die Sidonier und Tyrier brachten David Zedernholz in Menge«. Ebenso bei Herodot, VII 98; vgl. auch VIII 67.

59 Mit יפר ים kann entweder die Küste von Japho selbst oder ein Küstenstrich in der Nähe gemeint sein, etwa die Mündung des Jarkon an der Jarkon-Feste (Tell

Möglicherweise liegt hier auch eine gewisse anachronistische Pro-
jektion der territorialen Verhältnisse zur Zeit des Chronisten (um
400 v. Chr.) auf die frühere Epoche vor, denn in persischer Zeit stand
Japho unter sidonischer Herrschaft, wie aus folgenden Belegen erhellt:
a. In einer Inschrift des sidonischen Königs Ešmunasar (offenbar
Mitte 5. Jh. v. Chr.)[60] steht (Z. 18f): »Der Herr der Könige [d.i. der
persische Großkönig] hat uns Dar und Japho gegeben, reiche Korn-
kammern im Gefilde von Saron«.
b. Im Zusammenhang mit den Sidoniern ist Japho auf einer in den
Jahren 361-357 v. Chr. angefertigten Seefahrtskarte verzeichnet, die
unter dem Namen Pseudo-Scylax[61] bekannt ist.
c. Eine in der Nähe von Japho gefundene Weihinschrift für den
Gott Aschman, den Hauptgott von Sidon[62] läßt darauf schließen, daß
die Stadt zum Herrschaftsbereich von Sidon gehörte.[63]
Der Chronist scheint angenommen zu haben, daß Japho auch zu
Salomos Zeiten unter sidonischer Herrschaft stand, und dann lag es
natürlich nahe, daß die Sidonier ihren eigenen Hafen benutzten.[64]
Außerdem verstärkt der Zusatz von עַל יָם יָפוֹ zum vorliegenden
Text[65] die Analogie zwischen dem Bau des Salomonischen Tempels
und dem Tempelbau unter Serubbabel.
(3) In 2 Kön 23, 29 steht, Pharao Necho sei »zum[66] König von Assyrien an den Euphrat« gezogen. In 2 Chr 35, 20 hat der Chronist das

---

El-Kadadi) oder Tell-Qasile, wie Maisler (=Mazar), Tell-Qasile, 46, annimmt; vgl.
idem, Japho und die Jarkon- Gegend in biblischer Zeit (hebr.), in: idem, Chafirot
weTagliot, Jerusalem 1987, 163.

60 Zur Inschrift s. Donner-Röllig, KAI, Nr. 14; Pritchard, ANET, 662; Zusammenfassendes zur Datierung der Inschrift bei Gibson, Textbook, III, 101f; Eph'al, Syria-
Palestine, 143f mit Sekundärliteratur.

61 Cod. Parisinus 443, die einzige auf uns gekommene Handschrift des Pseudo-Scylax;
dazu Stern, Authors, III, 10; zur Wahrscheinlichkeit, daß Japho in diesem Fragment
genannt ist, ebd. 12, zum Verfasser und seiner Zeit ebd. 8f.

62 Dazu H. J. Katzenstein, Art. ›Phönizien‹ (hebr.), in: Encyclopaedia Miqrat VI, 474.

63 Zu dieser Inschrift s. C. R. Conder, The Prayer of Ben Abdas on the Dedication of
the Temple of Joppa, in: PEFQSt 1892, 170-174.

64 Japho war zur Zeit des Chronisten offenbar bewohnt, wie aus Schicht II der
Ausgrabungen von Japho (1. H. 4. Jh. v. Chr) hervorgeht; dazu J. Kaplan, Die
archäologischen Grabungen in Alt-Japho (hebr.), in: Yediot 20 (1956), 193; idem,
haArcheologia wehaHistoria schel Tel-Aviv – Japho, Tel-Aviv 1959, 77f; vgl. ferner
E. Stern, Material Culture of the Land of the Bible in the Persian Period (538-
332 B.C.), Jerusalem 1973, 18. Vermutlich bestand eine sidonische Niederlassung in
der Stadt, vgl. Eph'al, Syria-Palestine, 150.

65 Außerdem hat er nach dem Muster von Esr 3, 7 ›Wein‹ mit auf die Liste der Le-
bensmittel gesetzt, die Salomo Hiram als Gegenleistung für das Bauholz liefert; dazu
oben in diesem Kapitel, A, Beispiel 3.

66 Die Verwendung der Präposition עַל in der Bedeutung von אֶל kommt in der Bibel
häufiger vor, z.B. 2 Kön 22, 16: »Siehe, ich will Unglück bringen über (אֶל) diesen

Ziel von Nechos Feldzug geographisch genau angegeben: **Karkemisch am Euphrat**[67], offenbar in Analogie zu einem ähnlichen Bericht über denselben König Jer 46, 2[68]:

2 Kön 23, 29	*2 Chr 35, 20*	*Jer 46, 2*
Zu seiner Zeit zog der Pharao Necho, der König von Ägypten, zum König von Assyrien an den Euphrat.	... rückte Necho, der König von Ägypten heran, um *bei Karchemis* am Euphrat zu kämpfen.	Wider das Heer des Pharao Necho, des Königs von Ägypten, das am Euphrat *bei Karchemis*[69] stand ...

Diese analoge Formulierung ist dem Chronisten wohl unterlaufen, weil er sich über die historischen Fakten nicht so ganz im Klaren war[70], denn 2 Kön 23, 29 und Jer 46, 2 berichten über zwei verschiedene Schlachten, die zu verschiedenen Zeiten stattfanden: Jeremia bezieht sich auf die Schlacht bei Karkemisch aus dem Jahre 605 v. Chr., in der Pharao Necho durch den babylonischen Thronfolger Nebukadnezar geschlagen wurde, wie in der babylonischen Chronik des betreffenden Jahres sowie in der Bibel berichtet.[71] Das Geschehen von 2 Kön 23, 29 dagegen (das Treffen bei Megiddo) hat mit den Ereignissen des Jahres 609 v. Chr. – dem assyrisch-ägyptischen Angriff auf die in Haran stehende babylonische Armee – zu tun, wovon die babylonische Chronik des Jahres 609 berichtet.[72]

Aus einem bei den Ausgrabungen von Karkemisch (Gebäude D) gefundenen Siegelabdruck Psammetichs I., des Vaters von Necho II.,[73] kann man zwar auf ägyptische Präsenz in Karkemisch bereits vor dem Regierungsantritt von Necho (i.J. 610 v. Chr.)[74] schließen, aber es ist doch wahrscheinlicher, daß der Chronist den Text aus Könige nach

---

Ort« mit der Fortsetzung V. 20: »das Unglück, das ich über (עַל) diesen Ort bringen will«; s. BDB, 757a.

67 Gegen Myers, II Chron, 215, der annimmt, der Ortsname Karkemisch sei aus dem Text von Kön ausgefallen. Myers' Erklärung ist textlich unhaltbar.

68 Vgl. Montgomery, Kings, 537.

69 Die Formulierung ›Karchemis am Euphrat‹ aus 2 Chr 35, 20 bildet mit ›am Euphrat *bei Karchemis*‹ aus Jer 46, 2 einen parallelen Chiasmus.

70 Zu solchen Fällen in der Chronik s. unten, Anhang C.

71 S. Wiseman, Chronicles, 66-69 (B.M. 21946, obv. 1-8), s. auch S. 23-28. 46; Grayson, ABC, 99. Jer 46, 2 wird das Ereignis richtig ins 4. Regierungsjahr von Josias Sohn Jojakim (ca. 605 v. Chr) datiert.

72 S. Wiseman, Chronicles, 62-65 (B.M 21901, rev. 66-78), s. auch S. 18-20. 45; Grayson, ABC, 95f.

73 Zu diesem Fund s. C. L. Wooley, Charchemish – Report on the Excavations at Jerablus on behalf of the British Museum, Part II, Oxford 1921, pl. 26c Nr. 8.

74 Darauf deutet möglicherweise auch die babylonische Chronik des Jahres 610, dazu: A. Malamat, Der historische Hintergrund des Zusammenstoßes von Josia und Pharao Necho in Megiddo (hebr.), in: idem, Israel, 236.

Jer 46, 2 ergänzt hat und nicht nach einer ihm vorliegenden älteren Quelle[75]. Auch die Formulierung in 2 Chr »rückte Necho, der König von Ägypten, heran, um bei Karchemis am Euphrat zu kämpfen« geht nicht mit der babylonischen Chronik des Jahres 609 zusammen, die berichtet, Ziel des ägyptisch-assyrischen Angriffs sei die babylonische Armee in **Haran** gewesen. Außerdem ist es offenbar die Beziehung von 2 Kön 23, 28 auf Jer 46, 2, die den Chronisten veranlaßt hat, die Worte ›zum König von Assyrien‹ aus Könige wegzulassen und statt dessen das Verb ›zu kämpfen‹ hinzuzufügen, das in seiner Vorlage nicht stand. Nach der Version von Könige zieht Pharao Necho also an den Euphrat, um den König von Assyrien zu treffen – zu welchem Zweck, wird nicht gesagt; in der Chronik dagegen steht ganz wie bei Jeremia, der Pharao habe bei Karkemisch am Euphrat kämpfen wollen. Der Chronist hat sich nicht die Mühe gemacht, den Gegner anzugeben, denn aus der Fortsetzung wird klar, daß es sich um den König von Babylonien handelte. Der ›König von Assyrien‹ wird hier in der Chronik ebensowenig genannt wie bei Jeremia.

(4) Im Bericht vom Bau des Salomonischen Tempels 1 Kön 5, 15 – 9, 25 ist die genaue Lage dieses Heiligtums nicht angegeben. Der biblische Erzähler folgt hier offenbar dem Muster mesopotamischer (besonders assyrischer) und nordwestsemitischer Tempelbeschreibungen, denen 1 Kön 5, 15 – 9, 25 vom thematischen Aufbau her weitgehend entspricht. Außerdem dürfte die genaue Lage von im Bau befindlichen oder bereits existierenden bedeutenden Heiligtümern dem Publikum vertraut gewesen sein, so daß eine detaillierte Lokalbeschreibung sich erübrigte.[76] Der Chronist dagegen macht bei seinem Bericht vom Bau des Jerusalemer Tempels unter Salomo sehr präzise Angaben (2 Chr 3, 1):

Und Salomo begann den Tempel des Herrn zu bauen
in Jerusalem
auf dem Berge Moria, wo [der Herr][77] seinem Vater David erschienen war,
an der Stätte, die David bestimmt hatte,[78]
auf der Tenne des Jebusiters Ornan.

Daß der Salomonische Tempel an der Stätte errichtet wurde, an der seinerzeit die Opferung Isaaks stattgefunden hatte, entnahm der Chronist aus Gen 22, 14b, wobei er den Namen ›Moria‹, der dort

---

75 Gegen Williamson, Chron, 410.
76 Dazu ausführlich, Kalimi, Moriah, 345-362.
77 Das Tetragramm wird hier vom Kontext verlangt; die LXX hat hier κύριος, vgl. auch den Targum z.St.
78 Die hebräische Formulierung erscheint hier elliptisch; unsere Übersetzung stützt sich auf LXX, Vulgata und Peschitta.

die Landschaft bezeichnet (V. 2) zum Gebirgsnamen umdeutet. Eben jenen Ort hatte Gott für die Errichtung des Altars auf der Tenne Araunas unter David erwählt, und in 1 Chr 22, 1 findet sich der deutliche Hinweis, daß die Tenne Araunas und die Stätte des Tempels identisch seien.[79]

Die detaillierte Ortsangabe fügt sich gut in die Erzählung vom Bau des Tempels. Das Datum des Baubeginns steht nicht weniger als dreimal: einmal vom Auszug aus Ägypten an gerechnet (1 Kön 6, 1a), zweimal nach Salomos Regierungsjahren (VV. 1b. 37), die Maße des Gebäudes und seiner Höfe sind genau angegeben, die erforderlichen Baumaterialien aufgeführt, die Tempelgeräte aufgezählt – eine so ausführliche Beschreibung verlangt auch eine genaue Ortsangabe. So hat offenbar der Chronist empfunden und das im Text von Könige ›fehlende‹ Detail ergänzt. Vielleicht sollten die Erinnerung an die Opferung Isaaks und der Hinweis auf die Tenne Araunas das Prestige des zu seiner Zeit bestehenden unter Serubbabel erbauten Tempels, dessen Ausmaße, Ausstattung und Gerätschaften denen des Salomonischen nicht gleichkamen, erhöhen.[80] Unter Umständen liegt hier auch eine verdeckte antisamaritanische Polemik vor, denn die Samaritaner behaupteten, ihr Zentralheiligtum auf dem Garizim sei auf der Stätte der Opferung Isaaks errichtet.[81]

(5) 1 Kön 22, 2 steht nur, König Josaphat von Juda sei zum König von Israel hinabgezogen, dessen damaliger Aufenthaltsort ist nicht erwähnt. Der Chronist hat diese Angabe hinzugefügt: »Nach einigen Jahren zog er [Josaphat] zu Ahab **nach Samaria** hinab« (2 Chr 18, 2).

Die Information, daß Ahab sich damals in Samaria aufhielt, stammt zweifellos aus der Fortsetzung des Textes: »Während nun der König von Israel und Josaphat, der König von Juda, am Eingang des Tores von Samaria ein jeglicher auf seinem Throne saßen...« (1 Kön 22, 10 // 2 Chr 18, 9).[82]

(6) In 2 Sam 10, 6 steht, daß die Ammoniter syrische Hilfstruppen anheuerten; wo diese dann stationiert waren, ist nicht erwähnt. In 1 Chr 19, 7 weiß der Chronist anzugeben, wo die syrischen Söldnertruppen standen: »die kamen und lagerten sich vor Medaba«. Woher der Chronist diese Information hatte, ist schwer zu sagen. Jedenfalls liegt der Ort Medaba mitten in der gleichnamigen Ebene in Moab[83], also weit im Süden des Ammoniterlandes.

79 Dazu Kalimi, Moriah, 345-350. 356f.
80 Dazu Kalimi, Moriah, 357-362.
81 Dazu Kalimi, Streit, 47-52.
82 Zur Lage der Tenne am Stadttor vgl. Jer 15, 7: »Ich worfelte sie mit der Worfel an den Toren des Landes«.
83 Laut Num 21, 30 war Medaba eine der von Sihon eroberten moabitischen Städte.

Daß die syrischen Truppen an Rabat-Ammon vorbei bis nach Medaba gezogen sein sollten, ist zwar unwahrscheinlich[84], aber doch nicht völlig ausgeschlossen, wenn man Yadin folgen will. Yadin wertet die Ortsangabe ›Medaba‹ hier als historisch und vermutet, die syrischen Truppen seien so weit nach Süden ausgewichen, um Davids Armee, die von Süden her über Hesbon nach Rabat-Ammon zog, zu überraschen.[85]

Medaba sowie die ganze Niederung gehörten zum Stammesgebiet von Ruben (Jos 13, 16, vgl. auch ebd. V. 9 und Num 33, 3).

84 Daher wohl die Konjektur von 1 Chr 19, 7: מי רבה statt מידבא (vgl. 2 Sam 12, 27), so z.B. Rothstein-Hänel, Chron, 351f; Rudolph, Chron, 137, ebenso im Apparat von BHS z.St. (1495).

85 Y. Yadin, Some Aspects of the Strategy of Ahab and David (I Kings 20; II Sam 11), in: Bib 36 (1955), 347. 349f.

Kapitel IV
Auslassungen

A) Unwichtiges

Der Chronist hat sich bemüht, Material, das nicht direkt mit seiner Schilderung der israelitischen Geschichte zur Königszeit zusammenhängt, aus dem älteren Text zu tilgen, z.B.: Namen von Familienangehörigen oder Göttern ausländischer Herrscher; Namen und/oder Titel von ausländischen Herrschern oder Fürsten, die in militärischer oder diplomatischer Mission nach Juda kamen; historische Daten aus der Geschichte altorientalischer Staaten, die in den Königsbüchern mitüberliefert werden, für die Geschichte Judas aber nicht unmittelbar von Belang sind. Ebenso hat der Chronist Details ausgelassen, die ihm nicht in die Hauptlinie dieser oder jener literarisch-historiographischen Einheit paßten.

Dank solcher Kürzungen erreicht er eine gewisse Straffung des Textes und vermeidet Ermüdung des Lesers durch Mitteilung von Details, die für den Hauptstrang der Geschichte Israels und/oder des jeweiligen literarischen Komplexes entbehrlich sind.

a) Namen von Familienangehörigen oder Göttern ausgelassen

(1) Die Herkunftsbezeichnung ›Rehobs Sohn‹ beim Namen des syrischen Königs Hadad-Eser 2 Sam 8, 3 (vgl. auch V. 12) kann entweder ein Patronymikon sein[1] oder aber seinen Herkunftsort bezeichnen, demnach stammte Hadad-Eser aus ›Aram Bet Rehob‹ (vgl. 2 Sam 10, 6)[2]. Wie dem auch sei, der Chronist hat die Herkunftsbezeichnung aus dem älteren Text nicht übernommen:

---

1 ›Rehob‹ als Personenname erscheint außerdem Neh 10, 12, möglicherweise auch in der Monolith-Inschrift Salmanassars III. aus Kurch, wo seine Gegner in der Schlacht bei Karkar (i. J. 853 v.Chr.) aufgeführt sind; dort ist die Rede von » ...00 Fußvolk des Baascha Sohn des Rehob aus dem Gebirge Amana« (oder ›des Ammoniters‹): »Ba'sa mār Ruhubi KUR Amanā.«
2 Dazu sowie zu den möglichen Folgerungen daraus s. Malamat, Außenpolitik, 197; Pitard, Damascus, 90.

2 Sam 8, 3	*1 Chr 18, 3*
Dann schlug David Hadad-Eser,	Dann schlug David Hadar-Eser[3],
Rehobs Sohn, den König von Zoba,	den König von Zoba, in der Richtung
als er hinzog, um seine Macht am	nach Hamath, als er hinzog, seine
Strom wieder aufzurichten.	Macht am Euphratstrom aufzurichten.

Vielleicht hegte der Chronist aber auch Bedenken in Bezug auf die Textkohärenz: Wenn ›Rehob‹ bereits eine Ortsbezeichnung war, wieso stand dann außerdem noch die geographische Angabe ›König von Zoba‹?

(2) In 1 Kön 15, 18 sind sowohl der Vater als auch der Großvater des syrischen Königs Ben-Hadad[4] genannt; der Chronist hat beide Namen ausgelassen, vielleicht weil sie ihm für den Erzählzusammenhang sowie für die israelitische Geschichte überhaupt nicht wichtig schienen:

1 Kön 15, 18	*2 Chr 16, 2*
Da sandte sie der König Asa zu Ben-Hadad,	… und sandte es zu Ben-Hadad,
dem Sohne Tabrimmons,	
des Sohnes Hesjons[5],	
dem König von Syrien,	dem König von Syrien,
der zu Damaskus wohnte.	der zu Darmaskus[6] wohnte.

3　Die Namensform Hadar-Eser, die hier sowie in den Versen 5. 7. 8. 9. 10, in 19, 16. 19 sowie in der LXX zu Samuel (Αδρααζαρ) vorkommt, ist eine Verschreibung des Namens ›Hadad-Eser‹ im massoretischen Text zu Sam und 1 Kön 11, 23; dazu oben, Einleitung, D.

4　Es handelt sich um Ben-Hadad I., der um das Jahr 900 v.Chr. an die Regierung kam.

5　Zur Frage der Identität von ›Hesjon‹ (1 Kön 15, 18) und ›Reson‹ (ebd. 11, 23) Pitard, Damascus, 100-104 mit Überblick über die ältere Literatur zum Thema. Albright (W. F. Albright, A Votive Stele Erected by Ben-Hadad I of Damascus to the God Melcarth, in: BASOR 87 [1942], 25f.) hat für die bei Kafr Buredj (7km nördlich von Aleppo) gefundene aramäische Melqart-Stele folgende Lesung vorgeschlagen: בר הדד בר טבר[מ]ן בר [חז]י[ן מלך ארם (Z. 1-3), und diese Lesung ist von etlichen Forschern übernommen worden, z.B. M. F. Unger, Israel and the Aramaeans of Damascus, Grand Rapids, MI 1957, 56-60; Gibson, Textbook, II, 1-4; F. Rosenthal, in: Pritchard, ANET, 655. Nichtsdestoweniger steht sie auf recht unsicheren Füßen, denn im Grunde handelt es sich um eine Ergänzung nach der Genealogie aus unserem Vers. Seitdem sind noch etliche Lesungen vorgeschlagen worden, s. den Überblick bei Pitard, op. cit. 139-141. In letzter Zeit hat Pitard die Stele noch einmal untersucht und ist zu folgender Lesung gelangt: בר הדד בר עתרהמך מלך ארם. Daraufhin hat er festgestellt, die Stele habe gar nichts mit dem syrischen Königtum zu Damaskus zu tun, op. cit. 141-144; vgl. ebd. 100. 111. 155.

6　Die Namensform ›Darmascus‹ (דרמשק) kommt in der Bibel 6mal vor und zwar durchweg in der Chronik: 1 Chr 18, 5. 6; 2 Chr 16, 2; 24, 23; 28, 5. 23. Einige Forscher halten diese Form für die ältere und haben zum Teil auch etymologische Deutungen vorgeschlagen: Dar+Mescheq = ›landwirtschaftliche Niederlassung von Dar‹ (so etwa J. Halevy, Notes, géographiques – דמשק, in: RS 2 [1894], 280-283) oder Dar + Maschqe = Ort in wasserreicher Gegend (s. P. Haupt, Midian und Si-nai, in: ZDMG 63 [1909], 528); auch D. Ashbel, Damescheq o Darmescheq, in:

(3) In 2 Kön 19, 37 (=Jes 37, 38) steht zu lesen, Sanherib sei von seinen Söhnen Adrammelech und Sarezer ermordet worden, als er im Tempel seines Gottes Nisroch anbetete. 2 Chr 32, 21 verzichtet der Chronist sowohl auf die Namen der Mörder als auch auf den Namen des Gottes:

2 Kön 19, 37	2 Chr 32, 21
Und einstmals, als er im Tempel seines Gottes **Nisroch** anbetete, da erschlugen ihn **Adrammelech**[7] und **Sarezer** mit dem Schwerte.	Und als er in den Tempel seines Gottes ——eintrat, schlugen ihn dort einige seiner leiblichen Söhne ——— mit dem Schwerte nieder.

Diese Namen erschienen dem Chronisten im Zusammenhang mit Hiskias Geschichte offenbar entbehrlich. In 1 Chr 3 dagegen steht er nicht an, Isais bis dahin anonymen Söhnen Namen zu verleihen![8]

b) Name und/oder Titel eines ausländischen Herrschers

(1) 2 Kön 12, 18f berichtet vom Feldzug des syrischen Königs Hasael gegen Israel. In dieser kurzen Episode ist der Name des Königs nicht weniger als dreimal erwähnt: zweimal als ›Hasael, der König von Syrien‹ (V. 18a. 19) und einmal einfach ›Hasael‹, ohne Titel (V. 18b). In 2 Chr 24, 23-25a hat der Chronist diese Episode im Sinne seiner Auffassung der göttlichen Gerechtigkeit umgestaltet[9] und dabei sowohl den Namen als auch den Titel des feindlichen Feldherrn weggelassen:

2 Kön 12, 18f	2 Chr 24, 23-25a
Damals zog **Hasael**, der **König von Syrien**, heran ... Dann schickte **Hasael** sich an, wider Jerusalem hinaufzuziehen[10]	Und um die Jahreswende zog das Heer der Syrer wider ihn heran, und als diese nach Juda und Jerusalem gekommen waren, machten sie im

---

Beth Mikra 12 (1967), 108 geht davon aus, der Chronist gebe hier die ältere unter David und unter Asa gebräuchliche Namensform wieder. Inzwischen hat jedoch Kutscher, Language, 3f. 102 gezeigt, daß ›Darmescheq‹ eine sekundäre Entstellung von ›Damescheq‹ ist; vgl. auch Hurvitz, Laschon, 17f; Pitard, Damascus, 9f. Die Form ›Darmescheq‹ wurde zur Zeit des Chronisten (um 400 v.Chr.) verwendet, nicht im 13. Jh. durch die aramäischen Siedler, wie noch E. G. H. Kraeling, Aram and Israel, New York 1918, 47 angenommen hatte.

7 Parpola, Murderer, 171-182, betrachtet den Namen ›Adrammelech‹ als eine entstellte Form des in einer neu-assyrischen Inschrift erwähnten Arad-Ninlil / Arda-Mulišši (vgl. Harper, ABL, XI, Nr. 1091), den er für Sanheribs zweiten Sohn und Mörder hält.

8 Dazu oben, Kap. III, C, Beispiel 1.

9 Dazu oben, Kap. I, B, Beispiel 1 und die dort angegebene Literatur.

10 Zu der Wendung -ל פני פלוני רישם zur Angabe des Reiseziels vgl. Gen 31, 21 (Ja-

da nahm Joas, der König von Juda, | Volke alle Obersten des Volkes nieder
alle Weihgeschenke, ..., und sandte es | und sandten alles, was sie bei ihnen
an **Hasael**, den **König von Syrien**. | erbeutet hatten, dem König von
Damaskus. ... So vollzogen die Syrer
an Joas das Strafgericht.

Da die Syrer in den Augen des Chronisten nur als Straforgan in göttlichem Auftrag fungierten, spielte für ihn der Name des Feldherrn, der das syrische Heer gegen Joas führte, überhaupt keine Rolle.

(2) In 2 Kön 18, 17 werden die drei assyrischen Fürsten, die Sanherib zu Hiskia entsandte, jeweils mit vollem Titel genannt:»Und der König von Assyrien sandte den Tartan, den Rabsaris und den Rabsake ... zum König Hiskia nach Jerusalem«. Der Chronist dagegen bezeichnet sie pauschal als ›seine Diener‹: »Darnach sandte König Sanherib von Assyrien, ... , seine Diener nach Jerusalem zu König Hiskia von Juda« (2 Chr 32, 9). Durch diese Auslassung wird eine Ermüdung des Lesers durch unwesentliche Details vermieden,[11] zumal der Chronist die Bedeutung zumindest der beiden letzten Titel ebensowenig gekannt haben dürfte wie die Exegeten und Forscher nach ihm – bis zur Entdeckung der assyrischen Urkunden im 19. Jahrhundert.[12]

---

kob ins Bergland von Gilead) und in übertragenem Sinne 2 Chr 20, 3 (Josaphats Flehen um göttlichen Beistand).

11 Vielleicht aus diesem Grund fehlen die letzten beiden auch an der Parallelstelle Jes 30, 21; nur Rabsake ist genannt, da er in der Fortsetzung als Sprecher fungiert (Jes 36, 4. 11. 12 // 2 Kön 18, 19. 26. 27). Beim zweiten Bericht (2 Kön 19, 9b-35 = Jes 37, 9b-36) nennt der Erzähler dann überhaupt keine Namen, sondern verwendet einfach den Terminus ›Boten‹ (2 Kön 19, 9b = Jes 37, 9b), wie etwa auch bei der Erzählung von den ›Leuten‹ zu beobachten, die David zum Ammoniterkönig Hanun gesandt hatte (2 Sam 10, 1-5 // 1 Chr 19, 1-5): auch bei diesen werden weder Namen noch Titel genannt.

12 So lesen wir etwa bei Josephus: »Er ließ seinen Feldherrn Rabsakes mit einer großen Streitmacht zurück samt zwei anderen [Offizieren], die Tartan und Rabsaris hießen« (ant. X 4). Heutzutage wissen wir aus den assyrischen Urkunden, daß es sich bei diesen ›Namen‹ um Titel assyrischer Minister handelt: ^{lu}ta/ urtannu = der assyrische Feldherr (dieser Titel kommt auch Jes 20, 1 vor: »In dem Jahr, als der Tartan [in der ersten Jesaja-Rolle aus Qumran (1QIsa^a): ›Tortan‹] nach Asdod kam«, dazu I. Eph'al, Art. ›Tartan‹, in: Encyclopaedia Miqrat VIII, 946-948. rab ša rēši = Rabsaris, vielleicht der Oberste der königlichen Leibwächter, der Titel kommt auch als einer von Nebukadnezars Ministern vor (Jer 39, 3. 13, vgl. auch Dan 1, 3); dazu T. L. Penton, Art. ›Saris, Rab-Saris‹, in: Encyclopaedia Miqrat V, 1126f. rab-šāqê = Obermundschenk, der am Königshof eine dominierende Stellung besaß, dazu H. Tadmor, Art. ›Rabšaqe‹, in: Encyclopaedia Miqrat VII, 323-325.

c) Nachrichten aus außerisraelitischen Reichen

(1) Laut dem Bericht über Hasaels Feldzug 2 Kön 12, 18f nahm der syrische König zunächst die Stadt Gath ein, danach schickte er sich an, wider Jerusalem zu ziehen. Dieses ›Gath‹ gehörte offenbar zum Fürstentum Asdod und lag in der Küstenniederung, nahe der Kreuzung des ›Meereswegs‹ mit der Straße, die nach Osten ins judäische Bergland bis Jerusalem führte[13]. Der Chronist hat diesen Teil des Feldzugs, die Belagerung und Einnahme von Gath, überhaupt verschwiegen – wahrscheinlich, weil er in sein Bild von der Geschichte Judas nicht paßte:

2 Kön 12, 18f	2 Chr 24, 23-25a
Damals zog Hasael, der König von Syrien, heran, *bestürmte Gath und nahm es ein.* Dann schickte Hasael sich an, wider Jerusalem hinaufzuziehen	Und um die Jahreswende zog das Heer der Syrer wider ihn heran, und als diese nach Juda und Jerusalem gekommen waren, ...

Nach Auskunft der chronistischen Historiographie war der syrische Feldzug also von vornherein ausschließlich gegen Juda gerichtet, daher erfährt der Leser dort nicht, daß die syrische Armee unterwegs noch andere Fürstentümer heimsuchte.[14]

(2) Der Bericht von der Ermordung Sanheribs durch zwei seiner Söhne 2 Kön 19, 37 (=Jes 37, 38) schließt mit den Worten: »diese flüchteten sich ins Land Ararat, König aber wurde an seiner Statt sein Sohn Asarhaddon«[15]. Diese läßt der Chronist 2 Chr 32, 21 unter den Tisch fallen, vielleicht weil sie ihm weder für Hiskias Königtum noch für die Geschichte der israelitischen Königszeit von Belang scheinen. So erfährt der Leser der Chronik weder die Namen der Königsmörder noch deren weiteres Schicksal noch den Namen des Nachfolgers auf dem assyrischen Thron.

(3) 2 Kön 23, 29 steht, Pharao Necho sei »zum König von Assyrien« an den Euphrat gezogen. An der Parallelstelle 2 Chr 35, 20 hat der Chronist den ›König von Assyrien‹ ausgelassen, d.h. bei ihm fehlt das eigentliche politisch-militärische Anliegen des ägyptischen Feldzugs: Der Pharao wollte zusammen mit dem Aššur-uballiṭ König von Assyrien gegen Nabopolassar von Babylon in den Kampf ziehen, wie aus außerbiblischen Quellen erhellt[16]. Ob der Chronist diese Zusam-

---

13 Dazu B. Mazar, Gat weGatim, in: idem, Arim uGelilot, 105.
14 Unter anderem Gesichtspunkt behandelt sind diese Verse oben, b) Beispiel 1 und unten Kap. IX, Beispiel 1.
15 Zum historischen Hintergrund dieser Episode, Identität und möglichen Motiven des Mörders, s. Parpola, Murderer, 171-182.
16 Dazu Wiseman, Chronicles, 62f (B.M. 21901, rev. 61-71); Grayson, ABC, 95f; Pritchard, ANET, 305; s. auch ant. X 74.

menhänge für irrelevant hielt oder ob er seine Gründe hatte, sie zu verschweigen, muß bis auf weiteres dahingestellt bleiben.

(4) In 2 Kön 23, 31-34 wird berichtet, Pharao Necho habe in Juda Joahas abgesetzt und an seiner Stelle Jojakim zum König gemacht. Nach der Schilderung von Jojakims Herrschaft (2 Kön 23, 36 – 24, 6) steht dort (24, 7): »Der König von Ägypten aber rückte nicht mehr aus seinem Lande aus; denn der König von Babel hatte alles erobert, was dem König von Ägypten gehörte, vom Bach Ägyptens bis zum Euphratstrom«. Dieser Vers setzt den Sieg des babylonischen Thronfolgers Nebukadnezar II. über Necho in der Schlacht bei Karkemisch (605 v.Chr.) eindeutig voraus, wovon die babylonische Chronik des Jahres 605 v. Chr. berichtet.[17]

In 2 Chr 36, 3-8 berichtet der Chronist (in leicht abgewandelter Form), daß Joahas vom ägyptischen König abgesetzt und Jojakim von ihm eingesetzt worden, über das Schicksal des Pharao dagegen läßt er nichts verlauten, vielleicht weil es ihm von der Geschichte der israelitischen Könige zu weit ab zu führen schien.

d) Für den Hauptstrang der Erzählung Nebensächliches

(1) Beim Bericht von der Volkszählung durch David (1 Chr 21) hat der Chronist die Route, die Joab und die Obersten des Heeres zurücklegten (2 Sam 24, 5-7), sowie die Dauer des Unternehmen (›neun Monate und 20 Tage‹, ebd. V. 8b) weggelassen. Er begnügt sich mit der kurzen Zusammenfassung: »So machte sich denn Joab auf den Weg und zog in ganz Israel umher und kam wieder nach Jerusalem« (1 Chr 21, 4b // 2 Sam 24, 8a+c). Vielleicht hatte der Chronist den Eindruck, ein Detail wie die Route der Volkszähler lenke den Leser von der eigentlichen Erzählung – Bestrafung durch Pest, deren Stillstand an der Tenne des Jebusiters Arauna, dem nachmaligen Standort des Jerusalemer Tempels – zu sehr ab.[18]

(2) In 2 Kön 18, 17 (// Jes 36, 2) wird genau der Ort angegeben, wo die Vertreter des assyrischen Königs mit den Vertretern des Königs von Juda zusammentrafen. An der Parallelstelle 2 Chr 32, 9 hat der Chronist dieses Detail unterschlagen.[19]

2 Kön 18, 17	*2 Chr 32, 9*
Und der König von Assyrien sandte …	Danach sandte König Sanherib
mit großer Heeresmacht von Lachis aus	von Assyrien, … , seine Diener
zum König Hiskia nach Jerusalem.	nach Jerusalem zu König Hiskia
Sie zogen hinauf, und als sie nach Jeru-	von Juda und zu allen Judäern,

---

17 S. Wiseman, Chronicles, 66-69 (BM. 21946, obr. 1-8), s. auch S. 23-28. 46; Grayson, ABC, 99; Jer 46, 2, und oben S. 76.
18 Eine andere mögliche Begründung dieser Auslassung s. unten, Kap. VI, C, Beispiel 3.
19 Zur Auslassung der Namen bzw. Titel der assyrischen Fürsten s. oben B, Beispiel 2.

salem kamen[20], stellten sie sich bei   die in Jerusalem waren,
der **Wasserleitung des obern Teiches**
an der Walkerfeldstraße[21] auf
und ließen den König rufen.   und ließ ihnen sagen: ...
Da gingen zu ihnen hinaus: ...

Auf die exakte Angabe des Treffpunkts verzichtet der Chronist wohl, weil er für den Verlauf der Verhandlungen unwichtig ist. So bleibt die Aufmerksamkeit des Lesers frei für den Inhalt der Botschaft, die der König von Assyrien überbringen läßt. Außerdem gewinnt der Text dadurch an Kürze und Prägnanz – Qualitäten, die den Bericht von Sanheribs Feldzug in der Chronik überhaupt auszeichnen.

B) Hinweis auf in der Chronik nicht berichtetes Geschehen

Es kommt vor, daß der Chronist aus diesem oder jenem Grund Ereignisse, die in Samuel-Könige berichtet sind, nicht erwähnt. Stößt er dann an anderer Stelle auf Wörter oder Ausdrücke, die auf solche Ereignisse anspielen, läßt er konsequenterweise auch diese weg.

(1) In den Samuelbüchern wird Abigail viermal unter Davids Frauen genannt, jedes Mal mit dem Zusatz: »Abigail, die Frau Nabals des Karmeliten« (1 Sam 27, 3[22]; 30, 5; 2 Sam 2, 2; 3, 3). Dadurch wird an die Episode 1 Sam 25, 2-43 erinnert, wo von dem Streit zwischen David und Nabal dem Karmeliten berichtet wird, von Davids Begegnung mit ›Abigail, der Frau Nabals‹ (V. 14), die er nach dem Tod ihres Mannes zur Frau nahm. In der Chronik kommt Abigail nur ein einziges Mal

---

20 Drei Vokabeln: ›Jerusalem‹, ›sie zogen hinauf‹, ›sie kamen‹ stehen im Text von Kön versehentlich doppelt. In LXX, Peschitta und Vulgata kommen die Verbformen kein zweites Mal vor. Ähnliche Doppelschreibungen finden sich in Kön auch sonst: 2 Kön 5, 18 (›wenn ich im Tempel des Rimmon niederfalle‹) oder 2 Kön 10, 27 (›rissen den Altar/Tempel des Baal ein‹). Weitere Beispiele dafür aus der inner- und außerbiblischen Literatur bei I. Kalimi, Chadascha wajissaèhu miBet Abinadab ascher baGiv'a, in: S. Abramsky/M. Garsiel (Eds.), 2 Samuel, Jerusalem/Ramat-Gan 1989, 61. Obwohl die betreffenden Wörter an der Parallelstelle bei Jesaja auch nicht einmal vorkommen, vermag Montgomerys Erklärung, sie hätten nicht zum ursprünglichen Textbestand gehört (Montgomery, Kings, 486) nicht recht zu überzeugen, denn sie fügen sich sachlich, sprachlich und stilistisch gut in die Erzählung ein (zum Stil vgl. 2 Kön 19, 36 // Jes 37, 37: » ... zog hinweg, kehrte heim und blieb in Ninive«).

21 Zur Angabe des Treffpunkts vgl. Jes 7, 3: »Der Herr aber sprach zu Jesaja: Geh doch ... dem Ahas entgegen an das Ende der **Wasserleitung des obern Teiches**, auf die **Walkerfeldstraße**«.

22 Im massoretischen Text steht hier zwar »Abigail, die Frau Nabals, die Karmelitin«, aber in LXX und Vulgata gehört die Herkunftsbezeichnung zum Mann, wie auch bei den übrigen Erwähnungen; dazu de Boer, BHS, 496.

vor (1 Chr 3, 1) und zwar bei der Aufzählung von Davids Söhnen
parallel zu 2 Sam 3, 3. Hier hat der Chronist die Apposition ›die Frau
Nabals‹ ganz weggelassen, und die Herkunftsangabe, die zu ›Nabal‹
gehörte, bezieht er direkt auf Abigail:

> 2 Sam 3, 3: Kileab, von Abigail, der Frau Nabals des Karmeliten[23].
> 1 Chr 3, 1: Daniel, von Abigail, der —— —— Karmelitin.

Vermutlich verzichtet der Chronist hier auf die Angabe, daß Abigail
ursprünglich die Frau Nabals des Karmeliten war, weil er die ganze
Episode aus 2 Sam 25, 2-43, in der David nicht gerade eine rühm-
liche Rolle spielt, unterschlagen hatte. Vielleicht hielt er es auch für
anstößig, daß der König überhaupt die Witwe Nabals ehelichte (wohl-
gemerkt: nicht die Witwe seines Vorgängers im Königsamt), zumal es
in biblischen Zeiten üblich gewesen zu sein scheint, dem König ein
›jungfräuliches Mädchen‹ zu wählen (1 Kön 1, 2 für David; Est 2, 2.
3 für Ahasverus).[24]

(2) Der Vers 2 Sam 7, 14b »Wenn er sich vergeht, will ich ihn mit
menschlicher Rute und mit menschlichen Schlägen züchtigen« ist offenbar eine Ankündigung von Salomos Sünden und den Aufständen,
mit denen er daraufhin zu kämpfen hatte, wie 1 Kön 11 ausführlich
berichtet[25]. Von dem Text 2 Sam 7, 14f: »Ich will ihm Vater sein, und er
soll mir Sohn sein. *Wenn er sich vergeht, will ich ihn mit menschlicher
Rute und mit menschlichen Schlägen züchtigen; aber* meine Gnade will
ich ihm nicht entziehen«[26], bleiben in 1 Chr 17, 13 nur die positiven
Außenglieder: »Ich will ihm Vater sein, und er soll mir Sohn sein,

---

23 LXX z.St. hat ›von Abigail der Karmelitin‹; so stand offenbar auch in 4QSam^a:
[ה]לאביגיל Diese Lesarten sind offenbar von der Parallelstelle 1 Chr 3, 1 beeinflußt. An den drei übrigen Stellen hat auch LXX ›Abigail, die Frau Nabals des
Karmeliten‹ wie im massoretischen Text. Eine andere Auffassung vertritt McCarter,
II Sam, 101.

24 In Lev 21, 14 (P) ist nur dem Hohenpriester ausdrücklich geboten: »Eine *Witwe*
oder Verstossene oder Geschwächte oder Dirne, eine solche darf er sich nicht nehmen, sondern eine *Jungfrau* aus seinen Stammesgenossen soll er sich zum Weibe
nehmen«; Ezechiel dehnt diese Vorschrift auch auf Laienpriester aus (Ez 44, 22),
aber prinzipiell sind Israeliten nicht-priesterlicher Abstammung (einschließlich des
Königs) davon nicht betroffen.

25 Diesen Zusammenhang sahen bereits die Rabbinen: »›Wenn er sich vergeht, will ich
ihn mit menschlicher Rute und mit menschlichen Schlägen züchtigen‹ – das waren
Hadad und Reson, der Sohn Eljadas, wie geschrieben steht: ›Und der Herr ließ
Salomo einen Widersacher erstehen‹ [1 Kön 11, 14]« (Jalqut Schim'oni, II, §146);
ebenso äußern sich Raschi, R. David Kimchi sowie moderne Exegeten, wie Segal,
Samuel, 276. 280; Rothstein-Hänel, Chron, 326; Rudolph, Chron, 135; Coggins,
Chron, 94f; Mosis, Untersuchungen, 90.

26 Vgl. Ps 89, 31-34: »Wenn seine Söhne mein Gesetz verlassen ... , so werde ich
ihre Sünde mit der Rute ahnden und ihre Verschuldung mit Schlägen. Doch meine
Gnade will ich ihm nicht entziehen ...«, vgl. auch Spr 13, 24; 23, 13. Dazu Segal,

und ich will ihm meine Gnade nicht entziehen« – der Mittelteil mit dem Hinweis auf Salomos Sünden und ihre Bestrafung fehlt wie der Bericht von den Vorgängen selbst.[27] Durch Verschweigen von Salomos Verfehlungen und Tilgung selbst des leisesten Hinweises darauf wurde gegenüber den älteren Berichten der Ruhm des Königs zweifellos erhöht.

(3) In 2 Kön 21, 3 vergleicht der deuteronomistische Historiker die Taten des judäischen Königs Manasse mit denen des israelitischen Königs Ahab: »er errichtete dem Baal Altäre[28], machte eine Aschera, wie Ahab, der König von Israel, getan«. Der Vergleich mit Ahab bezieht sich offenbar auf dessen in 1 Kön 16, 32f berichtete Taten: »Er errichtete dem Baal einen Altar in dem Baalstempel, den er in Samaria gebaut hatte. Auch machte Ahab eine Aschera«.

Ebenso wie Ahabs Baalskult aus 1 Kön 16, 32f hat der Chronist auch die Bezugnahme darauf weggelassen; er berichtet von Manasse nur: »er errichtete den Baalen Altäre und machte Ascheren« (2 Chr 33, 3).

(4) In 1 Kön 22, 1f steht zu lesen: »Nun blieben sie drei Jahre lang ruhig, und es war kein Krieg zwischen Syrien und Israel. Im dritten Jahre aber zog Josaphat, der König von Juda, zum König von Israel hinab«. Besagte drei Friedensjahre begannen offenbar mit dem Bündnis zwischen dem israelitischen und dem syrischen König nach der Schlacht bei Afek (1 Kön 20, 26-34)[29]. Da der Chronist die Nachricht aus 1 Kön 20, 26-34 weggelassen hatte, brauchte er auch die darauf Bezug nehmende Stelle 1 Kön 22, 1 nicht zu erwähnen. Entsprechend setzt er statt der präzisen Zeitangabe ›drei Jahre‹ eine unbestimmtere: »Nach einigen Jahren zog er [Josaphat] zu Ahab nach Samaria hinab« (2 Chr 18, 2).

Samuel, 280.

27 Anders erklärt Japhet, Ideology, 464, die Auslassung; Sie meint, der Chronist sei davon ausgegangen, daß die Dynastieverheißung nicht bedingungslos gelte, vielmehr sei sie durch Salomos Verfehlungen aufgehoben worden. In diesem Fall hätte der Chronist allerdings in die göttliche Verheißung aus Nathans Mund eine solche Verheißung einbauen sollen. Außerdem blieben die Davididen über nahezu 400 Jahre an der Regierung.

28 LXX hat hier ›Altar‹ im Singular, was sinnvoller scheint, vgl. den in der Fortsetzung zitierten Vers 1 Kön 16, 32., dem unser Vers nachgebildet ist. Die Pluralform ›Altäre‹ des massoretischen Textes ist offenbar unter Einwirkung der Parallelstelle 2 Chr 33, 3 zustandegekommen. Vgl. Montgomery, Kings, 519. 522; Gray, Kings, 705 Anm. a.

29 Zur Identifizierung des israelitischen Königs aus 1 Kön 20; 22 mit Joahas, dem Sohn des Joas, und seines syrischen Gegners mit Ben-Hadad, dem Sohn Hasaels, s. Pitard, Damascus, 115-125.

(5) Den Bericht von der Einrichtung des Stierkults durch Jerobeam im Nordreich, die Unheilsankündigung des Gottesmannes aus Juda sowie dessen jähes Ende, weil er sich durch den Propheten von Bethel verleiten ließ, das göttliche Gebot zu übertreten (1 Kön 12, 32 – 13, 34) – dies alles hat der Chronist ausgelassen, vielleicht weil es mit der Geschichte des davidischen Königshauses nicht direkt zu tun hat. Ebenfalls ausgelassen hat er daraufhin die Erfüllung jener Prophezeiung durch Josia samt dem Verweis auf deren Verkünder und sein Schicksal (2 Kön 23, 15-20)[30].

(6) Der Chronist will den Eindruck erwecken, David habe sogleich nach Sauls Tod die Herrschaft über ganz Israel, d.h. über Nord- und Südstämme, angetreten (1 Chr 10, 14; 11-12). Deshalb unterschlägt er den Bericht von der Herrschaft Isch-Boschets über das Nordreich, während David nur über das Südreich regierte (2 Sam 2-4).[31] Entsprechend läßt er Angaben aus, die darauf schließen lassen, daß David nicht von vornherein über ganz Israel regierte. 2 Sam 5, 5 etwa heißt es von David:

> In Hebron regierte er **über Juda** sieben Jahre und sechs Monate,
> und in Jerusalem regierte er **über ganz Israel und Juda** 33 Jahre.

In 1 Chr 3, 4b bringt der Chronist diesen Text ohne die Angabe des jeweiligen Herrschaftsbereichs: »dort [in Hebron] regierte er — —sieben Jahre und sechs Monate, und 33 Jahre regierte er ——zu Jerusalem«. Es fällt auf, daß sowohl in 1 Chr 29, 27 (// 1 Kön 2, 11): »Die Zeit, die er über Israel regierte, betrug vierzig Jahre; sieben Jahre war er König in Hebron und 33 Jahre in Jerusalem« als auch in 1 Chr 3, 4: »dort [in Hebron] regierte er sieben Jahre und sechs Monate, und 33 Jahre regierte er zu Jerusalem« zwar Hebron als Davids erste Residenz genannt wird, aber verschwiegen, daß David damals nur König des Südreichs war. In 1 Chr 29, 26 stellt der Chronist den Daten von

---

30 Mit Ausnahme von V. 16b, dazu unten.

31 Japhet, Ideology, 410 Anm. 41, meint in 1 Chr 26, 26-28 einen Hinweis auf den Zeitraum zu finden, als Isch-Boschet von Machanaim aus über Israel regierte, während David als König über die Südstämme in Hebron residierte. Sie argumentiert folgendermaßen: »The list mentions David and then goes back to an earlier period, referring to spoils from the wars before Davids reign. Four men appear: Samuel, Saul, Abner, and Joab. The chronological listing of Samuel and Saul, followed by the pairing of Joab and Abner, suggests an allusion to the period between Saul and David which is known by the names of the army commanders«. Es scheint jedoch nicht zwingend, hierin einen Hinweis auf die Regierung Isch-Boschets zu sehen: Sauls Feldherr Abner ist hier mit Saul zusammen genannt, ebenso wie Davids Feldherr Joab.

Davids Regierungszeit in Hebron und Jerusalem den Satz voran: »So war David, der Sohn Isais, König **über ganz Israel**«.[32]

C) Zahlengerüst

Es kommt vor, daß der Chronist markante Zahlen, die einen Text einrahmen, weggelassen hat, weil sich durch Reduzierung oder Vermehrung die numerischen Verhältnisse verändert haben.

(1) In 2 Sam 21, 15-21 wird von vier Riesen erzählt, die nacheinander von Davids Helden besiegt wurden. Der Bericht schließt mit den Worten: »Diese vier stammten von den Riesen in Gath, und sie fielen durch die Hand Davids und seiner Leute« (V. 22). Der Chronist bringt nur drei von den Kampfszenen (1 Chr 20, 4-7 // 2 Sam 21, 18-21). Deshalb hat er die Zahl ›vier‹ weggelassen, und sein Resümé lautet: »Diese[33] stammten von den Riesen in Gath, und sie fielen durch die Hand Davids und seiner Leute« (1 Chr 20, 8).

(2) In 2 Sam 23 werden zunächst einzelne von Davids Helden samt ihren Taten aufgeführt (VV. 8-23), darauf folgt eine namentliche Aufzählung (VV. 24-39a). Diese Liste beginnt mit den Worten: »Unter den dreißig waren« (V. 24), d.h. es gab eine fest umrissene Gruppe von dreißig Helden[34], und schließt mit der Summe der in den Versen 8-39a aufgeführten Helden: »im ganzen 37« (V. 39b).[35]

Der Chronist bringt zunächst die Helden aus 2 Sam 23 ohne Nennung der Zahl ›dreißig‹ zu Anfang oder der ›37‹ am Schluß (1 Chr 11, 11-41a). Anschließend führt er weitere 16 Helden namentlich auf

---

32 Der Anfang von 2 Sam 5, 5 – »In Hebron regierte er **über Juda** sieben Jahre und sechs Monate« – ist übrigens problematisch: Denn laut 2 Sam 2, 10 regierte Sauls Sohn Isch-Boschet nur zwei Jahre lang über das Nordreich, und es ist doch unwahrscheinlich, daß David erst fünfeinhalb Jahre nach dessen Tod die Herrschaft über das Nordreich angetreten haben sollte. Die Lösung des Rätsels obliegt dem deuteronomistischen bzw. dem modernen Historiker, jedenfalls nicht dem Chronisten.

33 Die Kurzform des Pronomens אל ist eine Variante von אלה; im Pentateuch kommt sie achtmal vor: Gen 19, 8. 25; 26, 3. 4; Lev 18, 27; Dtn 4, 42; 7, 22; 19, 11. Dazu BDB, 41a; Curtis, Chron, 244; Rudolph, Chron, 140.

34 Wenn man nachzählt, sind es 31 Helden, dazu s. folgende Anm.

35 Genaugenommen sind es nur 36: die ›drei‹ (VV. 8-17), die ›zwei‹ (VV. 18-23) und die 31 aus der Liste (VV. 24- 39a). Vielleicht hat Segal (Samuel, 295) Recht, wenn er vermutet, ein Name sei ausgefallen, die Liste habe ursprünglich 32 Namen enthalten und zwar zwei als Ersatz für Helden, die gefallen waren, wie Asahel und Uria, der Hethiter. Mazar, Military Élite, 96 Anm. 62, meint, bei dem ausgefallenen Namen habe es sich um den 1 Chr 11, 41 nach Uria, dem Hethiter, genannten ›Sabad, Sohn Ahlais‹ gehandelt; doch läßt sich wohl nicht entscheiden, ob dieser Name noch zur älteren Liste von 2 Sam 23 gehört oder bereits zu den zusätzlichen Namen von 1 Chr 11.

(VV. 41b-47).[36] Somit enthält die Liste des Chronisten 31 + 16 = 47 Namen; zusammen mit den anfänglich (V. 11-18) einzeln aufgeführten und den eigens genannten ›zwei‹ Helden (VV. 20-25) wird die Zahl ›dreißig‹ so weit überschritten, daß ihre Nennung nicht mehr am Platze war.

In beiden Fällen hat der Chronist darauf verzichtet, am Anfang und Schluß seines Textes, die für diesen zutreffenden Zahlen zu nennen. Dies überrascht angesichts der Beobachtung, daß er andere Texte, die ursprünglich kein Zahlengerüst hatten, mit einem solchen versieht.[37]

---

36 Zur historischen Glaubwürdigkeit jener Liste von weiteren 16 Namen s. Benzinger, Chron, 43; Rothstein-Hänel, Chron, 240ff; S. Klein, Davids Helden (hebr.), in: Jediot 7 (1940), 95-106 (= idem, in: Jediot Kovez II, 1965, 304-315). Dagegen hält K. Elliger, Die dreissig Helden Davids, in: idem, Kleine Schriften zum Alten Testament, München 1966, 79 die weiteren Namen für vom Chronisten erfunden; vgl. auch Noth, ÜS, 136f und Williamson, Chron, 103f.
37 Beispiele unten, Kap. XIV, B.

Kapitel V
Ersetzung gegebener durch gleichwertige Namen

Gelegentlich setzt der Chronist anstelle eines vorhandenen Namens einen gleichwertigen, parallelen oder synonymen. Diese Erscheinung findet sich in der Chronik sowohl bei Orts- als auch bei Personennamen und bei der Benennung gewisser Völkerschaften.

Dieses Verfahren erinnert an die parallelen Namen Jakob und Israel in der Josephsgeschichte. In benachbarten Versen steht zweimal ›Jakob‹, das dritte Mal ›Israel‹ (Gen 37, 1.2.3), oder die beiden Namen alternieren sogar im selben Vers: »Da redete Gott in einer nächtlichen Erscheinung mit *Israel* und sprach: *Jakob! Jakob!*« (Gen 46, 2).[1] Auch im parallelismus membrorum wechseln gleichwertige Namen: »fürchte dich nicht, mein Knecht *Jakob*, spricht der Herr, erschrick nicht, *Israel!*« (Jer 30, 10)[2] oder »wer noch lebt in *Zion* und wer übrigbleibt in *Jerusalem*« (Jes 4, 3)[3]. Austauschbar sind auch ausländische Namen: In assyrischen Urkunden heißt der König von Assyrien ›Tukultī-apil-Ešarra‹, in babylonischen Quellen dagegen ›Pūlu‹; so ist er in 2 Kön 15, 19 ›Phul‹ genannt, in der Fortsetzung (V. 29) dann Tiglat-Pileser[4]. Der Sohn des Hasmonäers Simon heißt in 1 Makk 16, 19.20.23 ›Johannes‹, an der Parallelstelle schreibt Josephus: »Johannes, der auch Hyrkan genannt wurde (bell. II 1, 3), in der Fortsetzung nennt er ihn gelegentlich ›Hyrkan‹ (z.B. II 1, 4), gelegentlich ›Johannes‹ (z.B. II 1, 8).[5]

Durch solche Umbenennungen erweist sich der jeweils jüngere Schriftsteller als aktiv an der Gestaltung des Textes beteiligt, ohne jedoch den Inhalt seiner Quelle wesentlich zu verändern. Bisweilen scheint der stilistische Effekt der Variation im Vordergrund zu stehen.

---

1 Vgl. auch Gen 43, 6. 8. 11; 45, 28; 46, 1 (Israel) mit 45, 25. 27 (Jakob).
2 Vgl. auch Jes 40, 27; 43, 1; 48, 12 u.a.
3 Vgl. auch Jes 10, 32; 40, 9; 62, 1; Mi 3, 12 u.a.m.
4 Dazu unten, Anhang C, Beispiel 6.
5 Ant. XIII 229 dagegen schreibt Josephus: »Johannes, der auch Hyrkan heißt«, und danach nennt er ihn nur noch ›Hyrkan‹ (ebd. 229. 230. 231. 233. 235 et passim).

A) Geographische Namen

(1) In 2 Kön 14, 20 steht, der judäische König Amazia sei in der ›Stadt Davids‹ begraben, an der Parallelstelle 2 Chr 25, 28 steht: »in der Stadt Judas«. Etliche Chronikforscher sehen in ›Stadt Judas‹ einen Schreibfehler (ohne diesen zu erklären) und wollen statt dessen ›Stadt Davids‹ lesen wie im älteren Text;[6] so ist offenbar bereits der antike griechische Übersetzer der Chronik verfahren, er schreibt: ἐν πόλει Δαυίδ wie in Könige. Mir scheint jedoch, der Chronist hat die Bezeichnung ›Stadt Davids‹ bewußt durch ›Stadt Judas‹ ersetzt. Biblisch kommt ›Stadt Judas‹ zwar sonst nirgends als Synonym von ›Davidsstadt‹ oder ›Jerusalem‹ vor, aber in der babylonischen Literatur findet sich eine Parallele: In der babylonischen Chronik steht von König Nebukadnezar, im siebenten Jahr im Monat Kislew habe der König von Akkad seine Truppen zusammengezogen und sei ins Hethiterland vorgerückt, dabei belagerte er ›die Stadt Judas‹ (āl Ia-a-ḫu-du), womit nur Jerusalem gemeint sein kann.[7] Demnach würde sich der Name ›Stadt Juda‹ für Jerusalem bei mesopotamischen und israelitischen Schreibern seit der judäischen Königszeit findet.

Eine vergleichbare Erscheinung ist bei Jesaja zu beobachten: Die antike Hauptstadt des Moabiterreichs ›Kir-Heres‹ (Jes 16, 11, vgl. Jer 48, 31. 36) oder ›Kir-Hareset‹ (Jes 17, 7, vgl. 2 Kön 3, 25) heißt dort auch ›Kir-Moab‹ (Jes 15, 1); die Vokabel ›kir‹ bedeutet auf moabitisch ›Stadt‹, wie aus der Mesa-Inschrift hervorgeht[8], und die erste Jesaja-Rolle aus Qumran (1QIsaa) hat tatsächlich ›Stadt Moab‹.

(2) Von König Ahas heißt es 2 Kön 16, 20, er sei ›in der Stadt Davids‹ begraben, diese Ortsangabe ersetzt der Chronist durch ›Jerusalem‹[9]:

---

6 So z.B. Curtis, Chron, 447; Rehm, Untersuchungen, 71; Rudolph, Chron, 280 (vgl. auch seinen Vorschlag BHS, 1553); Williamson, Chron, 331 – der die Lesart von M jedoch nicht völlig ablehnt.

7 Zu dieser Quelle s. Wiseman, Chronicles, 72f (B. M. 21946, rev. 11-13); Grayson, ABC, 102; Pritchard, ANET, 564. Zwar nennt auch der assyrische König Asarhaddon unter den ihm tributpflichtigen Königen von Phönizien, Israel und Zypern einen ›Manasse, König der Stadt Juda‹ (mMe-na-si-i šàr uruIa-ú-di; s. Borger, Asarhaddon, Prisma Ninive A, V 55. 60; Pritchard, ANET, 291), aber schon Eph'al (Arabs, 150 Anm. 514) hat gezeigt, daß die assyrischen Schreiber jener Zeit zwischen den Determinativen für ›Stadt‹ (URU) und ›Land‹ (KUR) bei der Bezeichnung von Territorien außerhalb des assyrischen Reiches nicht sorgfältig unterschieden.

8 Z. 10-12: »und der König von Israel baute Atarot. Ich führte Krieg gegen die Stadt (kir) und eroberte sie und schlachtete das ganze Volk der Stadt (kir) nieder«.

9 Zu diesen und anderen Beinamen der Stadt s. Mazar, Jerusalem, 11-15. Den Namen ›Davidsstadt‹ erhielt Jerusalem (bes. die Zionsburg) nach der Eroberung durch David (2 Sam 5, 6-9 // 1 Chr 11, 4-7), und mit der Erhebung zur Hauptstadt und Residenz der davidischen Dynastie setzte dieser Name sich durch.

2 Kön 16, 20	2 Chr 28, 27
Und Ahas legte sich	Und Ahas legte sich
zu seinen Vätern	zu seinen Vätern
und ward begraben	und man begrub ihn
in der Davidsstadt	in der Stadt, in Jerusalem[10]
bei seinen Vätern.	———————————[11]

Die griechische Übersetzung der Chronik hat hier: καὶ ἐτάφη ἐν πόλει Δαυίδ – offenbar unter dem Einfluß von 2 Kön 16, 20. Ein analoges Beispiel findet sich in der griechischen Version zu 2 Chr 25, 28.[12]

(3) In 2 Kön 23 ist berichtet, Josias Kultreform habe sich über die Grenzen von Juda hinaus erstreckt: »Auch alle Höhenheiligtümer in den Städten Samarias, welche die Könige von Israel gebaut hatten, den Herrn zu erzürnen, beseitigte Josia und verfuhr mit ihnen, wie er zu Bethel getan« (V. 19). Statt ›in den Städten Samarias‹ schreibt der Chronist 2 Chr 34, 5f: »Auch in den Städten von Manasse, Ephraim, Simeon und bis nach Naphthali, in ihren Trümmern[13] ringsumher«.

Von den ›Städten Samarias‹ ist auch 2 Kön 17, 24 die Rede: »Der König von Assyrien aber ließ Leute von Babel ... kommen und siedelte sie anstelle der Israeliten in den Städten Samarias an; und sie nahmen Samaria in Besitz und wohnten in den Städten des Landes«.[14] Mit ›Samaria‹ ist hier offenbar weder das Nordreich gemeint (wie in assyrischen Inschriften[15]) noch das reduzierte Reich Israel, denn zur Zeit der Umsiedlung und erst recht zur Zeit von Josias Kultreform bestand das Reich Israel ja nicht einmal mehr in reduzierter Form. Demnach muß sich ›Samaria‹ hier auf die Satrapie gleichen Namens beziehen. Anstelle der ›Städte Samarias‹ benützt der Chronist Stammesbezeichnungen: ›in den Städten von Manasse, Ephraim, Simeon‹. ›Simeon‹ kann sich hier (sowie in 2 Chr 15, 9: »Und er versammelte

---

10 Zur Wiederholung der Präposition ›in‹ (בעיר בירושלם) vgl. Dan 5, 12 (בה בליליא). 30 (השתכחת בה בדניאל).

11 ›bei seinen Vätern‹ steht in der Chronik nicht, denn der Chronist fährt fort: »man setzte ihn nicht in den Gräbern der Könige Israels bei«.

12 S. oben Beispiel 1.

13 Zu lesen: בחרבותיה, zustandegekommen vielleicht durch Zusammenschreibung von בחר בתיהם, ursprünglich: בער בתיהם, d.h. ›er vernichtete ihre Häuser‹ (mit Verwechselung von ע und ח; dazu Seeligmann, Anzeichen, 280 Anm. 2; anders s. Rudolph, BHS, 1567.

14 Vgl. auch V. 26. Zur Beziehung zwischen 2 Kön 23, 15-20 und 2 Kön 17, 24-33 s. Cogan-Tadmor, II Kings, 299.

15 So etwa in einer Stele aus Tell al Rimah, Z. 8: ᵐIa'su ᵐᵃᵗSamerinâ, s. S. Page, A Stela of Adad-Nirari III and Nergal-Ereš from Tell al Rimah, in: Iraq 30 (1968), 142; oder in den Annalen Tiglat-Pilesers III.: Minihimmi ᵃˡSamirinai, s. Luckenbill, ARAB, I, § 772; Pritchard, ANET, 283. Vgl. auch Hos 7, 1: »Offenkundig ist die Schuld **Ephraims** / und die Bosheit **Samarias**.«

ganz Juda und Benjamin und die Leute, die aus Ephraim, Manasse und Simeon als Fremdlinge bei ihnen wohnten«) nicht auf den Stamm Simeon beziehen, dessen Gebiet südlich von Juda lag (1 Chr 4, 24-43; Jos 19, 1-9), wie einigen Chronikforschern aufgefallen ist.[16] Gemeint ist hier wohl das Συμοων der Septuaginta[17], Vaticanus (B) zu Jos 11, 1; 12, 20; 19, 15 – ebenso Vetus Latina und Vulgata bei Josephus und in der rabbinischen Literatur ›Simonia(s)‹ genannt, das heutige Ḥirbet Simonia (Tell Schimron) in der Jesreel-Ebene im Stammesgebiet von Sebulon.[18]

(4) Der Ortname ›Gibeon‹ erscheint in der Bibel gelegentlich in der Kurzform ›Geva‹, so etwa Esr 2, 20: ›Gever‹ // Neh 7, 25: ›Gibeon‹.[19] Der Bericht von Davids Sieg über die Philister 2 Sam 5, 22-25 endet mit den Worten: »und er schlug die Philister von **Geva** bis Geser (V. 25). In der Anspielung auf diesen Sieg Jes 28, 21 ist anstelle der Kurzform ›Geva‹ die Vollform ›Gibeon‹ verwendet: »Denn wie am Berge Perazim wird der Herr sich erheben, wie im Tal bei **Gibeon** wird er wettern, um seine Tat zu verrichten«. Ähnlich wie Jesaja hat auch der Chronist an der Parallelstelle 1 Chr 14, 16 Gibeon, die Vollform von Geva benutzt: »und sie schlugen das Heer der Philister von **Gibeon** an bis Geser«.[20]

Inhaltlich besteht zwischen den Versen 2 Sam 14, 16 und 1 Chr 14, 16 keinerlei Unterschied, beide beziehen sich auf dieselbe Schlacht und meinen denselben Ortsnamen. Insofern scheint der Streit der modernen Exegeten und Historiker um die bessere Lesart hier gegenstandslos.[21]

---

16 Curtis, Chron, 504, weist auf den Widerspruch hin, daß Simeon hier unter die Nordstämme gerechnet wird, obwohl sein Stammesgebiet im Süden lag; vgl. Elmslie, Chron (1916), 229f. 332; Williamson, Israel, 104; idem, Chron, 270; Japhet, Ideology, 295; Coggins, Chron, 292; aufgrund dieser Angabe bescheinigt Coggins dem Chronisten mangelhafte Kenntnisse der von ihm beschriebenen historischen Realität.

17 Im massoretischen Text lautet die Namensform ›Schimron‹, deren Zustandekommen kaum zu erklären ist. Dazu A. F. Rainey, Art. ›Schimron‹, in: Encyclopaedia Miqrat VIII, 140, wo er für die Lesart ›Simeon‹ ägyptische Urkunden aus El-Amarna sowie rabbinische Quellen aus der Epoche des Zweiten Tempels wie aus mischnischer und talmudischer Zeit anführt; s. auch folgende Anm.

18 A. F. Rainey, Toponymic Problems Shim'ôn/Shimrôn, in: TA 3 (1976), 57-69; TA 8 (1981), 149f.

19 Zur Vertauschung der Buchstaben ע und ר vgl. Jos 11, 1; 12, 20; 19, 15, wo im massoretischen Text ›Simron‹ steht, in der LXX ›Simeon‹ (identisch mit dem 2 Chr 15, 9; 34, 6 erwähnten ›Simeon‹); dazu oben, Beispiel 3 und die dort erwähnten Beiträge von Rainey. Zum Wechsel der Namensformen Geva/Gibeon vgl. etwa Schemer/Schomron in 1 Kön 16, 24.

20 Ausführlich behandelt sind diese Verse unten, Kap. VII, A. Demsky, Geba, 30, verzeichnet zwar die abweichende Namensform in der Chronik, hat aber nicht beachtet, daß Jesaja dem Chronisten an diesem Punkt bereits vorangegangen war.

21 So plädieren etwa Curtis, Chron, 210; Rudolph, Chron, 114; Mazar, David und

(5) Statt der Ortsangabe ›Geva in Benjamin‹ aus 1 Kön 15, 22 benutzt der Chronist an der Parallelstelle nur ›Geva‹:

1 Kön 15, 22	2 Chr 16, 6
und König Asa befestigte damit	und er befestigte damit
Geva in Benjamin und Mizpa[22].	**Geva** und Mizpa.

Die Namensformen ›Geva (oder Gibea) in Benjamin‹ und ›Geva‹ alternieren auch in den Saul-Erzählungen bei Samuel.[23]

B) Personen- oder Völkernamen

(1) In 2 Kön 14, 7 steht vom judäischen König Amazia: »Er war es, der die Edomiter, zehntausend Mann, im Salztal[24] schlug«. In 2 Chr 25, 11 setzt der Chronist anstelle von ›Edomiter‹ die synonyme Bezeichnung ›Söhne Seīrs‹: »Nun ermannte sich Amazia, zog an der Spitze seiner Leute ins Feld, kam ins Salztal und schlug von den Söhnen Seīrs zehntausend Mann«. In der Fortsetzung verwendet der Chronist die beiden Benennungen abwechselnd:

> V. 14: Als aber Amazia von seinem Sieg über die **Edomiter** zurückgekehrt war, stellte er die Götter der **Söhne Seīrs**, die er mitgebracht hatte, für sich als Götter auf.
>
> V. 20: Aber Amazia wollte nicht hören; denn so war es von Gott verhängt, um die Judäer in die Gewalt [des Joas] auszuliefern, weil sie sich zu den Göttern **Edoms** gewandt hatten.[25]

(2) In Gen 36, 40ff werden die Namen der ›Fürsten **Esaus**‹ aufgezählt; die Liste endet jedoch mit den Worten: »Das sind die Fürsten von **Edom**« (V. 43). In 1 Chr 1, 51b setzt der Chronist anstelle von ›Esau‹ (nach der Gleichsetzung von Gen 36, 1[26]) ›Edom‹: »Die Fürsten Edoms aber waren..«, so daß am Anfang wie zum Abschluß der Liste dieselbe Namensform steht (eine Art textliche Harmonisierung).

Salomo, 63, Garsiel, Malchut David, 46 Anm. 13 für die Lesart der Chronik; dagegen gibt Abramsky, Saul-David, 382. 383 Anm. 3 der Lesart von Sam den Vorzug.

22 LXX hat hier ›die Höhe von Benjamin‹, hat also גבעה gelesen. Zur Namensform גבע בנימין vgl. 1 Sam 13, 16 und Ri 20, 10.

23 Dazu Mazar, Geva, und idem, Gotteshöhe, 80-83.

24 Die Namensform mit dem bestimmten Artikel erscheint an der Parallelstelle 2 Chr 25, 11 sowie in 1 Chr 18, 12. Zur artikellosen Form vgl. 2 Sam 8, 13 und Ps 60, 2.

25 Zur Vertauschbarkeit von Edom und Seīr vgl. auch Gen 32, 4: »Danach schickte Jakob Boten ... in das Land **Seīr**, ins Gefilde **Edoms**« und Ri 5, 4: »O Herr, als du auszogst von Seīr/ einherschrittest von **Edoms** Gefilde«.

26 »Dies ist die Nachkommenschaft Esaus – das ist Edom«; vgl. auch ebd. V. 43: »Esau, Vater der Edomiter«.

(3) In 1 Chr 3, 15 zählt der Chronist die vier Söhne des judäischen Königs Josia auf. Den, der in Könige und an den Parallelstellen in der Chronik (2 Kön 23, 30. 31. 34 // 2 Chr 36, 1. 2. 4) als ›Joahas, Sohn des Josia‹ erscheint, nennt er mit dem Namen Sallum aus Jer 22, 11: »Denn so spricht der Herr von Sallum, dem Sohne Josias, dem König von Juda, der an Stelle seines Vaters Josia König wurde«. Aus dem Schluß dieses Verses geht hervor, daß ›Sallum‹ mit Joahas identisch sein muß, denn dieser erhielt die Königswürde unmittelbar nach dem Tod seines Vaters Josia (2 Kön 23, 30 // 2 Chr 36, 1). Bei Jeremia wird Sallum Verbannung und Tod verkündigt, und in 2 Kön 23, 33 // 2 Chr 36, 3f ist von Joahas berichtet, er sei nach Ägypten verbannt worden und dort gestorben.[27]

(4) Der Sohn des judäischen Königs Amazia und seiner Frau Jecholja erscheint in Könige zumeist als ›Asarja(hu)‹ (2 Kön 14, 21; 15, 1. 6. 7. 17. 23. 27; 15, 8), nur zweimal als ›Usia(hu)‹ (2 Kön 15, 30. 32). An den Parallelstellen in der Chronik (2 Chr 26, 1. 3. 8. 9. 11. 14. 18. 19. 21. 22. 23; 27, 2)[28] hat der Chronist die Namensform ›Asarja(hu)‹ aus Könige durch ›Usiahu‹ ersetzt; nur an einer einzigen Stelle, im Stammbaum der davidischen Dynastie, schreibt er ausnahmsweise ›Asarja‹ (1 Chr 3, 12).

Die Vertauschbarkeit der Namen ›Usia‹/›Asarja‹ beruht offenbar auf der semantischen Nähe der Wortwurzeln ע-ז-ר / ע-ז-ז (= Hilfe, Schutz).[29] Die biblischen Schriftsteller nahmen sich die Freiheit, diese Wurzeln nicht nur bei Verbformen, sondern auch bei Eigennamen auszutauschen. So steht etwa Jes 49, 5: »mein Gott ward meine Stärke

---

27 Die Identität Sallum=Joahas ist in der Forschung weithin anerkannt. M. Ben-Yashar, Die letzten Könige von Juda (hebr.), in: Ijjune Miqra uFarschanut, II (hrsg. v. U. Simon), Ramat-Gan 1986, 111-123, hat vorgeschlagen, Joahas mit dem 1 Chr 3, 15 genannten Jochanan gleichzusetzen; Sallum sei nur der von Josia eingesetzte Thronfolger gewesen, der sein Amt aber nicht angetreten habe. Dem steht allerdings Jer 22, 11 entgegen, wo es ausdrücklich heißt: »Sallum, ... der an Stelle seines Vaters Josia König wurde«. Andere halten ›Sallum‹ für den Geburtsnamen und ›Joahas‹ für den Thronnamen (z.B. Curtis, Chron, 519; Montgomery, Kings, 550) oder umgekehrt (so etwa Coggins, Chron, 25). Doch war die Verleihung eines Thronnamens in Israel zumindest nicht allgemein üblich. In Fällen wie Eljakim/Jojakim oder Mattanja/Zedekia (2 Kön 23, 34; 24, 17) geht die Namensänderung jeweils auf einen ausländischen Herrscher zurück, der dadurch die Abhängigkeit des Vasallenkönigs dokumentiert. Dazu Liver, König, 1102f; Ben-Yashar, op. cit. 114-117. 129f mit weiterer Literatur.

28 Seeligmann, Vorboten, 16, meint, die Form ›Asarja‹ (wörtlich: Gott*hilf*) sei die in der Chronik vorherrschende, und will sie von einer Namensetymologie ableiten: »Gott *half* ihm« (2 Chr 26, 7) und »er erfuhr wunderbare *Hilfe*« (ebd. V. 15). Doch benützt die Chronik fast ausschließlich den Namen ›Usia(hu)‹, und in Könige dominiert ›Asarja(hu)‹.

29 Dazu G. Brin, Die Wurzeln עזר-עזז in der Bibel (hebr.), in: Leschonenu 24 (1960), 8-14.

(עזי)«, und in der ersten Jesaja-Rolle aus Qumran (1QIsaᵃ) z. St. »mein Gott ward meine Hilfe (עזרי)«. In 1 Chr 25, 4 steht der Name ›Usiel‹, und ebd. V. 18 erscheint derselbe Mann als ›Asarel‹; der ›Usia‹ aus 1 Chr 6, 9 heißt ebd. V. 21 ›Asarja‹; Esr 10, 21 ist ein ›Usia‹ genannt, und 3 Esr 9, 21 heißt derselbe Mann ›Asarja‹.[30] Daher sind hinter der Vertauschung der Namensformen wohl keine besonderen historischen Ereignissen aus der Geschichte der Könige von Juda zu suchen, wie manche Forscher meinten.[31]

Aufgrund der epigraphischen Belege aus der Zeit des betreffenden Königs von Juda sowie nach frühen Bibelstellen und einer aramäischen Inschrift aus der Zeit des Zweiten Tempels zu urteilen, lautete die übliche Namensform wohl ›Usia‹ (oder in Vollform: ›Usiahu‹). Zwei Siegelinschriften tragen die Namensform עזיו[32], in den Überschriften der Prophetenbücher Jesaja, Hosea und Amos lautet der Name ›Usia(hu)‹ (Jes 1, 1; Hos 1, 1; Am 1, 1), ebenso in den Kapitelüberschriften zu Jes 6 und 7 sowie in der chronologisch-historischen Angabe Sech 14, 5. Ebenso steht in der Grabinschrift dieses Königs (aus der späten Hasmonäerzeit) zu lesen: / עצמי עזריה / התית לכה מלך יהודה ולא למפתח[33]. Von daher hat die Ansicht von Cook[34], der die Namensform ›Asarja‹ für die eigentliche und ›Usia‹ für eine verderbte Populärform hält, wenig für sich. Ebenso wenig vermag die Vermutung von Whitehouse[35] zu überzeugen, wonach der König ursprünglich ›Asarja‹ geheißen habe, und die Form ›Usia‹ sei auf Verderbnis der Textüberlieferung zurückzuführen.

(5) In 2 Chr 25 steht, der judäische König Amazia habe Soldaten aus ›Israel‹ aufgeboten zum Kampf gegen Edom (V. 6). Neben den Namen ›Israel‹ setzte der Chronist noch die gleichbedeutende Bezeichnung ›Leute aus Ephraim‹ (V. 7)[36], offenbar um deutlich zu machen, daß hier mit ›Israel‹ nur das Nordreich gemeint sei und nicht etwa das auch

---

30 Diese und andere Beispiele bei Brin, op. cit., 12-14, die meisten davon schon bei T. J. Meek, ›Uzziah‹, Dictionary of the Bible, 2nd ed., Edinburgh 1963, 1021.

31 S. die historischen Schlüsse, die Mazar einerseits und Yeivin, Usia, 126 andererseits ziehen wollten; Yeivin, ebd. 127, schränkt diese allerdings auf Brins Aufsatz hin wieder ein.

32 לאביר עזיד/עבד bzw. עזיד בד/ע לשבניד בד/ע עזיד, bei D. Diringer, Le iscrizioni antico-ebraiche palestinesi, Firenze 1934, 221. 223.

33 S. E. L. Sukenik, Ein Grabmal des Königs Usia von Juda (hebr.), in: Tarbiz 2 (1931), 290. Dagegen Yeivin, Usia, 126; Meek, Uzziah (s. o. Anm. 30), 1021.

34 S. E. L. Cook, ›Uzziah‹, in: Encyclopedia Biblica, IV (ed. by T. K. Cheyne/J. S. Black) London 1930, 5241.

35 O. C. Whitehouse, ›Uzziah (Azariah)‹, in: A Dictionary of the Bible, vol. IV (edt. by J. Hastings), Edinburgh/New York 1902, 843.

36 Zur Bezeichnung des Nordreichs als ›Ephraim‹ s. z.B.: Jes 7, 5. 8. 9. 17; Hos 7, 1.

den Süden umfassende Reich Juda[37]. In der Fortsetzung der Erzählung verwendet er beide Namen abwechselnd: »Kriegsschar Israels« (V. 9) – »die Kriegsschar, die aus Ephraim zu ihm gekommen war« (V. 10). Von daher besteht keinerlei Notwendigkeit, in dem Ausdruck »die Kriegsschar, die aus Ephraim zu ihm gekommen war« eine spätere Glosse zu sehen, wie Delitzsch meinte.[38]

Es gibt noch weitere Fälle, in denen die Namensform der Chronik anders lautet als die aus Samuel-Könige, z.B.:

> 2 Sam 3, 3: Kileab // 1 Chr 3, 1: Daniel;[39]
> 1 Kön 7, 46: Zarthan // 2 Chr 4, 17: Zereda;
> 2 Kön 11, 19: Tor der Trabanten // 2 Chr 23, 20: das obere Tor;
> 1 Kön 15, 20: Abel-Beth-Maacha // 2 Chr 16, 4: Abel-Maim.

In diesen Fällen reichen unsere Hilfsmittel nicht aus, um festzustellen, ob es sich um synonyme Namen handelt. Aber die Möglichkeit besteht und sollte bei der Erklärung der betreffenden Namen zumindest auch in Betracht gezogen werden.

---

37 ›Israel‹ als Bezeichnung des Reiches Juda: 2 Chr 12, 1; 21, 4; vgl. Curtis, Chron, 442; Williamson, Chron, 329.
38 Delitzsch, Fehler, 136.
39 Die rabbinischen und mittelalterlichen Exegeten hielten ›Kileab‹ für den Beinamen von ›Daniel‹, s. b Berachot 4a; Targum z.St.; R. David Kimchi in seinem Kommentar zu 2 Sam 3, 3 und zu 1 Chr 3, 1; Raschi zu 2 Sam 3, 3 und Raschi zugeschriebenen Kommentar zu 1 Chr 3, 1. Zur Lesart der antiken Versionen s. Encyclopaedia Miqrat IV, 124. Schwierig scheint jedenfalls die Auffassung von Williamson, Chron, 56, wonach es sich bei Kileab/ Daniel um eine Verschreibung (welcher Art?) handeln soll; allerdings könnte der Wechsel bereits in der Vorlage des Chronisten stattgefunden haben.

Kapitel VI
Behandlung schwieriger Texte

In den Büchern Samuel und Könige gibt es etliche Texte, die schwierig oder sogar unverständlich sind. Einige unter ihnen sind möglicherweise bereits in einem frühen Stadium der Textüberlieferung verdorben worden.

Der Chronist hat Verschiedenes versucht, um solchen Texten Sinn zu verleihen bzw. eine immanente Schwierigkeit zu lösen; zu diesem Zwecks hat er entweder den Textbestand durch Zufügungen verändert (A) oder die Textelemente umgestellt (B). Wenn ihm der alte Text allzu unverständlich und verstümmelt erschien, hat er ihn auch völlig weggelassen (C); offenbar betrachtete er einen Text, der keine Information vermittelte, als unnütz und dem flüssigen Lesen hinderlich.

A) Textänderungen zur Gewinnung von Sinn

(1) Der Vers 1 Kön 5, 1 »Und Salomo war Herrscher über alle Königreiche vom Strom an Land der Philister bis an die Grenze Ägypten« ist sprachlich schwierig. Verschiedene Lösungsvorschläge sind gemacht worden: Ehrlich[1] meint, vor ›Land der Philister‹ sei beim Abschreiben die Präposition ›bis‹ versehentlich ausgefallen; Albright[2] nimmt an, die ursprünglichere, ausführlichere Version habe eine Liste der von Israel abhängigen Vasallenstaaten enthalten, von denen ›Land der Philister‹ als einziger stehengeblieben sei; Montgomery[3] dagegen hält ›Land der Philister‹ für eine Glosse.

Es ist zwar denkbar, daß das Wörtchen ›bis‹ im Text von Könige ausgefallen und in der Parallelstelle 2 Chr 9, 26 erhalten geblieben ist; aber es liegt doch näher, die Lesart von Könige – die im Targum Jonathan[4], in der Peschitta, in der Vulgata und Hexapla – als ›lectio difficilior‹ zu betrachten, die noch früher anzusetzen ist als die Par-

---

1 Ehrlich, Mikrâ Ki-Pheschutô, 277, ebenso Gray, Kings, 141; vgl. auch R. Kittel, BH, 510.

2 Albright, Archaeology, 213 Anm. 29; ihm folgt Malamat, Außenpolitik, 221 Anm. 82.

3 Montgomery, Kings, 131, s. auch 127; vgl. Gray, Kings, 141 Anm. b.

4 In der Ausgabe von A. Sperber, The Bible in Aramaic Based on Old Manuscripts and Printed Texts, vol. II, Leiden 1959, 221.

allele 2 Chr 9, 26.[5] Mit anderen Worten: Die Lesart von 2 Chr 9, 26 gibt nicht die Vorlage des Chronisten wieder, sondern ist aus seinen Bemühungen entstanden, die Schwierigkeit seiner Vorlage zu beseitigen, wie aus dem folgenden erhellt:

In der Fortsetzung von 1 Kön 5 steht, Salomo »herrschte über das ganze Land jenseits des Stromes von Thiphsah bis nach Gaza, über alle Könige jenseits des Stromes (V. 4). Hier sind die Grenzen von Salomos Reich deutlich abgesteckt: Von der Grenzstadt Thiphsah am Ufer des Euphrat am Nordostende des Reiches bis zur Grenzstadt Gaza im Philisterland am Südwestende. Dieses ganze Territorium ist mit dem Begriff ›jenseits des Stromes‹ bezeichnet[6]

Das Land ›jenseits des Stromes‹ (auch aramäisch überliefert: Esr 4, 10. 11. 17. 20; 8, 36 u.ö.)[7] war eine Satrapie des persischen Reiches. Diese Satrapie erstreckte sich vom Euphrat im Nordosten von Syrien bis zur Grenze Ägyptens (d.h. Naḥal haBassor / Gaza oder Wadi El-Arisch) und umfaßte Syrien, Phönizien, Israel und Zypern[8]. In der Regel ist mit ›Strom‹ schlechthin der Euphrat gemeint[9], und so verstand der Chronist aufgrund von Gegenüberstellung der Verse 1 und 4 aus 1 Kön 5 die Angabe ›vom Strom ... bis zur Grenze Ägyptens‹ als Beschreibung des Territoriums, das er unter dem Namen ›jenseits des Stromes‹ kannte[10]. Daraus schloß er auf Identität der

---

5   Vgl. Montgomery, Kings, 131; Malamat, Außenpolitik, 221 Anm. 82. Der Übersetzer von LXX scheint diese schwierige Lesart vor sich gehabt zu haben, denn er schreibt: ὅτι ἦν ἄρχων ἐν παντὶ πέραν τοῦ ποταμοῦ ἀπὸ ʿΡαφὶ ἕως Γάζης (V. 2[46K]).

6   Die Verwendung des Begriffs ›jenseits des Stromes‹ hier ist anachronistisch: sie paßt nicht zu den territorialen und administrativen Verhältnissen zu Salomos Zeiten, sondern eher zu einer Epoche, als Israel unter der Herrschaft einer Großmacht stand, deren Zentrum östlich des Euphrat lag.

7   Der entsprechende akkadische Begriff lautet ›ebir-nāri‹ und erscheint erstmals in einem Schreiben aus der Zeit Sargons II. (722-705 v.Chr.), neu veröffentlicht von Parpola, Correspondence, 204 Z. 10 (p. 160); früher war die Forschung davon ausgegangen, der Begriff tauche erstmals in den Inschriften Asarhaddons (680-669 v.Chr.) auf (so etwa Rainey und Stern, s. folgende Anm.) oder nicht vor Assurbanipal (668-627? v.Chr. – diese Ansicht vertrat etwa Montgomery, Kings, 128).

8   Vor dem babylonischen Aufstand (482 v.Chr.) auch Babylonien. Herodot III 89 führt diese administrative Gliederung – d.h. die Ausklammerung von Babylonien aus der Satrapie ›jenseits des Stromes‹ – auf Darius I. (522-486 v.Chr.) zurück, ein Anachronismus aufgrund der Verwaltungssituation im Perserreich zu seiner Zeit (um die Mitte des 5. vorchristl. Jhs.); dazu Stern, Hintergrund, 230. Zur Abgrenzung von ›jenseits des Stroms‹ in verschiedenen Epochen s. auch A.F. Rainey, Art. ›Ever haNahar‹, in: Encyclopaedia Miqrat VI, 43-48; idem, Die Satrapie ›jenseits des Stroms‹ (hebr.), in: Tadmor, Schivat Zion, 105-116. 277-280.

9   So etwa Ex 23, 31; Dtn 11, 24; Jes 11, 15; 27, 12, auch Jos 24, 2. 3. 14. 15 und nicht zuletzt: 1 Kön 5, 4.

10 Vom ausgehenden 5. Jh. (402) bis zum Jahre 358 v.Chr. hatte Ägypten das persische Joch abgeschüttelt, dazu Ephʿal, Syria-Palestine, 145. Mit anderen Worten:

Grenzen von Salomos Reich und der Grenzen der Satrapie ›jenseits des Stromes‹ zu seiner Zeit (um 400 v. Chr.). Und da das ›Land der Philister‹ in der Satrapie inbegriffen war und dieser Landstrich direkt an Ägypten angrenzte, setzte er das Wörtchen ›bis‹ unmittelbar davor und schuf dadurch eine klare Beschreibung der Grenzen von Salomos Reich: »Er [Salomo] beherrschte alle Könige vom Strom **bis** zum Lande der Philister und bis[11] an die Grenze von Ägypten« (2 Chr 9, 26). Durch Hinzufügung einer einzigen Vokabel hat er die Schwierigkeit des älteren Textes beseitigt und zwei alternative Grenzmarken im Südwesten des Salomonischen Reiches gesetzt: ›bis zum Land der Philister‹ (einschließlich!), ›bis zur Grenze Ägyptens‹.

(2) Im Anschluß an Salomos Gebet bei der Tempelweihe erschien ihm Gott und versprach, wenn Israel recht handeln werde, wolle er ›seine Augen und sein Herz dort weilen lassen alle Tage‹ (1 Kön 9, 3 // 2 Chr 7, 16); wenn Israel jedoch abtrünnig werde, wolle er es verheeren, »dieses Haus wird das höchste werden, und jeder, der daran vorbeigeht, wird sich entsetzen[12] und spotten[13]« (1 Kön 9, 8).

Die Wörter ›wird das höchste werden‹ fügen sich schlecht in den Kontext, der von bevorstehender Vernichtung des Tempels, des Volkes und Landes spricht, und zwar in solchem Maße, daß die Vorübergehenden sich darob entsetzen sollen. Anstelle von ›das höchste‹ (עֶלְיוֹן) wäre eine Vokabel aus dem semantischen Feld ›Zerstörung, Untergang‹ zu erwarten.

Höchstwahrscheinlich lautete die ursprüngliche Lesart an dieser Stelle ›wird ein Trümmerhaufen werden (יִהְיֶה לְעִיִּין)‹, ähnlich wie Mi 3, 12: »Jerusalem wird zum Trümmerhaufen (עִיִּין) und der Tempelberg zur Waldeshöhe« und die Parallelstelle Jer 26, 18: »Jerusalem wird zu Trümmerhaufen (עִיִּים)[14] und der Tempelberg zur Waldeshöhe«. So geht auch aus Vetus Latina, Aquila und Peschitta zu Könige hervor[15].

Die Grenze der fünften Satrapie war damals gleichzeitig die internationale Grenze zwischen dem persischen Reich und Ägypten.

11 Zur Weiterführung ›von ... bis ... und bis ...‹ bei der Abgrenzung eines Territoriums vgl. etwa Jos 10, 41; 16, 3; 1, 4; Ri 11, 33; 1 Sam 6, 18.

12 Zur Verbform יִשֹׁם in der Bedeutung ›sich wundern‹ vgl. auch Jes 52, 14 und Hi 16, 7.

13 Statt Perfekt consecutivum steht hier in einigen Handschriften waw kopulativum mit Präfixtempus.

14 Zur Form עִיִּים vgl. Ps 89, 1. S. auch Jer 49, 17: »Edom soll zum Entsetzen werden; ein jeder, der es durchwandert, wird sich entsetzen und spotten ob all seiner Plagen«; ebenso: 18, 16; 19, 8; 50, 13; Zeph 2, 15; Thr 2, 15.

15 Targum Jonathan bietet eine Kontamination der ursprünglichen Lesart mit der des massoretischen Textes: »Und dieses Haus, welches das höchste war, soll zerstört sein«. Ähnliches ist bei seiner Übersetzung von עִיר הַהֶרֶס (Verschreibung aus

Demnach könnte die Vokabel עלירן (das höchste) des massoretischen Textes eine Verschreibung aus עיים (Trümmerhaufen) sein (mit Vertauschung von ע und ל, Verwechselung von י und ר[16]).[17] Möglicherweise handelt es sich auch um einen bewußten redaktionellen Eingriff, eine Art antiken ›Tiqqun Soferim‹[18], d.h. eine als zu kraß empfundene negative Aussage über den Jerusalemer Tempel sollte gemildert werden – vgl. die militante Reaktion der Zuhörer auf Jeremias Unheilsprophezeiung Jer 26, 6. 9: »dann verfahre ich mit diesem Haus wie mit Silo«.[19] Allem Anschein nach stand in der Vorlage des Chronisten ›das höchste‹ (עלירן) wie im massoretischen Text von Könige. Dieser Lesart versuchte der Chronist einen Sinn abzugewinnen und schrieb: »Und dieses Haus, das jedem Vorübergehenden das höchste war, soll zerstört werden (ישׁם)« (2 Chr 7, 21) – d. h. dieselbe Verbform, die in der Bedeutung ›soll sich entsetzen‹ zum Subjekt ›Vorübergehender‹ gehörte, bezieht sich nunmehr in der Bedeutung ›soll zerstört werden‹ auf den Tempel selbst.[20]

(3) Nach Davids Sieg über die Philister 2 Sam 8, 1f steht, er habe sie unterworfen und ihnen מתג האמה genommen. Die Bedeutung dieses Ausdrucks ist unklar, womöglich ist der Text an dieser Stelle verderbt;

עיר החרס = ›Sonnenstadt, Heliopolis‹; vgl. Hi 9, 7) Jes 19, 18 verfahren: »Die Sonnenstadt, die zerstört werden soll«. Gegen Thenius, Könige, 144 und Klostermann, Samuel-Könige, 326f, in deren Augen die Lesart des Targum die ursprüngliche ist: ‏והבית הזה אשר היה עלירן יהיה לעיין.

16 Solche Erscheinungen sind innnerhalb der Überlieferung des Bibeltextes nicht selten; Beispiele etwa bei Sperber, Parallel Transmission, 169f.

17 Vgl. etwa: Elmslie, Chron (1916), 198; Stade, Kings, 110; Šanda, Kings, 247; Montgomery, Kings 204; Gray, Kings, 236; ferner Rehm, Könige, 101; Jones, 1 Kings, 211. S. auch Seeligmann, Anzeichen, 283f. Benzinger, Könige, 66 und Noth, Könige, 194 bevorzugen dagegen die Lesart der LXX: καὶ ὁ οἶκος οὗτος ἔσται ὁ ὑφηλός.

18 Dazu Segal, Mewo haMiqra, IV, 859-861 und bes. Lieberman, Hellenism, 28-37.

19 Uria, der Sohn Semajas, aus Kirjath-Jearim, »der weissagte wider diese Stadt und wider dieses Land, ganz wie Jeremia«, wurde auf Jojakims Befehl tatsächlich getötet (Jer 26, 20-23). Hier scheint der Hinweis angebracht, daß zwischen ›Uria, Sohn Semajas‹, von Jer 26 und dem ›Propheten‹ von einem Ostrakon aus Lachisch offenbar doch kein Zusammenhang besteht. Tur-Sinais Lesung (Nr. 6 Z. 10) אר[יהו] ist unbegründet. In keinem der vorliegenden Ostraka aus Lachisch wird erzählt, daß »der Heerführer K[ ]jahu, Sohn des Elnathan« nach Ägypten gezogen sei, um ›den Propheten‹ dort gefangenzunehmen. Laut Jer 26, 22 schickte Jojakim einen gewissen ›Elnathan, Sohn des Achbor‹ (nicht: ›K[ ] jahu, Sohn des Elnathan‹ wie in Nr. 3) nach Ägypten. Außerdem spielte die Geschichte mit Uriahu, Sohn Semajas, (Jer 26, 21-23) unter Jojakim, während die Episode mit dem ›Propheten‹ aus den Lachisch-Ostraka offenbar unter Zedekia stattfand. Gegen Tur-Sinai, Lachisch, 93-103. 138. 166. 172, s. auch seine Tabelle auf S. 230f.

20 Dazu Seeligmann, Anzeichen, 284.

bis heute zumindest ist noch keine überzeugende Erklärung vorgelegt worden.[21]

Anscheinend hatte der Chronist bereits diese Lesart vor sich[22]; er versuchte, den Ausdruck als geographische Bezeichnung zu deuten: David nahm »Gath und ihre Tochterstädte (גת ובנתיה) aus der Hand der Philister« (1 Chr 18, 1). Übersehen hat der Chronist offenbar den Bericht 1 Kön 2, 39-41, aus dem hervorgeht, daß die Stadt in der Frühzeit von Salomos Regierung von Achis regiert wurde[23]. Selbst wenn Gath in irgendeiner Weise mit David verbündet gewesen sein sollte – was biblisch nirgends bezeugt ist – paßt die Formulierung des Chronisten »Da nahm David Gath und ihre Tochterstädte aus der Hand der Philister« nicht zur Darstellung von Könige[24]. Von daher scheint es höchst zweifelhaft, ob diese Chronikstelle überhaupt reale politische Verhältnisse zwischen David und den Philistern wiedergibt.[25]

(4) 2 Kön 15, 5 wird von König Usia von Juda berichtet: »Der Herr aber schlug den König, daß er aussätzig ward bis an den Tag seines Todes, und er wohnte im Hause החפשית, während Jotham, der Sohn des Königs, dem Palaste vorstand . . .«. Das Attribut zu diesem ›Hause‹ hat den Übersetzern, Exegeten und Bibelforschern aller Zeiten erhebliches Kopfzerbrechen bereitet: Der Übersetzer der LXX etwa wußte gar nichts damit anzufangen, er hat es transkribiert: ἐν οἴκῳ ἀφφουσώθ[26]. Der Targum schreibt: »und er saß außerhalb von Jerusalem«, offensichtlich gemäß der Vorschrift Lev 13, 46 (vgl. auch Num 5, 1-4; 12, 10-15; 2 Kön 7, 3); ebenso Josephus: »Eine Zeitlang saß er außerhalb der Stadt und führte das Leben eines Privatmannes« (ant. IX 227). Die Vulgata übersetzt: ›in domo libera‹ – was immer das sein mag. In der modernen Forschung galt die Stelle für verdorben, und etliche Konjekturvorschläge sind gemacht worden: ›im Winterpalast‹ (בבית החרף)[27], ›in seinem Hause, frei‹ (חפשית בביתה)[28], ›im Hause des Aussatzes‹, ›im

---

21 Eine Übersicht der vorgeschlagenen Deutungen samt Sekundärliteratur bei Malamat, Außenpolitik, 218 Anm. 73; McCarter, II Sam, 243.

22 Vgl. Williamson, Chron, 138.

23 Aharoni, Land, 246 schreibt: »Gath-Githim westlich von Geser war sicher nicht Davids einzige Eroberung in dieser Region«; vgl. auch A. F. Rainey, The Identification of Philistine Gath, in: EI 12 (1975), 72*.

24 Gegen H. E. Kassis, Gath and the Structure of the ›Philistine‹ Society, in: JBL 84 (1965), 268f und Williamson, Chron, 138.

25 Gegen Oded, Israel und Juda, 118 und Kassis, s. vorig. Anm.

26 Ebenso an der Parallelstelle 2 Chr 26, 21: ἐν οἴκῳ ἀφφουσώθ.

27 B. Stade, Miscellen: 16. Anmerkungen zu 2 Kö. 15-21, in: ZAW 6 (1886), 156-159, ebenso idem, Könige, 250.

28 Vorgeschlagen von Klostermann, Samuel-Könige, 444, von zahlreichen Forschern aufgenommen, etwa Burney, Kings, 321; Gray, Kings, 618 Anm. b.

Hause der Chabaschit‹ (was eine Art Gefängnis oder Krankenhaus sein kann)[29]. Auch unter den Gelehrten, die den massoretischen Text unangetastet lassen, herrrscht keine Einigkeit über die Bedeutung des Ausdrucks: Thenius deutet ihn als ›das Siechhaus‹[30], Rudolph sieht darin eine Art Euphemismus für ›Haus der Unfreiheit‹ und versteht darunter ›Haus der Absperrung‹, also eine Art Quarantäne[31]; Willi meint, es handele sich um ein ›Haus des Ruhestands‹, eine Art Altenteil[32]. Seit der Entdeckung des entsprechenden Ausdrucks bt ḥpṯ (בת חפתֿת) in den ugaritischen Baalsgeschichten (I*AB V 15; IIAB VIII 7) gilt der Ausdruck als eine alte kanaanäisch-hebräische Bezeichnung für eine vielleicht außerhalb der Stadt gelegene Isolierstätte für Aussätzige[33].

Offenbar hat die Deutung dieses Ausdrucks auch dem Chronisten zu schaffen gemacht. Er hat versucht, den alten Text durch Erweiterung verständlicher zu machen: »So war der König Usia aussätzig bis an den Tag seines Todes, und er wohnte als Aussätziger in einem abgesonderten Hause, da er vom Tempel ausgeschlossen war, während sein Sohn Jotham dem Königspalaste vorstand ... « (2 Chr 26, 21). Demnach handelt es sich bei diesem Sitz בבית החפשית um eine Absonderung oder gewaltsame Ausschließung[34] des Königs, der versucht hatte, die Darbringung des Rauchopfers an sich zu reißen, vom Tempel.

B) Behebung der Schwierigkeit durch Umstellung von Textelementen

(1) In 2 Kön 11, 13 steht, die Königinmutter Athalja habe »die Stimme הרצין des Volkes« gehört. Die Vokabel הרצין ist schwierig, vielleicht ist der Text an dieser Stelle verdorben. Manche halten das Wort für eine Glosse und deuten die Pluralendung -in als Aramäismus[35]. Vielleicht liegt aber ein Abschreibfehler vor, מ und נ

---

29 Die beiden letztgenannten Vorschläge führt Curtis, Chron, 453, auf Z. Grätz und P. Haupt (in dieser Reihenfolge) zurück.

30 S. Thenius, Könige, 349.

31 S. Rudolph, Chron, 284, ebenso in seinem Beitrag: Ussias ›Haus der Freiheit‹, in: ZAW 89 (1977), 418.

32 Th. Willi, ›Die Freiheit Israels‹, in: Festschrift für W. Zimmerli, hrsg. v. H. Donner/ R. Hanhart/R. Smend, Göttingen 1977, 536.

33 S. Ginzberg, Ugarit, 42. 53. 142; U. Cassuto, The Death of Baal, in: idem, Biblical and Oriental Studies, vol. II, Jerusalem 1975, 160f; idem, Anath, 22f. 49; vgl. Gordon, Ugaritic, 179, Text 67: V 15; und s. auch S. 404 Nr. 995; jüngere Forscher: Hobbs, 2 Kings, 194; Cogan-Tadmor, II Kings, 166f mit Übersicht und weiterer Literatur.

34 Zur Bedeutung ›abgeschnitten von‹ vgl. etwa Jes 53, 8; s. auch BDB, 160b.

35 So etwa Burney, Kings, 311; Stade, Kings, 236; Curtis, Chron, 430; Montgomery, Kings, 425.

werden in der biblischen Textüberlieferung gelegentlich vertauscht[36]. Einleuchtend wirkt Talmons Vermutung, hier seien zwei verschiedene Versionen verschmolzen: »Nach der einen verkündeten ihr ›die Läufer‹ (הרצים) die Palastrevolte (V. 4. 6. 11); nach der anderen tat dies ›die Landbevölkerung‹ (V. 14), in der Fortsetzung desselben Verses (V. 13) kurz ›das Volk‹ genannt«[37].

Wie dem auch sei, der Chronist hatte offenbar eben diese schwierige Version vor Augen. Um der Stelle einen Sinn zu verleihen, vertauschte er die Wörter (!)הרצים und העם und machte so ›die Läufer‹ zum Attribut von ›Volk‹: »Als Athalja hörte, wie das Volk herbeilief und dem König zujubelte ... « (2 Chr 23, 12).[38]

(2) Die Bestandteile der Zeitangabe, wann der Tempel erbaut sei, hat der Chronist (2 Chr 3, 2) im Vergleich zu 1 Kön 6, 1b umgestellt:

1 Kön 6, 1b: »Es war ... im vierten Jahr im Monat Siv, das ist der zweite Monat[39], den Salomo über Israel regierte ... « – 2 Chr 3, 2: »im zweiten Monat, im zweiten[40], im vierten Jahr seines Königtums ... «.

Die vom Chronisten gewählte Anordnung der Elemente ist syntaktisch weniger umständlich, denn nun ist die Ordnungszahl des Jahres nicht mehr durch die Monatsangabe von der Regierungszeit getrennt; und flüssigere Lesbarkeit könnte durchaus ein Anliegen des Chronisten gewesen sein.

Außerdem findet sich eben diese Anordnung: Monatsname, Regierungsjahr, König und Reich in phönizischen Inschriften des 5. und 4. vorchristlichen Jahrhunderts[41]. Demnach hat der Chronist die Textelemente seiner Vorlage so umgestellt, daß sie den Datumsangaben nach Regierungsjahren entsprachen, wie sie zu seiner Zeit üblich waren.

(3) Aus dem folgenden Beispiel erhellt, daß der Chronist durch Umstellung von Textelementen gelegentlich auch theologische Probleme löst: In 1 Kön 22, 49f erzählt der deuteronomistische Historiograph, wie König Josaphat von Juda Tarsis-Schiffe baute, um nach dem sagenhaften Goldland Ophir zu segeln; das Unternehmen wurde

---

36 Vgl. Gray, Kings, 520.

37 Talmon, Kifle Girsa, 42, später in seinem Aufsatz ›Stilkritik‹, 143 Anm. 131, spricht er von ›stilistischer Doppelung‹.

38 Mit dem Chronisten waren die Bemühungen um die Deutung der schwierigen Stelle 2 Kön 11, 13 noch längst nicht zu Ende; in der LXX etwa steht: καὶ ἤκουσεν Γοθαλια τὴν φωνὴν τῶν τρεχόντων τοῦ λαοῦ.

39 ›das ist der zweite Monat‹ – offenbar Glosse zu dem phönizischen Monatsnamen.

40 בשני – anscheinend Dittographie entweder des vorangegangenen השני oder des folgenden בשנה; steht nicht in LXX, Vulgata und Peschitta.

41 בירח בל בשנת עסר וארבע למלכי מלך אשמנעזר מלך צדנם (Donner-Röllig, KAI, Nr. 14 Z. 1, 5. Jh.); בירח בל בשנת 2 למלכי על כתי ואדיל (Donner-Röllig, KAI, Nr. 38 Z. 1, 391 v. Chr.);

בימם 6 לירח בל בשנת 21 למ[לך] פמייתן מלך כתי ו]אדיל (Donner-Röllig, KAI, Nr. 32 Z. 1, 341 v. Chr.).

dadurch vereitelt, daß die Schiffe aus einem nicht näher ausgeführten Grund in Ezjon-Geber zu Bruch gingen (V. 49).

Die Schiffahrt im Golf von Eilat und im Roten Meer ist gefährlicher als im Mittelmeer: Im Roten Meer wehen unstete Winde, und die Strömung ist tückisch, wechselhaft. Die Schiffahrtverhältnisse im Golf von Eilat/Akaba sind noch schwieriger als die im Roten Meer. Die Winde im Golf sind zwar beständiger, aber sehr stark, und kommen aus Nordosten. Die von Eilat nach Süden auslaufenden Schiffe drohen gegen die Korallenriffe der Meerenge von Tiran geschleudert zu werden.[42] Es könnte also sein, daß Josaphats Schiffe in einem der plötzlich aufkommenden Stürme, von denen der Golf von Eilat/Akaba bis heute heimgesucht wird, zerschellten; eine Reminiszenz daran ist vielleicht im Psalm aufbewahrt: »Durch den Oststurm zerschmetterst du Tarsisschiffe« (48, 8). Möglicherweise waren die Schiffe auch zu leicht gebaut, oder die Leute des judäischen Königs waren mit der Schiffahrt im offenen Meer nicht genügend vertraut. Wie dem auch sei, nachdem Josaphats Flotte in Ezjon-Geber Schiffbruch erlitten hatte, trug der israelitische König Achasja ihm ein Seehandelsabkommen an[43], das Josaphat jedoch ablehnte (1 Kön 22, 50).

2 Chr 20, 35-37 bringt der Chronist diese Episode in etwas erweiterter Form, wobei er die Reihenfolge der Ereignisse umkehrt: Nach seiner Darstellung ging die See-Partnerschaft zwischen Juda und Israel auf Josaphats Initiative zurück; gemeinsam rüsteten sie in Ezjon-Geber eine Flotte aus, um nach Tarsis auszulaufen[44] (VV. 35f). Und wegen Josaphats Zusammenarbeit mit dem König des Nordreichs ›zerbrach der Herr sein Machwerk‹; die Schiffe zerschellten, so daß die Fahrt nach Tarsis nicht zustandekam (V. 37):

1 Kön 22, 49-50	*2 Chr 20, 35-37*
Josaphat hatte auch ein Tarsis-schiff machen lassen[46], das nach Ophir gehen sollte, um Gold zu holen; aber man fuhr nicht, denn sein Schiff scheiterte in Ezjon-Geber.	Hernach[45] verbündete sich Josaphat, der König von Juda, mit Ahasja, dem König von Israel; dieser führte ein gottloses Leben. Er verbündete sich mit ihm, um Schiffe zu bauen, die nach Tarsis gehen sollten; diese Schiffe bauten sie in Ezjon-Geber.

42 Dazu Y. Karmon, Der geopolitische Status von Eilat und seine historischen Wandlungen (hebr.), in: Mechqarim beGeographia schel Erez-Israel 6 (1968), 55. 57.

43 Das Nordreich hatte mehr Seefahrterfahrung, vor allem dank seiner guten Beziehungen zu Tyrus. Die tyrische Flotte war berühmt; nicht nur König Salomo (1 Kön 9, 27; 10, 11. 22; 2 Chr 8, 18) nahm ihre Dienste in Anspruch, sondern auch die Könige von Assyrien und Persien.

44 Zur Verschiebung des Terminus ›Tarsis-Schiffe‹ zu ›Schiffen, um nach Tarsis zu segeln‹ und dadurch Änderung des Reiseziels von Ophir zu Tarsis s. unten, Anhang C, Beispiel 1.

Damals sprach Ahasja, der Sohn Ahabs, zu Josaphat: Laß meine Leute mit deinen Leuten auf den Schiffen fahren. Josaphat aber wollte nicht.	Da weissagte Elieser, der Sohn Dodias aus Maresa, über Josaphat und sprach: Weil du dich mit Ahasja verbündet hast, zerbricht der Herr dein Machwerk. Und die Schiffe scheiterten und konnten nicht nach Tarsis fahren.

Rein literarisch-stilistisch betrachtet entsteht durch die Umstellung des Chronisten ein paralleler Chiasmus zwischen der Darstellung dieser Episode in Könige und Chronik. Doch das Anliegen des Chronisten scheint hier eher die Herstellung eines Kausalzusammenhangs und die Vermittlung einer religiös-theologischen Botschaft gewesen zu sein: In seinen Augen war das Scheitern der Schiffe des gerechten Königs von Juda kein bloßes Mißgeschick, sondern eine göttliche Strafe (wobei es nicht darauf ankommt, auf welchem historisch-realen Wege diese zur Durchführung gelangt). Und da in seiner Vorlage kein schuldhaftes Verhalten Josaphats mitgeteilt war, mußte der Chronist nach seiner Auffassung von der göttlichen Gerechtigkeit ein solches erfinden[47]. Daher änderte er die Mitteilung, Josaphat habe Ahasjas Angebot abgelehnt (1 Kön 22, 50), dahingehend, daß Josaphat sich mit Ahasja verbündet habe, ›um Schiffe zu bauen, die nach Tarsis gehen sollten‹ (2 Chr 20, 35)[48]. Da Ahasja laut 1 Kön 22, 52-54 ein Frevler war, galt dem Chronisten Josaphats Bündnis mit ihm als Schuld; deshalb unterstreicht er: »dieser führte ein gottloses Leben« (2 Chr 20, 35b)[49]. Diese Schuld wurde durch Zerbrechen der Schiffe geahndet, wie der Chronist den Propheten Elieser, den Sohn Dodias, ankündigen

---

45　Diese Zeitangabe steht statt des ›damals‹ aus Kön. Dieses hatte dort einen deutlichen Bezugspunkt gehabt: nach dem Scheitern von Josaphats Seefahrtversuchen macht Ahasja ihm ein einschlägiges Angebot. Durch die Umstellung in der Chronik hängt die Zeitangabe nun in der Luft, denn der unmittelbar vorangehende Vers (V. 34) bringt den formelhaften Abschluß von Josaphats Geschichte.

46　Statt עשׂר (›zehn‹) ist hier mit zahlreichen MSS des massoretischen Textes zu lesen: עשׂה.

47　Zur Verknüpfung von Schuld und Sühne beim Chronisten s. Japhet, Ideology, 165-168. Nicht selten hat der Chronist aufgrund dieses seines Gerechtigkeitsdenkens einen Kausalnexus hergestellt, der vor ihm so nicht gegeben war, s. etwa 2 Chr 12, 7. 12; 13, 18; 14, 6; 15, 15; 25, 27 u.ö. Dazu Japhet, op. cit., 168.

48　Diese Änderung ist zwar textlich geringfügig, inhaltlich aber so schwerwiegend, daß man eigentlich nicht sagen kann: »In all these instances, the Chronicler does not alter the historical facts in his sources; he merely explains them according to his system« (Japhet, Ideology, 168).

49　Eine ähnliche Haltung äußert sich in 2 Chr 19, 1-3 (›Zusatz‹): Als Josaphat aus der Schlacht bei Ramot-Gilead zurückkehrte, wo er zusammen mit dem König Israels einen harten Kampf gegen die Syrer geführt hatte (2 Chr 18 // 1 Kön 22), empfing ihn der Seher Jehu, der Sohn Hananis, mit den Worten: »Mußtest du dem Gottlosen helfen und Freundschaft pflegen mit denen, die den Herrn hassen? Deswegen lastet der Zorn auf dir vom Herrn«. Die Vorstellung, daß ein Bündnis mit dem Nordreich

läßt: »Weil du dich mit Ahasja verbündet hast, zerbricht der Herr dein Machwerk«, und auf die Verkündigung folgt die Erfüllung (V. 37). Von daher ist die Umstellung des Chronisten klar motiviert: Um Gottes Vorgehen gerecht erscheinen zu lassen, muß die ›Schuld‹ (das Bündnis mit Ahasja) der ›Strafe‹ (Zerbrechen der Schiffe) vorangehen.

Zusammenfassend ist festzuhalten, daß die Bearbeitung des vorliegenden Textes samt Umkehrung der erzählten Vorgänge auf das Bemühen des Chronisten zurückgeht, das in Könige Berichtete mit dem Prinzip der göttlichen Gerechtigkeit, von dem sein historiographisches Schaffen geleitet ist, in Einklang zu bringen. Daher besteht kein Grund, dem bearbeiteten Text aus 2 Chr 20, 35 vor dem älteren 1 Kön 22, 49f den Vorzug zu geben und auf das Bestehen von Seehandelsabkommen zwischen Nord- und Südreich unter Josaphat und Ahasja zu schließen[50] oder sonstige historische Folgerungen daraus zu ziehen. Die Verwendung des terminus technicus חבר durch den Chronisten[51] reicht als Rechtfertigung für die Bevorzugung der Version der Chronik vor der aus Könige nicht aus, denn ein späterer Historiker kann durchaus ältere Terminologie verwenden; vielleicht tut er dies sogar bewußt, um seinem Text den Anstrich einer uralten und daher vertrauenswürdigen Überlieferung zu geben.

Frevel sei, geht auch aus dem Erzählung vom judäischen König Amazia mit seinen ephraimitischen Söldnern hervor (2 Chr 25, 6-10), vielleicht auch aus der Ermordung des judäischen Königs Ahasja in Samaria während Jehus Aufstand (2 Chr 22, 7-9). Dem Chronisten galt ja die bloße Entstehung und der Fortbestand des Nordreiches als ein Frevel, geradezu als Auflehnung gegen den Willen Gottes (2 Chr 13, 4-12); allerdings kommt in der Chronik auch eine weniger negative Haltung zum Ausdruck (s. 2 Chr 10, 15). Zur Spannung zwischen diesen entgegengesetzten Haltungen s. Japhet, Ideology, 308-324.

50 Dies tun verschiedene Forscher; so schreibt z.B. Elat, Wirtschaftsbeziehungen, 204: »Auf die Existenz von Wirtschaftsbeziehungen (des Nordreichs) mit dem Reiche Juda ... ist aus der Überlieferung der Chronik zu schließen, die von der Beteiligung des israelitischen Königs Ahasja an den Versuchen des judäischen Königs Josaphat, eine Flotte zur Fahrt nach Ophir auszurüsten, zu berichten weiß (2 Chr 20, 35-37, vgl. 1 Kön 22, 49f)«, ähnlich auch in seinem Beitrag ›Handel‹ zum Sammelband von Malamat, Kultur, 129. Ähnlich urteilt Reviv, Bet-Aw, 180: »In 2 Chr 20, 35f steht ›Danach verbündete sich Josaphat ...‹, demnach bestand zwischen den Königen von Israel und Juda ein Handelsabkommen, in diesem Falle Seehandel.« Ebenso betrachten S. Ahituv, Art. ›Sapanut‹ (Seefahrt), in: Encyclopaedia Miqrat V, 1072, und Oded, Israel und Juda, 144, 2 Chr 20, 35-37 als zuverlässige historische Quelle. Ahituv hält 2 Chr 20, 36f sogar für die vollständigere Version.

51 Ausführlicher behandelt wird dieser Terminus, der auch in anderen Quellen in vergleichbarem Kontext vorkommt, unten in Kap. XIII.

C) Auslassung unverständlicher Stellen

(1) Der Bericht von der Einnahme Jerusalems durch David 2 Sam 5, 6-9 enthält etliche unverständliche, anscheinend elliptische Ausdrücke und ergibt keinen kohärenten Text. Generationen von Abschreibern und Übersetzern, Exegeten und Forschern haben sich den Kopf zerbrochen über den Teilsatz »sondern die Blinden und Lahmen werden dich vertreiben« (6b)[52], über Davids unerklärlichen Haß auf Blinde und Lahme (8b) sowie über den völlig unverständlichen Ausdruck »berührt das Rohr« (ריגע בצנור) unmittelbar davor. Bis heute ist es noch nicht gelungen, eine befriedigende Erklärung für diese dunkle Stelle zu finden. Keiner der zahlreichen vorgebrachten Deutungsversuche[53] vermag sich über den Rang einer bloßen Vermutung zu erheben.

Anscheinend hatte bereits der Chronist mit dieser Stelle Schwierigkeiten, die er seinen Lesern ersparen wollte, daher hat er die unverständlichen Ausdrücke einfach weggelassen:

2 Sam 5, 6. 8	1 Chr 11, 4. 6
Als der König mit seinen Leuten nach Jerusalem wider die Jebusiter zog, die im Lande wohnten, sprach man zu David: Da kommst du nicht *hinein*, sondern die Blinden und Lahmen werden dich vertreiben, das sollte heißen: Da kommt David nicht *hinein*. An jenem Tage sprach David: Wer einen Jebusiter erschlägt, berührt das Rohr und die Blinden und Lahmen, die David in der Seele verhaßt waren. Daher sagt man: Es soll kein Blinder noch Lahmer in das Haus kommen.	Als David und ganz Israel nach Jerusalem zogen – das ist Jebus, und dort waren die Jebusiter, die das Land bewohnten -, sprachen die Bewohner von Jebus zu David: Da kommst du nicht hinein. David ließ ansagen: Wer die Jebusiter zuerst schlägt, der soll Hauptmann ... sein.

---

52 In 4QSam[a] (bei McKenzie, Chron, 43) steht hier:
כי הסית[ו העורים והפסחים לאמר לא יבוא] דויד הנה
– d.h. die Blinden und Lahmen hätten das Volk gegen David aufgewiegelt. Allerdings scheint hier keine alte Lesart vorzuliegen, sondern eher ein Versuch des Verfassers, Davids Haß ausgerechnet auf die Blinden und Lahmen zu erklären.

53 Verschiedene Deutungen zu den ›Blinden und Lahmen‹ etwa bei Josephus, ant. VII 61-64; Targum Jonathan z.St.; Pirqe deRabbi Elieser, XXXVI; R. David Kimchi (der Ibn Esra zitiert). Erklärungen zu auch in der LXX, Vulgata und in mittelalterlich-jüdischen Kommentaren wie Raschi, R. David Kimchi und R. Levi ben Gerson. Zusammenfassendes über den Forschungsstand bei Y. Sukenik (= Yadin), Die Blinden und Lahmen bei der Eroberung Jerusalems durch David (hebr.), Proceedings of the World Congress of Jewish Studies, Summer 1947, vol. I, Jerusalem 1952, 222-225 (vgl. auch Y. Yadin, The Art of Warfare in Biblical Lands, London 1963, 267-270); Segal, Samuel, 260. 261f; Mazar, Jerusalem, 28f mit weiteren Literaturhinweisen, ferner Kalimi, Bibliography, 139-141, Nr. 1272-1295.

Die Auslassung von Vers 6b im Text der Chronik läßt sich zwar auch als technisches Versehen aufgrund von Homoioteleuton erklären[54], und die Auslassung der zweiten Hälfte von 2 Sam 5, 8 ließe sich darauf zurückführen, daß dem Chronisten Davids Haß auf diese Schwerbehinderten nicht zum Bild des hochverehrten Monarchen zu passen schien, aber die pauschale Tilgung wegen Unverständlichkeit scheint mir in diesem Fall plausibler, zumal dadurch auch der dunkle Ausdruck ›berührt das Rohr‹ erfaßt wird.

(2) Der Vers 1 Kön 9, 25b enthält zwei unklare Vokabeln: »und räucherte אתו אשר vor dem Herrn«. In der neueren Forschung sind etliche Konjekturen vorgeschlagen worden, um den beiden Wörtern einen Sinn abzugewinnen. Durchgesetzt hat sich der Vorschlag von Klostermann: »und räucherte sein Feueropfer (אש את) vor dem Herrn«.[55] Stade schreibt dagegen: ... והקטיר אתו אשר is beyond translation and probably consists of a hap-hazard conglomeration of marginal glosses«[56].

Vielleicht war es diese Schwierigkeit, die den Chronisten bewogen hat, Salomos Rauchopfer völlig zu übergehen:

1 Kön 9, 25	*2 Chr 8, 12*
Salomo opferte dreimal im Jahre Brandopfer und Heilsopfer auf dem Altar, den er dem Herrn gebaut hatte, und räucherte אתו אשר vor dem Herrn.	Damals opferte Salomo dem Herrn Brandopfer auf dem Altar des Herrn, den er vor der Halle gebaut hatte,

Zwei Rezensionen der Septuaginta zu 1 Kön 9, 25 (Vaticanus und Lukian) haben das Problem noch einfacher gelöst: Sie haben die anstößigen Vokabeln ausgelassen und übersetzen: »und er räucherte vor dem Herrn«.

(3) Die Beschreibung von Joabs Reiseroute bei der Volkszählung 2 Sam 24, 5-7 enthält etliche unklare Wörter und Wendungen: Wieso steht am Anfang »sie hielten bei Aroer«? Zum Zweck der Zählung hätten sie doch von Ort zu Ort ziehen müssen und nicht an einem festen Punkt anhalten. Der Ausdruck ארץ תחתים חדשי ist »sehr merkwürdig, Targumim und Exegeten haben um sein Verständnis gekämpft«[57]. Außerdem ist ein Ort namens Ja'an sonst nicht bekannt, auch unter dem ›Tale Gad‹ kann man sich nicht recht etwas vorstellen.

---

54 2 Sam 5, 6a und 1 Chr 11, 5a enden: »Da kommst du nicht hinein«, 2 Sam 5, 7 und 1 Chr 11, 5b beginnen gleichlautend: »Aber David eroberte die Burg Zion«, der fehlende Halbvers 2 Sam 5, 6b endet ebenfalls auf ›hinein‹.
55 S. Klostermann, Samuel-Könige, 331; ihm folgen etwa Burney, Kings, 141f; Tur-Sinai, Peschuto, II, 23; Noth, Könige, 220; Jones, 1 Kings, 219. Anders Gray, Kings, 254.
56 Stade, Kings, 113.
57 Segal, Samuel, 398.

Vielleicht waren es diese Verständnisschwierigkeiten, die den Chronisten veranlaßt haben, an der Parallelstelle 1 Chr 21, 4b die einzelnen
Stationen von Joabs Weg durchs Land nicht anzugeben.[58]

---

58 Vgl. Segal, Samuel, 398 mit verschiedenen Lösungsversuchen, ferner Driver, Samuel,
   373-375; Smith, Samuel, 389f. Eine andere mögliche Erklärung für diese Auslassung s. oben Kap. IV, A, d) Für den Hauptstrang der Erzählung Nebensächliches,
   Beispiel 1.

Kapitel VII
Harmonisierung

A) *Textlich*

Textliche Harmonisierung geschieht, indem Textelemente mit dem Wortlaut von Paralleltexten an anderen Stellen in Einklang gebracht werden.

In Unterschied zur inhaltlichen Harmonisierung, die versucht, zwischen einander widersprechenden Versen zur selben Sache eine **thematische Übereinstimmung** herzustellen (s.u. B), geht es bei der textlichen Harmonisierung hauptsächlich um die **übereinstimmende Formulierung** von Paralleltexten.

Textliche Harmonie stellt der Chronist zwischen Versen aus Samuel-Könige einerseits und andererseits Versen aus diesen Büchern, aus früheren biblischen Schriften oder aus seinem eigenen Werk her. Um wörtliche Übereinstimmung mit dem jeweiligen Paralleltext zu erzielen, wandte er verschiedene Techniken auf den Wortlaut von Samuel-Könige an: **Zusatz** von ein oder mehreren Wörtern, **Auslassung** von ein oder mehreren Wörtern, **Änderung** oder **Vertauschung** von ein oder mehreren Wörtern; gelegentlich benützt er einige oder sogar alle Techniken auf einmal. So zeigt das Beispiel vom Schluß dieses Abschnitts, wie der Chronist den Wortlaut von Samuel mit der Formulierung des Gesetzes im Pentateuch **kombiniert** und dadurch eine textliche Harmonisierung bewirkt hat.

Typische Beispiele für textliche Harmonisierung durch einen **kreativen Schriftsteller** wie den Chronisten lassen sich im samaritanischen Pentateuch im Vergleich zum massoretischen beobachten[1]. Auch ein **tradierender Schriftsteller** konnte bei der Überlieferung längst abgeschlossener biblischer Schriften textliche Harmonisierungen vornehmen.[2]

Bei den folgenden Beispielen fällt auf, wie viele Texte aus Könige jeweils nach der Parallelstelle im Deuteronomium harmonisiert worden sind. Dies ist verständlich angesichts der engen Beziehung von Könige

---

1 Dazu R. Weiß, Vertauschbarkeit von Synonymen zwischen dem massoretischen und dem samaritanischen Pentateuch (hebr.), in: idem, Mechqare Miqra, 132-158.

2 Dazu Tov, Harmonizations, 3-29; auf den Seiten 19-23 bringt Tov Beispiele für textliche Harmonisierung aus antiken Bibelübersetzungen.

zum Deuteronomium in den Partien deuteronomistischer Redaktion, von denen das Buch allenthalben durchsetzt ist.

Aus Paralleltexten der Chronik, die der Chronist textlich harmonisiert hat, sollten also keine Schlüsse auf die historischen, ideologischen und sonstigen Verhältnisse zur Königszeit gezogen werden.

(1) Bei seiner Bewertung des judäischen Königs Asa schrieb der deuteronomistische Historiograph:

> *1 Kön 15, 11*: Und Asa tat ——, was dem Herrn —— wohlgefiel, **wie sein Ahnherr David.**

Diesen Vers nimmt der Chronist auf und harmonisiert ihn mit einer Parallelstelle aus dem Deuteronomium:

> *2 Chr 14, 1*: Und Asa tat, **was recht war** und dem Herrn, **seinem Gott**, wohlgefiel

> *Dtn 12, 28*: wenn du tust, **was recht** und wohlgefällig ist vor dem Herrn, **deinem Gott**[3].

Die Verbindung »tun was gut und recht ist in den Augen des Herrn (oder: vor dem Herrn)« kommt in der Bibel nur viermal vor[4]: zweimal im Deuteronomium (6, 18; 12, 28) und zweimal in der Chronik – das eine Mal in unserem Text, der Beurteilung von König Asa, das andere Mal in 2 Chr 31, 20 (›Zusatz‹); hier bei der Beurteilung des gerechten Königs Hiskia variiert und verstärkt der Chronist den Ausdruck noch ein wenig und schreibt: »was vor dem Herrn, seinem Gott, gut und recht und Pflicht (והאמת) war, das tat er«[5]. Das ausschließliche Vorkommen dieses Ausdrucks im Deuteronomium und in der Chronik zeigt, wie stark der Chronist auf das frühere Werk, das Deuteronomium, zurückgreift.

Markant wird diese Textänderung auf dem Hintergrund anderer Bewertungen von judäischen Königen, die der Chronist wörtlich aus Könige übernimmt: »Und (...) tat, was dem Herrn wohlgefiel«, so

---

3 Vgl. auch Dtn 6, 18: »und du sollst tun, was recht und gut ist vor den Augen des Herrn« (im Samaritanus, in der Peschitta und in einigen Handschriften der LXX heißt es an dieser Stelle: »... vor den Augen des Herrn, *deines Gottes*«, offenbar zwecks textlicher Harmonisierung mit Dtn 12, 28).

4 Ohne den ausdrücklichen Bezug auf »Augen des Herrn« bzw. »vor dem Herrn« auch Jos 19, 25; Jer 26, 14; 40, 4, vgl. ferner 2 Kön 10, 3.

5 Diese Bewertung nimmt der Chronist unmittelbar danach in der Einleitung zum Bericht von Sanheribs Feldzug wieder auf: »Nach diesen Begebenheiten und diesen Beweisen der Treue (והאמת) zog Sanherib, der König von Assyrien, heran« (2 Chr 32, 1). Diese Bewertung in 2 Chr 31, 20 steht zusätzlich zu 2 Chr 29, 2 = 2 Kön 18, 3: »Er tat, was dem Herrn wohlgefiel«, eine Formulierung, die auch auf andere Könige Judas angewendet wird (dazu nächste Anm.).

etwa 2 Chr 24, 2 = 2 Kön 12, 3 (Joas); 2 Chr 25, 2 = 2 Kön 14, 3 (Amazia); 2 Chr 26, 4 = 2 Kön 15, 3 (Usia)[6].

(2) Bei der Erzählung über Manasses Regierung 2 Chr 33, 8 bringt der Chronist den Vers 2 Kön 21, 8, textlich harmonisiert nach Parallelen in der deuteronomistischen Phraseologie sowie aus anderen biblischen Schriften:

2 Kön 21, 8: nur müssen sie getreulich **alles** halten, was ich ihnen geboten habe, das ganze Gesetz ————, das **mein Knecht** Mose ihnen gegeben hat.
2 Chr 33, 8: nur müssen sie getreulich **alles** halten, was ich ihnen **durch** Mose geboten habe, das ganze Gesetz, **die Satzungen und Rechte**.[7]
Dtn 11, 32: und dann erfüllt getreulich **alle Satzungen und Rechte**, die ich euch heute vorlege.[8]
Lev 26, 46: Das sind die **Satzungen und Rechte** und Gesetze, die der Herr ... **durch** Mose ... aufgestellt hat.
Neh 10, 30: ... nach dem Gesetze Gottes zu wandeln, das **durch** Mose, den Knecht Gottes, gegeben worden, und **alle** Gebote des Herrn, unsres Gottes, **seine Rechte und Satzungen** getreulich zu erfüllen.

Zu beachten ist, daß ›Satzungen und Rechte‹ (חוקים ומשפטים) in den Königsbüchern an etlichen Stellen als eine Art feste Verbindung erscheint, so z.B.: » ... tust, was ich dir geboten habe, und meine **Satzungen und Rechte** hältst« (1 Kön 9, 4 = 2 Chr 7, 17); »daß wir ganz in seinen Wegen wandeln und seine Gebote, **Satzungen und Rechte** halten, die er unsern Vätern auferlegt hat« (1 Kön 8, 58); ebenso auch 1 Chr 22, 12f: »wenn du die **Satzungen und Rechte** getreulich befolgst, die der Herr dem Mose für Israel gegeben hat« (vgl. auch 28, 8; 29, 19 – ›Zusatz‹). Dies könnte den Chronisten dazu veranlaßt haben, diese Worte auch an Stellen hinzuzusetzen, wo sie scheinbar ›fehlten‹.

(3) 2 Kön 18, 4 heißt es über König Hiskia von Juda:
a. Er ist es, der die Höhenheiligtümer *abgeschafft*,
    die Malsteine **zertrümmert**,
    die Aschera *ausgerottet*
b. und die eherne Schlange, die Mose gemacht hatte, zerschlagen hat; denn bis zu dieser Zeit hatten die Israeliten ihr geopfert.
Man hieß sie Nehusthan [d. i. Erzbild].

---

6 Dieser Ausdruck kommt in der Bibel auch sonst noch vor, so z.B.: 1 Kön 11, 38; Ex 15, 26; Dtn 12, 25; 13, 19, vgl. auch Ri 17, 6; 21, 25. Das negative Gegenstück lautet in Könige wie ind er Chronik: »Und (...) tat, was dem Herrn übel gefiel«.
7 Die Peschitta hat hier: »was ihnen mein Knecht Mose geboten hat«, statt »ich durch Mose« wie im massoretischen Text, offenbar beeinflußt durch den Vers aus Kön; dazu Curtis, Chron, 497.
8 Vgl. auch Dtn 4, 8; 5, 28; 26, 17 u.a.m.

2 Chr 31, 1 führt der Chronist den Vers 2 Kön 18, 4a an, textlich harmonisiert nach Dtn 7, 5 (vgl. auch Dtn 12, 3)[9]:

2 Chr 31, 1	*Dtn 7, 5*
Als dies alles vollendet war, zogen alle Israeliten, die zugegen waren, hinaus in die Städte Judas, **zertrümmerten** die Malsteine, *hieben* die Ascheren *um* und *rissen* die Höhenheiligtümer *ein* *und die Altäre.*	Vielmehr so sollt ihr mit ihnen verfahren: ihre Altäre *niederreißen,* ihre Malsteine **zertrümmern,** ihre Ascheren[10] *umhauen* und ihre Götzenbilder verbrennen.

Die Harmonisierung beschränkt sich hier nicht auf die Vertauschung der Verben (»abgeschafft ... ausgerottet« in Kön im Vergleich zu »niederreißen ... umhauen« in Dtn), vielmehr wird die Formulierung im Geiste der pentateuchischen Vorschrift gestaltet. Im Pentateuch obliegt die Ausrottung der Fremdkulte **dem Volk:** »so *sollt ihr* mit ihnen verfahren«. Entsprechend weist der Chronist die Vertilgung der Fremdkulte nicht dem König zu, wie in 2 Kön 18, 4, sondern **dem Volk:** »**zogen alle Israeliten,** die zugegen waren, hinaus in die Städte Judas«, entsprechend setzt er die Singularverbformen aus Kön in den Plural wie in Dtn.

Der Zusatz »*und die Altäre*« zum älteren Text könnte ebenfalls durch Dtn 7, 5 veranlaßt sein, wo das ›Niederreißen der Altäre‹ gefordert wird.

(4) In 2 Kön 21, 3 heißt es vom judäischen König Manasse: »er baute die Höhenheiligtümer wieder auf, die sein Vater Hiskia **zerstört** hatte«. In 2 Chr 33, 3 ersetzt der Chronist das ›zerstört‹ seiner Vorlage durch ›eingerissen‹, offenbar zwecks Harmonisierung mit seinem eigenen Bericht über die Maßnahmen der Israeliten unter Hiskia 2 Chr 31, 1: »rissen die Höhenheiligtümer ein«.

	2 Kön		*2 Chr*
Hiskia –	*18, 4*: **schaffte** die Höhenheiligtümer **ab**	//	*31, 1*: **rissen** die H. **ein**
Manasse –	*21, 3*: baute die H. wieder auf, die sein Vater Hiskia **zerstört**[11] hatte.	//	*33, 3*: baute die H. wieder auf, die sein Vater Hiskia **eingerissen** hattte.

---

9 Die zweite Vershälfte (4b) mit der Erwähnung der ehernen Schlange hat der Chronist weggelassen, um das Andenken des Mose nicht zu verunglimpfen; dazu Rudolph, Chron, 305. Zur kultischen Verehrung von ehernen Schlangen in Israel und im Alten Orient überhaupt s. K. Joines, The Bronze Serpent in the Israelite Cult, in: JBL 87 (1968), 245-256.

10 Der Samaritanus und einige Handschriften des massoretischen Textes lesen וְאֲשֵׁרֵיהֶם anstelle von וַאֲשֵׁירֵהֶם.

11 Die lukianische Version der LXX hat hier κατέσκαψεν, was dem ›einreißen‹ der Chronik entspricht.

Das Verb נתץ steht in der Bibel überhaupt häufig für das Einreißen
von fremden Kultstätten, so etwa: 2 Kön 23, 8: »und das Heiligtum
der Feldteufel riß er ein«; 23, 12. 15; Dtn 7, 5; 12, 3; Ex 34, 13; Ri, 2,
2; 6, 28. 30-32; 2 Chr 34, 7.

(5) In 2 Kön 21, 2 schreibt der deuteronomistische Historiker
über Manasse: »Er tat, was dem Herrn übel gefiel, nach den greulichen Sitten der Völker, die der Herr vor Israel vertrieben hatte«,
und in der Fortsetzung zählt er die ›greulichen Sitten‹ im einzelnen
auf: »Er **ließ seinen Sohn durchs Feuer gehen**, trieb **Zeichendeuterei**
und **Schlangenbeschwörung** – – – und hielt **Totenbeschwörer** und
Wahrsager ...« (V. 6). Diese Formulierung erinnert an das deuteronomistische Verbot »Wenn du in das Land kommst, das der Herr,
dein Gott, dir geben will, so sollst du dich nicht an die Greuel jener Völker gewöhnen. Es soll in deiner Mitte keiner gefunden werden, der **seinen Sohn** oder seine Tochter **durchs Feuer gehen läßt**,
kein Magier, **Zeichendeuter, Schlangenbeschwörer** oder *Zauberer*,
kein Bannsprecher, **Totenbeschwörer** oder **Wahrsager**, ... Denn ein
Greuel ist dem Herrn ein jeder, der solches tut, und um dieser Greuel
willen wird sie der Herr, dein Gott, vor dir vertreiben.« (Dtn 18, 9-
12). Offenbar aufgrund dieses Anklangs hat der Chronist den Vers aus
Kön leicht verändert und ergänzt: »Er tat, was dem Herrn übel gefiel, nach den greulichen Sitten der Völker, die der Herr vor Israel vertrieben hatte: ... **Er ließ seine Söhne**[12] **durchs Feuer gehen** im Tale Ben-Hinnom, trieb **Zeichendeuterei** und **Schlangenbeschwörung** und *Zauberei* und hielt **Totenbeschwörer** und **Wahrsager**
... (2 Chr 33, 2. 6). Die Tatsache, daß die Dreiergruppe ›Zeichendeuterei, Schlangenbeschwörung und Zauberei‹ so nur an unserer Stelle und
in Dtn 18, 10 vorkommt, spricht für die enge Beziehung der beiden.

(6) In seiner Entgegnung auf Salomos Gebet kündigt Gott an, wenn
die Israeliten seine Gebote und Satzungen nicht hielten, sondern fremden Göttern dienten, würden sie aus dem Lande vertrieben: » ... so
werde ich Israel ausrotten (והכרתי)[13] aus dem Lande, das ich ihnen gegeben habe« (1 Kön 9, 6f). Dafür schreibt der Chronist: »so werde ich
sie herausreißen (ונתשתים) aus meinem Lande, das ich ihnen gegeben
habe« (2 Chr 7, 20).

Avishur[14] führt die Verben כרת und נתש als ein Synonympaar auf,
das in den Paralleltexten gegeneinander austauschbar sei, macht sich

---

12 Die Peschitta hat hier »seinen Sohn« in Anlehnung an den massoretischen Text von
Kön; dazu Curtis, Chron, 497. In der LXX zu 2 Kön 21, 6 steht »seine Söhne« wie
in der Chronik.

13 Daß das Verb כרת hier ›vertreiben‹, ›exilieren‹ bedeuten muß, geht aus der Fortsetzung des Verses hervor: » ... und Israel soll zum Sprichwort und zum Spotte
werden unter allen Völkern«.

14 Avishur, Wortverbindungen, 531.

aber keine Gedanken darüber, weshalb der Chronist gerade hier das כרת seiner Vorlage durch נתש ersetzt haben sollte. Japhet[15] bemerkt dazu: »נתש is rarer than the hiphil of כרת, its main appearance being in Jeremiah. It is perhaps the influence of this book on the language of the Chronicler which is responsible for the choice of the replacing verb«.

Möglicherweise läßt sich die abweichende Wortwahl in der Chronik folgendermaßen erklären: Die Stelle 1 Kön 9, 6-9 gehört zu einer Rede, die der deuteronomistische Redaktor von Kön Gott in den Mund legt; daher die starken Anklänge an Dtn 29, 21-27, was Inhalt, Formulierung und literarische Struktur betrifft. Die Strafe für Übertretung des göttlichen Bundes und Götzendienst (V. 24f) lautet in Dtn (V. 27): »Und der Herr **riß sie** (וישם) **aus ihrem Lande**«. In 2 Chr 7, 20 bringt der Chronist den Vers aus 1 Kön 9, 7 in Angleichung an Dtn 29, 27 und schreibt: »so werde ich sie **herausreißen** (ונתשתים) **aus meinem Lande**, das ich ihnen gegeben habe«.

(7) In 2 Chr 6, 40 hat der Chronist allem Anschein nach versucht, den Wortlaut von Salomos Gebet an Nehemias Gebet Neh 1, 6 anzugleichen: Neben die Wendung »laß deine Augen offenstehen« aus 1 Kön 8, 52 hat er noch den Ausdruck »und deine Ohren aufmerken«[16] aus Neh gesetzt, und auch die Bezeichnung von Salomos Worten als ›Gebet‹ (und nicht als ›Flehen‹ wie in Kön) erinnert mehr an die Formulierung bei Neh:

1 Kön 8, 52	*2 Chr 6, 40*	*Neh 1, 6*
daß deine **Augen** **offen** seien	*laß doch* deine **Augen** **offen** sein und deine **Ohren aufmerken** auf das *Gebet* an dieser Stätte.	*laß doch* dein *Ohr* *aufmerken* und deine **Augen offen** sein, daß du auf das *Gebet* deines Knechtes hörest.
für das *Flehen* deines Knechtes und für das Flehen deines Volkes Israel, ...		

Die Ausdrücke »Ohren aufmerken« und »Augen offen« erscheinen in Chr als Parallelenchiasmus gegenüber Neh, was ebenfalls dafür spricht, daß dem Chronisten der Vers Neh 1,6 vorschwebte (Seidelsche Regel). Auffallenderweise hat der Chronist diese Wortverbindung auch in die göttliche Antwort an Salomo 2 Chr 7, 15 eingebaut: »So sollen denn nun meine Augen offen sein und meine Ohren aufmerken auf das Gebet an dieser Stätte«.

---

15 Japhet, Interchanges, 20.
16 Zu dieser Wortverbindung vgl. auch Neh 1, 11: »Ach Herr, laß doch dein Ohr aufmerken auf das Gebet deines Knechtes« und Ps 130, 2: »Laß deine Ohren merken auf die Stimme meines Flehens«.

(8) Als Salomos Sohn Rehabeam die Regierung antrat, verlangten die Vertreter der Nordstämme von ihm: »mache die harte Fron deines Vaters und das schwere Joch, das er uns aufgelegt hat, leichter, so wollen wir dir untertan sein« (1 Kön 12, 4 // 2 Chr 10, 4). Rehabeam ging auf diese Forderung nicht ein, sondern kündigte an, er werde sie noch schwerer belasten als sein Vater (1 Kön 12, 12-14 // 2 Chr 10, 12-14). Daraufhin kündigten ihm die Nordstämme die Gefolgschaft auf mit den Worten: »Was haben wir für Anteil an David? / Wir haben kein Erbe an dem Sohne Isais! / Auf, Israel, zu deinen Zelten!« (1 Kön 12, 16).

In 2 Chr 10, 16 bringt der Chronist diesen Vers wörtlich, nur zwischen ›Sohn Isais‹ und dem Aufruf ›Auf, Israel‹ fügt er die Vokabel אִישׁ (Mann) ein – vermutlich[17] in Anlehnung an die Revolte des Benjaminiten Seba, Sohn des Bichri, gegen David aus 2 Sam 20, 1:

1 Kön 12, 16	*2 Chr 10, 16*	*2 Sam 20, 1*
Was haben wir	Was haben wir	Wir haben keinen
für Anteil an David?	für Anteil an David?	Anteil an David,
Wir haben kein Erbe	Wir haben kein Erbe	[wir haben][18] kein Erbe
an dem Sohne Isais!	an dem Sohne Isais!	an dem Sohne Isais!
Auf, Israel,	Auf, Israel, אִישׁ	Ein jeder (אִישׁ)[19] zu seinen
zu deinen Zelten!	zu deinen Zelten!	Zelten, Israel!

Der Zusatz dieser Vokabel unterstreicht die Analogie zwischen dem Abfall der Nordstämme von Salomos Sohn und ihrem Aufstand gegen dessen Vater, was die Nordstämme als notorische Rebellen gegen die davidische Dynastie ausweist.

(9) In Nathans Verheißung an David 2 Sam 7, 15a heißt es: »aber meine Gnade soll nicht von ihm (מִמֶּנּוּ) weichen«, an der Parallelstelle 1 Chr 17, 13b dagegen: »aber meine Gnade will ich nicht von ihm (מֵעִמּוֹ) weichen lassen«.

---

17 Gegen Curtis, Chron, 364, der die Vokabel אִישׁ für Dittographie des Namens ›Isai‹ hält.

18 Das zweite ›wir haben‹ (לָנוּ) fehlt in sieben Handschriften des massoretischen Textes, in der Peschitta, der Vulgata und Latina, ebenso in den Parallelstellen 1 Kön 12, 16 und 2 Chr 10, 16. Vielleicht ist die Vokabel versehentlich aus dem Anfang des Verses eingedrungen. Ein vergleichbarer Fall liegt anscheinend 2 Sam 21, 19 vor, wo die Vokabel ›Weber‹ (אֹרְגִים) vom Ende des Satzes versehentlich auch am Anfang auftaucht und mit dem Patronymikon des Elchanan verschmolzen ist; die korrekte Namensform dürfte 1 Chr 20, 5 überliefert sein: Elchanan ben Jair – ohne weiteren Zusatz!

19 Auch in der Fortsetzung des Sam-Textes wird die Vokabel אִישׁ auffällig wiederholt: »Da fielen alle *Männer* Israels von David ab zu Seba, dem Sohne Bichris; die *Männer* Judas aber hielten zu ihrem König« (2 Sam 20, 2). Zu dem Ausdruck »ein jeder (אִישׁ) zu seinen/deinen Zelten!« vgl. ferner 2 Sam 18, 17: »Ganz Israel aber floh, **ein jeder zu seinem Zelt**«.

Es könnte sein, daß die Kausativform von ›weichen‹ bereits in der Vorlage des Chronisten stand, jedenfalls haben Septuaginta, Vulgata und Peschiṭta zu Sam diese Formulierung. Diese Lesart fügt sich auch gut in den Kontext der göttlichen Rede, die insgesamt in 1. Person Singular gehalten ist; so bildet der unmittelbar folgende Rückblick auf Saul eine direkte Wiederaufnahme.

Die beiden Ausdrücke für ›von ihm‹ ממנו und מעמו (מעמו) sind im biblischen wie im nachbiblischen Hebräisch weitgehend bedeutungsgleich; hier könnte der Wechsel des Chronisten auf eine textliche Angleichung an Ps 89, 34a[20] hindeuten: »Doch meine Gnade will ich ihm nicht entziehen« (לא אפיר מעמו)[21]. Überhaupt läßt sich bei den Wortwurzeln סור und חסד eine gewisse Affinität zum präpositionalen Anschluß mit (מעמ(ו beobachten, z.B.:

סור – 1 Sam 16, 14: Als nun der Geist des Herrn von (מעמ) Saul gewichen war.

18, 12: denn der Herr war mit ihm (עמו), von (מעמ) Saul jedoch war er gewichen (סר).

18, 13: Darum entfernte ihn (ויסרהו) Saul von sich (מעמו) ...

חסד – 1 Sam 20, 15: entziehe niemals meinem Hause (מעמ ביתי) deine Huld (חסדך)

Gen 24, 27: der seine Huld (חסדו) und Treue meinem Gebieter (מעמ אדני) nicht entzogen hat.

(10) In 2 Kön 22, 20 verkündet die Prophetin Hulda König Josia: » ... deine Augen sollen all das Unglück, das ich über diesen Ort —— —— —— bringen will, nicht schauen.« In 2 Chr 34, 28 fügt der Chronist hinzu: »diesen Ort **und seine Bewohner**«, offenbar in textlicher Anlehnung an die göttliche Strafankündigung in V. 24 (// 2 Kön 22, 16) und an die Formulierung des unmittelbar vorangehenden Verses »wider **diesen Ort und seine Bewohner**« (V. 27 // 2 Kön 22, 19):

2 Kön 22	*2 Chr 34*
16. So spricht der Herr:	24. So spricht der Herr:
Siehe, ich will Unglück bringen über	Siehe, ich will Unglück bringen über
diesen Ort und seine Bewohner	**diesen Ort und seine Bewohner**
19. Weil nun dein Herz weich geworden	27. Weil nun dein Herz weich geworden
ist und du dich vor dem Herrn gedemütigt	ist und du dich vor Gott gedemütigt hast,
hast, als du vernahmst, was ich wider	als du seine Worte wider
diesen Ort und seine Bewohner	**diesen Ort und seine Bewohner**
geredet habe, ...	vernahmst, ...

---

20 Dieser Psalm ist eine späte Auslegung von Nathans ursprünglicher Verheißung in Sam, vgl. N. M. Sarna, Psalm 89: A Study in Inner Biblical Exegesis, in: A. Altmann (Ed.), Biblical and Other Studies, Cambridge, MA 1963, 29-46.

21 Vielleicht ist auch hier אסיר die ursprüngliche Lesart, wie sie in der Peschiṭta, in der Vulgata und in etlichen Handschriften des massoretischen Textes erhalten ist; dazu Briggs, Psalms, II, 261; F. Buhl, BH, 1054; Tur-Sinai, Peschuto, IV, 190.

20. Darum, wenn ich dich dereinst zu deinen Vätern versammle, sollst du in Frieden in deiner Grabstätte geborgen werden, und deine Augen sollen all das Unglück, das ich über **diesen Ort** —— —— ——²² bringen will, nicht schauen.

28. Wenn ich dich dereinst zu deinen Vätern versammle, sollst du in Frieden in deiner Grabstätte geborgen werden, und deine Augen sollen all das Unglück, das ich über **diesen Ort und seine Bewohner** bringen will, nicht schauen.

(11) In 1 Kön 3, 11-14 steht in Gottes Reaktion auf Salomos Bitte um Weisheit unter anderem folgendes:

Weil du um solches bittest
und *bittest nicht um* . . . **Reichtum** – – –
noch um den Tod deiner Feinde,
sondern um Einsicht, das Recht zu verstehen,
so tue ich nach deinen Worten:
Siehe, ich gebe dir ein weises und verständiges Herz, ...
Dazu gebe ich dir auch, was du nicht erbeten hast:
Reichtum und *Ehre*, . . .

Das Motiv des nicht erbetenen Reichtums erscheint in dieser göttlichen Anrede zweimal: das erste Mal beim Resümee von Salomos Bitte unter den nicht erbetenen Gegenständen (V. 11c), das zweite Mal unter den Dingen, die Gott Salomo gewährt, obwohl dieser nicht darum gebeten hat, dort mit dem Zusatz ›und Ehre‹ (V. 13a): »Dazu gebe ich dir auch, was du nicht erbeten hast: **Reichtum** und **Ehre**«.

In 2 Chr 1, 11f hat der Chronist die beiden Vorkommen aufeinander abgestimmt und ›Ehre‹ auch beim ersten Mal hinzugefügt:

V. 11b: . . . und bittest nicht um **Reichtum**, Schätze²³ und **Ehre** . . .
V. 12b: dazu will ich dir **Reichtum** und Schätze und **Ehre** geben.

Die Wortverbindung ›Reichtum und Schätze und Ehre‹ ist offfenbar von hier nach Koh 6, 2 übernommen worden: »Wenn Gott einem Menschen Reichtum und Schätze und Ehre gibt«²⁴; dort soll das Zitat vielleicht den Eindruck verstärken, König Salomo sei der Verfasser dieser Weisheitssprüche.

---

22 Lukian fügt hier die Worte »und seine Bewohner« hinzu – ob durch die Parallelstelle in Chr oder durch die vorausgehenden Verse 16 und 19 veranlaßt, ist wohl nicht zu entscheiden.
23 Die Vokabel נכסים (Schätze), die zu einer späteren Schichte des biblischen Hebräisch gehört, ist bei Hurvitz, Laschon, 24-26 eingehend behandelt.
24 Vgl. auch Koh 5, 18. Das Buch Kohelet ist allem Anschein nach in die hellenistische Epoche zu datieren; dazu M. V. Fox, Art. ›Kohelet‹ (hebr.), in: Encyclopaedia Miqrat VII, 71.

(12) In 1 Kön 15, 13 ist berichtet, wie König Asa von Juda seine Mutter ihres Amtes entsetzte und das in ihrem Auftrag aufgestellte Götzenbild der Aschera zerstören ließ:

> Und Asa hieb ihr Götzenbild um
> —— und **verbrannte es**
> *im Kidrontale.*

Diesen Vers bringt der Chronist in 2 Chr 15, 16, wobei er zwischen der Verbrennung dieses Götzenbildes durch Asa und der Verbrennung des Bildes der Aschera durch König Josia und der Verbrennung des Goldenen Kalbes durch Moses eine textliche Beziehung herstellt:

2 Chr 15, 16b	*2 Kön 23, 6*	*Ex 32, 20*
Und Asa hieb ihr Götzenbild um und **zermalmte** und **verbrannte es** *im Kidrontal.*	Er ließ die Aschera aus dem Tempel des Herrn hinausschaffen und sie draußen vor Jerusalem *im Kidrontal* **verbrennen** und zu Staub **zermalmen** …	Dann nahm er das Kalb, das sie gemacht hatten, **verbrannte** es und **zermahlte** es zu Staub[25].

Die Angabe, daß auch König Asa das Aschera-Bild seiner Mutter zu Staub zermahlen ließ, stammt demnach wohl vom Chronisten selbst[26] und ist kein Zusatz von späterer Hand[27]. Daß sie in der griechischen Übersetzung, in Peschiṭta und Vulgata zu 2 Chr 16, 16b fehlt, dürfte auf einen Harmonisierungsversuch sozusagen in umgekehrter Richtung zurückgehen: Der spätere Text (= Chr) wurde nach dem älteren (= Kön) emendiert.

(13) In 1 Chr 14, 11. 13b. 16b hat der Chronist den Text aus 2 Sam 5, 20. 22b. 25b dem Vers Jes 28, 21 angeglichen, der möglicherweise auf Davids siegreiche Philisterfeldzüge (2 Sam 5, 17-25) anspielt und sie als Eingreifen Gottes zugunsten seines Volkes deutet: »Denn wie am Berge Perazim wird der Herr sich erheben, wie im Tale[28] bei Gibeon wird er wettern, um seine Tat zu verrichten«. Die Einbindung dieses Verses in seinen unmittelbaren Kontext ist zwar nicht ganz klar, aber die markanten sprachlichen Übereinstimmungen mit 2 Sam 5 machen doch wahrscheinlich, daß eine bewußt gesetzte Beziehung vorliegt, zumal sich im Buch Jesaja, wie in der prophetischen Literatur überhaupt, auch sonst Anspielungen auf historische Ereignisse finden (z.B.

---

25 Vgl. auch 2 Chr 34, 4. 7 (›Zusatz‹).
26 Vgl. Curtis, Chron, 386; Rudolph, Chron, 246.
27 Gegen Benzinger, Chron, 102; Elmslie, Chron (1916), XXIII.
28 Die Lesart von der ersten Jesaja-Rolle aus Qumran (1QIsaᵃ) – ... בעמק ... בהר statt ... כעמק ... כהר scheint sekundär (die Vertauschung von כ und ב ist durch die graphische Ähnlichkeit der Buchstaben bedingt), denn der Prophet vergleicht hier Gottes künftige Taten mit seinen vergangenen, für die er Beispiele anführt.

Jes 9, 3: » ... zerbrichst du wie am Tage Midians«, wo offenbar Gideons Feldzug gegen die Midianiter aus Ri 6-8 gemeint ist; vgl. auch Jes 10, 26: »Und der Herr der Heerscharen wird eine Geißel über sie schwingen wie damals, da er Midian schlug am Rabenfelsen«)[29].

Der Ausdruck ›wie am Berge Perazim wird der Herr sich erheben‹ erinnert an Davids Sieg bei Baal-Perazim, wo er den Ausspruch getan haben soll: »Der Herr hat [die Front] meine[r] Feinde vor mir durchbrochen, wie Wasser den Damm durchbricht« (2 Sam 5, 20).[30] Dagegen dürfte sich die Formulierung ›wie im Tale bei Gibeon wird er wettern‹ auf Davids zweiten Sieg über die Philister beziehen, als diese ins Tal Rephaim eingefallen waren und »von Geva an bis Geser« geschlagen wurden (2 Sam 5, 22-25). Manche Forscher wollen Gottes ›Wettern im Tale bei Gibeon‹ zwar lieber mit Josuas Sieg über die Kanaanäer bei Gibeon (Jos 10, 10f) zusammenbringen statt mit Davids Sieg über die Philister »von Geva an bis Geser« (2 Sam 5, 25b)[31], aber es liegt doch wohl näher anzunehmen, daß der Prophet hier auf zwei fortlaufend (2 Sam 5, 17-25) berichtete Siege Davids anspielt, als daß er an zwei Feldzüge verschiedener Feldherren gegen verschiedene Feinde zu verschiedenen Zeiten erinnert, die zudem in zwei völlig verschiedenen literarischen Werken vorkommen. Daß die beiden Angaben »wie im Tale bei Gibeon wird er wettern« und »von Geva an bis Geser« sich auf dasselbe Ereignis beziehen, wird durch eine spielerische Buchstabenvertauschung (גזר - ירגז) im hebräischen Wortlaut bestätigt. Außerdem hat schon Demsky[32] gezeigt, daß bei Samuel gelegentlich die Kurzform Geva (גבע) an die Stelle des gebräuchlicheren Namens Gibeon (גבעון) tritt. Daher reicht die abweichende Form des Ortsnamens Geva bzw. Gibeon wohl nicht aus, um zwei verschiedene historische Ereignisse anzusetzen.[33]

Der Chronist hat bei der Schilderung des ersten Feldzugs Baal-Perazim aus Samuel mit dem ›Berg Perazim‹ aus Jesaja identifiziert, daher schreibt er: »Da zogen sie **hinauf** nach Baal-Perazim« (1 Chr 14, 11) im Unterschied zu »Da zog er nach Baal-Perazim« (2 Sam 5, 20) – das Verb ›hinaufziehen‹ suggeriert einen erhöhten Ort.[34] Bei

---

29 Dazu unten, Einleitung zu Kap. X.
30 An diesem Punkt sind die Exegeten der Bücher Jesaja, Samuel und der Chronik sich einig, vgl. etwa Curtis, Chron, 209; Smith, Samuel, 290; Wildberger, Jesaja, 1079; Watts, Isaiah, 371.
31 So z.B. Luzzatto, Jesaja, 219; Clements, Isaiah, 232; Driver, Samuel, 265; Segal, Samuel, 268; Williamson, Chron, 119.
32 Demsky, Geba, 26-31.
33 Dazu ferner oben, Kap. V.
34 Vgl. Williamson, Chron, 118; eine weitere Erklärung für diese Veränderung s. im folgenden, Abschnitt C) – ›Verheißung vs. Erfüllung‹. Der Ort ›Baal-Perazim‹ bzw. der Berg Perazim wird in der Nähe des Tales Rephaim angenommen, die exakte

der Schilderung der zweiten Schlacht schreibt er: »Die Philister aber plünderten noch einmal in der Ebene —— « (1 Chr 14, 13), statt »Die Philister ... breiteten sich in der Ebene Rephaim aus« (2 Sam 5, 22b). Außerdem hat der Chronist es vorgezogen, den Ortsnamen Gibeon zu verwenden (»und sie schlugen das Heer der Philister von **Gibeon** an bis Geser« – 1 Chr 14, 16b) statt Geva (»und er schlug die Philister von **Geva** an bis Geser« – 2 Sam 5, 25b)[35]. Diese Veränderungen zielen offenbar darauf, den Wortlaut von Sam mit dem Vers bei Jesaja, der auf die dort berichteten Ereignisse anspielt (»wie im Tale bei Gibeon wird er wettern«) in Einklang zu bringen[36], um durch Verstärkung der Analogie zwischen dem Berichteten die Beziehung der beiden Stellen zu verdeutlichen[37].

(14) In 2 Sam 5, 2 steht, die Nordstämme hätten, als sie David die Königswürde antrugen, eine an David ergangene göttliche Verheißung zitiert, wonach er über Israel herrschen solle. 1 Chr 11, 2 bringt der Chronist dieses Zitat und paßt es einer Parallelstelle in Nathans Weissagung an David an:

2 Sam 5, 2	*1 Chr 11, 2*	*1 Chr 17, 7 (//2 Sam 7, 9)*
Der Herr hat	Der Herr, dein Gott,	So spricht der Herr
dir verheißen:	hat dir verheißen:	der Heerscharen:
Du sollst mein Volk	Du sollst mein Volk	Ich habe dich von der
Israel weiden,	Israel weiden,	Weide ... weggeholt,
du sollst Fürst **werden**	du sollst Fürst sein	damit du Fürst seiest
über —— Israel.	über **mein Volk** Israel.	über **mein Volk**[38] Israel.

Lokalisierung ist allerdings umstritten; verschiedene Meinungen referiert Z. Kallai, Art. ›Baal-Perazim‹ (hebr.), in: Encyclopaedia Miqrat II, 290. Danach hat A. Mazar, Ein Ort aus den Anfängen der Landnahme bei Jerusalem (hebr.), in: Qadmoniot 13 (1980), 37f den Vorschlag gemacht, Baal-Perazim im Süd-Jerusalemer Stadtteil Gilo, auf dem Höhenzug zwischen dem Rephaim-Tal und dem Dorf Bet Jalla, anzusetzen. Darin folgt ihm B. Mazar, Die Episode der Ansiedlung auf dem ›Berge Israel‹ (hebr.), in: EI 15 (1981), 149; dort vermutet er, Baal-Perazim bei Bethlehem, Davids Geburtsort, sei der Hauptkultort der weit verzweigten Familie gewesen, die ihre Abstammung auf Perez, den Erstgeborenen Judas, zurückführte.

35 Die Lesart der LXX ›Gibeon‹ dürfte auf einen Versuch des Übersetzers zurückgehen, den Wortlaut von Sam mit Chr und Jes in Einklang zu bringen; allerdings läßt sich nicht ausschließen, daß die LXX hier eine alte Lesart wiedergibt. Driver, Abbreviations, 123 (im Anschluß an Thenius), hält ›Geva‹ für eine Abkürzung von ›Gibeon‹.

36 Vgl. ganz allgemein Rudolph, Chron, 114; Segal, Samuel, 268.

37 Eine andere Erklärung bietet Abramsky, Saul-David, 383 Anm. 3: Aus Hochachtung vor Gibeon habe der Chronist sich auf die Jesajastelle gestützt.

38 In 2 Sam 7, 9 steht hier die Präposition ›über‹ unnötigerweise ein zweites Mal; daß der Chronist sie hier ausgelassen hat, verstärkt die Übereinstimmung mit der Parallele 1 Chr 11, 2.

Der Zusatz von ›mein Volk‹ in 1 Chr 11, 2 macht die Symmetrie der Vordersatzes (»Du sollst **mein Volk** Israel weiden«) mit seinem Nachsatz (»du sollst Fürst sein über **mein Volk** Israel«) erst vollständig. So wird die literarische Gestaltung der göttlichen Rede vervollkommnet.

(15) Eine Stelle aus Salomos Gebet (1 Kön 8, 26) entspricht einer Äußerung Davids gegenüber Gott in 2 Sam 7, 25. Der Chronist versucht, die Übereinstimmung zwischen beiden Stellen – der ursprünglichen Rede des Vaters und deren Zitierung durch den Sohn – möglichst breit anzulegen: statt ›erfülle‹ wie in Sam schreibt er ›halte‹ wie in Kön; das Tetragramm aus Davids Anrede an Gott hat er in Salomos Anrede übernommen; und die Partikel ›doch‹, die nur bei Salomo vorkommt, hat er getilgt[39]:

2 Sam 7, 25 //	*1 Chr 17, 23*	*2 Chr 6, 17 //*	*1 Kön 8, 26*
So **erfülle** nun,	So möge sich nun,	Und nun, o **Herr**,	Und nun, ——
o **Herr**, Gott,	o **Herr**, für alle	Gott Israels, laß	Gott Israels, laß
für alle Zeiten	Zeiten die Ver-	—— dein Wort	**doch** dein Wort
die Verheißung,	heißung als **wahr**	**wahr** werden,	**wahr** werden,
die du deinem	erweisen[40], die	das du zu David,	das du zu deinem
Knecht und	du deinem Knecht	deinem Knechte,	Knecht, meinem
seinem Hause	und seinem		Vater David[41],
gegeben hast	Hause gegeben	geredet hast.	geredet hast.

(16) Bei der Anfertigung der Tempelgerätschaften wird in Kön gewöhnlich die Formel verwendet: »Und er machte X«, z.B.:

Und er **machte** das gegossene Meer (1 Kön 7, 23)
Und er **machte** die Fahrgestelle (ebd. V. 27)
Und er **machte** zehn eherne Kessel (ebd. V. 38)
Und Hiram **machte** auch die Töpfe, Schaufeln und Sprengschalen. So vollendete Hiram alle Werke, die er dem König Salomo am Tempel des Herrn zu **machen** hatte (ebd. V. 40)
Alle diese Geräte, die Hiram für den König Salomo am Tempel des Herrn **machte** (ebd. V. 46)

---

39 Die Vokabel erscheint in Handschriften der griechischen und der syrischen Version zu 2 Chr 6, 17, aber diese Lesarten sind sekundär, wie aus dem Fehlen der Vokabel in eben diesem Text, wie ihn der Chronist nach 2 Chr 1, 9a: »Nun denn, Herr Gott, laß dein Wort wahr werden...« übernommen hat, hervorgeht.

40 Nicht zu überzeugen vermag die Vermutung von Japhet (Interchanges, 36f), die Änderung vorgenommen worden, weil der Chronist Gott gegenüber keinen direkten Imperativ habe verwenden wollen; in der unmittelbaren Fortsetzung des Verses steht doch Imperativ: »tue, wie du geredet hast« (1 Chr 17, 23 // 2 Sam 7, 25). Den Wechsel des Verbs führt sie ausdrücklich nicht auf sprachliche Gründe zurück, denn die Wendung ›einen Bund/ ein Wort/ einen Schwur erfüllen‹ sei in der Bibel durchaus üblich.

41 Zwischen dem Vers 2 Sam 7, 25 und seiner Wiederholung in Salomos Mund 1 Kön 8, 26 besteht Parallelenchiasmus.

Ferner ließ Salomo alle Geräte **machen**, die sich im Tempel des Herrn befinden: den
goldenen Altar, den goldenen Tisch ... (ebd. V. 48)
Als nun alle Arbeiten vollendet waren, die der König Salomo am Tempel des Herrn
machen ließ (ebd. V. 51).

Die einzige Ausnahme bilden in diesem Kontext die zwei ehernen
Säulen, bei denen der Fachterminus ›gießen‹ verwendet wird: »Er *goß*[42]
die zwei ehernen Säulen ... « (ebd. V. 15). In 2 Chr 3, 15 hat der Chronist den Wortlaut dieses Verses an die übrigen der Aufzählung angeglichen und geschrieben: »Vor dem Hause **machte** er zwei Säulen«[43].
Auch 1 Kön 7, 18 (ein Vers, der in Chr keine Parallele hat) verwendet in Bezug auf die Säulen das Verb ›machen‹: »Und er **machte** die
Säulen ... «.

(17) In diesem Beispiel ist zu beobachten, wie der Chronist eine
Stelle aus Sam mit dem Wortlaut der entsprechenden Vorschrift im
Pentateuch in Einklang bringt:

1 Chr 10, 13f bereichert der Chronist den älteren Text aus 1 Sam
31 um eine kurze Zusammenfassung, in der er näher ausführt, wie
Saul ums Leben kam und das Königtum an David überging. Unter
Sauls Sünden, um derentwillen er nicht nur das Leben, sondern auch
die Königswürde verlor, führt er auf: »weil er einen Totengeist **befragt** hatte, um sich **Rat zu holen**, beim Herrn aber nicht Rat geholt
hatte; darum ließ er ihn umkommen« (1 Chr 10, 13b-14a). Manche
Ausleger betrachten das erste ›sich Rat holen‹ (לדרוש) als überflüssig
und halten es für eine Dittographie aus der unmittelbaren Fortsetzung
›nicht Rat geholt‹[44] oder für eine spätere Glosse für das voranstehende
›befragen‹ (לשאול)[45]. Aber weshalb sollte es nötig gewesen sein, ein
derart übliches Verb zu glossieren? Weiß hält das erste Vorkommen
von לדרוש für ursprünglich und das zweite (ולא דרש) für eine Glosse
des ersten[46]. In andere Richtung geht die von Talmon vorgeschlagene
Lösung: er hält die Verben לדרוש/לשאול für synonym[47].

---

42 Die LXX hat hier: καὶ ἐχώνευσε.

43 Das Verb ›machen‹ steht an sämtlichen übrigen Stellen der Chronik, auch den aus
    Kön übernommenen, siehe: 2 Chr 3, 16 (2mal); 4, 1. 2. 6. 11. 13. 16. 19.

44 S. Ehrlich, Randglossen, 333; J. Begrich, BH, 1346, Rudolph, Chron 94; Braun,
    1 Chron, 148. In der Peschitta z. St. steht an der ersten Stelle kein entsprechendes
    Verb.

45 Vgl. Rudolph, Braun (s. vorige Anm.); Ackroyd, Chronicler, 8.

46 R. Weiß, Zur Verwendung der Negationspartikel לא in der Bibel (hebr.), in: idem,
    Mechqare Miqra, 36; ebd. 33-36 führt Weiß weitere Stellen auf, wo ל für לא stehen
    könnte.

47 Talmon, Kifle Girsa, 22. Die eine Lesart gebe den Wortlaut von 1 Sam 28, 7 wieder, und die andere sei ein Synonym nach dem Muster der Synonymierung in den
    Paralleltexten.

Meines Erachtens handelt es sich weder um eine Dittographie noch
um eine Glosse dieser oder jener Art; auch die Annahme einer Texterweiterung im Zuge der nachchronistischen Textüberlieferung (in der
einen Handschrift hätte gestanden ›Totengeister befragen‹, in der anderen ›sich bei Totengeistern Rat holen‹, und der Schreiber hätte beide
kombiniert, weil er nicht entscheiden konnte oder wollte) scheint mir
nicht zwingend. Vielmehr dürfte der Chronist selbst den Wortlaut
von Dtn 18, 10f: »Es soll in deiner Mitte keiner gefunden werden,
der ... Totengeister und Wahrsagegeister befragt (שאל אוב) oder bei
den Toten Rat sucht (דרש אל המתים)« in die Erzählung von Saul
bei der Hexe zu Endor eingebracht haben, wo zu lesen steht: »Da
sprach Saul zu seinen Dienern: Suchet mir ein Weib, das Macht hat
über Totengeister (בעלת-אוב), daß ich zu ihr gehe und mir bei ihr
Rat hole (ואדרשה בה)« (1 Sam 28, 7)[48]. So war es wohl der Chronist
selbst, der die beiden Verben kombiniert und dadurch diesen eigen-
artigen Doppelausdruck geschaffen hat[49]. In Lev 19, 31; 20, 6 lautet
die Formulierung derselben Vorschrift: ›sich an die Totengeister ... zu
wenden‹. Es ist wohl kein Zufall, daß der Chronist nicht dieses Verb
benützt hat, sondern das Verb ›befragen‹ (לִשְׁאוֹל), das an den Namen
›Saul‹ (שָׁאוּל) anklingt.

B) Inhaltlich

Bei der inhaltlichen Harmonisierung werden Widersprüche zwischen Versen dadurch behoben, daß der Inhalt des einen dem des
anderen angepaßt wird.

Der deuteronomistische Historiker hat in der Regel den Inhalt
der ihm vorliegenden Quellen unverändert überliefert, selbst wenn
er zu seinen eigenen Auffassungen im Widerspruch stand. So bringt
er etwa das Detail, daß Elia beim Gottesurteil auf dem Karmel dort
den zerstörten Altar des Herrn wiederhergestellt habe (1 Kön 18, 30-
32, sowie Elias Klage über die Zerstörung der Altäre, ebd. 19, 10. 14),

---

48 Das Verb ›sich Rat holen‹ (לדרוש) kommt auch bei Jesaja im Zusammenhang mit
Totengeistern vor: »Und wenn sie zu euch sagen: Holt euch Rat bei (דרשו אל)
den Totengeistern und Wahrsagegeistern, die da flüstern und murmeln! Sollte ein
Volk sich nicht bei seinem Gott Rat holen, ... « (8, 19); »Da werden sie Rat suchen
(ודרשו אל) bei den Götzen und bei den Beschwörern, bei den Totengeistern und
Wahrsagegeistern« (19, 3b). Bemerkenswert ist auch die sachliche und stilistische
Nähe von ›beim Herrn Rat holen‹ (דרש ביהוה) aus Chr und ›bei seinem Gott Rat
holen‹ (אל אלהיו ידרש) aus Jes.
49 Schon in Dtn 18, 11 stehen ja beide nebeneinander: »der Totengeister und Wahrsagegeister **befragt** oder bei den Toten **Rat sucht**«. Dazu Talmon, Kifle Girsa, 22 Anm.
153.

obwohl diese Handlung mit dem Prinzip der Kultzentralisation Dtn
12, 4-14 nicht zusammengeht; und die Erbeutung der philistäischen
Götterbilder durch David (2 Sam 5, 21) widerspricht dem Gebot,
fremde Kultgegenstände zu vernichten (Dtn 7, 25; 12, 3).[50]

Seine eigenen Vorstellungen brachte er in den Reden zum Ausdruck, in redaktionellen Zusätzen und Verbindungsstücken, in das
übernommene Material griff er nicht ein[51]. Im Gegensatz dazu trug
der Chronist seine eigene Auffassung in die älteren Quellen ein, d.h.
bei der Aufbereitung des ihm vorliegenden Materials projizierte er die
Überzeugungen und Wertvorstellungen seiner Zeit hinein. Er las die
Bücher Samuel-Könige auf dem Hintergrund des Pentateuch und ging
davon aus, daß dessen fünf Bücher allesamt früher gewesen seien als
die historischen Schriften der Bibel und daß deren Verfasser den Pentateuch nicht nur gekannt, sondern seine Vorschriften als verbindlich
anerkannt hätten. Wenn der Chronist also eine Diskrepanz zwischen
der Geschichte bestimmter Personen in der Darstellung von Samuel-
Könige und den pentateuchischen Forderungen beobachtet, bemüht
er sich, diese durch Anpassung des Berichts aus Samuel-Könige an
den Wortlaut des Pentateuch zu beseitigen.[52] Da der Pentateuch zur
Zeit des Chronisten im ganzen vorlag und zu einem normativen Fak-
tor ersten Ranges im individuellen wie im kollektiven Leben Israels
geworden war, fühlte er sich offenbar verpflichtet, das Verhalten der
Großen der Nation in der Vergangenheit als pentateuch-konform zu
schildern. Und es spricht vieles dafür, daß die Chronik verfaßt wurde,
bald nachdem Esra und Nehemia versucht hatten, die Geltung des
Pentateuch im täglichen Leben durchzusetzen, und nachdem sie das
Volk hatten versprechen lassen, »nach dem Gesetze Gottes zu wandeln ..., und alle Gebote des Herrn, unsres Gottes, seine Ordnungen
und Satzungen getreulich zu erfüllen« (Neh 10, 30; s. auch Esr 9f; Neh
8-10; 13).

Das Hauptanliegen der in der Chronik vorgenommenen Harmonisierungen bestand offenbar darin, die markanten Gestalten der israelitischen Geschichte insofern als vorbildlich darzustellen, als sie die
Vorschriften des Pentateuch gewissenhaft befolgt hätten. So wurden
Mißverständnisse des schlichten Lesers verhütet, der sich durch Widersprüche zwischen dem Verhalten von bedeutenden Persönlichkeiten nach dem Bericht von Samuel-Könige und den zu seiner Zeit ver-
bindlichen Normen aus dem Pentateuch hätte irritiert fühlen können.

---

50 Dazu unten, Beispiel 6.
51 Zu dieser Verfahrensweise des deuteronomistischen Historiographen vgl. Wellhausen, Prolegomena, 224. 292.
52 Vgl. Wellhausen, Prolegomena, 184. 292; von Rad, Geschichtsbild, 1; Kaufmann,
   Toldot haEmuna, VIII, 455f.

Charakteristische Beispiele für solche Bearbeitung »in usum delphini« finden sich auch in den antiken Bibelübersetzungen, in der rabbinischen Literatur und im Geschichtswerk des Josephus. So heißt es etwa Gen 18, 8 von Abraham, er habe den drei Männern »Butter und Milch und das von ihm zubereitete Kalb« vorgesetzt. Diese Kombination von Milch- und Fleischgerichten innerhalb einer Mahlzeit verstößt jedoch gegen das Verbot, ›das Böcklein in der Milch seiner Mutter zu kochen‹ (Ex 23, 19; 34, 26; Dtn 14, 21), auf dem die jüdischen Speisegesetze beruhen. In seiner Darstellung des Besuchs der drei Männer bei Abraham (ant. I 197) spricht Josephus nur von Brot und Fleisch, womit Abraham seine Gäste bewirtet habe, die Milchprodukte läßt er weg.

Der Chronist hat sich auch bemüht, Widersprüche zwischen verschiedenen Versen in Könige oder zwischen Vorschriften verschiedener Gesetzessammlungen innerhalb des Pentateuch zu beseitigen, wenn er in den ›Zusätzen‹ seines Werks auf solche zurückgriff (vgl. unten, die letzten beiden Beispiele dieses Kapitels zu Josias Passa-Feier).[53] Die überwiegende Mehrzahl der inhaltlichen Harmonisierungen der Chronik operiert jedoch mit Stellen aus den Samuel- und Königsbüchern und einschlägigen Vorschriften der Priesterschrift (P). Vielleicht ist dies auf das relativ junge Alter dieser Pentateuchquelle, die erst unlängst mit den älteren (J, E, D) zusammengearbeitet worden war, und auf deren starken Einfluß zurückzuführen.

Durch die Anpassung älteren historiographischen Materials an den Inhalt, bisweilen sogar an den Wortlaut des Pentateuch, verlieren die dort geschilderten Gestalten und Ereignisse ihren historischen Realwert. Sie werden so dargestellt, wie ein späterer Historiograph sie seinen potentiellen Lesern zur Zeit des Zweiten Tempels präsentieren wollte.

Der Chronist hat diese interpretatorische Redaktionstechnik allerdings nicht systematisch verwendet; dazu unten, Anhang A.

(1) Salomos Kultgebaren in der Frühzeit seiner Herrschaft entsprach zwar nicht den Normvorstellungen des deuteronomistischen Historiographen, aber er enthielt sich jeder Kritik daran und bewertete Salomos Verhalten sogar positiv: »Salomo aber hatte den Herrn lieb und wandelte in den Satzungen seines Vaters David«, mit der einzigen Einschränkung, »daß er auf den Höhen opferte und räucherte« (1 Kön 3, 3), denn hier handelt es sich um den Zeitraum vor der Errichtung

---

53 Vergleichbare Harmonisierungen sind im samaritanischen Pentateuch zwischen Erzählungen in Ex-Num und ihren Entsprechungen in Dtn vorgenommen, so ist etwa Ex 18, 24-26 an Dtn 1, 9-18 angepaßt; zu diesem und weiteren Beispielen s. J. D. Purvis, Art. ›Samaritaner – die samaritanische Version des Pentateuch‹ (hebr.), in: Encyclopaedia Miqrat VIII, 173f; idem, The Samaritan Pentateuch, in: F. Dexinger / R. Pummer (Eds.), Die Samaritaner, Darmstadt 1992, 408f.

des Zentralheiligtums in Jerusalem, wie zuvor anhand der kultischen Gepflogenheiten des Volkes ausdrücklich betont wird: »Nur opferte das Volk noch auf den Höhen; den bis zu jener Zeit war dem Namen des Herrn noch kein Haus gebaut« (V. 2).[54] Daher nimmt dieser Historiograph auch keinen Anstoß an den Opfern, die Salomo auf der Höhe zu Gibeon und später in Jerusalem darbrachte (VV. 4. 15).

An diesem Punkt verfährt der Chronist ganz anders. Er wollte sich nicht damit abfinden, daß Salomo, einer der bedeutendsten Könige Israels, dem Herrn im Zuge des Höhenkults gedient haben sollte, und sei es in der Epoche vor dem Bau des Jerusalemer Tempels. Denn dieses Kultgebaren steht in eklatantem Widerspruch zu Lev 17, 8f (Buch der Heiligkeit, H), wo »jeder aus dem Hause Israel und von den Fremden, die unter ihnen wohnen, der ein Brandopfer oder Schlachtopfer darbringen will und es nicht an den Eingang des heiligen Zeltes bringt, um es dem Herrn zu opfern«, mit der Ausrottungsstrafe bedroht wird. Der Chronist kann offenbar nicht umhin, Salomo die Kenntnis des gesamten Pentateuch zu unterstellen; ebenso zwingend ist für ihn die Annahme, daß König Salomo, der Erwählte des Herrn, der »als Konig an Stelle seines Vaters David auf dem Thron des Herrn saß« (1 Chr 29, 23)[55], ein ihm bekanntes biblisches Gebot nicht mutwillig übertreten haben kann.[56] Daher hat der Chronist versucht, den Text aus 1 Kön 3 durch Bearbeitung mit den Geboten des Pentateuch in Einklang zu bringen. Nach Auskunft des Chronisten brachte Salomo nicht deshalb Opfer in Gibeon dar, weil dies ›die größte Höhe‹ gewesen sei, wie beim Deuteronomisten zu lesen, sondern aus einem anderen Grund: »dort befand sich das heilige Zelt Gottes, das Mose, der Knecht des Herrn, in der Wüste gemacht hatte. ... Auch der eherne Altar, den Bezalel, der Sohn Uris, des Sohnes Hurs, gemacht, stand dort vor der Wohnung des Herrn« (2 Chr 1, 3. 5). Mit anderen Worten: Der Chronist identifiziert das auch bei ihm so genannte ›Höhenheiligtum in Gibeon‹

---

54 Dieser Vers bildet eine Art Kommentar zur in Dtn 12, 8ff gebotenen Kultzentralisierung, vgl. Kaufmann, Toldot haEmuna, I, 86.

55 Vgl. 1 Chr 28, 5: »er hat meinen Sohn Salomo dazu erwählt, auf dem Throne der Königsherrschaft des Herrn über Israel zu sitzen«; 2 Chr 9, 8: »der Wohlgefallen an dir gefunden, so daß er dich auf seinen Thron gesetzt hat als König des Herrn, deines Gottes« (anstelle von »dich auf den Thron Israels gesetzt hat« 1 Kön 10, 9); 1 Chr 22, 9f; 28, 10 u.ö. Zu Salomos Sitzen auf dem Thron des Herrn s. C. R. North, The Religious Aspects of Hebrew Kingship, in: ZAW 50 (1932), 8-38, bes. 24.28; Wilda, Königsbild, 32; N. Poulssen, König und Tempel im Glaubenszeugnis des Alten Testamentes, Stuttgart 1967, 170. 172; Abramsky, König Salomo, 4f.

56 Wenn König Salomo sich eine solche Übertretung hätte zuschulden kommen lassen, hätte der Chronist nach seiner Auffassung von der göttlichen Gerechtigkeit, die im Zentrum seines Werkes steht, ihm eine Strafe zusprechen und erklären müssen, inwiefern ein Sünder wie Salomo der göttlichen Offenbarung und solcher Gaben wie Weisheit, Reichtum und Ruhm teilhaftig wurde.

(V. 3a) mit dem ehernen Altar und dem Stiftszelt, die sich damals in Gibeon befunden hätten.[57] So betrachtet ist Salomos Opfer keine Übertretung des pentateuchischen Gebots, sondern seine Erfüllung.[58]

In Sinne seiner Auffassung, daß Salomo und ganz Israel nur auf dem Altar vor dem Stiftszelt in Gibeon opfern durften, läßt der Chronist auch die Nachricht aus 1 Kön 3, 2f über die Schlacht- und Rauchopfer, die Salomo und das Volk auf den Höhen darbrachten, einfach weg. Als demselben Grund unterschlägt er auch Salomos ›Brandopfer und Heilsopfer‹ nach seiner Rückkehr aus Gibeon nach Jerusalem (1 Kön 3, 15b). Statt dessen betont er zum vierten Mal, daß in Gibeon das Stiftszelt und der eherne Altar gestanden hätten (2 Chr 1, 13a):

1 Kön 3, 15b	*2 Chr 1, 13a*
Danach ging er [Salomo] nach Jerusalem und trat vor die Bundeslade des Herrn und brachte Brandopfer und Heilsopfer dar.	Danach ging Salomo von der Höhe[59] zu Gibeon, von der Stätte vor dem heiligen Zelte, heim nach Jerusalem und regierte über Israel.

Nach Auskunft des Chronisten hätten die Israeliten bis zur Errichtung des Jerusalemer Tempels durch Salomo das unter Moses Anleitung gebaute Stiftszelt und den von Bezaleel angefertigten ehernen Altar benützt. Der Tempel war dann der dauerhafte Ersatz für das altehrwürdige tragbare Heiligtum aus der Zeit der Wüstenwanderung. Die Angabe des Chronisten, sowohl das Stiftszelt als auch der eherne Altar hätten sich in Gibeon befunden, beruht also auf seinem Bemühen, 1 Kön 3 mit Lev 17, 8f in Einklang zu bringen. Er will seinen Lesern (denen alle fünf Bücher des Pentateuch vertraut waren) König Salomo als makelloses Vorbild präsentieren: Der Erbauer des Tempels kann keine biblische Kultvorschrift mißachtet haben, er hat sie aufs gewissenhafteste befolgt. Daher sind Verse wie 1 Chr 16, 39f;

---

57 Auf diesen Umstand bereitet der Chronist seine Leser bereits in 1 Chr 16, 39f; 21, 29 vor. In unserem Abschnitt betont er das Vorhandensein der Kultgeräte in Gibeon nicht weniger als vier Mal: VV. 3. 5. 6. 13a. Unbegründet scheint die Vermutung von Welch, Chronicler, 31f, die Verse, in denen das Stiftszelt vorkommen, seien Zusatz eines späteren Redaktors zum Text der Chronik; vgl. Williamson, Chron, 130.

58 Abramsky, König Salomo, 5, vermutet, der Chronist habe in 2 Chr 1, 3-6 erklären wollen, ›weshalb Salomo nicht bei der göttlichen Lade geopfert habe, für die sein Vater David in Jerusalem ein Zelt aufstellen ließ‹. Aber wenn dies für den Chronisten ein Problem gewesen sein sollte, warum hat er dann die Fortsetzung des Berichts 1 Kön 3, 15b »Danach ging er [Salomo] nach Jerusalem und trat vor die Bundeslade des Herrn und brachte Brandopfer und Heilsopfer dar« weggelassen? Abramsky (op. cit., 12 Anm. 15) meint, »das Schweigen der Chronik über die Darbringung der Opfer in Jerusalem habe das Anstößige von Salomos Opfergang nach Gibeon etwas mildern sollen«, aber diese Erklärung vermag nicht zu überzeugen.

59 Statt לבמה (›zur Höhe‹) ist zu lesen מהבמה, dazu unten, Kap. XIV, Anm. 20.

21, 29; 2 Chr 1, 3. 5. 6. 13a nicht als historische Überlieferungen zu werten.[60]

Bekräftigt wird diese Schlußfolgerung noch durch folgende Erwägungen:

1. Aus den Erzählungen der Älteren Propheten geht hervor, daß ›das Stiftszelt/die göttliche Wohnung‹ von der Landnahme bis zum Dienst des jungen Samuel von dem Priester Eli in Silo geführt wurde.[61] In jenen Quellen findet sich keinerlei Hinweis darauf, daß das Heiligtum von Silo nach Gibeon oder an irgendeinen anderen Ort verlegt worden sei. In der Spätzeit des Ersten Tempels erinnert der Prophet Jeremia an das verwüstete Heiligtum zu Silo: »Geht doch einmal zu meiner Stätte in Silo, wo ich meinen Namen zuvor habe wohnen lassen, und seht, was ich ihr um der Bosheit meines Volkes Israel willen angetan habe!« (Jer 7, 12; vgl. auch V. 14; 26, 6). Ähnlich heißt es in Ps 78, 60: »Er verwarf die Wohnung zu Silo, das Zelt, wo er unter den Menschen geweilt«. Demnach ist das Heiligtum zusammen mit der Stadt Silo in der ausgehenden Richterzeit (um die Mitte des 11. vorchristl. Jhs.) von den Philistern zerstört worden nach deren Sieg in der Schlacht bei Eben-Eser (1 Sam 4). Auch die Ausgrabungen auf dem Tell Silo (Ḥirbet Silon) haben ergeben, daß die Stätte zu jener Zeit zerstört wurde.[62]

---

60 Gegen E. Auerbach, Wüste und gelobtes Land, I, Berlin 1932, 91. 153, und Grintz, Episoden, 137f (= idem, Mozaè Dorot, 273f), die die genannten Versen aus der Chronik als zuverlässige Quellen betrachten und sogar historische Schlüsse aus ihnen ziehen. Im selben Sinne äußert sich H. W. Hertzberg, Mizpa, in: ZAW 47 (1929), 177: »Es ist aber eine sehr klare Sache, wenn ursprünglich das Heiligtum von Gibeon selbst, das alte Zeltheiligtum mit dem Altar Jahwes, gemeint ist«; ähnlich W. Eichrodt, Theologie des Alten Testaments, Teil I, Stuttgart/Göttingen 1962, 62 Anm. 57; K. D. Schunck, Benjamin, Berlin 1963, 134 Anm. 126 und 135 Anm. 130; in jüngster Zeit wieder Schley, Shiloh, 26. 161. 198. 235 Anm. 46.

61 So etwa Jos 18, 1: »Und die ganze Gemeinde der Israeliten versammelte sich zu Silo und richtete daselbst das heilige Zelt auf«, ebenso VV. 8-10; 21, 2; 22, 11f; Ri 21, 19; 1 Sam 1-4.

62 I. Finkelstein, The Archaeology of Israelite Settlement, Jerusalem 1988, 225f. 232. Zum Stand der Forschung bezüglich des Wesens der Heiligtums zu Silo, der Identifizierung der Stadt Silo, Zeit der Zerstörung und Verhältnis der archäologischen Funde in Ḥirbet Silon zu den biblischen Berichten s. Schley, Shiloh, 11-99. Die Vokabel באדם aus Ps 78, 60 ist wohl eine Kurzform für ›unter den Menschen‹; zum »Zelt, wo Gott unter den Menschen geweilt« vgl. »dasselbe tue er für das heilige Zelt, das bei ihnen weilt inmitten ihrer Unreinheiten« (Lev 16, 16) und »Aber sollte Gott denn wirklich bei den Menschen auf Erden wohnen?« (2 Chr 6, 18). Die Vermutung von S. D. Goitein, Die Stadt Adam im Psalter? (hebr.), in: Yediot 13 (1947), 86-88, mit jener Vokabel sei die Stadt Adam (Tell ad-Damia) an der Mündung des Jabbok in den Jordan gemeint und während einer der Heimsuchungen Silos wie der unter Eli und seinen Söhnen sei das Stiftszelt dorthin verlegt worden, wird durch keine andere Quelle gestützt. Außerdem ist es doch recht unwahrscheinlich, daß es

2. In keiner der frühen Schriften finden wir auch nur einen Hinweis auf das Bestehen eines Heiligtums oder gar des Stiftszelts in Gibeon. Es ist doch wohl kaum anzunehmen, daß die deuteronomistische Historiographie, die den Verbleib der Bundeslade von ihrer Erbeutung durch die Philister bis zu ihrer Verbringung nach Jerusalem in das dort für sie errichtete Heiligtum bis ins einzelne verfolgt (1 Sam 4-6; 2 Sam 6; 1 Kön 8), über den ganzen Zeitraum hin von der Existenz des Stiftszelts in Gibeon nichts gewußt haben sollte oder nichts habe wissen wollen. Dagegen bezieht sich die Angabe »auf dem Berge vor dem Herrn« aus dem Bericht von der Rache der Gibeoniten an Sauls Geschlecht (2 Sam 21, 9) sowie die Ortsbezeichnung »auf dem Hügel Sauls, des Erwählten des Herrn«, eine Verschreibung aus »in Gibeon, auf dem Berg des Herrn«[63], auf die heilige Stätte, wo »die große Höhe zu Gibeon« (1 Kön 3, 4) lag.

Mit dem 1 Kön 8, 4 erwähnten ›Stiftszelt‹ (אהל-מרעד) ist entweder das Zelt gemeint, das David in Jerusalem für die Lade aufschlagen ließ (2 Sam 6, 17 // 1 Chr 16, 1; 2 Chr 1, 4; in 1 Chr 6, 17 heißt es משכן אהל-מרעד), oder es handelt sich um eine spätere Glosse.[64]

3. Nach Auskunft des Chronisten hätte David zwar die Bundeslade nach Jerusalem überführt, das Zeltheiligtum und den ehernen Altar jedoch in Gibeon belassen und sogar Gruppen von Priestern zum Dienst an beiden abgeordnet. Dem ist der Einwand von Liver entgegenzuhalten: »Es leuchtet doch nicht ein, daß sich das Stiftszelt und der Altar an einem Ort, und die göttliche Lade an einem anderen befunden haben sollten«[65]. Wenn David nur die Bundeslade nach Jerusalem hinaufführen ließ, dann war sie wohl das einzige, was noch vorhanden war; das Stiftszelt und sein Zubehör existierten längst nicht mehr.[66]

Auf diesem Hintergrund wird der ›Zusatz‹ verständlich, den der Chronist in 1 Chr 21, 27-30 an dem (mit leichten Veränderungen) aus 2 Sam 24 übernommenen Bericht über die Wahl der Tenne des

---

im Trubel der Eroberung und Zerstörung Silos den besiegten Israeliten noch gelungen sein sollte, das Heiligtum von Silo unter den Augen der Philister an einen weit entfernten Ort zu retten.

63 Statt בגבעת שאול בחיר יהוה lies בגבעון בהר יהוה; dazu LXX z.St. sowie Driver, Samuel, 351f.

64 Dazu Wellhausen, Prolegomena, 43f; Gray, Kings, 209; Haran, Temple, 141 Anm. 11. Das ›Stiftszelt‹ jedenfalls, das in 2 Chr 5, 5 als Zitat aus den Königsbüchern vorkommt, bezeichnet allem Anschein nach das tragbare Heiligtum aus der Zeit der Wüstenwanderung, das aus Gibeon in den Jerusalemer Tempel gebracht worden sei.

65 Liver, Peraqim, 81f Anm. 102 (= idem, Klärendes zu Gibeoniten-Episode [hebr.], in: GS Tur-Sinai [hrsg. v. M. Haran, B. Z. Luria], Jerusalem 1960, 72f).

66 Gegen R. E. Friedman, The Tabernacle in the Temple, in: BA 43 (1980), 241-248, der annimmt, die Hütte sei im Salomonischen Tempel bis zu dessen Zerstörung im Jahre 587 v. Chr. aufbewahrt worden.

Jebusiters Arauna als Ort für den Salomonischen Tempel angebracht hat. Der Chronist mußte diesen Zusatz einfügen, obwohl er literarisch eine Anti-Klimax bildet und zu dem vorher Erzählten sogar in gewisser Spannung steht[67], um zu erklären, weshalb David auf dem Altar, den er auf der Tenne des Jebusiters Arauna gebaut hatte, opferte und nicht in der »Wohnung des Herrn, die Mose in der Wüste hatte erstellen lassen« und auf dem »Brandopferaltar«, die sich nach Meinung des Chronisten zu jenem Zeitpunkt noch »auf der Opferhöhe zu Gibeon« befanden: »David wagte nicht, vor denselben hinzutreten, um Gott zu suchen; denn er von Schrecken überwältigt vor dem Schwert des Engels des Herrn« (V. 30). Die Tatsache, daß die Errichtung des Altars auf der Tenne des Jebusiters Arauna auf göttliches Geheiß durch den Propheten Gad geschah (2 Sam 24, 18f // 1 Chr 21, 18f), genügte dem Chronisten offenbar nicht.

(2) In 1 Kön 8, 65f steht, Salomo und ganz Israel hätten ›das Fest‹[68] sieben Tage lang gefeiert, also vom 15. bis zum 21. des siebten Monats, wie im deuteronomistischen Gesetz (Dtn 16, 13-15) geboten[69]; »und[70] am achten Tag«, d.h. am 22. Tag des siebten Monats, gingen die Teilnehmer auseinander und kehrten nach Hause zurück. Demnach hätten Salomo und ganz Israel das ›Schlußfest‹ (עצרת, rabbinisch: שמיני עצרת) nicht gekannt, zumindest nicht gefeiert; dieser achte Tag wird von der Priesterschrift gefordert: »Am fünfzehnten Tag desselben siebenten Monats ist das Laubhüttenfest, sieben Tage lang ... am achten Tage aber sollt ihr wieder eine heilige Festversammlung (מקרא קדש) halten und dem Herrn ein Feueropfer darbringen. Es ist Festversammlung (עצרת); da dürft ihr keinerlei Werktagsarbeit tun« (Lev 23, 33-36, vgl. Num 29, 35-38).

Der Chronist stimmte die Erzählung aus den Königsbüchern auf das Gesetz der Priesterschrift ab und schrieb: »Und am achten Tag hielten sie eine Festversammlung (עצרת); ... Am 23. Tage des sie-

---

67 Das muß noch nicht heißen, daß der ›Zusatz‹ nachchronistisch sei, wie Kittel, Chron, 81; Rothstein-Hänel, Chron, 392f annahmen; vgl. Japhet, Ideology, 141.

68 Biblisch ist mit ›Fest‹ ohne nähere Angaben das Laubhüttenfest gemeint, wie aus 1 Kön 12, 32f hervorgeht, wo es heißt, Jerobeam habe den Israeliten ›ein Fest‹ veranstaltet, und zwar ›am fünfzehnten Tag des achten Monats, des Monats, den er sich selbst erdacht hatte«, ebenso Ez 45, 25: »Am fünfzehnten Tage des siebenten Monats an dem Fest soll er die sieben Tage hindurch das gleiche darbringen lassen«. In der Liste der täglichen Opfer des ganzen Jahres Num 28f wird das Laubhüttenfest nicht mit Namen genannt, aber es steht geschrieben: »Und am fünfzehnten Tag des siebenten Monats ... sollt ihr dem Herrn ein Fest feiern, sieben Tage lang« (Num 29, 12); s. auch Neh 8, 14. 18 und 2 Chr 7, 9.

69 Das ist insofern nicht erstaunlich, als das Buch der Könige bekanntlich von einer deuteronomistischen Schule redigiert wurde.

70 So wohl zu lesen mit LXX und 2 Chr 7, 10; im massoretischen Text von Kön fehlt das ›und‹.

benten Monats aber entließ er das Volk zu ihren Zelten, fröhlich und wohlgemut... « (2 Chr 7, 8-10). Nach dem Bericht der Chronik begingen Salomo und ganz Israel das Schlußfest am 22. des siebten Monats, wie in Lev und Num geboten, und erst tags darauf, am 23. des Monats, kehrten die Teilnehmer nach Hause zurück:

1 Kön 8, 65	2 Chr 7, 9f
Zu jener Zeit beging Salomo das Fest und ganz Israel mit ihm ... 7 Tage und 7 Tage, 14 Tage.[71]	Zu jener Zeit beging Salomo das Fest 7 Tage lang und ganz Israel mit ihm. Und am achten Tage hielten sie eine Festversammlung (עצרת); ...

Am achten Tag aber entließ er das Volk; und sie ... zogen zu ihren Zelten.

Am 23. Tag des siebenten Monats aber entließ er das Volk zu s. Zelten.

Bei der Begehung des Schlußfestes durch Salomo dürfte es sich um einen Anachronismus handeln; zur Zeit des Zweiten Tempels wurde dieses Fest gefeiert, in der Frühzeit des Ersten Tempels offenbar nicht. In den älteren Quellen des Pentateuch (J, E, D), in der historiographischen, prophetischen und Psalmen-Literatur aus der Zeit des Ersten Tempels und aus dem babylonischen Exil findet sich keinerlei Hinweis auf das ›Schlußfest‹. Abgesehen von den erwähnten priesterschriftlichen Quellen ist das Fest nur noch einmal in der historiographischen Literatur aus der Zeit des Zweiten Tempels erwähnt – Neh 8, 18: »Sie begingen das Fest (= Laubhüttenfest) sieben Tage lang und am achten Tage die Festversammlung (עצרת), wie es sich gebührt.

(3) Bei der Schilderung der Tempelweihfeier in Könige steht: »Als nun alle Ältesten Israels gekommen waren, hoben **die Priester** die Lade des Herrn auf und brachten sie hinauf« (1 Kön 8, 3). Daß die Lade durch die Priester getragen worden sei, widerspricht der Vorschrift Dtn 10, 8: »Damals sonderte der Herr den Stamm **Levi** aus, um die Bundeslade des Herrn zu tragen« (vgl. auch Dtn 31, 9. 25 – D). Daß Leviten die Träger der Lade waren, geht auch daraus hervor, daß die levitische Sippe Kehat die Gerätschaften des Stiftszelts transportierte,

---

71 Die LXX (Vaticanus und Lukian) hat die zweiten 7 Tage und die Summe von 14 Tagen nicht; dort steht, die Feierlichkeiten hätten ›sieben Tage‹ lang gedauert. Auch aus der Fortsetzung ›am achten Tag aber...‹ geht eindeutig herovr, daß das Fest der Tempeleinweihung sich mit dem Laubhüttenfest deckte, denn sonst hätte die Fortsetzung ja lauten müssen: ›am 15. Tag aber...‹. Demnach sind die zweiten 7 Tage und die 14 Tage eine spätere Glosse, offenbar unter dem Einfluß der Parallelstelle 2 Chr 7, 9; vgl. Thenius, Könige, 142; Burney, Kings, 129; Stade, Kings, 109; Ehrlich, Mikrâ Ki-Pheschutô, 284; Elmslie, Chron (1916), 196. Vielleicht waren die zweiten 7 Tage auch durch Dittographie eingedrungen, und daraufhin fügte ein Glossator die 14 Tage hinzu; gegen Hurowitz, Temple Building, 245, der annimmt, die Tempeleinweihungsfeierlichkeiten unter Salomo (laut 1 Kön 8, 65) hätten tatsächlich 14 Tage gedauert.

darunter auch die Lade, die an Stäben auf der Schulter getragen wurde
(Num 4, 1-15, ebenso 1, 50; 3, 31, 7; 9; 10, 17; Ex 25, 14 – P). Der
Chronist brachte den Bericht von der Einweihung des Tempels in
Einklang mit der pentateuchischen Vorschrift: Die ›Priester‹ des älteren
Textes ersetzte er durch ›Leviten‹ und schrieb: »Als nun alle Ältesten
Israels gekommen waren, hoben **die Leviten** die Lade auf und brachten
sie hinauf« (2 Chr 5, 4).

Ähnlich verfuhr er in der Fortsetzung des Berichts: Anstelle von
»und brachten sie hinauf, dazu das heilige Zelt und alle heiligen
Geräte, die in dem Zelte waren. Das trugen **die Priester und Leviten** (הכהנים והלוים) hinauf« (1 Kön 8, 4)[72] schrieb er: »und brachten
sie hinauf, ... Das trugen die **levitischen Priester** (הכהנים הלוים)[73]
hinauf« (2 Chr 5, 5). Auf diesem Hintergrund werden auch einige
Veränderungen verständlich, die der Chronist am Bericht von der Heraufführung der Lade aus dem Hause Obed-Edoms in die Davidsstadt
vorgenommen hat. In 2 Sam 6, 13f ist die Stammeszugehörigkeit der
›Träger der Lade des Herrn‹ nicht angegeben, offenbar handelte es sich
um einfache Israeliten. Der Chronist jedenfalls stellt diesen Punkt eindeutig klar: »Und als Gott den Leviten half[74], die die Bundeslade des
Herrn trugen, ... David aber war mit einem Mantel von Byssus be-
kleidet, ebenso alle Leviten, welche die Lade trugen« (1 Chr 15, 26f).
Außerdem legt der Chronist David eine Erklärung in den Mund, weshalb die erste Heraufführung der Lade (2 Sam 6, 1-11 // 1 Chr 13,
1-14) gescheitert sei; David redet ›die Familienhäupter der Leviten‹ an:
»Weil ihr das erstemal nicht dagewesen seid, hat der Herr, unser Gott,
unter uns ›einen Riß gerissen‹, da wir nicht danach fragten, wie es sich
gebührte« (1 Chr 15, 13 – ›Zusatz‹). Die Formulierung erinnert hier
an 1 Chr 13, 11 // 2 Sam 6, 7 »David aber ward unmutig, daß der
Herr an Usa ›einen Riß gerissen‹ ... «[75]. Der Mangel beim ersten Mal
(›da wir nicht danach fragten, wie es sich gebührte‹) bestand offenbar

---

72 Zu diesem Vers s. oben, Beispiel 1, Abschnitt 3.

73 Zu diesem Ausdruck vgl. Dtn 17, 9. 18; 18, 1; 24, 8; 27, 9. H. Noy, Der Anteil der
Leviten an der Abfassung des Deuteronomiums (hebr.), in: A. Rofé / Y. Zakovitch
(Eds.), FS I. L. Seeligmann, vol. I, Jerusalem 1983, 63-78, meint, dieser Ausdruck
sei ein levitischer Zusatz zum ursprünglichen Text, damit sollte ausgesagt werden,
daß eigentlich alle Leviten Priester seien; auf den Vers 2 Chr 5, 5 geht er nicht ein.

74 Dadurch hat der Chronist die Angabe ›alle sechs Schritte‹ aus 2 Sam 6, 13 ersetzt, vielleicht um den göttlichen Beistand zum Gelingen des Unternehmens zu
unterstreichen (Curtis, Chron, 218). R. Weiß, Textkritische Bemerkungen (hebr.),
in: idem, Mechqare Miqra, 57f vermutet, der Chronist habe hier statt צעד (›Schritt‹)
סעד (›Unterstützung‹) gehört und dies durch die geläufigere Vokabel עזר (›Hilfe‹)
ersetzt.

75 Ähnlich die Formulierung in Ex 19, 22: »auf daß der Herr nicht einen Riß reiße
unter ihnen«; beachte die Umkehrung der Wortfolge: בהם יהוה / יהוה בנו.

darin, daß weder auf die Stammeszugehörigkeit der Träger noch auf die Art des Tragens geachtet worden war.

a. Bei der ersten Heraufführung waren Usa und seine Brüder, die Söhne des Abinadab, mit dem Transport der Lade betraut (2 Sam 6, 3 // 1 Chr 13, 7); beim zweiten Mal erklärt David: »Niemand soll die Lade Gottes tragen als allein *die Leviten*; denn diese hat der Herr erwählt, die Lade Gottes zu tragen und ihm Dienst zu tun immerdar« (1 Chr 15, 2 – ›Zusatz‹) und entsprechend gibt er seine Anweisungen: »Darauf berief David die Priester Zadok und Ebjathar und die Leviten Uriel … und sprach zu ihnen: *Ihr seid die Familienhäupter der Leviten*; so **weihet euch** nun samt euren Brüdern, damit ihr die Lade des Herrn, des Gottes Israels, hinaufbringet« (VV. 11f), die auch durchgeführt wurden: »**Also weihten sich** die Priester und Leviten, um die Lade … hinaufzubringen. Dann *hoben die Leviten* die Lade Gottes mit den Tragstangen auf ihre Schultern, wie Mose nach dem Wort des Herrn geboten hatte« (VV. 14f).

b. Bei der ersten Heraufführung war die Lade auf einem Wagen transportiert worden (2 Sam 6, 3 // 1 Chr 13, 7), und beim zweiten Mal »hoben die Leviten die Lade Gottes mit den Tragstangen auf ihre Schultern, wie Mose nach dem Wort des Herrn geboten hatte« (1 Chr 15, 15 – ›Zusatz‹). Der Chronist legt Wert darauf, daß die besondere Art des Tragens (an Stangen auf den Schultern) dem göttlichen Gebot durch Mose entsprach. Davids Feststellung, mit dem Tragen der Lade seien speziell die Leviten beauftragt, hat ihr Gegenstück im Pentateuch: »Damals sonderte der Herr den Stamm Levi aus, um die Bundeslade des Herrn zu tragen, vor dem Herrn zu stehen, ihm zu dienen« (Dtn 10, 8)[76]. Nach der Darstellung des Chronisten befolgte David diesmal die mosaischen Vorschriften bis ins kleinste Detail.

(4) Im ersten Buch Samuel steht ausdrücklich, Samuel habe im Heiligtum zu Silo »dem Herrn vor dem Priester Eli« gedient und sei dabei »mit einem leinenen Ephod umgürtet« gewesen, d.h. er trug die spezielle Kleidung der Kultbeamten (2, 11. 18, s. auch 3, 3. 15). Samuels Stammeszugehörigkeit geht aus der Erzählung über seinen Vater Elkana hervor: Er war ein ›Ephrati‹ aus Ramataim Zuphim vom Gebirge Ephraim (1, 1). Ob wir die Herkunftsbezeichnung ›Ephrati‹ nun vom Stamm Ephraim ableiten (vgl. Ri 12, 5; 1 Kön 11, 26)[77] oder vom judäischen Bethlehem (vgl. 1 Sam 17, 12; Rut 1, 2), das biblisch auch ›Ephrat‹ oder ›Ephrata‹ genannt wird (s. Gen 35, 16. 19; 48, 7; Mi

---

76 In dieselbe Richtung geht Hiskias Anrede an die Leviten 2 Chr 29, 11: »Denn euch hat der Herr erwählt, vor ihm zu stehen und ihm zu dienen«.
77 So etwa Ehrlich, Mikrâ Ki-Pheschutô, 435; Segal, Samuel, 3; McCarter, I Sam, 58 – was auch mir einleuchtet.

5, 1; Rut 4, 11 u.ö.)[78] – Samuel war sicherlich kein Levit. Und daß
ein Nicht-Levit am Heiligtum Dienst tat, stand in krassem Widerspruch zu den Vorschriften des Pentateuch, wonach nur Angehörige
des Stammes Levi berechtigt waren, »vor Aaron, den Priester, zu treten, um ihm zu dienen und alles zu besorgen, was ihm und der ganzen
Gemeinde vor dem heiligen Zelte zu besorgen obliegt« (Num 3, 5-9;
1, 50f; 18, 2-4. 22f – P); Fremden, d.i. Nicht-Leviten, ist der Zutritt
ausdrücklich verwehrt (ebd. 18, 4; 1, 50).[79] Nach der Priesterschrift
wäre Samuel also des Todes schuldig gewesen, weil er im Heiligtum
des Herrn zu Silo Dienst tat, obwohl er nicht vom Stamme Levi war.

Der Chronist suchte diese Diskrepanz zwischen Samuel und Pentateuch zu beheben: In zwei genealogischen Listen leitet er Samuels
Abstammung von Levi her (1 Chr 6, 7-13. 18-23). Er benützte also
künstliche Konstruktionen[80], um Samuel gegen die eindeutige Auskunft, er sei ›Ephrati‹ gewesen, zum Leviten zu machen, nur um die
unmißverständliche Angabe desselben Buches, Samuel habe im Heiligtum vor dem Herrn gedient, mit den Bestimmungen von P in Einklang
zu bringen, wonach dieser Dienst Priestern und Leviten vorbehalten
war.[81] Die Ableitung einer so bedeutenden Persönlichkeit wie Samuel

---

78 Nach dieser Auffassung hätte Elkana den Beinamen ›Ephrati‹ getragen nach seiner
    (oder seiner Vorfahren) Herkunft aus Bethlehem, aber selbst im Ramataim Zuphim
    auf dem Gebirge Ephraim gewohnt, so etwa M. Haran, Feste, Familienopfer und
    -feiern (hebr.), in: idem, Tequfot, 95f.

79 Ähnlich auch Ehrlich, Mikrâ Ki-Pheschutô, 435 (allerdings ist der von ihm an-
    geführte Vers Num 3, 10 hier kein Argument, denn dort ist von ›Aaron und seinen
    Söhnen‹ die Rede und bei den ›Fremden‹ handelt es sich um Nicht-Aaroniden, also
    auch Leviten); Segal, Samuel, 3; McCarter, I Sam, 58. Anders Williamson, Chron,
    72: er hält Samuel für einen Leviten vom Gebirge Ephraim; wenn es sich so ver-
    hielte, wäre allerdings erstaunlich, daß der Verfasser von 1 Sam diese Tatsache nicht
    erwähnt hätte.

80 So enthält die erste Liste (VV. 7-13) etwa Namen aus Ex 6, 24 (vgl. Num 3, 19), aus
    1 Sam 1, 1; 8, 2 und noch einige, die sonst in keiner Liste der Nachkommen von
    Kehat oder Zuph vorkommen; außerdem sind Namen mehrfach genannt (Elkana
    4mal, Assir 2mal).

81 Eine andere Auffassung vertritt Albright, Archaeology , 205 Anm. 44: er meint,
    der Chronist habe Samuels Vater Elkana (1 Sam 1, 1) mit dem Korah-Sohn Elkana
    aus den Nachkommen von Levis Sohn Kehat aus Ex 6, 24 verwechselt. Aber der
    Elkana aus Ex 6, 24 gehörte zur Generation des Auszugs aus Ägypten und Samuels
    Vater Elkana lebte unter dem Priester Eli, in der ausgehenden Richterzeit (1 Sam 1f),
    und wir müssen dem Chronisten wohl unterstellen, daß er zwischen zwei historisch
    so weit voneinander entfernten Personen zu unterscheiden wußte, auch wenn sie
    denselben Namen trugen. Aus 1 Chr 6, 8-12 scheint auch hervorzugehen, daß der
    Chronist Samuels Vater und den Elkana aus Ex 6, 24 als zwei verschiedene Personen
    betrachtet (obwohl er letzteren irrtümlich als den Sohn von Assir und Vater des
    Abiasaph bezeichnet, wohingegen laut Ex 6, 24 alle drei Brüder und Söhne Korahs
    waren).

vom Stamme Levi sollte vielleicht auch dessen Ruhm erhöhen, woran dem Chronisten auch sonst gelegen war.[82]

(5) 2 Sam 8, 16-18 sind die Großen des Reiches unter David aufgeführt; die Liste schließt mit den Worten: »und die Söhne Davids waren Priester« (V. 18b).[83] Die Vokabel ›Priester‹ (כהנים) bedeutet hier weder ›Verwalter des königlichen Schatzes‹, wie Wenham[84] annahm, noch ›königliche Militärberater‹, wie Oren[85] vermutete; es besteht überhaupt kein Grund, sie ihrer gewöhnlichen Bedeutung zu entkleiden, in der sie im unmittelbar vorangehenden Vers verwendet wird – so hat zumindest der Chronist sie verstanden.

Da König David aus dem Stamm Juda war (1 Chr 2, 4-15; Rut 4, 18-22), verstößt eine priesterliche Funktion seiner Söhne gegen die Bestimmung der Priesterschrift, die das Priesteramt auf Aaron und seine Nachkommen beschränkt (so etwa Num 17, 1-5. 16-28; 18, 1-7; 25, 13; Lev 7, 35f; 8 – P). In 1 Chr 18, 17 gleicht der Chronist diesen Widerspruch aus, indem er schreibt: »und die Söhne Davids waren die Ersten zur Seite des Königs«.[86]

Offenbar aus demselben Grund hat der Chronist den Vers 2 Sam 20, 26: »auch der Jariter Ira war ein Priester Davids«, mit dem die Liste der Großen Davids dort schließt, einfach weggelassen; denn Ira stammte aus der Familie Jars, die im nordöstlichen Transjordanien saß (Num 32, 41; Dtn 3, 14; Ri 10, 3-5; 1 Kön 4, 13; 1 Chr 2, 22f), er war also gewiß kein Aaronide.[87]

---

82 Zur Sympathie des Chronisten für den Stamm Levi s. vgl. etwa 2 Chr 34, 30: »Dann ging der König hinauf in den Tempel des Herrn und mit ihm alle Männer von Juda und die Bewohner von Jerusalem, auch die Priester und *die Leviten* und alles Volk, groß und klein... « mit der Parallelstelle 2 Kön 23, 2, wo unter den Begleitern des Königs ›*die Propheten*‹ anstelle der Leviten genannt sind; dazu de Vaux, Ancient Israel, 390-394; A. H. J. Gunneweg, Leviten und Priester: Hauptlinien der Traditionsbildung und Geschichte des israelitisch-jüdischen Kultpersonals, Göttingen 1965, 204-215; ferner Kalimi, Bibliography, 97-100, Nr. 636-673.

83 Ich gehe von der Lesart des massoretischen Textes aus, gegen Mettinger, State Officials, 6f, der die Stelle für verderbt hält.

84 G. J. Wenham, Were David's Sons Priests? in: ZAW 87 (1975), 79-82.

85 A. Oren, »Auch der Jairiter Ira war ein Priester Davids« – 2 Sam 20, 26 (hebr.), in: Beth Mikra 17 (1972), 233f.

86 Vgl. Curtis, Chron, 237 gegen Willi, Chron, 127; Williamson, Chron 140. Ähnlich wie der Chronist harmonisieren die antiken Versionen zu Sam: LXX hat αὐλάρχαι, Targum Jonathan רברבין, ebenso die Peschitta. S. auch ant. VII 110 und den Kommentar des R. David Kimchi z.St. In der Wiedergabe der Chronikstelle durch die LXX (οἱ πρῶτοι διάδοχοι τοῦ βασιλέως) ist der Titel des ›Diadochen‹ zu erkennen, des Thronfolgers am ptolemäischen Hof im 2. vorchristl. Jh.; dazu Gerleman, Septuagint, 17f; ebd. 14-21 weitere Beispiele für solche Beeinflussung.

87 Gegen Oren (s. o. Anm. 85), der David keine Abweichung von der überlieferten Norm unterstellen will (S. 233) und zu dem Schluß gelangt, jener Ira sei wohl ein heidnischer Experte unter Davids Helden gewesen und habe als Militärberater

(6) Nachdem David König über ganz Israel geworden war, zogen die Philister gegen ihn zu Felde, wobei sie eine schwere Niederlage erlitten. Der Bericht dieses Feldzugs 2 Sam 5, 17-21 schließt mit den Worten: »sie [die Philister] ließen ihre Götzen dort zurück; David und seine Leute aber nahmen diese mit fort«. Demnach erbeuteten David und seine Truppen die Götzenbilder der Philister, die bei der überstürzten Flucht auf dem Schlachtfeld zurückgeblieben waren.[88] Laut Dtn 7, 25 »Die Bilder ihrer Götzen sollt ihr verbrennen: du sollst nicht nach dem Silber und Gold, das daran ist, verlangen und es an dich nehmen« (vgl. auch ebd. V. 5; 12, 3) hätte David die heidnischen Götterbilder nicht mitnehmen (lassen) dürfen. Doch die Vorstellung, König David hätte eine Vorschrift des Pentateuch nicht gekannt oder sich gar aus Beutegier bewußt darüber hinweggesetzt, war dem Chronisten unerträglich. Daher hat er den Schlußsatz des Berichts von der Niederlage der Philister folgendermaßen geändert: »Und sie ließen ihre Götter dort zurück; die wurden auf Davids Befehl mit Feuer verbrannt« (1 Chr 14, 12). Daß hier ein Harmonisierungsversuch des Chronisten vorliegt, hat die Forschung schon länger bemerkt[89]. Auffällig ist die Exaktheit, mit der auf die Vorschrift des Pentateuch

---

fungiert (S. 234). Ältere Versuche, das Problem harmonistisch zu lösen: Targum Jonathan zu 2 Sam 20, 26 schreibt »Ira der Jarit aus Tekoa war einer der Großen Davids«, und die Tossafisten zu b Eruwin 63a vermuten gar, Iras Vater sei Aaronide gewesen und nur seine Mutter vom Stamm Manasse.

88 Das Verb נשא bedeutet ›nehmen‹, je nach Kontext ›mit-‹ oder ›wegnehmen‹, vgl. Jer 49, 29, wo es im Parallelismus zu לקח erscheint; s. auch Num 16, 15; Cant 5, 7; 1 Chr 21, 24 u.a. Ähnlich wie in 2 Sam 5, 21b wird das Verb auch bei Jeremia im Zusammenhang mit Beute verwendet, s. auch Ez 29, 19, ebenso 1 Chr 18, 11. Schon die LXX (καὶ καταλιμπάνουσιν ἐκεῖ τοὺς θεοὺς αὐτῶν, καὶ ἐλάβοσαν αὐτοὺς Δαυὶδ καὶ οἱ ἄνδρες οἱ μετ᾿ αὐτοῦ) hat unseren Vers so verstanden, ähnlich die Rabbinen b Avoda sara 44a: »Im Pentateuch steht, sie sollen mit Feuer verbrannt werden, aber da es nicht heißt ›verbrannten sie‹(וישרפם), sondern ›trugen sie‹ (וישאם), ist ganz konkret an Wegtragen zu denken« und Raschi erläutert dazu: »er ließ sie mitnehmen und hatte Nutznieß davon«; vgl. auch j Avoda sara III 3 (42d); Tosefta Avoda sara III 19.

89 Vgl. Curtis, Chron, 209; Galling, Chron, 49; Rudolph, Chron, 115; Segal, Samuel, 267; McCarter, II Sam, 155, Seeligmann, Vorboten, 18f. Einige Handschriften der lukianischen Redaktion der LXX zu Sam bieten hier eine Kontamination des massoretischen Textes von 2 Sam 5, 21 und 1 Chr 14, 12: καὶ καταλειποῦσιν ἐκεῖ οἱ ἀλλόφυλοι τοὺς θεοὺς αὐτῶν καὶ λαμβανοῦσιν αὐτοὺς Δαυεὶδ καὶ οἱ ἄνδρες αὐτοῦ καὶ λέγει Δαυεὶδ κατακαύσατε (ε₂: -σετε) αὐτοὺς ἐν πύρι. Lemke, Synoptic Problem, 352 und McKenzie, Chron, 62, wollten aus dieser späten Kombination schließen, der Chronist habe hier nur den Text seiner Vorlage wiedergegeben, wo das Verbrennen gestanden habe, was aber völlig abwegig erscheint. Auch Targum Jonathan zu 2 Sam 5, 21, der schreibt, David und seine Leute hätten die Götter der Philister verbrannt (und in seinem Gefolge Raschi, R. David Kimchi und R. Isaiah di Trani), ist entweder von der Parallelstelle in der Chronik beeinflußt oder durch ähnliche Bedenken wie die des Chronisten.

Grintz, Davids Leben, 74 (= idem, Mosaè Dorot, 350), hat die Vermutung

zurückgegriffen wird: Der Chronist läßt David die Götzenbilder nicht ›zerbrechen‹ (wie Josia die Ascheren laut 2 Chr 34, 4 – ›Zusatz‹), auch nicht ›zertrümmern‹ (ebd. V. 11) oder ›zerstören‹ (wie Josephus, ant. VII 77, schreibt), sondern er nimmt genau die Formulierung von Dtn 7, 25 auf:

Dtn 7, 25:   Die Bilder *ihrer Götter* sollt ihr **mit Feuer verbrennen**
1 Chr 14, 12: Und sie ließen *ihre Götter*[90] zurück.
           Die wurden auf Davids Befehl **mit Feuer verbrannt**.

So spricht der Chronist David nicht nur von jeglicher Beutegier frei, sondern betont, daß er die Götzen der Philister genau nach dem deuteronomistischen Gebot habe vernichten lassen.

(7) Als Josia die Prophetin Hulda befragen läßt, was es mit dem im Tempel gefundenen Buch auf sich habe, antwortet sie: »So spricht der Herr: Siehe, ich will Unglück bringen über diesen Ort und über seine Bewohner, alles was in diesem Buche angedroht ist, das der König von Juda gelesen hat« (2 Kön 22, 16). Die Angabe, der ›König von Juda‹ habe das Buch gelesen, widerspricht der Erzählung in V. 10, wo steht: »Und Saphan las es dem König vor«. Um diesen Widerspruch innerhalb des älteren Textes aufzuheben, hat der Chronist die zweite Stelle leicht verändert: In der Antwort der Prophetin ist die Rede von »Verwünschungen, die in dem Buche geschrieben sind, welche man dem König von Juda vorgelesen hat« (2 Chr 34, 24), und davor heißt es entsprechend: »Und Saphan las daraus dem König vor« (V. 18).

(8) Laut Ex ist das Passa-Opfer von Kleinvieh zu bringen (Ex 12, 3. 5. 21 et passim); an der entsprechenden Stelle in Dtn dagegen ist von Kleinvieh und Rindern die Rede (Dtn 16, 2).

---

geäußert, der Chronist habe das Verb שׁנא des älteren Textes als ›verbrennen‹ verstanden, im Sinne des rabbinischen Sprachgebrauchs משׁיאין משׁואות (M Rosch haSchana II 2-4; Erörterung und weitere Stellen bei Lieberman, Tosefta ki-Pheschuta, V, 1028f). Doch wegen der Häufigkeit solcher Abstimmung auf den Wortlaut der Priesterschrift scheint mir doch die Annahme wahrscheinlicher, daß der Chronist den ursprünglichen Sinn seiner Vorlage durchaus kannte und den Text aufgrund der oben skizzierten Erwägungen bewußt geändert hat; vgl. Seeligmann, Vorboten, 19 Anm. 15.

90 An der Parallelstelle in Sam steht ›Götzenbilder‹(עצבים). Vielleicht dient auch die Austauschung dieser Vokabel dem Ziel, die Formulierung dem Text aus Dtn möglichst anzunähern, zumal der Chronist die entsprechende Vokabel in anderem Kontext beläßt: »... die Siegesbotschaft ihren Götzen und dem Volke zu verkünden« (1 Chr 10, 9 // 1 Sam 31, 9). Doch ist die Möglichkeit nicht völlig von der Hand zu weisen, daß der Chronist hier den ursprünglichen Text haben könnte; dann wäre die Vokabel ›Götzen‹ in Sam eine nachträgliche Korrektur, um die Vorstellung abzuwehren, als seien die Götzen der Philister ›Götter‹ (allerdings bezeichnet die Vokabel אלהים in der Bibel sowohl Israels Gott [z.B. Gen 35, 5; 41, 38; Ex 18, 21] als auch die Götter der Völker [z.B. Ex 20, 3; Dtn 5, 7; 6, 14; 7, 4]).

Bei der Schilderung von Josias Passa-Feier versucht der Chronist, diesen Widerspruch aufzuheben. Er schreibt, Josia und die Fürsten hätten Kleinvieh und Rinder gespendet (2 Chr 35, 7-9), davon sei das Kleinvieh zum Passa-Opfer bestimmt gewesen, die Rinder als ›Weihegaben‹. Diese Differenzierung wird nicht erst bei der Zubereitung der zweierlei Opfer vorgenommen (V. 13), sondern bereits bei der Spende der Opfertiere durch Josia und seine Fürsten (V. 7, vgl. 8f):

> Josia spendete … **Kleinvieh, Lämmer und junge Ziegen,**
> alles zu den **Passaopfern,** für alle, die anwesend waren, 30 000 an der Zahl,
> und dreitausend **Rinder**[91] ….
> Und bei der Zubereitung der zweierlei Opfer (V. 13) heißt es:
> Dann kochten sie **das Passa** satzungsgemäß am Feuer[92];
> **die Weihegaben** aber kochten sie in Kesseln, Töpfen und Pfannen
> und brachten sie eilends allen Leuten aus dem Volke.[93]

Noch deutlicheren Ausdruck hat diese harmonistische Deutung im halachischen Midrasch zu Dtn 16, 2 gefunden: »›Kleinvieh und Rinder‹ – aber das Passa-Opfer wird doch entweder von Schafen oder von Ziegen genommen, wieso steht dann hier ›Kleinvieh und Rinder‹? Das Kleinvieh fürs Passa-Opfer und die Rinder fürs Festopfer«.[94]

(9) Im Zusammenhang mit Josias Passa begnügt sich der Chronist nicht mit der allgemeinen Vorschrift des deuteronomistischen Historiographen: »Feiert dem Herrn, eurem Gott, ein Passa, wie es in diesem Bundesbuch geschrieben steht« (2 Kön 23, 21), vielmehr bringt er einzelne Bestimmungen ein, die er in eben diesem Buch in Bezug auf das Passa-Opfer gefunden hat, darunter die Art der Zubereitung und des Verzehrs. Da jenes Bundesbuch nach Meinung des Chronisten den ganzen Pentateuch umfaßte und nicht nur das Deuteronomium, findet er dort zwei widersprüchliche Angaben betreffs Zubereitung des Opferfleischs: »**am Feuer** gebraten sollen sie es essen« (Ex 12, 8 – P), im folgenden Vers unterstrichen durch Verbot anderer Zubereitungsarten: »Ihr sollt nichts davon roh essen oder in Wasser *gekocht*, sondern **am Feuer** gebraten«; und an anderer Stelle geradezu das Gegenteil: »und sollst es *kochen* und essen« (Dtn 16, 7 – D).

---

91 Ähnlich steht in 2 Chr 30, 24 zu lesen, Hiskia und seine Fürsten hätten **Stiere** und **Schafe** gespendet für die ›weiteren sieben Tage‹, um die sie das Passafest verlängerten.
92 Zu diesem Vers eingehender im folgenden.
93 Welch, Chronicler, 146, meint, der Chronist sei Dtn gefolgt, wonach auch Rinder als Passa-Opfer zugelassen seien, und erst ein späterer Redaktor, der die Vorschrift von Ex für die einzig bindende hielt, habe die Unterscheidung von Passa-Opfer (von Kleinvieh) und ›Weihegaben‹ (die Rinder) in den Text der Chronik eingebracht; diese Vermutung ist völlig ungedeckt.
94 Sifre Dtn, R'eh XVI 2, Ed. L. Finkelstein, § 129, p. 187.

Der Chronist hat offenbar versucht, beide Vorschriften nebeneinander bestehen zu lassen, er schreibt nämlich: »Dann *kochten* sie das Passa satzungsgemäß **am Feuer**« (2 Chr 35, 13).[95]

Ähnlich wie der Chronist verfährt die LXX zu Dtn 16, 7: sie kombiniert beide Zubereitungsarten (καὶ ἑφήσεις καὶ ὀπτήσεις). Entsprechend wird das Problem später im halachischen Midrasch behandelt: »›und kochen‹ – kochen bedeutet hier ›braten‹, wie geschrieben steht ›du sollst es kochen und essen‹ [Dtn 16, 7] und an anderer Stelle ›Dann kochten sie das Passa satzungsgemäß am Feuer‹ [2 Chr 35, 13]. Daraufhin sagte R. Josia: ›Wer gekochtes Fleisch gelobt hat, darf kein gebratenes bringen‹«.[96] Auch im Jerusalemer Talmud (j Nedarim VI 1 [19b]) werden die beiden Zubereitungsarbeiten mit Berufung auf 2 Chr 35, 13 gleichgesetzt.[97]

C) *Verheißung vs. Erfüllung*

In der Regel schafft der deuteronomistische Historiograph einen deutlichen Zusammenhang zwischen Gottes Wort und dem historischen Geschehen. In seinen Augen ist Gottes Wort die treibende Kraft der Geschichte; es kehrt nicht eher zurück, als bis es erfüllt ist, und zwar genau wie vom jeweiligen Propheten angekündigt, oder wie dort geschrieben steht: »Nichts von dem, was der Herr wider ... geredet hat, bleibt unerfüllt: der Herr hat getan, was er durch seinen Knecht ... verkündet hat« (2 Kön 10, 10, vgl. ferner 1 Kön 8, 24. 56; Jos 21, 45; 23, 14-16). Diese Potenz des göttlichen Wortes, die den Gang der Geschichte bestimmt bis zu seiner Erfüllung, ist in den historischen Schriften der Bibel mehrfach zu beobachten: 1 Kön 13, 1-32 steht die Geschichte von dem Gottesmann aus Juda, der wider den Altar zu Bethel weissagte und danach von dem Propheten aus Bethel betört wurde. 2 Kön 23, 15-20 ist berichtet, wie König Josia eben diese Weissagung erfüllt: »er entweihte ihn [den Altar], nach dem Worte des Herrn, das der Gottesmann einst ausrief, als Jerobeam beim Feste am Altare stand«. 1 Kön 14, 6-16 verkündet der Prophet Ahia von Silo Unglück über Jerobeams Haus und 1 Kön 15, 29 steht: »er [Basa] erschlug das ganze Haus Jerobeams; er ließ von Jerobeams Geschlecht

---

95 Vgl. Rudolph, Chron, 327; Seeligmann, Vorboten, 31f; Williamson, Chron, 407. Die Vermutung von Welch, Chronicler, 146, die Worte ›satzungsgemäß am Feuer‹ seien Zusatz eines späteren Redaktors, stützt sich einzig und allein auf die Tendenz dieses Forschers, die Abhängigkeit des Chronisten von Dtn zu betonen.

96 Mechilta deRabbi Jischmael, Massechta dePassecha, VI, Eds. H.S. Horovitz-I.A. Rabin, 21.

97 Im Akkadischen bedeutet das Verb bašālu auch ›kochen‹ (s. CAD, vol. II [B], 135), aber diese Bedeutung dürfte der Chronist wohl nicht gemeint haben.

nichts übrig, was Lebensodem hatte, bis er es vertilgt hatte, nach dem Worte, das der Herr durch seinen Knecht Ahia von Silo geredet«.[98]

Dieses theologische Schema dient dem deuteronomistischen Historiographen auch als literarische Technik zur Vereinheitlichung und Verknüpfung der verschiedenen in sein Werk eingegangenen Quellen.[99]

Im chronistischen Geschichtswerk sind Verheißung und Erfüllung bisweilen nahezu unverändert aus dem älteren Text übernommen: 1 Chr 17, 12 (// 2 Sam 7, 13) steht die göttliche Verheißung über Salomo »Er soll mir ein Haus bauen, und ich will seinen Thron auf ewig befestigen«, und 2 Chr 6, 10 (// 1 Kön 8, 20) wird deren Erfüllung konstatiert: »Nun hat der Herr das Wort erfüllt, das er geredet hat; denn ich bin an meines Vaters David Statt getreten und habe den Thron Israels bestiegen, wie der Herr verheißen hat, und ich habe dem Namen des Herrn, des Gottes Israels, das Haus gebaut«. Gelegentlich bringt der Chronist aus seiner Vorlage auch nur die Erfüllung, so daß der Leser die Verheißung aus seiner Erinnerung an den Text in Könige oder aus dem Kontext erschließen muß[100]: So steht etwa in 2 Chr 10, 15 (// 1 Kön 12, 15) die Erfüllung einer göttlichen Verheißung: »Also hörte der König nicht auf das Volk; denn es war so von Gott gefügt – damit der Herr das Wort erfülle, das er durch Ahia von Silo zu Jeroeam, dem Sohne Nebats, geredet hatte«, wohingegen die Weissagung des Ahia von Silo an Jerobeam aus 1 Kön 11, 29-39 in der Chronik nicht vorkommt.[101] Außerdem gibt es Fälle, in denen der Chronist die Erfüllung einer Verheißung aus dem älteren Text von sich aus hinzufügt:

a) 2 Sam 5, 1-3 wird erzählt, die Ältesten Israels seien nach Hebron gekommen, »sie salbten David zum König über Israel —— «. In 1 Chr 11, 1-3 bringt der Chronist genau diese Information und setzt hinzu:

---

98 S. auch 1 Kön 16, 1-4 und vgl. ebd. VV. 11f; 2 Kön 1, 6 und vgl. ebd. V. 17; 2 Kön 21, 10-16 und vgl. ebd. 24, 2f; Jos 6, 26 und vgl. 1 Kön 16, 34.

99 Vgl. G. von Rad, Die deuteronomistische Geschichtstheologie in den Königsbüchern, in: idem, Gesammelte Studien zum Alten Testament, vol. I, München 1971, 189–204.

100 Der Chronist scheint den Text von Samuel-Könige beim Leser als bekannt vorauszusetzen; dazu ausführlicher unten, Einleitung zu Kap. X.

101 Japhet, Ideology, 162 Anm. 477, sieht in 2 Chr 10, 15 ein ›inkonsequentes Überbleibsel‹ aus 1 Kön 12, 15, denn sie geht davon aus, daß in der Chronik jeder Mensch und jede Generation für sich selbst verantwortlich sei, so daß weder Verdienst noch Schuld der Väter zur Wirkung kommen. Aber der Vers 2 Chr 11, 4 (// 1 Kön 12, 24) »So spricht der Herr: Ihr sollt nicht hinziehen und mit euren Brüdern kämpfen. Ein jeder gehe wieder heim; denn **durch mich ist es so gefügt** worden. Als sie die Worte des Herrn hörten, kehrten sie um und zogen nicht gegen Jerobeam« spielt doch auf die Erzählung aus 2 Chr 10, 15 // 1 Kön 12, 15 an.

»nach der Verheißung des Herrn durch Samuel«, d.h. er erinnert an die Erzählung aus 1 Sam 16, 1-13, die bei ihm gar nicht vorkommt.[102]

b) In 2 Chr 36 schließt der Chronist den Bericht von der Zerstörung Jerusalems und der Wegführung ins babylonische Exil mit den Worten: »So sollte das Wort des Herrn in Erfüllung gehen, das er durch Jeremia geredet hatte: ›Bis das Land die ihm gebührenden Sabbatjahre ersetzt bekommen hat; während der ganzen Zeit, da es wüste liegt, hat es Ruhe‹ – bis nach Ablauf von siebzig Jahren« (V. 21). Hier erinnert der Chronist an die Ankündigungen des Propheten Jeremia bezüglich der Zerstörung Jerusalems und der Dauer des Exils sowie an ähnliche Hinweise im Pentateuch (s. Jer 25, 11f; 27, 7; Lev 26, 34f).[103]

Allerdings kommt es auch vor, daß der Chronist versucht, die Entsprechung von Verheißung und Erfüllung nicht nur durch Zusätze zum älteren Text, sondern durch literarische Neugestaltung zu verdeutlichen; einige Fälle dieser Art seien im folgenden vorgestellt:

(1) In 2 Chr 32, 21b hat der Chronist den aus 2 Kön 19, 36f (= Jes 37, 37f) übernommenen Vers Bericht über Sanheribs Rückzug aus Juda und seine Ermordung in Assyrien umformuliert, um ihn mit Jesajas einschlägiger Weissagung aus V. 7 (= Jes 37, 7) in Einklang zu bringen:

2 Kön 19, 7	*2 Kön 19, 36f*	*2 Chr 32, 21b*
Siehe, ich will ihm einen Geist eingeben, daß er ein Gerücht hört und *in sein Land zurückkehrt*, und daselbst will ich ihn *fällen durch das Schwert*.	Da brach Sanherib, der König von Assyrien, auf und zog hinweg, *kehrte heim* und blieb *in Ninive*. Und ... da *erschlugen* ihn ... seine Söhne *mit dem Schwert*.	so daß er mit Schimpf und Schande *in sein Land zurückkehren* mußte. Und als er ..., *fällten* ihn daselbst einige seiner leiblichen Söhne *durch das Schwert*.

Durch die Anpassung der Erfüllung an den Wortlaut der Weissagung wird betont, daß Gottes Wort genau so vollzogen wurde, wie der Prophet es angekündigt hatte.[104]

---

102 Vgl. auch in der Fortsetzung, 1 Chr 11, 10: »... ihn zum König zu machen **nach dem Worte des Herrn über Israel**«; ebenso 1 Chr 12, 24: »... die zu David nach Hebron kamen, um ihm das Königtum Sauls zuzuwenden **nach dem Befehl des Herrn**«.
103 Zur literarischen Struktur von 2 Chr 36, 21 s. unten Kap. XI und XIV.
104 Der Verfasser von Kön (und in seinem Gefolge der Chronist) hat hier zwei historische Ereignisse aneinandergerückt, die in Wirklichkeit 20 Jahre auseinanderliegen: Sanheribs Rückzug aus Juda fand im Jahre 701 v.Chr. statt, ermordet wurde er i.J. 681 v.Chr. Dazu oben, Kap. I, B, Beispiel 2. Schon die Zusammenrückung der Ereignisse soll zeigen, wie exakt Jesajas Weissagung (2 Kön 19, 7 = Jes 37, 7) erfüllt wurde; der Chronist hat diese Entsprechung noch unterstrichen.

(2) In Nathans Weissagung erhält David die göttliche Zusage: »Ich will dir Ruhe schaffen vor all deinen Feinden« (2 Sam 7, 11)[105]; 1 Chr 17, 10 hat der Chronist den Wortlaut verändert und geschrieben »ich will alle deine Feinde unterwerfen«. Die Verbalwurzeln נ-ו-ח und כ-נ-ע sind in der Chronik nicht gerade selten: Von den 36 Vorkommen von כ-נ-ע in der Bibel finden sich 18 in der Chronik; נ-ו-ח in der Bedeutung ›Ruhe geben‹ steht in der Chronik nicht weniger als 7 Mal, jeweils in chronistischem Sondergut[106]. Von daher ist die Erklärung hinfällig, der Chronist habe ein seltenes durch ein gebräuchlicheres Verb ersetzt. Japhet nimmt an, der Chronist habe den Wortlaut verändert, ›um Gottes Handeln für David mehr Nachdruck zu verleihen‹.[107] Doch mindestens ebenso wahrscheinlich ist die Vermutung, daß der Chronist zwischen der göttlichen Verheißung an David und deren praktischer Erfüllung, Davids Sieg über die Philister, möglichst weitgehende Übereinstimmung erzielen wollte, und dort heißt es: »David schlug die Philister und unterwarf sie« (1 Chr 18, 1a // 2 Sam 8, 1a). Der wörtliche Anklang unterstreicht die Entsprechung zwischen Verheißung und Erfüllung: Gott tut genau das, was er versprochen hat.

(3) Bei der Schilderung von Davids Sieg über die Philister bei Baal-Perazim hat der Chronist den Wortlaut des älteren Textes leicht verändert und dadurch eine engere Übereinstimmung zwischen Davids Frage und Gottes Antwort darauf und der konkreten Erfüllung der Verheißung erzielt:

2 Sam 5, 19f	*1 Chr 14, 10f*
Davids Frage: Soll ich wider die Philister hinaufziehen? Wirst du sie in meine Hand geben?	Soll ich wider die Philister hinaufziehen und gibst du sie in meine Hand?
Gottes Antwort: Ziehe hinauf, denn ich werde die Philister sicherlich in deine Hand geben.	Ziehe hinauf, ich gebe sie in deine Hand.
Erfüllung: Da kam David nach Baal-Perazim und schlug sie dort;	Da zogen sie hinauf[108] nach Baal-Perazim, und David schlug sie

---

105 Manche lesen hier: »Ich will ihm [d.i. Israel] Ruhe schaffen vor all seinen Feinden«, so etwa Driver, Samuel, 275; Budde, Samuel, 235; ähnlich McCarter, II Sam, 193 mit weiterer Literatur. Aber diese Lesart ist textlich nicht fundiert, ist auch nicht nötig: Der Verfasser wechselt hier wieder in die direkte Anrede an David wie VV. 8f, vgl. Segal, Samuel, 279.

106 Nach Japhet, Interchanges, 36 Anm. 98.

107 Japhet, Interchanges, 36.

108 Der massoretische Text liest hier Plural (im Gegensatz zum Singular ›da kam David‹ an der Parallelstelle in Sam), gemeint sind offenbar ›David und seine Männer‹, vgl. V. 16: ›da schlugen sie‹ gegenüber ›da schlug er‹ im Paralleltext bei Sam. Japhet, Interchanges, 45f, meint, das Subjekt von ›da zogen sie hinauf‹ sei ›die Philister‹; sie begründet dies mit der neuerlichen Nennung des Subjekts ›David‹ in der unmittel-

und er sprach: »Der Herr hat
meine Feinde *vor mir her*
durchbrochen, wie das Wasser den Damm durchbricht.«

dort. Und David sprach: »Gott
hat *durch meine Hand* meine
Feinde durchbrochen, wie das
Wasser den Damm durchbricht.«

Der Chronist hat bei der Erfüllung das Verb ›hinaufziehen‹ (עלה)
aus Davids Frage verwendet (statt des allgemeineren ›kam‹ – בוא) und
den Ausdruck ›durch meine (bzw. ›deine‹) Hand‹ (בידי) wiederholt.
Das Verb ›geben‹ versieht er auch in der göttlichen Antwort mit Pro-
nominalsuffix (ונתנים statt נתן אתן את הפלשתים), wie es in Davids
Frage verwendet war.

So hat der Chronist wörtliche Übereinstimmung von Verheißung
und Erfüllung hergestellt; dadurch wird dem Leser deutlich gemacht,
daß Gott Davids Wunsch nicht nur sinngemäß, sondern ganz exakt
zu erfüllen vermag.

Die Verbalwurzel פ-ר-צ dagegen hat der Chronist belassen und
nicht etwa dem ›geben‹ im ersten Teil angeglichen, denn einerseits
kommt die Bedeutung des Sieges durch diese Metapher sehr schön
zum Ausdruck, und andererseits wird sie für die Etymologie des Ortsnamens Baal-Perazim gebraucht.

(4) Ein ähnliches Beispiel findet sich auch in der Schilderung von
Davids zweitem Kriegszug gegen die Philister:

	2 Sam 5, 24b.25	*1 Chr 14, 15b.16*
Verheißung:	denn alsdann ist der Herr vor dir her ausgezogen, **das Heer** *der Philister zu schlagen.*	denn Gott ist vor dir her ausgezogen, **das Heer** *der Philister zu schlagen.*
Erfüllung:	Und David tat so, wie ihm der Herr geboten hatte, und er *schlug —— die Philister* von Gibeon an bis Geser.	Und David tat, wie Gott ihm geboten hatte, und *sie schlugen* **das Heer** *der Philister* von Gibeon an bis Geser.

Inhaltlich besteht kein wesentlicher Unterschied zwischen den beiden Versionen. Auch hier ist bei der Formulierung des Chronisten das
Bestreben zu beobachten, möglichst vollständige Übereinstimmung
zwischen Verheißung und Erfüllung zu erzielen, wodurch Gottes ge-
schichtsmächtiges Handeln besonders betont wird.

(5) In 1 Kön 22, 17 weissagt Micha, der Sohn Jimlas, über den König
von Israel: »Der Herr sprach: ›**Die haben keinen Herrn; ein jeder**

---

baren Fortsetzung: dem müsse ein Subjektwechsel vorangegangen sein. In etlichen
Handschriften des massoretischen Textes, in LXX, Vulgata und Peschitta steht die
Verbform hier tatsächlich im Singular (in Analogie zur Parallelstelle bei Sam), und
diese Lesart scheint vorzuziehen; vgl. Rudolph, Chron, 114; Myers, I Chron, 104.
Auch in den Kontext fügt sich die Verbform im Singular besser ein, denn sowohl
Davids Frage als auch Gottes Imperativ sind im Singular formuliert.

kehre heim in Frieden!‹«. In der Fortsetzung (V. 35) wird vom Tod eben dieses Königs berichtet, der den Feldzug gegen Syrien anführte und König Josaphat von Juda zum Bundesgenossen gewonnen hatte; dort heißt es: »da erscholl im Heer der Ruf: ›*Jeder in seine Stadt, jeder in sein Land! Der König ist tot*‹« (V. 36f), d.h. nur der König von Israel war gefallen, seine Leute kehrten unversehrt nach Hause zurück.

In 2 Chr 18 bringt der Chronist die Unheilsweissagung über den König von Israel (V. 16) und seinen Tod in der Schlacht (V. 34) wie im Paralleltext von Könige. Den Vers, aus dem hervorgeht, daß die übrigen Israeliten heimgekehrt seien, läßt er weg; statt dessen bringt er unmittelbar im Anschluß an die Todesnachricht des Königs von Israel das positive Schicksal des Josaphat, wobei er Michas Weissagung wörtlich wieder aufnimmt: »**Josaphat aber, der König von Juda, kehrte in Frieden heim nach Jerusalem**« (2 Chr 19, 1).[109]

Durch die Wiederaufnahme der Weissagung wollte der Chronist offenbar zeigen, daß Gottes Verheißung in Erfüllung gegangen war[110], und zwar genau so, wie Micha, der Sohn des Jimla, sie verkündigt hatte. Er brauchte dafür keine ausdrückliche Reminiszenz wie ›nach dem Worte des Herrn durch Micha, den Sohn Jimlas‹ oder ›nach dem Wort des Herrn durch seinen Knecht Micha‹ o. ä., denn er arbeitete mit subtileren literarischen Mitteln.

---

109 Zur kontrastiven Gegenüberstellung des guten Königs von Juda mit dem bösen König von Israel s. unten, Kap. XV, B, Beispiel 1.
110 Vgl. Williamson, Chron, 286.

Kapitel VIII
Gestaltung von Personen

Die Haltung des schöpferischen Schriftstellers – Erzählers oder Historiographen – zu den in seinem Werk dargestellten Figuren kann sich unter anderem in deren Benennung äußern, in der Art, wie sie in diesem oder jenem Kontext erwähnt werden, oder in der Häufigkeit ihres Auftretens in einer bestimmten Episode. Dies hat natürlich direkten oder indirekten Einfluß auf die Gestaltung der in der betreffenden Episode vorkommenden Personen.

Auch der Chronist gehört zu dieser Kategorie von schöpferischen Schriftstellern. In etlichen Situationen hat er die Benennung, Art und Häufigkeit des Auftretens von Personen im Vergleich zu Samuel-Könige geändert, je nach der Sympathie oder Antipathie, die er gegenüber den betreffenden Personen erwecken wollte. So kann er etwa durch die Nennung einer Figur mit ihrem Namen statt mit ihrem Titel oder umgekehrt diese in den Vorder- oder Hintergrund treten lassen (s. u. A und B). Solche literarisch-rhetorischen Effekte setzt der Chronist gezielt ein, um eine Figur mehr oder weniger positiv erscheinen zu lassen.

Es kommt vor, daß der Chronist die Stimmung etwa einer Dialogszene als gelöst oder gespannt charakterisiert, indem er etwa Personen verschiedenen Ranges informell oder offiziell miteinander kommunizieren läßt (s. u. C). So fesselt er nicht nur die Aufmerksamkeit des Lesers, sondern lenkt sie auch in seinem Sinne.

In einigen Fällen hat der Chronist bei der Gegenüberstellung von Angehörigen verschiedener sozialer Gruppen offenbar bewußt auf hierarchisches Gleichgewicht geachtet (s. u. D).

A) Hervorhebung von Personen

1. König David bei der Volkszählung

Beim Bericht von der Volkszählung 2 Sam 24 ist David zweifellos die zentrale Figur, seine Worte und Taten bilden die Achse, um die das gesamte Geschehen kreist. Außerdem wird er im Lauf der Erzählung (mit Namen und/oder Titel) sehr häufig erwähnt: 29 Mal in einem Kapitel von 25 Versen! (abgesehen von auf ihn bezogenen Pronomina).

Dem Chronisten scheint dies noch nicht genug gewesen zu sein; in seinem Parallelbericht tut er ein Übriges, um die Gestalt des verehrten Herrschers weiter hervorzuheben:

1) Im Vergleich zu Sam 24, wo die Nennung mit Namen (14mal) und die Nennung mit dem Titel (15mal) ausgewogen sind[1], hat der Chronist das Verhältnis zugunsten des Namens ›David‹ (der gleichzeitig familiärer, vertrauter wirkt) und zu Ungunsten des (offizielleren, distanzierteren) Titels ›der König‹ verändert: 23 zu 4![2] Zur Erzielung dieses literarischen Effekts hat sich der Chronist verschiedener literarischer und stilistischer Mittel bedient:

Eigenname statt Titel
a) 2 Sam 24, 2: Da sprach **der König** zu Joab
   1 Chr 21, 2: Da sprach **David** zu Joab

b) 2 Sam 24, 9: Da gab Joab … **dem König**
   1 Chr 21, 5: Da gab Joab … **David**

c) 2 Sam 24, 20: Da schaute Arauna hinaus und sah **den König**
   1 Chr 21, 21: Da blickte Ornan auf und sah **David**

d) 2 Sam 24, 20: Da verneigte er sich vor **dem König** bis auf den Boden
   1 Chr 21, 21: Da verneigte er sich vor **David** bis auf den Boden

Name zusätzlich zum Titel
2 Sam 24, 24: Da sprach **der König** zu Arauna
1 Chr 21, 24: Da sprach **König David** zu Ornan

Verwandlung von direkter in indirekte Rede
2 Sam 24, 18: An jenem Tage kam Gad zu **David** und sprach zu ihm: »Geh hinauf und errichte dem Herrn einen Altar auf der Tenne des Jebusiters Arauna!«
1 Chr 21, 18: Der Engel des Herrn beauftragte Gad, **David** zu sagen, **David** solle sich aufmachen, dem Herrn einen Altar zu errichten.[3]

---

1   Der Name ›David‹ steht in 2 Sam 24, 1. 10 (2x). 11 (2x). 12. 13. 14. 17. 18. 19. 21. 22. 24. 25; der Titel ›König‹ steht ebd. VV. 2. 3 (3x). 4 (2x). 9. 20 (2x). 21. 22. 23 (2x). 24.

2   Der Name ›David‹ steht in 1 Chr 21, 1. 2. 5. 8. 9. 10. 11. 13. 16 (2x). 17. 18. 19. 21 (3x). 22. 23. 25. 26. 28. 30; 22, 1; der Titel ›König‹ dagegen nur VV 3. 4. 6. 23; die Kombination ›König David‹ ein einziges Mal: 21, 24. Es fällt auf, daß ungeachtet der Zusätze des Chronisten zum älteren Text die Gesamtzahl der Nennungen geblieben ist wie bei Samuel: 29 Mal.

3   Vielleicht hat diese stilistische Variante außerdem inhaltlich- theologische Implikationen: Gad erteilt David den Auftrag, den Altar auf der Tenne des Jebusiters zu errichten, nicht aus eigener Vollmacht, vielmehr fungiert er nur als Übermittler eines Auftrags aus dem Munde Gottes bzw. seines Engels. Dieser Punkt wird unmittelbar in der Fortsetzung direkt angesprochen: »Da machte sich David auf nach dem Worte Gads, das er im Namen Gottes gesprochen hatte« (1 Chr 21, 19) // »Da machte sich David auf nach dem Worte Gads, wie der Herr geboten hatte« (1 Sam 24, 19); s. auch 1 Chr 21, 9f // 2 Sam 24, 11f). Die Formulierung des Chronisten würde den göttlichen Ursprung des Altarbaus nur verstärken. Ausführlicher zu dieser Frage s. Kalimi, Moriah, 350-362.

Tilgung des Titels ›König‹

a) 2 Sam 24, 3: Da sprach Joab zum **König**: Möge der Herr, dein Gott, zu diesem
Volke noch hundertmal soviel, als ihrer sind, hinzufügen, so daß mein Herr es mit
eigenen Augen schaut! Aber warum trägt mein Herr, der **König**, Verlangen nach
solchem Tun?

1 Chr 21, 3: »Da sprach Joab ——: Möge der Herr zu seinem Volk noch hundertmal
soviel, als ihrer sind, hinzufügen! – wären sie, mein Herr König, nicht alle Knechte
meines Herrn? Warum verlangt mein Herr —— dies?«

b) 2 Sam 24, 4: So zogen denn Joab und die Heeresobersten vom **König** hinweg, um
das Volk Israel zu zählen.

1 Chr 21, 4: So machte sich denn Joab —— auf den Weg und zog in ganz Israel
umher.

Durch die textlichen Kürzungen werden die Nennungen des Titels ›der König‹ reduziert; der Name ›David‹ erscheint entsprechend
häufiger.

Verwendung des Namens ›David‹ in den Zusätzen
In seinen Zusätzen zum älteren Text achtete der Chronist darauf, nicht
den Titel zu verwenden, sondern den Namen; z.B.:

1 Chr 21, 16: Da erhob **David** seine Augen und sah ... da fielen **David** und
die Ältesten, mit Säcken angetan, auf ihre Angesichter[4]

1 Chr 21, 17: Da sprach **David** zu Gott ...

1 Chr 21, 21: Da kam **David** zu Ornan

1 Chr 21, 28: Zu jener Zeit, als **David** sah, daß der Herr ihn erhört hatte ...

1 Chr 21, 30: **David** konnte nicht hingehen, Gott zu suchen ...

1 Chr 22, 1: Da sprach **David**: Dies ist das Haus Gottes des Herrn ...

2) Persönliche statt allgemeiner Formulierung

Um die Gestalt Davids in der Erzählung hervorzuheben, verwan-
delte der Chronist allgemeine Formulierungen des älteren Textes in
persönlichere, z.B.:

a) 2 Sam 24, 2: Zählt das Volk, damit **ich** die Zahl des Volkes **weiß**

1 Chr 21, 2: Geht hin, zählt Israel ... und bringt **mir**s, damit **ich** ihre Zahl **weiß**

b) 2 Sam 24, 21: Da befahl David, die Tenne von dir **zu kaufen** und dem Herrn einen
Altar **zu errichten**, auf daß die Seuche zum Stillstand komme

---

4 Dieser Vers, der im massoretischen Text und in der LXX zu Samuel fehlt, hat
sich (mit leichten Abwandlungen, die unten, Kap. XII behandelt werden sollen)
in 4QSam[a] erhalten: »Da erhob [David seine Augen und sah den Engel des Herrn
zwischen] Himmel und Erde stehen, mit dem Schwert in der Hand, [ausgereckt
über Jerusalem. Da fielen David und die Ältesten auf ihre Ange]sichter, ange[tan]
mit Säcken«. Cross und in seinem Gefolge McKenzie nehmen an, der Chronist
und der Verfasser der Qumran-Rolle hätten aus einer dritten, unabhängigen Quelle
abgeschrieben; das Fehlen des Verses in Sam sei durch Homoioarkton zustandegekommen. S. Cross, Ancient Library, 188 Anm. 40a; McKenzie, Chron, 55f. In
diesem Fall wäre der Vers also kein ›Zusatz‹ aus der Feder des Chronisten.

1 Chr 21, 22: Da befahl David … : Gib **mir** den Platz der Tenne, damit **ich** dem
               Herrn dort einen Altar baue, um vollen Preis gib ihn **mir**, auf daß die
               Seuche zum Stillstand komme
c) 2 Sam 24, 25: Da brachte er Brand- und Heilsopfer —— und der Herr ließ sich für
               das Land erbitten
1 Chr 21, 26: Da brachte er Brand- und Heilsopfer und **rief** zum Herrn, der ant-
               wortete **ihm** durch Feuer vom Himmel.

Die große Zahl von Belegen und ihr konzentriertes Auftreten im
Bericht von der Volkszählung sprechen dafür, daß der Chronist sich
bewußt darum bemüht hat, die oben skizzierten literarischen Effekte
zu erzielen.

2. ›Israel‹ (Volk und Land) bei der Volkszählung

Statt der allgemeinen Bezeichnungen ›das Volk‹ und ›das Land‹
im Bericht von der Volkszählung 2 Sam 24 setzte der Chronist nach
Möglichkeit den Eigennamen ›Israel‹, wahrscheinlich zum Zweck der
Hervorhebung:

a) 2 Sam 24, 2: zieht umher … und zählt das **Volk**
   1 Chr 21, 2: geht und zählt **Israel**
b) 2 Sam 24, 15: da starben vom **Volk**
   1 Chr 21, 14: da fielen von **Israel**[5]
c) 2 Sam 24, 8: So durchzogen sie das ganze **Land**
   1 Chr 21, 4: und zog in ganz **Israel** umher

Insgesamt gewinnt man den Eindruck, der Chronist habe es bei seiner Schilderung der Volkszählung darauf angelegt, ›David‹ und ›Israel‹
hervorzuheben, da ihm beide besonders am Herzen lagen.

3. Jojada der Priester

1) Die positive Einstellung des Chronisten zur Gestalt Jojadas des
Priesters geht in erster Linie aus der Bemerkung zum Abschluß seiner
Lebensgeschichte hervor: »denn er hatte in Israel Gutes gewirkt, auch
für Gott und dessen Haus« (2 Chr 24, 16b – ›Zusatz‹). Jojada sorgte
für das Überleben der davidischen Dynastie: Er rettete den Knaben
Joas vor Athaljas Schwert, zog ihn groß und machte ihn zum König
von Juda, führte ihm sogar Bräute zu (2 Chr 23, 10-21 // 2 Kön 11;

---

5   Zu den Abweichungen »der König und seine Leute« // »David und ganz Israel«
    (2 Sam 5, 6 // 1 Chr 11, 4); »da ging David und das ganze Volk mit ihm« // »da
    stiegen David und ganz Israel hinauf« (2 Sam 6, 2 // 1 Chr 13, 6) s. oben, Kap. I,
    Aa, Beispiel 2.

2 Chr 24, 3 – ›Zusatz‹). Seine Anwesenheit am Tempel sorgte für geregelten Opferdienst: »So brachten sie im Tempel des Herrn ständig Brandopfer dar, solange Jojada lebte« (2 Chr 24, 14b – ›Zusatz‹). Zum Lohn für sein segensreiches Wirken erreichte er ein hohes Alter: »Als aber Jojada hochbetagt und lebenssatt geworden war, starb er im Alter von 130 Jahren« (ebd. V. 15 – ›Zusatz‹); und obwohl er nicht königlicher Abstammung war, »begruben sie ihn in der Davidsstadt bei den Königen« (ebd. V. 16b – ›Zusatz‹). Dies steht in eklatantem Gegensatz zu Joas, der ob seiner bösen Taten (ebd. VV. 18. 20-22 – ›Zusatz‹) relativ jung starb und nicht in den Königsgräbern beigesetzt wurde (ebd. V. 25, gegen 2 Kön 12, 22).[6]

Besonders strahlend erscheint die Gestalt des Jojada vor dem dunklen Hintergrund des Undanks, den Joas ihm gegenüber bezeigte: Sacharja, den Sohn Jojadas des Priesters ließ er im Hof des Hauses des Herrn töten (2 Chr 24, 21)[7]: »So vergaß der König Joas der Liebe, die Sacharjas Vater Jojada ihm erwiesen hatte; er tötete den Sohn« (2 Chr 24, 22). Im Gegensatz dazu hatten (nach Auskunft des Chronisten) Jojada und seine Frau Josabath den Knaben Joas »mitten aus den Königssöhnen, die getötet werden sollten,« beiseite geschafft, verborgen gehalten und ihn unter Gefährdung ihres eigenen Lebens aufgezogen und versorgt (2 Chr 22, 10-12; 24, 3).[8]

Die positive Einstellung des Chronisten zu Jojada geht auch aus dem hierarchischen Gleichgewicht hervor zwischen der Erwähnung des Priesters gegenüber der Nennung des Königs und seines Schreibers beim Bericht von der Instandsetzung des Tempels.[9]

Außerdem benutzt der Chronist zur positiven Hervorhebung der Gestalt des Jojada noch das Mittel, seinen Namen besonders häufig zu nennen. In 2 Kön 12 kommt die Figur Jojada insgesamt nur **drei**mal vor: zweimal in der Verbindung von Name und Titel ›Jojada der Priester‹ (VV. 8. 10), einmal nur mit dem Titel ›der Hohepriester‹ (V. 11). Im Paralleltext 2 Chr 24 dagegen nicht weniger als **zehn**mal: siebenmal der Name ›Jojada‹ (VV. 3. 12. 14[2x]. 15. 17. 22); zweimal Name und Titel ›Jojada der Priester‹ (VV. 2. 25) und einmal als ›Oberpriester Jojada‹ (V. 6).[10] Dagegen fällt auf, daß Jojada nirgends nur mit

---

6 Dazu ausführlich unten, Kap. IX, Beispiel 2 und XV, B, Beispiel 2.

7 Ein Frevel, den Jojada seinerzeit im Falle der ›bösen Königin‹ Athalja verhütet hatte: »Denn der Priester gebot: Ihr soll sie nicht im Tempel des Herrn töten!« (2 Chr 23, 14 // 2 Kön 11, 15).

8 Der Vers 2 Chr 24, 3, ein ›Zusatz‹ des Chronisten, steht etwas isoliert; er paßt weder zur formelhaften Eröffnung (VV. 1-2) noch zum Bericht über die Renovierung des Tempels (VV. 4-14).

9 Dazu unten, Abschnitt D.

10 In diesem Zusammenhang zu nennen sind auch ›der Beauftragte des **Oberpriesters**‹ (V. 11) und ›Sacharja, der Sohn des **Priesters Jojada**‹ (V. 20).

einem seiner Titel, etwa ›der Priester‹ oder ›der Hohepriester‹ genannt wird.[11] Markant ist dieses Detail besonders im Gegensatz zu Joas, der in 2 Chr 24 achtmal hintereinander nur mit dem Titel ›der König‹ bezeichnet wird[12], manchmal direkt neben ›Jojada‹:

a) 2 Kön 12, 8: Da rief **König Joas** Jojada den Priester
   2 Chr 24, 6: Da rief der **König** —— Jojada den Oberpriester
b) 2 Kön 12, 12: Das abgewogene Geld händigten **sie** [der königliche Schreiber und der Hohepriester aus V. 11] den Werkführern ein, die am Tempel die Aufsicht hatten
   2 Chr 24, 12: Dieses gaben der **König** und **Jojada** den Werkführern bei der Arbeit am Tempel des Herrn.
c) 2 Chr 24, 14: Und als sie fertig waren, brachten sie den Rest des Geldes vor den **König** und **Jojada**
d) 2 Chr 24, 17: Nach dem Tode **Jojadas** aber kamen die Fürsten Judas und huldigten dem **König**; da hörte der **König** auf sie.

2) Hervorgehoben wird die Gestalt des Jojada auch beim Bericht von der Krönung des Joas 2 Chr 23, 10-21 // 2 Kön 11. Der Chronist nennt Jojada mit Namen und/oder Titel an allen Stellen, wo er im älteren Text vorkommt; außerdem hat er die folgenden Änderungen vorgenommen:

a) Eigenname statt Titel
   2 Kön 11, 18: **Der Priester** bestellte Wachen über das Haus des Herrn
   2 Chr 23, 18: **Jojada** bestellte Wachen für das Haus des Herrn
b) Zufügung des Eigennamens zum Titel
   2 Kön 11, 10: Und —— **der Priester** gab den Anführern der Hundertschaften die Spieße . . .
   2 Chr 23, 9: Und **Jojada der Priester** gab den Anführern der Hundertschaften die Spieße[13].
c) weitere Erwähnungen des Namens nach Gutdünken
   2 Kön 11, 12: Und **sie** machten ihn zum König und salbten ihn, klatschten in die Hände und riefen: Es lebe der König!
   2 Chr 23, 11: . . . und machten ihn zum König; **Jojada** und seine Söhne salbten ihn und riefen: Es lebe der König!

Außerdem kommt der Name noch in 2 Chr 23, 11 in der Verbindung ›die Frau Jojadas des Priesters‹ vor (›Zusatz‹).

---

11 Abgesehen vom ›Beauftragten des Oberpriesters‹ V. 11, wo der Name des Auftraggebers schlecht unterzubringen war.
12 Dazu im folgenden im Zusammenhang mit der Gestalt des Joas.
13 Y. Peretz, Die Kombination von Eigenname und Ehrentitel (hebr.), in: Proceedings of the Fourth World Congress of Jewish Studies, vol. II, Jerusalem 1968, 129-133 bes. 131, weist darauf hin, daß in der Bibel Titel wie ›Priester‹ oder ›Prophet‹ dem Eigennamen immer nachgestellt sind (135 Fälle ohne Gegenbeispiel).

B) Zurückdrängung von Personen

1. Der judäische König Joas

Die Gestalt des judäischen Königs Joas wird in der Chronik recht anders geschildert als in Könige (2 Chr 24 // 2 Kön 12). Laut 2 Kön 12, 3 tat Joas »was recht war in den Augen des Herrn alle Tage seines Lebens«. Nach Darstellung der Chronik dagegen zerfiel seine Regierungszeit in zwei Epochen: Zu Lebzeiten Jojadas des Priesters tat er, was dem Herrn wohlgefiel (2 Chr 24, 2), und nach dem Tode Jojadas gab Joas den Herrn und seinen Tempel auf, diente »den Ascheren und den Götzenbildern« und erwies seinem einstigen Wohltäter schwärzesten Undank, indem er dessen Sohn Sacharja im Hof des Tempel töten ließ (ebd. VV. 17-22).[14] Die genannten ›Sünden‹ schreibt der Chronist Joas zu, um dessen Unterwerfung durch die Syrer und Ermordung durch seine eigenen Knechte zu rechtfertigen.[15]

Mit dieser ausgesprochen negativen Beurteilung der zweiten Hälfte von Joas' Regierungszeit (die außerhalb der Chronik nicht belegt ist) hat sich der Chronist nicht begnügt; vielmehr wendet er noch verschiedene literarische Techniken an, um die Figur des Joas zurücktreten und in ungünstigem Licht erscheinen zu lassen.

Häufige Verwendung des Königstitels
In 2 Kön 12 wird der betreffende König von Juda sechs Mal mit seinem Namen ›Joas‹ genannt (VV. 1. 2. 3. 5. 20. 21), zweimal mit Name und Titel, VV. 8: ›König Joas‹ und 19: ›Joas, der König von Juda‹[16], dagegen nie mit dem Königstitel allein. Im Unterschied dazu verwendet der Chronist fast durchgängig, achtmal hintereinander, nur den Titel ›der König‹:

a) 2 Kön 12, 8: Da ließ **König Joas** Jojada den Priester rufen
   2 Chr 24, 6: Da ließ **der König** Jojada den Oberpriester rufen.
b) Viermal in Einschüben in den Paralleltext 2 Kön 12 (2 Chr 24, 8.11.12.14).
c) dreimal in ›Zusätzen‹ (VV. 17 [2x]. 21).

---

14 Zur Gliederung von Joas' Regierungszeit in zwei Epochen s. Rudolph, Chron, 273; Japhet, Ideology, 174.
15 Dazu Japhet, Ideology, 167 Anm. 486, 173-175, 152f. Sie macht darauf aufmerksam (S. 174), daß die beiden Hälften von Joas' Regierungszeit in Kön ungleich dokumentiert sind (17 Verse gegenüber 5), während der Chronist die Darstellung der zweiten Hälfte ausführlicher gestaltet und dadurch ein quantitatives Gleichgewicht erzielt habe.
16 Bei 2 Kön 12, 7 »Es geschah im 23. Regierungsjahr von König Joas« handelt es sich um eine reine Datumsangabe, die nicht in diese Kategorie zu fallen scheint.

Auffallend ist die Benennung mit dem bloßen Titel ›der König‹ angesichts der Beobachtung, daß der Chronist im selben Kontext Joas' Kontrahenten Jojada nicht weniger als zehnmal beim Namen nennt[17], nicht dagegen mit bloßem Titel wie ›der Priester‹, ›der Hohepriester‹ oder ähnlich. Name auf der einen und Titel auf der anderen Seite prallen gelegentlich direkt aufeinander. Zusätzlich zu 2 Chr 24, 6 sind dafür noch folgende Beispiele anzuführen: 2 Chr 24, 12 vgl. 2 Kön 12, 12; 2 Chr 24, 14. 17.[18]

Der Name ›Joas‹ erscheint nur zu Anfang des Kapitels, wo der neue König eingeführt wird: zweimal in 2 Chr 24, 1. 2 // 2 Kön 12, 1. 3, einmal in einem ›Zusatz‹ zu Beginn des Berichts von der Instandsetzung des Tempels (V. 4); und dann noch am Ende des Kapitels, VV. 22. 24 (›Zusätze‹), von denen gleich die Rede sein wird.

Nennung des Namens in unangenehmen Situationen
Gegen Ende des Kapitels bringt der Chronist die Sünden des judäischen Königs und die Strafe dafür, und in diesem Kontext nennt er ihn beim Namen:

a) Nach der Steinigung von Sacharja im Hof des Tempels »auf Befehl *des Königs*« (V. 21) kommentiert der Chronist: »So vergaß *König Joas* der Liebe, die Sacharjas Vater Jojada ihm erwiesen hatte; er tötete den Sohn« (V. 22) – als ob er betonen wollte: der ›König‹, auf dessen Befehl Sacharja getötet wurde, war kein anderer als der undankbare ›König Joas‹.

b) Bei der Schilderung der Strafaktion schreibt der Chronist, die syrischen Truppen, die alle Obersten des Volkes niedermachten und aus Juda und Jerusalem reiche Beute nach Damaskus sandten, »vollzogen an *Joas* das Strafgericht« (V. 24), nicht etwa ›am König‹. So macht der Chronist den König sozusagen persönlich verantwortlich für die Verheerung, die über sein Volk und Land kam.

Verzicht auf den Namen und indirekte Erwähnung
In den drei Versen, mit denen der Chronist die Lebensgeschichte des judäischen Königs Joas abschließt, wird auf den König nur indirekt Bezug genommen (14 Pronominal-Formen), sein Name dagegen kein einziges Mal genannt (im Unterschied zu 2 Kön 12, wo der Name zweimal vorkommt):

---

17 2 Chr 24, 3. 12. 14 (2x). 15. 17. 22: ›Jojada‹; 2. 25: ›Jojada der Priester‹; 6: ›Jojada der Oberpriester‹, s. auch V. 20.

18 Eingehendere Behandlung s. oben in diesem Kapitel, Abschnitt A, 3. »Jojada der Priester«.

2 Kön 12, 21. 22. 20	*2 Chr 24, 25-27*
	Und als sie von **ihm** wegzogen – sie verließen **ihn** nämlich schwerkrank -,
21. **Seine** Diener aber erhoben sich, zettelten eine Verschwörung an und erschlugen *Joas* im Hause Millo;	zettelten **seine** Diener eine Verschwörung wider **ihn** an wegen **seiner** Blutschuld am Sohne des Priesters Jojada und töteten **ihn** auf **seinem** Bette.
22a. **seine**Diener Josachar, der Sohn Simeaths, und Josabad, der Sohn Somers, schlugen **ihn** tot[19]. Und man begrub **ihn** in der Davidsstadt bei seinen Vätern . . .	So starb **er**, und sie begruben **ihn** in der Davidsstadt, jedoch nicht in den Gräbern der Könige. Die sich aber gegen **ihn** verschworen hatten waren: Sabad, . . . , und Josabad, . . .
20. Was sonst noch von **Joas** zu sagen ist, alles, was **er** getan hat, das steht geschrieben in der Chronik der Könige von Juda.	Was aber **seine** Söhne betrifft und die vielen Prophetensprüche über **ihn** und den Neubau des Tempels, das steht geschrieben in der Erklärung zum Buch der Könige.
22b. und **sein** Sohn Amazia wurde König an **seiner** Statt.	Und **sein** Sohn Amazia wurde König an **seiner** Statt.

Zwar findet sich pronominale Bezugnahme auch in 2 Kön 12, 20-22, aber im Vergleich zu 2 Chr 13, 25-27 merklich weniger (9 gegenüber 14 Mal); außerdem wird in 2 Kön 12, 20-22 der Name ›Joas‹ zweimal genannt.

2. Der ägyptische Pharao Necho

Josia fiel bei Megiddo (i. J. 609 v. Chr.), als er versuchte, den Vormarsch des Pharao Necho aufzuhalten. Dieser wiederum war den Assyrern in ihrem Kampf gegen Meder und Babylonier zu Hilfe geeilt. Auf dem Rückweg setzte Necho Josias Sohn Joahas (Sallum), den das judäische ›Landvolk‹ zum König an seines Vaters Statt erhoben hatte, ab und nahm ihn mit nach Ägypten ins Exil. Außerdem forderte er hohe Tributzahlungen von Juda und setzte den pro-ägyptischen Jojakim zum König ein, dessen Grausamkeit sprichwörtlich war (2 Kön 23, 29 – 24, 7; 2 Chr 35, 20 – 36, 4; Jer 22 u.ö.).

Dieser ägyptische Herrscher, der den ›guten‹ König Josia getötet, dessen Sohn Joahas mit sich geführt und die Ehre des davidischen Hauses sowie die Souveränität des judäischen Staatswesens empfindlich verletzt hatte, war dem Chronisten offenbar höchst unsympathisch. Daher unternimmt er merkliche Anstrengungen, seine Rolle herunterzuspielen und ihn in ungünstigem Licht erscheinen zu lassen: Je nach Kontext läßt er entweder den Pharaonentitel oder den

---

19 Wörtlich: »schlugen **ihn**, so daß **er** starb« – also zwei Pronominalformen.

Eigennamen weg, erwähnt ihn speziell in unangenehmen Situationen, in anderen wiederum überhaupt nicht.

Auslassung des Titels ›Pharao‹
Der altehrwürdige Titel ›Pharao‹[20] kommt im älteren Text sechsmal vor (2 Kön 23, 29. 33. 34. 35 [3x]). Der Chronist scheint ihn systematisch gestrichen zu haben, bei ihm steht er kein einziges Mal, z.B.:

2 Kön 23, 29: ... zog der **Pharao** Necho, der König von Ägypten[21] ...
2 Chr 35, 20: ... zog —— Necho, der König von Ägypten ...

Weitere Beispiele für die Auslassung des Pharaonentitels im folgenden.
  Bezeichnung des ägyptischen Herrschers als ›König von Ägypten‹
  Der Chronist hat den Namen des ägyptischen Herrschers aus dem älteren Text getilgt; er nennt ihn nur mit seinem allgemeinen Titel ›König von Ägypten‹:

a) 2 Kön 23, 33: Der **Pharao** *Necho* setzte ihn zu Ribla ... gefangen
    2 Chr 36, 3: **Der König von Ägypten** setzte ihn ab
b) 2 Kön 23, 34: Dann machte der **Pharao** *Necho* den Eljakim, den Sohn Josias, zum **König**
    2 Chr 36, 4: Dann machte **der König von Ägypten** Joahas‹ Bruder Eljakim zum **König**.

Erwähnung von ›Necho‹ ohne jeglichen Titel
  Zweimal nennt der Chronist den ägyptischen Herrscher nur beim Vornamen: 2 Chr 35, 22 (›Zusatz‹) und 2 Chr 36, 4 (Einschub in 2 Kön 23, 34, dazu s. unten). Die bloße Nennung des Eigennamens, ohne den Titel ›Pharao‹, ja selbst ohne die allgemeine Bezeichnung ›König von Ägypten‹ steht in der deuteronomistischen Geschichtsschreibung und auch sonst in der biblischen Literatur völlig allein.[22] Dies ist offenbar ein weiterer literarischer Versuch des Chronisten, das Ansehen des bösen ausländischen Herrschers, der mit dem seinem Herzen nahestehenden davidischen Königshaus und Reich Juda so übel umgesprungen ist, herabzusetzen.

---

20 In ägyptischen Hieroglyphen wird der Titel pr-c' geschrieben und bedeutet: ›großes Haus‹. Seit Thutmosis III. war dies der feste Beiname der ägyptischen Könige; dazu S. Ahituv, Art. ›Pharao‹ (hebr.), in: Encyclopaedia Miqrat VI, 619f; M. Ellenbogen, Foreign Words in the Old Testament – Their Origin and Etymology, London 1962, 139. Zu den verschiedenen Bezeichnungen der ägyptischen Herrscher in der Bibel s. I. Kalimi, Art. ›Pharao‹, in: Illustrated Dictionary and Concordance of the Bible, edt. by S. M. Paul / E. Stern / G. Wigdor, New York/London 1986, 782.

21 Dieselbe Formel findet sich bei Jeremia: »Wider das Herr des Pharao Necho, des Königs von Ägypten« (46, 2); »den Pharao Hophra, den König von Ägypten« (44, 40).

22 In der Chronik kommt sie noch ein Mal vor, und zwar 2 Chr 12, 5. 7 (›Zusatz‹) in Beziehung auf Sisak, der die Tempelschätze plünderte.

Nicht-Erwähnung des ägyptischen Herrschers
Statistisch betrachtet hat der Chronist die Erwähnungen des ägyptischen Königs im Vergleich zum älteren Text in Könige fast auf die Hälfte reduziert (von acht auf fünf): 2 Chr 35, 20 (parallel). 22 (›Zusatz‹); 36, 3. 4 (parallel). 44 (Einschub); vgl. dagegen 2 Kön 23, 29. 33. 34. 35 (3x); 24, 7 (2x).

Nennung des Namens in empörenden Situationen
Der Chronist nennt den Namen des ägyptischen Herrschers, wo dieser empörende Dinge tut: Bei der Tötung Josias (2 Chr 35, 20 // 2 Kön 23, 29 sowie V. 22 – ›Zusatz‹). An noch einer Stelle kommt bei ihm der Name ›Necho‹ vor, während die Bezugnahme im älteren Text indirekt ist – eine sprachliche oder stilistische Notwendigkeit für die Nennung ist nicht zu erkennen:

> 2 Kön 23, 34: Dann machte der **Pharao Necho** den Eljakim, den Sohn Josias, zum König ... Den Joahas aber nahm **er** mit nach Ägypten
> 2 Chr 36, 4: Dann machte der **König von Ägypten** Joahas' Bruder Eljakim zum König ... Den Joahas aber nahm **Necho** mit nach Ägypten.

Hier nennt der Chronist den Namen ›Necho‹ im Zusammenhang mit der Exilierung des judäischen Königs Joahas, einer Maßnahme, die den hebräischen Leser besonders empören mußte, zumal dieser Sohn Josias »vom Landvolk« eingesetzt worden war. Den tiefen Eindruck, den diese Exilierung auf die Zeitgenossen machte, hat Jeremia in Worte gefaßt: »Weinet nicht um den, der tot ist, und beklaget ihn nicht! Weinet, weinet um den, der von dannen zieht! Denn nimmermehr kehrt er wieder, und die Heimat sieht er nicht mehr« (Jer 22, 10). Dies war das einzige Mal in der Geschichte Judas, daß ein König nach Ägypten in die Verbannung gehen mußte und nicht wiederkehrte, und dies galt als ein besonders schweres Schicksal (vgl. Dtn 28, 68).[23]

Aus diesen Beobachtungen geht hervor, daß der Chronist versucht hat, seine negative Einschätzung der Figur des Pharao Necho auf den Leser zu übertragen.

C) Exkurs: Nathan vor David

In der Szene unmittelbar vor Nathans Weissagung (2 Sam 7, 1-3 // 1 Chr 17, 1f) hat der Chronist dreimal hintereinander den Titel ›der König‹ durch den Eigennamen ›David‹ ersetzt:

---

23 Laut 2 Chr 33, 11-13 wurde zwar auch Manasse nach Babylonien weggeführt, aber er kehrte nach einiger Zeit von dort zurück (diese Erzählung ist in keiner anderen Quelle belegt).

2 Sam 7, 1-3	*1 Chr 17, 1f*
Als einst *der König* in seinem Palaste saß – der Herr hatte ihm Ruhe verschafft vor all seinen Feinden ringsumher –, da sprach *der König* zum Propheten Nathan: Sieh doch, ich wohne in einem Zedern- hause, die Lade Gottes aber steht unter dem Zeltdach. Nathan antwortete *dem König*: Wohlan, alles, was du im Sinne hast, das tue; denn der Herr ist mit dir.	Als *David* nun einst in seinem Palaste saß, sprach *David* zum Propheten Nathan: Sieh doch, ich wohne in diesem Zedernhause, die Bundeslade des Herrn aber unter Zeltplanen. Nathan antwortete *David*: Alles, was du im Sinne hast, das tue, denn Gott ist mit dir.

In 2 Sam 7, 1-3 paßt die Verwendung des offiziellen Titels ›der König‹ in den Kontext, denn die Bezugnahme auf die siegreich be- standenen Kriege des Regenten (»der Herr hatte ihm Ruhe verschafft vor all seinen Feinden ringsumher«) und das Sitzen *im Palast* (nicht in einem befestigten Stützpunkt wie der ›Burg‹) bilden den geeigneten Hintergrund für den Wunsch, dem Herrn einen Tempel zu erbauen;[24] und in den beiden folgenden Versen zieht ein Monarch seinen Hofpro- pheten[25] zu Rate – ein offizieller Anlaß, der formellen Sprachgebrauch rechtfertigt.

1 Chr 17, 1a fehlt der militärisch-politische Aspekt[26], ›David‹ er- scheint eher als Privatmann. Aber in den Versen 1b und 2 ist die Verwendung des bloßen Namens doch überraschend – offenbar will der Verfasser beim Leser einen bestimmten Effekt erzielen: Der Name allein verweist auf die Person seines Trägers, der Titel mehr auf dessen Funktion, auf Amt und Würden. Durch Nennung des ›Vornamens‹ al- lein entsteht hier der Eindruck eines privaten Gesprächs zwischen zwei Individuen, ›David‹ und ›Nathan‹, nicht einer offiziellen Unterredung zwischen ›dem König‹, dem Vertreter der Staatsgewalt, und seinem Hofpropheten. Vielleicht will der Schriftsteller seinen Leser dahinge-

---

24 Vgl. Salomos Worte: »Nun aber hat mir der Herr, mein Gott, auf allen Seiten Ruhe gegeben; kein Widersacher ist mehr da, kein Mißgeschick. So gedenke ich nun dem Namen des Herrn, meines Gottes, ein Haus zu bauen« (1 Kön 5, 18f), auch Dtn 12, 10f: »... und er wird euch Ruhe schaffen vor all euren Feinden ringsumher...«.

25 Daß Nathan als ›Hofprophet‹ fungierte, erhellt vor allem aus dem Bericht über Salomos dramatische Inthronisierung 1 Kön 1: Als einer der königlichen Beamten nimmt Nathan an den Hofintrigen aktiven Anteil; er vollzieht vor dem König die Proskynese (V. 23 – von keinem anderen Propheten ist dieses Zeremoniell überlie- fert), er redet den König als »unsern Herrn David« an (V. 11, vgl. 33) und bezeichnet sich selbst als dessen ›Knecht‹ (V. 25, vgl. 27). Die Vorstellung, daß die Errichtung eines Tempels die Zustimmung der Gottheit erfordert, ist auch in mesopotamischen Bauinschriften belegt; aus diesen geht hervor, daß der König den Tempel nur mit ausdrücklicher Genehmigung des Gottes bauen darf, dazu Hurowitz, Temple Buil- ding, 135-139. Auch die negative Reaktion auf Davids Wunsch hat Entsprechungen in den mesopotamischen Bauinschriften, vgl. Hurowitz, op. cit., 139ff.

26 Zu den mutmaßlichen Gründen für diese Auslassung s. oben, Kap. II, A, Beispiel 1.

hend beeinflussen, daß er Nathans Worte »alles, was du im Sinne hast, das tue, denn der Herr ist mit dir.« (V. 2b // 2 Sam 7, 3b) als ehrliche Spontanreaktion auffaßt, nicht als pflichtgemäße Beifallsäußerung eines Untergebenen, der seinem Herrn nach dem Munde redet, weil er von ihm abhängig ist. Solche Direktiven für das rechte Verständnis des Lesers, die unerwünschte Nebengedanken ausschließen, sind hier aus Gründen des Kontextes besonders erforderlich: auf der einen Seite im Munde des Königs der wohlgebaute Gegensatz zwischen seinen eigenen Wohnverhältnissen (»Sieh doch, ich wohne in diesem Zedernhause«) und denen der Lade (»die Bundeslade des Herrn aber unter Zeltplanen«), und auf der anderen Seite das unmittelbare Eingreifen Gottes, der noch ›in derselben Nacht‹, nachdem der König in Anwesenheit des Propheten seinen Wunsch geäußert hat, unmißverständlich erklärt: »Nicht du sollst mir das Haus bauen, das mir zur Wohnung dienen soll« (V. 4 // 2 Sam 7, 5), wodurch die Spontanreaktion des Propheten ungültig wird.

D) Schaffung von hierarchischem Gleichgewicht

In der Erzählung vom Sturz der Königin Athalja, der Regierung des Joas und der Instandsetzung des Tempels (2 Kön 11f // 2 Chr 23f) wird Jojada entweder mit seinem Namen ›Jojada‹ genannt (2 Kön 11, 4 // 2 Chr 23, 1. 18; 24, 3) oder mit seinem Titel ›der Priester‹ (2 Kön 11, 4. 18 // 2 Chr 23, 15) oder mit beiden zusammen ›Jojada der Priester‹ (2 Kön 11, 9 [2x]. 14 // 2 Chr 23, 8 [2x]. 15; 2 Kön 12, 4 // 2 Chr 24, 2). Der Priestertitel weist zwar auf die soziale Schicht, der sein Träger angehört, bezeichnet aber noch nicht dessen hierarchische Position innerhalb derselben. Solange Jojada allein auftrat, sah der Chronist offenbar keine Notwendigkeit, seinen Status innerhalb der Priesterschaft näher zu kennzeichnen. Doch sobald Jojada mit einer Figur zusammentrifft, die ihrerseits einen klar umrissenen Status innerhalb der staatlichen Hierarchie besitzt, sucht der Chronist eine Art hierarchisches Gleichgewicht zwischen den beiden herzustellen:

(1) 2 Kön 12, 8 wird erzählt, ›**König** Joas‹ habe ›Jojada den **Priester**‹ rufen lassen und ihm die vorwurfsvolle Frage gestellt: »Warum bessert ihr die Schäden am Tempel nicht aus?« Hier zeigt der Königstitel, daß Joas auf der staatlichen Rangleiter ganz oben steht, während Jojada durch den Priestertitel rangmäßig nicht eingestuft ist. Vielleicht aus diesem Grund hat der Chronist an der Parallelstelle den Titel ›Priester‹ durch ›Oberpriester‹[27] ersetzt und dadurch gekennzeichnet, daß

---

27 הראש steht wohl als Kurzform für כהן הראש; vgl. V. 11, ferner auch 1 Chr 27, 5; 2 Chr 19, 11; 26, 20; 31, 10; 2 Kön 25, 18 // Jer 52, 24. In Esr 7, 5 steht die

von den beiden Männern jeder an der Spitze seines hierarchischen Systems steht: Joas als Vertreter der staatlichen Autorität und Jojada als Vertreter der religiösen.

2 Kön 12, 8	*2 Chr 24, 6*
Da berief der **König** Joas	Da berief der **König**
den **Priester** Jojada und die Priester	den **Oberpriester** Jojada
und sprach zu ihnen: ...	und sprach zu ihm: ...

(2) Ähnlich verfuhr der Chronist in der Fortsetzung derselben Erzählung. 2 Kön 12, 11 steht, ›der Hohepriester‹, habe zusammen mit dem ›Schreiber des Königs‹, die Tempelkasse verwaltet. Der Chronist nahm offenbar Anstoß daran, daß der ranghöchste Vertreter der Priesterschaft ein untergeordnetes Organ der Staatsgewalt ›begleitet‹ haben sollte. Daher änderte er den Text und schuf zwischen den Vertretern der beiden Seiten ein hierarchisches Gleichgewicht: dem ›Schreiber des Königs‹ stellte er einen ›Beauftragten des Oberpriesters‹ gegenüber (2 Chr 24, 11).[28] Demnach war es nicht etwa der Hohepriester Jojada höchstpersönlich, der mit in den Tempel ging, um den Kassenstand zu prüfen, sondern jemand in seinem Auftrag, ebenso wie der König seinen Schreiber mit dieser Aufgabe betraut hatte:

2 Kön 12, 11	*2 Chr 24, 11*
... kamen der Schreiber des Königs	... kamen der Schreiber des Königs und
und der Hohepriester herauf ...	der Beauftragte des Oberpriesters ...

Montgomery[29] meint, der Titel ›Hoherpriester‹ (הכהן הגדול) in 2 Kön 12, 11 sei ein Zusatz aus der Zeit des Zweiten Tempels, ursprünglich habe dort nur ›der Priester‹ (הכהן) gestanden. Er hält ›Oberpriester‹ (כהן הראש) für den älteren Titel. Aber es besteht doch wohl kein Zweifel, daß der Chronist den Titel ›Hoherpriester‹ vor sich hatte und ihn durch ›Oberpriester‹ ersetzte. Letztere Verbindung scheint spät, denn sie findet sich überwiegend in jüngeren Texten[30], einmal in einem Text aus exilischer Zeit, wo es um Zerstörung und Exil geht: 2 Kön 25, 18 // Jer 52, 24). Dagegen erscheint der Titel ›Hoherpriester‹ in möglicherweise älteren[31] sowie in jüngeren[32] Texten.

Wortverbindung wohl für ›der erste Priester‹, nicht als Titel; dazu L. W. Batten, The Books of Ezra and Nehemiah, Edinburgh 1913, 304.

28 Vgl. Wellhausen, Prolegomena, 195; Curtis, Chron, 435f; Williamson, Chron, 322.

29 Montgomery, Kings, 429.

30 Vgl. die oben, Anm. 27 aufgeführten Beispiele aus der Chronik.

31 Etwa Num 35, 25. 28 (2x); Jos 20, 6; 2 Kön 22, 4. 8. 10. 12. 14; 23, 4. 24 und unsere Stelle: 12, 11.

32 Etwa Hag 1, 1. 12. 14; 2, 2. 4; Sach 3, 1. 8; 6, 11.

Daß der Chronist in Bezug auf den Rang des Hohenpriesters so empfindlich ist, liegt wohl nicht nur an seiner Sympathie für den Hohenpriester Jojada als Gegenspieler des judäischen Königs Joas, auch nicht so sehr an seinem Wissen um den Rang des Hohenpriesters unter Joas, sondern in erster Linie an der Stellung des Hohenpriesters zu seiner eigenen Zeit (um 400 v. Chr.). Die angesehene Position des Hohenpriesters damals wird belegt durch das Schreiben der Juden aus Elephantine, die ihre Bitte um Befürwortung des Wiederaufbaus ihres zerstörten Heiligtums an den Statthalter Bagoi und ›an den Hohenpriester Jochanan samt seiner Priesterschaft in Jerusalem‹ richten;[33] das betreffende Schreiben datiert aus dem Jahre 407 v. Chr. und erwähnt ein früheres aus dem Jahre 410 v. Chr. in derselben Angelegenheit, auf das keine Antwort erfolgt sei. Das Buch Judith, das ungefähr im selben Zeitraum verfaßt wurde wie die Chronik[34], bezeugt, daß der Hohepriester Jojakim damals die oberste religiöse und politische Autorität in der Satraphie Jehud war, entweder allein (4, 6; 11, 14) oder in Verbindung mit dem Ältestenrat (15, 8). Die hohe religiöse und weltliche Stellung des Hohenpriesters ist auch durch vor-chronistische Quellen belegt. So richtet etwa der Prophet Haggai seine Rede »an Serubbabel, den Sohn Sealthiels, den Statthalter von Juda, und an Josua, den Sohn Jozadaks, den Hohenpriester« (1, 1; 2, 2) als an zwei gleichberechtigte Persönlichkeiten an der Spitze des Volkes (vgl. auch Esr 5, 2). In Neh 3, 1 erscheint der Hohepriester Eljasib als Anführer der Bauleute, die am Wiederaufbau der Stadtmauer arbeiteten.[35] Aus nachchronistischer Zeit ist auf eine Silbermünze ›Jochana[n]s des Priesters‹ hinzuweisen, die abgesehen von der Inschrift dem Münztyp des ›Statthalters Hiskia‹ sehr nahe kommt; beide stammen etwa aus der Mitte des 4. Jahrhunderts v. Chr. Das Vorkommen des Priesternamens auf einer Münze spricht dafür, daß die Stellung jenes ›Priesters Jochanan‹ der des Statthalters gleichkam; daher dürfte es sich um den Hohenpriester gehandelt haben.[36] Im Jahre 332 v. Chr. stand der Hohepriester an der Spitze der Delegation, die Alexander den Großen als neuen Herrscher über das Land Israel empfing (ant. XI 325-339; b Joma 69a). Hekataios von Abdera (um 300 v. Chr.) berichtet, die Juden hätten

---

33 Cowley, Aramaic Papyri, Nr. 30 Z. 18. 30 // Nr. 31 Z. 17f. 29.

34 Zur Zeit Artaxerxes' II. von Persien (404-358 v. Chr.), dazu Y. M. Grintz, Sefer Judith, Jerusalem 1957, 15-17. Für spätere Datierung, s. E. Zenger, Judith/Judithbuch, in: Theologische Realenzyklopädie XVII, 406f.

35 Weitere Belege bei Tcherikover, Jerusalem, 230.

36 So nach D. Barag, A Silver Coin of Yohanan the High Priest and the Coinage of Judea in the Fourth Century B.C., in: INJ 9 (1986/87), 4-21. Daß der Hohepriester offenbar ohne jegliche persische Münzaufsichtsbehörde Münzen prägen konnte, läßt auf Schwächung oder sogar Zusammenbruch der persischen Herrschaft in Juda schließen; dazu Eph'al, Syria-Palestine, 152.

keinen König; bei ihnen liege die oberste Staatsgewalt in den Händen
eines sogenannten ›Hohen Priesters‹, der ihnen göttliche Botschaften
übermittle.[37]

---

37 Diodorus Siculus, apud: Aegyptiaca Bibliotheca Historica XL 3; bei Stern, Authors,
  I, 26-28. Dazu ferner: Tcherikover, Jerusalem, 221-251; H. D. Mantel, Das Hohe-
  priesteramt und der Sanhedrin zur Zeit des Zweiten Tempels (hebr.), in: haHistoria
  schel Am Israel – Tequfat Bet Herodes (hrsg. v. M. Avi-Yonah), Jerusalem 1983, 192f;
  idem, Die Entwicklung der mündlichen Lehre (hebr.), in: M. Avi-Yonah / Z. Bros
  (Eds.), Historia schel Am Israel: Chevra weDat biJme Bait scheni, Jerusalem 1983,
  28f mit zahlreichen Hinweisen auf ältere Literatur zum Thema (bes. 215 Anm. 14f).

Kapitel IX
Maß für Maß

Gelegentlich gestaltet der Chronist einen Text aus Samuel-Könige so um, daß das Prinzip ›Maß für Maß‹ daraus erkennbar wird.[1] Literarisch äußert sich das so, daß innerhalb einer Episode ein Wort oder Ausdruck sowohl in der Darstellung der (guten oder bösen) ›Tat‹ als auch bei der Vergeltung (Lohn oder Strafe) vorkommt. Diese wörtliche Wiederholung verknüpft die beiden Teile einer Episode (oder zwei Episoden) untereinander und hebt ihre gegenseitige Beziehung hervor.

Durch dieses Gestaltungsmittel versucht der Erzähler in erster Linie, die göttliche Gerechtigkeit hervorzuheben: die ›Vergeltung‹ entspricht genau der vorangegangenen ›Tat‹. Außerdem versucht er dem Leser deutlich zu machen, daß die Belohnung der Guten und die Bestrafung der Bösen kein Zufall ist, sondern göttlich gelenktes Handeln. Dieser Effekt kann noch verstärkt werden, wenn die Strafandrohung eines Propheten Vokabeln aus dem Geschehen selbst aufnimmt.

In der Chronik wird diese Technik zumeist auf Folgen von Schuld und Sühne angewandt, seltener auf gute Taten (oder als solche gewertete Absichten)[2] und ihre versprochene oder gewährte Belohnung.

Die Strukturierung eines Erzählzusammenhangs nach dem Prinzip ›Maß für Maß‹ ist keine Erfindung der chronistischen Geschichtsschreibung, sie findet sich schon in der älteren biblischen historischen Literatur: Ri 1, 6f etwa kommentiert Adonibesek, nachdem man ihm an Händen und Füßen die Daumen abgehauen hat: »Siebzig Könige mit abgehauenen Daumen und großen Zehen sammelten unter meinem Tisch. Wie ich getan habe, so vergilt mir Gott«[3]. Einige kasuistische

---

1 Geprägt wurde diese Formel (מדה כנגד מדה) in der rabbinischen Literatur, z.B.: b Sanhedrin 90a; Sabbat 105b; Nedarim 32a; Gen. R. IX 7. Es findet sich auch eine erweiterte Form: »Wie ein Mensch mißt, so wird ihm gemessen« (M Sota I 7, vgl. T Sota IV 1; Gen. R. IX 11; auch Mt 7, 2). Vergleichbar sind lateinische Formeln wie ›quid pro quo‹ oder ›qualis culpa talis poena‹. Das biblische Äquivalent lautete offenbar ›wie er getan hat, soll man ihm tun‹ (Lev 24, 19b), vgl. etwa »Simson zu binden, sind wir heraufgekommen, um ihm zu tun, wie er uns getan hat. ... Er antwortete ihnen: Wie sie mir getan haben, so habe ich ihnen getan« (Ri 15, 10f) oder »Wie ich getan habe, so vergilt mir Gott« (Ri 1, 7); »Wie dein Schwert Frauen der Kinder beraubt hat, so soll deine Mutter vor andern Frauen der Kinder beraubt sein« (1 Sam 15, 33).

2 Dazu unten, Beispiel 5.

3 S. auch 1 Sam 15, 33; 2 Sam 12, 10ff; 1 Kön 21, 19.

Vorschriften im Pentateuch sind nach diesem Muster formuliert, etwa »wer Menschenblut vergießt, dessen Blut soll durch Menschen vergossen werden« (Gen 9, 6; vgl. Ex 21, 12), »Auge um Auge« etc. (Ex 21, 23-25; Lev 24, 17-22; Dtn 19, 16-21)[4]. Auch in der Weisheitsliteratur findet sich das Schema, etwa »Wer sein Ohr verschließt vor dem Schreien der Armen, der wird auch nicht erhört, wenn er selber schreit« (Spr 21, 13, vgl. 26, 27)[5], ebenso in verschiedenen literarischen Gattungen aus der Zeit des Zweiten Tempels, etwa in historischen Romanen wie der Ester-Rolle und dem Buch Tobias[6].

(1) In der Chronik wird erzählt, nach dem Tode Jojadas des Priesters habe König Joas auf seine Fürsten gehört, »und sie verließen das Haus[7] des Herrn, des Gottes ihrer Väter, und dienten den Ascheren und den Götzenbildern« (2 Chr 24, 18). Die Warnung des Propheten Sacharja »Weil ihr den Herrn verlassen habt, hat er euch auch verlassen« (V. 20b;), ihrerseits nach dem Schema ›Maß für Maß‹ formuliert[8], stößt auf taube Ohren. Daher erfüllt sich ›übers Jahr‹ die Strafandrohung des Propheten. Um diesen Zusammenhang herauszustellen, hat der Chronist den Bericht vom Kriegszug des syrischen Königs Hasael gegen Israel aus 2 Kön 12, 18f entsprechend umgearbeitet. Laut Kön schickte sich Hasael nach der Einnahme von Gat an, »wider Jerusalem hinaufzuziehen« (V. 18), und erst nachdem Joas ihm Tribut entrichtet hatte, ließ er von seinem Vorhaben ab (V. 19). Der Chronist verschweigt die Eroberung von Gat[9] sowie die Tributzahlung, durch die Joas die syrische Belagerung Jerusalems abzuwenden vermochte. Er verwandelt die militärische Bedrohung Judas durch die Syrer in einen Überfall, in dessen Verlauf sämtliche schuldigen Elemente des Reiches bestraft wurden[10], und zwar ›Maß für Maß‹, wie vom Propheten an-

---

4 Dazu S. E. Loewenstamm, Art.: ›Midda keneged Midda‹, in: Encyclopaedia Miqrat IV, 840-846.

5 S. auch Ps 9, 16; Koh 10, 8; Hi 31, 9f. 21f.

6 So wird etwa Haman an dem Galgen gehängt, an dem er Mordechai hatte hängen lassen wollen (Est 5, 14; 7, 9f); »wende nicht dein Angesicht von irgend einem Armen ab, so wird sich auch das Angesicht Gottes nicht von dir kehren« (Tob 4, 7).

7 Die Vokabel ›Haus‹ scheint hier sekundär, denn sie erscheint nicht an den Parallelstellen im selben Kontext, weder in der Warnung des Propheten Sacharja (»weil ihr den Herrn verlassen habt . . . «, V. 20) noch in der Begründung der Strafe (»weil die Judäer den Herrn, den Gott ihrer Väter verlassen hatten«, V. 24); auch in der LXX fehlt sie. Ähnliches gilt für die Vokabel ›Bund‹, die sich in einer vereinzelten Handschrift des massoretischen Textes findet, der Rudolph, Chron, 276 den Vorzug gibt. In das literarische Schema ›Maß für Maß‹, nach dem die Erzählung gestaltet ist, fügt sich die Vokabel ›Haus‹ (oder ›Bund‹) nicht gut ein.

8 Vgl. 2 Chr 12, 5: »Ihr habt mich verlassen, so will auch ich nun euch verlassen« sowie unten, Beispiel 4, ferner auch Beispiele 6-8.

9 Dazu oben, Kap. IV, A, c) Nachrichten aus außerisraelit. Reichen, Beispiel 1.

10 Einige Forscher stellen Überlegungen an, wofür die einzelnen Gruppen innerhalb

gekündigt. Im Volk seien »alle Obersten des Volkes niedergemacht« worden, »denn das Heer der Syrer war zwar mit wenig Mannschaft eingebrochen; aber der Herr hatte ein sehr großes Heer in ihre Gewalt gegeben, weil die Judäer den Herrn, den Gott ihrer Väter, verlassen hatten« (V. 24a). Was Joas betrifft, so vollzogen die Syrer auch an ihm das Strafgericht (V. 24b): So wie er veranlaßt hatte, daß seine Leute »den Herrn, den Gott ihrer Väter, **verließen**« (V. 18), so »**verließen**« ihn nun die Syrer bei ihrem Abzug schwerkrank (V. 25a).

(2) In 2 Kön 12, 20 steht zur Ermordung von König Joas nur »Seine Diener erhoben sich, zettelten eine Verschwörung an und erschlugen Joas«, ohne Hintergründe der Tat oder Motivation der Mörder[11]. Der Chronist dagegen betrachtete die Ermordung als ›Strafe‹, der eine böse Tat vorangegangen sein mußte; daher nennt er den Hintergrund der Mordtat: »verschworen sich seine Diener wider ihn wegen seiner Blutschuld am Sohne[12] des Priesters Jojada und töteten ihn ...« (2 Chr 24, 25b)[13]. Außerdem nimmt er leichte Veränderungen am Wortlaut vor: »verschworen sich« statt »zettelten eine Verschwörung an« und »töteten« statt »erschlugen«[14]. Diese Umformulierungen sollen anscheinend die Gegenüberstellung vom Tod des Joas mit dem von Jojadas Sohn Sacharja (VV. 21f) verdeutlichen und den Zusammenhang von ›Schuld‹ und ›Strafe‹ durch das Schema ›Maß für Maß‹ veranschaulichen; Sacharja wurde nämlich auf Befehl des Königs ermordet:

> Sie aber **verschworen sich** wider ihn und steinigten ihn **auf Befehl des Königs**[15] im Vorhofe des Tempels des Herrn. So vergaß König Joas der Liebe, die Sacharjas Vater Jojada ihm erwiesen hatte: er **tötete** den Sohn.

Mit ganz ähnlichen Worten wird Joas' Schicksal besiegelt:

---

des Reiches wohl bestraft worden seien, so etwa Curtis, Chron, 438; Japhet, Ideology, 174f; das literarische Muster, nach dem der betreffende Kontext gestaltet ist, haben sie dabei nicht beachtet.

11 Ausführlich behandelt ist dieser Text oben, Kap. I, B, Beispiel 1.

12 Im massoretischen Text steht hier der Plural, Söhne, aber in der LXX steht nur υἱοῦ Ἰωδιε, auch in der Vulgata ist nur von *einem* Sohn die Rede. Daß nur *ein* Sohn gemeint war, erhellt aus den Versen 20-24, wo die Ermordung von Jojadas Sohn Sacharja geschildert wird. Anscheinend liegt im massoretischen Text eine Dittographie des auslautenden Jod mit dem Anlaut des unmittelbar folgenden Namens ›Jojada‹ vor, vgl. Rudolph, Chron, 276; idem, BHS, 1550.

13 Zur Anwendung des Prinzips der göttlichen Gerechtigkeit auf Joas vgl. Japhet, Ideology, 167 Anm. 486, 175.

14 Zur Ortsangabe »im Hause Millo« bzw. »auf seinem Bette« s. oben, Kap. II, B, Beispiel 6.

15 Die ausdrückliche Angabe »auf Befehl des Königs« (V. 21) entspricht der Formulierung in Sacharjas Scheltrede »warum übertretet ihr die Befehle des Herrn?« (V. 20): Die Judäer, die Gottes Gebote übertreten, stehen nicht an, den Mordbefehl des Königs auszuführen.

verschworen sich seine Diener wider ihn wegen seiner Blutschuld am Sohne des Priesters Jojada und **töteten** ihn . . . .

Der Chronist konstatierte also den Zusammenhang zwischen der Ermordung des Propheten Sacharja und dem gewaltsamen Ende des Königs Joas sowohl durch ausdrückliche (wegen seiner Blutschuld am Sohne des Priesters Jojada) als auch durch indirekte Verknüpfung (Verwendung derselben Vokabeln in beiden Fällen).

(3) Auf diesem Hintergrund wird auch verständlich, weshalb der Chronist bei der Bestrafung von Joas' Mördern durch dessen Sohn Amazja (2 Chr 25, 3 // 2 Kön 14, 5) das Verb ›erschlagen‹ des älteren Textes durch ›töten‹ ersetzt: die den Vater ›getötet‹ haben, werden ihrerseits auf Geheiß des Sohnes ›getötet‹; die beiden Parallelstellen unterscheiden sich nur in dieser einen Vokabel. So entsteht eine Todes-Kette: Joas ließ Sacharja, den Sohn des Priesters Jojada, **töten**, wurde dafür von seinen Dienern **getötet**, deren **Tötung** wiederum von seinem Sohn Amazja angeordnet wurde.[16] Im Gegensatz dazu erfreute sich Jojada der Priester, der Joas vor dem Schwert der Königin Athalja errettet hatte, eines langen Lebens: »Als aber Jojada hochbetagt und lebenssatt geworden war, starb er; er war 130 Jahre alt, als er starb« (2 Chr 24, 15 – ›Zusatz‹)[17].

Mit Recht bemerkt Malamat[18], Jojadas hohes Alter hier sei – nach Maßgabe unserer Kenntnisse aus der Bibel und dem Alten Orient – erstaunlich; die literarische Untersuchung des Kontextes hilft den Hintergrund für die Zuschreibung eines so hohen Alters an diese Figur erhellen und verstärkt die Zweifel an der Historizität des Berichts.

(4) 1 Kön 14, 22-24 führt der deuteronomistische Historiograph nacheinander die Verfehlungen Judas auf; im Anschluß daran (V. 25-28) bringt er den Bericht von Sisaks Feldzug gegen Juda. Der Chronist verknüpft beide und gestaltet seinen Text nach dem Schema ›Maß für Maß‹. Er zieht die Verfehlungen Judas in einen einzigen Vers zusammen und fügt hinzu, daß auch König Rehabeam gesündigt habe[19]

---

16 Der Bericht in Kön stellt diese Episode auch unter das Prinzip ›Maß für Maß‹; der Erzähler verwendet für verwendet sowohl bei der Tötung des Königs Joas (2 Kön 12, 20 = ›Schuld‹) als auch bei der Tötung von dessen Mördern (2 Kön 13, 5f = ›Sühne‹) das Verb ›erschlagen‹. Allerdings fehlt dort jegliche Bezugnahme auf die Ermordung Sacharjas; dieses Motiv scheint erst der Chronist in diesen Zusammenhang eingebracht zu haben.

17 Zum Ausdruck ›alt und lebenssatt‹ vgl. Gen 35, 29 (Isaak), Hi 42, 17 (Hiob).

18 Malamat, Longevity, 217f.

19 In Kön steht nirgends, Rehabeam habe ›übel gehandelt in den Augen des Herrn‹, weder bei seinem Regierungsantritt (1 Kön 14, 21), noch an deren Abschluß (VV. 29f). Nur aus der Angabe 1 Kön 15, 3 Rehabeams Sohn Abia »wandelte in all den Sünden, die sein Vater vor ihm begangen hatte« geht indirekt hervor, daß Rehabeams Lebenswandel nicht untadelig gewesen war.

(2 Chr 12, 1). In der Fortsetzung bringt der Chronist als Begründung für den Kriegszug des Sisak, die Judäer seien ›dem Herrn untreu geworden‹ (V. 2-4), und fügt noch die Scheltrede des Propheten Semaja an Rehabeam und die nach Jerusalem geflüchteten Fürsten Judas hinzu (V. 5):

1 Kön 14, 22-28	2 Chr 12, 1-12
	1. Als aber Rehabeams Königtum sich gefestigt hatte und er mächtig geworden war[20], verließ er das Gesetz des Herrn und ganz Israel mit ihm.
22-24. Und Juda tat, was dem Herrn mißfiel ... sie ahmten alle Greuel der Völker nach, die der Herr vor Israel vertrieben hatte.	
25. Es begab sich aber im fünften Jahre des Königs Rehabeam, daß Sisak, der König von Ägypten, wider Jerusalem heraufzog	2. Da begab es sich im fünften Jahre des Königs Rehabeam, daß Sisak, der König von Ägypten, wider Jerusalem heraufzog. – denn sie waren dem Herrn untreu geworden ...
	5. Da trat der Prophet Semaja vor Rehabeam und vor die Fürsten Judas, ..., und sprach zu ihnen: So spricht der Herr: Ihr habt mich verlassen, so will ich nun auch euch verlassen und der ewalt Sisaks übergeben.

(5) Die rhetorische Frage »Solltest du mir ein Haus bauen, daß ich darin wohne?« aus 2 Sam 7, 5 verwandelt der Chronist in eine Feststellung: »Nicht du sollst mir das Haus bauen, das mir zur Wohnung dienen soll« (1 Chr 17, 4). Außerdem ersetzt er in der Verheißung das Verb ›machen‹[21] aus 2 Sam 7, 11 durch ›bauen‹: »ein Haus wird der Herr dir bauen« (1 Chr 17, 10).

Durch diese Veränderungen gegenüber dem Wortlaut des älteren Textes entsteht eine Art Parallelismus zwischen der Ablehnung von Davids Angebot und der göttlichen Verheißung an David nach dem Muster ›Maß für Maß‹: Davids gute Absicht, dem Herrn ein Haus, d.i. einen Tempel, zu bauen, wird dadurch anerkannt, daß Gott verspricht, seinerseits David ›ein Haus zu bauen‹, d.h. mit ihm eine Dynastie zu begründen. Diese Bedeutung von ›Davids Haus‹ hier wird eindeutig bestätigt durch die unmittelbare Fortsetzung des Textes: »Wenn einst deine Zeit um ist und du zu deinen Vätern gehst, dann will ich deinen

---

20 In den ersten drei Jahren seiner Regierung wandelte Rehabeam laut 2 Chr 11, 13-17 ›auf den Wegen Davids und Salomos‹.

21 ›Er [Gott] machte ihnen Häuser‹ kommt auch Ex 1, 21 als Belohnung vor. Im Pescher zu Nathans Prophezeiung aus Qumran Höhle 4 (4QFlorilegium) steht »er wird dir ein Haus bauen«, s. J. M. Allegro, Further Messianic References in Qumran Literature, in: JBL 75 (1956), 176; auch LXX z.St. hat οἶκον οἰκοδομήσεις αὐτῷ. Anscheinend ist der Wortlaut jeweils von der Parallelstelle aus Chron beeinflußt.

Samen aufrichten, einen deiner Söhne, und will sein Königtum befestigen« (1 Chr 17, 11 // 2 Sam 7, 12); auch die Wiederaufnahme von
Nathans Weissagung Ps 89, 5 »Auf ewig will ich gründen dein Geschlecht,/ für alle Zeiten aufbauen deinen Thron« spricht dafür. Ein
›Haus‹ im Sinne von Wohnung besaß David ja schon, wie aus dem
Eingang desselben Kapitels hervorgeht: »Als David nun einst in seinem Hause saß« (1 Chr 17, 1 // 2 Sam 7, 1, s. auch 1 Chr 14, 1 //
2 Sam 5, 11).

(6) In 2 Chr 30, 6b (›Zusatz‹) hat der Chronist Hiskias Aufforderung an die Stämme des Nordreichs, nach Jerusalem zu kommen
und dort das Passafest zu begehen, nach dem Muster ›Maß für Maß‹
formuliert:

»Da zogen die Laufboten ... durch ganz Israel und Juda und
verkündeten nach dem Befehl des Königs: Ihr Israeliten, **kehret** zurück
zum Herrn, dem Gott Abrahams, Isaaks und Israels, damit auch er
sich **zu denen kehre**, die der Gewalt der Könige von Assyrien ent-
ronnen und übriggeblieben sind.«

Ähnlich ebd. V. 9: »Denn wenn ihr **zum Herrn zurückkehrt**, werden eure Brüder und Söhne Erbarmen finden ... so daß sie **in dieses
Land zurückkehren** werden«.

(7) Laut 2 Chr 15 kam der Geist Gottes über Asarjas, den Sohn
Odeds, so daß er König Asa entgegenging und zu ihm sprach (V. 2):

> Höret mich an, Asa und ihr alle von Juda und Benjamin!
> Der Herr ist mit euch, *wenn ihr zu ihm haltet,*
> und wenn ihr ihn sucht, *so wird er sich von euch finden lassen;*
> wenn ihr in aber verlaßt, *so wird er euch verlassen.*

Ähnlich heißt es ebd. V. 4: »Als es [Israel] aber in Not geriet,
kehrte es um zum Herrn, dem Gott Israels; sie suchten ihn, und er
ließ sich von ihnen finden«. Danach ist von Asas religiösen und kultischen Neuerungen die Rede, von dargebrachten Opfern und feier-
lichen Versprechungen; zum Schluß schreibt der Chronist (V. 14f):
»Sie schwuren dem Herrn mit lauter Stimme ... Und es freuten sich
alle Judäer über den Schwur; denn von ganzem Herzen hatten sie geschworen und ihn mit ganzem Willen gesucht, und *so ließ er sich von
ihnen finden und verschaffte ihnen ringsum Ruhe*«[22]; die Friedenszeit
unter Asa als göttliche Belohnung findet sich auch 2 Chr 14, 5f.

(8) Laut 1 Chr 28, 9 formuliert David seine letzten Worte an seinen
Sohn Salomo nach dem Muster ›Maß für Maß‹:

---

22 Hier sind zwei Ausdrücke kombiniert, die der Chronist auch getrennt verwendet:
das Sich- Finden-Lassen etwa 2 Chr 15, 4, vgl. ebd. V. 2; 1 Chr 28, 9; das Ringsum-
Ruhe-Verschaffen 2 Chr 14, 6, vgl. ebd. V. 5; 20, 30, außerhalb der Chronik etwa
2 Sam 7, 1; 1 Kön 5, 18.

Wirst du ihn suchen, *so wird er sich von dir finden lassen*;
wirst du ihn aber verlassen, *so wird er dich für immer verwerfen.*

Dieses Schema, das sich in eben den drei Reden findet, die nur in der Chronik vorkommen, spricht nicht gerade für deren Authentizität.

Kapitel X
Anspielung

Die Anspielung ist ein Signal, das für den aufmerksamen Leser eine Beziehung vom jeweils vorliegenden Text zu einem anderen schafft, und zwar durch markante Wiederholung einer sprachlichen Einheit (Vokabel oder Ausdruck).

Die Anspielung verleiht dem einzelnen Text eine zusätzliche Dimension über den Kontext der literarischen Einheit hinaus, in die er eingebunden ist. »Realisiert wird eine Anspielung durch ein Zusammenspiel von Bewußtheit, Wissen und Fertigkeit«.[1] Um die teilweise durch literarische Anspielung vermittelte Botschaft eines Textes erfassen zu können, muß der Leser den intendierten Text mit der betreffenden Information kennen. Ein anspielungshaltiger Text verlangt ein hohes Maß an bewußter Interpretation: Über das Identifizieren des Angespielten hinaus ist die Verknüpfung der beiden Texte, ihre Gemeinsamkeiten und Unterschiede, zu deuten.[2]

Die markante Wiederholung einer sprachlichen Einheit soll die Aufmerksamkeit des Lesers von dem vorliegenden auf einen bestimmten anderen Text lenken; durch deren Beziehung untereinander wird das Potential des vorliegenden Textes erst voll ausgeschöpft. Die Lokalisierung und Definierung von literarischen Anspielungen in einem gegebenen Text ist ein wichtiger Schritt auf dem Weg zu dessen Sinn; entsprechend kann durch Übersehen oder falsche Bestimmung einer Anspielung das Textverständnis empfindlich gestört werden.[3]

Der Chronist spielt durch markante Wiederholung anderswo vorkommender sprachlicher Einheiten auf Stücke an, die entweder in den älteren Texten oder im chronistischen Sondergut enthalten sind; er scheint also davon auszugehen, daß seine potentiellen Leser die Bücher Samuel-Könige kennen, so daß eine knappe Andeutung zur Auffrischung ihrer Erinnerung genügt. Viele Verse der Chronik sind jedenfalls ohne Kenntnis der entsprechenden Stellen in Samuel und Könige unverständlich.[4] Daraus geht hervor, daß der Chronist sein

---

1 Ben-Porath, Anspielungen.
2 Dazu Ben-Porath, Anspielungen, 2.
3 Dazu Ben-Porath, Anspielungen, 2. 12.
4 Dazu Willi, Chron, 56-66; ferner Curtis, Chron, 180; Rudolph, Chron, 93 zu 1 Chr 10; Rudolph, Chron, 113 und Williamson, Chron, 115 zu 1 Chr 13, 5b; Rudolph, Chron, 227 zu Salomo u. a.

Werk auf die früheren Schriften gründet, nicht etwa darauf ausgeht, diese zu verdrängen und sein eigenes an ihre Stelle zu setzen, wie manche Forscher annahmen.[5] Literarische Anspielungen finden sich über die ganze Chronik verstreut: in den Paralleltexten zu Samuel und Könige, in den ›Zusätzen‹ dazu, im chronistischen Sondergut und in den Bemerkungen zu den genealogischen Listen.

Die literarische Technik der Anspielung ist auch in anderen biblischen Schriften anzutreffen: So erinnert etwa Abrahams Rede aus Gen 24, 7 »Der Herr, der Gott des Himmels, der mich *aus meines Vaters Hause* und *aus dem Lande meiner Verwandtschaft* genommen, der mit mir geredet und mir geschworen hat: ›*Deinen Nachkommen will ich dieses Land geben*‹« unverkennbar an Gottes Aufforderung Gen 12, 1 »Ziehe hinweg *aus deinem Vaterlande* und *aus deiner Verwandtschaft* und *aus deines Vaters Hause* in das Land, das ich dir zeigen werde« sowie an die göttliche Verheißung ebd. V. 7 »*Deinen Nachkommen will ich dieses Land geben*«. Jes 28, 21 spielt offenbar auf die Berichte über Davids Philisterkriege an: 2 Sam 5, 17-25 (// 1 Chr 14, 8-16).[6] Ps 105, 8-15 (// 1 Chr 16, 15-22) spielt auf die Patriarchenerzählungen aus Gen an: VV. 8-11 (// 1 Chr 16, 15-18) an die Landverheißung Gen 12, 7; 15, 17; 22, 16-18; 26, 2-5; 27, 13-15; 35, 9-13; VV. 12-15 (// 1 Chr 16, 19-22) auf die Wanderungen der Patriarchen und deren Kontakte mit verschiedenen Reichen, wie etwa Gen 12, 10-20; 20, 1-18; 26, 7-11; 31, 24. 29.[7]

A) Einfügung von Anspielungen in den älteren Text

a) Schlußformeln

Gelegentlich hat der Chronist in die formelhaften Abschlüsse der Geschichte der judäischen Könige aus den Königsbüchern um Anspielungen auf Dinge erweitert, die in seinen eigenen Zusätzen zum älteren Text erwähnt sind. Vielleicht will er dadurch den Leser noch einmal speziell auf das chronistische Sondergut aufmerksam machen.

(1) Der Bericht über die Regierung König Jothams 2 Kön 15, 36 schließt mit den Worten:

---

5 z.B. Steuernagel, Einleitung, 389; von Rad, Geschichtsbild, 133.
6 Dazu oben, Kap. VII, A, Beispiel 13.
7 Weitere Beispiele für historische Anspielungen in genealogischen Listen und in prophetischen Schriften und Hagiographen bei N. H. Tur-Sinai, Zu einigen historischen Anspielungen in der Bibel (hebr.), in: EI 5 (1959), 74-79; D. Jellin, Die Anspielung (hebr.), in: idem, Chiqre Miqra, 210-213. Zu Anspielungen in der prophetischen Literatur s. auch Watson, Poetry, 300.

> Was sonst noch von Jotham zu sagen ist,
> alles was er getan hat, das steht geschrieben in der Chronik der Könige
> von Juda.

In 2 Chr 27, 7 benützt der Chronist nicht seine gewöhnliche Abschlußformel »Was sonst noch von X zu sagen ist, von Anfang bis zu Ende«[8], sondern schiebt in den vorgefundenen Text eine Reminiszenz an Ereignisse aus Jothams Regierungszeit ein, die nur in der Chronik berichtet sind:

> Was sonst noch von Jotham zu sagen ist, *von all seinen Kriegen und seinem Wandel*,
> das steht geschrieben im Buch der Könige von Israel und Juda.

Die Anspielung auf die ›Kriege‹ erinnert an V. 5 (›Zusatz‹): »Er führte auch Krieg wider den König der Ammoniter«[9], der ›Wandel‹ an V. 6 (›Zusatz‹): »So wurde Jotham sehr mächtig; denn er richtete sich in seinem Wandel nach dem Willen des Herrn seines Gottes«.

(2) Der Bericht über die kurze Regierung des Königs Abia von Juda schließt 1 Kön 15, 7 mit den Worten:

> Was sonst noch von Abiam zu sagen ist, *alles was er getan hat*,
> das steht geschrieben in der Chronik der Könige von Juda.

In 2 Chr 13, 22 ersetzt der Chronist die Wendung ›alles was er getan hat‹ durch Anspielungen auf Ereignisse aus Abias Regierungszeit, die so nur in der Chronik (VV. 3-20) berichtet sind. Bei ihm lautet die Schlußformel:

> Was sonst noch von Abia zu sagen ist, seine Reden und sein Wandel,
> das steht geschrieben in der Schrift des Propheten Iddo.

›seine Reden‹ bezieht sich auf Abias große Rede auf dem Berg Zemaraim (VV. 4-12)[10], und ›sein Wandel‹ bezieht sich wohl auf die VV. 10f artikulierte religiöse Haltung: »Unser Gott aber ist der Herr, wir haben ihn nicht verlassen … Denn wir befolgen die Vorschriften des Herrn, unsres Gottes; ihr aber habt ihn verlassen«,[11] s. auch V. 18b.

---

8 So etwa 2 Chr 26, 22 vs. 2 Kön 15, 6 (Usia); 2 Chr 12, 15 vs. 1 Kön 14, 29 (Rehabeam); 2 Chr 9, 29 vs. 1 Kön 11, 41 (Salomo), vgl. auch 1 Chr 29, 29 (David) mit 1 Kön 2, 11f.

9 Allerdings ist nur dieser eine Krieg erwähnt, kein Plural von Kriegen; vielleicht ist die Lesart der LXX vorzuziehen: καὶ ὁ πόλεμος.

10 Zu dieser Rede vgl. Throntveit, Speech, 36-38. 107-109. 115f; Dillard, 2 Chron, 107-109; D. G. Deboys, History and Theology in the Chronicler's Portrayal of Abijah, in: Bib. 71 (1990), 55-59.

11 Zu ›Wandel‹ als Bezeichnung für das religiöse Verhalten eines Königs vgl. etwa 2 Chr 27, 6f.

(3) In 2 Kön 21, 17 wird die Regierungszeit des Königs Manasse von Juda ziemlich pauschal zusammengefaßt:

Was sonst noch von Manasse zu sagen ist, *alles was er getan*,
und die Sünde, die er begangen hat,
das steht geschrieben in der Chronik der Könige von Juda.

In 2 Chr 33, 18f bringt der Chronist statt dessen ausführlichere Anspielungen auf konkrete Ereignisse, die unter Manasse stattgefunden:

18. Was sonst noch von Manasse zu sagen ist,
    sein Gebet zu seinem Gott und die Worte der Seher,
    die im Namen des Herrn, des Gottes Israels, zu ihm geredet haben,
    das steht in der Geschichte der Könige Israels.
19. *Und sein Gebet* und *wie er erhört wurde*
    und all seine Versündigung und Untreue
    und die Stätten, auf denen er Höhenheiligtümer baute
    und Ascheren und Götzenbilder errichtete,
    bevor er sich demütigte,
    siehe, das steht geschrieben in den Geschichten der Seher[12].

Die zweimalige Erwähnung von Manasses ›Gebet‹ spielt an auf die Erzählung aus VV. 12f (›Zusatz‹): »Als er nun in Not war, *flehte er den Herrn*, seinen Gott, an … Und da er zu ihm betete, ließ er sich von ihm erbitten und *erhörte sein Flehen*«.

›die Worte der Seher, die im Namen des Herrn, des Gottes Israels, zu ihm geredet haben‹ greifen offenbar zurück auf V. 10: in der Chronik steht hier nur »Und der Herr redete zu Manasse und zu seinem Volk«, aber an der Parallelstelle 2 Kön 21, 10 sind die Vermittler der göttlichen Botschaft erwähnt: »Da redete der Herr durch seine Knechte, die Propheten«.

Die ›Stätten‹ und der Bau der Höhenheiligtümer erinnern an V. 3: »er baute die Höhenheiligtümer wieder auf, … errichtete den Baalen Altäre«, sowie an VV. 4f: »Er baute solche Altäre im Tempel des Herrn, … Auch baute er dem ganzen Heer des Himmels Altäre in beiden Vorhöfen beim Tempel des Herrn«.

Die ›Ascheren‹ finden sich in V. 3, die ›Götzenbilder‹ als ›Bildsäule‹ in V. 7; und Manasses ›Demütigung‹ steht ausdrücklich in V. 12: »und demütigte sich tief vor dem Gott seiner Väter«.

(4) Vom judäischen König Joram steht 2 Kön 8, 24, er sei gestorben »und sein —— Sohn Ahasja wurde König an seiner Statt«. 2 Chr 22, 1 präzisiert hier: Es handelte sich um »Ahasja, seinen *jüngsten*

---

12 Mit LXX ist hier wohl Plural zu lesen; so bei R. Kittel, BH, 1427, der חֹזָי liest und den Abfall des auslautenden י als Haplographie erklärt, da V. 20 ebenfalls mit Waw beginnt. Vgl. Ehrlich, Mikrâ Ki-Pheschutô, 468.

Sohn... *denn alle älteren hatte die Schar, die* בערבים[13] *gekommen war, getötet«.* Diese zusätzliche Information spielt an auf 2 Chr 21, 16f (›Zusatz‹): »Und der Herr erweckte wider Joram den Geist der Philister und der Araber[14], die neben den Kuschiten wohnen, und sie zogen heran wider Juda, fielen in das Land ein[15] und führten alle Habe hinweg, ..., dazu auch seine Söhne und Frauen, und es blieb ihm kein Sohn übrig außer Joahas[16], *der jüngste seiner Söhne«.*

(5) In 2 Kön 12, 20 schließt der Bericht von der Regierung des judäischen Königs Joas mit den Worten:

> Was sonst noch von Joas zu sagen ist, alles was er getan hat,
> das steht geschrieben in der Chronik der Könige von Juda.

An die Stelle der nichtssagenden Angabe ›alles was er getan hat‹ setzt der Chronist 2 Chr 24, 27 detaillierte Anspielungen auf Vorgänge, die er unmittelbar zuvor erzählt hat:

> Was aber seine Söhne betrifft
> und die vielen Lasten über ihn
> und den Neubau des Tempels,
> das steht geschrieben in der Erklärung zum Buch der Könige.

Die Erwähnung der ›Söhne‹ greift zurück auf V. 3 (›Zusatz‹): »Jojada warb für ihn zwei Frauen, und er zeugte Söhne und Töchter«[17]. ›und die vielen Lasten‹ (ורב המשא)[18] erinnert vielleicht an ›die Abgabe (משאת), die Mose, der Knecht Gottes, den Israeliten auferlegt hatte‹, wovon das Volk auf Joas' Geheiß reichlich brachte (VV. 6. 9), sowie an das ›viele Geld‹ aus V. 11.[19] Der ›Neubau des Tempels‹ spielt an

---

13 Zur Bedeutung des Ausdrucks הבא בערבים s. unten Kap. XIII, A, Beispiel 5, Anm. 17.

14 Zu dem Ausdruck ›der Herr erweckte ... den Geist des X und Y‹ vgl. 1 Chr 5, 26: »erweckte der Gott Israels den Geist Phuls, des Königs von Assyrien, und den Geist Thilgath-Pilnesers, des Königs von Assyrien«.

15 Zu ›heraufziehen und einfallen‹ vgl. Jes 7, 6: »Hinauf gegen Juda wollen wir ziehen, ... und dort einfallen...«.

16 Bei der Namensform ›Joahas‹ steht das theophore Element voran, und bei ›Ahasja‹ steht es nach; letztere Form findet sich 2 Chr 22, 1 (und an der Parallelstelle in Kön) sowie durchweg in der griechischen, syrischen und aramäischen Version.

17 Gegen Yeivin, Reich, 105, der die Vokabel »seine Söhne« zu V. 26 ziehen will und somit illegitime Söhne des Königs mit unter den Attentätern sieht. Angesichts des vorangehenden Textes, insbes. 2 Kön 12, 22, wo ausdrücklich von ›Knechten‹ die Rede ist, die den König erschlagen hätten, (vgl. auch 2 Kön 14, 5 // 2 Chr 25, 3), scheint Yeivins Vermutung unwahrscheinlich.

18 Geschrieben steht ורב, so auch im lateinischen, syrischen und äthiopischen Text, zu lesen ist jedoch ירב (die Verwechselung von Jod und Waw ist graphisch leicht möglich).

19 Manche verstehen unter der ›Abgabe des Mose‹ aus V. 6 und 9 die Entrichtung

auf die Instandsetzung des Tempels VV. 5-14, bes. V.12: »den Tempel des Herrn wiederherzustellen«.[20]

b) Sonstige Texte

(1) Als der Schreiber Saphan das im Tempel gefundene Buch König Josia vorlas, soll dieser laut 2 Kön 22, 10-13 seine Kleider zerrissen und seinen Dienern befohlen haben: »Geht, befragt den Herrn für mich und für das Volk und für ganz Juda[21] über dieses Buch, das man gefunden hat; denn groß ist der Grimm des Herrn...« (V. 13). In 2 Chr 34, 21 bringt der Chronist diesen Vers in leicht abgewandelter Form: statt ›für das Volk und für ganz Juda‹ schreibt er »für die Übriggebliebenen (הנשאר) in Israel und Juda«.[22]

---

des Halbschekels aus Ex 30, 12; R. David Kimchi z. St.; der Raschi zugeschriebene Kommentar z.St.; Curtis, Chron, 435; Rudolph, Chron, 275. Auch Liver will die Vokabel משאת als ›Abgabe, Spende‹ (vgl. Ez 20, 40) verstehen, nach seiner Meinung bezeichnet der Ausdruck in Chr die Abgabe, die Mose den Israeliten in der Wüste zwecks Errichtung des Stiftszeltes auferlegt hat; s. Liver, Zum Halbschekel in der Bibel und in den Qumranschriften (hebr.), in: idem, Chiqre Miqra, 114. Demnach wären ›die vielen Lasten über ihn‹ die vielen zu ihm gebrachten Spenden. Andere dagegen fassen die Vokabel משא als Prophetenspruch auf nach dem Muster von Jes 13, 1; 15, 1; 17, 1; 19, 1; 21, 1. 11. 13 u.a. Dann würde der Chronist hier auf V. 19 (›Zusatz‹) anspielen: »Er sandte Propheten zu ihnen, um sie zum Herrn zurückzubringen; die ermahnten sie ernstlich, doch sie schenkten ihnen kein Gehör«. So etwa R. David Kimchis eigene Meinung; Curtis, Chron, 439; Elmslie, Chron (1916), 279; Coggins, Chron, 242; vgl. Williamson, Chron 326. Letztere Deutung scheint weniger überzeugend.

20 Der Infinitiv יסרד hat hier die Bedeutung ›reparieren, renovieren‹, s. BDB, 413b. Der Bericht von der Wiederherstellung des Tempels folgt in der Chronik ja auf dessen Beschädigung durch ›die gottlose Athalja und ihre Bauleute‹ (V. 7).

21 ›das Volk und ganz Juda‹ – Hendiadyoin; ›für ganz Juda‹ ist hier kein überflüssiger Zusatz, der mit A. Jepsen, BHS, 665; Montgomery, Kings, 527, zu streichen wäre; zumindest gibt es keine textliche Grundlage für die Vermutung, daß einer von beiden Ausdrücken eine spätere Texterweiterung wäre.

22 Zu ›die Übriggebliebenen in Israel‹ s. im folgenden; mit den ›Übriggebliebenen‹ in Juda könnten allenfalls die nach Sanheribs Feldzug von 701 v.Chr. im Südreich Verbliebenen gemeint sein, laut Auskunft der Sanherib-Stele wurden damals nämlich 200 150 Personen aus Juda verschleppt, abgesehen von denen, die im Zuge der Kriegsereignisse ums Leben kamen oder geflohen waren. Nach der Darstellung des Chronisten war dieser Feldzug Sanheribs allerdings von vornherein zum Scheitern verurteilt (s. 2 Chr 32, bes. VV. 1. 21f), auch in Kön ist für Sanherib keine Umsiedlung der Bevölkerung belegt. Von daher ist wohl anzunehmen, daß der Verfasser anachronistisch Verhältnisse seiner Gegenwart, der Epoche nach der Heimkehr aus dem babylonischen Exil, auf Josias Zeiten übertragen hat; dazu Rudolph, Chron, 324. Eine andere Erklärung bietet Japhet, Ideology, 333 Anm. 243: Mit Hinweis auf 2 Chr 35, 18; 1 Chr 13, 2; Neh 1, 3 argumentiert sie, die Vokabel נשאר (übriggeblie-

Der Ausdruck ›die Übriggebliebenen in Israel‹ (הנשאר בישראל)
entspricht wohl ›allen übrigen Israeliten‹ (שארית ישראל), die der
Chronist in V. 9 hinzufügt:

2 Kön 22, 4	*2 Chr 34, 9*
Gehe hinauf zum Hohenpriester Hilkia; er soll das Geld ausschütten, das in den Tempel des Herrn gebracht worden ist und das die Schwellenhüter vom Volke —— —— eingesammelt haben.	Die kamen zum Hohenpriester Hilkia und übergaben[23] das Geld, das in den Tempel gebracht worden war, das die Leviten, die Schwellenhüter, von den Manassiten und Ephraimiten *und allen übrigen Israeliten* sowie von allen Judäern und Benjaminiten und den Bewohnern Jerusalems gesammelt.

Außerdem scheint der Ausdruck gleichbedeutend mit den ›Israeliten, die anwesend waren‹, um die der Chronist 2 Chr 35, 18 den Text aus 2 Kön 23, 23 erweitert hat. Demnach wären die Ausdrücke ›die Übriggebliebenen in Israel‹, ›die übrigen Israeliten‹ und ›Israeliten, die anwesend waren‹ jeweils Anspielungen auf die »der Gewalt der Könige von Assyrien Entronnenen und Übriggebliebenen« (2 Chr 30, 6), denen Hiskia durch Boten die Einladung zur Passafeier in Jerusalem zukommen ließ (ibid. 1-7) und deren Wohnorte von der Kultreform Hiskias (2 Chr 31, 1) bzw. Josias (2 Chr 34, 6f) mitbetroffen waren.[24] Diese Ausdrücke im Text der Chronik beziehen sich also auf die Bewohner des ehemaligen Nordreichs, die durch die Könige von Assyrien in der 2. Hälfte des 8. Jhs. v. Chr. nicht ins Exil geführt worden waren; insofern liegt hier eine Anspielung auf die 2 Kön 17 (vgl. auch 2 Kön 15, 29) berichtete Zerstörung des Nordreichs und das assyrische Exil vor. Die entsprechenden Verse – 2 Kön 15, 29 und das ganze Kapitel 17 – kommen allerdings in der Chronik nicht vor.

---

ben) habe einen Bedeutungsschwund erfahren und sich der Bedeutung ›befindlich, vorhanden‹ angenähert, daher seien hier ganz schlicht ›die in Juda Befindlichen‹ gemeint.

23 ›sie übergaben‹ (ויתנו) ist wohl die ursprüngliche Lesart und ויתם an der Parallelstelle in Kön eine Verschreibung daraus; dafür spricht auch die Wiederaufnahme des Verbs ›geben‹ in 2 Kön 22, 5, vgl. R. Weiß, Kombination von Buchstaben in der Bibel (hebr.), in: idem, Mechqare Miqra, 4f mit älterer Literatur. Es besteht allerdings auch die Möglichkeit, die Form ויתם in Kön als Verschreibung aus ויתך aufzufassen; dieses Verb wird in 2 Kön 22, 9 // 2 Chr 34, 17 wiederaufgenommen. Dazu Ehrlich, Mikrâ Ki-Pheschutô, 385 (zur Vertauschung von כ und מ s. Weiß, op. cit. 5, Anm. 8). Entsprechend emendierte Rudolph, Chron, 320, das ויתנו aus 2 Chr 34, 9 zu ויתכו.

24 Die Historizität dieser Angaben in der Chronik ist umstritten: dafür plädiert z.B. Cross, Samaria, 82f, dagegen etwa B. Oded, II Kings 17 – Between History and Polemic, in: JH 2 (1987), 37-50.

(2) In 1 Chr 11, 3 bringt der Chronist den Vers aus 2 Sam 5, 3: »dann salbten sie David zum König über Israel« und fährt fort: »nach der Verheißung des Herrn durch Samuel« (vgl. V. 10; 12, 24).[25] Dieser Zusatz greift zurück auf die Erzählung, wie David durch Samuel unter den Söhnen Isais auf göttliches Geheiß erwählt und zum König gesalbt wurde (1 Sam 15, 28; 16, 1-13); in der Chronik allerdings ist diese Szene ausgelassen. Ebenfalls darauf angespielt ist in 1 Chr 28, 4 (›Zusatz‹): »Der Herr, der Gott Israels, hat aus meiner ganzen Familie mich erwählt, daß ich für immer König über Israel sein sollte; denn er hat Juda zum Fürsten erwählt und im Stamme Juda meine Familie, und unter den Söhnen meines Vaters bin ich es, an dem er Gefallen gefunden, sodaß er mich zum König über ganz Israel gemacht hat.«[26]

(3) In 2 Chr 2, 16a bringt der Chronist einen Einschub zum Paralleltext 1 Kön 5, 29f:

Und Salomo ließ alle Fremdlinge im Lande Israels zählen
nach der Zählung, die sein Vater David veranstaltet hatte,
und es fanden sich 153600 ...

Der Einschub greift zurück auf 1 Chr 22, 2ff (›Zusatz‹): »Und David gebot, die Fremdlinge, die sich im Lande Israels befanden, zu versammeln ... « (im Bericht von Davids Volkszählung 1 Chr 21, 1 – 22, 1 // 2 Sam 24 dagegen steht nicht, daß auch die Fremdlinge gezählt worden seien).

(4) In 2 Chr 3, 1 hat der Chronist den älteren Text 1 Kön 6, 1 um die Angabe der genauen Lage des Salomonischen Tempels erweitert, wobei er auf die Opferung Isaaks (Gen 22, 1-14, bes. V. 2b) und auf die Volkszählung (1 Chr 21, 1 – 22, 1 // 2 Sam 24) anspielt.[27]

Und Salomo begann den Tempel des Herrn zu bauen in Jerusalem auf dem Berge Moria[28], wo der Herr seinem Vater David erschienen war, an der Stätte, die David bestimmt hatte, auf der Tenne des Jebusiters Ornan.[29]

(5) In 2 Kön 24, 19 (= Jer 52, 2) steht über König Zedekia von Juda: »Er tat was dem Herrn übel gefiel, ganz wie Jojakim getan hatte«. In 2 Chr 36, 12 hat der Chronist den Schluß verändert, bei ihm heißt es: »Er tat, was dem Herrn, seinem Gott, übel gefiel; *er demütigte*

---

25 Ebenfalls behandelt ist dieser Vers oben Kap. VII, C, Beispiel a.
26 Zu Davids Erwählung als König s. auch 2 Chr 6, 5f // 1 Kön 8, 16 (im Text von Kön ist hier ein Homoioteleuton zu beobachten); 1 Chr 17, 7 // 2 Sam 7, 8.
27 Zur literarischen Struktur dieses Zusatzes, möglichen Tendenzen und zum Fehlen dieser Ortsangabe im Baubericht 1 Kön 5, 15 – 16, 2 s. Kalimi, Moriah, 350-362.
28 Zur Beziehung zwischen dem Berg Moria hier und dem ›Land Moria‹ in Gen 22 s. Kalimi, Moriah, 345-350.
29 Zur Formulierung dieses Verses vgl. oben Kap. III, D, Beispiel 4.

sich nicht vor dem Propheten Jeremia, der im Auftrage des Herrn redete«[30]. Das soll wohl eine Anspielung auf Jer 37, 2 sein: »Aber weder er [Zedekia] noch seine Diener ... *hörten auf die Worte, die der Herr durch den Propheten Jeremia redete*« (vgl. ferner Jer 38, 15. 20f).

(6) In 2 Kön 24, 20 steht »Zedekia aber fiel vom König von Babel ab«, und in 2 Chr 36, 13 schreibt der Chronist: »Auch fiel er ab vom König Nebukadnezar, *der ihn bei Gott hatte Treue schwören lassen*«. Dieser Zusatz spielt an auf das Bündnis, das der König von Babylon mit dem König von Juda geschlossen hatte, den Bruch dieses Bundes durch Zedekia und seine Bestrafung, Ez 17, 11-21: »Und er nahm eine Sprößling des Königshauses und schloß einen Vertrag mit ihm; er ließ sich von ihm einen Eid schwören... Er aber fiel von ihm ab ... Darum spricht Gott der Herr also: So wahr ich lebe, ich werde seinen bei mir geschworenen Eid, den er mißachtet, und den vor mir geschlossenen Vertrag, den er gebrochen hat, über sein Haupt bringen« (VV. 13-15. 19).

(7) In 1 Kön 22 ist das Zusammentreffen des israelitischen Königs mit König Josaphat von Juda berichtet. Der Chronist stellt diesem Bericht den Satz voran »Als nun Josaphat viel Reichtum und Ehre erlangt hatte, verschwägerte er sich mit Ahab« (2 Chr 18, 1). Hier ist angespielt auf die Verheiratung von Josaphats Sohn Joram mit einer Tochter Ahabs (2 Chr 21, 6 // 2 Kön 8, 18).[31]

(8) In 2 Chr 22 erzählt der Chronist von dem judäischen König Ahasja, der mit König Joram von Israel in die Schlacht gegen den syrischen König Hasael bei Ramot Gilead zog. Dort wurde Joram verwundet und Ahasja zog nach Jesreel, um ihn zu besuchen (VV. 2-6 // 2 Kön 8, 26-29). Im Anschluß daran (V. 7f) bringt der Chronist eine Anspielung auf die Salbung des Jehu, Sohn des Nimsi, zum König sowie auf das Blutbad, das dieser in beiden Königshäusern anrichtete (2 Kön 9, 1-26, nicht in der Chronik):

»Es war aber über Ahasja von Gott verhängt zu seinem Untergang, daß er zu Joram ging; denn als er zu Joram kam, ging er mit ihm hinaus zu Jehu, dem Sohne Nimsis, den der Herr gesalbt hatte, damit er das Haus Ahabs ausrotte. Als nun Jehu das Gericht an Ahabs Haus vollzog, ... «.

Die Formulierung ›als er zu Joram kam, ging er mit ihm hinaus zu Jehu, dem Sohne Nimsis‹ geht zurück auf 2 Kön 9, 21: »Dann fuhren

---

30 Zum Ausdruck ›demütigte sich nicht vor X‹ vgl. 2 Chr 33, 23: »und demütigte sich nicht vor dem Herrn«.

31 Vgl. jedoch 2 Chr 22, 2 // 2 Kön 8, 26. 27c; 2 Chr 22, 10 // 2 Kön 11, 1, wo ›Athalja, die Tochter Omris‹ als die Mutter von Jorams Sohn Ahasja genannt wird; dazu unten, Anhang A, a, Beispiel 1.

Joram, der König von Israel, und Ahasja, der König von Juda, ein jeder auf seinem Wagen hinaus; sie fuhren Jehu entgegen und trafen ihn ... «. Und der Relativsatz ›den der Herr gesalbt hatte, damit er das haus Ahabs ausrotte‹ erinnert an 2 Kön 9, 1-10, bes. VV. 6b-8: »So spricht der Herr, der Gott Israels: Ich salbe dich zum König über mein Volk Israel. Du sollst das Haus Ahabs, deines Herrn, ausrotten, ... ich will von Ahabs Geschlecht alles ausrotten, was männlich ist... «.

(9) Beim Bericht vom Sturz der Königin Athalja durch den Priester Jojada steht 2 Kön 11, 10: »Und der Priester gab den Obersten die Spieße und *Schilde* des Königs David, die sich im Tempel des Herrn befanden.[32] Manche Forscher halten diesen Vers für eine spätere Glosse nach dem Muster der Parallelstelle 2 Chr 23, 9, denn er steht im Widerspruch zu V. 8, wo ausdrücklich steht, Jojadas Leute seien bewaffnet gewesen.[33] Einiges spricht jedoch dafür, daß V. 10 doch zum ursprünglichen Textbestand gehört und die dort erwähnten Waffen in erster Linie kultischen Zwecken dienten, so daß kein Widerspruch zu V. 8 entsteht.[34] Die ›Köcher des Königs David‹ beziehen sich offenbar auf die Geschichte aus 2 Sam 8, 7 (// 1 Chr 18, 7): »David nahm auch die goldenen Köcher, welche die Leute Hadad-Esers getragen hatten, und brachte sie nach Jerusalem«; aus der Fortsetzung geht hervor, daß David diese Köcher dem Herrn weihte, zusammen mit den übrigen Schätzen, die er bei Israels Nachbarn erbeutet hatte (2 Sam 8, 11f // 1 Chr 18, 10f). In 2 Chr 23, 9 erweitert der Chronist den älteren Text um eine Waffenart, er nennt auch Schilde[35]; damit sind anscheinend die ehernen Schilde gemeint, die Rehabeam anfertigen ließ und »der Obhut der Obersten der Trabanten, die am Königspalast die Torwache hatten«, anvertraute (anstelle der von den Ägyptern erbeuteten goldenen Schilden aus Salomos Zeiten, 2 Chr 12, 9-11 // 1 Kön 14, 26-28):

---

32 Zur Aufbewahrung von Waffen im Tempel vgl. das Schwert des Philisters Goliath im Tempel von Nob (1 Sam 21, 10); die Rüstung des gefallenen Saul im Hause der Astarte (1 Sam 31, 10 // 1 Chr 10, 10), s. auch 1 Kön 10, 17 // 2 Chr 9, 16. In seinem ›Schreiben an den Gott Aššur‹ berichtet Sargon, er habe auf seinem 8. Kriegszug (714 v. Chr.) den König Urzana geschlagen, seine Stadt Muṣaṣir eingenommen und aus dem Tempel des Gottes Ḫaldia eine Menge Waffen erbeutet; s. Luckenbill, ARAB, II, § 173.

33 So etwa Curtis, Chron, 428; Montgomery, Kings, 420; Gray, Kings, 573; Snaith, Kings, 247.

34 Vgl. Williamson, Chron, 316.

35 Die Pluralform מגנות ist hapax legomenon, ebenso חניתים, gewöhnlich wird מגנים und חניתות verwendet (s. z.B. Jes 2, 4 // Mi 4, 3). Statt des (offenbar kollektiv gebrauchten) Singular חנית benutzt der Chronist (auch LXX, Peschitta und Vulgata zu 2 Kön) den Plural, damit einem Plural von Kämpfern auch ein Plural von Waffen entspricht.

2 Kön 11, 10	*2 Chr 23, 9*
Und der Priester gab den Obersten die Spieße —— und Köcher des Königs David, die sich im Tempel des Herrn befanden.	Und der Priester Jojada gab den Obersten die Spieße, *Schilde* und Köcher[36] des Königs David, die sich im Tempel befanden.

Der Chronist nahm offenbar an, nur die Köcher hätten König David gehört (nach 2 Sam 8, 7 // 1 Chr 18, 7), nicht aber die Spieße und Schilde. Demnach würde das Possessivattribut אשר למלך דויד nur zum letzten Glied der Aufzählung gehören (in Unterschied zur Auffassung der Punktatoren, die in beiden Paralleltexten über die Vokabel ›Köcher‹ einen Akzent setzten, der sie mit dem vorangehenden verknüpft). Eine ähnliche Erscheinung ist Gen 18, 8a zu beobachten: »Da nahm er [Abraham] Butter, Milch und das Kalb, das er zubereitet hatte« – auch hier bezieht sich der Relativsatz nur auf das letzte Glied.

B) Bezugnahme auf Episoden aus dem älteren Text

Gelegentlich verweist der Chronist kurz auf Episoden aus dem älteren Text und verläßt sich anscheinend darauf, daß der Leser imstande sei, sich diese gegebenenfalls in Erinnerung zu rufen.

(1) Laut 2 Kön 19, 14 ff (// Jes 37, 14ff) richtete König Hiskia während des Konflikts mit Assyrien ein Gebet an den Herrn, seinen Gott; der Wortlaut dieses Gebets steht in den Versen 15-19 (// Jes 37, 15-20). An der Parallelstelle 2 Chr 32 zitiert der Chronist nicht das Gebet selbst, nimmt aber ausdrücklich darauf Bezug:

2 Kön 19, 15-19	*2 Chr 32, 20*
Und Hiskia betete vor dem Herrn und sprach: O Herr, Gott Israels, der du über den Cheruben thronst, du allein bist Gott	Da beteten König Hiskia und der Prophet Jesaja, Sohn des Amoz, und schrien zum Himmel.

(2) In 2 Chr 32, 24 greift der Chronist andeutungsweise auf die Geschichte von Hiskias Krankheit, Gebet und Erhörung aus 2 Kön 20, 1-11 (// Jes 38, 1-8. 21f) zurück:

2 Kön 20, 1-11	*2 Chr 32, 24*
1. In jenen Tagen wurde Hiskia todkrank; und der Prophet Jesaja, Sohn des Amoz, kam zu ihm und sprach: So spricht der Herr: Bestelle dein Haus, denn du mußt sterben und wirst nicht genesen.	In jenen Tagen wurde Hiskia todkrank;

---

36 Zur Bedeutung der Vokabel שלט (akkad. ›šaltu‹, aram. ebenso) s. R. Borger, Die Waffenträger des Königs Darius, in: VT 22 (1972), 385-398.

2. Da kehrte er sein Angesicht gegen die Wand
und *betete zum Herrn*:　　　　　　　　　　　da *betete er zum Herrn,*
3. Ach Herr, gedenke doch, ...
4. Jesaja aber war noch nicht zur Stadt halb
hinaus, da erging an ihn das Wort des Herrn:
5. Kehre um *und sage zu Hiskia* ...　　　　　*und er sagte zu ihm*
So will ich dich denn gesund machen; in drei
Tagen wirst du in das Haus des Herrn hinaufgehen.
6. Und ich will noch fünfzehn Jahre zu deinem
Leben hinzutun, und aus der Hand des Königs
von Assyrien will ich dich erretten ...
8. Hiskia aber sprach zu Jesaja: Was ist das
Zeichen, daß der Herr mich wird genesen
lassen, daß ich in drei Tagen in das Haus
des Herrn hinaufgehen werde?
9. Jesaja sprach: *Dies sei dir das Zeichen*　　　*und gab ihm ein Wunder.*
von dem Herrn ...

Wieder erwähnt der Chronist das Gebet, ohne es zu zitieren. Mit
dem ›Wunder‹ ist vermutlich die Verrückung des Schattens auf den
›Stufen des Ahas‹[37] (2 Kön 20, 8-11 // Jes 38, 7f) gemeint, die für Hiskia
das Zeichen[38] waren, daß sein Gebet erhört sei. In dem elliptischen
Ausdruck ›und er sagte zu ihm‹ ist wohl Jesaja als Sprecher und Hiskia
als Angesprochener zu ergänzen.[39] Vielleicht ist damit auf 2 Kön 20,
5f (// Jes 38, 5f) angespielt: »Geh hin und sage Hiskia: So spricht
der Herr, ... so will ich denn noch fünfzehn Jahre zu deinem Leben
hinzutun, ... «.
　　Weshalb der Chronist die ausführliche Erzählung aus 2 Kön 20,
1-11 so sehr knapp zusammengefaßt hat, läßt sich nur vermuten: Vielleicht nahm er Anstoß an Hiskias Rückfrage »Was ist das Zeichen, daß
der Herr mich wird genesen lassen... ?« (V. 8), worin sich mangelndes
Vertrauen in die erhaltene Heilszusage (V. 5) äußert; vielleicht stört
ihn Hiskias Pochen auf die eigene Gerechtigkeit (V. 3), wohingegen
die göttliche Erhörung ausdrücklich auf Gott selbst und auf Davids
Verdienst zurückgeführt wird (VV. 5f).[40] Dadurch würde das positive
Hiskia-Bild, das in 2 Chr 29-32 (bes. 29, 1; 31, 20; 32, 1. 20) gezeichnet
ist, womöglich beeinträchtigt.

37　Dazu Y. Yadin, Die Stufen des Ahas (hebr.), in: EI 5 (1959), 91-96.
38　Das Wunder (מרפה) wird noch in der Fortsetzung (V. 31) genannt, in Könige stand
　　›Zeichen‹ (אות). Zur Synonymität von אות und מרפה s. etwa Ps 78, 43; 105, 27; vgl.
　　Dtn 13, 2f. Im Sifre Num, Nasso, XXIII 21 steht: »Zeichen = Wunder, Wunder =
　　Zeichen, die Tora hat zwei verschiedene Ausdrücke verwendet«.
39　Die griechische Version καὶ ἐπήκουσεν (wurde erhört) scheint hier sekundär.
40　Eine solche Äußerung Gottes widerspräche auch der Vorstellung des Chronisten von
　　der göttlichen Gerechtigkeit, wonach der Mensch für seine eigenen Taten belohnt
　　wird und nicht für die seiner Väter; dazu Japhet, Ideology, 162f.

(3) In 2 Kön 20, 12-19 (// Jes 39, 1-8) wird von der Delegation erzählt, die der babylonische König Merodach-Baladan[41] zu Hiskia entsandte, als dieser krank darniederlag, von der freundlichen Aufnahme dieser Gesandtschaft und von der Reaktion des Propheten darauf.[42] Der Chronist bringt diese Episode nicht, sondern spielt nur kurz darauf an: »Und ebenso, als die Sprecher[43] der Fürsten von Babel zu ihm gesandt wurden, ihn nach dem Wunder zu fragen, das im Lande geschehen war ... « (2 Chr 32, 31). In Kön wird Hiskias Erkrankung als Anlaß des Besuchs angegeben (2 Kön 20, 12, ähnlich Jes 39, 1); solche Höflichkeitsbesuche waren im Alten Orient unter befreundeten Herrschern durchaus üblich.[44] Der Chronist dagegen gibt als Ziel des Besuches an: »nach dem Wunder zu fragen, das im Lande geschehen war«; durch den hohen Grad der Bekanntheit wird die Bedeutung des Wunders, das Gott an Hiskia getan hatte, noch unterstrichen. Aus der literarischen Aufeinanderfolge von wunderbarer Genesung und Besuch der Gesandtschaft in Kön (2 Kön 20, 1-11. 12-19) hat der Chronist offenbar auf die chronologische Nachbarschaft der beiden Ereignisse geschlossen, zumal die Eröffnung ›zu jener Zeit‹ leicht als Anschluß an das unmittelbar zuvor Erzählte aufgefaßt werden kann.[45] Das ›Wunder‹ hier ist identisch mit dem ›Wunder‹ aus V. 24, nämlich der Verschiebung des Schattens auf den Stufen des Ahas.

---

41 Zu Merodach-Baladan und seiner Regierungszeit s. Cogan-Tadmor, Hiskia, 200 Anm. 14; 201 Anm. 19. Das vierzehnte Regierungsjahr des Hiskia fiel ins Jahr 714/13 v. Chr.

42 Zur literarischen Struktur dieser Episode, ihren Stellenwert innerhalb der Jesaja-Erzählungen, zu Chronologie und Redaktion s. Cogan-Tadmor, Hiskia, 198-201.

43 מליץ bedeutet ›Dolmetscher‹ (vgl. Gen 42, 23) oder ›Mittelsmann‹ (Hi 33, 23; Jes 43, 27). Delitzsch, Fehler, 122, § 134d, möchte ›Fürst‹ im Singular lesen (der Bindestrich wäre dann zu Jod verschrieben), mit dem ›Fürsten von Babylon‹ wäre Merodach-Baladan gemeint (vgl. Rudolph, Chron, 312). Die griechische Übersetzung, die Vulgata und die aramäische Version haben hier ein Äquivalent für הַמְשַׁלְחִים, was besser scheint (vgl. Curtis, Chron, 494; Ehrlich, Mikrâ Ki-Pheschutô, 467; Rudolph, ebd.). Ehrlich, Randglossen, 381 schlägt vor zu lesen: הֵם שְׁלָחִים, was auch nicht auszuschließen ist.

44 Dazu ausführlich im Zusammenhang mit Davids Gesandtschaft an den Ammoniter-König Nahas, unten Kap. XV. Das eigentliche Anliegen der Delegation war offenbar die Schaffung einer anti-assyrischen Koalition gegen Sargon.

45 In den Augen des Chronisten war der Besuch der babylonischen Delegation eine göttliche Versuchung Hiskias, dazu Japhet, Ideologie, 193.

C) *Anspielungen im chronistischen Sondergut*

a) In genealogischen Listen

(1) Die Episode aus Josua 7, wie im Zuge der Landnahme Achan sich am Gebannten vergreift und das ganze Volk dafür bestraft wird, ist in der Chronik nicht erzählt; aber eine Anspielung darauf findet sich in einer Genealogie des Stammes Juda 1 Chr 2, 7: »Die Söhne Karmis: Achar, welcher Israel ins Unglück brachte, als er sich vergriff an dem, was dem Bann verfallen war«.[46]

(2) In 1 Chr 2, 3f: »Die Söhne Judas: Er, Onan und Sela, welche drei ihm von der Tochter Suas, der Kanaaniterin, geboren wurden. Aber Er, Judas Erstgeborener, war böse in den Augen des Herrn; darum ließ er ihn sterben. Und Tamar, seine Schwiegertochter, gebar ihm Perez und Serah«. Dies erinnert an die Erzählung von Juda und Tamar aus Gen 38.

(3) In 1 Chr 5, 1f nimmt der Chronist anscheinend auf etliche Verse aus Gen Bezug: »Die Söhne Rubens, des Erstgeborenen Israels – er war nämlich der Erstgeborene; aber weil er seines Vaters Lager entweiht hatte, wurde sein Erstgeburtsrecht den Söhnen Josephs, des Sohnes Israels, gegeben, doch nicht so, daß dieser als Erstgeborener registriert wurde; denn Juda war unter seinen Brüdern einer der mächtigsten, und einer aus ihm wurde zum Fürst. Aber das Erstgeburtsrecht fiel Joseph zu«.

Der Hinweis auf die Entweihung von Israels Lager durch Ruben weist wörtliche Anklänge an Gen 49, 3f (»denn du bist auf deines Vaters Lager gestiegen, daselbst hast du mein Bett entweiht«) auf, vgl. auch Rubens Beilager mit Bilha, Gen 35, 22. Die Verleihung des Erstgeburtsrechts an Josephs Söhne bezieht sich auf Jakobs Segen über Ephraim und Manasse Gen 48, 5 (vgl. auch V. 22 im selben Kapitel). Somit wurde aus der Zuteilung eines doppelten Landanteils an die Nachkommen Josephs rückgeschlossen, daß Joseph anstelle von Ruben in den Rang des Erstgeborenen aufgerückt sei (vgl. Dtn 21, 17). Und Judas Machtposition gegenüber seinen Brüdern ist ein Rückgriff auf Gen 49, 8: »Juda, dich preisen deine Brüder! ... vor dir neigen sich die Söhne deines Vaters.«

---

46 Eine weitere Anspielung auf diesen Vorfall liegt offenbar Hos 2, 17 vor: »Dann will ich ihr ihre Weinberge (כרמיה) geben und das Tal Achor zur Pforte der Hoffnung machen« (vgl. Jos 7, 24. 26), ebenso Jes 65, 10.

b) In sonstigen Zusätzen

(1) Den Bericht vom Tod Sauls auf dem Gebirge Gilboa (1 Chr 10, 1-12 // 1 Sam 31, 1-13) schließt der Chronist mit den Worten: »So starb Saul um der Treulosigkeit willen, die er an dem Herrn begangen hatte, wegen des Wortes des Herrn, das er nicht gehalten hatte, und ferner weil er einen Totengeist befragt hatte« (V. 13). Mit der ›Treulosigkeit‹ ist wohl gemeint, daß Saul den Bann an Amalek nicht vollständig vollstreckte (1 Sam 15); das nicht gehaltene Wort des Herrn greift nicht nur auf diesen Vorfall zurück[47], sondern vor allem auf 1 Sam 13, 13f: »Samuel aber sprach zu Saul: Du hast töricht gehandelt! Hättest du das Gebot des Herrn, deines Gottes, gehalten ... *weil du nicht gehalten hast*, was dir der Herr geboten hat«. Die Befragung des Totengeistes bezieht sich sachlich wie sprachlich auf die Totenbeschwörung durch die Hexe zu Endor, 1 Sam 28 (bes. VV. 7 »Sucht mir ein Weib, das einen Wahrsagegeist hat, daß ich zu ihr gehe und *bei ihr Rat suche*« und 17 »Samuel sprach: Was *fragst du mich*, wo doch der Herr von dir gewichen ist«). Doch der Inhalt von 1 Sam 13. 15. 28 kommt in der Chronik sonst nirgends vor.[48]

(2) In 1 Chr 12, 1 steht: »Die folgenden sind die, welche zu David nach Ziklag kamen, als er sich noch von Saul, dem Sohne des Kis, fernhalten mußte«. Dieser Vers erinnert an Davids Flucht zu König Achis von Gath, 1 Sam 27, 1-7, die in der Chronik selbst nicht berichtet wird.

(3) Im selben Kapitel, 1 Chr 12, 20f, steht: »Auch Manassiten gingen zu David über, als er mit den Philistern wider Saul in den Kampf zog. Allerdings kam es nicht dazu, daß er den Philistern half; denn die Philisterfürsten hielten Rat und schickten ihn weg, indem sie sprachen: Er könnte um den Preis unserer Köpfe zu Saul, seinem Herrn, übergehen. Auf seinem Marsch nach Ziklag also schlossen sie sich ihm aus Manasse an: ... «[49]. Hier spielt der Chronist ziemlich ausführlich auf 1 Sam 28, 1f; 29, 1-11 an. Besonders markant ist die Befürchtung der Philister in seiner Formulierung »er könnte um den Preis unserer Köpfe zu seinem Herrn übergehen« im Vergleich mit der entsprechenden Stelle 1 Sam 29, 4: »Womit könnte er sich bei seinem Herrn besser in Gunst setzen als mit den Köpfen dieser Männer?«[50] Die

---

47 Vgl. auch 1 Sam 28, 18: »*Darum daß du der Stimme des Herrn nicht gehört* und den Grimm seines Zorns nicht ausgerichtet hast wider Amalek«.

48 Vgl. Willi, Chron, 56. Gegen Mosis, Untersuchungen, 41. S. auch unten Kap. XV, Anm. 4.

49 Zur chiastischen Struktur sowie zum doppelten Einsatz der Erzählung, die der Chronist diesem Abschnitt verliehen hat, s. unten in den entsprechenden Kapiteln: XI und XIV.

50 Der Chronist hat hier den Ausspruch der Philister aus 1 Sam 29, 4 in Gestalt eines

Philisterfürsten sprechen hier von sich selbst in dritter Person (›mit den Köpfen dieser Männer‹), wie um den Fluch nicht auf sich herabzuziehen[51] Der Chronist dagegen läßt die Philister in erster Person sprechen: ›*unsere* Köpfe‹.[52]

(4) In 1 Chr 26, 26f heißt es: »Dieser Selomith war mit seinen Brüdern zur Aufsicht bestellt über alle die Schätze der Weihgeschenke, welche *König David* und die Familienhäupter ... aus der *Kriegsbeute geweiht* hatten zur Unterstützung des Hauses des Herrn«. Dies ist offenbar eine Anspielung auf 2 Sam 8, 10-12 (// 2 Chr 18, 10f): »Auch diese *weihte König David dem Herrn*, gleich dem Silber und Gold, das er dem Herrn weihte *von allen Völkern, die er unterwarf*: von Aram[53], von ... und *von der Beute*, die er Hadad-Eser, dem Sohne Rehobs, dem König von Zoba, abgenommen hatte«.

(5) In 1 Chr 27, 23f spielt der Chronist auf die Volkszählung 1 Chr 21, 1 – 22, 1 // 2 Sam 24 an: »Die Zahl derer aber, die zwanzig Jahre und darunter zählten, nahm David nicht auf[54]; denn der Herr hatte verheißen, Israel so zahlreich zu machen wie die Sterne des Himmels[55]. Joab, der Sohn Zerujas, hatte zwar mit der Zählung begonnen, sie aber nicht vollendet[56]; denn um ihretwillen war ein Zorngericht über Israel gekommen, und so wurde die Zahl nicht aufgenommen in das Buch der Geschichte des Königs David.«

Parallelen-Chiasmus zitiert, dazu unten Kap. XII.

51 Vgl. Num 16, 14: »Willst du denn *diesen Leuten* die Augen ausstechen?« – direkte Anrede der Rotte Korah an Mose.

52 Eine ähnlich indirekte Bezugnahme ist auch in der Gottesrede Sach 2, 12 zu beobachten: »denn wer euch antastet, tastet seinen [statt: meinen] Aufapfel an«; ähnlich die Schwurformel 1 Sam 25, 22: »Gott tue Davids Feinden dies und das, wenn ...«, wohingegen die LXX direkt schreibt: τάδε ποήσαι ὁ θεὸς τῷ Δαυίδ. Vgl. 2 Sam 12, 14: »Weil du die Feinde des Herrn (Euphemismus für: ›den Herrn‹) durch dies dein Tun verhöhnt hast...«. R. Yaron, The Coptos Decree and 2 Sam XII 14, in: VT 9 (1959), 89-91 bringt dazu eine ägyptische Parallele. Das Umgekehrte ist Num 11, 15 zu beobachten: »Willst du so an mir handeln, so töte mich lieber, ... damit ich mein Unheil nicht mit ansehen muß«; dazu bemerkt der mittelalterliche jüdische Exeget Raschi: »eigentlich hätte es heißen müssen ›ihr Unheil‹ (scil. Israels)«, aber dies sei eine der Stellen, wo die Schriftgelehrten korrigierend eingegriffen hätten.

53 In einigen Handschriften des massoretischen Textes, in LXX und Peschitta: Edom.

54 Nach der Vorschrift Num 1, 3 sollten »alle wehrfähigen Leute in Israel, von zwanzig Jahren an und darüber« gezählt werden.

55 Vgl. Gen 15, 7; 22, 17.

56 Dazu 1 Chr 21, 6. Im Gegensatz zur Auffassung von Williamson, Chron, 177, ist hier nicht gesagt, daß Joab die Volkszählung abbrechen wollte, was ihm jedoch nicht gelungen sei; insofern besteht also kein Widerspruch zwischen dem Vers hier und 1 Chr 21, 6, wo es heißt: »Levi und Benjamin hatte er nicht in die Musterung einbezogen; denn des Königs Befehl war Joab ein Greuel«.

(6) In 2 Chr 13, 6 (›Zusatz‹) »Aber Jerobeam, der Sohn Nebats, der Knecht Salomos, des Sohnes Davids, hat sich erhoben und sich wider seinen Herrn empört« ist Bezug genommen auf 1 Kön 11, 26-28 »Auch Jerobeam, der Sohn Nebats, ... empörte sich wider den König...«, obwohl davon in der Chronik vorher nicht die Rede war.

(7) Die Berichte über die Einführung des Stierkults in Israel durch Jerobeam 1 Kön 12, 26-33; 13, 33 stehen nicht in der Chronik, denn mit dem Hauptanliegen des Chronisten, der Geschichte des davidischen Königtums, haben sie nicht direkt zu tun. Trotzdem tauchen sie in der Chronik in Form von Anspielungen auf, so wird etwa in 2 Chr 11, 13-15 (›Zusatz‹) erklärt, weshalb Rehabeam so großen Zustrom von Priestern und Leviten hatte: »Die Leviten verließen nämlich ihre Weideplätze und ihren Besitz[57] und zogen nach Juda und Jerusalem. Denn Jerobeam und seine Söhne hatten sie aus dem Priesterdienste des Herrn verstoßen, und Jerobeam hatte sich eigene Priester bestellt für die Höhenheiligtümer und für die שְׂעִירִים[58] und für die Kälber, die er machen ließ.«

Denselben Vorwurf finden wir in Abias Rede auf dem Berg Zemaraim: »Und nun wähnt ihr, ihr würdet ... euch behaupten können, weil ihr ... *goldene Kälber bei euch habt, die euch Jerobeam zu Göttern gemacht hat! Habt ihr nicht die Priester des Herrn, die Söhne Aarons*, und die Leviten verjagt und euch eigene Priester gemacht wie die Völker in den Landen? Wer immer da kommt, um sich die Hand mit einem jungen Stier und sieben Widdern[59] füllen zu lassen, der wird Priester derer, die doch nicht Götter sind« (2 Chr 13, 8b-9, ›Zusatz‹). Diese Verse knüpfen deutlich an Texte aus 1 Kön an: »Darum ging der König mit sich zu Rate, *ließ zwei goldene Kälber machen* und sprach zum Volke: Lange genug seid ihr nach Jerusalem gepilgert! Siehe, das sind deine Götter, Israel, ... *Er baute auch Höhenheiligtümer* und *bestellte Priester*, die keine Leviten waren ... So tat er in Bethel, *um den Kälbern zu opfern*, die er gemacht hatte, und ließ die Hohepriester, die er bestellt hatte, in Bethel ihres Amtes walten« (12, 28. 31. 32) und »Auch danach kehrte Jerobeam nicht um von seinem bösen Wege, sondern bestellte wieder Hohenpriester aus allem Volk. Wer immer seine Hand füllen wollte, der ward Hohenpriester« (13, 33).

(8) Josaphats Gebet 2 Chr 20, 10f formuliert der Chronist folgendermaßen: »Hier kommen nun die *Ammoniter* und *Moabiter* und die

---

57 Zu den Ländereien der Leviten vgl. 1 Chr 6, 46-66; Lev 25, 32-34; Num 35, 1-5; Jos 21, 5-42.

58 Kultische Verehrung von שְׂעִירִים ist in Kön für Jerobeam nicht belegt; vielleicht wollte der Chronist sein Bild noch schwärzer zeichnen. Zum Verbot des שְׂעִירִים-Kultes s. Lev 17, 7; zur Bedeutung der Vokabel s. N. H. Snaith, The Meaning of שְׂעִירִים, in: VT 25 (1975), 115-118.

59 Dazu vgl. Ex 29, 1 und s. Dillard, 2 Chron, 109.

vom Gebirge Seïr, in deren Land zu gehen du den Israeliten nicht erlaubt hast, als sie aus dem Lande Ägypten kamen; sie ließen sie vielmehr unbehelligt und vernichteten sie nicht. Siehe, die wollen uns nun Böses antun; sie kommen, um uns aus deinem Eigentum, das du uns gegeben hast, zu vertreiben.« Dies ist eine Reminiszenz an Dtn 2, 2-8, wo es im Hinblick auf die Nachkommen Esaus, die in Ser wohnen, heißt: »fangt keinen Krieg mit ihnen an! Ich werde euch von ihrem Lande nicht einen Fuß breit geben; denn *Esau* habe ich das *Gebirge Seïr* zum Eigentum gegeben« (V. 5), ähnlich zu den Moabitern (V. 9) und zu den Ammonitern (VV. 18f)[60], vgl. auch Num 20, 14-21; Ri 11, 15-26. Diese Anspielung zeigt, daß der Chronist den Auszug aus Ägypten sowie Wüstenwanderung und Landnahme keineswegs zu unterschlagen trachtet, wenn er sie auch wenig erwähnt. Vgl. auch 1 Chr 17, 21 // 2 Sam 7, 23; 2 Chr 5, 10 // 1 Kön 8, 9; 2 Chr 6, 5 // 1 Kön 8, 16; 2 Chr 7, 22 // 1 Kön 9, 9.[61]

(9) Hiskias Rede 2 Chr 29, 4-11, in der er den Priestern und Leviten den desolaten Zustand des Heiligtums schildert und energisch zur Abhilfe aufruft, enthält eine Reihe von Anspielungen auf Vorgänge unter Hiskias Vater Ahas, die im Kapitel zuvor (2 Chr 28) erzählt sind:

Der Vorwurf »unsere Väter waren untreu und haben getan, was dem Herrn, unserm Gott, übel gefiel; sie haben ihn verlassen« (V. 6) erinnert an 2 Chr 28, 19: »... weil er [Ahas] in Juda zuchtloses Wesen hatte aufkommen lassen und dem Herrn untreu geworden war«, sowie an die Fortsetzung (V. 22): »In der Zeit, als er so bedrängt ward, fuhr er, König Ahas, fort, am Herrn treulos zu handeln« (s. auch 28, 6: »... weil sie den Herrn, den Gott ihrer Väter, verlassen hatten«). Die verschlossenen Tore der Vorhalle (V. 7a) erinnern an 2 Chr 28, 24: »Und Ahas ... verschloß die Tore des Tempels«; und im markanten Kontrast zu seinem bösen Vater öffnete Hiskia die Tore des Tempels sogleich »im ersten Monat des ersten Jahres seiner Regierung« (2 Chr 29, 3)[62]. Mit den Versen 8f »Darum ist der Zorn des Herrn über Juda und Jerusalem gekommen... Um deswillen sind ja unsere Väter

---

60 Der Chronist bringt die Namen der transjordanischen Völkerschaften im Vergleich zu der Dtn-Stelle als Parallelenchiasmus.

61 Dazu von Rad, Geschichtsbild, 77f; Williamson, Chron, 296f. Gegen Japhet, Ideology, 378; idem, Conquest, 216 Anm. 58.

62 Die Zeitangabe »im ersten Monat des ersten Jahres seiner Regierung« ist ein ›Pseudo-Datum‹; der Chronist wollte damit ausdrücken, daß die Wiederherstellung des Tempels die allererste Amtshandlung dieses gerechten Königs war, s. Cogan, Chronology, 201-203. Besonders deutlich wird die Fiktivität des Datums V. 17: »Am ersten Tage des ersten Monats begannen sie mit der Reinigung«; demnach hätte Hiskia an seinem ersten Regierungstag nicht nur die Tempeltore öffnen lassen, die Priester und Leviten versammelt und sie in einer feurigen Ansprache ermahnt, den Tempel wieder instandzusetzen (V. 3-11), sondern am selben Tag hätten diese auch noch

durchs Schwert gefallen und unsere Söhne und Töchter und Frauen
gefangen weggeführt worden« spielt der Chronist offenbar auf seinen
Bericht über die Zustände unter Ahas 28, 5-8 an: »Da gab ihn der Herr,
sein Gott, in die Gewalt des Königs der Syrer; die schlugen ihn und
führten eine große Menge seiner Leute gefangen weg und brachten sie
nach Damaskus. Auch ward er gegeben in die Hand des Königs von
Israel, daß er einen großen Schlag an ihm tat. Denn Pekah, der Sohn
Remaljas, schlug in Juda 120 000 auf einen Tag... Und die Israeliten
führten in Gefangenschaft von ihren Brüdern 200 000 Frauen, Knaben
und Mädchen..«[63]. Vielleicht enthalten diese Verse auch einen Anklang
an die Worte des Propheten Oded aus 2 Chr 28, 9: »Seht, weil der
Herr, der Gott eurer Väter, über die Judäer zornig ist, hat er sie in eure
Gewalt gegeben, und ihr habt unter ihnen ein Blutbad angerichtet...«.
Einen weiteren Hintergrund für 2 Chr 29, 8f bildet wohl auch 28, 17:
»Auch die Edomiter kamen wieder und schlugen Juda und führten
Gefangene weg«, ebenso die Schilderung des Philistereinfalls in die
judäischen Städte der Küstenebene und des Negebs (V. 18).

---

sich selbst geheiligt und sich ans Werk gemacht (V. 12-17)! Auch bei den folgenden
Zeitangaben dürfte es sich um Pseudo-Daten handeln: »*Am ersten Tage des ersten
Monats* begannen sie mit der Reinigung, und *am achten Tage des Monats* waren sie
an die Vorhalle des Tempels gelangt, dann weihten sie den Tempel acht Tage lang;
am sechzehnten Tage des ersten Monats waren sie fertig«.

63 Die Reihenfolge der Weggeführten in 29, 9 bildet zu der in 28, 8 einen
   Parallelenchiasmus.

Kapitel XI
Chiasmus

Der Chiasmus, eine der ältesten und verbreitetsten literarischen Erscheinungen in der antiken Literatur,[1] ist in den letzten Jahren eingehender erforscht worden, angefangen von der Vers- bzw. Satzebene bis hin zu umfassenderen literarischen Einheiten.[2] Je besser seine mannigfaltigen Verwendungsmöglichkeiten erkannt werden, umso heftiger sind die Funktionen umstritten, die hinter der (besonders im engeren Rahmen) recht technischen Fassade stehen: handelt es sich um ein in erster Linie ästhetisches Gestaltungsmittel, oder sind von der äußeren Form her Schlüsse auf den Inhalt zu ziehen? Auf die Frage nach Funktion und Wirkung des Chiasmus sind die verschiedensten Antworten gegeben worden: ein memotechnisches Hilfsmittel; Fokussierung der Leseraufmerksamkeit auf den Hauptgedanken der chiastischen Struktur; eine Art Gerüst, mit dessen Hilfe der Verfasser vergleicht, kontrastiert, gegenüberstellt, vervollständigt, eine Klimax aufbaut, Elemente in der chiastischen Wiederholung hervorhebt.[3] Daneben wird auch die Meinung vertreten, der Chiasmus gebe die Weise antiken Denkens und Schreibens schlechthin wieder. Zumindest im Bereich größerer und komplexerer literarischer Einheiten können chiastische Strukturen aber doch wohl nur durch bewußte literarische Gestaltung eines Schriftstellers bzw. Dichters zustandegekommen sein.

Aus der Vielzahl der angebotenen Deutungen erhellt, daß ein Generalnenner noch nicht gefunden ist, so daß dem Sprachgefühl, dem literarischen Ermessen und Verständnis des jeweiligen Forschers immer noch ein hoher Anteil bei der Beurteilung des Phänomens Chiasmus bleibt. Eins jedoch scheint festzustehen: In zahlreichen Fällen vermag das Erkennen eines Chiasmus nicht nur zur literarisch-strukturellen

---

1 Zur Verwendung des Chiasmus in der sumerisch-akkadischen, ugaritischen, biblischen, apokryphen und pseudepigraphen Literatur, im Neuen Testament, im rabbinischen Schrifttum und in der antiken Klassik s. die Beiträge zu Welch, Chiasmus. Speziell zur biblischen Literatur s. in den folgenden Anmerkungen.
2 Zur Erforschung des Phänomens s. Welch, Chiasmus, 9.
3 Welch, Chiasmus, 10-15, bes. 10; D. N. Freedman in seiner Einleitung zu Welch, Chiasmus, 7, s. auch die anderen Beiträge zu diesem Sammelband mit der dort angeführten Literatur sowie die Literatur in den weiteren Anmerkungen.

Analyse, sondern auch zur textuellen und ideellen Deutung eines Textes wesentlich beizutragen.[4]

Der Chiasmus in der Bibel, insbes. in der Chronik: zum Forschungsstand

Zum Phänomen des Chiasmus in der Bibel gibt es etliche Studien. Wahrgenommen hatte es bereits der mittelalterlich-jüdische Bibelexeget R. Abraham Ibn Esra[5]. Die im Zuge neuerer Forschungen beobachteten Chiasmen in der Bibel (sowie in anderer antiker Literatur) sind in einem Anhang zu dem von J. W. Welch herausgegebenen Sammelband »Chiasmus in Antiquity« katalogartig zusammengestellt.[6] Ein Blick auf diese Listen lehrt, daß innerhalb des biblischen Schrifttums relativ viele Vorkommen von Chiasmus in der erzählenden Prosa und in der Dichtung verzeichnet wurden, dagegen nur wenige in der historiographischen Literatur.[7] So stehen etwa 183 chiastischen Strukturen in Genesis, 273 bei Jesaja und 441 in den Psalmen ganze 33 bei Samuel, 11 in Könige, 10 in der Chronik und 3 bei Esra-Nehemia gegenüber.

Sorgfältiger Überprüfung der zehn Chiasmen in der Chronik aus dem Katalog bei Welch[8] vermögen nur sieben davon standzuhalten (1 Chr 9, 44; 16, 22; 22, 14; 24, 7; 2 Chr 17, 3f; 17, 8a; 32, 7f),[9] die

---

4   Beispiele dafür bei Y. T. Radday, Zum Chiasmus in den biblischen Erzählungen (hebr.), in: Beth Mikra 9 (1964), 48-72; S. Kogut, Der Chiasmus – sein Beitrag zur Exegese biblischer Texte (hebr.), in: Shnaton 2 (1977), 196-204; Paran, Signon, 163-174.

5   Zu Joel 3, 3 etwa schreibt er: »›Ich werde Wunderzeichen geben am Himmel / auf Erden Blut, Feuer und Rauchsäulen‹ – dies ist die Weise von Männern der heiligen Sprache: wenn zwei Dinge zu erwähnen sind, wird das zweite zuerst genannt, danach kommt man auf das erste zurück«, s. auch seinen Kommentar zu Ex 17, 7 sowie die bei Melammed, Mefarsche haMiqra, II, 575f zusammengestellten Beispiele. Zusätzlich zu den in den vorigen Anmerkungen erwähnten Arbeiten sind folgende zu nennen: N. W. Lund, The Presence of Chiasmus in the Old Testament, in: AJSLL 46 (1930), 104-126; idem, Chiasmus in the Psalms, in: AJSLL 49 (1932/33), 281-312; S. E. Loewenstamm, Zur Lehre vom Chiasmus in der Bibel (hebr.), in: FS E. Auerbach, hrsg. v. A. Biram, Jerusalem 1956, 27-30; Weiß, Chiasmus, 46-51 (Weiß unterscheidet nicht zwischen einfachem und Parallelen- Chiasmus); R. Sapan, Der Chiasmus in der biblischen Dichtung (hebr.), in: Beth Mikra 31 (1976), 534-539; A. di Marco, Der Chiasmus in der Bibel, in: LB 36 (1975), 21-97; LB 37 (1976), 49-68; Radday, Chiasmus; W. G. E. Watson, Chiastic Patterns in Biblical Hebrew Poetry, in: Welch, Chiasmus, 118-168.

6   S. Welch, Chiasmus, 287-352.

7   Welch, Chiasmus, 297-338.

8   S. Welch, Chiasmus, 338.

9   Die chiastischen Strukturen 1 Chr 9, 44; 22, 14; 24, 7; 2 Chr 17, 8a hat König, Stilistik, 145f. 171f bereits gefunden; ebenfalls bei A. di Marco, Der Chiasmus in der Bibel, in: LB 37 (1976), 64; auf 1 Chr 16, 22 hat R.F. Smith hingewiesen (nach Welch, Chiasmus, 338); die Stellen 2 Chr 17, 3f; 32, 7f hat Weiß, Chiasmus, 51.

übrigen drei (1 Chr 21, 8a; 21, 8b; 2 Chr 21, 10b) scheiden aus.[10] Von den verbleibenden sieben Fällen stammt einer (1 Chr 16, 22) nicht vom Chronisten, sondern ist aus Ps 105, 15 übernommen. Die restlichen sechs Chiasmen stehen allesamt im chronistischen Sondergut.

Zwei weitere Fälle von Chiasmus im chronistischen Sondergut sind in der Forschung schon länger bekannt, aber aus irgendeinem Grund nicht in den Katalog von Welch aufgenommen worden. Der eine steht in der Genealogie von Juda, 1 Chr 2, 10 – 3,[11] der andere besteht zwischen 1 Chr 23, 2 »Er versammelte alle Fürsten Israels sowie die Priester und die Leviten« und der Fortsetzung des Textes, wo die Familien der Leviten (23, 2-32), die Priesterwachen (24) und die zwölf Fürsten für die zwölf Monate im Jahr (27) aufgezählt werden.[12] Seit Erscheinen des von Welch herausgegebenen Bandes sind noch weitere drei Vorkommen von Chiasmus in der Chronik beobachtet worden.[13]

Unter den in der Forschung bisher wahrgenommenen Fällen von Chiasmus in der Chronik ist nur ein einziger vom Chronisten durch Veränderung des älteren Textes bewußt hergestellt worden.[14] Die Seltenheit von Chiasmen in der Chronik meinte Radday damit erklären zu können, daß Chiasmen zur Zeit der Abfassung dieser Bücher[15] schon ›nicht mehr modern‹ gewesen seien[16], doch dagegen sprechen die im folgenden auszuweisenden Fälle von Chiasmus sowie die Häufigkeit des Phänomens in den anderen spätbiblischen Schriften[17] und in der Literatur aus der Zeit des Zweiten Tempels.[18]

---

10 Diese drei Stellen wurden erstmals von König (s. vorige Anm.) unter die Chiasmen eingereiht, ihm folgte di Marco (s. vorige Anm.).

11 Beobachtet bereits bei Curtis, Chron, 82; Johnson, Genealogies, 70; H. G. M. Williamson, Sources and Redaction in the Chronicler's Genealogy of Judah, in: JBL 98 (1979), 358.

12 Vgl. Curtis, Chron, 261; Myers, I Chron, 159.

13 Williamson, »We are Yours, ... «, bes. 168-170; A. E. Hill, Patchwork Poetry or Reasoned Vers? Connective Structure in 1 Chronicles XVI, in: VT 33 (1983), 97-101, bes. 100; Dillard, Solomon Narrative, bes. 86-90, jetzt auch idem, 2 Chron, 5-7. Zu den von Dillard und Williamson als chiastisch bezeichneten Stellen s. unten (Abschnitt B). Hill hat gezeigt, daß die in die Chronik übernommenen Psalmverse chiastisch angeordnet sind:
    1 Chr 16, 8: Danket dem Herrn (= Ps 105, 1)
         16, 9: Singet dem Herrn (= Ps 105, 2)
         16, 23: Singet dem Herrn (= Ps 96, 1)
         16, 34: Danket dem Herrn (= Ps 97, 1).

14 Dazu Dilllard, Solomon Narrative, 86-90 sowie im folgenden.

15 Gemeint sind die Bücher Chronik, Esra, Nehemia; Radday folgt hier den zahlreichen Forschern, welche alle drei Schriften als eine literarische Einheit betrachten.

16 Radday, Chiasmus, 52.

17 Z. B. bei Haggai, Sacharja, Maleachi, Ester, Jona und Kohelet. Eine Liste der Chiasmen in diesen Schriften bei Welch, Chiasmus, 321-323. 337.

18 Dazu A. G. Wright, The Structure of the Book of Wisdom, in: Bib 48 (1967), 165-

Im folgenden sollen Fälle von Chiasmus aufgezeigt werden, die der Chronist durch Bearbeitung von Texten aus Samuel und Könige erzielt hat, und zwar zunächst solche in engerem, dann solche in weiterem literarischem Rahmen. Daneben sind auch noch einige von der Forschung bisher übersehene Chiasmen im chronistischen Sondergut zu beobachten.

A) Chiasmen im engeren literarischen Rahmen

(1) In 1 Chr 2, 13 zählt der Chronist die Söhne Isais auf. Die ersten drei Namen sind identisch mit denen aus 1 Sam 17, 13, nur in umgekehrter Reihenfolge, wodurch zwischen dem Samuel- und dem Chroniktext ein Parallelen-Chiasmus entsteht; auch innerhalb der Version der Chronik ergibt sich eine chiastische Struktur:

1 Sam 17, 13	*1 Chr 2, 13*
diese drei Söhne, ..., hießen	und Isai[19] zeugte
Eliab	seinen *Erstgeborenen*
der *Erstgeborene*	**Eliab**
nach ihm	**Abinadab,**
Abinadab	*den zweiten,*
und der *dritte*	und **Simea,**
Samma.	den *dritten.*

1 Chr 2, 13: Und Isai zeugte seinen *Erstgeborenen* **Eliab**, und **Abinadab** den *zweiten*

Ein ähnliches Spiel mit Ordnungszahl und Eigennamen ist auch anderswo zu beobachten:

a.	1 Chr 24, 7:	Das *erste* Los fiel	auf **Jojarib,**
		auf **Jedaja**	das *zweite*
b.	1 Chr 25, 9:	Das *erste* Los fiel	auf **Josef** ...
		auf **Gedalja**	das *zweite.*

(2) In 1 Chr 3, 4b zählt der Chronist Davids Regierungsjahre in Hebron und Jerusalem zusammen und schafft durch Umkehrung der Wortfolge einen Chiasmus sowohl im Vergleich zur Parallelstelle[20] als auch innerhalb seines eigenen Textes:

---

184 sowie die Belege aus dieser Literatur im Katalog von Welch, Chiasmus, 338-340 mit Bibliographie.

19 Der Name Isai steht hier mit vorangestelltem Alef, zuvor V. 12 ohne (ebenso an der Parallelstelle Rut 4, 22). Ähnlich findet sich der Name der Königin Isebel in der Bibel mit Alef und auf einem Siegel ohne, dazu N. Avigad, The Seal of Jezebel, in: IEJ 14 (1964), 274-276, pl. 56.

20 Dazu noch unten, Kap. XII.

2 Sam 5, 5	1 Chr 3, 4b
a. In **Hebron**	b. er regierte
b. regierte er	a. **dort** [in Hebron][21]
... sieben Jahre und sechs Monate	sieben Jahre und sechs Monate
a. und in **Jerusalem**	c. und 33 Jahre
b. regierte er	b. regierte er
c. ... 33 Jahre.	a. in **Jerusalem**.

1 Chr 3, 4b: *Er regierte* **dort**   *sieben Jahre und sechs Monate*
          und 33 Jahre   *regierte er in* **Jerusalem**.

Die Glieder sind zwar nicht identisch, aber jeweils stehen Orts-
und Zeitangabe nebeneinander, nur in umgekehrter Reihenfolge.

(3) In 2 Chr 1, 11 zitiert der Chronist Gottes Anrede an Salomo
aus 1 Kön 3, 11 mit Umstellung der Glieder; dadurch schafft er eine
chiastische Entsprechung der beiden Texte untereinander sowie eine
Reihe von Chiasmen innerhalb seines eigenen Textes:

1 Kön 3, 11	*2 Chr 1, 11*
a. und bittest nicht	c. und bittest nicht um Reichtum, ... oder um den Tod deiner Feinde
b. um langes Leben,	b. und auch langes Leben
c. auch nicht um Reichtum noch um den Tod deiner Feinde	a. erbittest du nicht

2 Chr 1, 11	
und bittest nicht	um Reichtum, ... oder um den Tod deiner Feinde
und auch langes Leben	erbittest du nicht,
sondern du bittest	um Weisheit und Einsicht ...

Das Verb ›bitten‹ selbst bildet die Konstante; solange es verneint
steht, ist das Objekt jeweils ein äußerlicher und vergänglicher Wert,
sobald es positiv wird, ist das Objekt ein geistiges.

(4) Die Liste der Söhne Judas aus Gen 38 hat der Chronist in 1 Chr
2, 3f chiastisch angeordnet:

Er, Onan und **Sela,**   *und Tamar, seine Schwiegertochter*
die drei wurden ihm geboren   *gebar ihm*
von der Tochter Suas, der Kanaaniterin ...   **Perez** und **Serah**.

Chiastische Strukturen finden sich auch im chronistischen Sondergut, z.B.:

---

21 Möglicherweise hängt die Umstellung hier mit der Veränderung der Verbform (Imperfekt mit waw consecuticum statt Perfekt) zusammen; auch dann bleibt zumindest
zu vermuten, daß der Chronist die Verbform, die Spitzenstellung verlangt, gewählt
hat, um einen Chiasmus zur Parallelstelle in 2 Sam zu bilden, zumal die unmittelbare
Fortsetzung seines Textes eindeutig chiastisch gebaut ist.

(5) In der Genealogie von Manasse, 1 Chr 7, 15f:

Und Machir nahm ein Weib ...
und seine Schwester hieß **Maacha**,   und der zweite hieß *Zelophhad*
und *Zelophhad* hatte Töchter   und **Maacha**, Machirs Weib, gebar einen Sohn.

(6) In seiner Abschlußrede auf König Saul 1 Chr 10, 13f:

Also starb Saul ...
und auch weil er einen **Totengeist** befragte,   *um sich Rat zu holen*
doch Rat suchte er nicht   beim **Herrn**.

(7) In Abisais Spruch über David, 1 Chr 12, 19:

Dir, David und mit Dir, Sohn Isais,   *Heil*!
                                  Heil   **Dir** ...

(8) In der Liste von Davids Verbündeten, 1 Chr 12, 20f:

Auch **Manassiten** *gingen zu David über*, als er ... in den Kampf zog
Auf seinem Marsch nach Ziklag *gingen zu ihm über* folgende **Manassiten**:

(9) In Davids Gebet, 1 Chr 29, 14-16:

Denn von dir kommt **alles**   und *aus deiner Hand* geben wir dir ...
aus deiner Hand kommt er   dein ist **alles**.

(10) In Semajas Weissagung während Sisaks Feldzug, 2 Chr 12, 5f:

Da trat der Prophet Samaja vor **Rehabeam**   und vor *die Fürsten Judas*
da demütigten sich *die Fürsten Israels*   und **der König**.

(11) In König Abias Rede auf dem Berg Zemaraim, 2 Chr 13, 8-11:

a. Und nun wähnt **ihr, ihr** würdet ... euch behaupten können,
   weil **ihr** ein großer Haufen seid und goldene Kälber bei euch habt ...
b. *Wir* aber, der Herr ist unser Gott, wir haben ihn nicht verlassen ...
b. Denn *wir* befolgen die Vorschriften des Herrn unseres Gottes
a. **ihr** aber habt ihn verlassen.

(12) Im Bericht von Sanheribs Feldzug gegen Juda, 2 Chr 32, 17:

Auch hatte er einen Brief geschrieben, ..., darin hieß es:
Wie *die Götter der Völker* ...,   die ihr Volk *nicht vor mir gerettet haben*,
so wird auch *nicht retten*   der Gott Hiskias sein Volk vor mir.

(13) In der Begründung für die Dauer des babylonischen Exils nach Jeremia und Leviticus, 2 Chr 36, 21:

a. Zu *erfüllen* das Wort des Herrn durch Jeremia
b. bis das Land seine **Sabbat**jahre ersetzt bekommen hat,
b. während der ganzen Zeit, da es brach liegt, hält es **Sabbat**,
a. bis siebzig Jahre *voll* sind.

(14) Im Bericht von Josias Passa-Feier, 2 Chr 35, 7f:

Da **spendete** *Josia* den Leuten aus dem Volk Kleinvieh …
und *die Fürsten* gaben ans Volk freiwillige **Spenden** …

(15) Im selben Kontext, 2 Chr 35, 13:

Dann **garten** sie das *Passa-Opfer* am Feuer, nach Vorschrift
die *Weihgaben* **garten** sie in Töpfen, Kesseln und Pfannen.

(16) In der Schilderung von Jothams Regierung über Juda, 2 Chr 27, 3:

Er **baute** *das obere Tor am Hause des Herrn*
auch *an der Mauer des Ophel* **baute** er viel.

(17) Bei der Aufzählung der Sünden von König Ahas, 2 Chr 28, 24b-25:

er **machte** Altäre *an allen Ecken in Jerusalem*
in jeder einzelnen Stadt Judas **machte** er Höhenheiligtümer.

(18) Bei der Schilderung der Zerstörung Jerusalems durch Nebukadnezar, 2 Chr 36, 19, besteht der Chiasmus aus jeweils zwei Zeilen:

Sie **verbrannten** *das Haus Gottes,*
zerstörten *die Mauer Jerusalems,*

alle Paläste **verbrannten** sie mit Feuer
so daß *alle kostbaren Geräte* **vernichtet** wurden.

(19) In Gottes Verheißung an Salomo, 2 Chr 1, 12:

wie sie nicht **besaßen** die Könige *vor dir*
und *nach dir* keiner **besitzen** wird.

(20) Bei der Schilderung der Truppenverteilung im Krieg zwischen Abia von Juda und Jerobeam von Israel, 2 Chr 13, 3:

mit **einem Heer von Kriegshelden,** *auserlesenen Leuten* …
mit *auserlesenen Leuten,* **ein heldenhaftes Heer**[22].

(21) Bei der Angabe der jährlichen Tributzahlungen, welche die Ammoniter an König Jotham von Juda zu entrichten hatten, 2 Chr 27, 5:

---

22 Im Targum, in Peschiṭta und Vulgata steht: »ein Heer von Helden«.

zehntausend Kor   **Weizen**
und **Gerste**,   *zehntausend [Kor].*

B) Chiasmen in weiteren literarischen Zusammenhängen

Neben den ›einfachen‹ Chiasmen auf Wortebene arbeitet der Chronist auch mit chiastischen Entsprechungen über weite Strecken hin, was auf einen ausgesprochen kunstreichen literarischen Gestaltungswillen schließen läßt:
(1) Wie Dillard gezeigt hat[23], ist die Erzählung von Salomos Regierung 2 Chr 1-9 in sich chiastisch strukturiert:

A. Salomos Reichtum und Weisheit (1, 1-17)
   B. Seine Anerkennung durch die Nachbarvölker, bes. Huram (2, 1-17)
      C. Bau des Tempels / Fremdarbeiter (3 – 5,1)
         D. Einweihung des Tempels (5, 2 – 7, 10)
            1. a) Zusammenkunft
               b) Darbringung der Opfer
               c) Musik und Gesang (5, 2-14)
               d) Erscheinung der Herrlichkeit des Herrn
            2. Salomos Rede ans Volk (6, 1-11)
               a) Erwähnung des Auszugs aus Ägypten (6, 5)
               b) Die Erwählung Jerusalems (6, 6-11)
            2'. Salomos Rede vor Gott (6, 12-42)
               a) Die Verheißung an David (6, 16f)
               b) Bereitschaft zur Vergebung
            1'. d') Erscheinung der Herrlichkeit des Herrn
               c') Musik und Gesang
               b') Darbringung von Opfern (7, 1-10)
               a') Auflösung der Versammlung
         D'. Gottes Antwort (7, 11-22)
      2''. Gottes Rede an Salomo (7, 12-18)
         b) Bereitschaft zur Vergebung (7, 13-16)
         a) Verheißung an David (7, 17f)
         2'''. Gottes Rede an das Volk (7, 19-22)
         b) Erwählung Jerusalems (7, 19-21)
         a) Erwähnung des Auszugs aus Ägypten (7, 22)
      C'. Errichtung anderer Gebäude / Fremdarbeiter (8, 1-16)
   B'. Anerkennung durch Nachbarvölker, bes. Huram (8, 17 – 9, 12)
A'. Salomos Reichtum und Weisheit (9, 13-28)

Im Zentrum der ganzen Struktur stehen also: Die Einweihung des Tempels mit Erscheinung der Herrlichkeit des Herrn, die Erwählung Jerusalems, die Verheißung an David und Ausblick auf Frieden. An-

---

23 Dillard, Solomon Narrative, 86-90.

scheinend benutzte der Chronist diesen chiastischen Aufbau, um die Aufmerksamkeit des Lesers auf die ihm wichtigsten Punkte zu lenken.

Dies ist jedenfalls der umfassendste, aber durchaus nicht der einzige weiträumige Chiasmus, den der Chronist in die Erzählung von Salomos Herrschaft eingebaut hat.

(2) Die Abschlußworte von 1 Kön 8, 10 »die Wolke erfüllte das Haus des Herrn« kehren im folgenden Vers wieder: »wegen der Wolke, denn die Herrlichkeit des Herrn erfüllte das Haus des Herrn«. Der Chronist hat diese Worte das eine Mal in Form eines parallelen Chiasmus in seinen Text übernommen (2 Chr 5, 13b // 1 Kön 8, 10b), das andere Mal in ihrer Reihenfolge belassen (2 Chr 5, 14b // 1 Kön 8, 11b)[24]:

1 Kön 8, 10-11	*2 Chr 5, 11a, 13b-14*
10. Als aber die Priester	11a. Als aber die Priester
aus dem Heiligtum traten –	aus dem Heiligtum traten ...
die Wolke	13b. und das Haus
erfüllte	war voll
das Haus des Herrn	der Wolke des Hauses des Herrn[25]
11. und die Priester konnten	14. und die Priester konnten
nicht hineingehen zum Dienst	dort nicht antreten zum Dienst
wegen der Wolke	wegen der Wolke
denn voll war	denn es erfüllte
der Herrlichkeit des Herrn	die Herrlichkeit des Herrn
das Haus des Herrn[26].	das Haus Gottes[27].

Das Hauptanliegen des Chronisten bei dieser Umstellung scheint nicht so sehr der parallele Chiasmus zwischen 2 Chr 5, 13b und 1 Kön 8, 10b (mit all seinen Implikationen)[28] gewesen zu sein, sondern eher

---

24 Diese Verse sind kein Einschub eines späteren Redaktors in den Text der Chronik, wie Rudolph, Chron, 211, meinte; dazu ausführlich unten, Kap. XIV.

25 Die Wiederholung von ›Haus des Herrn‹ scheint hier fehl am Platz; sie ist wohl auf eine Glosse nach V. 14b zurückzuführen (wie an der Parallelstelle 1 Kön 8, 11). Manche wollen hier mit LXX (A, B, L) δόξης κύριον (›Wolke‹ – ›Herrlichkeit‹) lesen, z.B. J. Begrich, BH, 1383; Rudolph, Chron, 211.

26 J. W. Wevers, Double Readings in the Book of Kings, in: JBL 65 (1946), 308, führt das zweimalige Vorkommen des Tetragramms hier auf eine Doppellesung zurück: Nach der einen Version in der Verbindung ›Herrlichkeit des Herrn‹, wie in LXX belegt, nach einer anderen Version als ›Haus des Herrn‹, wie in K30 belegt (der Text von Wevers' Aufsatz scheint an dieser Stelle etwas verderbt, ich habe sinngemäß interpretiert). Allerdings ist die derzeitige Lesart sowohl in 2 Chr 5, 14 (mit Ersetzung von ›Haus des Herrn‹ durch ›Haus Gottes‹) als auch in 2 Chr 7, 2 (›Zusatz‹) belegt; d.h. selbst wenn es sich um eine Doppellesung handeln sollte, muß diese so alt sein, daß sie bereits in der Vorlage des Chronisten stand.

27 Was immer die Gründe für den Wechsel der Gottesbezeichnung hier sein mögen – das Element der stilistischen Variierung hat vielleicht mitgespielt, denn mit dem Tetragramm enden einige der voranstehenden Glieder (V. 13 und 14).

28 Zusätzlich zur Veränderung der Wortfolge hat der Chronist hier noch lexikalisch

die Herstellung eines dreigliedrigen Chiasmus zwischen den beiden
Bestandteilen seines eigenen Textes:

a. und das Haus
   b. war voll
      c. der Wolke (des Hauses) des Herrn
         d. die Priester konnten dort nicht antreten zum Dienst
      c′. wegen der Wolke
   b′. denn es erfüllte die Herrlichkeit des Herrn
a′. das Haus Gottes.

Durch diesen Chiasmus wollte der Chronist offenbar die mittlere
Aussage, das Nicht-Antreten der Priester zum Dienst, ins Zentrum der
Aufmerksamkeit stellen. Die Bedeutung dieses Umstands tritt hervor
angesichts der Analogie zu Moses und dessen Dienst in der Stiftshütte:
»Und Mose konnte nicht in das heilige Zelt hineingehen, weil die
Wolke darauf lagerte und die Herrlichkeit des Herrn die Wohnung
erfüllte« (Ex 40, 35). So wird demonstriert, daß Salomos Tempel dem
von Mose auf göttliches Geheiß erbauten Stiftszelt an Heiligkeit nicht
nachsteht; diese äußerte sich in beiden Fällen darin, daß die diensttuenden Priester das Heiligtum nicht betreten konnten. Die Tendenz
des Chronisten, den Rang des Salomonischen Heiligtums zu erhöhen,
verrät sich auch im folgenden Beispiel:

(3) In 2 Chr 7, 1-2 (›Zusatz‹) bringt der Chronist den betreffenden
Text noch einmal zum Abschluß von Salomos Gebet. Einige der sti-
listischen und textuellen Veränderungen sind unten[29] eingehender zu
behandeln. Hier ist festzuhalten, daß der Chronist das eine Mal den
Text gegenüber der Vorlage chiastisch verschränkt, das andere Mal die
Glieder in der ursprünglichen Reihenfolge beläßt, so daß auch inner-
halb seines eigenen Textes ein Chiasmus entsteht, und zwar um die
Achse des Nicht-Amtieren-Könnens der Priester:

1 Kön 8, 11 // 2 Chr 5, 14	*2 Chr 7, 1*	*2 Chr 7, 2*
und die Priester konnten dort		und die Priester konnten
nicht antreten zum Dienst		nicht ins Haus des Herrn
wegen der Wolke	die Herrlichkeit	denn es erfüllte
denn es erfüllte	des Herrn	die Herrlichkeit
die Herrlichkeit des Herrn	erfüllte	des Herrn
das Haus Gottes/des Herrn	das Haus	das Haus des Herrn

---

variiert: ›das Haus‹ statt ›das Haus des Herrn‹; ›die Wolke (des Hauses) des Herrn‹
statt ›die Wolke‹ (V. 13); ›das Haus Gottes‹ statt ›das Haus des Herrn‹ (V. 14).

29 Durch diese Wiederholung verleiht der Chronist Salomos Gebet einen ›literarischen
Rahmen‹; dazu unten Kap. XIV, Abschnitt I, A, Beispiel 2.

2 Chr 7, 1-2:
a. die Herrlichkeit des Herrn
   b. erfüllte das Haus
      c. und die Priester konnten nicht ins Haus des Herrn hinein
   b'. denn es erfüllte
a'. die Herrlichkeit des Herrn das Haus des Herrn.

(4) In 1 Kön 10, 14f ist die Rede von dem Gold, das Salomo von Fürsten und Kaufleuten aus seinem Reich erhielt. Der Chronist hat diesen Text im wesentlichen übernommen (2 Chr 9, 13f), nur am Schluß (14b) fügt er noch die Stichworte ›Gold‹ und ›bringen‹ hinzu:

1 Kön 10, 14f	*2 Chr 9, 13f*
Das Gold aber, das bei Salomo alljährlich einging, wog 666 Talente, außer dem, was einging von den Abgaben der Krämer und von den Zöllen der Kaufleute, von allen Königen Arabiens und den Statthaltern des Landes.	Das Gold aber, das bei Salomo alljährlich einging, wog 666 Talente, außer dem, was die Krämer und Handelsleute einbrachten; auch alle Könige Arabiens und die Statthalter des Landes *brachten Salomo Gold und Silber.*

Da ›Gold‹ sowie eine Form des Verbs בוא schon zu Anfang dieses Textes vorkommen (2 Chr 9, 13a = 1 Kön 10, 14a), entsteht durch die zweite Erwähnung innerhalb des Textes der Chronik ein Chiasmus:

a. Das Gold aber,
   b. das bei Salomo alljährlich einging (בא)
      c. wog 666 Talente, außer dem, was die Krämer und
         Handelsleute einbrachten; auch alle Könige Arabiens
         und die Statthalter des Landes
   b'. brachten (מביאים)[30] Salomo
a'. Gold und Silber.

Die Verwendung derselben Vokabeln am Eingang und zum Abschluß des Textes schafft eine Art Rahmen.[31] Die Verschränkung der Wörter ›Gold‹ und בוא soll die Aufmerksamkeit des Lesers in besonderer Weise auf den Mittelteil lenken, nämlich auf die ungeheure Menge Gold, die innerhalb eines einzigen Jahres einging – ein Beleg für Reichtum und Größe des Königs im Einklang mit der göttlichen Verheißung.

(5) Der Bericht von Davids Königskrönung 1 Chr 11f, der teilweise aus 2 Sam 5. 23 übernommen ist, weist chiastische Struktur auf[32]:

---

30 Das Subjekt von ›bringen‹ (das Verb בוא im Kausativ) sind die Könige und Statthalter, während das Gold selbst Subjekt von ›eingehen‹ (בוא im Grundstamm) ist.
31 Dazu unten, Kap. XIV, Abschnitt I, B, Beispiel 2.
32 Dazu Williamson, »We are Yours, ...«, 168-170.

  a. 1 Chr 11, 1-19 (// 2 Sam 5, 1-10): Krönung zu Hebron und Einnahme Jerusalems
    b. 1 Chr 11, 10-47 (// 2 Sam 23, 8-39): Davids Unterstützung in Hebron
      c. 1 Chr 12, 1-18 (›Zusatz‹): Davids Unterstützung in Ziklag
        d. 1 Chr 12, 9-16 (›Zusatz‹): Davids Helden
        d′. 1 Chr 12, 17-19 (›Zusatz‹): Davids Helden
      c′. 1 Chr 12, 20-23 (›Zusatz‹): Davids Unterstützung in Ziklag
    b′. 1 Chr 12, 24-38 (›Zusatz‹): Davids Unterstützung in Hebron
  a′. 1 Chr 12, 39-41 (›Zusatz‹): Krönung zu Hebron

Im Zentrum der Struktur steht also Davids Unterstützung durch seine Helden.

(6) Die Genealogie des Stammes Ruben 1 Chr 5, 1-3a, eröffnet der Chronist ähnlich wie in Gen:

  a. Die Söhne Rubens, des Erstgebornen Israels –
    er war nämlich der Erstgeborene
      b. aber weil er seines Vaters Lager entweiht hatte, wurde sein
        Erstgeburtsrecht den Söhnen Josephs, des Sohnes Israels, gegeben
        c. denn Juda war unter seinen Brüdern mächtig,
          und Fürst wurde einer von seinem Stamme,
      b′. aber das Erstgeburtsrecht fiel Joseph zu –
  a′. die Söhne Rubens also, des Erstgeborenen Israels, sind: ...

Der chiastische Aufbau von 1 Chr 5, 1-3, ist in der Forschung schon bekannt.[33] Meines Wissens noch nicht bemerkt wurde die Tatsache, daß auch die einzelnen Glieder (a-b; b′-a′) in sich chiastisch verschränkt sind. So entsteht zusätzlich zum chiastischen Aufbau des ganzen Abschnitts ein chiastisches Gebilde um die Achse ›Juda‹:

  a-b: 1 Chr 5, 1   a) die **Söhne Rubens,**   des *Erstgeborenen* Israels
                     b) sein *Erstgeburtsrecht* ...   den **Söhnen Josephs**
  b′-a′: 1 Chr 5, 2f   b) aber das *Erstgeburtsrecht*   gehörte **Joseph**
                     a) die **Söhne Rubens,**   des *Erstgeborenen* Israels.

Dieselbe Beobachtung läßt sich auch im Sondergut des Chronisten machen, so etwa:

(7) Über König Josaphat von Juda steht 2 Chr 17, 1-5 zu lesen:

Und sein Sohn Josaphat wurde König an seiner Statt; er wurde mächtig über Israel

  a. Er ›gab‹ Truppen in alle befestigten Städte Judas und ... im Lande Juda ...
    b. Und der Herr war mit Josaphat
      c. denn er wandelte
        d. in den anfänglichen Wegen seines Vaters David
          e. und fragte nicht nach den Baalen
          e′. sondern nach dem Gott seines Vaters fragte er,

---

33 Dazu Y. Zakovitch / A. Shinan, Maasse Ruben weBilha, Jerusalem 1984, 14.

d'. und nach seinen Geboten
  c'. wandelte er ...
   b'. Daher ließ der Herr das Königtum unter seiner Hand erstarken
a'. und ganz Juda gab Josaphat Geschenke ...[34]

Durch diese chiastische Struktur wollte der Chronist das mittlere Glied, die Ablehnung des Fremdkults durch Josaphat, besonders hervorheben. Aber nicht nur durch seine Position im Zentrum eines Chiasmus ist dieser Satz betont, sondern auch noch durch die Kontrastierung (›nicht ... sondern‹)[35] und durch einen internen Chiasmus. Dies fesselt die Aufmerksamkeit des Lesers in besonderer Weise und setzt außerdem ein **technisches** Signal: hier beginnt die chiastische Umkehrung.

(8) Die Rede des Jahasiel, Sohn des Sacharja, in 2 Chr 20, 14-18:
Da kam der Geist des Herrn über Jahasiel, den Sohn Sacharjas, ..., den Leviten aus dem Geschlechte Asaphs, und er sprach:

a. Merket auf, ihr Judäer alle und ihr Bewohner Jerusalems
  b. und du, König Josaphat!
   c. Ihr müßt euch nicht fürchten und nicht erschrecken
    d. denn nicht eure, sondern Gottes Sache ist der Kampf ...
    d'. Nicht euch liegt es ob, in dieser Sache zu kämpfen, ...
      sehet, wie der Herr euch Rettung schafft,
   c'. Fürchtet euch nicht und erschrecket nicht!
  b'. Da neigte Josaphat sein Angesicht zur Erde,
a'. und alle Judäer und die Bewohner Jerusalems fielen vor dem Herrn nieder, den Herrn anzubeten.[36]

Ins Zentrum des Chiasmus hat der Chronist die Worte gestellt: »*Der Krieg ... ist Gottes*«, und diese Vorstellung findet sich in der Chronik noch etliche Male ausgedrückt: So heißt es etwa beim Krieg der zweieinhalb transjordanischen Israelstämme gegen die Nachkommen Hagars 1 Chr 5, 18-22: »Und es ward ihnen geholfen wider sie, so daß die Hagriter und alle ihre Verbündeten in ihre Hand gegeben wurden; denn sie hatten im Kampfe zu Gott geschrien, und er hatte

---

34 Weiß, Chiasmus, 51, hat zwar die chiastische Verschränkung der Verben ›wandeln‹ und ›fragen‹ in den VV. 3-4 herausgestellt, den raffinierten Chiasmus des ganzen Abschnitts aber nicht beachtet.

35 Vgl. die ähnliche Formulierung des Chronisten in Bezug auf Saul 1 Chr 10, 13f (s. oben Abschnitt A, Beispiel 6. Inhaltlich ist über Josaphat allerdings gerade das Gegenteil gesagt wie über Saul; vielleicht wollte der Chronist hier zwei markante Königsgestalten kontrastiv gegenüberstellen (dazu unten, Kap. XV).

36 In seiner umfassenden Studie über den Chiasmus in der Bibel (in: Mechqare Miqra, 270) hat R. Weiß zwar auf die Entsprechungen zwischen den Versen 15 und 17 (weder Furcht noch Schrecken, ›Krieg nicht eure Sache‹) hingewiesen, dabei aber den chiastischen Aufbau des ganzen Abschnittes nicht beachtet.

sich von ihnen erbitten lassen, weil sie ihm vertrauten. ... Denn viele
waren gefallen, zu Tode getroffen, weil *der Krieg von Gott war*«.[37]

Bemerkenswert ist auch, daß der Chronist gelegentlich chiastische
Strukturen aus älteren Texten übernimmt, so etwa 1 Chr 6, 40f // Jos
21, 11-13:

> **gaben sie** ihnen *Hebron* ...
> *das Feld der Stadt und ihre Gehöfte* **gaben sie** Kaleb, dem Sohn Jephunnes,
> den Nachkommen Aarons, **gaben sie** *die Zufluchtsstädte* ...

Dadurch erhöht sich die Zahl der Chiasmen in der Chronik weiter.[38]

---

37 Zu den Beziehungen zwischen 1 Chr 5, 18-22 und 1 Chr 5, 10 s. Japhet, Ideology,
   192 Anm. 566.
38 S. auch 1 Chr 16, 22 // Ps 105, 15.

Kapitel XII
Parallelen-Chiasmus

Mit der zunächst paradox anmutenden Bezeichnung ›Parallelen-Chiasmus‹ ist hier eine chiastische Beziehung zwischen einem Text der Chronik und dessen Parallele in Samuel-Könige gemeint.

Die Verwendung dieses Stilmittels geht wohl in erster Linie auf das natürliche Bedürfnis jedes Schriftstellers zurück, einen Text, der inhaltlich unverändert bleiben soll, wenigstens formal etwas abzuwandeln. Darüber hinaus zeugt die literarische Umgestaltung für aktive Anteilnahme am übernommenen Text. Seidel hält die chiastische Umkehrung für die feste Technik biblischer Schriftsteller beim Zitieren von Versen aus Vorlagen,[1] und Weiß vergleicht den Vorgang mit dem Verknüpfen von Schnüren: »Just as a person ties the end of one string to the beginning of the next, so the poet, wishing to allude to something which has been said, does it by referring first to the latter part and then to the earlier part«.[2]

Es kommt vor, daß der Chronist die Reihenfolge von Vokabeln und Ausdrücken aus Samuel und Könige umkehrt und dadurch einen ›Parallelen-Chiasmus‹ schafft. Er macht von diesem Stilmittel zwar vielfältigen Gebrauch, aber innerhalb der Gesamtheit der aus Samuel-Könige übernommenen Stellen bilden dessen Verwendungen doch nur eine Minderheit. Die Motive für die Umkehrung sind wohl die oben genannten: häufig sollte ein bestimmtes Wort, ein Name oder Ausdruck, durch Voranstellung besonders hervorgehoben werden.[3] Gelegentlich hat die chiastische Umstellung auch unmittelbare Auswirkungen auf den Inhalt, sei es Verdeutlichung der Textaussage[4] oder Beseitigung einer textlichen Schwierigkeit[5]. Gelegentlich scheint die Anführung eines älteren Textes in der Form eines Parallelen-Chiasmus in erster Linie dazu bestimmt, Parallelen-Chiasmus innerhalb einer (oder zwischen mehreren literarischen) Einheit(en) in der Chronik

---

1 Seidel, Parallelen, 2.
2 Weiß, Bible, 96f.
3 Beispiele dafür oben, Kap. VIII.
4 Vgl. dazu das Beispiel 2 Kön 11, 13 // 2 Chr 23, 12. s. oben, Kap. VI, B, Beispiel 1.
5 Vgl. die Umkehrung der Handlungsschritte bei Josaphats gescheitertem Schiffbauunternehmen 1 Kön 22, 49f vs. 2 Chr 20, 35-37, s. oben Kap. VI, B, Beispiel 3.

selbst[6] herzustellen, wodurch sich manchmal ein weiterer Chiasmus im Text der Chronik ergibt.[7]

Die Beobachtung dieses Stilmittels bei der Gestaltung des Chroniktextes mag dazu beitragen, historische oder andere Folgerungen, die Forscher aus der Veränderung der Wortfolge gezogen haben, zu entkräften.

Die Anwendung dieser literarischen Technik ist nicht auf die Chronik beschränkt; sie ist auch zwischen Paralleltexten in anderen biblischen Büchern anzutreffen. Erforscht wurde sie bisher überwiegend im Bereich der biblischen Poesie, etwa im Vergleich zwischen prophetischen Schriften und den Psalmen (z.B. Jesaja/Jeremia vs. Psalmen), oder in der Gegenüberstellung verschiedener Prophetenschriften (z.B. Jeremia und Obadja, Jesaja, Amos und Habakuk). Untersucht wurde das Phänomen auch zwischen Prophetie und Weisheitliteratur (z.B. Jesaja und Sprüche) sowie zwischen Psalmen und prophetischer Literatur im Vergleich zum Pentateuch (z.B. Psalmen vs. Pentateuch; Micha vs. Pentateuch).[8] Die im folgenden angeführten Fälle von Parallelen-Chiasmus belegen das Phänomen erstmals auch in der biblischen Geschichtsschreibung. Im Unterschied zu den sonst beobachteten Vorkommen, wo nicht immer sicher zu entscheiden ist, welcher Schriftsteller die Umstellung vorgenommen hat, ist in unserem Fall die zeitliche Relation klar; somit ist die Frage sinnvoll, was der Chronist mit der Umgestaltung der vorgefundenen Texte jeweils bezweckte.

In der nun folgenden Auflistung der Beispiele ist unterschieden zwischen Fällen von ›Parallelen-Chiasmus‹, wobei der ursprüngliche Wortlaut aus Samuel und Könige beibehalten ist (A), und Fällen, wo synonyme oder bedeutungsnahe Wörter verwendet sind (B). Außerdem sind einige Stellen aufgeführt, die der Chronist chiastisch aus anderen biblischen Schriften übernommen hat, sowie Fälle, wo er

---

6 Dazu die Beispiele unten, in diesem Kap., D.

7 Vgl. dazu die Beispiele oben, Kap. XI.

8 So hat etwa Seidel 110 Fälle von ›Parallelen-Chiasmus‹ in den Parallelstellen von Jesaja und Psalmen gefunden, s. Seidel, Parallelen. Derselbe Forscher weist auch auf Parallelen-Chiasmen zwischen Jesaja und Micha hin (M. Seidel, Spruchgut bei Jesaja [hebr.], in: idem, Chiqre Miqra, 98-108), ebenso zwischen Micha und Pentateuch (M. Seidel, Micha 6 [hebr.], in: idem, Chiqre Miqra, 142-156, sowie ibid. 4-6, Anm. 4). Weiß, Bible, 95. 97, hat auf Parallelen-Chiasmen zwischen Psalmen und Pentateuch aufmerksam gemacht, ferner auf in derselben literarischen Einheit wiederkehrende Aus drücke (op. cit. 113-116; dazu auch M. Seidel, Interne Parallelen (hebr.), in: idem, Chiqre Miqra, 109-121. Fälle von ›Parallelen-Chiasmus‹ finden sich auch in den Paralleltexten von Jeremia und Psalmen, Beispiele bei G. Brin/Y. Hoffman, Zur Verwendung des Chiasmus in der Bibel (hebr.), in: E. Alinor et al. (Ed.), FS M. Seidel, Jerusalem 1962, 283. 289; M. Garsiel, haMaqbilot bejn Sefer Jeremia uwejn Sefer Tehillim, Diss. Tel-Aviv 1973, I, 44, ebenso in den Paralleltexten von Jer mit Dtn, Am, Jes, Hab und Ob, dazu Brin-Hoffman, op, cit., 285-289.

eigene Texte (›Zusätze‹) chiastisch wiederaufnimmt (C). Zum Schluß ist noch ausgeführt, wie Texte aus Samuel und Könige chiastisch verschränkt wurden, um innerhalb des Chroniktextes selbst chiastische Strukturen herzustellen (D).

A) Parallelen-Chiasmus unter Beibehaltung des ursprünglichen Wortlauts

zweigliedrige Strukturen

(1) In 2 Sam 7, 20 ist die Partikel עוד dem Namen David nachgestellt, in 1 Chr 17, 18 steht sie voran. (2) Umgekehrt geht sie in 2 Sam 10, 19 den ›Ammonitern‹ voran, in 1 Chr 19, 19 steht sie danach.[9]

(3) Ein ähnliches Spiel ist in 1 Kön 10, 5 // 2 Chr 9, 4 zu beobachten, wo das Erstaunen der Königin von Saba über Salomos Reichtum und Weisheit geschildert wird.[10] Möglicherweise gehört auch 2 Sam 5, 13 // 1 Chr 14, 3 in diesen Zusammenhang, wo die Partikel dem Namen ›David‹ voransteht bzw. folgt, obwohl die Umstellung hier durch die Veränderung der Verbform von Passiv zu Aktiv und entsprechender Umstrukturierung des Satzes bedingt sein könnte.

(4) In 2 Sam 24, 4 // 1 Chr 21, 4 erscheint ›das Wort des Königs‹ mit der Verbform im Vers verschränkt; hier ist die Umstellung wohl durch den Übergang von Imperfectum consecutivum zu dem in jüngeren biblischen Büchern üblicheren Perfekt bedingt.

(5) in 1 Kön 10, 3 // 2 Chr 9, 2 handelt es sich um ›etwas‹, das dem König (Salomo) ›verborgen‹ gewesen wäre.

(6) In 2 Sam 24, 18 // 1 Chr 21, 18 sind die beiden verschränkten Vokabeln ›der Altar‹, der ›dem Herrn‹ errichtet wird; (7) in 1 Kön 15, 13 // 2 Chr 15, 16 ist es ein ›Greuel‹ der ›Aschera‹[11].

(8) In 2 Sam 5, 11 // 1 Chr 14, 1 sind in der Liste der Hilfsmittel, die König Hiram von Tyros Salomo zum Bau des Tempels schickt, die letzten beiden Posten, die Zimmerleute und die Steinmetzen (חרשי אבן קיר) bzw. Maurer (חרשי קיר)[12], vertauscht.

---

9 Ähnlich wechselt die Position des עוד in der zweiten Jesaja-Rolle aus Qumran von Jes 62, 8.

10 Übrigens sind Fälle von Parallelenchiasmus auch bei der Gegenüberstellung von massoretischem und samaritanischem Text des Pentateuch zu beobachten, z.B. Lev 18, 23; Gen 8, 21; 35, 10; Dtn 34, 10 (die drei letztgenannten Beispiele mit עוד). Weitere Belege bei Sperber, Parallel Transmission, 240-242, § 121, und bei Talmon, Stilkritik, 156.

11 Vgl. die beiden letzten Beispiele mit der chiastischen Struktur in 1 Chr 29, 21: »sie schlachteten dem Herrn Schlachtopfer / und brachten Brandopfer dem Herrn«.

12 Wie in Chr fehlt das Stichwort אבן auch in 4QSamᵃ z.St.: [רח]רשי עץ וחרשי קיר (dazu Cross, History, 293), ebenso in der lukianischen Version der LXX καὶ τέκτονας

(9) Auch in 2 Kön 22, 6 // 2 Chr 34, 11 handelt es sich um Baumaterial, diesmal zur Instandsetzung des Tempels unter Josia; die Liste dort endet mit ›Holz und behauene Steine‹, in der Chronik mit ›behauene Steine und Holz‹.[13]

(10) Beim Begräbnis Sauls und seiner Söhne steht in 1 Sam 31, 13: »Sie [die Leute von Jabes Gilead] nahmen ihre Gebeine und begruben sie«, in 1 Chr 10, 12: »Sie begruben ihre Gebeine«.[14]

(11) In 2 Sam 10, 9 beobachtet Davids Feldherr Joab: »auf ihn war das Antlitz des Krieges gerichtet«; in 1 Chr 19, 10 steht die Richtungsangabe erst nach dem Subjekt des Satzes.[15] (12) In seinen strategischen Anweisungen sagt er: »Wenn die Syrer stärker sind als ich, … « (2 Sam 10, 11); an der Parallelstelle 1 Chr 19, 12 ist die Wortfolge vertauscht, so daß ›die Syrer‹ dieses Satzglied abschließen. (13) Mit Abschluß der militärischen Vorkehrungen befiehlt Joab den Ausgang der Schlacht in Gottes Hand: »Der Herr tue, was ihm wohlgefällt« (2 Sam 10, 12); in 1 Chr 19, 13 steht: »Der Herr – was ihm wohlgefälllt, wird er tun«. (14) In 2 Sam 10, 13 wird der Beginn der Kampfhandlungen mit folgenden Worten eröffnet: »So rückte Joab und das Volk mit ihm zum Kampf wider die Syrer«; in 1 Chr 19, 14 sind die letzten beiden Glieder vertauscht: »wider die Syrer zum Kampf«.[16]

ξύλων καὶ τέκτονας τοίχων; im Vaticanus dagegen fehlt die Vokabel ›Mauer‹: καὶ τέκτονας ξύλων καὶ τέκτονας λίθων. Talmon, Stilkritik, 155 Anm. 211, hält die Vokabel ›Stein‹ für ein Synonym oder eine spätere Glosse für ›Mauer‹; vgl. auch seine Behandlung der betreffenden Verse in Talmon, Kifle Girsa, 20; idem, Double Readings, 167; idem, Aspects, 121. Der Plural des Attributs עצי‌ם statt עץ im älteren Text ist eine durchaus übliche Erscheinung des jüngeren Hebräisch; vgl. אנשי שמרת (1 Chr 5, 24; 13, 20) gegenüber שם אנשי in Gen 6, 4. Weitere Beispiele bei R. Weiß, Zur Sprache der Chronik (hebr.), in: idem, Maschot beMiqra, 88f.

13 Vgl. dazu 1 Chr 22: Dort berichtet der Chronist von Davids Vorbereitungen für den Bau des Tempels; in den VV. 2 und 4 steht zunächst von Quadersteinen und Zedernholz, die er bereitgestellt habe, in der Fortsetzung des Kapitels, VV. 14f, erscheinen eben diese Materialien chiastisch verschränkt: zuerst ›Hölzer und Steine‹, dann ›Stein und Holz‹. Ähnliches ist im Vergleich von Jer 2, 27 (›Holz‹ und ›Stein‹) mit Jer 3, 9 (›Stein‹ und ›Holz‹) zu beobachten. Ähnlich verhält es sich mit ›Eisen‹ und ›Erz‹ in 1 Chr 22, 3: Bei Davids Vorbereitungen heißt es »Und David bereitet viel Eisen … und so viel Erz (לרב), daß es nicht zu wägen war (אין משקל)«; in der Fortsetzung dann, wo David Salomo über seine Vorbereitungen berichtet, heißt es »dazu Erz und Eisen, daß es nicht zu wägen ist (אי‌ן משקל), denn es ist sehr viel (לרב)« (V. 14, vgl. auch V. 16).

14 Vgl. auch 1 Kön 15, 24 // 2 Chr 15, 14, wo die Verben ›(sich) legen‹ und ›begraben‹ vertauscht sind. – Von hier an sind die Beispiele nach der Reihenfolge ihres Vorkommens in der Chronik geordnet.

15 Ein ähnliches Beispiel s. im folgenden sowie in den Anmerkungen.

16 Die unterschiedliche Präposition vor der Vokabel ›Kampf‹ (ב bzw. לפנ‌י) hat keinen Einfluß auf die Reihenfolge der Satzglieder.

(15) In 1 Kön 3, 13 endet Gottes Antwort auf Salomos Gebet in Gibeon mit den Worten: »Dazu gebe ich dir auch, was du nicht erbeten hast: Reichtum und Ehre ... «; dagegen ist in 2 Chr 1, 11f der Akt des göttlichen Gebens erst ganz am Schluß erwähnt: » ... Reichtum, Güter und Ehre will ich dir geben«.

(16) In 1 Kön 10, 28b // 2 Chr 1, 16b erscheint der Name des Ortes Koa, von wo König Salomo Pferde importierte, jeweils zweimal: in der Chronik als erstes und viertes von sechs Wörtern, im älteren Text als erstes und fünftes. Schley[17] wollte die Wortfolge in 2 Chr 1, 16b als Rest eines Hymnus (2 Drei-Wort-Kolen) auffassen, den der Redaktor von Kön in Prosa umgeschrieben hätte. Nach unseren Beobachtungen scheint die Umkehrung der Wortfolge jedoch vom Chronisten vorgenommen zu sein, so daß die Prosa-Version die ursprünglichere wäre; dafür spricht auch die vermutliche Herkunft von 1 Kön 10, 26-29 aus königlichen Urkunden, die doch sicher in Prosa abgefaßt waren. Beachtenswert ist allerdings der Vorschlag von Talmon[18], der vermutet, die Position des Ortsnamens in diesem Kontext habe von Version zu Version geschwankt: entweder am Anfang (ומקרה[א] סחרי המלך יקחו במחיר – in Kön und Chr belegt), oder in der Mitte (סחרי המלך מקרא יקחו במחיר – nur in Chr) oder an vorletzter Stelle (סחרי המלך יקחו מקרא במחיר – nur in Kön). Insofern läge hier überhaupt eine Variante der Textüberlieferung vor und keine stilistisch-literarische Veränderung.

(17) In der unmittelbaren Fortsetzung ist von der Einfuhr von ›Wagen aus Ägypten‹ berichtet (1 Kön 10, 29), an der Parallelstelle 2 Chr 1, 17 steht erst ›Ägypten‹ und dann ›Wagen‹.

(18) In 1 Kön 8, 29 bittet Salomo Gott, er möge ›bei Nacht und Tag‹ über den neuerbauten Tempel wachen; in 2 Chr 6, 20 sind die Zeitangaben vertauscht: ›tags und nachts‹.[19] In der LXX zu Kön (OG und L) steht ›tags und nachts‹. Es läßt sich kaum entscheiden, ob der Chronist hier seiner Vorlage folgt, wo die Wortfolge wie in den griechischen Versionen lautete, oder ob sowohl der Chronist als auch die griechischen Übersetzer hier umgestellt haben sollten.

Eine ähnliche Vertauschung ist im Vergleich von Jer und Ps zu beobachten: »Meine Augen zerfließen in Tränen bei Nacht und Tag« (Jer 14, 17) – »Tränen sind meine Speise geworden bei Tag und Nacht«

---

17 D. D. Schley, 1 Kings 10: 26-29: A Reconsideration, in: JBL 106 (1987), 595-601, bes. 597-599.

18 Talmon, Kifle Girsa, 67.

19 Die Vokabel יומם endet hier mit dem enklitischen Suffix Mem (s. Gesenius-Kautzsch, Hebräische Grammatik, § 100, 3), das besonders im Ugaritischen verbreitet ist; dazu Gordon, Ugaritic, 103f; H. Hummel, Enclitic Mem in Early Northwest Semitic, especially Hebrew, in: JBL 76 (1957), 85-107. Erstaunlich ist das Vorkommen dieser archaischen Wortform in einem Text der Chronik«

(Ps 42, 4). Doch während bei dem Parallelen-Chiasmus 1 Kön 8, 29 //
2 Chr 6, 20 mit ziemlicher Sicherheit anzunehmen ist, daß der Chronist
die Umstellung bewußt vorgenommen hat, liegen die Verhältnisse im
Falle von Jer 14, 17 // Ps 42, 4 nicht so klar. Wegen der ungewissen
zeitlichen Ansetzung von Psalm 42 läßt sich hier nicht entscheiden,
welcher Schriftsteller hier den vorgefundenen Text umgestellt hat.[20]

(19) In der Fortsetzung seines Gebets erfleht Salomo Gottes Ver-
gebung, »denn du allein kennst das Herz aller Menschen«; in 1 Kön
8, 39 steht zuerst das Verb ›kennen‹, danach ›du allein‹, in 2 Chr 6, 30
umgekehrt.

(20) Der Bericht von der Einweihung des Tempels schließt in 1 Kön
8, 65 mit den Worten: »So beging Salomo zu jener Zeit das Fest ... «,
die Parallelstelle 2 Chr 7, 8 lautet: »So beging Salomo das Fest zu jener
Zeit«.

(21) In 1 Kön 9, 6 bedroht Gott das Volk mit Strafe, »wenn ihr
meine Gebote und Satzungen nicht haltet«; in 2 Chr 7, 19 lautet der
entsprechende Bedingungssatz: »wenn ihr meine Satzungen und Gebote verlaßt«.

(22) Unter den von Salomo erbauten Städten ist die Wüstenstadt
Tamar (Qre: Tadmor) in 1 Kön 9, 17f nach Bet Horon und Baalat
erwähnt, an der Parallelstelle 2 Chr 8, 4-6 davor.

(23) Die Liste der vorisraelitischen Bewohner des Landes beginnt
in 1 Kön 9, 20 mit Amoritern, Hethitern, ...; in 2 Chr 8, 7 sind
die Hethiter vor den Amoritern erwähnt. In LXX zu Kön (OG und
Lukian) stehen die Hethiter vor den Amoritern, wie in der Chronik.
Auch hier ist schwer zu entscheiden, ob der Chronist nur den Text
seiner Vorlage wiedergibt, wo die Hethiter an erster Stelle standen,
oder ob sowohl der Chronist als auch die griechischen Versionen die
Reihenfolge vertauscht haben. Eine vergleichbare Umstellung ist in-
nertextlich bei Ez zu beobachten: »dein Vater war ein Amoriter, deine
Mutter eine Hethiterin« (17, 3) – »Eure Mutter ist eine Hethiterin,
euer Vater ein Amoriter« (17, 45). Ebenso im literarischen Rahmen
bei Jos 9, 1 beginnt die Liste der vorisraelitischen Bewohner des Landes mit »Hethitern, Amoritern, ... «; die ausführlichere geographische
Liste 11, 1-3 nennt die Amoriter unmittelbar vor den Hethitern.

(24) In 1 Kön 9, 24b-25a steht, Salomo habe »dreimal im Jahr Brandopfer und Heilsopfer auf dem Altar, den er dem Herrn gebaut hatte«,
dargebracht; in 2 Chr 8, 12f sind erst die Opfer und der Altar und
danach die drei Festzeiten genannt.

---

20 Auch in der Fortsetzung von Salomos Gebet in 1 Kön 8 findet sich die Wortfolge
   chiastisch verschränkt: V. 29 »Nacht und Tag«, V. 59 »Tag und Nacht«; V. 59 seinerseits hat kein Gegenstück in der Chronik.

(25) In 1 Kön 9, 27-28a steht, die von Hiram entsandten kundigen Seeleute seien »mit Salomos Knechten nach Ophir gekommen«; in 2 Chr 8, 18 sind Verbform und Subjekt vertauscht: »sie kamen mit Salomos Knechten nach Ophir«.

(26) Rehabeams diplomatisch unkluges Vorgehen wird als Werk der Vorsehung geschildert: in 1 Kön 12, 15 steht »zu erfüllen sein Wort, das der Herr geredet«, in 2 Chr 10, 15 erscheint das göttliche Subjekt vorgezogen: »auf daß der Herr erfülle sein Wort, das er geredet«.[21]

(27) In 1 Kön 12, 16 steht: »Da sah ganz Israel, daß der König nicht auf sie hörte«; in 2 Chr 10, 16 hat wohl gestanden: »Und ganz Israel sah, ...«. Die perfektische Verbform ראה nach dem Subjekt fehlt in unserer Lesart des massoretischen Textes; da sie aber in einigen Handschriften, in der Peschiṭta, im Targum, in Vetus Latina und Vulgata steht, ist wohl anzunehmen, daß der ursprüngliche Text von Chron sie enthielt. Demnach lautete der Chroniktext zunächst ungefähr wie die Parallelstelle in Kön, und das Fehlen der Vokabel in dem uns vorliegenden Text wäre auf Abschreibeversehen (Haplographie?) zurückzuführen.

(28) 1 Kön 22, 4 besiegelt König Josaphat das Bündnis gegen Syrien mit den Worten: »wie ich, so du – wie mein Volk, so dein Volk«; in 2 Chr 18, 3 lautet seine Formulierung nicht parallel, sondern chiastisch: »wie ich, so du – wie dein Volk, mein Volk«.

(29) 1 Kön 22, 43 steht zum Ruhme König Josaphats von Juda: »Er wandel te ganz auf dem Wege Asas, seines Vaters«; in 2 Chr 20, 32 ist die Apposition vorangestellt: »seines Vaters Asa«.

(30) 2 Kön 11, 8 gibt der Priester Jojada Anweisungen zum Schutz des künftigen Königs Joas: »Ihr sollt mit dem König sein bei seinem Auszug und bei seinem Einzug«; in 2 Chr 23, 7 befiehlt er den jungen König dem Schutz der Priester »bei seinem Einzug und bei seinem Auszug«.

(31) In 2 Kön 11, 17 schließt Jojada den Gottesbund »mit dem König und dem Volk«, in 2 Chr 23, 16 ist das Volk vor dem König genannt.

(32) Unter den bösen Taten des Ahas wird 2 Kön 16, 3 erwähnt: »auch ließ er seinen Sohn durchs Feuer gehen«; die Parallelstelle 2 Chr 28, 3 lautet: »er verbrannte seine Söhne mit Feuer«. Geiger[22] hält die Lesart ›verbrennen‹ der Chronik für die ursprüngliche, und das ›Durchführen‹ für »eine alte Correctur für das Verbrennen«. Die Korrektur sei »zunächst im Pentateuch, dem gelesensten Buche« vorgenommen worden, »dann auch in den Propheten ... und nur in der

---

21 Vgl. 1 Sam 1, 23: »Doch erfülle der Herr sein Wort«.
22 A. Geiger, Urschrift und Übersetzungen der Bibel, 2nd ed., Frankfurt a. M. 1928, 305.

Chronik als einem spätern wenig gelesenen Buche« sei der ursprüngliche Ausdruck einmal stehen geblieben. Wenn dem so wäre, sollte allerdings auch bei Manasse (2 Chr 33, 6) ›verbrennen‹ stehen, dort aber
heißt es ›hindurchführen‹. Auch die von Geiger vermutete Motivation
vermag nicht ganz zu überzeugen: Einerseits argumentiert er, die ›alte
Zeit‹ habe »die Herrschaft des Molochdienstes in Israel und die Scheu-
sslichkeit dieses Dienstes auf ein geringeres Mass reduzieren« wollen,
aber auch er muß zugeben, daß »sonst das Schlachten und Verbrennen
der Kinder unter andern nicht geänderten Ausdrücken vorkommt«.

Vielleicht ist das ויבער der Chronik eine Verschreibung aus ויעבר,
zumal die antiken Versionen allesamt ›hindurchführen‹ haben wie
2 Kön 16, 3. Die biblisch übliche Formel lautet ›durchs Feuer führen‹
(להעביר באש): Dtn 18, 10; 2 Kön 21, 6 // 2 Chr 33, 6; 2 Kön 23, 10;
Ez 20, 3; ebenso in der rabbinischen Literatur, z.B. b Sanhedrin 64b.[23]
Der Chronist könnte auch von den anti-Moloch-Prophezeiungen
bei Jeremia und Ezechiel beeinflußt gewesen sein, wo sowohl von
hindurchführen/verbrennen, als auch von Schlachten und Opfern die
Rede ist[24]. Außer dem könnte auch die Bemerkung in 2 Kön 16, 3
// 2 Chr 28, 3, daß Ahas damit »den Greueln der Völker« gefolgt
sei, zusammen mit der Angabe aus 2 Kön 17, 31, die Bewohner von
Sepharwaim hätten ihre Kinder verbrannt, den Chronisten zu einer
entsprechenden Textänderung veranlaßt haben.[25]

Hier und in 2 Chr 33, 6 hat der Chronist den Singular ›Sohn‹ durch
den Plural ersetzt.[26] Auffallend ist, daß die Äußerung des Chronisten
über Ma nasse in 2 Chr 33, 6 genau der Wortfolge von 2 Kön 21, 6
entspricht: »er ließ seinen Sohn durchs Feuer gehen« // »und er ließ
seine Söhne durchs Feuer gehen«.[27]

(33) 2 Kön 18, 22 (= Jes 36, 7) läßt Sanherib in seiner Herausforderung an Hiskia über Israels Gott sagen: »ist das nicht derselbe, dessen
Höhenheiligtümer und Altäre Hiskia abgeschafft hat«; in Kön steht
die Verbform vor dem Subjekt des Satzes (הסיר חזקיהו), an der Parallelstelle 2 Chr 32, 12 danach (יחזקיהו הסיר)[28]. Ein scheinbar ähn-

---

23 Vgl. Ehrlich, Mikrâ Ki-Pheschutô, 463f; Japhet, Interchanges, 44f.
24 Dazu M. Cogan, Imperialism and Religion, Missoula, MT 1974, 78 Anm 63.
25 Weiteres zu dem altorientalischen Brauch, Kinder durchs Feuer zu führen bzw. zu
    verbrennen s. oben Kap. III, D, Beispiel 1.
26 Dazu oben Kap. VII, B, Beispiel 5.
27 Zu diesem Beispiel vgl. 2 Kön 25, 7: »und Zedekias Söhne schlachteten sie« mit Jer
    39, 6 (= 52, 10): »und er schlachtete ... Zedekias Söhne«. Hier könnte die veränderte
    Wortfolge allerdings durch den Wechsel von perfektischer Verbform zu imperfectum
    consecutivum bedingt sein.
28 Dadurch kommt ein asyndetischer Relativsatz zustande, der in archaischer Sprache,
    vorzugsweise biblischer Poesie, häufiger anzutreffen ist (z.B. Dtn 32, 11; Jes 61, 10f;
    Hab 2, 14; Ps 42, 2; 83, 15f; 123, 2; Hi 7, 2f); dazu Y. Blau, Asyndetische Sätze

licher Fall ist 2 Sam 6, 9 zu beobachten: »Und David wollte (die Lade) nicht bringen lassen« – der Infinitiv steht nach dem Subjekt (דוד להסיר); 1 Chr 13, 13: »Und David brachte (die Lade) nicht« – die finite Verbform steht vor dem Subjekt (הסיר דויד). Allerdings ist die Umstellung hier durch die Auslassung des Modalverbs ›wollte‹ verursacht; daraufhin war die vom Chronisten gewählte Wortfolge die einzig mögliche.

(34) 2 Kön 23, 29: »Da ging König Josia ihm entgegen« (יאשיהו לקראתו)[29]; in 2 Chr 35, 20 steht der Name ohne Königstitel am Ende der Phrase (לקראתו יאשיהו).

Auch die beiden folgenden Beispiele lassen sich unter diesem Gesichtspunkt betrachten: (35)

2 Sam 24, 16 nach 4QSamª	1 Chr 21, 16
[... da fiel David und die Ältesten	Da fiel David und die Ältesten
auf ihre An]gesichter	bedeckt mit Säcken
be[deck]t mit Säcken[30]	**auf ihre Angesichter**

Im massoretischen Text von Samuel (und in der Septuaginta) ist dieser Versteil vielleicht durch ein Abschreibeversehen (Homoioarkton: ›da sah David auf‹ – ›da sprach David‹) ausgefallen.[31] Aber da sich auch bei der Wiedergabe von 2 Sam 8 in 4QSamª gegenüber dem massoretischen Text Parallelenchiasmus beobachten läßt[32], ebenso beim Vergleich der Jesaja-Rollen aus Qumran mit ihrem massoretischen Gegenstück[33], ist schwer auszumachen, wer die Chiasmen eingeführt hat: der Chronist oder der Schreiber der Qumran-Rolle oder jeder aufgrund einer unabhängigen Vorlage. Jedenfalls darf aus der Vertauschung der Ausdrücke ›auf ihre Angesichter‹ ›bedeckt mit

---

(hebr.), in: Te'uda 2 (hrsg. v. B. Uffenheimer), Tel-Aviv 1982, 277-285.

29 Vgl. 2 Kön 16, 10: »Da ging Ahas Tiglat-Pileser entgegen« (dieser Vers hat keine Parallele in Chr).

30 So die Rekonstruktion von Mc-Kenzie, Chron, 55; etwas anders ergänzt Cross, History, 294, das Fragment.

31 Dazu Cross, Ancient Library, 188f Anm. 40a; Ulrich, Qumran, 157; McKenzie, Chron, 55.

32 Im massoretischen Text von 2 Sam 5, 8 sind die Lahmen vor den Blinden genannt, in der Qumranversion (4QSamª – bei McKenzie, Chron, 43f) umgekehrt; der Chronist hat diesen (ohnehin unklaren) Versteil in 1 Chr 11 weggelassen.

33 S. oben Anm. 9 sowie die Beispiele, die Kutscher, Language, 563f, unter der Überschrift ›veränderte Wortstellung‹ zusammengestellt hat, etwa: Jes 43, 3: »Ich gebe als Lösegeld für dich Ägypten« – 1QIsaª: ›Ägypten als Lösegeld‹. In Jes 37, 33 äußert sich Gottes Schutz für Jerusalem darin, daß weder Pfeile, noch Schilde noch ein Belagerungsdamm der Stadt etwas anhaben können; in 1QIsaª ist erst der Damm genannt und danach Pfeil und Schild. Jes 37, 32 (= 2 Kön 19, 32) stehen Jerusalem und der Berg Zion im parallelismus membrorum; in 1QIsaª ebenfalls, nur in umgekehrter Reihenfolge.

Säcken‹ nicht gefolgert werden, 4QSam[a] sei von 1 Chr 21, 16 unabhängig[34]; dafür sind die Vorkommen von Parallelenchiasmus sowohl beim Chronisten als auch in den Qumran-Rollen zu häufig.

(36) Die Aussage, daß Gott David Ruhe von allen seinen Feinden ringsum verschafft habe, aus 2 Sam 7, 1b bringt der Chronist nicht[35] in 1 Chr 17, 1b, dafür aber in 1 Chr 22, 9 (›Zusatz‹) mit Bezug auf Salomo:

> *2 Sam 7, 1b*: Der Herr verschaffte ihm Ruhe ringsum von all seinen Feinden.
> *1 Chr 22, 9*: Ich schaffe ihm Ruhe von all seinen Feinden ringsum.

Dreigliedrige Strukturen

(1)

1 Kön 3, 4	*2 Chr 1, 6*
a. **tausend**	c. *da brachte Salomo dort auf dem Altar*
b. Brandopfer	b. Brandopfer
c. *bringt Salomo auf dem Altar* ... [36].	a. **tausend.**

Allein aus der Plazierung des Zahlworts hinter dem Substantiv wäre noch kein Schluß zu ziehen, denn sie entspricht dem Sprachgebrauch des späten Hebräisch.[37] Aber die Umstellung der übrigen Satzglieder spricht doch dafür, daß hier ein gegenüber der Parallelstelle chiastischer Satzbau intendiert ist.

(2)

1 Kön 6, 1	*2 Chr 3, 1f*
a. Es geschah ... **im vierten Jahr**	c. *Da begann Salomo das Haus des Herrn zu bauen*
b. im Monat Siw, das ist der zweite Monat	b. im zweiten Monat, im zweiten
c. *da baute er ein Haus dem Herrn*	a. **im vierten Jahr** seines Königtums

B) Parallelen-Chiasmus unter Verwendung von Synonymen

Gelegentlich hat der Chronist in den aus Samuel und Könige übernommenen Versen nicht nur die Wortfolge verändert, sondern auch noch lexikalisch variiert,[38] den Sinn aber im wesentlichen beibehalten.

---

34 Gegen Ulrich, Qumran, 157; McKenzie, Chron, 55.
35 Zur Begründung dieser Auslassung s. oben Kap. II, A, Beispiel 1.
36 Die Wortfolge von 1 Kön 3, 4 entspricht genau der üblichen aramäischen Syntax: Objekt, Prädikat, Subjekt.
37 Vgl. dazu unten den Exkurs zu diesem Kapitel, ›diachroner Chiasmus‹.
38 In diesen Fällen erhebt sich die Frage, ob es sich bei den lexikalischen Abweichungen

zweigliedrige Strukturen

(1) In 1 Sam 29, 4 begründen die Philister ihre Ablehnung von David als Feldherrn mit der rhetorischen Frage: »Womit könnte er sich bei seinem Herrn besser in Gunst setzen als mit den Köpfen dieser Männer?« In 1 Chr 12, 20 lautet die entsprechende Ablehnung: »Um den Preis unserer Köpfe könnte er zu Saul, seinem Herrn, übergehen« – d.h. der Risikofaktor, der den Vers in Sam schließt, steht in Chr am Anfang der Phrase.

(2) Der gewaltsame Zwischenfall bei der ersten Hinaufführung der heiligen Lade wird in 2 Sam 6, 6 etwas umständlich beschrieben: »da streckte Usa die Hand zur Lade Gottes aus und hielt sie fest« (אל ארן האלהים ויאחז בו); bei der Formulierung in 1 Chr 13, 9 ist der gefährliche Gegenstand erst nach dem Verb genannt: לאחז את הארן. (3) Daraufhin hat David Bedenken, »zu sich die Lade des Herrn in die Davidsstadt« bringen zu lassen (2 Sam 6, 10); in 1 Chr 13, 13 ist die Wortfolge weniger gezwungen: »die Lade zu sich in die Davidsstadt«.[39]

(4) Die Verheißung über Davids Sohn in 2 Sam 7, 12-15 enthält die Ankündigung: »ich will sein Königtum (ממלכתו) aufrichten – er soll ein Haus erbauen meinem Namen« (בית לשמי – V. 13); an der Parallelstelle 1 Chr 17, 12 steht: »ich will sein Königtum (מלכותו) aufrichten – er soll mir ein Haus erbauen« (לי בית).[40] (5) Im darauf folgenden Gebet Davids kehrt dieselbe Erscheinung wieder: »ein Haus zu erbauen für dich« (בית אבנה לך – 2 Sam 7, 27) – »ihm zu erbauen ein Haus« (לבנות לו בית – 1 Chr 17, 25).

---

um literarisch-stilistische Eingriffe oder um Varianten der Textüberlieferung handelt; Wechsel zwischen synonymen Nomina und Verben findet sich ja sowohl bei literarischen Bearbeitungen biblischer Schriften als auch in Handschriften und Versionen (einschließlich Übersetzungen) des jeweiligen biblischen Buches. Grundsätzlich diskutiert ist die Frage bei Talmon, Stilkritik, 130f; bei den dort behandelten Fällen scheint es sich durchweg um markante Abweichungen (etwa Verwendung dieses oder jenes Gottesnamens) zu handeln und nicht um unterschiedliche Lesarten.

39 Dieses Beispiel ist zu vergleichen mit dem 11. der oben angeführten (2 Sam 10, 9 // 1 Chr 19, 10). Eine ähnliche Vertauschung findet sich auch in P: Lev 9, 12 bringen die Aaroniden »ihm das Blut«, ebd. V. 18 »das Blut zu ihm«. Auch im Vergleich zwischen dem massoretischen Text und dem samaritanischen Pentateuch ist ein solcher Fall zu beobachten: Ex 3, 2 erscheint »der Engel des Herrn ihm«, in der samaritanischen Version erscheint »ihm der Engel des Herrn«.

40 Die Verwendung von מלכותו in der Chronik anstelle von ממלכתו in Sam-Kön scheint ein Beispiel für spätbiblisches Hebräisch, vgl. etwa 2 Sam 5, 12 (ממלכתו) mit 1 Chr 14, 2 (מלכותו); 1 Kön 9, 5 (ממלכתך) mit 2 Chr 7, 18 (מלכותך). Manchmal setzt der Chronist auch מלוכה für ממלכה: 2 Chr 12, 25 // 2 Kön 11, 1; vgl. auch 1 Chr 22, 10; 28, 7 (›Zusatz‹). Dazu Hurvitz, Laschon, 79-82.

(6) 2 Sam 10, 1f: »da schickte David, ihn zu trösten durch seine Knechte« (לנחמו ביד עבדיו) // 1 Chr 19, 2: »da schickte David Boten ihn zu trösten«(מלאכים לנחמו).

(7) In 2 Sam 24, 3 formuliert Joab seine vorwurfsvolle Frage sehr förmlich: »Mein Herr König, warum trägt er Verlangen nach solchem Tun?« In 1 Chr 21, 3 ist die Anrede nachgestellt: »Warum verlangt solches mein Herr?«

(8) 1 Kön 3, 9a bittet Salomo Gott: »so mögest du deinem Knechte geben ein gehorsames Herz«; in 2 Chr 1, 10a sagt er: »Weisheit und Erkenntnis gib mir«. (9) In der Fortsetzung desselben Verses betont er die Schwere der Aufgabe, ›dieses dein gewaltiges Volk‹ (עמך הכבד הזה – 1 Kön 3, 9b) zu regieren; in 2 Chr 1, 10b heißt es ›dieses dein großes Volk‹, wobei das Demonstrativum zwischen Substantiv und attributivem Adjektiv steht (עמך הזה הגדול).

(10) Bei der provokativen Steinigung von Rehabeams Fronvogt steht in 1 Kön 12, 18 das Subjekt (›ganz Israel‹) nach dem pronominalen Objekt, in 2 Chr 10, 18 steht es davor (im unmittelbaren Anschluß an das Verb).

(11) 1 Kön 15, 23b: »Erst zur Zeit seines Alters erkrankte er [Asa] an den Beinen« // 2 Chr 16, 12a: »Da erkrankte Asa im 37. Jahr seines Königtums an den Beinen«.

(12) 2 Kön 14, 7: »Er schlug die Edomiter im Salztal« // 2 Chr 25, 11: »Da zog er ins Salztal und schlug die Leute von Seïr«.

(13) In 2 Kön 18, 4 heißt es von Hiskia, er habe »die Höhenheiligtümer abgeschafft, die Malsteine zertrümmert und die Aschera umgehauen«; in 2 Chr 31, 1 geht diese Aktion von ›ganz Israel‹ aus, und die Folge der Handlungsschritte ist umgekehrt: »sie zertrümmerten die Malsteine, zerschmetterten die Ascheren und zerstörten die Höhenheiligtümer und Altäre«.

(14) Die Beurteilung von Manasses Sohn Amon ist negativ, denn dieser »diente (ויעבד) den Götzen, denen sein Vater gedient hatte, und fiel vor ihnen nieder« (2 Kön 21, 21f); in 2 Chr 33, 22 sind zuerst die Kultobjekte genannt und danach das Verb für kultische Verehrung mit Pronominalobjekt (ויעבדם). (15) Bei Amons gewaltsamem Tod sind in 2 Kön 21, 23 zuerst die Attentäter (›Amons Knechte‹) genannt und danach das pronominale Objekt, in 2 Chr 33, 24 umgekehrt.[41]

(16) Bei den Vorkehrungen zur Renovierung des Tempels unter Josia heißt es, mit den Bauarbeitern solle nicht exakt abgerechnet werden, »denn auf Treu und Glauben (באמונה) handeln sie« (2 Kön 22, 7). Der entsprechende Zustandssatz in 2 Chr 34, 12 lautet: »die Männer handeln auf Treu und Glauben«.

---

41 Analog dem 10. Beispiel dieser Serie, 1 Kön 12, 18 // 2 Chr 10, 18.

(17) 2 Kön 24, 20 (= Jer 52, 3): »da rebellierte Zedekia gegen den König von Babel« // 2 Chr 36, 13: »gegen König Nebukadnezar rebellierte er«.

(18) 2 Sam 6, 17: »da opferte David Brandopfer vor dem Herrn und Heilsopfer« // 1 Chr 16, 1: »da brachten sie Brandopfer und Heilsopfer dar vor Gott«.[42]

(19) 1 Kön 3, 5: »In Gibeon erschien der Herr dem Salomo im Traum bei Nacht« // 2 Chr 1, 7: »In jener Nacht erschien Gott dem Salomo«.[43]

(20) In 1 Sam 28, 6f ist erzählt, Saul habe zunächst »den Herrn befragt«, und erst als er von dort keine Antwort erhielt, sich an die Totenbeschwörerin gewandt und bei ihr Rat gesucht. Der Chronist nennt die Schritte in umgekehrter Reihenfolge: »weil er einen Totengeist befragt hatte, um Rat zu bekommen, beim Herrn aber nicht Rat geholt hatte« (1 Chr 10, 13f), wodurch Sauls Verhalten negativer dargestellt wird.

dreigliedrige Struktur

	2 Sam 10, 3 um zu erforschen		*1 Chr 19, 3* um zu erforschen
a.	**die Stadt**	c.	*und zu zerstören*
b.	auszukundschaften	b.	und auszukundschaften
c.	*und sie zu zerstören*	a.	**das Land**[44]
	sandte David seine Knechte		kamen seine Knechte …

C) *Texte aus anderen biblischen Büchern einschließlich der Chronik*

Chiastische Verschränkungen finden sich auch in Übernahmen der Chronik aus sonstigen biblischen Büchern sowie aus chronistischem Sondergut.

---

42 Eine Vereinfachung, wie sie für das spätere Hebräisch (speziell das rabbinische) charakteristisch ist.

43 Vgl. dazu Jer 39, 4: »sie zogen aus des Nachts aus der Stadt« mit 52, 7: »sie zogen aus der Stadt des Nachts«.

44 Vier Handschriften des massoretischen Textes lesen hier ›Land‹. Zur Vertauschbarkeit von ›Stadt‹ und ›Land‹ s. unten Kap. XV, D, Beispiel 2.

I. Übernahmen aus anderen biblischen Schriften

zweigliedrige Strukturen

(1) In Gen 3, 16 wird die Stammutter der Menschheit verflucht: »Mit Schmerzen sollst du Kinder gebären«; wie ein Echo darauf klingt die volkstümliche Namensetymologie aus dem Munde der anonymen Mutter des Jahbez (יעבץ) in 1 Chr 4, 9: »denn geboren habe ich ihn mit Schmerzen« (בעצב).

(2) Die Qualifikationen des Facharbeiters, den Salomo vom tyrischen König erhält (2 Chr 2, 13), erinnern an die des Erbauers der Stiftshütte aus Ex 31, 2-5 (vgl. 35, 30-33), nur daß bei Bezalel die Voraussetzung, die Begabung »mit Kenntnis in allerlei Arbeiten, um Kunstwerke zu ersinnen«, den technischen Fertigkeiten wie Metall-, Stein- und Holzbearbeitung[45] voransteht, während sie bei Huram-Abi den Abschluß bildet.

(3) Ps 132, 10: »Um Davids, deines Knechtes, willen / weise deinen Gesalbten nicht ab« – in 2 Chr 6, 42 erscheinen die Vershälften vertauscht: »Weise deinen Gesalbten nicht ab / gedenke der Gnaden, die du deinem Knechte David verheißen«.

(4) Vertauschung der Vershälften bei ansonsten wörtlicher Übereinstimmung liegt Sach 8, 10 // 2 Chr 15, 5 vor.

(5) Sach 4, 10 » ... die Augen des Herrn, die über die ganze Erde schweifen«[46] erscheint in 2 Chr 16, 9 als Spaltsatz: »Der Herr – seine Augen schweifen über die ganze Erde«.

(6) Ein Satz des Bußaufrufs, den Hiskia durchs Land ergehen ließ: Gott »wird sein Antlitz nicht abwenden von euch« (פנים מכם – 2 Chr 30, 9) klingt an die idiomatische Formulierung הישא מכם פנים in Mal 1, 9 an.

(7) Nahezu wörtlich vertauschte Vershälften liegen in Ps 96, 10f // 1 Chr 16, 30f vor, nur daß die Aussage aus Chr im Psalm als Imperativ erscheint und ein weiteres Kolon eingeschoben ist.

Angesichts der großen Zahl von Fällen, wo der Chronist in übernommenen Texten die Wortfolge chiastisch verschränkt, ist Tur-Sinais Vermutung, in 1 Chr 16 liege eine Lesung der Kolen »von oben nach unten statt von rechts nach links« vor, wohl hinfällig.[47]

(8) Die Ortsnamen aus Jos 21, 18 erscheinen in 1 Chr 6, 45 vertauscht.

---

45 Vgl. dazu Salomos Anforderung des Fachmanns, ebd. V. 6.

46 Vgl. dazu Spr 15, 3: »Allerorten sind die Augen des Herrn, überwachen Böse und Gute«.

47 N. H. Tur-Sinai, Des Chormeisters, von den Korachsöhnen, ein Harfenlied (hebr.), in: idem, haLaschon wehaSefer, vol. haSefer, Jerusalem 1951, 337.

dreigliedrige Struktur

	Ex 14, 13f		*2 Chr 20, 15. 17*
a.	**Fürchtet euch nicht**	c.	*denn nicht eure, Sache ist der Kampf, sondern Gottes. ... Nicht euch liegt es ob, hier zu kämpfen*
b.	haltet stand, so werdet ihr sehen, wie der Herr euch heute Rettung schafft ...	b.	Stellt euch nur auf, bleibt stehen und seht, wie der Herr euch Rettung schafft
c.	*Der Herr wird für euch kämpfen*	a.	**Fürchtet euch nicht und** erschrecket nicht!

Chiastische Verschränkung von literarischen Einheiten

In Gen 25 werden die Nachkommen Abrahams in folgender Reihenfolge aufgezählt:

a. die Söhne Keturas (VV. 1-4)
b. die Söhne Ismaels (VV. 12-16)

In 1 Chr 1 bringt der Chronist die beiden Listen in umgekehrter Reihenfolge, so daß im Verhältnis zu Gen 25 ein Chiasmus entsteht:

b. die Söhne Ismaels (VV. 29-31)
a. die Söhne Keturas (VV. 32f).

II. Parallelen-Chiasmus in den ›Zusätzen‹

(1) 1 Chr 5, 22: »denn von **Gott** war *der Kampf* verhängt«.
2 Chr 20, 15: »denn nicht eure Sache ist *der Kampf*, sondern **Gottes**«.

(2)	*2 Sam 5, 3*	*1 Chr 11, 3*	*1 Chr 11, 10*
	sie salbten David	sie salbten David	die ihn unterstützten[48],
	zum König	zum König	ihn zum König zu machen
	über Israel	**über Israel**	*nach des Herrn Wort*
		nach des Herrn Wort	**über Israel**

(3) 1 Chr 22, 8: »viel **Blut hast du vergossen** und *große Kriege geführt*«
1 Chr 28, 3: »*ein Mann des Krieges bist du* und *hast Blut vergossen*«.

(4) Als Salomo bei Hiram den Facharbeiter anfordert, bittet er um »einen Mann, der geschickt ist zu Arbeiten in Gold, ... in rotem

---

48 Zu ›die ihn unterstützten‹ (המתחזקים עמו) vgl. Dan 10, 21: »Und nicht einer unterstützt mich (מתחזק עמי) wider jene«. Gestützt wird diese Deutung durch 1 Chr 12, 23: »Tag für Tag kamen welche zu David, ihm beizustehen«.

Purpur[49], in **Karmesin** und in *blauem Purpur*« (2 Chr 2, 6). In seinem Begleitschreiben sagt Hiram von dem gewünschten Mann: »er versteht sich gut auf Arbeiten in Gold, ... in rotem und *blauem Purpur*, in Byssus und **Karmesin**« (ebd. VV. 12f).

(5) Zur Verpflegung der angeforderten Bauarbeiter verspricht Salomo: Weizen, Gerste,**Wein** und *Öl* (ebd. V. 9); in seinem Antwortschreiben nennt Hiram: Weizen, Gerste, *Öl* und **Wein** (ebd. V. 14).

(6) 2 Chr 12, 12: »auch gab es **in Juda** damals noch *Gutes*«;
   2 Chr 19, 3: »aber *Gutes* findet sich **bei dir** [Josaphat]«.

(7)	*2 Chr 15, 1*	*2 Chr 20, 14*	*2 Chr 24, 20*
	Asarja, der Sohn Odeds	*Jahasiel, der Sohn Sacharjas*	der Geist Gottes
	– es kam über ihn	– es kam über ihn	bekleidete
	der Geist des Herrn.	der Geiste des Herrn	*Sacharja, den Sohn*
			des Priesters Jojada

(8) In seinem Brief an König Joram von Juda kündigt Elia an: »darum wird der Herr eine große Plage über dein Volk bringen, über deine Söhne und deine Frauen und alle deine Habe« (2 Chr 21, 14). In der Fortsetzung schreibt der Chronist von den Arabern und Philistern, die wider Juda zu Felde zogen: »sie führten alle Habe hinweg, die sich im Königspalast fand, dazu auch seine Söhne und seine Frauen« (ebd. V. 17).

D) Parallelen- und interner Chiasmus

Es kommt vor, daß der Chronist Material, das er entweder parallel oder chiastisch aus Samuel und Könige übernommen hat, innerhalb der Chronik ein zweites Mal bringt und dadurch zusätzlich einen internen Chiasmus schafft. Dabei spielt er mit verschiedenen Möglichkeiten:

I. Wortverbindungen, die bereits in der Vorlage zweimal vorkommen, werden das erste Mal chiastisch verschränkt, das zweite Mal unverändert übernommen, so daß innerhalb der Chronik ein Chiasmus entsteht:

(1) In 1 Chr 17, 4 bringt der Chronist die Einleitung zu Nathans Weissagung 2 Sam 7, 5 zunächst als Parallelen-Chiasmus:

2 Sam 7, 5: »Geh und sag **meinem Knecht** *David:* So spricht der Herr ... «
1 Chr 17, 4: »Geh und sag *David,* **meinem Knecht:** So spricht der Herr ... «.

---

49 Die hier verwendete Vokabel אַרְגְּוָן ist eine jüngere Variante von אַרְגָּמָן, was gleich danach in V. 13 (ebenso 3, 14 und in anderen biblischen Büchern) vorkommt; vgl. biblisch aramäisch אַרְגְּוָנָא (Dan 5, 7. 16. 29). Der Chronist verwendet hier die jüngere Wortform neben der älteren, vielleicht zur klanglichen Abwechslung.

Drei Verse danach übernimmt er dieselbe Wendung parallel:

2 Sam 7, 8: »So sprich zu **meinem Knecht** *David:* So spricht der Herr ... «
1 Chr 17, 7: »So sprich zu **meinem Knecht** *David:* So spricht der Herr ... «.

Dadurch schafft er einen weiteren Chiasmus in seinem eigenen Text:

1 Chr 17, 4: »Geh und sag *David,* **meinem Knecht:** So spricht der Herr ... «.
1 Chr 17, 7: »So sprich zu meinem **Knecht** *David:* So spricht der Herr ... «.

(2) Davids Sieg über Moab endet mit den Worten:

2 Sam 8, 2: »Und die Moabiter wurden *Davids* **Knechte,** die Tribut brach ten«
1 Chr 18, 2: »Und die Moabiter wurden **Knechte** *Davids,* die Tribut brach ten«.

In der Fortsetzung endet Davids Sieg über die Syrer mit denselben Worten:

2 Sam 8, 6: »Und die Syrer wurden *Davids* **Knechte,** die Tribut brachten«
1 Chr 18, 6: »Und die Syrer wurden *Davids* **Knechte,** die Tribut brachten«.

Dadurch daß der Chronist beim zweiten Mal die Wortfolge nicht vertauscht hat, entsteht ein Chiasmus innerhalb seines eigenen Textes:

1 Chr 18, 2: »Und die Moabiter wurden **Knechte** *Davids,* die Tribut brach ten«.
1 Chr 18, 6: »Und die Syrer wurden *Davids* **Knechte,** die Tribut brachten«.

(3) Davids Regierungsjahre in Hebron und Jerusalem werden in der Chronik an zwei Stellen resümiert: Das erste Mal in 1 Chr 3, 4 in Parallelen-Chiasmus zu 2 Sam 5, 5:

		2 Sam 5, 5			*1 Chr 3, 4b*
a.	in Hebron		b.	er regierte	
b.	regierte er ...		a.	dort [in Hebron][50]	
	7 Jahre und 6 Monate			7 Jahre und 6 Monate	
a.	und in Jerusalem		c.	und 33 Jahre	
b.	regierte er		b.	regierte er	
c.	33 Jahre		a.	in Jerusalem[51],	

das zweite Mal 1 Chr 29, 26f in unveränderter Übernahme aus 1 Kön 2, 11:

---

50 Die Vertauschung der Wortfolge ›in Hebron regierte er‹ bzw. ›er regierte dort‹ rührt von der Verwendung der Verbform mit waw consecutivum her.
51 Die Übernahme von 2 Sam 5, 5 als Parallelen-Chiasmus schafft wiederum einen Chiasmus zu 1 Chr 3, 4; dazu oben, Kap. XI, A, Beispiel 2.

1 Kön 2, 11	*1 Chr 29, 16f*
	David ben Isai regierte über ganz Israel
die Zeit, die David über Israel regierte:	und die Zeit, die er über Israel regierte:
40 Jahre	40 Jahre
in Hebron regierte er 7 Jahre	in Hebron regierte er 7 Jahre
und in Jerusalem regierte er 33 Jahre.	und in Jerusalem regierte er 33 Jahre.

Dadurch entsteht ein Chiasmus innerhalb der Chronik, zwischen
1 Chr 3, 4b und 1 Chr 29, 27:

1 Chr 3, 4b		*2 Chr 29, 27*	
a.	er regierte	b.	in Hebron
b.	dort [in Hebron]	a.	regierte er
	7 Jahre und 6 Monate,		7 Jahre,
a.	und 33 Jahre	c.	und in Jerusalem
b.	regierte er	b.	regierte er
c.	in Jerusalem.	a.	33 Jahre.

(4) In 2 Chr 9, 28 vertauscht der Chronist ›Salomo‹, den Empfänger
der importierten Pferde, und deren Herkunftsorte:

1 Kön 10, 28: »Importiert wurden Pferde **für Salomo** *aus Ägypten*
und Koa«

2 Chr 9, 28: »Importiert wurden Pferde *aus Ägypten* **für Salomo**
und aus allen Ländern«.

In 2 Chr 1, 16 dagegen übernimmt er denselben Vers unverändert:
»Importiert wurden Pferde **für Salomo** *aus Ägypten* und Koa«.

So entsteht wiederum ein Chiasmus zwischen 2 Chr 1, 16 und 2 Chr
9, 28.

II. In anderen Fällen übernimmt der Chronist einen Vers aus Samuel-
Könige an der Parallelstelle unverändert; in einem Zusatz bringt er
ihn ein zweites Mal, diesmal chiastisch verschränkt. So entstehen zwei
Chiasmen: zum einen zwischen dem ›Zusatz‹ und der Vorlage, zum
anderen zwischen der ersten und der zweiten Anführung des Verses
in der Chronik selbst.

zweigliedrige Strukturen

(1) *1 Kön 10, 6. 9*
a. Da sprach sie [die Königin von Saba] zum König: » ...Es sei der
Herr, dein Gott, gelobt, der an dir Gefallen gefunden, dich auf den
Thron Israels zu setzen
b. weil der Herr Israel liebt auf ewig, macht er dich zum König ...«.

2 Chr 9, 5. 8
a. Da sprach sie [die Königin von Saba] zum König: » ...Es sei der

Herr, dein Gott, gelobt, der an dir Gefallen gefunden, dich auf seinen Thron zu setzen als König des Herrn, deines Gottes,
b. weil der Herr, dein Gott Israel liebt, richtet er es für ewig auf und macht dich zum König über sie«.

2 Chr 2, 10f
Da sprach Hiram, der König von Tyrus, im Brief, den er an Salomo schickte:
b. »Weil der Herr sein Volk liebt, hat er dich zum König über sie gemacht«,[52]
a. da sprach Hiram: »Gelobt sei der Herr, der Gott Israels ...«.
Außerdem besteht noch ein Chiasmus zwischen dem ersten Glied von 2 Chr 9, 8 (// 1 Kön 10, 9) und dem zweiten Glied von 2 Chr 2, 11:

2 Chr 9, 8:   »Es **sei der Herr, dein Gott,** *gelobt*«
2 Chr 2, 11:   »*Gelobt* **sei der Herr, der Gott Israels**«.

(2) Beim Bericht der Schlacht gegen die Philister, in der Saul und seine Söhne fielen, 1 Chr 10, 2 nennt der Chronist die Söhne in derselben Reihenfolge wie in 1 Sam 31, 2: Jonathan, Abinadab und Malki-Schua; in 1 Chr 8, 33 (= 9, 39) jedoch vertauscht er sie: Jonathan, Malki-Schua und Abinadab.[53]

(3) In seinem Gebet bei der Einweihung des Tempels sagt Salomo: »ich bin an meines Vaters David Statt getreten und habe den Thron Israels bestiegen, wie der Herr verheißen hat, und ich habe dem Namen des Herrn, des Gottes Israels, das Haus gebaut« (2 Chr 6, 10 // 1 Kön 8, 20). In Davids Rede an seinen Sohn Salomo 1 Chr 22, 11 dagegen ist zuerst vom Tempelbau die Rede und danach die Verheißung genannt: »So sei nun der Herr mit dir, mein Sohn, daß es dir gelinge, das Haus des Herrn, deines Gottes, zu bauen, wie er dir verheißen hat«.

(4)	*1 Kön 5, 30b*	*2 Chr 2, 17*	*2 Chr 2, 1*
	3 300	3 600	und Aufseher
	die den Arbeitern	Aufseher, die die Leute zur	über sie:
	zu gebieten hatten	Arbeit anzuhalten hatten	3 600.

---

52 In 2 Chr 2, 10f bringt der Chronist in ein Schreiben des Königs Hiram von Tyrus aus 1 Kön 10, 9a (= 2 Chr 9, 8) einen Ausspruch der Königin von Saba hinein!

53 Zur chiastischen Verschränkung bei der Anführung von Namen vgl. auch Jes 49, 6 MT: »um die Stämme **Jakobs** aufzurichten und die Geretteten **Israels** zurückzubringen« mit derselben Stelle in der ersten Jesaja-Rolle aus Qumran (1QIsaᵃ): »um die Stämme **Israels** aufzurichten und die Geretteten **Jakobs** zurückzubringen«.

(5)

1 Kön 8, 39	*2 Chr 6, 30*	*2 Chr 30, 27*
du aber wollest hören	du aber wollest hören	er höre auf ihre Stimme
		und ihr Gebet komme
im Himmel	*vom Himmel*	um seiner Heiligkeit willen
der Ort deines Sitzens[54]	dem Ort deines Sitzens[55]	*zum Himmel.*[56]

(6) *2 Kön 22, 13*: weil unsere Väter nicht **gehört** haben
auf die **Worte dieses Buches**.

2 Chr 34, 21	*1 Chr 10, 13*
weil unsere Väter nicht **gehalten** haben	wegen des **Wortes des Herrn**,
das **Wort des Herrn**	das er nicht **gehalten** hatte.
daß sie alles getan hätten,	
was in diesem Buche geschrieben steht.	

Benzinger, Begrich und Curtis[57] bevorzugen hier die Version von LXX und Peschiṭta, die mit der Parallelstelle 2 Kön 22, 13 identisch ist: »weil unsere Väter nicht **gehört** haben auf die **Worte dieses Buches**«. Doch für den Chronisten waren die ›Worte dieses Buches‹ integraler Bestandteil der Tora, die Mose den Israeliten am Sinai vermittelt hatte; daher hatten die Israeliten sie zwar ›gehört‹, dann aber nicht ›gehalten‹. Insofern kann die Veränderung von ›hören‹ in ›halten‹ durchaus vom Chronisten herrühren. Auch der Parallelen-Chiasmus zwischen 2 Chr 34, 21 und 1 Chr 10, 13 – beruhend auf der Formulierung ›nicht gehalten das Wort des Herrn‹, die so nur hier vorkommt – spricht dafür, daß die massoretische Version von 2 Chr 34, 21 die ursprüngliche ist, während die antiken Übersetzungen hier mit der Parallelstelle aus Könige harmonisiert haben.

---

54 Vgl. auch die VV. 23. 25. 30. 33. 35.
55 Vgl. auch die VV. 43. 32. 34. 39. 45.
56 Allerdings könnte dieser Vers auch nach einem ähnlich gebauten aus Salomos Gebet gestaltet sein: 1 Kön 8, 30: »du wollest es hören an der Stätte, da du thronst, im Himmel, und wenn du es hörst, so wollest du vergeben!« – 2 Chr 6, 21: »du wollest es hören von der Stätte her, da du thronst, vom Himmel, und wenn du es hörst, so wollest du vergeben!«.
57 Benzinger, Chron, 131; J. Begrich, BH, 1429 und Curtis, Chron, 509f.

drei- und mehrgliedrige Strukturen

(1) 1 Chr 17, 12-13a ist parallel zu 2 Sam 7, 13-14a gebaut:

a. er wird mir (meinem Namen) ein Haus erbauen
b. und ich will seinen Thron (Königsthron) festigen in Ewigkeit
c. ich will ihm ein Vater sein
d. und er soll mir ein Sohn sein.

In 1 Chr 22, 10 erscheinen die Glieder b. und d. vertauscht:

a. Er wird meinem Namen ein Haus erbauen
d. und er soll mir ein Sohn sein,
c. und ich ihm ein Vater,
b. und ich festige den Thron seines Königtums[58] auf ewig;

ähnlich in 1 Chr 28, 6-7a:

a. Er wird mein Haus und meine Höfe erbauen
d. denn ich habe ihn mir als Sohn erwählt,
c. und ich werde ihm ein Vater sein,
b. und ich festige sein Königtum auf ewig.

Eine weitere Parallele zu 2 Sam 7, 14 findet sich in Ps 89, 27f: »Er soll rufen: Du bist mein Vater ... und ich will ihn zum Erstgeborenen machen«.[59] Die Beziehung des künftigen Königs (Salomo) zu Gott ist hier in eine Formel gefaßt, die ursprünglich eine Adoptionsformel im altorientalischen Familienrecht war. »Die Vorstellung, daß der König direkt vom Gott abstamme, ist ein in der altorientalischen Literatur und Kunst verbreitetes Motiv. In Israel wurde sie im wörtlichen Sinne zwar abgelehnt, im übertragenen aber doch übernommen«[60]. In der Bibel fungiert die Adoptionsformel nicht nur auf persönlicher Ebene (König – Gott), sondern auch auf nationaler (Volk, oder Teil des Volkes – Gott). Sie kommt auch in Nathans Weissagung vor und ist vom Chronisten unverändert übernommen worden (2 Sam 7, 24 // 1 Chr 17, 22). Recht häufig kommt die Formel auch im Pentateuch und in den prophetischen Büchern vor, wobei gelegentlich die Reihenfolge der Elemente vertauscht ist (Parallelen-Chiasmus).

Zwischen König und Gott läßt sich eine chiastische Verschränkung der Adoptionsformel etwa in Lev 26, 12b (»ich will **euer Gott** sein / und ihr sollt **mein Volk** sein«) vs. Ex 6, 7a (»Ich will euch als **mein Volk** annehmen / und will **euer Gott** sein«) beobachten. Ähnlich Dtn 29, 12: »daß er dich heute zu **seinem Volk** mache / und daß er **dein Gott sei**« vs. Dtn 26, 17f: »Du hast den Herrn heute erklären lassen, daß er **dein Gott** sein ... Der Herr aber hat dich heute erklären lassen, daß du **sein Wesensguts-Volk** sein wollest«.[61]

---

58 Der Chronist verwendet hier die Verbform והכינתי (vgl. 2 Sam 7, 12c // 1 Chr 17, 11c) statt וכננתי (2 Sam 7, 13 // 1 Chr 17, 12); dies ist eine rein stilistische Variante, die inhaltlich keinen Unterschied macht.

59 Vgl. auch Ps 2, 7: »Er sprach zu mir: Du bist mein Sohn, heute habe ich dich gezeugt«.

60 S. M. Paul, Adoptionsformeln (hebr.), in: EI 14 (1978), 31f mit reicher Bibliographie.

61 Vgl. auch Ex 4, 22; Dtn 14, 1; 32, 6.

Bei Jeremia kommt die Formel fünfmal vor, dreimal mit ›Volk‹ an erster Stelle (Jer 24, 7; 30, 22; 32, 38) und zweimal mit ›Gott‹ (Jer 31, 1. 33; vgl. auch Jer 31, 8). Ebenfalls fünfmal erscheint sie bei Ezechiel: Ez 37, 23 = 11, 20; 14, 11; 36, 28 und in umgekehrter Reihenfolge 37, 27.

Bei Hosea steht die Adoptionsformel negiert: »denn ihr seid nicht mein Volk, und ich bin nicht euer Gott« (1, 9), vgl. auch ibid. 2, 25b.[62]

(2) 1 Chr 18, 15. 17 ist parallel zu 2 Sam 8, 16-18[63] gebaut:

a. Joab, der Sohn Zerujas,
b. war über das Heer gesetzt . . .
c. Benaja, der Sohn Jojadas, war über die Kreter und Plether[64] gesetzt.

An späterer Stelle (1 Chr 27, 34) vertauscht der Chronist die Reihenfolge der Namen:

c. Jojada, der Sohn Benajas[65] . . .
b. des Königs Feldhauptmann
a. war Joab.

Ein ähnliches Beispiel findet sich Ex 6, 26f: Zunächst sind ›Aaron und Mose‹ genannt, am Schluß dann ›Mose und Aaron‹.

So häufig wie die Namen von Amtsträgern vertauscht werden, erscheinen die weitreichenden Schlußfolgerungen, die Mettinger[66] aus der abweichen den Reihenfolge in Samuel und Könige ziehen wollte, zu kühn.

(3) In seinem Gebet 1 Kön 8, 37-39 zählt Salomo Naturkatastrophen auf, die über Israel kommen könnten, und bittet Gott, sein Volk zu erhören und daraus zu erretten. In 2 Chr 6, 28-30 bringt der Chronist die Liste in derselben Reihenfolge. Wenig später jedoch, 2 Chr 7, 13, baut er in die göttliche Antwort sozusagen eine Zusammenfassung von Salomos Gebet ein, und dort nennt er zwei der Naturkatastrophen, allerdings vertauscht. Ein weiteres Mal verwendet er die Formulierung von Salomos Gebet, nämlich 2 Kön 20, 5-13, in dem Gebet,

---

62 Vgl. ferner Hos 11, 1; Sach 8, 8. Auch Jub 2, 19f; 19, 29. Ausführlich behandelt ist das Adoptionsprinzip bei R. Smend, Die Bundesformel, Zürich 1963 und bei F. C. Fensham, Father and Son as Terminology for Treaty and Convenant, in: H. Goedicke (Ed.), Near Eastern Studies in Honor of W. F. Albright, Baltimore/London 1971, 121-135.

63 Das zweite Vorkommen der Liste in 2 Sam 20, 23 hat keine Parallele in der Chronik.

64 In der Peschitta, im Targum Jonathan, in der Vulgata und in einigen Handschriften des MT ist die Präposition vor ›Plether‹ wiederholt wie in 2 Sam 20, 23; dies scheint die ursprüngliche Lesart zu sein.

65 Hier sind Namen ausgefallen, vgl. VV. 5f im selben Kapitel sowie 2 Chr 11, 22. 24 (= 2 Sam 23, 20. 23); 18, 17. In einigen Handschriften steht hier allerdings: ›Benaja, der Sohn Jojadas‹, dazu Rudolph, BHS, 1509.

66 Mettinger, State Officials, 7-9.

das er Josaphat in den Mund legt[67]; auch dort hat er die Reihenfolge
umgekehrt:

1 Kön 8, 37-39
a. Wenn Hungersnot ins Land kommt,
b. wenn die Pest ausbricht,
c. wenn Brand und Vergilben des Getreides, wenn Heuschrecken auftreten, ...
wenn er dann die Hände ausbreitet nach diesem Hause, dann wollest du im Himmel,
der Stätte, da du thronst, hören und verzeihen ...

2 Chr 6, 28-30
a. Wenn Hungersnot ins Land kommt,
b. wenn die Pest ausbricht,
c. wenn Brand und Vergilben des Getreides, wenn Heuschrecken auftreten, ...
wenn er dann die Hände ausbreitet nach diesem Hause, dann wollest du vom Himmel her, der Stätte, da du thronst, hören und verzeihen ...

2 Chr 7, 13
a. Wenn ich den Himmel verschließe, sodaß kein Regen fällt,
c. wenn ich Heuschrecken entbiete, das Land abzufressen[68],
b. oder die Pest loslasse wider mein Volk,
und dann demütigt sich mein Volk, ..., so will ich vom Himmel her hören und ihre
Sünde verzeihen ...

2 Chr 20, 9
Wenn Unglück über uns kommt, Schwert[69],
c. Strafgericht[70],
b. Pest
a. oder Hunger
dann wollen wir vor dieses Haus und vor dich treten, denn dein Name wohnt in
diesem Hause, und wollen in unserer Not zu dir schreien, daß du uns erhörest und
uns errettest.[71]

(4) Im Bericht von der Überführung der Lade aus dem Hause
Abinadabs, aus Kirjat Jearim, 1 Chr 13, 8, nennt der Chronist die

---

67 Zur Beziehung von Josaphats Gebet auf Salomos s. Raschi zugeschriebenen Kommentar zu 2 Chr 20, 9; Curtis, Chron, 406f; Rudolph, Chron, 261; Japhet, Ideology,
68.

68 In der LXX (Lukian) steht hier τὸ ξύλον; vgl. auch Ex 10, 15; Joel 1, 6f.

69 ›Schwert‹ entspricht hier offenbar der in 2 Chr 6, 24 // 1 Kön 8, 33 genannten
Bedrohung durch Feinde.

70 שפרט könnte hier als eine Art Oberbegriff zu den 2 Chr 6, 28 // 1 Kön 8, 37 einzeln
aufgezählten Heimsuchungen fungieren, ähnlich wie Ez 14, 21: »Ja, so spricht Gott
der Herr: Und doch, wenn ich meine vier schweren Strafen, Schwert und Hunger
und wilde Tiere und Pest, wider Jerusalem loslasse... «. Zur Bedeutung der Vokabel
s. BDB, 1048a: »act of judgment«; vgl. auch Ez 23, 10: שפרטים. Elmslie, Chron
(1916), 251, betrachtet חרב und שפרט als eine Wortverbindung in der Bedeutung
›Schwert des Gerichts‹, worauf er in Ez 14, 17 verweist.

71 Vgl. dazu die polemische Äußerung Jer 7, 10: »und dann kommt ihr und tretet vor
mein Angesicht in diesem Hause, das nach meinem Namen genannt ist, und sprecht:
›Wir sind geborgen!‹«.

Musikinstrumente in derselben Reihenfolge, wie sie in 2 Sam 6, 5 erscheinen; bei den Vorbereitungen zur Heraufführung der Lade aus dem Hause Obed-Edoms des Gathiten, 1 Chr 15, 16 (›Zusatz‹), bringt er dieselben Instrumente in umgekehrter Folge:

2 Sam 6, 5 //	*1 Chr 13, 8;*	*1 Chr 15, 16*
David aber und das	David aber und ganz	Und David befahl den ...
ganze Haus Israel	Israel tanzten vor	Leviten, sie sollten die
tanzten vor dem Herrn ...	Gott ...	Sänger, ..., antreten lassen
		mit ihren Instrumenten,
mit Lauten,	mit Lauten,	mit *Harfen*
Harfen	*Harfen*	und Lauten,
und Handpauken,	und Handpauken,	
mit Schellen	mit Zimbeln	mit klingenden Zimbeln,
und mit Zimbeln.	und mit Trompeten.	laute Freudenklänge
		ertönen zu lassen.

In der Fortsetzung desselben Kapitels, 15, 19-24, berichtet der Chronist die Ausführung des in V. 16 Geplanten, wobei er die Nennung der Musikinstrumente wiederum vertauscht:

1 Chr 15, 16	*1 Chr 15, 19-21. 24*
Und David befahl den ... Leviten,	
sie sollten die Sänger, ..., antreten	Die Sänger Heman, Asaph und Ethan
lassen mit ihren Instrumenten,	
mit Harfen und Lauten,	hatten eherne Zimbeln zu erklingen
mit klingenden Zimbeln,	... *Harfen* ... *Lauten* ...
laute Freudenklänge ertönen	... bliesen die Trompeten
zu lassen	vor der Lade Gottes

und in V. 28, beim Bericht von der tatsächlichen Überführung der Lade aus dem Hause Obed-Edoms in die Davidsstadt bringt er die Liste der Musikinstrumente ein weiteres Mal, diesmal gegenüber VV. 19-21. 24 chiastisch verschränkt:

	1 Chr 15, 19-21. 24			*1 Chr 15, 28*
a.	eherne Zimbeln zu erklingen	c.	So brachte ganz Israel
	... Harfen ... Lauten ...		die Bundeslade des Herrn hinauf
b.	... bliesen die Trompeten	b.	mit Trompeten
c.	vor der Lade Gottes	a.	und klingenden Zimbeln, Harfen und Lauten.

(5) Beim Bericht von der Überführung der Lade aus dem Hause Obed-Edoms in die Davidsstadt (1 Chr 15, 28) übernimmt der Chronist den Text aus 2 Sam 6, 15 und fügt die Musikinstrumente hinzu, die in 1 Chr 13, 8 // 2 Sam 6, 5 beim Transport der Lade aus Kirjat Jearim erwähnt waren, wiederum chiastisch verschränkt:

2 Sam 6, 5 //	*1 Chr 13, 8;*	*1 Chr 15, 28* //	*2 Sam 6, 15*
David aber und	David aber und	So brachte ganz	So führten David
das ganze Haus	ganz Israel	Israel die Bundes-	und das ganze Haus
Israel tanzten …	tanzten …	lade … mit Jubel	Israel die Lade … mit
unter Gesängen	unter Gesängen	und Posaunen,	Jubel und Posaunen.
a. und mit Lauten,	a. und mit Lauten,	d. mit Trompeten,	
b. Harfen und	b. Harfen und	c.und Zimbeln,	
Handpauken,	Handpauken,		
mit Schellen	c. mit Zimbeln und	b. mit Harfen	
c. und mit Zimbeln.	d. mit Trompeten.	a. und Lauten.	

Exkurs: Diachroner Chiasmus

Während es sich beim Parallelen-Chiasmus um eine rein literarisch-stilistische Beobachtung ohne Berücksichtigung der Chronologie handelt, liegen in der Chronik nicht wenige Fälle von diachronem Chiasmus vor, d.h. Vokabeln und Wortverbindungen, deren chiastische Verschränkung chronologisch relevant ist. Die veränderte Wortfolge rührt in erster Linie von der Entwicklung her, die die hebräische Sprache in dem langen Zeitraum von der Abfassung der klassischen Geschichtsbücher Samuel und Könige bis hin zur Niederschrift der Chronik, einer der jüngeren biblischen Schriften, durchgemacht hat.

Zwei Gruppen von diachronem Chiasmus sind in der Chronik zu beobachten: eine große Gruppe von Fällen, wo Substantiv und Kardinalzahl vertauscht sind (A), und eine weitere Gruppe, wo die beiden Elemente einer Wortpaarverbindung in der älteren biblischen Literatur in der einen Abfolge und in der jüngeren umgekehrt erscheinen (B).

A) Vertauschung von Kardinalzahl und Substantiv

Im biblischen Hebräisch zur Zeit des Ersten Tempels wurde in der Regel die Kardinalzahl vor das Substantiv gesetzt, in der Zeit des Zweiten Tempels dagegen umgekehrt: zuerst das Substantiv, dann das Zahlwort.[72] Bei der Übernahme von Texten aus Samuel-Könige ersetzte der Chronist die dort gebräuchliche ältere Wortstellung durch

---

72 Vgl. Kropat, Syntax, 51; Polzin, Biblical Hebrew, 58; schon Gesenius-Kautzsch, Hebräische Grammatik, § 134c, Anm. 4, schrieb: »Aus den Tabellen Herners [S. Herner, Syntax der Zahlwörter im A. T., Lund 1893] ergibt sich nach S. 68, daß in den Pentateuchquellen J, E, D, sowie Jos 1-12, Ri., Sam., Jes., Jer., kl. Propheten, Psalmen, Megilloth u. Hiob das Zahlwort nie oder nur äußerst selten nach seinem Nomen steht; in Kön. u. Ez. steht es mehrmals nach, im Priesterkodex beinahe immer nach, in Chr., Esr., Neh., Dan. beinahe ebenso oft nach als vor dem Nomen.« Diese Forscher betonen, daß bei längeren Aufzählungen sowohl aus der Zeit des

die jüngere, zu seiner eigenen Zeit übliche.[73] In einigen Fällen hat er jedoch das vorgefundene ältere Muster belassen; so ist etwa in 1 Kön 7, 24f // 2 Chr 4, 3f; 1 Kön 8, 9 // 2 Chr 5, 10; 1 Kön 10, 10 // 2 Chr 9, 9 durchweg das Zahlwort vorangestellt. Und ganz gelegentlich benutzt er sogar von sich aus das ältere Muster: 2 Chr 6, 13 (›Zusatz‹): »fünf Ellen Länge und fünf Ellen Breite« – hier war die Position hinter dem Substantiv sozusagen belegt durch die Angabe der Dimension.

Insgesamt kann man wohl sagen, daß sich der Chronist die Freiheit nimmt, in seinem Werk sowohl das ältere als auch das jüngere Muster zu verwenden,[74] und die Gründe für seine Wahl scheinen sprachlich-stilistische gewesen zu sein. Bisweilen entstehen durch das Spiel mit Zahlwort und Substantiv chiastische Strukturen, so etwa 2 Chr 30, 24: In der ersten Vershälfte, bei den 1000 Stieren und 7000 Schafen, die König Hiskia spendete, sind die Zahlwörter vorangestellt, in der zweiten Vershälfte, wo die Fürsten dieselben Tiere sogar in größerer Anzahl spenden, stehen die Zahlwörter nach; dagegen steht in 1 Chr 22, 14 bei der Aufzählung der Edelmetalle, die David für den Tempel-bau bereitgestellt hatte, beim Gold das Zahlwort nach der Maßangabe, beim Silber davor.[75]

Ersten als auch aus der Zeit des Zweiten Tempels das Zahlwort jeweils nachsteht. In hebräischen Inschriften aus der Zeit des Ersten Tempels findet sich auch das jüngere Muster, Substantiv vor Zahlwort, so z.B. im Ostrakon Nr. 2 aus Tell-Qasile: ש für Schekel, danach das Zahlzeichen 30 (Maisler [=Mazar], Tell-Qasile, 67); ebenso in einer Inschrift aus Arad: יין ב III (Aharoni, Arad, Nr. 1, Z. 3). Dies sind doch wohl eindeutige Belege dafür, daß die Nachstellung des Zahlworts auch zur Zeit des Ersten Tempels vorkam (vgl. Hurvitz, Linguistic Study, 168 Anm. 31). Vgl. dazu auch 2 Sam 24, 24: שקלים חמישים.

73 In einem aramäischen Ostrakon aus Tell Far'a, das aufgrund der Paläographie ins Ende des 5. vorchristl. Jhs. datiert wird, steht zweimal das Zahlwort nach der Maßangabe (dazu J. Naveh, Zwei aramäische Ostraka aus persischer Zeit [hebr.], in: Uffenheimer, haMiqra, 184-186). Ebenso in Inschriften aus Arad, etwa Nr. 1 Z. 3, sowie Nr. 14 Z. 3; Nr. 6 Z. 4; Nr. 8 Z. 5; Nr. 9 Z. 3; Nr. 10 Z. 2 (dazu Aharoni, Arad, pp. 12. 20. 22. 24. 25. 26); diese Inschriften sind in Stratum VI gefunden, das in die Jahre 605- 595 v.Chr. datiert wird (s. Aharoni, Arad, 8. 11) – allerdings ist Aharonis Chronologie für die Strata in Arad neuerdings umstritten.

74 Laut Polzin, Biblical Hebrew, 59, hat der Chronist das Zahlwort in 44 Fällen dem Substantiv vorangestellt, und in 76 Fällen (also 63, 3% sämtlicher Belege) stellt er es nach (Liste der Stellen bei Polzin, 81 Anm. 67); ähnliche Daten bei Herner, Syntax (s. o. Anm. 72), 55-66. 68. Interessant sind Verse, in denen beide Muster nebeneinan-der vorkommen: so ist etwa in 2 Chr 6, 13 das Zahlwort zweimal voran-, beim dritten und letzten Mal dann nachgestellt. Dazu noch in den folgenden Anmerkungen.

75 S. auch 1 Chr 23, 4f; 29, 7; 2 Chr 11, 21. Ein solcher Chiasmus innerhalb eines Verses durch Vertauschung von Zahlwort und Substantiv ist übrigens auch in P zu beobachten: Ex 36, 17 sind in beiden Vershälften 50 Schlaufen erwähnt, die am Rand des Teppichs anzubringen seien; beim ersten Mal steht das Zahlwort nach dem Substantiv, beim zweiten Mal davor.

Unter den durch Vertauschung von Zahlwort und Substantiv hergestellten Chiasmen gibt es zwei- und dreigliedrige Strukturen:

zweigliedrige Strukturen

(1) 1 Kön 6, 23: »Er machte ... zwei Cherube« – in 2 Chr 3, 10 ist
das Zahlwort nachgestellt.

(2) 1 Kön 7, 38: »Er machte zehn Kessel« – in 2 Chr 4, 6 ist das
Zahlwort nachgestellt.

(3) 1 Kön 7, 16: » ... zwei Knäufe ... fünf Ellen betrug die Höhe
des einen Knaufs und fünf Ellen die Höhe des andern« – in 2 Chr 3,
15b steht die Höhenangabe nur einmal, mit nachgestelltem Zahlwort.

(4) 1 Kön 7, 15: »Er goß die zwei ehernen Säulen; achtzehn Ellen
hoch war die eine Säule« – in 2 Chr 3, 15a ist sowohl die Zahl der
Säulen[76] als auch das Maß ihrer Höhe nachgestellt.

(5) 1 Kön 7, 26: » ... wie die Blüte einer Lilie, und es faßte zwei-
tausend Bath« – in 2 Chr 4, 5 faßt[77] das Becken dreitausend Bath, und
das Zahlwort ist dem Substantiv nachgestellt.

(6) Jos 21, 33: »dreizehn Städte« (עיר) – in 1 Chr 6, 47 steht das
Zahlwort hinter dem Substantiv ערים.[78]

dreigliedrige Strukturen

(1)	*1 Kön 5, 25*		*2 Chr 2, 9*
a.	zwanzigtausend	c.	Weizen zum Unterhalt deiner Knechte
b.	Kor	b.	Kor (Plural)
c.	Weizen zum Unterhalt seines Hauses	a.	zwanzigtausend
a.	zwanzig	c.	... und Öl
b.	Kor	b.	Bath (Plural)
c.	vom feinsten Öl.	a.	zwanzigtausend.

(2)	*1 Kön 6, 2b*		*2 Chr 3, 3b*
a.	sechzig	c.	die Länge ...
b.	Ellen (Singular)	b.	Ellen
c.	Länge	a.	sechzig
a.	und zwanzig	c.	und Breite
b.	——[79]	b.	Ellen
c.	Breite	a.	zwanzig.

---

76 Vgl. dazu 2 Chr 4, 12 (// 1 Kön 7, 41).

77 Das Partizip מחזיק scheint zur Verdeutlichung der Verbform יכיל hinzugesetzt; die
griechische Version hat nur χωροῦσαν wie in Kön. Vgl. Ehrlich, Mikrâ Ki-Pheschutô,
449; Curtis, Chron, 332.

78 Vgl. auch 1 Chr 22, 14 (»Gold: Talente 100 000«) mit 1 Kön 9, 14: »120 Talente
Gold«.

79 In LXX, Peschitta, Vulgata sowie in einigen Handschriftenvon MT steht hier ›Ellen‹,
wie an der vorigen Stelle und an der Parallelstelle in Chr.

(3)	*1 Kön 6, 3*		*2 Chr 3, 4*
a.	zwanzig	c.	Breite an der Stirnseite des Hauses
b.	Ellen (Singular)	b.	Ellen
c.	Breite an der Stirnseite des Hauses	a.	zwanzig

(4)	*1 Kön 6, 20*		*2 Chr 3, 8*
a.	und zwanzig	c.	und die Breite
b.	Ellen (Singular)	b.	Ellen
c.	Breite	a.	zwanzig

(5)	*1 Kön 6, 24*		*2 Chr 3, 11*
a.	und fünf	c.	der eine Flügel
b.	Ellen	b.	Ellen
c.	der Flügel des einen Cherubs.	a.	fünf …
a.	und fünf	c.	und der andere Flügel
b.	Ellen	b.	Ellen
c.	der Flügel des zweiten Cherubs.	a.	fünf[80]

B) Die Elemente innerhalb von Wortpaarverbindungen

A. Hurvitz hat in seiner Arbeit über diachronen Chiasmus im biblischen Hebräisch drei Wortpaare herausgestellt, deren Elemente zur Zeit des Zweiten Tempels gegenüber den Belegen aus der Zeit des Ersten vertauscht sind.[81] Zwei davon kommen in der umgekehrten Reihenfolge auch in der Chronik vor, das dritte sogar ausschließlich dort:

(1) 2 Sam 8, 10 sendet der König von Hamath seinen Sohn zu David mit »Geräten von Silber, Geräten von Gold und Geräten von Kupfer«;

---

80 Vgl. die Struktur dieses Verses mit der Fortsetzung des Textes, V. 12.

81 Hebräisch veröffentlicht in Uffenheimer, haMiqra, 248-255. Avishur, Wortverbindungen, 253-260, hat dagegen eingewandt, die Vertauschung der Elemente innerhalb von Wortpaaren sei rein sprachlich-stilistisch motiviert und dies gelte auch für die von Hurvitz angeführten Beispiele (s. jetzt auch Y. Avishur, Zur Abfolge der Elemente innerhalb von Wortpaaren im Hebräischen und Ugaritischen [hebr.], in: B. Z. Luria [Ed.], FS A. Even-Shoshan, Jerusalem 1985, 340 Anm. 23). Allerdings hat Z. Talshir, Linguistic Development and the Evaluation of Translation Technique in the Septuagint, in: SH 31 (1986), 309f, mit Recht darauf hingewie sen, daß Avishur die quantitative Verteilung nicht beachtet hat: Wenn ›Silber und Gold‹ überwiegend in Texten aus der Zeit des Ersten Tempels vorkommt und ›Gold und Silber‹ überwiegend in solchen aus der Zeit des Zweiten, dann läßt das doch auf eine sprachliche Entwicklung schließen; und daß die Verbindung ›Gold und Silber‹ spät ist, erhellt aus ihrem Vorkommen im 4. Esra und in anderen außerbiblischen Schriften (dazu Hurvitz, op. cit., 248-253; Talshir, op. cit., 310f). Auch die Verbindung ›groß und klein‹ findet sich in nachbiblischen Schriften und erweist sich dadurch als spät.

die Parallelstelle 1 Chr 18, 10 hat hier »Geräte von Gold und Silber und Kupfer«[82].

(2) 2 Kön 23, 2: »Die Priester und Propheten und das ganze Volk, von klein bis groß« – 2 Chr 34, 30: »Die Priester und Leviten[83] und das ganze Volk, von groß bis klein«.

(3) 2 Sam 24, 2 läßt David das Volk zählen »von Dan bis Beer-Seba« – in 1 Chr 21, 2 »von Beer-Seba bis Dan«. Diese Formel erscheint genau so noch einmal in 2 Chr 30, 5 (›Zusatz‹). Zur Formel ›von Beer-Seba bis ...‹ vgl. auch 2 Chr 19, 4; Neh 11, 30.[84]

Auch hier hat sich der Chronist die Freiheit genommen, sowohl die ältere als auch die jüngere Kombination zu verwenden, anscheinend aus sprachlich-stilistischen Gründen. Die Folge ›Gold und Silber‹ etwa kommt in der Chronik 12mal vor: 1 Chr 18, 10; 22, 14. 16; 29, 2. 3. 5; 2 Chr 2, 6. 13; 9, 14. 21; 24, 14; 25, 24; die Folge ›Silber und Gold‹ 9mal: 1 Chr 18, 11; 2 Chr 1, 15; 5, 1; 9, 24; 15, 18; 16, 2. 3; 21, 3; 32, 27.[85] Dieser Befund bestätigt die Charakterisierung des Hebräischen zur Zeit des Zweiten Tempels als einer Übergangsstufe vom klassischen zum rabbinischen Hebräisch. Gelegentlich benutzt der Chronist auch das Spiel mit diesen Wortpaaren zur Schaffung von Chiasmen: Im soeben genannten Beispiel 1 Chr 18, 10 (// 2 Sam 8, 10) setzt er die jüngere Folge ›Gold und Silber‹; unmittelbar danach in 1 Chr 18, 11 (// 2 Sam 8, 11) übernimmt er dann die Wortfolge ›Silber und Gold‹, so daß die Verse 10 und 11 miteinander einen Chiasmus bilden.[86]

---

82 Zur Abhängigkeit mehrerer substantivischer Attribute von einem Beziehungswort vgl. Dan 5, 2: »Geräte von Gold und Silber«; wahrscheinlich ist auch dies eine sprachlich späte Erscheinung, dazu Hurvitz, Diachroner Chiasmus, 249 Anm. 4 mit weiterführender Literatur.

83 Die Ersetzung von ›Propheten‹ durch ›Leviten‹ ist anscheinend ideologisch motiviert; dazu Seeligmann, Vorboten, 24-29.

84 Hurvitz, Diachroner Chiasmus, 254 Anm. 26, vermutet, die Vertauschung sei durch die historischen Umstände bedingt: das jüdische Staatswesen der Rückkehrer aus dem babylonischen Exil habe sich auf Juda beschränkt, daher sei Beer-Seba ein konkreter Bezugspunkt gewesen, aber Dan weit außerhalb im Norden gelegen. Allerdings reichte die persische Satrapie Jehud im Süden nicht bis Beer-Seba; zu deren Grenzen und Besiedlung s. Stern, Hintergrund, 241-243.

85 Allerdings ist die relativ häufige Verwendung von ›Gold und Silber‹ in der spätbiblischen Literatur (30mal) gegenüber nur 10mal im älteren biblischen Schrifttum – und umgekehrt sehr viel mehr ›Silber und Gold‹ in der älteren biblischen Literatur – doch ein Beleg dafür, daß ›Gold und Silber‹ die jüngere Folge ist, was durch ihre Verwendung im außerbiblischen Schrifttum unterstützt wird (gegen Avishur, Wortverbindungen, 258 Anm. 13)

86 Ähnlich auch 2 Chr 9, 21 »Gold und Silber« gegenüber ebd. V. 25 »Silber und Gold« (// 1 Kön 10, 22. 25).

Abschließend bleibt festzuhalten, daß sich diachrone Chiasmen im
biblischen Schrifttum nicht auf die angeführten drei Wortpaare be-
schränken.[87] Auch in diese Kategorie fallen etliche Beispiele, wo Substantiv und Zahlwort vertauscht sind, wie beim Vergleich der jüngeren
mit der älteren biblischen Geschichtsschreibung zu beobachten.

---

87 A. Rofé, Der Kampf zwischen David und Goliath – Aggada, Theologie und Escha-
tologie (hebr.), in: Eschel Beer-Sheva 3 (1986), 71, meint, in 1 Sam 17, 11 ein weiteres
Wortpaar gefunden zu haben, das einen diachronen Chiasmus erfahren habe: »Als
Saul und ganz Israel diese Worte des Philisters hörten, verzagten sie (ויחתו) und
fürchteten sich (ויראו) sehr«. Daran knüpft Rofé die Beobachtung, daß es im klassischen Hebräisch heiße »fürchte dich nicht und verzage nicht« (Dtn 1, 21 u. ö.);
1 Sam 17, 11 ist die einzige Bibelstelle, an der die Verben in umgekehrter Reihenfolge erscheinen, was Rofé als Zeichen einer späteren Sprachstufe wertet. Aber –
die Verbindung der beiden Verben kommt in der Bibel insgesamt 12mal vor: 5mal
in älteren biblischen Schriften (Dtn 1, 21; 31, 8; Jos 8, 1; 10, 25; Jer 23, 4), 7mal in
jüngeren ((Ez 2, 6; 3, 9; 1 Chr 22, 13; 28, 20; 2 Chr 20, 15. 17; 32, 7). Daraus ergibt
sich, daß sowohl im älteren als auch im jüngeren biblischen Hebräisch die übliche
Formel lautete »Fürchte dich nicht und verzage nicht«. Der Vers 1 Sam 17, 11 steht
so vereinzelt, daß daraus wohl keine sprachgeschichtlichen Schlüsse zu ziehen sind –
und das unabhängig von der zeitlichen Ansetzung der Endredaktion von 1 Sam 17.

Kapitel XIII
Wiederaufnahme, anaphorischer Neueinsatz

A) *Wiederaufnahme*

Mit dem literarkritischen Terminus ›Wiederaufnahme‹ ist die Wiederholung eines Wortes oder einer Wortverbindung zwecks Wiederanknüpfung an den Hauptstrang des Textes gemeint. Bei den Wörtern dazwischen handelt es sich häufig um Einschübe in den bereits vorliegenden Text. Demnach fungierte die Wiederaufnahme für den späteren Schriftsteller als technisches Mittel, eigene Zusätze im Text zu verankern; und dem noch späteren Interpreten dient sie als Erkennungsmerkmal für eben solche Einschübe.

Die Wiederaufnahme als literarische Technik wurde bereits in der mittelalterlich-jüdischen Bibelexegese bemerkt: So hat etwa R. Salomo ben Isaak (gen. Raschi) beobachtet, daß Ex 6, 29f eine Wiederaufnahme von Ex 6, 10-12 ist, weil durch die Verse 13-27 (Stammbaum von Mose und Aaron) der Erzählzusammenhang unterbrochen ist; zu Ex 6, 30 schreibt Raschi: »Und Mosche sagte vor dem Ewigen, das sind die Worte, die er oben gesagt hat (V. 12), siehe, die Kinder Jisrael haben nicht auf mich gehört; die Schrift wiederholt sie hier, weil sie die Sache unterbrochen hat; so verlangt es der Zusammenhang; wie wenn einer zum anderen sagt, kehren wir zum Früheren zurück«[1].

Diese literarische Technik ist in der biblischen Literatur nicht selten anzutreffen.[2] Beim Vergleich zwischen unseren Paralleltexten fällt sie besonders ins Auge. Hier wird deutlich, wie der Chronist seine Einschübe in den Text von Samuel und Könige durch Wiederaufnahme in den Kontext einbindet. Allerdings handelt es sich bei den Wörtern

---

1 Deutscher Text nach Raschis Pentateuchkommentar, vollständig ins Deutsche übertragen und mit einer Einleitung versehen von S. Bamberger, Hamburg 1922, 154f. Ähnliche Beispiele finden sich im Kommentar des R. Abraham Ibn Esra zu Num 15, 40 und zu Rut 1, 22

2 S. etwa die Beispiele in den folgenden Arbeiten: C. Kuhl, Die »Wiederaufnahme« – ein literarkritisches Prinzip?, in: ZAW 64 (1952), 1-11 (Beispiele hauptsächlich aus Jer); Seeligmann, Geschichtsschreibung, 314-324; Bar-Efrat, Narrative Art, 215f (beides bringen Beispiele aus Pentateuch und Älteren Prophetenschriften); Rofé, Prophetical Stories, 63 Anm. 13 (zu 2 Kön 6, 17f), 144 (zu 1 Kön 22, 17-19); H. Schmoldt, Zwei »Wiederaufnahmen« in I Reg. 17, in: ZAW 97 (1985), 423-426.

zwischen Wiederaufnahme und Wiederaufgenommenem nicht aus-
nahmslos um spätere Einschübe oder überhaupt um jüngeres Material;
es kommt auch vor, daß der Chronist Worte durch Wiederaufnahme
hervorhebt, die in seiner Vorlage bereits an der entsprechenden Stelle
stehen oder die er zumindest teilweise in älterem Text gefunden hat.

Die Wiederaufnahme geschieht gelegentlich durch wörtliche Wiederholung, gelegentlich in leicht abgewandelter oder abgekürzter
Form, vermutlich aus Gründen der stilistischen Varietät.

(1) In 2 Chr 6, 13b nimmt der Chronist V. 12b (// 1 Kön 8, 22b)
»angesichts der ganzen Gemeinde Israels und breitete seine Hände
aus« wieder auf, weil durch seinen Einschub (13a: »Salomo hatte
nämlich ... Und er trat darauf, fiel auf seine Knie nieder«)[3] der Übergang von V. 12 zu V. 14 gestört war:

1 Kön 8, 22f	*2 Chr 6, 12-14*
22a. Dann trat Salomo vor den Altar des Herrn	12a. Dann trat er vor den Altar des Herrn
22b. *angesichts der ganzen Ge-meinde Israels, breitete seine Hände aus*	12b. *angesichts der ganzen Gemeinde Israels und breitete seine Hände aus.*
	13a. Salomo hatte nämlich eine Tribüne aus Erz machen und sie mitten in den Vorhof stellen lassen; sie war fünf Ellen lang, fünf Ellen breit und drei Ellen hoch. Und er trat darauf, fiel auf seine Knie nieder[4]
gen Himmel	13b. *angesichts der ganzen Gemeinde Israels, breitete seine Hände aus gen Himmel*
23. und sprach: O Herr, Gott Israels! Kein Gott, ..., ist dir gleich	14. und sprach: O Herr, Gott Israels! Kein Gott, weder im Himmel noch auf Erden, ist dir gleich

---

3   Zur Tendenz dieses Zusatzes s. Curtis, Chron, 342: Dadurch sollte Salomo vom
Altar, der doch heilig und dessen Dienst den Priestern vorbehalten war, entfernt
werden; ähnlich schon Wellhausen, Prolegomena, 181; Ehrlich, Mikrâ Ki-Pheschutô,
450; ferner Montgomery, Kings, 196. Montgomery bietet eine weitere Erklärung für
den chronistischen Zusatz an: Durch die Bemerkung »er trat darauf und fiel auf
seine Knie nieder« werde ein Widerspruch zwischen 1 Kön 8, 22 (»er trat vor den
Altar«) und 1 Kön 8, 54b (»er stand auf von vor dem Altar, wo er gekniet hatte«)
beseitigt; im Text der Chronik bestand dieser allerdings nicht, weil 1 Kön 8, 54b
(samt dem folgenden Abschnitt) dort gar nicht vorkommt.

4   Zu diesem Vers bemerkt Gray, Kings, 219, an der Parallelstelle 2 Chr 6, 13 sei der
Altar überhaupt nicht erwähnt; dort amtiere Salomo auf der eigens dafür angefertigten Tribüne. Dies wertet Gray als Beleg für den hohen Rang und das Kultmonopol,
das die Priester zur Zeit des Zweiten Tempels besaßen. Was es mit der im Vorhof
aufgestellten ›Tribüne aus Erz‹ für eine Bewandnis hatte, möge dahingestellt bleiben;
die Nicht-Erwähnung des Altars in V. 13 zumindest ist als Argument hinfällig, denn
unmittelbar davor (V. 12) kommt der Altar auch beim Chronisten vor.

Hier könnte man freilich argumentieren, 2 Chr 6, 13 sei kein chronistischer Zusatz; der Vers habe in der Vorlage gestanden und sei nur in unserer Version von 1 Kön 8,22f versehentlich (durch Homoioteleuton) ausgefallen.[5] Doch die häufige Verwendung der Wiederaufnahme zwecks Einfügung von Zusätzen in der Chronik überhaupt sowie die sprachlich späten Züge von 2 Chr 6, 13 sprechen doch eher für Zusatz:

a. Die Vokabel עזרה in der Bedeutung ›Hof‹ kommt in der ganzen Bibel neunmal vor: dreimal in der Chronik, jeweils in Texten, die keine Parallele haben (das eine Mal an unserer Stelle, zweimal in 2 Chr 4, 9), und sechs Mal bei Ezechiel (43, 14 [3x]. 17. 20; 45, 19). Im rabbinischen Sprachgebrauch[6] und in den Targumim[7] ist die Vokabel sehr geläufig. Somit besteht eine hohe Wahrscheinlichkeit, daß die Vokabel nicht ins früh-, sondern erst ins spätbiblische Hebräisch gehört (wobei Ezechiel eine Zwischenstellung einnimmt) und dann in die Sprache der Mischna und der Targumim. Eine Bestätigung wäre in 2 Chr 4, 9 zu finden, wo der Chronist die Vokabel von 1 Kön 7, 12 durch עזרה ersetzt, offenbar weil dies der für ihn, zur Zeit des Zweiten Tempels, übliche Ausdruck war.[8]

b. Auch die Plazierung des Zahlworts hinter das Substantiv bei der letzten Maßangabe der Tribüne (drei Ellen hoch) ließe sich als ein später Zug werten, denn die Nachstellung der Kardinalzahl ist im späteren hebräischen Sprachgebrauch überhaupt und insbesondere beim Chronisten das übliche. So lassen sich etwa Stellen beobachten, wo der Chronist Voranstellung des Zahlworts durch Nachstellung ersetzt hat: 2 Chr 3, 3. 8 vs. 1 Kön 6, 2. 19 und 2 Chr 4, 6 vs. 1 Kön 7, 38.[9]

Rudolph[10] plädiert in Kön für Ausfall durch Homoioteleuton und weist den Vers 2 Chr 6, 13 der Vorlage des Chronisten zu; dafür argumentiert er mit einer sprachlichen Beobachtung: die Vokabel קֻמָה in der Bedeutung ›Höhe‹ sei nicht chronistisch, gehöre vielmehr in den Sprachgebrauch des Verfassers von Kön. Selbst wenn dies richtig ist, darf daraus nicht auf hohes Alter von 2 Chr 6, 13 geschlossen werden, denn zum einen benützt der Chronist überhaupt ältere und jüngere Vokabeln und sprachliche Wendungen nebeneinander, und zum ande-

---

5 So etwa die Meinung von Bertheau, Chron, 263f; Albright, Archaeology, 152; Rudolph, Chron, 213; Lemke, Synoptic Problem, 357f.

6 z.B. M Middot, V 1; b Joma 16b; weitere Belege über die Konkordanzen: B. Kosovsky, Ozar Leschon haTannam, vol. IV, Jerusalem 1969, 1357; idem, Ozar Leschon haTalmud, vol. XXVIII, Jerusalem 1972, 317-321.

7 So ersetzt etwa Targum Jonathan zu Jes 1, 12 biblisches חצרי durch עזרתי; ebenso zu 1 Sam 3, 3.

8 Vgl. dazu Hurvitz, Linguistic Study, 78-81.

9 Dazu auch Kropat, Syntax, 51; Polzin, Biblical Hebrew, 58f. 81 Anm. 67. Vgl. auch die Beispiele oben, Kap. XII Ende.

10 Rudolph, Chron, 213.

ren sind für die zeitliche Ansetzung eines Textes bekanntlich dessen jüngste Bestandteile ausschlaggebend, nicht die ältesten!

(2) Der Vers 2 Chr 12, 9a fungiert als Wiederaufnahme von V. 2b (//1 Kön 14, 25b)[11], um den Einschub[12] 2 Chr 12, 2c-8 zu überbrücken:

1 Kön 14, 25f	2 Chr 12, 2-9
25a. Es begab sich aber im fünften Jahre des Königs Rehabeam	2a. Da begab es sich im fünften Jahre des Königs Rehabeam
25b. daß *Sisak, der König von Ägypten, wider Jerusalem heraufzog.*	2b. daß *Sisak, der König von Ägypten, wider Jerusalem heraufzog,*
	2c. denn sie waren dem Herrn untreu geworden
	3-8 zählt Sisaks Truppen auf, berichtet von dessen Eroberungen in Juda, von der Rede des Propheten Semaja und der Demütigung des Königs und der Fürsten.
	9a.*Sisak also, der König von Ägypten, zog wider Jerusalem herauf,*
26. Und er nahm die Schätze des Tempels und die Schätze des Königspalastes, alles nahm er weg	9b. und er nahm die Schätze des Tempels und die Schätze des Königspalastes, alles nahm er weg

(3) Zur Zeit des Chronisten war offenbar die längere Elle von sieben Handbreit üblich, im Gegensatz zur kürzeren Elle von nur sechs Handbreit zur Zeit von Salomos Tempelbau.[13] Bei der Beschreibung des Salomonischen Tempels nach Könige erwähnt der Chronist deshalb ausdrücklich, es handele sich um »die Elle nach altem Maß gerechnet« (2 Chr 3, 3b), d.h. um die kürzere Elle. Weil die Maßangabe ›Ellen‹ durch diese Präzisierung von der (nachgestellten) Zahl sechzig getrennt war, setzte der Chronist die Vokabel ›Ellen‹ ein zweites Mal:

---

11 Vgl. Seeligmann, Geschichtsschreibung, 315.

12 Die Bezeichnung von 2 Chr 12, 2c-8 als ›Zusatz‹ beruht auf dem Vergleich mit dem Paralleltext in Kön und sagt nichts über die Historizität des dort Berichteten; zur Frage der Historizität s. Mazar, Shishak, 141; dagegen etwa Ehrlich, Mikrâ Ki-Pheschutô, 453; Willi, Chron, 175; Na'aman, Nomadische Hirten, 271f.

13 Die längere Elle wird im Zusammenhang mit der Tempelbeschreibung bei Ezechiel genannt: »die Meßrute aber, die der Mann in der Hand hatte, war sechs Ellen lang, die Elle eine Handbreite länger als die [gewöhnliche] Elle« (Ez 40, 5, vgl. auch 43, 13). Dieses Ellenmaß war auch in Mesopotamien üblich, s. R. B. Y. Scott, The Hebrew Cubit, in: JBL 77 (1958), 205-214; E. Stern, Art. ›Maße und Gewichte‹ (hebr.), in: Encyclopaedia Miqrat IV, 848f. Ehrlich, Mikrâ Ki-Pheschutô, 449, meint irrtümlich, die spätere (chronistische) Elle sei kürzer als die frühere (salomonische).

1 Kön 6, 2b	*2 Chr 3, 3b*
Der Tempel aber, den König Salomo dem Herrn baute, war sechzig Ellen lang	... Die Grundmaße, nach denen Salomo den Tempel Gottes baute: die Länge *Ellen nach altem Maß gerechnet –* sechzig Ellen[14].

(4) In 2 Chr 1, 6 fügt der Chronist den speziellen Ort von Salomos Opfer, nämlich den eheren Altar, der zum heiligen Zelt gehörte« (vgl. ebd. V. 3. 5. 13a) hinzu[15], und zwecks Wiederanknüpfung an den Anfang des Verses nimmt er das Verb ›opfern‹ mit pronominaler Ortsangabe wieder auf:

1 Kön 3, 4a	*2 Chr 1, 6*
Tausend Brandopfer	*Da opferte Salomo* vor dem Herrn *auf dem ehernen Altar,* der zum heiligen Zelt gehörte,
opferte Salomo *auf jenem Altar.*	*darauf opferte er* tausend Brandopfer.[16]

(5) In 2 Chr 22, 1a schreibt der Chronist: »Dann machten die Bewohner Jerusalems Ahasja, seinen jüngsten Sohn, zum König an seiner Statt«, parallel zu 2 Kön 8, 24. Unmittelbar danach (V. 1b) erklärt er, weshalb ausgerechnet der jüngste Sohn die Königswürde erhielt: »denn alle älteren hatte die Streifschar, die mit den Arabern[17] eingedrungen war, getötet«, was mit 2 Chr 21, 16f zusammengeht: »Und der Herr erweckte wider Joram den Zorn der Philister und der Araber, die neben den Kuschiten wohnen, und sie zogen heran wider Juda, fielen in das Land ein und führten alle Habe hinweg, die sich im Königspalast fand, dazu auch seine Söhne und Frauen, und es blieb ihm kein Sohn übrig außer Joahas [griechische Version, Targumim und Peschitta: Ahasja], der jüngste seiner Söhne«.[18] Um den durch diese Erläuterung entstandenen Bruch zwischen der Einführung von Ahasjas Regierung (V. 1a) und der Angabe von dessen Alter bei Regierungsantritt (V. 2) zu überbrücken, braucht der Chronist die Wiederaufnahme V. 1c:

---

14 Durch die Umstellung ist ein ›Parallelen-Chiasmus‹ zwischen Kön und Chr zustandegekommen, s. oben Kap. XII.

15 Zur Begründung dieses Einschubs s. oben Kap. VII, B, Beispiel 1.

16 Auch hier entsteht zwischen Kön und Chr ein ›Parallelen-Chiasmus‹, s. oben Kap. XII.

17 So verstehen Curtis, Chron, 419f; Elmslie, Chron (1916), 264 (Übersetzung) und Rudolph, Chron, 268 den Ausdruck בערבים. Ehrlich, Mikrâ Ki-Pheschutô, 461, dagegen nimmt an, die Streifschar habe ›aus Arabern‹ bestanden, wohl auf der Grundlage einer Verwechselung der Buchstaben ›Beith‹ und ›Mem‹.

18 Zu den historischen und historiographischen Implikationen dieser Verses s. Na'aman, Nomadische Hirten, 272.

2 Kön 8, 24-26	2 Chr 21, 20 – 22, 2
24. Und Joram legte sich zu seinen Vätern und ward begraben in der Davidsstadt;	21, 20b. So ging er [Joram] dahin, von niemand bedauert. Sie begruben ihn in der Davidsstadt, doch nicht in den Gräbern der Könige.
und sein Sohn Ahasja wurde König an seiner Statt.	22, 1a. *Dann machten die Bewohner Jerusalems Ahasja, seinen jüngsten Sohn zum König an seiner Statt.*
25a. Im zwölften Jahre Jorams, des Sohnes Ahabs, des Königs von Israel,	1b. denn alle älteren hatte die Streifschar, die mit den Arabern eingedrungen war, getötet.
25b. wurde Ahasja, der Sohn Jorams, König von Juda.	1c. *So wurde Ahasja König, der Sohn Jorams, des Königs von Juda.*
26. 22 Jahre alt war Ahasja, als er König wurde, und ein Jahr regierte er in Jerusalem.	2. 42 Jahre alt[19] war Ahasja, als er König wurde, und ein Jahr regierte er in Jerusalem.

Die Formulierung der Wiederaufnahme 2 Chr 22, 1c scheint auf 2 Kön 8, 25b zurückzugehen, wobei nur die perfektische Verbform dort durch Imperfekt mit waw consecutivum ersetzt ist.[20]

(6) In 1 Chr 11, 1-3. 10-12. 47 steht, David sei von »ganz Israel« zum König gekrönt worden und habe sich weitreichender Unterstützung durch die Fürsten und Helden des Volkes erfreut. Zwischen dem Bericht von der Krönung, wonach David auf göttlichen Befehl durch Samuel zum König über Israel gesalbt wurde (11, 1-3 // 2 Sam 5, 1-3), und der Aufzählung der an der Krönung beteiligten Fürsten und Helden (11, 10 – 12, 47 // 2 Sam 23, 8-39) steht der Bericht von der Eroberung Jerusalems (11, 4-9 // 2 Sam 5, 6-10). Um diesen Einschub zu überbrücken, fügt der Chronist in die Eröffnung der Aufzählung eine Wiederaufnahme ein: »Dies sind die hervorragendsten der Helden Davids, die ihn zusammen mit ganz Israel in der [Erlangung der] Königswürde kräftig unterstützten, ihn zum König zu machen nach dem Worte des Herrn über Israel« (V. 10).[21]

Die Beziehung zwischen Aufgenommenem (V. 3b) und Wiederaufnahme (V. 10b) wird durch einen Chiasmus verstärkt:

---

19 Die griechische Version, der Vaticanus und der Alexandrinus haben hier »20 Jahre alt«, die lukianische Version und die Peschiṭta aber ›22 Jahre‹ wie an der Parallelstelle in Kön.

20 In 2 Kön 8, 25 nimmt der Verfasser/Redaktor eine Synchronisierung der Könige von Israel mit den Königen von Juda vor; in der Regel läßt der Chronist solche in Kön vorgefundenen Synchronisationen weg.

21 Der Ausdruck »nach dem Wort des Herrn durch Samuel« (V. 3b) und die Wendung »die ihn zusammen mit ganz Israel in der Königswürde kräftig unterstützten, ihn zum König zu machen nach dem Wort des Herrn über Israel (V. 10b) sind chronistische Zusätze; zur Bedeutung dieser Zusätze s. auch oben, Kap. VII, C.

1 Chr 11, 3b: ... zum König   **über Israel**   *nach dem Wort des Herrn*
1 Chr 11, 10b: ... zum König ... *nach dem Wort des Herrn*   **über Israel.**

(7) Die Worte »weil du deine Kleider zerrissen und vor mir geweint hast« (2 Chr 34, 27 // 2 Kön 22, 19) veranschaulichen die davor mit einem anderen Bild bezeichnete Unterwerfung Josias unter Gottes Willen: »Weil dein Herz weich geworden ist und du dich vor Gott gedemütigt hast« (V. 27a). Weil aber der Anlaß der Unterwerfung »als du seine Worte[22] wider diesen Ort und seine Bewohner vernahmst« (V. 27b) dazwischen steht, hat der Chronist die Worte »weil du dich vor mir[23] gedemütigt hast« wieder aufgenommen:

2 Kön 22, 19	*2 Chr 34, 27*
Weil nun dein Herz weich geworden ist und *du dich vor dem Herrn gedemütigt hast,*	*Weil* nun dein Herz weich geworden ist und *du dich vor Gott gedemütigt hast,*
als du vernahmst, was ich wider diesen Ort geredet habe – daß sie ein Ausdruck des Entsetzens und des Fluches werden sollen –,	als du seine Worte wider diesen Ort und seine Bewohner[24] vernahmst,
	ja *weil du dich vor mir gedemütigt*
und weil du deine Kleider zerrissen und vor mir geweint hast ...	und deine Kleider zerrissen und vor mir geweint hast ...

So betrachtet handelt es sich beim zweiten »weil du dich vor mir gedemütigt hast« um eine Wiederaufnahme und nicht um ein Abschreibversehen (Dittographie), wie Delitzsch[25] vermutet hatte. Auch Rudolphs Vorschlag, in diesem Ausdruck eine Milderung des krassen Übergangs von der dritten in die erste Person zu sehen, wird damit überflüssig[26], ebenso wie die Annahme von Williamson, hier solle die Aufmerksamkeit des Lesers besonders auf die Demütigung unter Gottes Wort gelenkt werden[27].

---

22 Die LXX hat hier »meine Worte«, was wahrscheinlich die bessere Lesart ist; vgl. Curtis, Chron, 511.

23 ›vor mir‹ bezieht sich hier auf den Sprecher, während vorher in dritter Person formuliert ist: ›vor Gott‹.

24 Vielleicht hat der Chronist die göttliche Rede wider Jerusalem deshalb nicht referiert, weil er eine Verwünschung der heiligen Stadt nicht einmal zitieren wollte; in diesem Sinne hat Mongomery, Kings, 528, die Auslassung des ›Fluches‹ in LXX (Lukian.) zu Kön erklärt.

25 Delitzsch, Fehler, 83, § 85b.

26 Rudolph, Chron, 324.

27 Williamson, Chron, 402. Aufs Ganze gesehen betont die Wiederholung der Demütigung hier schon, daß Unterwerfung unter Gottes Wort ein göttliches Urteil aufzuhalten vermag (vgl. auch 2 Chr 7, 14; 12, 12), denn infolge von Josias Umkehr wird die Durchführung der Strafe auf eine spätere Generation verschoben – nur ist dieser Gedanke nicht mehr als einziger Anlaß für die Wiederholung zu nehmen.

Im Unterschied zu den davor betrachteten Beispielen ist hier der Text zwischen Aufgenommenem und Wiederaufnahme kein Zusatz des Chronisten, sondern bereits Bestandteil seiner Vorlage.

(8) Der deuteronomistische Historiograph erzählt, nach Salomos Gebet bei der Einweihung des Tempels, sei der Herr ihm erschienen und habe zu ihm gesprochen: »Ich habe dein Gebet erhört ... Ich habe dieses Haus ... zu meinem Heiligtum gemacht, daß ich meinen Namen darin wohnen lasse ...« (1 Kön 9, 3). In 2 Chr 7, 12b übernimmt der Chronist diesen Vers und versieht ihn mit zwei Zusätzen: »(ich habe) mir diesen Ort zur Opferstätte erwählt« (V. 12b) und den kurzen Rückgriff auf Salomos Gebet (VV. 13-15).[28] Als er den Erzählstrang von Kön (V. 3b) wieder aufnimmt, wiederholt er das Verb ›erwählen‹ von oben, um den Anschluß herzustellen:

1 Kön 9, 2-3	*2 Chr 7, 12-16*
2. da erschien ihm der Herr ...	12a. Danach erschien ihm der Herr ...
3a. Und der Herr sprach zu ihm:	12b. und sprach zu ihm:
Ich habe dein Gebet erhört ...	Ich habe dein Gebet erhört und mir *diesen Ort zur Opferstätte erwählt.*[29]
	13-15 Wenn ich den Himmel verschließe, ... So sollen meine Augen offenstehen und meine Ohren merken auf das Gebet an dieser Stätte (Zusammenfassung von Salomos Gebet)[30].
3b. *Ich habe dieses Haus, ...,* zu meinem Heiligtum gemacht ...	16a. *Nun habe ich dieses Haus erwählt* und zu meinem Heiligtum gemacht ...

Angesichts dieser Beobachtung wird die Bemerkung von Japhet[31], die Wiederholung des Verb ›erwählen‹ an dieser Stelle solle »die Bestimmung des erwählten Hauses als Opferstätte besonders betonen und durch die Verwendung einer festen Formel die Erwählung von der Stadt auf den Tempel verlagern« wohl hinfällig.

(9) Der Abschluß von Davids Regierung 1 Chr 29, 26-30 (teilweise parallel zu 1 Kön 2, 11f) trennt die Erzählung über Salomos Regierungsantritt (1 Chr 29, 20-24) von dessen Opfer in Gibeon (2 Chr 1, 2-13a // 1 Kön 3, 4-15a), Salomos erstem Staatsakt laut Auskunft der Chronik.

Der Chronist überbrückt diese Unterbrechung durch die Wiederaufnahme der abschließenden Worte vom Regierungsantritt (1 Chr 29,

---

28 Vgl. 2 Chr 6, 26-28.40 und s. auch oben, Kap. XII.
29 Vgl. 2 Chr 2, 3: »Siehe, ich bin im Begriff, dem Namen des Herrn, meines Gottes, ein Haus zu bauen und es ihm zu weihen, damit vor ihm wohlriechendes Räucherwerk verbrannt und allezeit Schaubrote aufgelegt und Brandopfer dargebracht werden« mit ebd. V. 6.
30 Vgl. 2 Chr 6, 26-28. 40.
31 Japhet, Ideology, 90.

15) in der Einleitung, die er dem Opfer zu Gibeon vorangestellt hat (2 Chr 1, 1):

> 1 Chr 29, 20-24. Salomos Regierungsantritt
> 25. Und der Herr ließ Salomo *überaus groß werden* vor den Augen von ganz Israel ...
> 1 Chr 29, 26-30. Abschluß von Davids Regierung (VV. 26-28 // 1 Kön 2, 11f)
> 2 Chr 1, 1. Salomo, der Sohn Davids, befestigte sich in seinem Königtum[32]; und der Herr, sein Gott, war mit ihm[33] und ließ ihn *überaus groß werden.*
> 2 Chr 1, 2-13a (// 1 Kön 3, 4-15a). Salomos Opfer in Gibeon.

Die Wiederaufnahme ist stilistisch etwas variiert. Die Beziehung der beiden Erzählungen aufeinander äußert sich auch darin, daß die allgemeine Bemerkung beim Regierungsantritt:»Und es gelang ihm; ganz Israel leistete ihm Gehorsam. Auch alle Fürsten und Kriegshelden ...« (1 Chr 29, 23f) durch die Erzählung vom Zug nach Gibeon sozusagen illustriert wird:»Und Salomo erließ Befehl an ganz Israel, an die Obersten der Tausendschaften und der Hundertschaften, an die Richter und an alle Fürsten in ganz Israel, die Familienhäupter. Dann zog er und mit ihm die ganze Volksgemeinde zum Höhenheiligtum in Gibeon« (2 Chr 1, 2-3a).[34]

In den zuvor behandelten Fällen hatte der Chronist in den Text von Samuel-Könige eine Ergänzung zur jeweiligen Erzählung eingeschoben; hier aber steht zwischen zwei Texten, in denen Salomo die Hauptrolle spielt, ein Stück über David (1 Chr 29, 26-28), das seinerseits aus dem älteren Text (1 Kön 2, 11f) übernommen ist. Dagegen haben die Verse 1 Chr 29, 20-25 keine Parallele im älteren Text.

(10) In 2 Chr 20, 35f steht die Bemerkung »dieser führte ein gottloses Leben« zwischen dem Bündnis zwischen den beiden Königen und dem Bau der Schiffe. Zur Überbrückung nimmt der Chronist zunächst

---

32 Zum Ausdruck vgl. 2 Chr 12, 13; 13, 21; 17, 1; 21, 4, ferner auch 1 Chr 11, 10.

33 Dies ist offenbar die Erfüllung von Davids Segen über Salomo: »So sei nun der Herr mit dir, mein Sohn, daß **es dir gelinge**, das Haus des Herrn, deines Gottes, zu bauen« (1 Chr 22, 11; vgl. auch V. 16: »der Herr wird mit dir sein«; 28, 20). In 1 Chr 29, 23 betont der Chronist die Erfüllung der zweiten Hälfte dieses Segens: »So saß denn Salomo auf dem Thron des Herrn als König an Stelle seines Vaters David. Und **es gelang ihm**«; vgl. auch: »... und **es gelang ihm**, alles durchzuführen, was er im Tempel und in seinem Palaste zu schaffen sich vorgesetzt hatte« (2 Chr 7, 11 – statt: »... und alles vollendet hatte, was er auszuführen wünschte«, 1 Kön 9, 1). Sowohl Davids Segen als auch die letztgenannte Stelle beziehen sich auf den Tempelbau.

34 Die Formulierung »Und Salomo erließ Befehl .... Dann zog er und mit ihm die ganze Volksgemeinde zum Höhenheiligtum« enthält eine Leerstelle; der Inhalt des Befehls war natürlich die Aufforderung, mit ihm nach Gibeon zu ziehen. Vgl. etwa auch 1 Chr 21, 27: »Da gebot der Herr dem Engel, und der steckte sein Schwert in die Scheide«. S. dazu auch unten, Anhang A, c.

das ›Bündnis‹ wieder auf, um dann (in leicht abgewandelter Form) die Fortsetzung des Textes aus Könige zu bringen:

1 Kön 22, 49f	*2 Chr 20, 35f*
—— Josaphat ——	Hernach *verbündete sich Josaphat,* der König von Juda, mit Ahasja, dem König von Israel; dieser führte ein gottloses Leben. *Er verbündete sich mit ihm*[35]
hatte ein Tharsisschiff bauen lassen	um Schiffe zu bauen nach Tharsis …

Hier ist die Wiederaufnahme gekürzt, keine wörtliche Wiederholung wie in anderen Fällen, möglicherweise aus stilistischen Gründen.

(11) Dieselbe literarische Technik hat der Chronist auch in seinen ›Zusätzen‹ zum älteren Text angewandt, z.B.: In 1 Chr 22 befiehlt David seinem Sohn Salomo, Gott einen Tempel zu erbauen (V. 11); er zählt die vielen Vorarbeiten auf, die er schon geleistet habe, darunter eine Liste der bereitgestellten Baumaterialien. Nach Abschluß der Liste nimmt er die Reihe der Vorarbeiten wieder auf (V. 14f):

> 1 Chr 22, 14f: Siehe, trotz meiner Mühsal
> habe ich für das Haus des Herrn **bereitgestellt**
> … Gold … Silber … Erz und Eisen …
> Auch Holz und Steine habe ich **bereitgestellt**,
> dazu mußt du noch hinzufügen[36].
> Du hast auch eine Menge Werkleute zur Verfügung: …

(12) Im Bericht über Asas Kultreform 2 Chr 15, 8-15 steht, der König habe nach Abschaffung der Götzenbilder nicht nur »ganz Juda

---

35 Die etpa'al-Form in V. 35 war bereits R. David Kimchi in seinem Kommentar z. St. aufgefallen; als Analogie verweist er auf eine Aph'el-Form in Jes 63, 3 (vgl. auch seinen Kommentar zu 1 Kön 11, 17; 2 Kön 13, 20; Jer 4, 20; 50, 11). Das Präfix et- statt hit- ist offenbar vom Westaramäischen beeinflußt, dazu Gesenius-Kautzsch, Hebräische Grammatik, § 54a; danach Curtis, Chron, 413. Die Wurzel ח-ב-ר in der Bedeutung ›Bündnis zwecks Schiffahrt und Seehandel‹ kommt als ḥubûr in der Wenamon-Rolle (1. Viertel 11. vorchristl. Jh.) vor; dort handelt es sich um ein Seehandelsbündnis zwischen Ägypten und Gebal, Sidon und anscheinend einer der philistäischen Küstenstädte. Die Bezeichnung חברים steht auch Hi 40, 30 in Parallele zu כנענים, d.h. Kaufleute (vgl. Jes 23, 8; Spr 31, 24, sowie Targum z.St., der הגריא übersetzt). Demnach diente die Vokabel im Phönizischen und im Hebräischen als Terminus technicus für internationale Seefahrtsabkommen; dazu B. Mazar, The Philistine and the Rise of Israel and Tyre, in: idem, Biblical Period, 65f; H. Goedicke, The Report of Wenamon, Baltimore/London 1975, 66-69. 152; H.J. Katzenstein, The Phoenician Term Ḥubûr in the Report of Wen-Amon, in: Atti del I Congresso Internazionale di Studi Fenici e Punici, vol. II, Roma 1983, 599-602.

36 Vgl. V. 5: »Mein Sohn Salomo ist jung und zart; … darum will ich die Vorbereitungen für ihn treffen. So traf David vor seinem Tode eine Menge Vorbereitungen«, auch 1 Chr 29, 2 ist von Davids Vorbereitungen für den Tempelbau die Rede.

und Benjamin« in Jerusalem versammelt, sondern auch »die Leute, die aus Ephraim, Manasse und Simeon als Fremdlinge bei ihnen wohnten«. Zu dieser Personengruppe fügt er erläuternd hinzu: »denn eine Menge Leute aus Israel waren zu ihm übergegangen, als sie sahen, daß der Herr, sein Gott, mit ihm war« (V. 9). Um diese eingeschobene Erläuterung zu überbrücken, nimmt er das Verb ›versammeln‹ wieder auf: »Sie versammelten sich zu Jerusalem im dritten Monat des fünfzehnten Jahres der Regierung Asas« (V. 10).

In Anbetracht meiner Ausführungen erscheint die Aussage von Seeligmann: »Fälle von Wiederaufnahme sind in den Büchern des Chronik nicht zahlreich; die Technik scheint in diesem späteren Stadium der Historiographie außer Gebrauch gekommen zu sein«[37] als nicht zu akzeptierende Spekulation.

B) Anaphorischer Neueinsatz

Ein anaphorischer Neueinsatz ist im Grunde nichts anderes als eine Wiederaufnahme, nur daß er nicht im fortlaufenden Text steht, sondern jeweils zu Beginn eines neuen Abschnittes.

(1) In 2 Chr 3, 1 eröffnet der Chronist den Bericht von Salomos Tempelbau mit den Worten: »Und Salomo begann den Tempel des Herrn zu bauen«, parallel zu 1 Kön 6, 1b: »Da erbaute er den Tempel des Herrn«. Dann fügt er die genaue Lage des Tempels und die näheren Umstände der Erwählung eben dieses Ortes hinzu (V. 1b)[38]. Zum eigentlichen Baubericht kehrt er mit den Worten zurück: »er begann zu bauen« (V. 2a):

1 Kön 6, 1	*2 Chr 3, 1f*
1a. Im 480. Jahre … im vierten Jahre im Monat Siw, …, von Salomos Königsherrschaft über Israel	1a. *Und Salomo begann den Tempel des Herrn zu bauen* 1b. in Jerusalem auf dem Berge Moria, wo [der Herr][39] seinem Vater David erschienen war, an der Stätte, die David bestimmt hatte[40], auf der Tenne des Jebusiters Ornan.

---

37 Seeligmann, Geschichtsschreibung, 315 Anm. 23.

38 Zu diesem ›Zusatz‹, seiner Struktur und etwaigen Tendenz s. Kalimi, Moriah, 357-362.

39 Das Tetragramm ist hier sinngemäß zu ergänzen; die griechische Version hat hier κύριος, vgl. auch den Targum z. St.

40 Hier ist die Wortfolge im massoretischen Text verderbt; die Übersetzung folgt der griechischen Version, Peschitta und Vulgata.

1b. *erbaute er das Haus des Herrn*	2a. *Er begann zu bauen*
	2b. im zweiten Monat seines vierten Regierungsjahrs.[41]

(2) In 2 Chr 2, 10-15 bringt der Chronist die Antwort des Königs Hiram von Tyros auf Salomos Bitte, parallel zu 1 Kön 5, 21-23. Gleich nach der Eröffnungsfloskel fügt er einen Satz ein, den die Königin von Saba zu Salomo gesprochen haben soll: 2 Chr 9, 8 // 1 Kön 10, 9. Um wieder auf Hirams Antwort zurückzukommen, setzt er von neuem ein mit »da sprach Huram« (V. 11):

1 Kön 5, 21	*2 Chr 2, 10f*
Als nun *Hiram* die Botschaft Salomos hörte, war er hocherfreut und *sprach:*	*Und Huram,* der König von Tyrus, *antwortete* in einem Briefe, den er an Salomo sandte: Weil der Herr sein Volk liebhat, hat er dich zum König über sie gesetzt.
—— Gelobt sei heute der Herr, der dem David einen weisen Sohn gegeben hat ...	*Da sprach Huram:* Gelobt sei der Herr, ... daß er dem König David einen weisen Sohn gegeben hat ...

Ein typisches Beispiel für Wiederanknüpfung nach Abschweifung findet sich bereits in Ex 1, 15f:

> *Da sprach der König von Ägypten* zu den hebräischen Hebammen, von denen die eine Siphra, die andere Pua hieß, *er sprach:* Wenn ihr den Hebräerinnen Geburtshilfe leistet ... .

(3) In 1 Chr 11, 10ff zählt der Chronist die Namen von Davids Helden auf, parallel zu 2 Sam 23, 8ff. Die Eröffnung dieser Liste in 1 Chr 11, 10a entspricht sachlich genau 2 Sam 23, 8a. Aber wegen des Zusatzes 1 Chr 11, 10b[42], der die Einleitung von der eigentlichen Liste trennt, setzt der Chronist ein zweites Mal ein: »Dies ist [die Zahl][43] der Helden Davids« (V. 11a):

---

41 Zwischen 1 Kön 6, 1 und 2 Chr 3, 1f besteht außerdem ein Parallelen-Chiasmus, s. dazu im vorigen Kapitel.

42 Vgl. dazu 1 Chr 11, 3b.

43 Man kann mit Rudolph, Chron, 96 (so schon Rothstein-Hänel) annehmen, daß die Vokabel ›Zahl‹ eine in den Text eingedrungene Glosse ist, die sich ursprünglich auf die Zahl 30 in der zweiten Vershälfte bezog; allerdings könnte es sich auch um abgekürzte Ausdrucksweise handeln, etwa: ›Dies sind die Helden, nach Zahl und Namen‹.

2 Sam 23, 8	*1 Chr 11, 10f*
8a. *Dies sind die Namen der Helden Davids:*	10a. *Dies sind die hervorragendsten Helden Davids,*
	10b. die ihn zusammen mit ganz Israel in der Erlangung der Königswürde kräftig unterstützten, ihn zum König zu machen über Israel.
	11a. *Dies sind die Namen der Helden Davids:*
Isbaal, der Sohn Hachmonis, ...	Isbaal, der Sohn Hachmonis, ...

(4) Ähnlich greift bei der Aufzählung der Söhne Rubens 1 Chr 5 Vers 3a auf Vers 1a zurück, da die ursprüngliche Eröffnung wiederum durch einen Einschub von der eigentlichen Liste getrennt ist:[44]

Gen 46, 9[45]	*1 Chr 5, 1-3*
Die Söhne Rubens	1a. *Die Söhne Rubens, des Erstgeborenen Israels*[46]
	1b. er war nämlich der Erstgeborene; aber weil er seines Vaters Lager entweiht hatte, wurde sein Erstgeburtsrecht den Söhnen Josephs, des Sohnes Israels, gegeben, doch nicht so, daß dieser ... denn Juda war unter seinen Brüdern einer der mächtigsten, und Fürst wurde einer von seinem Stamme, aber das Erstgeburtsrecht fiel Joseph zu –
	3a. *die Söhne Rubens, des Erstgeborenen Israels,*
sind: Hanoch, Pallu, Hezron und Charmi.	sind: Hanoch, Pallu, Hezron und Charmi.

(5) In 1 Chr 12, 20-23 macht der Chronist Anstalten, die Namen der Manassiten zu bringen, die sich ›David anschlossen‹ (V. 20a)[47]. Doch dann schweift er ab (VV. 20b-21a) und setzt von neuem an: »schlossen sich ihm an aus Manasse« (V. 21b); im hebräischen Text der Wiederaufnahme ist die Wortfolge vertauscht[48]:

---

44 Vgl. schon R. David Kimchi zu 1 Chr 5, 3: »»Die Söhne Rubens‹ – weil eine sachliche Unterbrechung eingetreten ist, setzt er ein zweites Mal ein mit ›die Söhne Rubens‹«; ebenso Curtis, Chron, 119.

45 Vgl. dazu Num 26, 5-7.

46 Vgl. Num 26, 5: »Ruben, der Erstgeborene Israels – die Söhne Rubens...«.

47 Dieselbe Formulierung taucht sowohl in der Fortsetzung desselben Verses als auch in 2 Chr 15, 9 wieder auf; ähnlich Jer 21, 9; 37, 13. 14; 52, 15, vgl. auch 39, 9.

48 Dazu oben Kap. XI.

1 Chr 12, 20-23

20a. *Auch Manassiten schlossen sich David an,*
20b. als er mit den Philistern wider Saul in den Kampf zog.
Allerdings kam es nicht dazu, daß er den Philistern half;
denn die Philisterfürsten schickten ihn weg, indem sie sprachen:
Er könnte um den Preis unserer Köpfe zu Saul, seinem Herrn, übergehen.[49]
21a. Auf seinem Marsch nach Ziklag also
21b. *schlossen sich ihm an aus Manasse:*
21c. Adnah, Josabad, Jediael, Michael, Josabad, Elihu und Zillethai, ...

---

49 Mosis, Untersuchungen, 19 Anm. 9, hält den Vers 1 Chr 12, 20 für sekundär, was
jedoch unhaltbar ist.

Kapitel XIV
Literarischer Rahmen

Ein Wort oder ein Ausdruck, die eine beliebig lange literarische Einheit eröffnen und an deren Ende markant wiederkehren, bilden einen literarischen Rahmen (inclusio). Diese literarische Technik will entweder eine literarische Einheit abschließen[1] oder verschiedenartige Elemente, wie die Glieder einer Aufzählung oder aus verschiedenen biblischen Büchern zusammengestellte Wendungen, in unserem Falle auch Äußerungen aus der Feder des Chronisten mit Teilen aus dem Text von Samuel-Könige, zusammenbinden, ihnen Kontinuität und Einheitlichkeit verleihen.

Ähnlich wie die ›Wiederaufnahme‹ dient auch der ›literarische Rahmen‹ zur äußeren Markierung einer literarischen Einheit. Aber im Unterschied zu dort sollen die markanten Abschlußworte hier nicht den Leser von einer Abschweifung zum Haupterzählstrang zurückleiten, sondern sie bilden einen integralen Bestandteil ihres jeweiligen Abschnitts. Auch sind sie nicht unbedingt ein Anzeichen für Einfügung eines Einschubs in einen älteren Textzusammenhang.

Von der Forschung wurden Vorkommen von literarischem Rahmen vor allem in der biblischen Dichtung beobachtet[2], weniger in der Prosa und der älteren Geschichtsschreibung[3], und so gut wie gar nicht in der chronistischen Historiographie. Die im folgenden anzuführenden Beispiele zeigen deutlich, daß der Chronist bei der Neugestaltung von Texten aus Sam-Kön diese literarische Technik häufig verwendet hat. Man kann geradezu von einem dominanten Stilmittel der chronistischen Geschichtsschreibung sprechen. Zur Schaffung des literarischen Rahmens wird der ältere Text jeweils um ein Wort oder einen Ausdruck erweitert, und zwar entweder

---

1 Diese Funktion kommt in der englischen Bezeichnung ›cyclic composition‹ oder deutsch ›Ringkomposition‹ deutlich zum Ausdruck; entsprechend lautet der griechische Terminus κύκλος.

2 König, Stilistik, 350 bringt Beispiele aus Jer und Zeph; Segal, Mewo haMiqra, I, 73f aus Am und Hi; Dahood, Psalms, 5. 14. 27. 29. 41. 43 u.ö. aus Ps; Talmon, Stilkritik, 149-152 aus Jes und Ez. S. auch Ps 8, 2a [2b-9] 10; 103, 1b [1c-22b] 22c und vgl. Ps 104.

3 Segal, Mewo haMiqra, I, 73f bringt Beispiele aus Jud; Talmon, Stilkritik, 149-152, aus Sam und Est; Bar-Efrat, Narrative Art, 216, aus Sam und Kön; Paran, Signon, 150-162, aus P; s. auch Gen 6, 7-9 [10-12] 13-15a; 9, 1 [2-6] 7; Ex 6, 13 [14-25] 26-27 sowie 2 Kön 8, 20a [20b-21] 22 = 2 Chr 21, 8a [8b-9] 10a; 1 Kön 6, 1b [2-36] 37.

a. am Anfang, um diesen dem Ende anzupassen, oder
b. am Ende, um dieses dem Anfang anzupassen, oder
c. sowohl am Anfang als auch am Ende;
gelegentlich werden auch bereits vorhandene markante Züge am Anfang und Ende des älteren Textes präzisiert und aufeinander abgestimmt. Dabei nimmt der Chronist die Formulierung des einen Gliedes (Anfang bzw. Ende) entweder wörtlich oder sinngemäß wieder auf; manchmal beläßt er die Wortfolge, manchmal kehrt er sie um. So entstandene chiastische Strukturen sind offenbar nicht Selbstzweck, sondern sie dienen der Schaffung eines möglichst markanten literarischen Rahmens, bei dem Anfangs- und Schlußwort identisch sind.

In der Chronik sind Vorkommen von literarischem Rahmen nicht nur in den erzählenden Partien zu beobachten, sondern auch in den Listen. Demnach hat der Chronist eine Reihe von Namenslisten aus dem Pentateuch und den älteren Prophetenschriften genommen und ihnen einen literarischen Rahmen verliehen. Etliche Male versieht er solche Listen auch mit einem ›numerischen Rahmen‹, offenbar um zu verhüten, daß absichtlich oder irrtümlich Namen hinzugefügt oder weggelassen werden. So schließt etwa die Liste der David in Jerusalem geborenen Söhne (1 Chr 3, 5) mit der Zahl ›neun‹, um deutlich zu machen, daß die Wiederholung der Namen Elisama und Eliphelet kein Versehen sei, das nachträglich korrigiert werden müßte.[4] Und die Zahl ›sechs‹ vor der Aufzählung der Söhne des Azel (1 Chr 8, 38 // 9, 44) soll dort offenbar die Lesung des Namens Bochru als ›bechoro‹ (= sein Erstgeborener) verhindern.[5] Im folgenden werden Vorkommen von literarischem Rahmen zunächst aus den erzählenden Partien (I), dann aus den Listen (II) in der Chronik vorgeführt.

---

4 Vgl. J. Keel, Divre haJamim II, Jerusalem 1986, 25 (Anhang).
5 Dazu J. Keel, Divre haJamim I, Jerusalem 1986, 225. S. E. Loewenstamm, Art. ›Bochru‹, in: Encyclopaedia Miqrat II, 129, rechnet mit der Möglichkeit, daß es sich um einen Namen mit Nominativsuffix -u in der Bedeutung ›Erstgeborener‹ handelt; allerdings stünde ein solcher Name im biblischen und epigraphischen Onomastikon völlig vereinzelt da. Außerdem lesen sowohl LXX als auch Peschitta ›Erstgeborener‹. Demnach könnte ein Name der Liste ausgefallen sein, wie etwa in 1 Chr 3, 22 (beachte aber den Vorschlag von Curtis, Chron, 102) und 1 Chr 6, 42 (Ausfall von zwei Namen) der Fall. Um auf die Zahl sechs zu kommen, hätten die Massoreten dann aus bechoro einen Namen Bochru gemacht. Anders hat der Übersetzer der Peschitta das Problem gelöst: Er hat den ersten Namen, Asrikam, in zwei (Asri und Kam) geteilt. Solche nachträglichen Eingriffe sollten durch den numerischen Rahmen wohl verhütet werden.

I. Literarischer Rahmen in erzählenden Texten

A) Größere literarische Einheiten

(1) In der Chronik beginnt der Bericht von Salomos Regierung mit dem Traum in Gibeon (2 Chr 1, 1-13a // 1 Kön 3, 4-15); diese Episode endet mit den Worten: »und regierte über Israel« (V. 13b // 1 Kön 4, 1). Die ganze folgende Schilderung von Salomos Regierung bis hin zur Abschlußformel 2 Chr 9, 29-31 (// 1 Kön 5, 16 – 10, 29; 11, 41-43) wird von einem literarischen Rahmen umschlossen, sie beginnt und endet nämlich mit der Angabe von Salomos wirtschaftlichem und militärischem Potential. Mit anderen Worten: Der Chronist hat die Abschlußworte von Salomos Regierung (2 Chr 9, 25-28 // 1 Kön 10, 26-28) auch an den Anfang der Schilderung seiner Regierungszeit gesetzt, die mit 2 Chr 1, 14-16 beginnt:

1 Kön	*2 Chr*
	1, 14-16: Und Salomo beschaffte sich Streitwagen und Reiter, so daß er 1400 Streitwagen oder 12 000 Reiter hatte, die er in die Wagenstädte legte oder bei sich in Jerusalem behielt. Und der König machte, daß in Jerusalem Silber und Gold[6] war so viel wie Steine, und Zedern so viel wie Maulbeerfeigenbäume in der Niederung. Die Einfuhr der Pferde für **Salomo** erfolgte aus Ägypten und von Koa her; …
5, 16 – 10, 25: Salomos Regierung	*1, 17 – 9, 24: Salomos Regierung*
10, 26-28: Und Salomo beschaffte sich Streitwagen und Reiter, so daß er 1 400 Streitwagen und 12 000 Reiter hatte, die er in die Wagenstädte legte und bei sich in Jerusalem behielt. Und der König machte, daß in Jerusalem Silber ——war so viel wie Steine und Zedern so viel wie Maulbeerfeigenbäume in der Niederung. Die Einfuhr der Pferde für Salomo erfolgte aus Ägypten und von Koa her; …	9, 25-28: Und Salomo hatte 4 000 Gespann Rosse und Wagen[7] und 12 000 Reitpferde, die er in die Wagenstädte legte und bei sich in Jerusalem behielt. Er beherrschte alle Könige vom Strom bis zum Lande der Philister und bis an die Grenze von Ägypten. Und der König machte, daß in Jerusalem Silber ——war so viel wie Steine, und Zedern so viel wie Maulbeerfeigenbäume in der Niederung. Und Pferde wurden eingeführt aus Ägypten **für Salomo** und aus allen Ländern.

---

6 ›und Gold‹ steht auch in LXX zu 1 Kön 10, 27. Es läßt sich kaum entscheiden, ob diese Wörter bereits in der Vorlage des Chronisten standen, oder ob er sie hier hinzugefügt hat, um Salomos Reichtum zu erhöhen (dies hätte dann auch LXX getan); gegen Williamson, Chron, 196.

7 Möglicherweise entstellte Wiedergabe von 1 Kön 5, 6: »Und Salomo hatte viertausend Gespann Rosse für seine Wagen und zwölftausend Reitpferde«. Eine andere Deutung findet sich oben in meinen weiteren Ausführungen.

Die abschließenden Worte ›aus Ägypten für Salomo‹ 2 Chr 9, 28 bilden einen Parallelen-Chiasmus zu 1 Kön 10, 28 und einen Chiasmus zu den Versen, die der Chronist selbst dem Bericht von Salomos Regierung vorangestellt hat:

2 Chr 1, 16: für Salomo *aus Ägypten*
2 Chr 9, 28: aus Ägypten für Salomo.

Auf diese Weise hat der Chronist die Anfangs- und die Abschlußformel miteinander verknüpft und den ganzen Text dazwischen sozusagen eingerahmt.

Yeivin[8] möchte aus der Plazierung der Verse 2 Chr 1, 14-16 an den Anfang von Salomos Regierungszeit schließen, daß Salomo zunächst nur 1400 Streitwagen besessen und seine Streitmacht im Lauf seiner Regierung ausgebaut habe, so daß es gegen Ende seiner Herrschaft (laut 2 Chr 9, 25) 4000 Streitwagen waren, doch aufgrund unserer literarkritischen Beobachtungen werden solche Folgerungen wohl hinfällig.

(2) Der Wiedergabe von Salomos Gebet 1 Kön 8, 12-53 geht die Bemerkung voran »die Wolke erfüllte das Haus des Herrn, und die Priester konnten nicht zum Dienst antreten wegen der Wolke ...« (V. 10b-11). Der Chronist bringt Salomos Gebet (2 Chr 6, 1-40) zusammen mit Ps 132, 8-10 (// 2 Chr 6, 41f) und erwähnt die Wolke, die den Tempel erfüllte, nicht nur vor Salomos Gebet (2 Chr 5, 13b-14 // 1 Kön 8, 10b-11), sondern auch danach (2 Chr 7, 1b-2). Außerdem spaltet er den Vers 1 Kön 8, 10 in zwei Hälften und schiebt einen Zusatz ein, den Lobpreis der Priester, Leviten und Sänger, den er sogar im Wortlaut zitiert » ... denn er ist freundlich, ja seine Güte währet ewiglich« (2 Chr 5, 11b-13b). Diesen Lobgesang legt er ›allen Israeliten‹ in den Mund und bringt ihn ein zweites Mal (7, 3b) als Fortsetzung seiner weiteren Erwähnung der »Herrlichkeit des Herrn, die den Tempel erfüllte« (7, 1b-2).

Diese Veränderungen und Zusätze schaffen in der Chronik einen literarischen Rahmen um die Stücke aus Kön und Ps, die zusammen den Text von Salomos Gebet bilden. Außerdem wird durch die Wiederholung hervorgehoben, daß die göttliche Glorie in dem neu erbauten Heiligtum wohnte und wie sehr sich das Volk in all seinen Schichten (Priester, Leviten, Sänger, Ganz-Israel) darüber freute:

---

8 S. Yeivin, Biblische Randbemerkungen – I. Wieviel Streitwagen besaß Salomo? (hebr.) in: Tarbiz 40 (1971), 395f.

1 Kön 8, 10-53	*2 Chr 5, 11 – 7, 3*
8, 10a. Als aber die Priester aus dem Heiligtum traten,	5, 11a. Als aber die Priester aus dem Heiligtum traten
	11b-13a [Schilderung der Priester, Leviten und Sänger, die dem Herrn Dank- und Lobpsalmen sangen: »Denn er ist freundlich; ja, seine Güte währet ewiglich«]
10b. *erfüllte die Wolke das Haus des Herrn,*	13b. *da wurde das Haus voll der Wolke des Herrn*
11. *und die Priester konnten nicht zum Dienst antreten wegen der Wolke, denn voll der Herrlichkeit des Herrn war das Haus des Herrn*	14a. *und die Priester konnten nicht zum Dienst antreten wegen der Wolke, denn es erfüllte die Herrlichkeit des Herrn das Haus Gottes*

1 Kön 8, 12-52 Salomos Gebet

2 Chr 6, 1-40 (// 1 Kön 8, 12-53) ⎫ Salomos
41-42 (// Ps 132, 8-10) ⎭ Gebet

7, 1b. *und die Herrlichkeit des Herrn erfüllte das Haus*
2a. *und die Priester konnten nicht in das Haus des Herrn hinein*
2b. *denn es erfüllte die Herrlichkeit des Herrn das Haus des Herrn ...*
3b. ... *[die Israeliten] beteten an und lobten den Herrn:* »*Denn er ist freundlich; ja, seine Güte währet ewiglich*«.

Die Abschlußworte des literarischen Rahmens sind gegenüber den Anfangsworten chiastisch verschränkt:

2 Chr 5, 13a-14b (Anfang)		*2 Chr 7, 1b-2. 3b* (Abschluß)
a.	Lobpreis des Herrn: »Denn er ist freundlich, ja, seine Güte währet ewiglich«	b.	die Herrlichkeit des Herrn erfüllte das Haus, und die Priester konnten nicht hinein, denn es erfüllte die Herrlichkeit des Herrn das Haus des Herrn
b.	und das Haus war voll der Wolke des Herrn, und die Priester konnten nicht zum Dienst antreten wegen der Wolke, denn es erfüllte die Herrlichkeit des Herrn das Haus Gottes.	a.	... [die Israeliten] beteten an und lobten den Herrn: »Denn er ist freundlich; ja seine Güte währet ewiglich«.

Außerdem hat der Chronist innerhalb der Anfangs- und Abschlußworte des literarischen Rahmens je einen Chiasmus angebracht (5, 13b vs. 14b; 7, 1b vs. 2b) und hat die Worte im Anschluß an Salomos Gebet (2 Chr 7, 1b) mit derselben Formulierung wie vor Beginn des Gebets (2 Chr 5, 14b) chiastisch verschränkt:

vor dem Gebet

2 Chr 5, 13b: da wurde das *Haus* voll der Wolke des Herrn
2 Chr 5, 14b: denn es erfüllte die Herrlichkeit des Herrn das *Haus* Gottes

nach dem Gebet

2 Chr 7, 1b: und *die Herrlichkeit des Herrn* erfüllte ...
2 Chr 7, 2b: denn es erfüllte *die Herrlichkeit des Herrn.*

Dadurch werden die Bestandteile von Eröffnung und Abschluß in sich sowie beide untereinander stärker verknüpft, und die Stücke dazwischen erhalten mehr Geschlossenheit.

Die Vermutung von Rudolph[9], bei 2 Chr 5, 11a. 13b-14 handele es sich um Zufügungen eines späteren Redaktors unter dem Einfluß von 1 Kön 8, 10f, wird damit wohl hinfällig, denn zum einen hat der Chronist die Verse aus Kön bereits an anderer Stelle verwendet (2 Chr 7, 1-3), und außerdem sind die angezweifelten Verse im literarischen Gefüge des Abschnitts wohlverankert.

(3) In 1 Kön 5, 16-36 schildert der deuteronomistische Historiker die Materialien und Arbeitskräfte, die Salomo für den Tempelbau bereitstellt: Salomo verhandelt mit König Hiram von Tyrus über die Lieferung von Zedern und hebt in Israel Arbeiter aus für die Bearbeitung von Holz, Stein u.a.m.

In 2 Chr 2, 1-17 bringt der Chronist diesen Bericht (in teils erweiterter, teils gekürzter Form) und verleiht ihm einen literarischen Rahmen: Er erwähnt die verschiedenen Arbeiter (Lastträger, Steinmetzen und Aufseher) nicht nur zum Abschluß, wie in Kön, sondern auch am Anfang. Außerdem gestaltet er zwischen der Nennung der Aufseher zu Anfang (V. 1b) und derjenigen am Ende (V. 17c) einen Chiasmus; dadurch entsteht auch zwischen den Gliedern c, b und d in V. 1 eine chiastische Verschränkung:

1 Kön 5, 16-32	*2 Chr 2, 1-17*
	1a. *Da zählte Salomo*
	b. *70 000 Lastträger*
	c. *80 000 Steinmetzen im Gebirge*
	d. *und 3 600 Aufseher über sie.*
16-26: Und Salomo sandte zu Hiram und ließ ihm sagen: [das Schreiben an Hiram, dessen Antwort und das Bündnis zwischen Israel und Tyrus] 27-28: [Erhebung von 30 000 Fronarbeitern aus Israel, Einteilung in drei Gruppen, die jeweils einen Monat auf	2-15: Dann sandte Salomo zu Huram, dem König von Tyrus, und ließ ihm sagen: [das Schreiben an Huram und dessen Antwort]

---

9 Rudolph, Chron, 211.

dem Libanon arbeiten sollen][10]

| 29-30. *Auch hatte Salomo 70 000 Lastträger und 80 000 Steinmetzen im Gebirge ... 3 300, die den Arbeitern zu gebieten hatten* | 16. *Und Salomo ließ alle Fremdlinge im Lande ... zählen ... und machte davon* 17a. *70 000 zu Lastträgern* 17b. *80 000 zu Steinmetzen ...* 17c. *und 3 600*[11] *zu Aufsehern, die das Volk zur Arbeit anhalten sollten.* |
| 31-32. [Ausführung der Holz- und Steinarbeiten] | |

Somit gehört 2 Chr 2, 1 zu dem literarischen Rahmen, mit dem der Chronist den aus Kön übernommenen Text umgibt, und ist kein ›sekundärer Text‹, wie einige Forscher[12] angenommen hatten. Auch die von Bertheau und Curtis[13] vorgebrachten Erklärungen der ›Doublette‹ dürften sich wohl erübrigen: Die Doublette rühre daher, daß der Chronist gelegentlich etwas aus dem Gedächtnis zitiert habe, es dann an der betreffenden Stelle ein zweites Mal gebracht habe, weil die erste Anführung unvollständig oder fehlerhaft gewesen war. Unwahrscheinlich ist an dieser Erklärung schon die Annahme, der Chronist habe etwas aus dem Gedächtnis zitiert, denn die ›Doubletten‹ stimmen inhaltlich und stilistisch völlig überein. Außerdem bleibt bei diesem Erklärungsversuch unklar, weshalb der Chronist einen Umstand erwähnt haben sollte, bevor dieser nach dem Erzählverlauf von Kön an der Reihe war. Da sich herausgestellt hat, daß das Mittel des literarischen Rahmens zu den literarischen Techniken der chronistischen Geschichtsschreibung gehört, ist wohl auch die Vermutung hinfällig, der Chronist habe Salomos Ruhm dadurch erhöhen wollen, daß er ihm bereits vor Aufnahme der Verhandlungen mit Hiram eine hohe Anzahl von Arbeitskräften zusprach.[14]

(4) in 2 Chr 27, 8 (›Zusatz‹) wiederholt der Chronist die Einleitungsworte zu Jothams Regierung aus Vers 1a (// 2 Kön 15, 33a); der dadurch entstandene literarische Rahmen bindet die aus 2 Kön 15,

---

10 Dieser Abschnitt setzt eigentlich mit V. 15 ein, mit der Glückwunschadresse, die Hiram zu Salomos Regierungsantritt ausgehen läßt; dieses Detail hat der Chronist weggelassen, um Salomo als den Initiator der Verhandlungen mit Hiram von Tyrus erscheinen zu lassen.

11 An der Parallelstelle in Kön sind 3 300 genannt; das hebräische Schin konnte als Abkürzung für all die Zahlen dienen, die mit diesem Buchstaben anfangen: 2, 3, 6, 7 oder 8 (dazu Driver, Abbreviations, 125). Vielleicht stand ursprünglich ›Schinhundert‹, was der massoretische Text von Kön als 300 las, die lukianische Version der LXX zu Kön als 700, der Vaticanus zu Kön und die Chronik als 600. Anderseits ist auch eine Verschreibung von schesch (=6) zu schalosch (=3) oder umgekehrt graphisch und phonetisch leicht möglich.

12 S. z.B. Rudolph, Chron, 201; Williamson, Chron, 198.

13 Bertheau, Chron, 232f; Curtis, Chron, 320.

14 So Abramsky, König Salomo, 7.

33b-35. 36 übernommenen Passagen und den Bericht über Jothams Feldzug gegen die Ammoniter, der sich nur in der Chronik findet (VV. 3-6), zusammen:

2 Kön 15, 33-38	2 Chr 27, 1-9
33a. *25 Jahre alt war er, als er König wurde, und sechzehn Jahre regierte er zu Jerusalem.*	1a. *25 Jahre alt war Jotham, als er König wurde, und sechzehn Jahre regierte er zu Jerusalem.*
33b-35a. [Name von Jothams Mutter, Beurteilung seines religiösen Tuns]	1b-2. [Name von Jothams Mutter, Beurteilung seines religiösen Tuns]
35b. [Jothams Bauunternehmungen]	3-6. [Jothams Bauunternehmungen und sein Feldzug gegen Ammon]
36. Was sonst noch von Jotham zu sagen ist, ...	7. Was sonst noch von Jotham zu sagen ist, ...
	8. *25 Jahre alt war er, als er König wurde, und sechzehn Jahre regierte er zu Jerusalem.*
37. Zu jener Zeit fing der Herr an, König ... wider Juda loszulassen.	
38. Und Jotham legte sich zu seinen Vätern und ward begraben ...	9. Und Jotham legte sich zu seinen Vätern und man begrub ihn ...

2 Chr 27, 9 ist somit keine überflüssige Wiederholung von der Hand eines Schreibers oder Kopisten, wie manche Forscher meinen,[15] oder eine spätere Glosse, die versehentlich in den Text gedrungen wäre,[16] sondern eine bewußte Setzung des Chronisten selbst – die Einfassung von Jothams Königtum in einen literarischen Rahmen.

(5) Ein ähnlicher Fall wie beim vorigen Beispiel findet sich auch beim chronistischen Bericht von der Regierung König Jorams von Juda: In 2 Chr 21, 20a wiederholt der Chronist die Einleitungsworte zu Jorams Regierung aus 2 Chr 21, 5 // 2 Kön 8, 17; dadurch entsteht ein literarischer Rahmen um den aus 2 Kön 8, 18-22 (// VV. 6-10) übernommenen Teil samt dem Brief des Propheten Elia und Erfüllung von dessen Prophezeiung (VV. 11-19), die so nur in der Chronik stehen:

2 Kön 8, 16-24	2 Chr 21, 1-20
	1-4. Jehorams Regierungsantritt, Ermordung seiner Brüder
16. Synchronismus zwischen Joram, dem Sohn des Ahab, und Joram, dem Sohn des Josaphat	
17. *32 Jahre alt war er, als er König wurde, und acht Jahre regierte er in Jerusalem.*	5. *32 Jahre alt war Jehoram, als er König wurde, und acht Jahre regierte er in Jerusalem.*
18-19. Negative Bewertung von	6-7. Negative Bewertung von

---

15 So etwa Curtis, Chron, 455; Williamson, Chron, 343.
16 So etwa Rudolph, Chron, 286.

Jorams religiösem Verhalten.	Jehorams religiösem Verhalten.
20-22. Abfall von Edom und Libna	8-10. Abfall von Edom und Libna
	11. Errichtung von Höhenheiligtümern in den Bergen Judas
	12-15. Elias Brief an Jehoram
	16-19. Elias Prophezeiung erfüllt sich
	20a. *32 Jahre alt war er, als er König wurde, und acht Jahre regierte er in Jerusalem.*
24. Jorams Begräbnis	20b. Jehorams Begräbnis

(6) In 1 Kön 3, 4-15 steht der Bericht von Salomos Opfer in Gibeon. Er beginnt mit den Worten »Einst ging der König [von Jerusalem] nach Gibeon« (V. 4a) und endet mit den Worten »Danach ging er heim nach Jerusalem« (V. 15b).[17] Dieser Rahmen von Anreise und Abreise umfaßt zwei Ereignisse, die sich beide in Gibeon abgespielt haben: zum einen das große Opfer im dortigen Höhenheiligtum (V. 4), zum anderen Salomos prophetischen Traum (V. 5-15a). Die Traumerzählung wiederum hat ihren eigenen erzählerischen Rahmen: »In Gibeon erschien der Herr dem Salomo des Nachts im Traum« (V. 5a) und »Als Salomo erwachte, siehe, da war es ein Traum gewesen« (V. 15a).[18] Der Chronist seinerseits hat durch Tilgung der Worte ›im Traum‹ und ›Als Salomo erwachte, siehe, da war es ein Traum gewesen‹ (2 Chr 1, 7a. 13) den literarischen Rahmen des Traumes aufgehoben.[19] Dagegen ist bei ihm Salomos An- und Abreise breiter ausgeführt: »Dann zog Salomo und mit ihm die ganze Volksgemeinde [von Jerusalem] zum Höhenheiligtum in Gibeon. Denn dort befand sich das heilige Zelt ... « (2 Chr 1, 3) und »Danach ging Salomo von der Höhe zu Gibeon[20], von der Stätte vor dem heiligen Zelte, heim nach Jerusalem« (V. 13a).[21] Außerdem umgibt er die ganze Erzählung

---

17 Ähnliche Eröffnungs- und Abschlußsignale weist etwa der Bericht von Davids Salbung durch Samuel (1 Sam 16, 4-13) auf und der Bericht von Sauls Besuch bei der Hexe zu Endor (1 Sam 28, 8-25); die ausdrückliche Erwähnung der Rückkehr des Helden an seinen Ort ist für den Leser das Zeichen, daß die Erzählung zu Ende geht.

18 S. die vergleichbare Rahmung von Pharaos Traum Gen 41, 1. 7.

19 Zum Anlaß der Tilgung s. oben Kap. II, D, Beispiel 2.

20 So zu lesen mit LXX, Vetus Latina und Vulgata. Der massoretische Text hatte anscheinend die Haplographie שלמה מהבמה, und nachträglich wurde die Präposition ל hinzugefügt in Analogie zu V. 3. So Curtis, Chron, 317; Rudolph, Chron, 196, auch in seinem Apparat zu BHS, 1514. Anders Abramsky, Saul-David, 383 Anm. 4, in dessen Augen die genannten antiken Versionen hier »Kommentar und sprachliche Glättung« bieten.

21 Manche Forscher sehen in den Worten »zu der Höhe in Gibeon ...« (2 Chr 1, 13a) eine nachträglich in den Text eingedrungene Glosse und wollen sie tilgen, so etwa Curtis, Chron, 317 (im Anschluß an W. E. Barnes); Elmslie, Chron (1916),

mit einem äußeren Rahmen, der jeweils mit der Erwähnung von Salomos Königtum (hebr. Wurzel: מ-ל-ך) einsetzt und schließt (VV. 1a. 13b):

1 Kön 3, 4-15	*2 Chr 1, 1-13*
	1a. *Salomo, der Sohn Davids, befestigte sich in seinem Königtum* (מַלְכוּתוֹ); ...
4a. Einst ging der König [von Jerusalem] nach Gibeon	3. Dann zog Salomo *und mit ihm die ganze Volksgemeinde [von Jerusalem] zum Höhenheiligtum nach Gibeon, denn dort hatte Gottes Stiftszelt gestanden* ...
4b. Salomos Opfer in Gibeon	4-6. Salomos Opfer in Gibeon
5a. In Gibeon erschien der Herr dem Salomo des Nachts im Traum	7a. In jener Nacht erschien Gott dem Salomo ———
5b-14. Salomos prophet. Traum	7b-12. Gotteserscheinung
15a. Als Salomo erwachte, siehe, da war es ein Traum gewesen.	
15b. Er ging nach Jerusalem	13a. Danach ging Salomo *von der Höhe zu Gibeon, von der Stätte vor dem heiligen Zelte, heim nach Jerusalem* 13b. *und regierte (וַיִּמְלֹךְ) über Israel.*

(7) Die Schilderung der Vorbereitungen zur Heraufführung der Lade und der Bericht von der Heraufführung aus dem Hause Obed-Edoms nach Jerusalem sind in 1 Chr 15, 1 – 16, 1 von einem literarischen Rahmen umgeben:

2 Sam 6, 14-17	*1 Chr 15, 1 – 16, 1*
	15, 1. Und David baute sich Häuser in der Davidsstadt und *richtete für die Lade Gottes eine Stätte her und schlug ein Zelt für sie auf.*
	2. Damals sprach David: *Niemand soll die Lade Gottes tragen als allein die Leviten;* denn diese hat der Herr erwählt, die Lade Gottes zu tragen ...
	3. *Dann berief David ganz Israel nach Jerusalem zusammen, die Lade des Herrn an ihre Stätte, die er für sie hergerichtet hatte, hinaufzubringen.*

171: »This clause yields no sense in the Hebrew and is probably a misplaced gloss«; Elmslie, Chron (1954), 444: »from before the tabernacle of the congregation – is a revisional addition«. Allerdings spricht die Ähnlichkeit der Schlußworte mit den Anfangsworten doch für bewußte literarische Gestaltung des Chronisten und gegen eine versehentlich eingedrungene Glosse. Außerdem ist nicht recht einzusehen, weshalb hier die Einfügung einer Glosse nötig gewesen sein sollte.

	4-16. Vorbereitungen in Jerusalem: Liste der Leviten
	17-24. Bestellung der Sänger
12b-17. Heraufführung der Lade	25ff. Heraufführung der Lade
14. David aber tanzte mit aller Macht vor dem Herrn her ...	27. David aber war mit einem Mantel von Byssus bekleidet, ebenso *alle Leviten, welche die Lade trugen* ...
15. *So führten David und das ganze Haus Israel die Lade ... hinauf*	28. *So führte ganz Israel die Bundeslade des Herrn hinauf* ...
16. Michal aber, die Tochter Sauls, hatte zum Fenster hinausgeschaut, ...	29. Michal aber, die Tochter Sauls, hatte zum Fenster hinausgeschaut, ...
17. *Nachdem man aber die Lade des Herrn hereingebracht, stellte* man sie an ihren Platz, *in das Zelt, das David für sie aufgeschlagen hatte.* Danach brachte David vor dem Herrn Brandopfer dar und Heilsopfer.	16,1. *Nachdem man aber die Lade Gottes hereingebracht, stellte man* sie *in das Zelt, das David für sie aufgeschlagen hatte.* Danach brachte man Brandopfer und Heilsopfer vor Gott dar.

Die Elemente im Schlußteil des literarischen Rahmens sind gegenüber dem Anfang chiastisch verschränkt: Aufschlagen des Zelts, Transport der Lade durch die Leviten zusammen mit David und ganz Israel. Somit sind die Verse 1 Chr 15, 1. 3 an ebd. V. 28 angelehnt, und 16, 1 entspricht 2 Sam 6, 15. 17.

B) Kleinere literarische Einheiten

(1) In 1 Kön 6, 24-25. 27b werden die Maße der Cheruben über der Lade angegeben. Diese faßt der Chronist in einen literarischen Rahmen, der mit den Worten »Die Länge der Flügel der Cherube betrug zwanzig Ellen« (2 Chr 3, 11a) einsetzt und mit »Die Flügel dieser Cherube maßen ausgebreitet[22] zwanzig Ellen« (ebd. V. 13a) endet.[23]

Der literarische Rahmen schließt hier Angaben zu den Cheruben (die Maße) und ihre Aufstellung im Allerheiligsten enger zusammen. Außerdem entsteht dadurch ein Wechsel von Allgemeinem und Speziellem, von dem weiter unten noch die Rede sein wird.[24]

(2) In 1 Kön 10, 14f ist das Gewicht »des Goldes, das bei Salomo alljährlich einging« angegeben. Der Chronist wiederholt eben diesen

---

22 Statt des Partizip aktiv des massoretischen Textes wollen manche mit LXX, Vulgata und Targum Partizip passiv lesen, so etwa Rudolph, Chron, 204; idem, BHS, 1517; J. Begrich, BH, 1380.

23 Zum Parallelen-Chiasmus zwischen 2 Chr 3, 13a und 1 Kön 6, 27b s. oben Kap. XII, wo solche Erscheinungen behandelt sind.

24 Kap. XX, C, Beispiel 1.

Ausdruck am Schluß des Abschnitts und schafft dadurch einen literarischen Rahmen:

1 Kön 10, 14f	*2 Chr 9, 13f*
Das Gold aber, das bei Salomo all- jährlich einging, wog 666 Talente, außer dem, was einging von den Abgaben der Krämer und von den Zöllen der Kaufleute, von allen Königen Arabiens und den Statthaltern des Landes.	*Das Gold aber, das bei Salomo all-* jährlich einging, wog 666 Talente, außer dem, was die Krämer und Handelsleute[25] einbrachten; auch alle Könige Arabiens und die Statthalter des Landes *brachten Salomo Gold* und Silber.

Der Chronist hat die am Schluß hinzugefügten Worte gegenüber dem Anfang chiastisch verschränkt: *Gold* das bei Salomo einging brachten Salomo *Gold.*

So erhöht sich der ästhetische Reiz des literarischen Rahmens, und dessen Inhalt bleibt fester umschlossen.

(3) Der Chronist hat den Bericht von Josias Kultreform in Juda und Jerusalem in einen literarischen Rahmen gefaßt; dieser beginnt und endet mit den Worten: »Er machte Juda und Jerusalem kultisch rein« (2 Chr 34, 3b. 5b). Dieser literarische Rahmen umschließt Vorgänge und Details, die zum Teil aus 2 Kön 23, 6. 16 stammen, zum Teil Zusätze des Chronisten sind:

2 Kön 23, 6. 16	*2 Chr 34, 3b-5*
	3b. ... und im zwölften Jahr begann er *Juda und Jerusalem zu reinigen*[26] von den Höhenheiligtümern und den Ascheren und den geschnitzten und gegossenen Bildern.
6. Er ließ die Aschera aus dem Tempel des Herrn hinausschaffen, und sie draußen vor Jerusalem im Kidrontal verbrennen und zu Staub zerstampfen	4. Man riß vor seinen Augen die Altäre der Baale ein, und die Sonnensäulen, die oberhalb derselben standen, hieb er um, und die Ascheren und die geschnitzten und gegossenen Bilder zertrümmerte[27] und zermalm-

---

25 Vielleicht hat der Chronist die Wendung מסחר הרכלים aus Kön durch הסחרים ersetzt, weil die Vokabel רוכל einen Bedeutungswandel durchgemacht hatte: Bei Neh 13, 20 und im rabbinischen Hebräisch (z.B. M Maaserot II 3; b Gittin 67a) ist רוכל nämlich ein wandernder Kleinhändler, ebenso wie sein aramäisches Gegenstück רוכלא (z.B. b Gittin 33a; b Baba kamma 36b), und diese Bedeutung, die der Leserschaft des Chronisten geläufig war, paßte schlecht zum Kontext, wo es um internationalen Handel ging. Die Verbform ›brachten‹ dürfte hier versehentlich vom Ende des Verses her doppelt gesetzt worden sein.

26 Die kultische Reinigung Jerusalems umfaßte auch den Tempel, vgl. V. 8: » ... das Land und den Tempel zu reinigen«.

27 Zu den hier genannten Kultobjekten sind die modernen Kommentare zu konsultieren. Speziell zu den ›Sonnensäulen‹ s. Kalimi, Bibliography, 175f, Nr. 1710-1724.

und den Staub dann auf die Gräber der gemeinen Leute werfen.

te er und streute sie auf die Gräber derer, die ihnen geopfert hatten.

16. Josia ... ließ die Gebeine aus den Gräbern holen und verbrannte sie auf dem Altar und machte ihn dadurch kultisch unrein.

5a. Die Gebeine der Priester verbrannte er auf ihren Altären,

5b. und so machte er *Juda und Jerusalem kultisch rein.*

Es fällt auf, daß das Verbrennen der Gebeine auf dem Altar diesen laut Kön kultisch unrein machen sollte, während der Chronist gerade die kultische Reinigung des Landes durch Josia als dessen besonderes Verdienst hervorhebt. Nach seiner Auffassung wohnte diesen Altären von vornherein keine Heiligkeit inne, sie waren und blieben kultisch unrein.

(4a) In 1 Sam 31, 6 sind die auf dem Gebirge Gilboa Gefallenen anscheinend nach ihrer Nähe zum Königshaus aufgeführt: »Da starb Saul, seine drei Söhne, sein Waffenträger und all seine Leute«[28]. In 1 Chr 10, 6 hat der Chronist den Waffenträger und ›all seine Leute‹ weggelassen und statt dessen ›sein ganzes Haus‹ geschrieben[29]. Außerdem hat er die Verbalwurzel ›sterben‹ am Schluß der Aufzählung wiederholt und so einen literarischen Rahmen geschaffen, wo ›sterben‹ am Anfang und am Ende steht, in der Mitte nur die Angehörigen der Königsfamilie.

Dieser literarische Rahmen hält die Glieder der Aufzählung in der Chronik zusammen; so wird das in den Augen des Chronisten wichtigste Resultat der Schlacht auf dem Gilboa hervorgehoben: der Tod sämtlicher Mitglieder der Königsfamilie, so daß in Israel ein dynastisches Vakuum entsteht.[30] Daraufhin kann er behaupten, David habe sogleich nach der Schlacht auf dem Gilboa die Herrschaft über ›ganz Israel‹ angetreten (1 Chr 10, 14; 11f.), und die Episode von Esbaals

---

28 Demgegenüber erscheint in den Versen 1-5 die Liste der Gefallenen offenbar nach der chronologischen Folge: zuerst flüchteten die Israeliten (d.h. die Soldaten) und wurden auf dem Gebirge Gilboa erschlagen (V. 1); dann fielen Sauls drei Söhne (V. 2); Saul und sein Waffenträger begingen Selbstmord (VV. 4f). In der Zusammenfassung V. 6 erscheinen die Elemente aus 1-5 chiastisch vertauscht:

VV. 2. 4:   Tod der drei Söhne; *Tod Sauls*
V. 6a: *da starb Saul* und seine drei Söhne.
VV. 1. 4:   Fall der Israeliten *Tod des Waffenträgers*
V. 6b: *Tod des Waffenträgers* Tod all seiner Leute.

29 Mit ›Haus‹ ist hier die Familie gemeint (vgl. z.B. Gen 7, 1: »Geh in die Arche, du und dein ganzes Haus«) oder die Dynastie (vgl. 1 Chr 17, 10 // 2 Sam 7, 11); in jedem Fall handelt es sich um Metonymie (Gebäude statt Personen).

30 Aus demselben Grund hat der Chronist wohl auch weder den Waffenträger noch die übrigen Israeliten unter den Gefallenen genannt, als Nebenfiguren hat er sie einfach weggelassen. Vielleicht um Saul von seinem Waffenträger zu trennen, hat der Chronist auch im Bericht vom Tod des Waffenträgers zusammen mit Saul aus 1 Sam 31, 5 die letzte Vokabel (›mit ihm‹) getilgt.

Königtum über die Nordstämme (2 Sam 2, 8 – 4, 12) einfach verschweigen[31]:

	1 Sam 31, 6		1 Chr 10, 6
Da starb		*Da starb*	
Saul		Saul	
und seine drei Söhne		und seine drei Söhne	
und sein Waffenträger			
auch all seine Leute an jenem Tage		und sein ganzes Haus	
zusammen		zusammen	
		starben sie[32].	

(4b) Ähnlich literarisch gestaltet sind in der Fortsetzung des Kapitels die Verse 13a-14a, eine zusammenfassender Zusatz des Chronisten
zum Bericht von 1 Sam 31. Auch dieser ›Zusatz‹ beginnt und endet
mit der Wurzel ›sterben‹:

> *Da starb Saul*
> wegen der Treulosigkeit, die er am Herrn begangen,
> wegen des Worts des Herrn, das er nicht gehalten,
> auch hatte er Totengeister befragt und aufgesucht,
> aber nicht gesucht den Herrn,
> *da ließ der ihn sterben.*

Doch im Unterschied zum Bericht von Sauls Tod in den Versen 4
und 6 betont der Chronist hier, daß Sauls Tod kein zufälliger Schlachtentod war, sondern eine bewußte göttliche Strafe für seine Sünden.[33]
Durch den literarischen Rahmen wird der Leser hier von ›da starb
Saul‹ über die Aufzählung seiner Sünden bis ›da ließ er ihn sterben‹
geleitet.[34]

---

31 Dazu ausführlich oben, Kap. I, Aa, Beispiel 1.

32 Zum Widerspruch zwischen 1 Chr 10, 6 und 1 Chr 15, 29; 8, 30f // 9, 39-44 s. unten,
Anhang B, a, Beispiel 3.

33 Vgl. 1 Sam 28, 18f. Das Geschehen aus 1 Chr 10, 13f ist demnach die Erfüllung von
Samuels Ankündigung aus 1 Sam 28, 16-19; der Tod Sauls und Israels Niederlage auf
dem Gebirge Gilboa wird hier wie dort als Strafe gedeutet: »Weil du auf die Stimme
des Herrn nicht gehört und seinen grimmigen Zorn an Amalek nicht vollstreckt
hast, darum hat der Herr dir heute das getan« (V. 18).

34 Zur Geschlossenheit des Mittelteils tragen auch zwei Parallelismen (der eine synonym, der andere antithetisch) bei, die außerdem chiastisch verschränkt sind:

> Da starb Saul
> wegen der *Treulosigkeit*, die er **am Herrn** begangen,
> wegen des **Worts des Herrn**, *das er nicht gehalten*,
> auch hatte er **Totengeister** befragt und auf*gesucht*,
> aber *nicht gesucht* **den Herrn** da ließ der ihn sterben.

Zum antithetischen Parallelismus vgl. 2 Chr 17, 3c-4a, ferner ausführlich unten,
Kap. XV, B, Beispiel 4.

(5) Im Bericht vom Kauf der Tenne 2 Sam 24, 21 sagt David zu Arauna, er wolle ›die Tenne von ihm kaufen, um dem Herrn einen Altar zu errichten‹. Der Chronist hat diese Worte Davids mit einem literarischen Rahmen versehen, der mit den Worten ›gib mir‹ einsetzt und endet (1 Chr 21, 22):

2 Sam 24, 21b	*1 Chr 21, 22*
Da sprach David	Da sprach David zu Ornan:
die Tenne *von dir zu kaufen,*	*gib mir*
dem Herrn einen Altar zu errichten	den Ort der Tenne[35]
	daß ich dem Herrn dort einen Altar
	um vollen Preis errichte,
	gib ihn mir.[36]

In der Fortsetzung des Berichts stellt sich heraus, daß Arauna der Jebusiter nicht nur das Grundstück zur Verfügung stellt, auf dem David den Altar errichten kann, sondern auch die Opfermittel: »Siehe: die Rinder als Brandopfer und die Dreschschlitten und das Geschirr der Rinder als Brennholz« (2 Sam 24, 22)[37]. Dazu fügt der Chronist noch den ›Weizen als Speiseopfer‹ und versieht die ganze Liste mit einem literarischen Rahmen: dem ›gib mir‹ von Davids Bitte entspricht in Araunas Antwort die Aufforderung »nimm dir« (statt »er nehme« in 2 Sam 24, 22) und die Versicherung ›ich gebe‹ am Anfang und am Ende:

2 Sam 24, 22-23a	*1 Chr 21, 23*
Da sprach Arauna zu David:	Da sprach Ornan zu David:
Mein Herr König nehme und opfere,	Nimm dir, mein Herr König tue,
was ihm gefällt,	was ihm gefällt,
siehe	siehe, *ich gebe*
die Rinder als Brandopfer	die Rinder als Brandopfer
die Dreschschlitten und das Geschirr	die Dreschschlitten als
der Rinder als Brennholz	Brennholz
	und den Weizen als Speiseopfer
Das alles gab König[38] Arauna dem König.	– *das alles gebe ich.*[39]

---

35 Der Chronist fügt die Vokabel ›Ort‹ hinzu, denn David braucht ja nur den Bauplatz, nicht die Tenne als Tenne.

36 Der Chronist imitiert hier Abrahams Rede vor den Hethitern beim Kauf der Höhle Machpela, Gen 23, 9: »Um vollen Preis gib sie mir«; s. auch in der Fortsetzung, 1 Chr 21, 24: »Denn kaufen will ich um vollen Preis« (statt 2 Sam 24, 24: »denn kaufen will ich von dir um Geld«). Dazu Y. Zakovitch, Assimilation in Biblical Narrative, in: J. H. Tigay (Ed.), Empirical Models for Biblical Criticism, Philadelphia 1985, 181.

37 Vgl. dazu das Verhalten der Leute von Beth-Semes bei der Rücksendung der Lade aus dem Philisterland: »da spalteten sie das Holz des Wagens, und die Kühe opferten sie dem Herrn als Bandopfer dar« (1 Sam 6, 14).

38 Die Vokabel ›König‹ steht in den antiken Versionen nicht. Sollte sie in Massora

(6) Bei der göttlichen Antwort auf Salomos Gebet ist in 1 Kön 3, 11 jedes der drei Güter, die Salomo erhalten soll, obwohl er nicht darum gebeten hatte, eingeleitet durch ›du batest nicht um …‹. Der Chronist benützt diese Wendung als literarischen Rahmen, den er um alle drei herumlegt:

1 Kön 3, 11	2 Chr 1, 11
du batest nicht um langes Leben,	*du batest nicht*
du batest nicht um Reichtum	um Reichtum, Besitz und Ehre
du batest nicht um das Leben deiner Feinde	und das Leben deiner Feinde,
	auch um langes Leben
	batest du nicht.

Durch chiastische Anordnung der Elemente innerhalb des Rahmens hat der Chronist diese noch enger zusammengebunden.[40]

Ein ähnlicher Fall findet sich in der Fortsetzung der göttlichen Verheißung an Salomo:

1 Kön 3, 13	2 Chr 1, 12
… daß nicht deinesgleichen sein soll	*nicht war solches*
unter den Königen dein Leben lang	den Königen vor dir,
	und nach dir
	wir solches nicht sein.

Auch hier bilden die Elemente des Chronikverses eine chiastische Struktur.[41]

C) Vervollständigung eines literarischen Rahmens

In einem Fall hat der Chronist eine Art literarischen Rahmen vorgefunden: Die Aufzählung der Schlachtopfer bei der Einweihung des Tempels 1 Kön 8, 62f beginnt mit den Worten »der König und ganz Israel mit ihm« und endet »der König und alle Israeliten«, d.h. die beiden Rahmenelemente haben ähnlichen Wortlaut. Der Chronist hat die Formulierung so verändert, daß die Rahmenelemente identisch lauten, was die Wirksamkeit des literarischen Rahmens erhöht:

---

ursprünglich sein, so könnte dies ein Hinweis darauf sein, daß Arauna vor der Eroberung Jerusalems König der Jebusiter war. Andere Meinungen bei McCarter, II Sam, 508.

39 Während der Schlußsatz 2 Sam 24, 23a aus der Perspektive des Redaktors formuliert ist, hat der Chronist ihn in die direkte Rede des Jebusiters einbezogen: »das alles gebe ich«.

40 Dazu oben, Kap. XI. Außerdem steht dieser Vers zum Paralleltext in Kön in Parallelen-Chiasmus, s. dazu oben, Kap. XII, A, Beispiel 3.

41 Dazu oben, Kap. XI.

1 Kön 8, 62f	2 Chr 7, 4f
62. Der König und ganz Israel mit ihm	4. der König und das ganze Volk
brachten Schlachtopfer vor dem Herrn	brachten Schlachtopfer vor dem Herrn.[42]
63. Da brachte Salomo das Heilsopfer dar,	5. Da brachte König Salomo das Opfer dar,
das er dem Herrn opferte,	
zweiundzwanzigtausend Rinder	zweiundzwanzigtausend Rinder
hundertzwanzigtausend Kleinvieh;	hundertzwanzigtausend Kleinvieh;
so weihten das Haus des Herrn ein	so weihten das Haus Gottes ein
der König und ganz Israel.	der König und das ganze Volk.

Ein weiteres Beispiel für Vervollkommnung eines vorhandenen literarischen Rahmens findet sich unten, II. Beispiel 1: Aufzählung der Söhne Davids.

D) Literarischer Rahmen in den Zusätzen

Fälle von literarischem Rahmen finden sich auch im Sondergut der Chronik:

(1) In 2 Chr 36, 21 hat der Chronist Wendungen aus Lev 26, 34 und aus Jer 29, 10 in seinen Text aufgenommen und sie mit einem literarischen Rahmen umgeben, der das Stichwort ›erfüllen‹ enthält:

zu erfüllen das Wort des Herrn durch Jeremia:
Bis das Land seine Sabbatjahre ersetzt bekommen hat,
während der ganzen Dauer der Brache hat es Ruhe,
bis erfüllt sind siebzig Jahre.[43]

Außerdem wird der Zusammenhalt der Wendungen chiastisch verstärkt.[44]

(2) In 2 Chr 27, 5 legt der Chronist einen literarischen Rahmen um die Aufzählung des jährlichen Tributs, den die Ammoniter König Jotham von Juda zu entrichten hatten:

da entrichteten ihm die Ammoniter in jenem Jahre hundert Talente Silber,
zehntausend Kor Weizen und zehntausend Kor Gerste.
Dies entrichteten ihm die Ammoniter auch im zweiten und dritten Jahr.

---

42 Vgl. dazu 2 Chr 5, 6: »König Salomo und die ganze Gemeinde Israels, die sich bei ihm versammelt hatte, standen vor der Lade und opferten Schafe und Rinder, so viel, daß man sie nicht zählen noch berechnen konnte« (= 1 Kön 8, 5).

43 Ehrlich, Mikrâ Ki-Pheschutô, 470, bemerkt dazu: »Dies ist gesagt, um die Bedeutung des Brachjahrgebots zu unterstreichen, was zur Zeit dieses Schreibers anscheinend nötig war«.

44 Dazu oben, Kap. XI.

Die Elemente innerhalb des Rahmens sind teilweise chiastisch angeordnet.[45]

(3) Weitere Beispiele für literarischen Rahmen etwa 1 Chr 26, 26-28: »Selomith und seine Brüder«; 2 Chr 30, 13: »da versammelte sich in Jerusalem eine große Menge ... eine überaus große Volksmenge«.

II. Rahmenbildung um Aufzählungen

(1) Die Aufzählung der Söhne Davids
In 1 Chr 3, 1-9 zählt der Chronist die Nachkommen Davids auf nach Listen, die er an verschiedenen Stellen in den Samuelbüchern gefunden hat: 2 Sam 3, 2-5 (die in Hebron geborenen Davidssöhne); 2 Sam 5, 14-16 (die in Jerusalem geborenen Davidssöhne); 2 Sam 15, 16 (Information über Davids Nebenfrauen, woraus der Chronist auf Söhne von diesen schloß) und 2 Sam 13, 1 (Davids Tochter Tamar). Für die Aufzählung von Davids Söhnen nach dessen Frauen konnte sich der Chronist auf zwei Samuel-Texte stützen: 2 Sam 3, 2-5 und 5, 14-16, wobei er die Angabe der Regierungsjahre in Hebron bzw. Jerusalem aus 2 Sam 5, 5 als Zwischenglied benützte. Außerdem trennte der Chronist die Aufzählung der Söhne von den Hauptfrauen (1 Chr 3, 1b-9a) von den Söhnen der Nebenfrauen und deren Schwester Tamar (V. 9b) durch Einfügung der Aufzählung in einen literarischen Rahmen: »Dies waren die Söhne Davids« (V. 1a) und »alle Söhne Davids« (V. 9a):

3, 1a.   »*Dies waren die Söhne Davids ...*«
1b-4a. Aufzählung der in Hebron geborenen Söhne (nach 2 Sam 3, 2-5)
    4b. Davids Regierungsjahre in Hebron (nach 2 Sam 5, 5)
        Davids Regierungsjahre in Jerusalem
5-8.   Aufzählung der in Jerusalem geborenen Söhne (nach 2 Sam 5, 14-16)
9a.   »*alle Söhne Davids*«.

Dieser literarische Rahmen verleiht den darin vereinigten Angaben Kohärenz und Einheitlichkeit. Außerdem verwendet der Chronist noch weitere literarische Mittel, um den Zusammenhalt der Elemente innerhalb des literarischen Rahmens zu erhöhen:
a) Vervollkommnung des in 2 Sam 3, 2a-5b vorgefundenen literarischen Rahmens um die in Hebron geborenen Söhne Davids:

2 Sam 3, 2a: es wurden David Söhne geboren in Hebron
        5b: diese wurden David ——geboren in Hebron
1 Chr 3, 1b: welche ihm geboren worden in Hebron
        4a: sechs waren ihm geboren worden in Hebron.

---

45 Dazu oben, Kap. XI.

b) Einfügung eines Zahlengerüsts: die in Hebron geborenen Söhne Davids waren **sechs**, die in Jerusalem geborenen »**vier** von Bat-Sua« und »**neun** von seinen übrigen Frauen« (1 Chr 3, 4a. 5c. 8).

c) Die Angabe, wieviel Jahre David in Hebron bzw. in Jerusalem regierte, steht wie gesagt als Bindeglied zwischen den in Hebron und den in Jerusalem geborenen Davidssöhnen. Der Chronist hat die Angabe der Regierungsjahre nicht mechanisch aus 2 Sam 5, 5 übernommen, sondern den Vers umformuliert, um eine chiastische Struktur zu erzielen, die ihren Bestandteilen wiederum größere Geschlossenheit verleiht.[46]

d) Die beiden aus 2 Sam 3, 2-5 und 2 Sam 5, 5 übernommenen Stellen bindet der Chronist aneinander, indem er an der zweiten Stelle den Ortsnamen ›Hebron‹ durch das Pronomen ›dort‹ ersetzt:

2 Sam 3, 5 ... diese wurden David **in Hebron** geboren
1 Chr 3, 4a ... wurden ihm **in Hebron** geboren
2 Sam 5, 5 **in Hebron** regierte er ... sieben Jahre
1 Chr 3, 4b er regierte **dort** sieben Jahre.

Zusammenfassend bleibt festzuhalten, daß der Chronist verschiedene Techniken verwendet hat, um den Bestandteilen der aus verschiedenen Quellen zusammengestückelten Aufzählung Geschlossenheit zu verleihen: Er hat den gesamten Text mit einem literarischen Rahmen versehen, einen vorgefundenen literarischen Rahmen vervollkommnet, ein Zahlengerüst hinzugefügt, einen dritten Text als Zwischenglied eingebaut und dessen Glieder chiastisch angeordnet, durch Verwendung von Pronomen statt Ortsnamen Kohäsion zwischen zwei ursprünglich getrennten Versen hergestellt.

2 Sam 3. 5	*1 Chr 3, 1-9*
	Dies waren die Söhne Davids,
3, 2a. In Hebron wurden David Söhne geboren ... (es folgen die Namen)	die ihm in Hebron geboren wurden: (es folgen die Namen)
3, 5b. Diese wurden David in Hebron geboren.	Sechs wurden ihm in Hebron geboren.
5, 5. In Hebron regierte er	Dort regierte er
sieben Jahre und sechs Monate,	sieben Jahre und sechs Monate,
in Jerusalem regierte er 33 Jahre	und 33 Jahre regierte er in Jerusalem.
5, 14-16. Dies sind die Namen derer,	Und diese wurden ihm in Jerusalem[47]
die ihm in Jerusalem geboren wurden:	geboren:
Samua, Sobab, Nathan, Salomo,	Simea, Sobab, Nathan und Salomo – diese

---

46 Dazu ausführlicher oben, Kap. XI.
47 Hier Plene-Schreibung ירושלים, so auch 2 Chr 25, 1; 32, 9; Esr 2, 6 und Jer 26, 18; an allen übrigen Stellen in der Bibel findet sich die defektive Schreibung: ירשלם. Ähnlich verhält es sich mit der Schreibung des Namens ›David‹: In der Chronik plene דויד, in den übrigen biblischen Büchern defektiv דוד.

Jibhar, Elisua,	vier von Bathseba, der Tochter Ammiels;
	dazu Jibhar, Elisua, Eliphelet, Nogah,
Nepheg, Japhia, Elisama, Eljada	Nepheg, Japhia, Elisama, Eljada
und Eliphelet.	und Eliphelet, ihrer neun.[48]
	Das sind alle Söhne Davids,
15, 16. (Davids Nebenfrauen)	abgesehen von denen der Nebenfrauen,
13, 1. (Davids Tochter Tamar)	und Tamar war ihre Schwester.

(2) Die Aufzählung der Söhne Serahs

Seine Genealogie der Söhne in 1 Chr 2, 6 hat der Chronist aus einer
Aufzählung von Weisen der Frühzeit 1 Kön 5, 11 und der Liste der
Söhne des Serah Jos 7, 1 (= V. 18) zusammengebaut, obwohl diese
beiden Namenslisten ursprünglich nichts miteinander zu tun hatten.
Um sie fest aneinander zu binden, hat er ihnen einen literarischen
Rahmen verliehen und zählt sie außerdem am Schluß zusammen: »Und
die Söhne Serahs ... zusammen fünf«:

Jos 7, 1	*1 Kön 5, 11*	*1 Chr 2, 6*
... des Sohnes Sabdis,		*Die Söhne Serahs:*
des Sohnes Serahs ...		Simri[49],
	Ethan, der Esrahite,	Ethan,
	Heman,	Heman,
	Chalchol	Chalchol
	und Darda,	und Dara[50]
	die Söhne Mahols	*zusammen* fünf.

Anlaß zur Kontamination der beiden Listen war offenbar der
Beiname Ethans, des Esrahiten: der Chronist verstand ›Esrahit‹ als
Patronymikon von Serah[51] und baute daraufhin die beiden Listen zusammen.[52] Daß 1 Kön 5, 11 einen gewissen Mahol als Vater der genannten Weisen angibt, hat er einfach ignoriert.

---

48 In leicht abweichender Form und ohne Zahlen-Rahmen bringt der Chronist noch
   eine Aufzählung der in Jerusalem geborenen Söhne Davids 1 Chr 14, 4-7.
49 Der Name ›Simri‹ ist möglicherweise eine Entstellung des Namens ›Sabdi‹ aus Jos
   7, 1: Die beiden Labiale ›b‹ und ›m‹ sind auf Grund ihrer phonetischen Ähnlichkeit
   vertauschbar, die Buchstaben ›Dalet‹ und ›Resch‹ werden aufgrund ihrer graphischen
   Ähnlichkeit leicht verwechselt; Beispiele für Vertauschung von b/m und d/r in der
   Bibel bei Sperber, Parallel Transmission, 164. 167 (unser Beispiel kommt bei Sperber
   nicht vor).
50 Im Targum, in der Peschitta sowie in einigen MSS der LXX lautet der Name ›Darda‹
   wie in 1 Kön 5, 11.
51 So übersetzt auch Targum Jonathan zu 1 Kön 5, 11 Ethan der Esrahit mit »Ethan,
   Sohn des Serah«.
52 Die Herkunftsbezeichnung ›Esrahite‹ wird auch von der hebräischen Vokabel אזרח
   ›Bürger‹ abgeleitet und würde demnach einen Ureinwohner des Landes, Angehörigen einer vor-israelitisch kanaanäischen Familie bezeichnen (Num 9, 14); dazu Albright, Archaeology, 127. 205 Anm. 44; 210 Anm. 95.

(3) Die Aufzählung der Söhne Judas
In 1 Chr 2, 3f bringt der Chronist eine Liste der Söhne Judas aus dem
Buch Genesis, umgab sie mit einem literarischen Rahmen (»Die Söhne
Judas ... alle Söhne Judas«) und fügte die Gesamtzahl hinzu: fünf.

Gen 38, 2-30	*Gen 46, 12*[53]	*1 Chr 2, 3f*
2-5. Da sah Juda die Tochter eines Kanaanäers, der hieß Sua ...	*Die Söhne Judas:*	*Die Söhne Judas*
... gebar e. Sohn u. nannte ihn Er	Er,	Er,
... gebar e. Sohn u. nannte ihn Onan	und Onan,	und Onan
... gebar e. Sohn u. nannte ihn Sela.	Sela	und Sela -
		diese drei wurden ihm geboren von Bat Sua der Kanaanäerin[54].
7. Da war Er, der Erstgeborene Judas, böse in den Augen des Herrn, und der Herr ließ ihn sterben.		Da war Er, der Erstgeborene Judas, böse in den Augen des Herrn, und der Herr ließ ihn sterben.
10. ... da war böse in den Augen des Herrn, was er [Onan] getan, und er ließ auch ihn sterben.		_____[55]
24. Da ward Juda angesagt: Gehurt hat Tamar, deine Schwiegertochter,		Und Tamar, seine Schwiegertochter, gebar ihm
29. ... nannte seinen Namen Perez	Perez	Perez
... und nannte seinen Namen Serah	und Serah.	und Serah -
		alle Söhne Judas: fünf.
	Doch starben Er und Onan.	

Auch hier hat der Chronist die Elemente innerhalb des literarischen
Rahmens chiastisch angeordnet und nicht nur die ganze Aufzählung,
sondern auch ihren ersten Teil mit einem Rahmen versehen:

Die Söhne Judas:
Er und Onan und Sela,
diese drei wurden ihm geboren
von Bat-Sua der Kanaanäerin ...

---

53 Der Vers Gen 46, 12 (P), der die nach Ägypten hinabgezogenen Söhne Jakobs
   aufzählt, basiert auf Gen 38, 2-5. 29f; s. auch Num 26, 19f.
54 In Gen 38, 2 steht, daß Judas Frau, die Mutter von Er, Onan und Sela, die Tochter
   (hebr. ›Bat‹) eines Kanaanäers namens Sua war, ihr Name ist nicht angegeben. Der
   Chronist hat aus der Verwandtschaftsbezeichnung und dem Vatersnamen den Eigennamen ›Bat-Sua‹ gebildet und diesen mit dem femininen Attribut ›Kanaanäerin‹
   versehen. Vielleicht hat er sich auch einfach auf Gen 31, 12 gestützt, wo Judas Frau
   ›Bat-Sua‹ heißt.
55 Den Tod Onans bringt der Chronist nicht, obwohl er in Gen 38, 10; 46, 12 und in
   Num 26, 19 berichtet ist.

Und Tamar, seine Schwiegertochter,
gebar ihm Perez und Serah -
alle Söhne Judas: fünf.

(4) Eine Aufzählung der Einwohner Jerusalems erscheint 1 Chr 9,
2-17 und Neh 11, 3-19. Verschiedenes spricht dafür, daß die Version
bei Nehemia die ursprüngliche ist und vom Chronisten mit leichten
Veränderungen übernommen wurde[56]:
  a) Die Liste Neh 11, 3-19 paßt gut zu Neh 7, 4f, wo von der
Größe der Stadt und der relativ Einwohnerzahl die Rede ist. Den
natürlichen Auftakt zur Liste der Einwohner von Jerusalem bildet der
Bericht von Nehemias Bemühungen, die Stadt zu bevölkern (11, 1f):
»Die Obersten des Volkes ließen sich in Jerusalem nieder; das übrige
Volk aber warf das Los, um je einen von zehn zur Niederlassung in
Jerusalem zu bestimmen ... und das Volk segnete all‹ die Männer, die
freiwillig bereit waren, in Jerusalem zu wohnen«.
  b) Ein Vergleich der Liste von 1 Chr 9 mit der in Neh 11 lehrt, daß
der Chronist einige Veränderungen daran vorgenommen hat, die sich
in den Kontext der Chronik gut einfügen:
  1. Neh 11, 4 nennt nur Judäer und Benjaminiten, 1 Chr 9, 3 fügt
Ephraimiten und Manassiten hinzu. In der Fortsetzung der Liste werden zwar nur Judäer und Benjaminiten aufgeführt, Ephraimiten und
Manassiten werden nicht genannt. Doch an anderen Stellen in der
Chronik sind Ephraimiten und Manassiten im Zusammenhang mit Jerusalem erwähnt, so etwa 2 Chr 15, 9f; 36, 1. 10f. 18 (›Zusatz‹; der
Ausdruck erscheint auch 2 Chr 31, 1; 34, 6). Dies geht mit der Tendenz des Chronisten zusammen, die Beteiligung von ›ganz Israel‹ bei
der Neubesiedlung Jerusalems hervorzuheben.[57]
  2. In 1 Chr 9, 9 findet sich der Ausdruck: »Diese alle waren Familienhäupter in ihren Familien«, der an der Parallelstelle bei Nehemia
nirgends vorkommt, dagegen etliche Male in der Chronik, z.B.: 1 Chr
5, 24; 2 Chr 23, 24; s. auch 1 Chr 7, 7. 9. 40 (›Zusatz‹).
  3. In Neh 11, 3 findet sich der Ausdruck: »die Nachkommen der
Knechte Salomos«; dieser Ausdruck kommt bei Nehemia auch sonst
noch vor (Neh 7, 57. 60 // Esr 2, 55. 58), in der Chronik dagegen
überhaupt nicht – offenbar hat der Chronist ihn hier weggelassen.[58]

---

56 Dazu Rudolph, Chron, 83.
57 Vgl. Japhet, Ideology, 300; gegen Benzinger, Chron, 36, Kittel, Chron, 52 und Ru-
    dolph, Chron, 85, die diese Angabe für historisch halten und davon ausgehen, der
    Ausdruck habe in der Vorlage des Chronisten gestanden.
58 Segal, Esra-Nehemia, 87f., geht auf diesen Befund ein, deutet ihn aber anders: Seine
    Annahme, die Verfasser von Chr und Neh hätten »verschiedene Versionen der-
    selben Quelle benutzt« (so schon Graf, Chron, 230; Benzinger, Chron, 35) bleibt
    unbewiesen.

Somit hat der Chronist die ganze Liste aus Nehemia übernommen und die Liste der Torhüter (VV. 18-34a) hinzugefügt. Die gesamte Aufzählung beginnt mit den Worten »und in Jerusalem saßen« (ebd. V. 3a // Neh 11, 4a) und schließt mit denselben Worten in umgekehrter Reihenfolge: »diese saßen in Jerusalem (ebd. V. 34b // 8, 2b ›Zusatz‹):

Neh 11, 3-19	1 Chr 9, 2-34
4a. *und in Jerusalem saßen* ...	3a. *und in Jerusalem saßen* ...
4b-19. [Liste der Einwohner]	3b-17 [Liste der Einwohner]
	18-34a [Liste der Torhüter]
	34b. *diese saßen in Jerusalem.*

Durch diesen literarischen Rahmen werden die beiden ursprünglich getrennten Bestandteile zu einer großen einheitlichen Liste zusammengefaßt; die chiastische Verschränkung der Rahmenelemente erhöht deren abschließende Wirkung.

5) Die Liste der Söhne Issachars aus dem Pentateuch hat der Chronist um die abschließende Zahlenangabe erweitert:

Gen 46, 13	Num 26, 23f	1 Chr 7, 1
Die Söhne Issachars:	*Die Söhne Issachars* ...	*Die Söhne*[59] *Issachars:*
Thola, Puwa, Thola ...,	Puwa ...,	Thola, Pua,
Job und Simron.	Jasub ..., Simron.	Jasib[60] und Simron,
		ihrer vier.

6) Auch andere Genealogien, die keine Parallele in einem anderen biblischen Buch haben, sind in der Chronik mit literarischem Rahmen und/ oder Zahlengefüge versehen:

a) *1 Chr 2, 25-33*
Die Söhne Jerahmeels, des Erstgeborenen Hezrons, waren:
Ram, der Erstgeborene, Buna, Oren und Ozem, seine Brüder
... Die Söhne Jonathans: Peleth und Sasa.
Das waren die Söhne Jerahmeels.

b) *1 Chr 8, 38 (= 9, 44)*
Azel hatte sechs Söhne, und dies waren ihre Namen:
Asrikam,
Bochru,
Ismael,
Searja,
Obadja,
und Chanan.
All diese waren Söhne Azels.

Der Chronist hat die Wirkung des literarischen Rahmens noch dadurch erhöht, daß er die Rahmenelemente chiastisch verschränkt hat:

---

59 So in der alexandrinischen Version der LXX, in Vulgata und Peschitta; der massoretische Text liest: »den Söhnen«.
60 Die Massora, LXX und Vulgata haben ›Jasub‹ wie in Num.

Azel hatte sechs Söhne, und dies waren ihre Namen ...
all diese waren Söhne Azels.

Auch die Gesamtzahl, sechs, hat der Chronist hinzugefügt, diesmal allerdings am Anfang.

c) Weitere Beispiele zum Vergleich: 1 Chr 7, 8: »Die Söhne Bechers ... All diese sind Söhne Bechers«; 1 Chr 7, 10f: »Die Söhne Jediaels ... All diese sind Söhne Jediaels«; 1 Chr 4, 5f: »Da gebar ihm Naara ... Dies sind die Söhne der Naara«.

d) Der Chronist hat die Gesamtheit der genealogischen Listen sämtlicher israelitischer Stämme 1 Chr 2, 1b bis Kapitel 8 mit literarischen Rahmen versehen:

1 Chr 2, 1a: *Dies sind die Söhne Israels*[61]

1b-2.	Ausführliche Liste der Stämme
2, 3 – 4.	Stamm Juda, Davids Haus, Stamm Simeon
5, 1-26	Die Stämme im Ostjordanland: Ruben, Gad und halb Manasse
5, 27 – 6	Stamm Levi, Priester- und Levitenstädte
7, 1-5	Die Söhne Issaschars
6-12	Die Söhne Benjamins
13	Die Söhne Naphthalis
14-19	Die Söhne Manasses
20-29	Die Söhne Ephraims
30-40	Die Söhne Assers
8	Der Stamm Benjamin; das Haus Sauls
9, 1a	*Ganz Israel wurde* in die Familienregister eingetragen, siehe, sie sind in dem Buch der Könige Israels und Juda niedergeschrieben.[62]

Von daher bildet der Vers 1 Chr 9, 1a den abschließenden Rahmen zur gesamtisraelitischen Genealogie der Kapitel 2 bis 8, und keine Einleitung oder spätere Interpolation zur Eröffnung der folgenden Liste der Einwohner Jerusalems 9, 2ff (// Neh 11, 3ff), wie manche Forscher meinten.[63] Demnach ist dieser Vers die zweite Hälfte eines literarischen Rahmens um die gesamtisraelitische Genealogie, von 2, 1b bis einschließlich Kapitel 8.[64]

---

61 Vgl. diese Eröffnung mit Gen 46, 8; Ex 1, 1; Gen 25, 13; 36, 10.

62 Die Fortsetzung des Verses: »wurden ob ihrer Untreue nach Babel ins Exil geführt« ist offenbar eine spätere Glosse unter dem Eindruck des Berichts über die Exilierung der Ostjordanstämme 1 Chr 5, 25f, dazu J. Liver, Ganz Israel wurde in die Familienregister eingetragen ... (hebr.), in: idem, Chiqre Miqra, 237.

63 S. z.B. Öttli, Chron, 37; Bertheau, Chron, 91f.; Benzinger, Chron, 35; Curtis, Chron, 168f. Zu den Schwierigkeiten einer solchen Annahme s. auch Rothstein-Hänel, Chron, 163-173; Rudolph, Chron, 83 und in ihrem Gefolge Liver, s. vorige Anm., 235.

64 Liver, op. cit. 234-240. 248, kommt aufgrund inhaltlicher Analyse zu dem Schluß, der Vers bilde das Résumé zu den Genealogien der Kapitel 2 bis 8.

e) Etliche Listen hat der Chronist mit Zahlengefüge versehen, z.B.: »Die Söhne Sechanjas[65]: Semaja, Hattus, Jigeal, Bariah, Nearja und Saphat, ihrer **sechs**. Die Söhne Nearjas: Eljoenai, Hiskia und Asrikam, ihrer **drei**. Die Söhne Eljoenais: Hodawja, Eljasib, Pelaja, Akkub, Johanan, Delaja und Anani, ihrer **sieben**« (1 Chr 3, 22-24); »Und ihre Brüder, nach ihren Familien, sind: Michael, Mesullam, Seba, Jorai, Jakan, Sia und Heber, ihrer **sieben**« (ebd. 5, 13).

---

65 Im massoretischen Text steht hier »Söhne Semajas«, was offenbar nicht die ursprüngliche Lesart ist (Dittographie), vgl.: Rudolph, Chron, 31; idem, BHS, 1464.

Kapitel XV
Antithese

Unter Antithese verstehen wir hier die bewußte Gegenüberstellung der Taten, Schicksale u.ä. verschiedener Figuren, um die Eigenart der einen auf dem Hintergrund der anderen deutlicher hervortreten zu lassen.

Gelegentlich schafft eine vom Chronisten vorgenommene Veränderung einen Gegensatz zwischen dem Handeln, Leben, Schicksal und der Macht von Göttern, Königen, Führungspersönlichkeiten und verschiedenen ethnischen Gruppen, so daß jeweils der eine als Antityp des anderen erscheint. Auf diese Weise unterstreicht der Chronist Besonderheiten einzelner Figuren auf dem Hintergrund der jeweiligen Gegenfigur. Aus der Beobachtung dieses literarischen Mittels soll der Leser eine Lehre ziehen. So werden einander gegenübergestellt: Ratsuchen beim Herrn vs. Ratsuchen bei den Götzen; Treue zum Herrn vs. Untreue; Ergebenheit in Gottes Willen vs. Auflehnung; das Ende eines bösen Königs vs. das Ende eines gottesfürchtigen; Vertrauen auf Gott vs. Vertrauen auf Fleisch und Blut. Die Antithese dient auch als didaktisches Mittel, um den Leser vom praktischen Nutzen des gottgefälligen Wandels zu überzeugen; anhand von Beispielen wird ihm vorgeführt, wieviel besser es ist, auf den Herrn zu vertrauen und seinen Willen zu tun als sich auf andere Götter oder Menschen zu verlassen.

Bisweilen kommen die antithetisch verwendeten Figuren in derselben Erzählung vor, bisweilen an verschiedenen Stellen. Manchmal spricht der Chronist die Antithese deutlich aus, manchmal überläßt er ihre Entdeckung dem literarischen Spürsinn des Lesers. Gelegentlich begnügt er sich nicht mit antithetischen Zügen bei der Charakterisierung der jeweiligen Figur, sondern bringt sein Urteil noch gesondert zum Ausdruck, etwa in einer kurzen, dem ursprünglichen Text hinzugefügten Schlußwertung oder in einer Prophetenrede.

Die beiden Beispiele am Schluß dieses Kapitels zeigen, wie der Chronist sogar in den ihm vorliegenden Texten bestehende Antithesen durch entsprechende Änderungen verfeinert und präzisiert hat.

Dieses literarische Mittel ist auch aus anderen biblischen Schriften und aus der klassischen Literatur bekannt.[1] Als Beispiel für die Bear-

---

1 Dazu L. Fraenkel, Die Antithese als literarisches Element in der Bibel (hebr.), in:

beitung eines älteren Textes durch einen jüngeren Schriftsteller seien
etwa die Gegenfiguren genannt, die Josephus bei seiner Nacherzählung
der biblischen Geschichte Rebekka am Brunnen an die Seite stellt und
von denen der biblische Bericht nichts weiß: » ... er [Elieser] kam
zum Brunnen und bat die Jungfrauen, sie möchten ihm zu trinken
geben. Sie aber weigerten sich mit der Begründung, sie brauchten das
Wasser selbst, um es nach Hause zu tragen, nicht um es ihm zu geben, denn es sei nicht leicht zu beschaffen. Es war aber eine unter
ihnen, die tadelte sie ob ihrer Unfreundlichkeit gegenüber dem Gast
und sprach: ... Und sie versorgte ihn willig mit Wasser« (ant. I 246,
vgl. 245 Ende).

A) Gegenüberstellung der Taten von Personen oder Gruppen

(1) Der Chronist hat den Umgang der Philister mit Sauls Haupt
dem der Leute von Jabesch-Gilead mit dessen Leichnam gegenüber,
indem er in beiden Fällen dieselbe Verbalwurzel (נשא in der Bedeutung ›nehmen‹) verwendet[2], während der ältere Text verschiedene Verben (כרת und לקח) hat:

1 Chr 10, 9: »Sie [die Philister] nahmen (נשא) sein [des toten Saul] Haupt«
statt: »Sie schlugen ihm das Haupt ab (כרת)« (1 Sam 31, 9);
1 Chr 10, 12: »Sie [die Einwohner von Jabesch in Gilead] nahmen (נשא) den Leich-
              nam Sauls«
statt: »Sie nahmen (לקח) Sauls Leiche« (1 Sam 31, 12).

Dadurch wird der Kontrast zwischen den beiden Handlungen betont: Die Philister ›nahmen‹ das Haupt des toten Saul im Siegestaumel:
»Sie raubten ihn aus und nahmen sein Haupt und seine Rüstung und
sandten rings im Lande der Philister umher, die Siegesbotschaft ihren
Götzen und dem Volke zu verkünden« (1 Chr 10, 9 // 1 Sam 31,
9), »und seinen Schädel hefteten sie im Tempel Dagons an« (1 Chr
10, 10). Die Bewohner von Jabesch in Gilead dagegen ›nahmen‹ den
Leichnam Sauls (und die Leichen seiner Söhne), begruben ihn in ihrer

---

Uffenheimer, haMiqra, 129-146, mit Bibliographie der älteren Literatur; s. auch J.
Krašovec, Antithetic Struture in Biblical Hebrew Poetry, Leiden 1984.

2 So übersetzt auch LXX an beiden Stellen. Zu dieser Bedeutung der hebräischen
Wurzel נשא s. auch Gen 21, 18; 2 Kön 4, 36. Ähnlich wie der Chronist die Wurzel
לקח durch נשא ersetzt hat (1 Chr 10, 12 // 1 Sam 31, 12), ist auch der Verfasser des
Buches Esra mit einem Vers aus Dtn verfahren:
Dtn 7, 4: »du sollst nicht deine Töchter ihren Söhnen geben, noch ihre Töchter für
deine Söhne nehmen (תקח)«
Esr 9, 12: »So sollt ihr nun eure Töchter nicht ihren Söhnen geben noch um ihre
Töchter werben (תשאר) für eure Söhne«.

Stadt und betrauerten ihn: »und fasteten sieben Tage lang« (1 Chr 10, 12 // 1 Sam 31, 13).[3]

(2) Der Chronist konfrontiert Sauls letzten Feldzug gegen die Philister und dessen Folgen mit König Davids Philisterkriegen:

a) Bevor David gegen die Philister zu Felde zog, holte er sich Rat beim Herrn und empfing dessen Segen. Daraufhin errang er einen großen Sieg: »David schlug sie dort. Und David sprach: ›Gott hat durch meine Hand meine Feinde durchbrochen, wie das Wasser den Damm durchbricht‹«. (1 Chr 14, 10f // 2 Sam 5, 19f). So verfuhr er auch bei seinem nächsten Philisterfeldzug: Er holte Gottes Rat ein, befolgte dessen Anweisungen und siegte (1 Chr 14, 13-16 // 2 Sam 5, 22-25).

Im Gegensatz dazu habe Saul ›nicht beim Herrn Rat gesucht‹, bevor er gegen die Philister auszog, sondern bei einem Totengeist. Damit widerspricht der Chronist der ausdrücklichen Feststellung 1 Sam 28, 6: »Saul befragte den Herrn, aber der Herr gab ihm keine Antwort, weder durch Träume noch durch das heilige Los noch durch die Propheten« (vgl. auch V. 15). Daraus ist geschlossen worden, daß diesem Schriftsteller an einer extrem negativen Darstellung Sauls gelegen war.[4] Ich möchte dieses Problem von einer anderen Seite angehen. Der Chronist geht von zwei Voraussetzungen aus: ›Wer Gott anruft, wird erhört‹ und ›wer Gott verläßt, den verläßt er‹. So läßt er David auf dem Sterbebett zu seinem Nachfolger sprechen: »Wirst du Ihn suchen, so wird Er sich von dir finden lassen; wirst du Ihn aber verlassen, so wird Er dich für immer verwerfen« (1 Chr 28, 9). Dieselbe Botschaft bringt er als Prophetenspruch: »Der Herr ist mit euch, wenn ihr zu ihm haltet, und wenn ihr ihn sucht, so wird er sich von euch finden lassen; wenn ihr ihn aber verlaßt, so wird er euch verlassen« (2 Chr 15, 2).

---

3   Die ›sieben Tage‹ verweisen auf die ›sieben Tage‹ Aufschub, die Jabesch in Gilead von den Ammonitern erhielt (1 Sam 11, 3, und innerhalb dieser Frist kam Saul ihnen zu Hilfe (vgl. den Kommentar des R. David Kimchi zu 1 Sam 31, 13, und den Raschi zugeschriebenen Kommentar zu 1 Chr 10, 12). Diese Analogie macht das Verhalten der Bewohner von Jabesch gegenüber dem toten Saul und seinen Söhnen verständlich: Sie nehmen die Leichen von der Stadtmauer herunter und setzen sie an einem Ehrenplatz bei, wodurch sie sich selbst erheblich gefährden. Dann fasten sie sieben Tage lang (in der Regel wurde nur am ersten der Trauertage gefastet, s. 2 Sam 1, 12; 3, 35; Ps 35, 13f).

   Eine vergleichbare Gegenüberstellung findet sich in den Josefserzählungen der Genesis: Bei Josefs Deutung der Träume von Pharaos Mundschenk und Pharaos Bäcker verwendet der Erzähler beide Male das Verb נשא, allerdings in recht verschiedener Bedeutung: »in drei Tagen wird der Pharao dein Haupt erhöhen (נשא – vgl. in der Fortsetzung V. 20; Ex 30, 12; Num 1, 2; 2 Kön 25, 27) und dich wieder in dein Amt einsetzen« und »in drei Tagen wird der Pharao dein Haupt erhöhen (נשא) und dich an den Pfahl hängen lassen« (Gen 40, 13. 19).

4   Ehrlich, Mikrâ Ki-Pheschutô, 438.

Das gottgefällige Verhalten zeitigt entsprechend positive Folgen: »Und es freuten sich alle Judäer über den Schwur; denn von ganzem Herzen hatten sie geschworen und ihn mit ganzem Willen gesucht, und so ließ er sich von ihnen finden und verschaffte ihnen ringsum Ruhe« (ebd. V. 15). Und weil ein Sachverhalt wie der 1 Sam 28, 6 berichtete, wonach Saul den Herrn angerufen, aber keine Antwort erhalten habe, in dieses theologische Konzept nicht paßt, hat der Chronist die Mitteilung aus Samuel ganz kühn umgebogen und behauptet, Saul habe nur den Totengeist befragt, ›beim Herrn aber nicht Rat geholt‹ (1 Chr 10, 13f). Er kann sich die Verweigerung der göttlichen Antwort nur so erklären, daß Saul Gott entweder gar nicht befragt oder aber nicht von ganzem Herzen gesucht habe, denn sonst hätte Gott ihm doch antworten müssen.[5] Laut 1 Sam 28, 15 hat Saul Samuels Zorn dadurch erregt, daß er ihn in seiner Grabesruhe gestört hat, nicht durch die Befragung eines Totengeistes als solche. Diese wird auch in der Fortsetzung (VV. 18f) nicht unter den Verfehlungen aufgeführt, die Sauls Untergang herbeigeführt hätten. In den Augen des Chronisten dagegen ist die Befragung eines Totengeistes ein schweres Vergehen, ganz im Sinne des pentateuchischen Gebots (Lev 19, 31; 20, 6. 27; Dtn 18, 11).[6]

Der Chronist begnügt sich nicht damit, Sauls trauriges Ende unter anderem mit dessen Befragung eines Totengeistes zu begründen; er schildert Sauls Tod auch nicht als selbstgewählten Tod eines Helden, der lieber stirbt als in die Hand seiner Feinde zu fallen (1 Sam 31, 3f // 1 Chr 10, 3f), sondern führt ihn auf direktes göttliches Eingreifen zurück: »darum ließ er [scil. Gott] ihn sterben«, denn wer einen Totengeist befragt, ist des Todes schuldig (s. Lev 20, 6. 27). Dahinter steht die Vorstellung, daß Gott die Geschichte von Individuen wie von Völkern lenke, so daß auch der Schlachtentod Sauls und seiner Söhne direkter Ausfluß des göttlichen Willens sei. Zur Verstärkung dieses Prinzips dient die markante Wiederholung der hebräischen Wurzel מרת (›tot‹, ›sterben‹) über die ganze Erzählung hin: » ... daß Saul tot war ... So starben Saul und seine drei Söhne ... miteinander starben

---

5 Vgl. Ps 145, 18. Gegen Mosis, Untersuchungen, 39-41, der annimmt, der Vorwurf in 1 Chr 10, 13f, Saul habe nicht Gott, sondern einen Totengeist befragt, beziehe sich nicht auf den einen konkreten Fall vor dem Auszug zur Schlacht auf dem Gilboa, sondern besage, Saul habe generell nicht den Herrn, sondern Totengeister zu Rate gezogen. Mosis stützt diese seine Annahme auf den Widerspruch zwischen 1 Chr 10, 13f und 1 Sam 28, 6. 15.

6 Vgl. auch Jes 8, 19; 19, 3b; 2 Kön 21, 6; 23, 24. Daß es dem Chronist nicht nur um Verunglimpfung Sauls ging, erhellt auch daraus, daß er Grausamkeiten wie Sauls Rache an den Priestern zu Nob (1 Sam 22, 6-23) sowie die vertragswidrige Tötung der Gibeoniten (2 Sam 21, 2f) nicht unter Sauls todeswürdigen Vergehen aufführt, wohingegen Josephus (ant. VI 378) und die Rabbinen (Lev. R. XXVI 7) zumindest die Tötung der Priester zu Nob dazu rechnen.

sie. ... daß Saul und seine Söhne tot waren ... Also starb Saul ...
darum ließ er ihn sterben« (1 Chr 10, 5. 6. 7. 13. 14 – s. auch im
folgenden). Vielleicht hat der Chronist in Sauls Tod auf dem Gilboa
auch die Prophezeiung des toten Samuel erfüllt gesehen: »[der Herr]
hat auch Israel mit dir in die Hand der Philister gegeben; und morgen
wirst du samt deinen Söhnen bei mir[7] sein. Auch das Heer Israels wird
der Herr in die Hand der Philister geben« (1 Sam 28, 19).

b) In 1 Sam 31, 7 heißt es: »Als aber die Israeliten, die in den Städten
der Ebene und in den Städten am Jordan wohnten, sahen, daß **die
Israeliten** geflohen und daß Saul und seine Söhne tot waren, verließen
sie ihre Städte und flohen«. In 1 Chr 10, 7 übernimmt der Chronist
diesen Vers mit einer Auslassung: »Als aber die Israeliten in der Ebene
sahen, daß **sie** geflohen waren und daß Saul und seine Söhne tot waren,
verließen sie ihre Städte und flohen«. Aus dieser Formulierung läßt
sich herauslesen, daß diejenigen, die durch ihre Flucht die Aufgabe
der israelitischen Städte ausgelöst hatten, Saul und seine Söhne waren;[8]
dagegen spricht allerdings die Angabe vom Anfang des Kapitel »da
flohen die Israeliten vor den Philistern« (1 Sam 31, 1), die der Chronist
mit geringfügigen Veränderungen übernommen hat (1 Chr 10, 1).

Als dann die Philister gegen David zu Felde zogen, schreibt der
Chronist »Sowie David das erfuhr, machte er sich auf und zog ihnen entgegen« (1 Chr 14, 8), ganz im Gegensatz zum Parallelbericht
2 Sam 5, 17: »Sowie David das erfuhr, ging er nach der Bergfeste
hinab«, wonach David den Philistern zunächst ausgewichen wäre und
sich in der ›Burg‹ verschanzt hätte. So kontrastiert der Chronist die
Heldenfigur David, der den Philistern mutig entgegenzieht und sie
glanzvoll besiegt, mit der Antifigur Saul, der sich vor den Philistern
fürchtete (1 Chr 10, 3 // 1 Sam 31, 3),[9] flüchtet, Selbstmord begeht
und dadurch eine schwere Niederlage Israels auslöst. Beide Vorgänge
sind von Gott bewirkt: Der Herr hat Saul sterben lassen, der den Totengeist und nicht den Herrn befragt hatte (1 Chr 10, 14, ›Zusatz‹),
und der Herr zog vor David, der göttlichen Rat eingeholt hatte (1 Chr
14, 10. 14 // 2 Sam 5, 19. 23) ins Feld, verschaffte ihm glänzende Siege

---

7   LXX lukianische Rezension hat hier: μετὰ σοῦ.

8   Klarer wäre freilich eine Formulierung gewesen wie ›daß Saul und seine Söhne
    geflohen und ums Leben gekommen waren‹, aber die Nennung des Pronomens
    vor seinem Beziehungsnomen verrät die Bearbeitung des älteren Textes durch den
    Chronisten: er hat nur zwei Vokabeln gestrichen, den Vers aber nicht umgebaut.

9   Vgl. 1 Sam 28, 5: »Als Saul das Heer der Philister sah, fürchtete er sich, und sein
    Herz zitterte sehr«, vgl. ebd. V. 20: »Da fiel Saul entsetzt der ganzen Länge nach zu
    Boden, und er war in großer Furcht ob der Worte Samuel«. In den Samuelbüchern
    erscheint ›Furcht‹ als ein Charakteristikum Sauls, s. auch 1 Sam 15, 24: »denn ich
    fürchtete das Volk, und so willfahrte ich ihnen«; 18, 29: »da fürchtete er sich noch
    mehr vor David«.

und »ließ den **Schrecken** vor ihm auf alle Völker fallen« (1 Chr 14, 17b, ›Zusatz‹), darunter auch die Philister.

c) Als Saul und seine Söhne in der Schlacht auf dem Gilboa gefallen waren, blieben infolge der überstürzten Flucht der Israeliten (nach der Chronik auch Sauls und seiner Söhne) Sauls Leichnam und Rüstung auf dem Schlachtfeld zurück und fielen den Philistern in die Hände. Diese deponierten Sauls Waffen »im Hause ihrer Götter« (1 Chr 10, 10, gegenüber »im Haus der Astarte« 1 Sam 31, 10). Beim Kampf gegen David dagegen wurden die Philister geschlagen und ließen bei ihrer überstürzten Flucht ›ihre Götter‹ (1 Chr 14, 12; 2 Sam 5, 21: ›ihre Götzen‹) auf dem Schlachtfeld zurück, so daß sie David und seinen Leuten in die Hände fielen.

Rudolph[10] hat vermutet, der Chronist habe den präzisen Ausdruck ›Astarte‹ aus 1 Sam 31, 10 in 1 Chr 10, 10a durch den allgemeineren ›ihre Götter‹ ersetzt, um den Namen jener Göttin nicht in den Mund nehmen zu müssen; vielleicht war es aber die Kontrastierung von Sauls Niederlage mit Davids Sieg, die ihn zur Wahl des anderen Ausdrucks veranlaßt hat.

d) Nachdem Saul auf dem Gilboa gefallen war, schlugen ihm die Philister den Kopf ab, plünderten die Leiche »und sandten rings im Lande der Philister umher, die Siegesbotschaft ihren Götzen und dem Volke zu verkünden« (1 Chr 10, 9 // 1 Sam 31, 9). Demgegenüber schließt der Chronist den Bericht von Davids Siegen mit den Worten: »Und Davids Ruhm verbreitete sich in allen Landen ...« (1 Chr 14, 17a, ›Zusatz‹).

(3) Die Aufzählung der David in Jerusalem geborenen Söhne steht in der Chronik zweimal: einmal 1 Chr 3, 5-8 bei der Genealogie der davidischen Dynastie, das andere Mal 1 Chr 14, 4-7 parallel zu 2 Sam 5, 14-16. Einige Exegeten meinen, der einzige Grund für die zweite Anführung dieser Liste sei die Tatsache, daß sie an der Parallelstelle in 2 Sam 5, 14-16 gestanden habe.[11] Wahrscheinlicher ist jedoch, daß eine besondere Intention des Chronisten dahinter steht, denn sonst hätte er die Liste hier weglassen können, so gut wie er viele andere Texte aus der Parallelüberlieferung weggelassen hat.[12] Die zweite Aufzählung der in Jerusalem geborenen Söhne Davids, unter ihnen Salomo, unmittelbar im Anschluß an Davids Siege über die Philister (1 Chr 14, 8-17 // 2 Sam 5, 17-25) läßt sich auch als Mittel zur Kontrastierung verstehen, der Unterschied zwischen dem, was David widerfuhr, nachdem er Gottes Rat eingeholt und gegen die Philister gezogen war, und dem Schicksal Sauls, nachdem dieser den Totengeist befragt und ge-

---

10 Rudolph, Chron, 95.
11 So z.B. Rothstein-Hänel, Chron, 265; Rudolph, Chron, 113.
12 Vgl. Mosis, Untersuchungen, 77; Williamson, Chron, 117.

gen die Philister gezogen war: Im Gegensatz zu den entsetzlichen
Folgen der Schlacht auf dem Gilboa – Da nahm Saul das Schwert und
stürzte sich hinein. ... So starben Saul und seine drei Söhne und sein
ganzes Haus« (1 Chr 10, 6, gegenüber »Da nahm Saul das Schwert
und stürzte sich hinein. ... So starben Saul und seine drei Söhne und
sein Waffenträger und auch all seine Leute« aus 1 Sam 31, 6)[13] – erweiterte David den Kreis seiner Familie, nahm weitere Frauen und
zeugte mit ihnen weitere Söhne, darunter Salomo, der das ›Haus‹ Davids weiterführen sollte.[14] Chronologisch gesehen ereignete sich die
Eroberung Jerusalems und die Geburt weiterer Davidssöhne daselbst
nach Davids Philisterfeldzügen, die wiederum durch Davids Salbung
zum König über die Nordstämme ausgelöst waren (1 Chr 14, 8 //
2 Sam 5, 17). Der Verfasser der Samuelbücher und in seinem Gefolge der Chronist änderten hier die Abfolge des Geschehens, um die
Eroberung Jerusalems als Davids erste Amtshandlung nach seinem
Regierungsantritt erscheinen zu lassen.[15] Außerdem läßt David sich
in Jerusalem ein **Haus** bauen mit Materialien und Facharbeitern, die
König Hiram von Tyrus ihm gesandt hatte, »denn der Herr bestätigte
ihn als König über Israel, weil sein Königtum in die Höhe gebracht
worden war (1 Chr 14, 1f // 2 Sam 5, 11f etwas gemäßigter im Ausdruck). Auch dies kann sich erst nach Davids Philisterkriegen ereignet
haben, wird aber von beiden biblischen Historikern vorher erzählt.
   Demnach fungiert die zweite Aufzählung von Davids Söhnen als
Bekräftigung von Davids Aufstieg in familiärer[16] und internationaler
Hinsicht im Gegensatz zum Niedergang von Saul Familie und Königtum (1 Chr 10, 13f, ›Zusatz‹).
   (4) Der judäische König Amazia läßt sich vom israelitischen König
Joas nicht warnen, sondern fordert diesen zum Krieg heraus (2 Chr
25, 17-19 // 2 Kön 14, 8-10); diesen unklugen Schritt begründet der
Chronist: »Aber Amazia wollte nicht hören; denn so war es von Gott
verhängt, um die Judäer in die Gewalt [des Joas] auszuliefern, weil
sie sich zu den Göttern Edoms gewandt hatten« (2 Chr 25, 20; in
2 Kön 14, 11 heißt es dagegen nur: »Aber Amazia hörte nicht auf
ihn«). Daraufhin wird Amazia von Joas besiegt und gefangengenom-
men, und dieser »brachte ihn nach Jerusalem. Dann ließ er die Mauer
von Jerusalem ... niederreißen« (2 Chr 25, 23 // 2 Kön 14, 13).
   Mit dieser Schilderung vom Untergang Amazias kontrastiert der
Chronist das Schicksal seines Sohnes Usia: »solange er den Herrn

---

13 Zur Bedeutung von ›Haus‹ als ›Familie, Dynastie‹ s. oben, Kap. XIV, Anm. 29.
14 Vgl. Mosis, Untersuchungen, 79; Williamson, Chron, 117.
15 Dazu ausführlich oben, Kap. I, Aa, Beispiel 2.
16 Zur Geburt von Söhnen als Zeichen für Festigung einer Machtposition s. etwa auch
   2 Sam 3, 1-5; 2 Chr 11, 17-23.

suchte, gab Gott ihm Glück« (2 Chr 26, 5, ›Zusatz‹). Und als Usia gegen die Philister zu Felde zog, »riß er die Mauern von Gath und die Mauern von Jabne und die Mauern von Asdod nieder ... Gott half ihm im Kampf wider die Philister und wider die Araber, die in Gur-Baal wohnten, und wider die Leute von Maon. Und die Maoniter[17] zahlten Usia Tribut, so daß sein Ruhm bis nach Ägypten drang; denn er war überaus mächtig geworden« (VV. 6-8, ›Zusatz‹).

Zusammenfassend bleibt festzuhalten: Amazia hatte sich zu den Göttern Edoms gewandt, deshalb hatte Gott ihn gegen den israelitischen König Joas unterliegen lassen und dieser hatte die Mauern Jerusalems eingerissen; sein Sohn Usia dagegen hatte beim Herrn Rat gesucht, dieser hatte ihm geholfen und ihm den Sieg verliehen, so daß er die Mauern von Philisterstädten einreißen konnte. Die Beobachtung dieser literarischen Kontrastierung verstärkt die Zweifel am historischen Wert von 2 Chr 26, 5-8.[18] So weit wie Elat[19], der in diesen Versen den sprachlichen und sachlichen Niederschlag einer Königsinschrift des Usia finden möchte, würde ich jedenfalls nicht gehen.

(5) In seiner Beurteilung des judäischen Königs Jotham schreibt der deuteronomistische Geschichtsschreiber: »Er tat, was dem Herrn wohlgefiel, ganz wie sein Vater Usia getan hatte« (2 Kön 15, 34).[20] Der Chronist übernahm dieses Urteil wortwörtlich und fügte noch einen Unterschied hinzu: »Er tat, was dem Herrn wohlgefiel, ganz wie sein Vater Usia; nur daß er nicht in den Tempel des Herrn eindrang«. Dieser Zusatz betont den Gegensatz zu Usias Verhalten, von dem es heißt: »er versündigte sich an dem Herrn, seinem Gott, und drang in den Tempel des Herrn ein« (2 Chr 26, 16).[21]

---

17 So nach LXX z. St. und nach 2 Chr 20, 1. Der massoretische Text hat hier ›Ammoniter‹, aber das scheint eine Verschreibung zu sein, zumal die Ammoniter sonst stets als ›Söhne Ammons‹ und nicht als ›Leute Ammons‹ bezeichnet werden; Reviv, Bet-Aw, 207, hält trotzdem an der Lesart ›Ammoniter‹ fest.

18 Gegen Yeivin, Usia, 127f. und Yeivin, Reich, 110, der die Verse 2 Chr 26, 5-8 als historischbetrachtet und weitere Vermutungen darauf gründet; ähnlich verfahren Oded, Israel und Juda, 151; Reviv, Bet-Aw, 207; Williamson, Chron, 334 (dort Verweise auf weitere Literatur).

19 Elat, Wirtschaftsbeziehungen, 188.

20 Die Worte »er tat ... getan hatte« bilden in Kön eine Art Rahmen, der in Chr zerstört wird, weil die zweite Verbform weggelassen ist.

21 Der deuteronomistische Historiker berichtet, der Herr habe Usia mit Aussatz geschlagen (2 Kön 15, 5); allerdings bleibt er die Anwort schuldig, womit dieser gerechte König, einer der judäischen Könige, die »taten, was dem Herrn wohlgefiel«, diese Strafe verdient habe. Gemäß seiner Vorstellung von der göttlichen Gerechtigkeit läßt der Chronist keine ›Strafe‹ ohne vorangegangene ›Sünde‹ stehen; daher stellt er dem Bericht von Usias Aussatz den Vers 2 Chr 26, 16 voran, in dem er das schuldhafte Verhalten des Königs schildert.

Den Kontrast zwischen dem Verhalten der beiden Könige präzisiert der Chronist an weiteren Stellen: Von Usia heißt es, er sei »überaus mächtig geworden«[22] (2 Chr 26, 8, ›Zusatz‹); er »erfuhr wunderbare Hilfe, bis daß er sehr mächtig war.[23] Als aber seine Macht so groß geworden, überhob sich sein Herz, so daß er ruchlos handelte und sich an dem Herrn seinem Gott, versündigte: er drang in den Tempel des Herrn ein, um auf dem Räucheraltar Räucherwerk darzubringen« (ebd. VV. 15f, ›Zusatz‹). Jotham dagegen besiegte die Ammoniter und gewann die ›Obermacht‹ über sie, so daß sie ihm in jenem Jahr einen Tribut von hundert Talenten Silber, zehntausend Kor Weizen und zehntausend Kor Gerste entrichteten (2 Chr 27, 5, ›Zusatz‹), aber sein Herz überhob sich nicht und er versündigte sich auch nicht am Herrn, er »drang nicht in den Tempel des Herrn ein«, sondern festigte seine Position und tat weiterhin Gottes Willen: »So wurde Jotham sehr mächtig;[24] denn er richtete sich in seinem Wandel nach dem Willen des Herrn, seines Gottes« (ebd. V. 6, ›Zusatz‹).

(6) Ahas und sein Enkel Manasse erscheinen sowohl in den Königsbüchern als auch in der Chronik als die großen Frevler unter den Königen Judas: Beide ließen ihre Söhne durchs Feuer gehen und taten nach den Greueln der Völker, die der Herr vor den Israeliten vertrieben bzw. vertilgt hatte (vgl. 2 Chr 28, 3 // 2 Kön 16, 3 mit 2 Chr 33, 6. 9 // 2 Kön 21, 6. 9). Während es jedoch von Ahas heißt »In der Zeit, als er so bedrängt ward, fuhr er fort, sich gegen den Herrn zu versündigen« (2 Chr 28, 22, ›Zusatz‹), schreibt der Chronist von Manasse »Als er bedrängt war, flehte er den Herrn, seinen Gott, an[25] und demütigte sich tief vor dem Gott seiner Väter« (2 Chr 33, 12, ›Zusatz‹). Nach Darstellung der Königsbücher war Ahas ein Frevler, aber Manasse übertraf ihn bei weitem und wurde zum größten Frevler unter den Königen vom Hause Davids; aus der Chronik dagegen geht hervor, daß Manasse seine Verfehlungen bereute und Buße tat, während Ahas zeit seines Lebens ein Frevler blieb.

(7) Der Verfasser der Königsbücher setzt das Kultgebaren des judäischen Königs Amon mit dem seines Vaters Manasse gleich (2 Kön 21, 20f):

> Er tat, was dem Herrn übel gefiel, wie sein Vater Manasse getan hatte;
> er wandelte ganz auf dem Weg, den sein Vater gewandelt war,
> er diente den Götzen, denen sein Vater gedient hatte, und betete sie an.

---

22 Zum hebräischen Ausdruck s. Curtis, Chron, p. 32 Nr. 87; p. 35 Nr. 127.
23 Vgl. Jes 41, 6 zum Parallelismus von Hilfe und Macht.
24 Vgl. Esr 7, 28; dazu auch Curtis, Chron, p. 29 Nr. 38.
25 Zum hebräischen Ausdruck vgl. Ex 32, 11: »Da flehte Mose den Herrn, seinen Gott, an«.

Der Chronist übernimmt zunächst diese Gleichsetzung (2 Chr 33, 22):

Er tat, was dem Herrn übel gefiel, wie sein Vater Manasse getan hatte, und allen Götzendienern, die sein Vater Manasse gemacht hatte, brachte Amon Opfer dar und diente ihnen.

Da Manasse aber nach Auffassung des Chronisten Buße getan und sein böses Tun aufgegeben hatte (2 Chr 33, 12-16, ›Zusatz‹), was auf seinen Sohn Amon nicht zutraf, schuf der Chronist einen deutlichen Gegensatz zwischen den beiden: Statt »er wandelte nicht auf dem Wege des Herrn« (2 Kön 21, 22b) schrieb er: »er demütigte sich nicht vor dem Herrn, wie sich sein Vater Manasse gedemütigt hatte« (2 Chr 33, 23) – ein deutlicher Anklang an Manasses Demütigung und Gebet, von denen er kurz zuvor (V. 12) berichtet hatte.

(8) Die beobachtete literarische Erscheinung findet sich auch an Stellen, die keine Parallele in einem anderen biblischen Buch haben. In 2 Chr 28, 5-15 berichtet der Chronist, sowohl der König von Syrien als auch der König von Israel hätten Juda im Kampf besiegt. Beide richteten daraufhin in Juda ein schweres Blutbad an und machten Kriegsgefangene; der König von Syrien »führte eine große Menge von Gefangenen weg und brachte sie nach Damaskus« (V. 5); die Israeliten führten »200 000 Frauen, Knaben und Mädchen in die Gefangenschaft, nahmen ihnen große Beute ab und brachten die Beute nach Samarien« (V. 8). Während jedoch die Israeliten auf Weisung des Propheten Oded die Gefangenen freiließen, »alle Nackten unter ihnen mit Stücken aus der Beute bekleideten, ihnen Kleider und Schuhe, Speise und Trank gaben, sie salbten, die Schwachen unter ihnen auf Esel setzten und sie in die Palmenstadt Jericho zu ihren Brüdern [d.i. den Judäern][26]« brachten (V. 15), machten die Syrer die Kriegsgefangenen aus Juda offenbar zu Sklaven (jedenfalls ist nirgends berichtet, daß sie sie freigelassen hätten)[27].

Die Beziehung der Israeliten zu den judäischen Kriegsgefangenen wird mit dem Wort ›Brüder‹ gekennzeichnet (VV. 8. 11. 15) und zusätzlich damit begründet, daß sie an denselben Gott glaubten (s. VV. 9f die Hervorhebung »Der Herr, der Gott eurer Väter« und »dem Herrn, eurem Gott«). Die Wegführung von ›Brüdern‹ als Kriegsgefangene galt als schwere Schuld, die den Zorn des Herrn herauszufordern

---

26 Demnach hätte Jericho damals zu Juda gehört; dies widerspricht 1 Kön 16, 34; 2 Kön 2, 1-5. 15-22, wonach Jericho auf israelitischem Territorium lag. Anscheinend kannte der Chronist die damaligen territorialen Verhältnisse nicht so genau und übertrug die Zustände seiner eigenen Zeit, als Jericho zur Satrapie Jehud gehörte (Neh 3, 2; 6, 36), anachronistisch in die Königszeit.

27 Zu diesem Verfahren mit Kriegsgefangenen s. de Vaux, Ancient Israel, 256f.

drohte; durch Rückstellung der Gefangenen auf Weisung des Propheten sollte diese Schuld gesühnt werden.

Manche Forscher sehen in der Rückführung der Gefangenen nach
Juda einen tatsächlich vollzogenen Akt zur Stärkung von Juda und eine
Äußerung des Unwillens vonseiten der Ephraimiten über die Politik
der in Samarien herrschenden Giladiten, und ziehen daraus historische
Schlüsse;[28] der hier beobachtete literarische Charakter des Textes läßt
jedoch eine erneute Hinterfragung dieses Ansatzes geboten scheinen.

B) Kontrastierung des Schicksals von Königen und Führern

(1) Auf die Prophezeiung des Micha ben-Jimla reagierte der israelitische König mit dem Befehl: »Legt diesen in den Kerker und gebt ihm
kärglich zu essen und zu trinken, bis ich wohlbehalten wiederkomme«
(1 Kön 22, 27). Statt ›wiederkommen‹ (בֹּאִי) schrieb der Chronist in
2 Chr 18, 26: »bis ich zurückkehre« (שׁוּבִי) und schuf so eine textuelle
Harmonisierung zur Fortsetzung des Verses: »Micha sprach: Kehrst du
wirklich wohlbehalten zurück, so hat der Herr nicht durch mich geredet« (2 Chr 18, 27 // 1 Kön 22, 28). Manche halten das ›zurückkehren‹
der Chronik für die ursprüngliche Version und das ›wiederkommen‹
in 1 Kön 22, 27 für sekundär,[29] aber die Wortwahl von Könige hat
innerhalb des Textes dort ihren Sinn: Die Bedingung des Propheten
(»Kehrst du wirklich wohlbehalten zurück«) verwendet gerade nicht
dieselbe Vokabel wie die anmaßende Ankündigung des Königs selbst
(»bis ich wohlbehalten wiederkomme«); dagegen steht das tatsächliche
Schicksal, das den König ereilte (»er starb und kam nach Samaria« –
1 Kön 22, 9. 27. 37) durch Wortwiederholung in markantem Kontrast
zu seinen Erwartungen. Dagegen sprechen die Häufigkeit von textuellen Harmonisierungen in der Chronik und die Übereinstimmung
des Verbs ›zurückkehren‹[30] mit einem Zusatz, um den der Chronist
in 2 Chr 19, 1 den älteren Text erweitert hat, für bewußte Umformulierung des Textes, so daß die Ursprünglichkeit des Verbs ›wiederkommen‹ in Könige bestehen bleiben kann.[31] Außerdem kontra-
stierte der Chronist durch diese kleine Textänderung das Schicksal
des bösen israelitischen Königs – er kehrte nicht wohlbehalten nach

---

28 Dazu H. Reviv, Der historische Hintergrund von 2 Chr 28, 8-15 (hebr.), in: Uma
   weToldoteha, I, Altertum und Mittelalter, hrsg. v. M. Stern, Jerusalem 1983, 11-16;
   idem, The Elders in Ancient Israel, Jerusalem 1989, 132-134.
29 So etwa Japhet, Interchanges, 33.
30 Die Verbalwurzel שׁוב kommt in 2 Chr 18 – 19, 1 viermal vor und fungiert als
   Leitwort.
31 Aus dem ›zurückkehren‹ von LXX und Vulgata zu Kön ist nicht auf die ursprüngliche Lesart zu schließen, s. Japhet, Interchanges, 33 Anm. 87.

Hause zurück, sondern wurde bei Ramot-Gilead verwundet und starb
zur Zeit des Sonnenuntergangs (2 Chr 18, 32-34 // 1 Kön 22, 34f) –
mit dem des guten Königs von Juda, dieser kehrte nämlich wohlbehalten nach Hause zurück, wie der Chronist ausdrücklich bemerkt:
»Josaphat aber, der König von Juda, kehrte wohlbehalten heim nach
Jerusalem« (2 Chr 19, 1, ›Zusatz‹).

Außerdem verstärkt die Wahl des anderen Verbs den Kontrast zwischen den Worten des israelitischen Königs »bis ich wohlbehalten
wiederkomme«, der Gottesrede »Die haben keinen Herrn; ein jeder
kehre heim in Frieden!« (ebd. V. 16 // 1 Kön 22, 28) und der Bedingung des Propheten »Micha sprach: Kehrst du wirklich wohlbehalten
zurück, ...« (ebd. V. 27 // 1 Kön 22, 28). Was schließlich in Erfüllung
geht, ist das Wort des Herrn durch seinen Propheten.[32]

(2) Zum Abschluß der Regierungszeit des judäischen Königs Joas
berichtet der deuteronomistische Geschichtsschreiber von dessen Ermordung durch seine eigenen Leute und endet mit den Worten: »Und
man begrub ihn bei seinen Vätern in der Stadt Davids« (2 Kön 12, 21).
Der Chronist erzählt dieselbe Geschichte, nur zum Begräbnis bietet
er eine abweichende Version. Zwar läßt auch er Joas in der Davidsstadt begraben sein, »aber nicht in den Gräbern der Könige« (2 Chr
24, 25). Diese Abwandlung des älteren Textes dient offenbar der Kontrastierung von König Joas und dem Oberpriester Jojada: Joas hatte
nach Jojadas Tod den Tempel des Herrn aufgegeben, diente den kanaanäischen Götzen und ließ sogar Jojadas Sohn Sacharja im Tempel
ermorden (VV. 18. 21). Dies endete mit seinem vorzeitigen Tod; er
wurde von den eigenen Leuten umgebracht und »nicht in den Gräbern
der Könige« beigesetzt (V. 25). Jojada hingegen hatte den jungen Joas
zunächst vor den Nachstellungen der Königin Athalja gerettet und
ihn zum König über Juda gemacht, außerdem versah er getreulich den
Dienst am Hause des Herrn; daraufhin erreichte er ein hohes Alter,
130 Jahre, »und man begrub ihn in der Davidsstadt unter den Königen, darum daß er hatte wohl getan an Israel und an Gott und seinem
Hause« (VV. 14b-16, ›Zusatz‹).

Das Hauptanliegen des Chronisten bei dieser Abweichung vom
älteren Text scheint die Illustrierung seiner Vorstellung von der göttlichen Gerechtigkeit gewesen zu sein, wonach die Guten belohnt und
die Bösen bestraft werden müssen. Diesem Zweck dient die Kontrastierung der beiden Figuren hier.

(3) Der Chronist stellt das Geschehen um König Hiskia dem um
Sanherib nach dessen Einfall in Juda antithetisch gegenüber:

---

32 Zu dieser Stelle auch oben, Kap. VII, C, Beispiel 5.

a) Sanherib kehrt »mit Schimpf und Schande« in sein Land zurück
(2 Chr 32, 21, ›Zusatz‹ zu 2 Kön 19, 36 = Jes 37, 37)[33]; dort wird
er von seinen eigenen Nachkommen ermordet. Von Hiskia dagegen
berichtet der Chronist: »viele brachten dem Herrn Geschenke nach
Jerusalem und Kleinode Hiskia, dem König von Juda« (2 Chr 32, 23a,
›Zusatz‹).[34]

b) Von Sanherib schreibt der Chronist »dort fällten ihn mit dem
Schwert« (2 Chr 32, 21), gegenüber »erschlugen ihn mit dem Schwert«
aus 2 Kön 19, 37 // Jes 37, 38.[35] Hiskias Ansehen dagegen steigt: »Und
er ward danach erhoben vor allen Völkern« (2 Chr 32, 23b, ›Zusatz‹).

c) Während Sanherib »in seines Gottes Haus« (2 Chr 32, 21b, an der
Parallelstelle: »im Hause seines Götzen Nisroch«, 2 Kön 19, 37 = Jes
37, 38) ermordet wurde, ohne daß dieser Gott ihn hätte retten können,
wurde Hiskia durch die Hand seines Gottes nicht nur vor Sanherib errettet, sondern vor all seinen Feinden: »So half der Herr dem
Hiskia und denen zu Jerusalem aus der Hand Sanheribs, des Königs
von Assyrien und allen andern und leitete sie ringsum[36]« (2 Chr 32,
22, ›Zusatz‹). Diese göttliche Hilfe straft Sanheribs anmaßende Reden
Lügen; vor dem Feldzug hatte er angekündigt »so werden euch auch
eure Götter nicht aus meiner Hand erretten« und »so wird auch der
Gott Hiskias sein Volk nicht erretten aus meiner Hand« (2 Chr 32,
15. 17). Durch die Errettung wird Hiskias Gottvertrauen belohnt; er
hatte seine Leute mit den Worten ermuntert: »mit uns aber ist der
Herr, unser Gott, daß er uns helfe und führe unsern Streit« (V. 8a).

(4) Zum Abschluß von Sauls Regierung fügt der Chronist dem Text
aus 1 Sam 31 eine Aufzählung der bösen Taten des Königs hinzu, woraufhin dieser ein böses Ende gefunden und die Königswürde eingebüßt
habe (1 Chr 10, 13f):

---

33 ›Schimpf und Schande‹ als verdiente Strafe der Bösen findet sich auch im Psalter,
    etwa Ps 31, 17f; 83, 17f: »Mache ihr Angesicht voll Schande ... Schämen müssen sie
    sich und erschrecken auf immer und zu Schanden werden und umkommen«; 97, 7.

34 Ähnliches äußert er zu den Königen David (1 Chr 14, 17, ›Zusatz‹), Josaphat (2 Chr
    17, 10ff; 20, 29) und Usia (2 Chr 26, 8); vgl. auch 2 Chr 9, 9. 23ff zu Salomo.

35 Zu dieser Umformulierung s. oben Kap. VII, C, Beispiel 1.

36 Im massoretischen Text steht hier רינהלם (›und leitete sie‹); griechische Version und
    Vulgata haben ›verschaffte ihnen Ruhe‹, was auf ein hebräisches רינח להם schließen
    läßt. Manche Forscher geben dieser Lesart den Vorzug vor der massoretischen, so
    etwa Rudolph, Chron, 310; Williamson, Chron, 385. Es gibt Argumente in beide
    Richtungen: Einerseits könnte der griechische Übersetzer oder dessen Vorlage statt
    ›He‹ den graphisch und phonetisch sehr ähnlichen Buchstaben ›Chet‹ gelesen und
    die Personalendung entsprechend abgewandelt haben; dann wäre die massoretische
    Lesart die ursprüngliche (zur Verwendung des Verbs vgl. Ps 23, 2). Andererseits
    sprechen zahlreiche Parallelen in der Chronik für die Ursprünglichkeit des Ruhe-
    Verschaffens: 1 Chr 22, 9; 2 Chr 14, 6; 15, 15; 20, 30. Wie dem auch sei – inhaltlich
    besteht kein erheblicher Unterschied zwischen den beiden Lesarten.

13a. So starb Saul um des Übels willen, das er wider den Herrn getan,
13b. auch hatte er Totengeister befragt,
14a. aber befragte nicht den Herrn. Darum ließ dieser ihn sterben
      und wandte das Königtum zu David, dem Sohn Isais.[37]

Diese antithetische Struktur beweist, daß der Text hier vom Chronisten literarisch gestaltet ist, also keine spätere Glosse oder exegetische Anmerkung, wie Ackroyd[38] angenommen hatte.

Gegen Ackroyd spricht auch ein sehr ähnliches Beispiel in 2 Chr 17, 3-5 (›Zusatz‹). Dort steht nahezu wörtlich dasselbe über den judäischen König Josaphat, nur mit positiven Vorzeichen:

Und der Herr war mit Josaphat;
denn er wandelte in den vorigen Wegen seines Vaters David,
befragte nicht   **die Baale,**
sondern den **Gott seines Vaters** *befragte er,*
und in dessen Geboten wandelte er, nicht nach den Werken Israels.
Darum bestätigte ihm der Herr das Königtum …

In diesen Versen ist neben der Antithese auch noch Chiasmus zu beobachten. So hebt der Chronist die Taten dieser Könige besonders eindrucksvoll hervor.

(5) In 2 Chr 13, 20f (›Zusatz‹) stellt der Chronist das Schicksal des israelitischen Königs Jerobeam dem des judäischen Königs Abia nach deren kriegerischer Auseinandersetzung antithetisch gegenüber (ebd. VV. 2b-19): Jerobeam, der Sohn Nebats, der den Herrn verlassen hatte, erlitt eine Niederlage (dazu unten, C, Beispiel 3), von der er sich nicht erholte und starb eines unnatürlichen Todes: »der Herr schlug ihn, so daß er starb«[39] – zu Abias Lebzeiten (V. 20). Abia dagegen, der dem Herrn treu geblieben war und ihm vertraut hatte, siegte, festigte seine Macht und nahm zahlreiche Frauen, mit denen er viele Kinder hatte (V. 21):

Jerobeam kam nicht zu Kräften;
noch zu Abias Lebzeiten schlug ihn der Herr, so daß er starb.
Abia aber wurde mächtig, er nahm vierzehn Frauen
und zeugte mit ihnen 22 Söhne und 16 Töchter.

Zur Schaffung dieser Antithese hat der Chronist allerdings einige der in den Königsbüchern berichteten Fakten ignoriert:

---

37 Unter jeweils anderem Blickwinkel sind diese Verse oben, in den Kapiteln III, A, XII und XIV behandelt.
38 Ackroyd, Chronicler, 8.
39 Vgl. 2 Chr 21, 18; 1 Sam 25, 38.

a. Laut 1 Kön 14, 20; 15, 1. 9 starb Jerobeam eines natürlichen Todes, und zwar ein bis zwei Jahre **später** als Abia.[40]

b. Insgesamt regierte Abia nicht länger als drei Jahre (1 Kön 15, 2a // 2 Chr 13, 2a); daher ist es höchst unwahrscheinlich, daß er in der kurzen Regierungszeit, die ihm nach dem Sieg über Jerobeam verblieb, 14 Frauen genommen und mit ihnen 38 Kinder gezeugt haben sollte. Außerdem folgte ihm nicht etwa ein Sohn auf den Thron, sondern Asa, der anscheinend sein Bruder war (s. 1 Kön 15, 2. 10. 13). So ist eher anzunehmen, daß Abia keine Söhne hatte, zumindest keinen, der als Thronfolger in Frage gekommen wäre.[41]

Die Zuschreibung der vielen Kinder fungiert hier offenbar als Beleg dafür, daß Gott diesen guten König gesegnet habe. Ähnlich versieht der Chronist Obed-Edom mit nicht weniger als acht Söhnen und bemerkt dazu: »So hatte Gott ihn gesegnet« (1 Chr 26, 5, ›Zusatz‹).[42]

Mit der Beobachtung der literarisch-theologischen Bearbeitung von 2 Chr 13, 20f sinkt automatisch der historische Quellenwert dieser Verse.[43]

(6) In ähnlicher Weise hat der Chronist die judäischen Könige Josia und Hiskia kontrastiert; diese Antithese ist oben, Kap. I, Aa, Beispiel 3, ausführlich behandelt.

C) Vertrauen auf Gott im Gegensatz zu Vertrauen auf Fleisch und Blut

(1) In 1 Chr 21, 12 hat der Chronist die Liste der göttlichen Strafen, die der Prophet Gad König David zur Auswahl anbietet, erweitert. Statt »daß du drei Monate vor deinen Feinden fliehen müssest ——— —und sie dich verfolgen« (2 Sam 24, 13c) schreibt er: »drei Monate Flucht vor deinen Feinden und vor dem Schwert deiner Feinde, daß es dich ergreife«[44] (1 Chr 21, 12c); und statt »drei Tage ———Pestilenz

---

40 Um beide Überlieferungen nebeneinander bestehen zu lassen, sieht sich die rabbinische Exegese zum Teil sogar genötigt, den Vers »Gott schlug ihn, so daß er starb« auf Abia zu beziehen; so j Jebamot XVI 3 (82b); Gen. R. LXV 16; Lev. R. XXXIII 5. Mittelalterliche Erklärer wie R. David Kimchi, Raschi zugeschriebenen Kommentar und R. Levi ben Gerson beziehen den Vers zwar auf Jerobeam, bringen aber jeweils sehr gezwungene Erklärungen, um den Widerspruch auszugleichen.

41 Vgl. Wellhausen, Prolegomena, 205.

42 Vgl. dazu 1 Chr 13, 14 // 2 Sam 6, 11; s. auch 2 Chr 11, 17-23 (›Zusatz‹).

43 Gegen Graf, Chron, 137; Rudolph, Chron, 239; Japhet, Ideology, 172, die diese Verse für historisch glaubwürdig halten.

44 Zu der Infinitivform mit Mem-Präfix למשגת findet sich gleich in der Fortsetzung ein Gegenstück: למגפה; vgl. ferner 2 Chr 20, 23 (למשחית) und die aramäische Grabinschrift des Königs Usia aus der Zeit des Zweiten Tempels: למפתח, s. oben Kap. V, B, Beispiel 4.

in deinem Lande« (2 Sam 24, 13d) schreibt er: »drei Tage das Schwert des Herrn und Pestilenz im Lande, daß der Engel des Herrn verderbe in allen Grenzen Israels« (1 Chr 21, 12d).

In dieser erweiterten Version sind ›das Schwert deiner Feinde‹ und ›das Schwert des Herrn‹ antithetisch gegenübergestellt. Dies wird auch in Davids Reaktion vernehmbar:

> David sprach zu Gad: Mir ist sehr angst;
> ich will in die Hand des Herrn fallen, denn sehr groß ist sein Erbarmen,
> und will nicht in Menschenhände fallen.[45]

Demnach wählt David eine Strafe aus der Hand Gottes (ob Hungersnot oder Pestilenz, bleibt noch offen), »denn sehr groß ist sein Erbarmen«, statt der Bestrafung durch Menschenhand (militärische Niederlage). So betont der Chronist den Kontrast zwischen göttlichem und menschlichem Erbarmen und hebt die gläubige Haltung des Königs hervor.

(2) Dasselbe literarische Verfahren ist auch in den ›Zusätzen‹ der Chronik zu beobachten, so etwa beim Bericht über König Asa von Juda: Asa sucht den syrischen König Ben-Hadad mit Gold und Silber aus dem Tempelschatz zu bestechen, er solle das Bündnis mit dem israelitischen König Baesa aufgeben, denn dieser hatte Rama gebaut, um Asa weder aus- noch eingehen zu lassen. Ben-Hadad ging darauf ein und unternahm einen siegreichen Feldzug gegen das Nordreich, wodurch der Bau von Rama tatsächlich zum Stillstand kam (1 Kön 15, 17-22 // 2 Chr 16, 1-6).

Dieses Vertrauen auf Unterstützung durch Menschen mißfiel dem Chronisten.[46] So schuf er eine Antithese zwischen Asas Vertrauen auf Fleisch und Blut samt den Folgen und dessen Vertrauen auf Gott samt den Folgen in seinem Kampf gegen Serah den Mohren (2 Chr 14, 7-14). Die Gegenüberstellung legt er dem Seher Hanani in den Mund (2 Chr 16, 7b-8):

> Daß du dich auf den König von Syrien verlassen hast,
> und hast dich nicht auf den Herrn deinen Gott verlassen,
> darum ist die Macht des Königs von Syrien[47] deiner Hand entronnen.
> Waren nicht die Mohren und Libyer eine große Menge

---

45 Dazu Curtis, Chron, 250.

46 Vertrauen auf Fleisch und Blut als Sünde etwa Jes 7, 7-9.

47 Die lukianische Rezension der LXX liest hier ›Israel‹, was einige Forscher für die bessere Lesart halten, z.B. Rudolph, Chron, 248; idem, BHS, 1536. Doch könnte der Chronist auch gemeint haben, wenn Asa sich damals auf Gott verlassen hätte, wäre ihm der Sieg nicht nur über seinen Gegner, den König Israels, zugefallen, sondern auch über seinen Verbündeten, den König von Syrien; vgl. Ehrlich, Mikrâ Ki-Pheschutô, 456; Curtis, Chron, 389; Williamson, Chron, 274.

mit sehr viel Wagen und Reitern?
Und doch hat der Herr sie in deine Hand gegeben,
da du dich auf ihn verließest.

Beim Bericht über den Kampf gegen Serah den Mohren betont
der Chronist denn auch, daß auch König Asa trotz seiner befestigten Städte und wohlausgerüsteten Truppen (2 Chr 14, 5-7) auf Gott
verließ: Er läßt ihn vor dem Auszug zum Kampf ein Gebet sprechen:
»Und Asa rief zum Herrn, seinem Gott, und sprach: ... Hilf uns,
Herr, unser Gott; denn wir verlassen uns auf dich und in deinem
Namen ziehen wir wider diese Menge ...« (V. 10).
Außerdem wird in der Rede des Sehers dem Vertrauen auf den
syrischen König mangelndes Vertrauen auf Gott gegenübergestellt:
»daß du dich auf den König von Syrien verlassen hast, und hast dich
nicht auf den Herrn, deinen Gott, verlassen« (2 Chr 16, 7b). In der
Fortsetzung wird ein Ausblick auf die Zeit nach dem mit syrischer
Unterstützung erreichten Sieg über das Nordreich eröffnet: »Du hast
töricht gehandelt; darum wirst du auch von nun an Kriege haben« (16,
9). Dies steht in markantem Kontrast zur Frühzeit von Asas Königtum: » ... weil das Land ruhig und kein Krieg wider ihn war in
jenen Jahren; denn der Herr verschaffte ihm Ruhe« (14, 5).[48] Die
Begründung für diesen erfreulichen Zustand läßt der Chronist Asa
selbst aussprechen: »denn wir haben den Herrn, unsern Gott, gesucht,
und er hat uns Ruhe verschafft ringsumher« (14, 6).[49]
(3) In der Rede König Abias von Juda auf dem Berg Zemaraim
kontrastiert der Chronist das Südreich unter Abia mit dem Nordreich
unter Jerobeam. Letzteres kennzeichnet er mit den Worten (2 Chr 13,
8f):

> Ihr seid eine große Menge und habt goldene Kälber,
> die euch Jerobeam zu Göttern gemacht hat.
> Habt ihr nicht die Priester des Herrn,
> die Aaroniden und die Leviten abgesetzt
> und euch eigene Priester gemacht wie die Völker der Länder ...

Dem stellt Abia sein eigenes Reich gegenüber (VV. 10-11a):

> Wir aber – der Herr ist unser Gott, wir haben ihn nicht verlassen;
> und Priesterdienst tun dem Herrn die Aaroniden und die Leviten ...

---

48 Dazu Japhet, Ideology, 191 Anm. 565.
49 Vgl. auch 2 Chr 13, 23: »Und Asa, sein Sohn, ward König an seiner Statt. Zu dessen
   Zeiten war das Land ruhig zehn Jahre« (›Zusatz‹ zu 1 Kön 15, 8).

In der Fortsetzung seiner Rede (V. 11b) stellt er den Gegensatz ganz klar heraus: »Denn wir halten die Gebote des Herrn, unseres Gottes; ihr aber habt ihn verlassen.«

Das kriegerische Resultat läßt nicht auf sich warten: Jerobeam verfügte zwar über 800000 Mann (V. 3b) und Abia trat mit 400000 Mann, also der Hälfte, gegen ihn an (V. 3a)[50]; außerdem legte Jerobeam den Judäern einen Hinterhalt und sie hatten einen sehr schweren Stand (V. 14) – aber dennoch »schlug Gott Jerobeam und ganz Israel vor Abia und Juda. Und die Israeliten flüchteten vor Juda, und Gott gab sie in ihre Hand, so daß Abia mit seinem Volk ein großes Blutbad unter ihnen anrichtete; so fielen aus Israel Erschlagene 500000 junger Mannschaft«, d.h. die Zahl der Gefallenen auf der Gegenseite überstieg die Zahl der judäischen Soldaten um 100000 (VV. 15-17). »Also wurden die Israeliten gedemütigt zu jener Zeit; aber die Judäer wurden getrost, denn sie verließen sich auf den Herrn, den Gott ihrer Väter« (V. 18).

Allem Anschein nach hängt die positive Darstellung des judäischen Königs Abia – ganz im Gegensatz zu seiner negativen Bewertung durch den deuteronomistischen Historiographen: »Und er wandelte in allen Sünden seines Vaters, die er vor ihm getan hatte, und sein Herz war nicht rechtschaffen zum Herrn, seinem Gott, wie das Herz seines Vaters David« (1 Kön 15, 3) – nicht nur mit der Vorstellung des Chronisten von der göttlichen Gerechtigkeit zusammen,[51] sondern vielleicht auch mit dem literarischen Ehrgeiz, eine schöne Antithese zu schaffen. Mit dieser literarischen Technik unterstreicht der Chronist die Überlegenheit des Südreichs unter den Davididen, des »Reich[s] des Herrn unter den Söhnen Davids«[52], über das Nordreich unter Jerobeam, einen der Grundpfeiler seiner Theopolitik.

D) Ausbau vorhandener Antithesen

(1) Beim Bericht von Davids Philisterkriegen (2 Sam 5, 17-25 // 1 Chr 14, 8-16) ist von göttlichem Eingreifen zugunsten Davids die Rede: Beim ersten Krieg versprach Gott: »Gewißlich werde ich die Philister in deine Hand geben« (2 Sam 5, 19 // 1 Chr 14, 10); und David resümiert den glanzvollen Sieg mit den Worten: »Der Herr hat meine Feinde vor mir zerrissen, wie die Wasser reißen« (2 Sam 5, 20

---

50 Die Zahl der israelitischen Kämpfer entspricht denen der Volkszählung aus 2 Sam 24, 9: 800 000 starke Männer, die das Schwert führten, die Zahl der judäischen kommt der dort genannten (500 000 Mann) zumindest nahe. Hier könnte der Chronist bewußt auf diese Zahlen zurückgegriffen haben.

51 Dazu Japhet, Ideology, 172f.

52 2 Chr 13, 8, s. auch ebd. 9, 8 im Vergleich zu 1 Kön 10, 9; 1 Chr 28, 5; 29, 23.

// 1 Chr 14, 11). Zum zweiten Krieg erhielt David göttliche Instruktionen, wann er die Philister angreifen solle, nebst der Ankündigung: »Der Herr zieht aus vor dir her, das Lager der Philister zu schlagen«; er befolgte die Anweisung und schlug die Philister (2 Sam 5, 22-25 // 1 Chr 14, 13-16).

Auch die Götter der Philister zogen mit ihnen ins Feld, wie aus dem Abschlußvers des ersten Krieges hervorgeht: »Da ließen sie [scil. die Philister] ihre Götter[53] dort zurück«. Doch während Davids Gott vor ihm einherzog und ihm einen Sieg nach dem andern verschaffte, gelang es den ›Göttern‹ der Philister nicht zu verhindern, daß ihre Anhänger von David und seinem Gott besiegt wurden. Nicht einmal sich selbst vermochten sie zu retten; sie blieben auf dem Schlachtfeld zurück und fielen David und seinen Leuten in die Hände (2 Sam 5, 21b). In diesen Erzählungen konfrontiert der Erzähler Macht und Stärke des Gottes Davids mit der Ohnmacht und Schwäche der Philistergötter.

In seiner Version des Berichts über Davids Philisterkriege 1 Sam 14, 8-16 formuliert der Chronist den älteren Text so um, daß die Antithese noch deutlicher hervortritt:

a) Die Ersetzung des Tetragramms durch den Gottesnamen ›Elohim‹[54]

2 Sam 5, 19-25	*1 Chr 14, 10-16*
19. Da befragte David den *Herrn* ...	10. Da befragte David *Gott* ...
20. Er sprach: Der *Herr* hat meine Feinde vor mir zerrissen	11. David sprach: *Gott* hat meine Feinde vor mir zerrissen
23. Da befragte David den *Herrn*, der —— sprach zu ihm: Zieh nicht hinauf ...	14. Da befragte David *Gott* nochmals, und *Gott* sprach zu ihm: Zieh nicht hinauf ...
24. ... denn dann zieht der *Herr* vor dir her	15. Denn *Gott* zieht vor dir her
25. Da tat David, wie der *Herr* ihm geboten	16. Da tat David, wie *Gott* ihm geboten

Die Verwendung des Gottesnamens ›Elohim‹ hier verschärft den Gegensatz zwischen dem ›Elohim‹ Davids und den ›Elohim‹ der Philister: Der Gott, der vor David ins Feld zieht, ist einer, und die Götter, die mit den Philistern in den Krieg ziehen, sind viele, aber nicht die Quantität entscheidet!

Ohne die Frage nach der Ersetzung des Tetragramms durch den Gottesnamen ›Elohim‹ in der Chronik (insgesamt 32 Stellen)[55] er-

---

53 In 1 Chr 14, 12a steht אלהיהם ›ihre Götter‹, ebenso in LXX zu 2 Sam 5, 21a; dies dürfte die ursprüngliche Lesart sein, und עצביהם im massoretischen Text von Samuel Korrektur eines späteren Schreibers.

54 Das Tetragramm ist durchgehend durch ›Elohim‹ ersetzt, mit Ausnahme von 1 Chr 14, 10b // 2 Sam 5, 19b, was wahrscheinlich einfach eine Inkonsequenz des Chronisten darstellt (weitere Beispiele für inkonsequente Textänderungen s. unten im Anhang A).

55 Stellenangaben zusätzlich zu den hier angeführten bei M. Z. Segal, Tetragramm und

schöpfend beantworten zu wollen,[56] drängt sich doch der Eindruck auf, daß die Ersetzung in unserem Kontext zur Verstärkung des Kontrastes zwischen Davids Gott und den Göttern der Philister dient. Japhet[57] will die Ersetzung des Tetragramms durch ›Elohim‹ in der Chronik zwar in erster Linie auf die handschriftliche Überlieferung zurückführen und nicht auf bewußtes Eingreifen des Chronisten, aber in 2 Sam 5, 17-25 haben sämtliche Textzeugen übereinstimmend das Tetragramm, und in 1 Chr 14, 8-16 ›Elohim‹ – warum also sollte diese Änderung nicht vom Chronisten stammen?

b) In 2 Sam 5, 20b wird berichtet, David und seine Leute hätten die auf dem Schlachtfeld zurückgebliebenen Götterbilder der Philister mitgenommen. Der Chronist schreibt statt dessen, David habe sie ›mit Feuer verbrennen‹ lassen (1 Chr 14, 12b). Bei dieser Textänderung ging es dem Chronisten hauptsächlich darum zu zeigen, wie David das pentateuchische Gebot bezüglich der Gegenstände von Fremdkulten befolgt (Dtn 7, 25ff).[58] Außerdem veranschaulicht die Tatsache, daß die ›Götter‹ der Philister wie Feuerholz verbrannt werden, deren Ohnmacht gegenüber dem Gott Davids, der vor ihm einherzieht und seine Feinde in die Flucht schlägt.[59]

(2) Davids Verhalten gegenüber dem Ammoniterkönig Hanun, Sohn des Nahas, war auf das Prinzip ›Maß für Maß‹ gegründet (1 Chr 19, 2a // 2 Sam 10, 2a):

> Da sprach David: Ich will Wohltat erweisen dem Hanun, Sohn des Nahas,
> denn sein Vater hat mir Wohltat erwiesen.[60]

Doch für die ›Ehre‹, die Davids Boten Hanun erweisen wollten[61], ernteten sie nichts als Schimpf und Schande (1 Chr 19, 4f // 2 Sam 10, 4f). Es besteht ein eklatanter Widerspruch zwischen den tatsächlichen

---

Elohim in den biblischen Büchern (hebr.), in: Tarbiz 9 (1948), 140; Japhet, Ideology, 31 Anm. 64.

56 Überblick, Erörterung und weitere Literatur bei Japhet, Ideology, 30-37.

57 Japhet, Ideology, 37.

58 Ausführlich behandelt oben, Kap. VII, B, Beispiel 6.

59 Vgl. dazu auch die Worte eines Propheten aus der Zeit des Zweiten Tempels: Jes 41, 7; 44, 9-20; 46, 5-7; ferner Ps 115, 2- 11 // 135, 15-20 (s. auch 5-14).

60 Manche Forscher wollen diese frühere ›Wohltat‹ auf die materielle Hilfe beziehen, die Sobi, der Sohn des Nahas, von der Hauptstadt der Ammoniter aus David leistetete, als dieser vor Absalom auf der Flucht war (2 Sam 17, 27). Doch dafür muß angenommen werden, daß Absaloms Aufstand der in unserem Kapitel berichteten Konfrontation mit den Ammonitern vorausging, was zumindest schwierig ist. Wahrscheinlicher scheint die Vermutung, daß Nahas selbst David im Kampf gegen ihren gemeinsamen Feind, Saul, unterstützt habe (zur Feindschaft zwischen Nahas und Saul s. 1 Sam 11, 1-11).

61 Ironisch in der Rede der Ammoniter 1 Chr 19, 3 // 2 Sam 10, 3.

Absichten von Davids Gesandten und den ihnen zugeschriebenen;
die ›Fürsten der Ammoniter‹ unterstellen ihnen feindliche Gesinnung,
verdächtigen sie der Spionage, wohingegen ihr Auftrag darin bestand,
dem neuen König Beileid ob dem Tode seines Vaters auszusprechen
und durch diese freundschaftliche Geste die Beziehungen zwischen
den beiden Reichen zu verbessern.[62] Ein solcher Akt war in der altorientalischen Diplomatie durchaus üblich, wie etwa an Hiram von
Tyrus und Salomo zu beobachten: Bei Hirams Grußadresse an Salomo
nach dessen Regierungsantritt ist ausdrücklich darauf verwiesen, Hiram habe ›David allezeit geliebt‹ (1 Kön 5, 15), womit ein Bündnis
gemeint ist[63]. Demnach sollte die Gesandtschaft aus Tyrus Salomo
Hirams Beileid zum Tod seines Vaters aussprechen und bei dieser Ge-
legenheit die freundschaftlichen Beziehungen, die zu Davids Zeiten
zwischen den beiden Reichen bestanden hatten, mit dessen Nachfolger
erneuern (s. auch 2 Sam 5, 11). In der Fortsetzung ist dann ausdrücklich von Handelsbeziehungen und von Bündnisschluß die Rede (1 Kön
5, 16-26).[64]

Um den Kontrast zwischen den tatsächlichen und den unterstellten Intentionen von Davids Gesandtschaft zu verdeutlichen, hat der
Chronist den älteren Text teils abgewandelt, teils erweitert:

2 Sam 10, 2b-3	*1 Chr 19, 2b-3*
So sandte David hin und ließ ihm durch seine Leute Beileid aussprechen wegen seines Vaters.	So sandte David Boten, ihm sein Beileid auszusprechen wegens eines Vaters.
Als nun Davids Leute ins Land der Ammoniter kamen	Als nun Davids Leute ins Land der Ammoniter zu Hanun kamen, ihm Beileid auszusprechen,
sprachen die Fürsten der Ammoniter zu ihrem Herrn: Meinst du etwa, David wolle deinen Vater ehren, indem er Leute zu dir sendet, dir sein Beileid auszusprechen?	sprachen die Fürsten der Ammoniter zu Hanun: Meinst du etwa, David wolle deinen Vater ehren, indem er Leute zu dir sendet, dir sein Beileid auszusprechen?
Um die *Stadt* zu erforschen, sie auszukundschaften und zu zerstören, schickt David seine Leute zu dir!	Um das *Land* zu erforschen, zu zerstören, auszukundschaften, sind seine Leute zu dir gekommen.

62 Wenn mit ›Wohltat‹ (חסד) in diesem Kontext speziell ein Bündnis gemeint sein
   sollte, hätten Davids Boten das mit dem Vorgänger geschlossene Bündnis mit dem
   neuen Herrscher erneuern sollen.

63 Dazu W. L. Moran, The Ancient Near Eastern Background of the Love of God in
   Deuteronomy, in: CBQ 25 (1963), 80f.

64 Ähnlich lautet ein Schreiben des babylonischen Königs Burnaburias II. an Ameno-
   phis IV.; er bittet um Erneuerung des Freundschaftsverhältnisses, das zwischen den
   Pharao und seinem Vater bestanden hatte. In der Fortsetzung des Schreibens bietet
   er Handelsbeziehungen an. S. J. A. Knudtzon, Die El- Amarna Tafeln, Bd. I, Leipzig
   1915, Nr. 6, Z. 8-16.

Die zweite Nennung von ›Beileid aussprechen‹ unterstreicht den offiziellen Zweck von Davids Gesandtschaft ins Land der Ammoniter.

Die übrigen Abwandlungen und Zusätze in der chronistischen Version sind allesamt dazu angetan, den Kontrast zwischen den Worten der Ammoniterfürsten und dem eigentlichen Anliegen der Gesandten zu unterstreichen:

a. Der Chronist schreibt ›das Land‹ (womit das zuvor genannte Land der Ammoniter gemeint ist) statt ›die Stadt‹.[65]

b. ›sind seine Leute gekommen‹ schließt besser an ›als Davids Leute kamen‹ an als die Formulierung ›schickt David seine Leute‹ im älteren Text.

c. ›zu dir‹ fungiert in der Version der Chronik als Wiederaufnahme des Zusatzes ›zu Hanun‹.

Diese analogen Formulierungen verstärken den Kontrast zwischen der Beileidsbezeugung (vom Chronisten zweimal erwähnt) und den unterstellten feindlichen Absichten: ›zu erforschen, zu zerstören, auszukundschaften‹. Die rhetorische Wirkung dieser Beschuldigung wird dadurch erhöht, daß der Chronist die drei Infinitive unmittelbar aufeinander folgen läßt, während sie in 2 Sam durch das Objekt ›die Stadt‹ voneinander getrennt sind.[66]

---

65 In der griechischen Version zu 1 Chr 19, 3 sind die Parallelversionen kombiniert: οὐχ ὅπως ἐξεραονήσωσιν τὴν πόλιν τοῦ κατασκοπῆσαι τὴν γῆν, d.h. dort erscheint sowohl ›das Land‹ als auch ›die Stadt‹ aus 2 Sam 10, 3. In etlichen gedruckten Versionen des Targum Jonathan (Vertretern der tiberiensischen Überlieferung) zu 2 Sam 10, 3 steht יַת קַרְתָּא (›die Stadt‹ wie im massoretischen Text und in LXX), in anderen dagegen steht יַת אַרְעָא (›das Land‹ wie in 4 Textzeugen von Massora, s. R. Kittel, BH, 470, und in 1 Chr 19, 3); letztere Version scheint sekundär.

Talmon, Textual Study, 345f und idem, Stilkritik, 133f schließt aus dem Wechsel von ›Stadt‹ und ›Land‹ in den hier vorliegenden Paralleltexten sowie aus ihrer Kombination in der LXX zu 1 Chr 19, 3, die biblischen Schriftsteller (sowie die Übersetzer) hätten beide Ausdrücke bisweilen synonym verwendet. Wenn mit der Ersetzung von ›Stadt‹ durch ›Land‹ also kein Bedeutungsunterschied verbunden war, spricht dies für die stilistischen Intentionen des Chronisten.

66 Ein weiteres Beispiel für solche Häufung von identischen Verbformen findet sich 2 Chr 28, 15 (›Zusatz‹): » ... und nahmen sich der Gefangenen an: sie bekleideten, beschuhten, fütterten, tränkten, salbten ... führten ... und brachten sie ... « – hier sind nicht weniger als sechs finite Verbformen mit Waw consecutivum und Objektsuffix aneinandergereiht. Zu dieser stilistischen Erscheinung in der Bibel s. Gen 25, 34; Ex 1, 7; 1 Sam 19, 12; 2 Sam 1, 12. Vgl. Bar-Efrat, Narrative Art, 216f

Kapitel XVI
Vergleich

Beim Vergleich wird an zwei verschiedenen Dingen ein vergleichbarer Zug herausgestellt, um eine beiden gemeinsame Eigenschaft, Existenzform, Verhaltensweise o. ä. zu verdeutlichen. Sprachlich geschieht dies durch die Präposition כ, sowie durch verschiedene Vergleichspartikel wie כן, כך, כעין, כמו u.a.m[1], gelegentlich auch ohne solche. Dieses Stilmittel findet sich hauptsächlich in den dichterischen Texten der Bibel, kommt aber auch in Erzählung und Historiographie vor.[2] Der Chronist hat den älteren Text gelegentlich um einen Vergleich erweitert; manchmal hat er ihn geändert, um einen Vergleich herzustellen. Auch seine ›Zusätze‹ zum älteren Material enthalten Vergleiche. Außerdem hat der Chronist nicht wenige Vergleiche aus den Samuel- und Königsbüchern übernommen,[3] was die Gesamtzahl der Vergleiche in der Chronik erheblich erhöht.

Ein typisches Beispiel für einen nachträglich hinzugesetzten Vergleich bietet etwa Josephus, ant. I 73, wo er die Taten der Nachkommen von Göttersöhnen und Menschentöchtern aus Gen 6, 1-6 mit denen der Giganten im hellenistischen Kulturkreis vergleicht.

(1) In 2 Sam 23, 21 heißt es von dem Ägypter, den einer von Davids Helden, Benaja der Sohn Jojadas, erschlug, nur, er habe einen Speer in der Hand gehabt. In 1 Chr 11, 23 wird der Speer jenes Ägypters mit einem ›Weberbaum‹[4] verglichen. Der Vergleich mit einem Weberbaum

---

1 Dazu U. Ornan, Zur Analyse von Vergleichen in literarischen Werken (hebr.), in: Leschonenu 26 (1962), 40-47, Watson, Poetry, 254f, sowie in den einschlägigen Handbüchern.

2 S. Watson, Poetry, 257-262 mit Beispielen aus der ugaritischen und akkadischen Literatur sowie weiterer Bibliographie. Beispiele aus dem Pentateuch und den Älteren Propheten bei Bar-Efrat, Narrative Art, 209f; Beispiele aus der ganzen Bibel bei Jellin, Der Vergleich (hebr.), in: idem, Chiqre Miqra, 223-240.

3 So z.B.: »und der Schaft seines Speers war **wie** ein Weberbaum« (1 Chr 20, 5 = 2 Sam 21, 19); »und er tat übel in den Augen des Herrn **wie** die Greuel der Völker, die der Herr vor den Israeliten vertrieben hatte« (2 Chr 33, 2 = 2 Kön 21, 2, so auch 2 Chr 28, 3 // 2 Kön 16, 3); »und **diese Schafe**, was haben sie getan?« (1 Chr 21, 17 = 2 Sam 24, 17); »ich sah ganz Israel verstreut **wie** Schafe, die keinen Hirten haben« (2 Chr 18, 16 = 1 Kön 22, 17); »und der König machte, daß in Jerusalem Silber war **wie** Steine, und Zedern **wie** Maulbeerfeigenbäume in der Niederung« (2 Chr 9, 27 = 1 Kön 10, 27). Dieser Vers erscheint auch 2 Chr 1, 15, dazu oben, Kap. XIV, I, A, Beispiel 1.

4 Laut Y. Yadin, Goliaths Speer und der Weberbaum (hebr.), in: EI 4 (1947), 68-73,

findet sich auch bei der Schilderung des philistäischen Helden 1 Sam 17, 7; 2 Sam 21, 19 = 1 Chr 20, 5;[5] doch während dort der Speerschaft mit einem Weberbaum verglichen wird, ist es beim Chronisten der ganze Speer.[6]

(2) Der deuteronomistische Historiograph hat die Zahl der Israeliten unter Salomo folgendermaßen bezeichnet: »ein Volk so groß, dessen Menge sich weder zählen noch berechnen läßt« (1 Kön 3, 8). Denselben Ausdruck (nur mit Umkehrung der Verben) verwendet er auch für die Angabe der Opfertiere, die bei der Einweihung des Tempels geschlachtet wurden: »König Salomo und die ganze Gemeinde Israels ... opferten Schafe und Vieh, dessen Menge sich weder berechnen noch zählen läßt« (8, 5).

Vielleicht mißfiel es dem Chronisten, daß die Menge von Menschen und von Vieh mit demselben Ausdruck benannt wurde; jedenfalls übernahm er die Bezeichnung der Opfertiere unverändert (1 Kön 8, 5 = 2 Chr 5, 6), doch bei der Zahl der Israeliten ersetzte er die Wendung aus 1 Kön 3, 8 durch »Volk zahlreich wie der Staub der Erde« (2 Chr 1, 9). Dieser gewiß übertriebene Vergleich unterstreicht, wie überaus groß die Menge der Israeliten unter Salomo gewesen sei.[7] Außerdem wird so eine Analogie zu anderen Stellen geschaffen, wo die Israeliten ebenfalls mit dem Staub der Erde verglichen werden, so etwa mit der Verheißung an Abram Gen 13, 16 und der an Jakob Gen 28, 14. So gibt der Chronist zu verstehen, daß die an die Patriarchen ergangene Verheißung unter Salomo wortwörtlich in Erfüllung gegangen sei.[8] Stilistisch bietet der Wechsel des Ausdrucks eine gewisse Abwechselung im Sprachduktus der Chronik.

Auch die Setzung von ›dies dein **großes** Volk‹ (2 Chr 1, 9) statt ›dies dein **schweres** Volk‹ (1 Kön 3, 9) in der unmittelbaren Fortsetzung des Textes scheint die Aufmerksamkeit des Lesers in dieselbe Richtung zu lenken, wie oben angedeutet: Denn zusammen mit ›zahlreiches Volk

---

bezieht sich der Vergleich mit dem Weberbaum nicht so sehr auf die Größe, sondern auf Form und Beschaffenheit der Waffe.

5 Zur Beziehung zwischen 1 Chr 11, 23 und den genannten Versen aus Sam s. oben Kap. III, Aa, Beispiel 1, sowie Willi, Chron, 151.

6 Die LXX zu 2 Sam 23, 21 vergleicht den Speer in der Hand des Ägypters mit dem Holz einer Leiter (δόρυ ὡς ξύλον διαβάθρας); anscheinend war der Übersetzer hier durch die Parallelstelle 1 Chr 11, 23 sowie durch 1 Sam 17, 7 und 2 Sam 21, 19 beeinflußt.

7 »Staub«/»Staub der Erde«, »Sand am Meeresstrand«/»Meeressand« und »Sterne des Himmels« dienen als Vergleiche für besonders große Zahl, s. auch Gen 22, 17; 1 Kön 4, 20; Ps 78, 27 und Hi 27, 16.

8 Japhet, Ideology, 93f, nimmt an, mit »zahlreiches Volk wie der Staub der Erde« habe der Chronist eine zu seiner Zeit häufigere sprachliche Wendung gewählt, und in ihrem Gefolge vermutet auch Zalewski, Salomo, 367, der Wechsel des Ausdrucks

wie der Staub der Erde‹ verstärkt der Ausdruck ›dies dein **großes**
Volk‹ den Anklang an Gottes Verheißung an die Erzväter; Abraham
wird zweimal verheißen, Gott werde ihn zum ›großen‹ Volk machen
(Gen 12, 2; 18, 18) und Jakob einmal (Gen 46, 3).[9]

(3) In 2 Chr 32, 17 resümiert der Chronist den Inhalt von Sanheribs
Schmähbrief aus 2 Kön 19, 16-18 (vgl. auch VV. 22. 23 // Jes 37, 17-23.
24), erweitert um einen Vergleich, offenbar um zu zeigen, wie absurd
Sanheribs Gegenüberstellung von Hiskias Gott mit den Göttern der
übrigen Völker sei:

2 Kön 19, 16-18	*2 Chr 32, 17*
Neige, Herr, dein Ohr und höre	
… die Worte Sanheribs, der hierher	
gesandt hat, um den lebendigen Gott	Auch hatte er einen Brief geschrieben,
zu verhöhnen	um den Herrn, den Gott Israels, zu
Es ist wahr, Herr: die Könige von	verhöhnen und solchermaßen wider
Assyrien haben die Völker und	ihn zu reden: »**Wie** die Götter der
deren Land verheert und ihre Götter	Völker der andern Länder ihr Volk
ins Feuer geworfen, denn das sind	nicht aus meiner Hand errettet haben,
keine Götter, sondern Werk von	**so** wird der Gott Hiskias sein Volk
Menschenhand, Holz und Stein.	nicht aus meiner Hand erretten.«

Den Vergleich führt er in der unmittelbaren Fortsetzung seines Textes weiter: »Sie riefen mit lauter Stimme den Leuten von Jerusalem
… auf jüdisch zu … und redeten vom Gott Jerusalems **wie** von
den Göttern der heidnischen Völker, die doch nur Gebilde von Menschenhand sind.« (VV. 18f)

Auch in den ›Zusätzen‹ der Chronik zum älteren Text findet sich
das literarische Mittel des Vergleichs so etwa:

(4) In einer Aufzählung von Leuten, die sich bereits zu David schlugen, als er noch in Ziklag war, heißt es 1 Chr 12, 9: »Auch von den

---

habe kaum inhaltliche Gründe, sondern bevorzuge die geläufigere Wendung. Doch
beide Forscher belegen die angebliche Häufigkeit von ›wie der Staub der Erde‹ zur
Zeit des Chronisten nicht. Wenn wir diese Behauptung übernehmen wollten, bliebe
erstaunlich, daß der Chronist bei der Zahl der Opfertiere (2 Chr 5, 6) die andere Formulierung aus 1 Kön 8, 5 übernommen haben sollte. Bei sorgfältiger Überprüfung
stellt sich jedoch heraus, daß die Wendung ›wie der Staub der Erde‹ als Bezeichnung
einer großen Volksmenge außer 2 Chr 1, 9 noch an zwei Stellen in der Bibel vorkommt (Gen 12, 16; 28, 14), und die Wendung ›dessen Menge sich weder zählen noch
berechnen läßt‹ ebenfalls zweimal für Menschen (1 Kön 3, 8; Gen 16, 10, teilweise)
und einmal für Tiere (1 Kön 8, 5 // 2 Chr 5, 6). Von daher erscheint die Annahme
größerer Häufigkeit der einen Wendung zur Zeit des Chronisten ungerechtfertigt.

9   Etwas anders Williamson, Israel, 64; idem, Chron, 196; er vermutet, der Chro-
    nist habe diese Änderung unter dem Eindruck von Gen 28, 14 vorgenommen, und
    schließt daraus auf eine besondere Bedeutung, die der Erzvater Jakob für den Chro-
    nisten gehabt habe. Dabei hat er offenbar übersehen, daß dieselbe Wendung in Gen
    vorher schon zweimal im Zusammenhang mit Abraham vorkommt.

Gaditen ging eine Anzahl zu David über auf seine Feste in der Wüste, tapfere Männer, kampfgeübte Kriegsleute, die Schild und Speer zu führen verstanden – ihr Antlitz das von Löwen und geschwind wie Gazellen auf den Bergen.«

Bei dem Vergleich mit den Gazellen[10] ist die Vergleichpartikel ›wie‹ verwendet, der Vergleich mit den Löwen wiederholt das tertium comparationis – beide Vergleiche sind klar und eindrücklich.

(5) In der Fortsetzung desselben Kapitels steht noch ein Vergleich (V. 23): »Denn Tag für Tag stießen weitere Leute zu David, ihm beizustehen, bis das Lager so groß war wie ein Lager Gottes«.[11]

(6) In seiner großen Rede auf dem Berg Zemaraim, 2 Chr 13, 5, sagt König Abia von Juda u.a.: »Solltet ihr nicht wissen, daß der Herr, der Gott Israels, David das Königtum über Israel auf ewige Zeiten gegeben hat, ihm und seinen Söhnen, und zwar durch einen Salzbund?«. Der Ausdruck ›Salzbund‹ dient hier (ohne jegliche Vergleichpartikel) zur Veranschaulichung des ewigen Bundes, den Gott mit dem davidischen Königshaus geschlossen hat.[12]

(7) In seinem Einladungsschreiben fordert König Hiskia von Juda die Stämme des Nordreichs auf: »Seid nun nicht halsstarrig wie eure Väter! Reichet dem Herrn die Hand, kommt zu seinem Heiligtum ...« (2 Chr 30, 8).[13]

---

10 Vgl. den parallelen Vergleich 2 Sam 2, 18: »Wie eine Gazelle auf dem Feld«. Zur Synonymität von ›Berg‹ und ›Feld‹ vgl. Cant 2, 8f; 8, 14; s. auch Sh. Talmon, Zur Emendation von Bibelstellen aufgrund von ugaritischen Parallelen (hebr.), in: EI 14 (1978), 121.

11 Zum Ausdruck ›Lager Gottes‹ vgl. Gen 32, 3.

12 S. Rudolph, Chron, 237; Japhet, Ideology, 454f. So ist derselbe Ausdruck in Num 18, 19 aufzufassen (P, zur Beziehung der beiden untereinander s. Japhet, op. cit., 454-456), vgl. auch das ›Salz des Bundes deines Gottes‹ aus Lev 2, 13. Als Sinnbild für dauernden Bestand eines Bundes kommt Salz auch in Keilschrifttexten vor, z.B.: »ša ṭabtu ša mār [m]Iakini ilḫimu« (wer vom Salz der Leute von Jachin gekostet), s. Harper, ABL, VII, Nr. 4-10, 747; A. L. Oppenheim, On Beer and Brewing Techniques in Ancient Mesopotamie, in: JAOS Supplement 10 (1950), 43f note 39. Daher wohl auch das Verstreuen von Salz auf den Fluren als Bestrafung von abtrünnig Gewordenen, z.B. Dtn 29, 22.

13 Ähnlich heißt es 2 Kön 17, 14 über die Stämme des Nordreichs: »Sie waren halsstarrig wie ihre Väter«. Zu dem Ausdruck ›reichet dem Herrn die Hand« s. Myers, II Chron, 175.

Kapitel XVII
Leitwort

Unter ›Leitwort‹ versteht M. Buber ›ein Wort oder einen Wortstamm‹, »der sich innerhalb eines Textes, einer Textfolge, eines Textzusammenhangs sinnreich wiederholt: wer diesen Wiederholungen folgt, dem erschließt oder verdeutlicht sich ein Sinn des Textes oder wird auch nur eindringlicher offenbar. Es braucht wie gesagt nicht dasselbe Wort sondern nur derselbe Wortstamm zu sein, der solcherweise wiederkehrt; durch die jeweiligen Verschiedenheiten wird sogar oft die dynamische Gesamtwirkung gefördert.«[1]

Durch Leitworte verknüpft der Erzähler verschiedene Erzählungen miteinander, ohne in ihren Verlauf direkt einzugreifen, was ihren tektonischen Aufbau beeinträchtigen könnte. Er vermittelt dem Leser eine Botschaft, die im Leitwort verborgen liegt. Leitwortstil kommt in der Chronik auf verschiedene Weisen zustande: Der Chronist setzt das entsprechende Wort oder die Wortwurzel zum älteren Text hinzu oder ändert eine der Vokabeln dort; gelegentlich benutzt er auch eine bereits vorhandene Vokabel und wiederholt sie dann Zusätzen.[2]

Auf das Vorkommen von Leitworten in biblischen Texten ist verschiedentlich hingewiesen worden;[3] dieses Stilmittel ist jedenfalls nicht auf die Chronik beschränkt.

(1) In 1 Kön 22 wird erzählt, wie König Josaphat von Juda zum König des Nordreichs zieht und dieser ihn zu einem Kriegszug gegen die Syrer gewinnt, um Ramot-Gilead wieder unter israelitische Herrschaft zu bringen.[4] Bei dem Treffen der beiden Könige ging es um politisch-militärische Kooperation. Und der Aufruf, den der König von Israel an seine Leute richtet »Wißt ihr nicht, daß Ramot-Gilead

---

1 M. Buber, Leitwortstil in der Erzählung des Pentateuchs, in: M. Buber / F. Rosenzweig, Die Schrift und ihre Verdeutschung, Berlin 1936, 211.

2 S. dazu die beiden letzten Beispiele in diesem Kapitel.

3 Beispiele aus Erzählungen des Pentateuch bei Buber, Leitwortstil, 211-238; außerdem die Beispiele aus der Bileam-Erzählung bei F. Rosenzweig, Das Formgeheimnis der biblischen Erzählungen, in: op. cit., 250-257; Bar-Efrat, Narrative Art, 212-215. 281f (Beispiele aus Gen, Ex, Sam, Hi und den Elia-Erzählungen); Beispiele aus biblischer Dichtung bei Watson, Poetry, 287-295.

4 Anscheinend hatte der syrische König Ramot Gilead, das sein Vater Israel abgenommen hatte (1 Kön 20, 34) nicht zurückgegeben, obwohl er sich dazu verpflichtet hatte.

uns gehört? Und wir sitzen stille, statt es dem König von Syrien zu
entreißen!« (V. 3), rechtfertigt den Feldzug und umreißt sein Ziel.

In 2 Chr 18 erzählt der Chronist dieselbe Geschichte; er hat den
Aufruf des israelitischen Königs weggelassen, und Josaphats Fahrt
zum König des Nordreichs erscheint bei ihm als Familienbesuch: »Als
nun Josaphat viel Reichtum und Ehre erlangt hatte[5], verschwägerte er
sich mit Ahab. Nach einigen Jahren zog er zu Ahab nach Samaria
hinab« (V. 1, ›Zusatz‹; 2a). Während des Aufenthalts in Samaria erwies der König von Israel Josaphat und seinen Leuten große Ehre
und verführte ihn zu einem Kriegszug, dessen Berechtigung und Ziel-
setzung unklar bleiben – »Und Ahab schlachtete für ihn und für die
Leute, die mit ihm kamen, Schafe und Rinder in Menge und verlockte
ihn, gegen Ramot-Gilead hinaufzuziehen« (V. 2b, ›Zusatz‹).

Die Bemühungen des Königs von Israel, Josaphat für seine Sache
zu gewinnen, sind erfolgreich: Josaphat zieht mit nach Ramot-Gilead,
obwohl der Prophet Micha ben Jimla das Scheitern des Unternehmens
vorausgesagt hatte (2 Chr 18, 18-27 // 1 Kön 22, 19-28). Doch Josaphat, der fromme König, »bei dem Gutes erfunden wurde« (2 Chr 17,
6; 19, 3, ›Zusatz‹; 21, 32 // 1 Kön 22, 43), blieb unversehrt, obwohl er
›in seinen eigenen Kleidern‹ (d.h. nicht inkognito)[6] in die Schlacht zog
und obwohl die Obersten der syrischen Streitwagen zunächst über ihn
herfielen, denn »der Herr half ihm und Gott lockte sie von ihm weg«
(2 Chr 18, 31). So kehrte Josaphat, der König von Juda, »wohlbehalten
heim nach Jerusalem« (2 Chr 19, 1, ›Zusatz‹). Ganz im Gegensatz dazu
wurde der böse König von Israel (1 Kön 16, 30-34; 21),[7] der Josaphat
zu diesem Kriegszug verlockt hatte, obwohl er verkleidet (2 Chr 18,
29 // 1 Kön 22, 30) und mit einem Panzer angetan in die Schlacht
gezogen war, schwer verwundet, und zwar durch einen Pfeil, der gar
nicht auf ihn gezielt war: »Ein Mann aber[8] hatte von ungefähr den Bo-

---

5 Vgl. zu dieser Wendung 2 Chr 17, 5b: »und alle Judäer brachten Josaphat Geschenke,
so daß ihm viel Reichtum und Ehre zuteil ward«.

6 Laut 1 Kön 22, 30 // 2 Chr 18, 29 gibt der König von Israel Josaphat zwar den
Rat, verkleidet in die Schlacht zu ziehen, aber schließlich wird nur vom König
von Israel erzählt, daß er dies getan habe. Auch aus dem Angriff der syrischen
Streitwagen auf Josaphat ist zu entnehmen, daß er nichts getan hatte, um seine
königliche Identität zu verleugnen. Anders versteht A. Malamat, Der historische
Hintergrund des Zusammenpralls von Josia und Pharao Necho bei Megiddo (hebr.),
in: idem, Israel, 241 Anm. 39, das hier mit ›verkleiden‹ (התחפש) wiedergegebene
Verb: er meint, es bedeute ›den Kampfgurt anlegen‹.

7 Der Chronist identifiziert diesen ›König von Israel‹ mit Ahab, s. 2 Chr 18, 2f im
Vergleich zu 1 Kön 22, 1-3. Zusammenfassendes zur Identität des ›Königs von Israel‹
aus 1 Kön 20; 22 bei Pitard, Damascus, 115-125.

8 Das Waw vor Substantiv, mit dem dieser Vers einsetzt markiert wohl den Kontrast
zu der unmittelbar zuvor berichteten Errettung aus akuter Gefahr, die Josaphat
zuteil wurde.

gen gespannt und traf den König von Israel zwischen dem Ringelgurt und dem Panzer« (2 Chr 18, 22 // 1 Kön 22, 34). So kehrte der König von Israel nicht wohlbehalten nach Hause zurück, sondern starb, wie Micha ben Jimla vorausgesagt hatte (2 Chr 18, 34 // 1 Kön 22, 35).

In dieser Erzählung der Chronik fungiert das Verb ›locken‹ (סות hi.) als Leitwort: Dem König von Israel, der Josaphat zum Krieg ›verlockte‹ (ריסיתהו) stellt der Chronist Gott gegenüber, der die Angreifer von Josaphat ›weglockt‹ (ויסיתם). Die Verlockung des Königs von Israel brachte Josaphats Leben in Gefahr, wohingegen das Weglocken der syrischen Streitwagen durch Gott seine wohlbehaltene Heimkehr ermöglichte. Außerdem schickte eben der Gott, der die Syrer von Josaphat weglockte, zum König von Israel den Lügengeist, der ihn ›verleiten‹ (יפתה)[9] sollte, in den Krieg zu ziehen, aus dem er nicht lebendig zurückkehrte (2 Chr 18, 19-22 // 1 Kön 22, 20-23):

1 Kön 22	*2 Chr 18*
	1. Als nun Josaphat viel Reichtum und Ehre erlangt hatte, verschwägerte er sich mit Ahab.
2. Im dritten Jahre zog Josaphat, der König von Juda, zum König von Israel hinab.	2. Nach einigen Jahren zog er zu Ahab nach Samaria hinab.
3. Da sprach der König von Israel zu seinen Leuten: Wißt ihr nicht, daß Ramot-Gilead uns gehört? Und wir sitzen stille, statt es dem König von Syrien zu entreißen!	Und Ahab schlachtete für ihn und für die Leute, die mit ihm waren, Schafe und Rinder in Menge, *und verlockte ihn* (ריסיתהו), *gegen Ramot-Gilead hinaufzuziehen.*
4. Und zu Josaphat sprach er: Willst du mit mir nach Ramot-Gilead in den Krieg ziehen? ...	3. Ahab, der König von Israel, sprach zu Josaphat, dem König von Juda: Willst du mit mir nach Ramot-Gilead ziehen? ...
32. Als nun die Obersten der Streitwagen Josaphat sahen, dachten sie: »Das kann nur der König von Israel sein!« und wandten sich zum Angriff gegen ihn. Aber Josaphat rief laut.	31. Als nun die Obersten der Streitwagen Josaphat sahen, dachten sie: »Das muß der König von Israel sein!« und wandten sich von allen Seiten zum Angriff gegen ihn. Aber Josaphat rief laut, *und der Herr half ihm, und Gott lockte sie von ihm weg* (ויסיתם).
33. Sobald die Obersten der Streitwagen sahen, daß er nicht der König von Israel sei, ließen sie von ihm ab.	32. Sobald die Obersten der Streitwagen sahen, daß er nicht der König von Israel sei, ließen sie von ihm ab.

(2) In 2 Kön 14, 8 ist von der Herausforderung berichtet, die Amazia von Juda dem israelitischen König Joas zugehen ließ. In 2 Chr 25, 17 erweitert der Chronist den älteren Text und leitet diese Herausforderung mit den Worten ein: »Und Amazia, der König von Juda, ließ

---

9 Die Bedeutung der Wurzel פתה kommt der von סות ziemlich nahe, s. BDB, 834b.

sich beraten (ריועץ), sandte an König Joas von Israel, den Sohn des Joahas, des Sohnes Jehus, und ließ ihm sagen: Komm her, wir wollen uns miteinander messen!« Diese vorherige ›Beratung‹ steht einerseits im Zuge der Demokratisierung, die in der Chronik zu erkennen ist;[10] andererseits stellt sie einen Zusammenhang her zu den Versen 14-16 (›Zusatz‹), die der Chronist dem Krieg zwischen Amazia und Joas voranstellt. Er schreibt dort, Amazia habe nach seinem Sieg über die Edomiter deren Götter bei sich aufgestellt; »vor ihnen pflegte er sich niederzuerfen und ihnen Räucheropfer darzubringen« (V. 14).[11] Dafür wurde Amazia nicht sofort bestraft, vielmehr sandte Gott einen Propheten zu seiner Verwarnung. Doch der König hörte nicht auf die mahnenden Worte des Propheten: »Was wendest du dich an die Götter jenes Volkes, während sie doch ihr Volk nicht aus deiner Hand errettet haben?« (V. 15),[12] vielmehr richtete er Spott und Drohungen gegen den Propheten: »Haben wir dich etwa zum Ratgeber (הליועץ) des Königs bestellt? Schweig still, sonst bekommst du Schläge!« Darauf erwiderte der Prophet: »Ich sehe nun, daß Gott den Ratschluß gefällt hat (יעץ), dich zu verderben, weil du solches getan und nicht auf meinen Rat (לעצתי) gehört hast« (V. 16b). Mit anderen Worten: König Amazia, der nicht auf den ›Rat‹ des Propheten hörte und diesem das Recht absprach, als sein ›Ratgeber‹ zu fungieren, erlitt eine schwere Niederlage, nachdem er sich mit seinen Leuten ›beraten‹ hatte, denn Gott hatten den ›Ratschluß‹ gefällt, ihn zu verderben. Die Verwendung der Wurzel ›Rat‹ als Leitwort dient zur Hervorhebung und Verknüpfung: Hervorgehoben wird Amazias Torheit, der sich an die edomitischen Götter wendet, die ihr Volk doch nicht vor ihm retten konnten, den göttlichen Rat aus dem Munde des Propheten, der ihm die Bestrafung ersparen will, zurückweist, statt dessen dem Rat seiner Ratgeber folgt und ins Unglück rennt. Verknüpft werden Amazias als Strafe aufgefaßte Niederlage und seine Verfehlung, die der Chronist im Sinne der Vorstellung von der göttlichen Gerechtigkeit, die seine Geschichtsdarstellung leitet,[13] dem Bericht von der Bestrafung vorangehen läßt. Verstärkt wird der Zusammenhang zwischen der Sünde (VV. 14-16) und ihrer Bestrafung (VV. 17-24) durch die Wiederholung der Wendung ›sich an die Götter wenden‹:

V. 15: Was wendest du dich an die Götter jenes Volkes …

---

10 Zu dieser Tendenz der Chronik s. Japhet, Ideology, 416-423.
11 Yeivin, Reich, 106f, vermutet, Amazia habe die edomitischen Götterbilder in den Tempel gebracht, um sie zur Schau zu stellen und ihre Demütigung zu demonstrieren, ähnlich wie die Moabiter mit den erbeuteten Tempelgeräten verfuhren, die sie vor ihrem Gott aufstellten (Mesa-Stein, Z. 17f).
12 Zu den theologischen Implikationen dieses Spruchs s. Japhet, Ideology, 50.
13 Dazu Curtis, Chron, 444; Japhet, Ideology, 314.

V. 20: Aber Amazia wollte nicht hören; denn so war es von Gott verhängt, um
die Judäer in die Gewalt [des Joas] auszuliefern, weil sie sich an die Götter Edoms
gewandt hatten.

Außerdem bildet V. 20 (›Zusatz‹ zu 2 Kön 14, 11a – »Aber Amazia wollte nicht hören«) bei der Schilderung des Strafvollzugs die
Erfüllung der Strafandrohung »Gott hat den Ratschluß gefaßt, dich
zu verderben, weil du solches getan und nicht auf meinen Rat gehört
hast« in der Schilderung des schuldhaften Handelns (V. 16, ›Zusatz‹).[14]

(3) In 2 Kön 16, 7 steht zu lesen: »Ahas aber sandte Boten an Tiglat-
Pileser, den König von Assyrien, und ließ ihm sagen: Dein Sklave und
dein Sohn bin ich; komm herauf und errette mich aus der Hand des
Königs von Syrien und aus der Hand des Königs von Israel, die sich
wider mich aufgemacht haben«. An der Parallelstelle 2 Chr 28, 16
schreibt der Chronist: »Zu jener Zeit sandte König Ahas an den König
von Assyrien, er solle ihm **helfen**«. Die Verwendung des Verbs ›helfen‹
(anstelle von ›erretten‹ im älteren Text) macht diese Verbalwurzel zum
Leitwort in der Ahas-Erzählung der Chronik. In den Versen 20-21 berichtet der Chronist nämlich, Tiglat-Pileser sei zwar gekommen, habe
Ahas aber ›bedrängt, statt ihn zu unterstützen‹. Daraufhin habe Ahas
versucht, ihn durch kostbare Geschenke zu beschwichtigen, »doch
ohne daß ihm dies **geholfen** hätte«.[15]

Auch in der Fortsetzung der Erzählung (VV. 22-23) fungiert die
Wurzel ›helfen‹ als Leitwort: Laut Auskunft zog Ahas aus der negativen Erfahrung mit Tiglat-Pileser keine Lehre; vielmehr opferte er »den
Göttern von Damaskus, die ihn geschlagen hatten, und meinte: Ja, die
Götter der Könige von Syrien, die **helfen**[16] ihnen; denen will ich opfern, damit sie mir **helfen**«. Doch wie beim vorigen Versuch erlangte
er keine Hilfe, sondern das Gegenteil davon: »Aber sie brachten ihn
und ganz Israel zu Fall«.

(4) Die Wurzel ›helfen‹ (עזר) fungiert als Leitwort in 1 Chr 11-
12 (11, 16. 28; 12, 1. 3. 7. 10. 18. 19. 20. 22. 23. 34. 39[17]), und die
Wurzel ›brechen‹ (פרץ) in 1 Chr 13-15 (13, 2. 11; 14, 11; 15, 13), wie
in der Forschung schon beobachtet.[18]

---

14 Noch eindrucksvollere Beispiele dafür s. oben Kap. VII, C.
15 Im Gegensatz zum Bericht 2 Kön 16, 9, wo es heißt, der König von Assyrien habe
daraufhin von Jerusalem abgewandt und Damaskus angegriffen.
16 Die hebräische Verbform hier (Partizip Hif'il) hat eine Parallel in der Infinitivform
לעזיר in 2 Sam 18, 3.
17 An den beiden letztgenannten Stellen in der aramäischen Form עדר.
18 Dazu ausführlich L. C. Allen, Kerygmatic Units in 1 and 2 Chronicles, in: JSOT
41 (1988), 26-28 mit Verweisen auf ältere Literatur.

Kapitel XVIII
Zahlenschemata

Die Zahlenschemata drei/vier und sechs/sieben fungieren als literarisches Strukturmittel auf der Grundlage der beiden vollkommenen Zahlen ›drei‹ und ›sieben‹. Ihre Wirkung beruht auf dem Schema $x + 1$, wobei das letzte Glied das entscheidende ist.[1] Diese vollkommenen Zahlen tragen nicht nur zur Gestaltung des jeweils Ausgesagten bei, sondern dienen auch als Mittel zur Hervorhebung der Sache und ihrer Bedeutung. Manchmal wird die Zahl im Werk ausdrücklich genannt, manchmal ergibt sie sich erst aus eingehender Lektüre.

Dieses literarische Mittel ist fast in allen literarischen Gattungen der Bibel anzutreffen, ebenso in der nachbiblischen Literatur.[2]

A) Gestaltung des Textes nach dem Zahlenschema drei/vier

(1) In 2 Sam 5, 14-16 sind die David in Jerusalem geborenen Söhne aufgeführt. Der Chronist bringt diese Liste in 1 Chr 3, 5-8[3] und fügt nach den ersten vier Namen hinzu: »diese vier von Bathsua, der Tochter Ammiels«[4] (V. 5b):

2 Sam 5, 14-16	1 Chr 3, 5-8
14. Dies sind die Namen derer, die ihm in Jerusalem geboren wurden: Sammua, Sobab, Nathan, Salomo,	5a. Und diese wurden ihm geboren zu Jerusalem:[5] 5b. Simea[5], Sobab, Nathan und Salomo

---

1 Dazu Zakovitch, drei/vier, 1-3.

2 Dazu M. Weiß, ›Wegen drei … wegen vier‹ (hebr), in: Tarbiz 36 (1967), 307-318 (= idem, Miqraot keKawanatam, Leqet Maamarim, Jerusalem 1988, 13-26) und besonders Zakovitch, drei/vier, mit älterer Literatur.

3 Ein zweites Mal erscheint diese Liste in 1 Chr 14, 3-7, der Parallelstelle zu 2 Sam 5, 14-16; dazu oben Kap. XV, A, Beispiel 3.

4 Diese ›Bathsua, Tochter Ammiels‹ scheint identisch mit ›Bathseba, Tochter Eliams‹, dem Weib Urias des Hethiters aus 2 Sam 11, 3. Dieser Ausdruck erscheint in der syrischen Version unserer Stelle nicht; einleuchtend ist die Vermutung von Zakovitch, drei/vier, 61, es handle sich um einen Versuch, die beiden parallelen Listen miteinander zu harmonisieren und außerdem die Schwierigkeit zu umgehen, daß Salomo hier als der vierte Sohn erscheint.

5 In der Liste 1 Chr 14, 4 lautet dieser Name ›Sammua‹ wie bei Samuel; LXX zu 1 Chr 3, 5 und 14, 4 hat die Namensform Σαμαα.

	5c. *diese vier von Bathsua, der Tochter Ammiels*
15. Jibhar, Elisua, Nepheg, Japhia,	6. dazu Jibhar, Elisua, Eliphelet,
16. Elisama, Beeljada und Eliphelet.	7. Nogah, Nepheg, Japhia,
	8. Elisama, Beeljada und Eliphelet ...

Durch diese eingeschobene Zwischenbilanz hat der Chronist die Liste strukturell und inhaltlich verändert: Er hat sie in zwei Hälften geteilt, Davids Söhne von Bathseba (V. 5b) und Davids Söhne von seinen übrigen, namenlosen Frauen (VV. 6-8). So präsentiert er Salomo nicht nur als den vierten von Davids in Jerusalem geborenen Söhnen, sondern gleichzeitig als vierten und jüngsten von Bathseba. Dieser Einschub der Chronik widerspricht den Angaben aus Samuel-Könige, wonach David von Bathseba nur zwei Söhne hatte: einer war bald nach der Geburt gestorben (2 Sam 11, 27; 12, 15-19), und der andere war Salomo (ibid. 12, 24f), der Davids Nachfolger werden sollte (1 Kön 1). Die Thronfolgegeschichten (2 Sam 9-20; 1 Kön 1f)[6] wissen von keinem weiteren Sohn Davids von Bathseba. Laut 2 Sam 12, 15. 24f war Salomo Bathsebas erster Sohn nach jenem bald nach der Geburt verstorbenen Kind und nicht ihr vierter und letzter.

Dadurch daß er Salomo als vierten von Bathsebas Söhnen präsentiert, will der Chronist offenbar Salomos Bedeutung unterstreichen[7]: Obwohl Bathsebas Jüngster, wurde er als Thronfolger erwählt und nicht seine drei älteren Brüder.[8]

Die Bevorzugung des jüngsten vor seinen älteren Brüdern ist ein verbreitetes Motiv in der biblischen und außerbiblischen Literatur.[9] Hier ist es mit dem Zahlenschema ›drei/vier‹ kombiniert.

Die besondere Hervorhebung des vierten Sohnes findet sich in der Chronik auch sonst, bei Josias und bei Sauls Söhnen:

a. In 1 Chr 3, 15 steht: »Die Söhne Josias: der Erstgeborene Jochanan, der zweite Jojakim, der dritte Zedekia, der vierte Sallum«. Jener Sallum (= Joahas)[10] wurde zwischen Jojakim und Zedekia geboren, aber hier wird er an vierter Stelle genannt, nach Zedekia. Der Grund für diese veränderte Reihenfolge ist wahrscheinlich das Schema

---

6 Zur Einheitlichkeit der Erzählung in 2 Sam 9-20 und 1 Kön 1f s. etwa J. Wellhausen, Die Composition des Hexateuchs und der historischen Bücher des Alten Testaments, 3rd ed., Berlin 1899, 255ff; L. Rost, Die Überlieferung von der Thronnachfolge Davids, Stuttgart 1926; R. N. Whybray, The Succession Narrative, London 1968, 8.

7 Vgl. Rudolph, Chron., 26.

8 Vgl. Zakovitch, drei/vier, 60f.

9 In der Bibel etwa Gen 21 (Ismael und Isaak); 25-27 (Esau und Jakob); Ex 4, 10-17 (Aaron und Mose); 1 Sam 16, 1-13 (David und seine Brüder). Zur Volksliteratur s. S. Thompson, Motif Index of Folk Literature, I-VI, Bloomington, IN 1955-58, M 312.2, H 1242, R 15512.

10 Dazu ausführlich oben, Kap. V, B, Beispiel 3.

drei/vier: derjenige Sohn, der noch vor seinen Brüdern Jojakim und Zedekia an die Regierung kam (2 Kön 23, 30 – 24, 17 // 2 Chr 36, 1-10), steht an vierter Stelle.[11]

b. Bei der Aufzählung von Sauls Söhnen 1 Chr 8, 33 (= 9, 39) heißt es: »Saul zeugte Jonathan, Malchisua, Abinadab und Esbaal«. Jener Esbaal (= Isboset = Isjo), der seinem Vater auf den Thron folgte, steht hier an vierter Stelle nach dem Schema drei/vier; 1 Sam 14, 49 dagegen erscheint er als Sauls zweiter Sohn.[12] Es ist wichtig zu betonen, daß der Chronist dieses literarische Schema aufgebaut hat, obwohl er die ganze Geschichte über Esbaals Königtum (2 Sam 2, 8 – 4, 12) ausgelassen hat.

Zusammenfassend bleibt also festzuhalten:

a) Der Zusatz »diese vier von Bathsua, der Tochter Ammiels« (1 Chr 3, 5c) ist keine spätere Interpolation eines Redaktors, sondern stammt vom Verfasser der Liste selbst und dient zur Hervorhebung Salomos, der Davids Nachfolge antrat, obwohl er Bathsebas vierter und jüngster Sohn war.[13] Ein verbreitetes literarisches Motiv, die Bevorzugung des jüngsten Sohnes, ist hier nach dem Zahlenschema drei/vier gestaltet.

b) Wenn der Vers 1 Chr 3, 5 aber den älteren Text literarisch neu gestaltet, sinkt seine historische Glaubwürdigkeit. Von daher hat die Annahme, neben einer Tradition von zwei Söhnen Davids von Bathseba habe eine andere alte Tradition von vier Söhnen bestanden, die ihren Niederschlag in der Chronik gefunden habe, wenig für sich.[14] Auch mit historisch-chronologischen Schlußfolgerungen aufgrund von 1 Chr 3, 5 scheint Zurückhaltung geboten.[15]

(2) Ein ähnliches Beispiel findet sich in 1 Chr 28 (›Zusatz‹). Hier wird Salomo als der erwählte Thronerbe dargestellt[16], und zwar nach dem Zahlenschema drei/vier (VV. 4b-5)[17]:

---

11 Vgl. Zakovitch, drei/vier, 62f.

12 Vgl. Zakovitch, drei/vier, 64f.

13 Gegen Mosis, Untersuchungen, 77f Anm. 86.

14 Gegen Rudolph, Chron., 26; S. Yeivin, Art. ›Bathseba‹ (hebr.), in: Encyclopaedia Miqrat II, 379; S. Ahituv, Art. ›Sama‹ (hebr.), in: Encyclopaedia Miqrat VIII, 132, die 1 Chr 3, 5 als historische Quelle behandeln.

15 Gegen S. Yeivin, Art. ›David‹ (hebr.), in: Encyclopaedia Miqrat II, 634, der aus diesem Vers schließen möchte, Salomo könne frühestens in Davids 21. Regierungsjahr geboren sein.

16 Zur Erwählung Salomos s. auch 1 Chr 29, 1. Dieser Zug findet sich so nur in der Chronik, vgl. Japhet, Ideology, 92.

17 Manche Forscher wollen in den VV. 4f eine nachträgliche Erweiterung des Erwählungsgedankens aus den VV. 6 und 10 sehen, da sie den Zusammenhang der Gottesrede 3. 6ff störten, in dem sie von Salomos Königtum und nicht vom Tempelbau handelten, um den es in der Fortsetzung der Rede gehe, s. Braun, Solomon, 582 Anm. 4; idem, 1 Chron, 268f. Mir scheint, diese angeblich spätere ›Erweiterung‹ braucht dem Chronisten nicht abgesprochen zu werden, denn in sprachlicher und

a. denn er hat *Juda* zum Fürsten erwählt
b. und im Stamme Juda *meine Familie,*
c. und unter den Söhnen meines Vaters*mich,* so daß er *mich* zum König über ganz Israel gemacht hat.
d. Von allen meinen Söhnen aber ... hat er *meinen Sohn Salomo* erwählt, auf dem Thron der Königsherrschaft des Herrn über Israel zu sitzen.[18]

B) Beschaffung einer Alternativ-Überlieferung zum älteren Text und deren Gestaltung nach dem Zahlenschema sechs/sieben

In 1 Sam 16f sind zwei verschiedene Überlieferungen in Bezug auf die Zahl der Söhne Isais erhalten: Nach der älteren hatte Isai vier Söhne: Eliab, Abinadab, Samma und David (s. 16, 6-9. 11ff; 17, 13f. 17. 28); und nach der zweiten, relativ späten, Überlieferung hatte Isai doppelt so viele Söhne, nämlich acht: die erwähnten namentlich genannten und vier weitere namenlose (s. 16, 10f; 17, 12). Jede dieser beiden Überlieferungen ist nach einem anderen Zahlenmuster angelegt: die ältere nach dem Schema drei/vier, d.h. die drei älteren Söhne, Eliab, Abinadab und Samma, waren fürs Königtum nicht geeignet (16, 6-9) und wagten nicht, mit dem Riesen Goliath zu kämpfen (17, 11. 24f); der vierte und jüngste jedoch, David, wurde von Vater und Brüdern zwar benachteiligt[19], doch er wurde zum König über Israel gesalbt (16, 11-13) und er besiegte Goliath (17, 49-51). Die andere Überlieferung beruht auf dem Schema sieben/acht, d.h. die sieben älteren Söhne waren fürs Königtum nicht geeignet (16, 6-10), aber der achte und jüngste Sohn, David, wurde zum König gesalbt und erschlug den Riesen.[20]

---

stilistischer Hinsicht kann sie durchaus vom Chronisten stammen, und auch gedanklich widerspricht sie chronistischem Gedankengut in keiner Weise. Die Kombination von Salomos Königtum und Tempelbau sei »directly linked to Nathan's prophecy that the Temple will be built by one of David's sons (2 Sam 7, 5-16. In Nathan's prophecy, which son will build the Temple remains unknown« (Japhet, Ideology, 450).

18 Vgl. Zakovitch, drei/vier, 140. Ibid., 49-60 geht Zakovitch ausführlich auf die Thronfolge-Erzählung aus Samuel ein, wo Salomo ebenfalls an vierter, hervorgehobener Stelle (nach Amnon, Absalom und Adoniahu) erscheint. Nach einer Überlieferung aus 1 Sam ist ja auch Davids Erwählung nach dem Schema ›drei/vier‹ gestaltet, s. oben Beispiel 1.

19 Er wurde nicht zum Opfermahl mit Samuel eingeladen und durfte nicht mit seinen Brüdern in den Krieg ziehen; als er trotzdem auf dem Schlachtfeld erschien, wurde er von Eliab, seinem ältesten Bruder, gescholten (1 Sam 16, 7. 11; 17, 13f. 28).

20 Eine ausführliche Untersuchung der beiden Überlieferungen und ihrer Beziehungen untereinander sowie eine Betrachtung der massoretischen gegenüber der LXX-Version (nach der Lesart des Vaticanus) bei Zakovitch, drei/vier, 42-47. Zur Erzählung von David und Goliath nach Massora und LXX s. auch D. Barthelemy / D. W. Gooding / J. Lust / E. Tov, The Story of David and Goliath, Göttingen 1986.

Der Chronist verwendet keines dieser beiden Muster in Bezug auf die Zahl der Söhne Isais. Er bietet eine eigene Liste von sieben Söhnen (1 Chr 2, 13-15):

> Isai zeugte Eliab, seine Erstgeborenen, Abinadab, seinen zweiten, Simea, seinen drit-ten, Nathaneel, seinen vierten, Raddai, seinen fünften, Ozem, seinen sechsten, und David, seinen siebten Sohn.[21]

Zakovitch[22] meint, der Übergang vom Schema sieben/acht zum Schema sechs/ sieben in 1 Chr 2, 13-15 sei ein Versehen, der Chronist habe den Vers 1 Sam 16, 10 (»Da brachte Isai seine sieben Söhne vor Samuel«) nicht sorgfältig gelesen und David irrtümlich für einen dieser sieben gehalten. Aber die Verse zu dieser Überlieferung im Samuel-buch sind so eindeutig, daß kaum anzunehmen ist, daß der Chronist sie mißverstehen konnte. Schließlich lautet die Fortsetzung des Verses 1 Sam 16, 10 »Da sprach Samuel zu Isai: Nicht diese hat der Herr erwählt. Sind das der Knaben alle? Er antwortete: Es gibt noch ei-nen kleinen, der hütet das Vieh« (16, 10f). Außerdem ist in 1 Sam 17, 12 ausdrücklich von Isais acht Söhnen die Rede.

Von daher erscheint die Siebenzahl der Söhne Isais in der Chro-nik nach dem Schema sechs/sieben, wobei die sechs älteren verworfen werden, der siebte und jüngste aber erwählt,[23] nicht als Zufall.

Die Festsetzung der Zahl von Isais Söhnen als sieben, wobei David der siebte ist, beruht offenbar auf der hohen Bedeutung, die der Chro-nist der mystisch-vollkommenen Zahl ›sieben‹ beimaß. Diese Zahl be-zeichnet sowohl in der biblischen als auch in der außerbiblischen Li-teratur etwas Außergewöhnliches, ungleich markanter als Zahlen wie

---

21 Die Namen der drei ersten hat der Chronist aus 1 Sam 16, 6-9 übernommen, die Namen der drei übrigen dagegen hat er erfunden; dazu oben, Kap. III, C, Beispiel 1.

22 Zakovitch, drei/vier, 49.

23 Weitere Beispiele für das Zahlenschema ›sechs/sieben‹ in der Bibel bei Zakovitch, drei/vier, 38f sowie 47-49, dort auch ein Überblick über die Versuche der jüdischen Exegeten, von Josephus über die Rabbinen bis zu den mittelalterlichen Kommenta-toren, den Widerspruch zwischen den acht Söhnen Isais nach Samuel und den sieben Söhnen nach der Chronik aufzulösen.
In der Erzählung von Keret, II 23f heißt es, die Braut des Königs werde ihm sieben, sogar acht Söhne gebären, von denen der letzte den Thron erben werde. C. H. Gordon in seiner Rezension zu Pritchard, ANET (in: JBL 70 [1951], 160f) sowie in seiner Rezension zu Cassuto, The goddess Anath (in: JAOS 72 [1952], 181f) äußert die Vermutung, ein vergleichbares Epos mit sieben bzw. acht Söhnen Isais liege der Erzählung von Davids Aufstieg zur Königswürde zugrunde; der Teil, in dem von sieben Söhnen Isais die Rede war, sei in der Chronik erhalten, der Teil mit den acht Söhnen bei Samuel. Zuletzt hat McCarter, I Sam, 276, Gordons Vermutung als mögliche Lösung angeboten. Allerdings hat Zakovitch, drei/vier, 49, Gordons These erheblich in Frage gestellt. Auch mir will scheinen, daß die biblischen Erzählungen von Davids Aufstieg zur Königswürde keinesfalls als Epos zu betrachten sind.

›vier‹ oder ›acht‹.[24] Und nach Auffassung des Chronisten war keiner so geeignet, durch diese heilige Zahl bezeichnet zu werden, d.h. an siebter Stelle zu stehen, wie David, der Begründer der dynastischen Monarchie in Israel und eine der hervorragendsten Gestalten der chronistischen Historiographie. Dies fiel bereits den Rabbinen auf (Lev. R. XXIX 9): »Die siebten sind immer besonders angesehen ... unter den Söhnen war der siebte der angesehenste, wie geschrieben steht (1 Chr 2, 15): ›David, der siebente‹«.

Daß die Zahl ›sieben‹ bei der Aufzählung der Söhne Isais bewußt gesetzt ist, wird gewissermaßen bestätigt durch die vorangehende Liste 1 Chr 2, 10-12, wo die Zahl der Generationen von Ram bis Isai mit sieben angegeben wird: Ram, Amminadab, Nahason, Salma, Boas, Obed, Isai.[25] Demnach hatte David sieben Generationen von Ahnherren, und Isai hatte sieben Söhne, deren jüngster David war.

Festzuhalten bleibt, daß der Chronist an die Stelle der Aufzählung der Söhne Isais bei Samuel, die auf die Zahlenschemata drei/vier bzw. sieben/ acht aufgebaut war, eine andere ›Überlieferung‹ gesetzt hat, die nach dem Schema sechs/sieben gestaltet ist. Von daher besteht kein Grund, der Aufzählung der Söhne Isais nach der Chronik den Vorzug vor der entsprechenden Aufzählung bei Samuel zu geben.[26]

---

24 Zur besonderen Bedeutung der Zahl ›sieben‹ in der Bibel s. J. S. Segal, Numerals in the Old Testament, in: JSS 10 (1965), 19; in der außerbiblischen Literatur D. Noy, Zurot uTechanim baSippur ha'amami, Jerusalem 1970, 266-270, vgl. auch G. B. E. Zarphati, Art. ›Mispar‹ in: Encyclopaedia Miqrat V, 182f.

25 Diese Liste steht auch in Rut 4, 20-22. Noth, ÜS, 119f Anm. 5; Rudolph, Chron, 16 sowie die Forscher, die das Buch Ruth in die Zeit des Zweiten Tempels datieren, meinen, die Liste dort sei aus der Chronik übernommen. Sie begründen dies damit, daß die Liste der Chronik vollständiger sei als die im Buch Ruth, dadurch daß sie sämtliche Brüder Davids mit Namen zu nennen weiß. Aber die Namen Nathaneel, Raddai und Ozem sind offenbar spät (dazu oben Kap. III, C, Beispiel 1). Die Frage, wer die Liste von wem übernommen hat, ist jedenfalls nicht ohne weiteres zu entscheiden. Ebenso problematisch scheint mir die These von A. Malamat, Altbabylonische Königslisten und biblische Genealogien (hebr.), in: idem, Israel, 41, wonach beide Überlieferungen auf eine alte genealogische Quelle zurückgehen; in seine Fußstapfen tritt Myers, I Chron, 13f, der meint, die beiden Listen gingen auf eine echte Tempelquelle zurück.

26 Gegen Noth, ÜS, 119f Anm. 5; 132f; Rudolph, Chron, 16f; Myers, I Chron, 13f sowie Williamson, Chron, 51.

Kapitel XIX
Ober- und Unterbegriff

Als exegetische Kategorien fungieren die Begriffe ›allgemein‹ (כלל, Oberbegriff) und ›speziell‹ (פרט, Detail) in der rabbinischen Bibelauslegung. Die Gelehrten, deren Namen in der Mischna erwähnt sind, haben im Bibeltext verschiedene Muster beobachtet:[1]

A) Generell – speziell (כלל ופרט): zuerst Nennung des Oberbegriffs, anschließend Aufzählung von Einzelheiten; Beispiele etwa Gen 9, 5; 27, 3; Ex 7, 19;[2] Lev 1, 2; 1 Kön 9, 10; 2 Sam 8, 11f // 1 Chr 18, 11.

B) Speziell – generell (פרט וכלל): Aufzählung von Details, abgeschlossen durch zusammenfassenden Oberbegriff, zum Beispiel die Bestimmungen zu den Wallfahrtsfesten Ex 34, 18-24; 2 Kön 19, 37 // Jes 37, 38.

C) Generell – speziell – generell (כלל ופרט וכלל): Nennung eines Oberbegriffs, Aufzählung von Einzelheiten, Abschluß durch Oberbegriff, zum Beispiel Dtn 14, 26.

Solche Strukturen finden sich sowohl in den Texten, die der Chronist aus den älteren Schriften übernommen und literarisch umgestaltet hat, als auch im chronistischen Sondergut. Auch in der älteren biblischen Literatur einschließlich der deuteronomistischen Geschichtsschreibung sind Beispiele zu beobachten (s. o.).

A) Generell – speziell (כלל ופרט)

(1) In 2 Chr 2, 16f nennt der Chronist zunächst die Gesamtzahl der am Tempelbau beteiligten Facharbeiter (V. 16), anschließend bringt er die nach Handwerken geordnete Liste aus 1 Kön 5, 29f:

---

1 Die Folge ›Allgemeines – Spezielles‹ findet sich unter den 13 hermeneutischen Regeln des R. Jischmael sowie in den sieben Regeln, die Hillel aufgestellt hatte, Sifra (Torat Kohanim) I 3. An der Parallelstelle dazu, Avot deRabbi Nathan, Version A, XXXVII, steht: »Allgemeines – Spezielles, Spezielles – Allgemeines« (כלל ופרט, ופרט וכלל), vgl. T Sanhedrin VII 11. Die Folge Allgemeines – Spezielles – Allgemeines (כלל ופרט וכלל) erscheint als die sechste von R. Jischmaels 13 Regeln. Dazu H. L. Strack, Einleitung in Talmud und Midrasch, München 1920 (= reprint 1976), 98f.

2 Vgl. den Kommentar von R. Abraham Ibn Esra z.St.

1 Kön 5, 29f	*2 Chr 2, 16f*
29. Und Salomo hatte	16. Und Salomo ließ alle Fremdlinge im Lande Israel zählen nach der Zählung, die sein Vater David vorgenommen hatte, *und es fanden sich 153 600.*
	17. Von ihnen machte er
70 000 Lastträger und	70 000 zu Lastträgern und
80 000 Steinmetzen im Gebirge . . .	80 000 zu Steinmetzen im Gebirge.
30. Aufseher . . . 3 300, die den Arbeitern zu gebieten hatten.	und 3 600 zu Aufsehern, die die Leute zur Arbeit anzuhalten hatten.

(2) In 2 Kön 22, 9 berichtet Saphan der Schreiber König Josia über die auf königlichen Befehl vorgenommene Instandsetzung des Tempels (VV. 3-5). In 2 Chr 34, 16b stellt der Chronist dem detaillierten Bericht eine allgemeine Ankündigung voran, anschließend bringt er die Einzelheiten aus dem älteren Text:

2 Kön 22, 9	*2 Chr 34, 16f*
Da kam Saphan der Schreiber zum König, erstattete ihm Bericht und sprach:	Saphan brachte das Buch dem König[3] erstattete dem König Bericht und sprach:
	Alles, was deinen Knechten aufgetragen ist, das tun sie;
Deine Knechte haben das sich im Tempel vorfand, ausgeschüttet und es den Werkmeistern ausgehändigt, die am Tempel des Herrn die Aufsicht haben.	Geld, das sie haben das Geld, das sich im Tempel vorfand, ausgeschüttet und es den Aufsehern und Werkmeistern eingehändigt.[4]

In diesen beiden Fällen hat der Chronist speziellen Details, die er im Buch der Könige fand, einen Oberbegriff vorangestellt. In den folgenden Beispielen verfährt er umgekehrt: Er erweitert einen allgemeinen Ausdruck des älteren Textes durch konkrete Details.

(3) In 1 Kön 9, 25 steht ganz kurz, König Salomo habe ›dreimal im Jahr‹ Opfer dargebracht. In 2 Chr 8, 12f bringt der Chronist im Anschluß an diese allgemeine Angabe die Aufzählung der Wallfahrtsfeste: »am Fest der ungesäuerten Brote, am Wochenfest und am Laubhüttenfest«.[5]

---

3   Dies steht im Widerspruch zu V. 18: »Da sprach Saphan der Schreiber zum König: Der Priester Hilkia hat mir ein Buch gegeben«. Anscheinend hat der Chronist (oder ein späterer Abschreiber) versehentlich gelesen ›da brachte Saphan das Buch (סֵפֶר)‹ statt ›da kam Saphan der Schreiber (סֹפֵר)‹, eine Verwechselung, die aufgrund des unvokalisierten hebräischen Textes leicht möglich ist; dazu Benzinger, Chron, 131; Curtis, Chron, 508f.

4   Vielleicht differenziert der Chronist deshalb zwischen Werkmeistern und Aufsehern, weil er letztere für Leviten hält (s. V. 12); vgl. Curtis, Chron, 509.

5   Außerdem behandelt sind diese Verse oben, Kap. III, A, Abschnitt b und Kap. XII, A, Beispiel 24.

(4) Laut 1 Kön 5, 21 bezeichnete König Hiram von Tyrus Salomo allgemein als einen ›weisen Sohn‹. In 2 Chr 2, 11 spezifiziert der Chronist diese Eigenschaft:

1 Kön 5, 21	2 Chr 2, 11
Er sprach:	Da sprach Huram:
Gepriesen sei heute der Herr,	Gelobt sei der Herr, der Gott Israels, ...
der David einen weisen Sohn gab	der König David einen weisen Sohn gab,
	reich an Klugheit und Einsicht
	dem Herrn ein Haus zu bauen und
	für sich einen Königspalast.
über dieses große Volk!	

Durch diesen Zusatz zum älteren Text versieht der Chronist König Salomo nicht nur mit weiteren schmückenden Epitheta, anscheinend will er zeigen, wie Davids Wünsche für seinen Sohn Salomo in Erfüllung gegangen seien: »So sei nun der Herr mit dir, mein Sohn, daß es dir gelinge, das Haus des Herrn, deines Gottes, zu bauen, ... Nur möge der Herr dir Einsicht und Klugheit geben und dich zum Herrscher bestellen über Israel« (1 Chr 22, 11f ›Zusatz‹).[6]

(5) 1 Kön 15, 7b ist der Krieg zwischen Abia und Jerobeam nur ganz kurz erwähnt. In 2 Chr 13, 2b bringt der Chronist diese Bemerkung als allgemeine Überschrift, auf die er in den Versen 3-20 (›Zusatz‹) eine detaillierte Schilderung des Kriegsgeschehens folgen läßt.[7]

(6) In 1 Kön 6, 1 steht zum Bau des Salomonischen Tempels keine Ortsangabe, dafür ist das Datum des Baubeginns doppelt bezeichnet: einmal in Jahren nach dem Auszug aus Ägypten, einmal in Jahren von Salomos Regierungszeit. In 2 Chr 3, 1 fügt der Chronist die Ortsangabe hinzu, und zwar sozusagen in drei konzentrischen Kreisenvon außen nach innen: zuerst die Stadt Jerusalem, dann den Berg Moria, schließlich den exakten Ort auf dem Berg:

1 Kön 6, 1	1 Chr 3, 1f
	Da begann Salomo, das Haus des Herrn zu bauen
	in Jerusalem,
	auf dem Berge Moria, wo er [der Herr]
	seinem Vater David erschienen war,
	an der Stätte, die David bestimmt hatte,
	auf der Tenne des Jebusiters Ornan.[8]

---

6 Vgl. 1 Kön 5, 9: »Und Gott gab Salomo Weisheit und hohe Einsicht und einen Verstand so weitreichend wie der Sand am Meeresstrand«.

7 Vgl. Rudolph, Chron, 235.

8 Im massoretischen Text scheint die Stelle verstümmelt; unsere Wiedergabe folgt LXX, Vulgata und Peschiṭta.

Im 480. Jahre nach dem Auszug
Israels aus dem Lande Ägypten,
im vierten Jahre seiner Regierung
über Israel, im Monat Siw – das ist   Im vierten Jahre seiner Regierung[9]
der zweite Monat für König Salomo   im zweiten Monat, begann er mit
über Israel – begann er dem Herrn   dem Bau.
den Tempel zu bauen.

(7) Auch der Zusatz, den der Chronist zum älteren Bericht von
Josaphats wunderbarer Rettung im Kampf um Ramot-Gilead macht,
enthält eine Folge von Allgemeinem (»Der Herr half ihm«) und Speziellem, nämlich der Art, wie Gott die syrischen Wagenkämpfer von
Josaphat ablenkte:

1 Kön 22, 32	*2 Chr 18, 31*

Als nun die Obersten der Streitwagen   Als nun die Obersten der Streitwagen
Josaphat sahen, dachten sie: ›Das kann   Josaphat sahen, dachten sie: ›Das muß
nur der König von Israel sein!‹ und   der König von Israel sein!‹ und wand-
wandten sich zum Angriff gegen ihn.   ten sich von allen Seiten gegen ihn.
Aber Josaphat schrie laut.   Aber Josaphat schrie laut,
                                           und der Herr half ihm,
                                           und Gott lockte sie von ihm weg.

(8) Beim Bericht vom Kampf zwischen Abia von Juda und Jerobeam von Israel 2 Chr 13 (›Zusatz‹) wird erzählt, daß Jerobeam der
judäischen Armee einen Hinterhalt legte, während Abia seine Rede auf
dem Berg Zemaraim hielt. Als sich die Judäer nun von vorn und von
hinten angegriffen fanden, schrien sie zum Herrn und wurden erhört.
Diese Errettung aus Kriegsnot (VV. 15-20) enthält zwei Folgen von
›generell – speziell‹:

Sowie die Judäer das Kriegsgeschrei erhoben,
ließ Gott Jerobeam und ganz Israel dem Abia und den Judäern unterliegen.
Und die Israeliten flohen vor den Judäern,
Gott gab sie in ihre Hand.
Abia und seine Leute richteten unter ihnen ein großes Gemetzel an,
aus Israel fielen 500 000 Mann, lauter auserlesene Mannschaft.
So wurden zu jener Zeit die Israeliten gedemütigt …
Und Abia verfolgte Jerobeam

---

9 Die Weglassung des Jahreszählung seit dem Auszug der Israeliten aus Ägypten hat
   wohl nicht nur literarische Gründe (Vermeidung der doppelten Datumsangabe),
   sondern auch ideologische: anscheinend wollte der Chronist bewußt keine Beziehung zwischen dem Tempel und dem Exodus herstellen; dazu Japhet, Ideology, 381;
   Y. Amit, Die Tradition vom Auszug aus Ägypten im Buch der Chronik (hebr.), in:
   Te'uda 2 (GS Y. M. Grintz), hrsg. v. B. Uffenheimer, Tel-Aviv 1982, 143f; Y. Hoffman, Jeziat Mizraim beEmunat haMiqra, Tel-Aviv 1983, 187f.

und *nahm ihm einige Städte weg*:
Bethel und seine Nebenorte,
und Jesana und seine Nebenorte,
und Ephron und seine Nebenorte.

(9) Ganz ähnlich, mit Übereinstimmungen in Wortlaut, Struktur und Stil, schildert der Chronist die Niederlage des Kuschiten Serah vor König Asa, 2 Chr 14, 11-14a (›Zusatz‹): Auf die allgemeine Auskunft »Da ließ der Herr die Kuschiten im Kampf mit Asa und den Judäern unterliegen« folgt eine ausführliche Schilderung des judäischen Sieges.

(10) In 1 Chr 15, 16 (›Zusatz‹) heißt es: »Und David befahl den Obersten der Leviten, sie sollten die Sänger, ihre Brüder, antreten lassen

allgemein: mit ihren Musikinstrumenten
speziell: den Harfen und Lauten und Zimbeln, um laute Freudenklänge ertönen zu lassen.

(11) In 1 Chr 28, 1 (›Zusatz‹) steht zu lesen: »Und David versammelte

allgemein: alle Fürsten Israels
speziell: die Oberhäupter der Stämme, die Oberhäupter der Abteilungen die dem König dienten, die Anführer der Tausendschaften und die Anführer der Hundertschaften, ferner die obersten Beamten für die Fahrzeuge und das Vieh des Königs und seiner Söhne, samt den Kämmerern, Kriegshelden und allen kriegstüchtigen Männern überhaupt nach Jerusalem.

(12) Laut Auskunft der Chronik ließ der König Joas von Juda nach dem Tode Jojadas des Priesters den Herrn und dessen Tempel im Stich und diente »den Ascheren und den Götzenbildern« (2 Chr 24, 17f – ›Zusatz‹). Bevor Joas und sein Volk dafür bestraft wurden, ergingen Warnungen an sie durch Propheten. Diese prophetische Warnung ist literarisch nach dem Prinzip von ›generell – speziell‹ gestaltet (VV. 19f – ›Zusatz‹):

allgemein: Er sandte Propheten zu ihnen, um sie zum Herrn zurückzubringen; die ermahnten sie, doch sie hörten nicht auf sie.
speziell: Nun kam der Geist Gottes über Sacharja, den Sohn des Priesters Jojada; er trat vor das Volk und sprach zu ihnen: ...[10]

(13) Beim Bericht von der Passafeier unter Josia 2 Chr 35, 7 (›Zusatz‹) heißt es: »Josia spendete den Leuten aus dem Volke

---

10 Ähnlich Japhet, Ideology, 174.

allgemein: Kleinvieh
speziell: Lämmer und junge Ziegen[11], alles zu den Passa-Opfern, für alle, die anwesend waren.

Weitere Beispiele etwa 1 Chr 10, 13a (allgemein), 13b (speziell)[12]; 2 Chr 28, 5 (allgemein), 6f, vielleicht auch V. 8 (speziell).[13]

B) Speziell – generell (פרט וכלל)

(1) Laut 1 Kön 5, 20 wendet sich König Salomo an König Hiram von Tyrus mit der Bitte, ihm »Zedern[14] vom Libanon« fällen zu lassen; und in seinem Antwortschreiben kündigt Hiram an, er werde Salomo das gewünschte »Zedern- und Zypressenholz« schicken (V. 22).
Der Chronist bringt die Aufzählung der verschiedenen Holzarten bei der Bestellung: »Sende mir Zedern-, Zypressen- und Sandelholz[15] vom Libanon« (2 Chr 2, 7). In Hirams Antwort dagegen spricht er nur allgemein von ›Bäumen‹ (V. 15). So ergibt sich in der chronistischen Version des Briefwechsels zwischen Salomo und Hiram eine Folge von ›speziell – generell‹:

V. 7: Sende mir Zedern-, Zypressen- und Sandelholz vom Libanon; ...
V. 15: Wir aber wollen *Bäume auf dem Libanon* fällen, soviel du brauchst.

(2) In 2 Sam 10, 6 steht, die Ammoniter hätten ›die Syrer von Beth-Rehob und die Syrer von Zoba und den König von Maacha und die Leute von Tob‹ als Hilfstruppen gegen David angeworben. In der Fortsetzung heißt es, David habe Joab mit dem ganzen Heer und den

---

11 Vgl. Ex 12, 5: »aus den Schafen oder Ziegen sollt ihr es [das Passa-Opfer] nehmen«.
12 Vgl. Rudolph, Chron, 97.
13 Vgl. Japhet, Ideology, 315 Anm. 182.
14 LXX hat hier statt ›Zedern‹ die allgemeine Bezeichnung ξύλα (Hölzer); das dürfte eine Korrektur sein, um den Widerspruch zu V. 22 zu vermeiden, wo zusätzlich zu den Zedern auch Zypressen genannt sind. Burney, Kings, 54 vermutet, die Zedern seien hier genannt, weil sie die wichtigsten unter den Bäumen des Libanons waren. Vielleicht ist die Änderung der LXX auch durch die Fortsetzung des Verses ausgelöst, wo von ›Bäumen‹ allgemein die Rede ist. Gegen Benzinger, Stade und Šanda, die der Lesart der LXX den Vorzug geben.
15 אלגומים kommen in der Wiedergabe des Briefwechsels in Kön nicht vor; offenbar hat der Chronist diese Baumart hinzugefügt. J. C. Greenfield / M. Mayrhofer, The 'Algummim/'Almuggim Problem Reexamined, in: FS W. Baumgartner, SVT 16 (1967), 83-89 diskutieren die Identifizierung dieser אלגומים mit der in akkadischen Quellen genannten Holzart ›elammakku‹, erörtern die Anbaumöglichkeiten dieser Baumart in Nordsyrien sowie ihre botanische Bestimmung. Zur Wortform אלגומים s. auch 2 Chr 9, 10f im Vergleich zu 1 Kön 10, 11f, wo אלמגים steht (Buchstabenvertauschung?).

Helden zum Kampf ›am Eingang des Tores‹ aufgestellt, während »die Syrer von Zoba und Rehob und die Männer von Tob und Maacha gesondert im freien Felde standen« (V. 8).[16]

Auch der Chronist führt die von den Ammonitern gedungenen Hilfstruppen zunächst einzeln auf: »von den Syrern in Mesopotamien und den von Syrern von Maacha und von Zoba. 32 000 Streitwagen, dazu den König von Maacha mit seiner Mannschaft« (1 Chr 19, 6f). In der Fortsetzung bezeichnet er dieselben Truppen dann allgemein als »die Könige, welche gekommen waren« (V. 9). So entsteht in 1 Chr 19, 6-9 eine Folge von ›speziell – generell‹.

(3) In 1 Chr 16, 42 (›Zusatz‹) gestaltet der Chronist seinen Text nach dem Prinzip ›speziell – generell‹:

> und mit ihnen Heman und Jeduthun ...
> speziell: Trompeten und klingende Zimbeln
> generell: und Instrumente für die Gotteslieder.[17]

C) Generell – speziell – generell (כלל ופרט וכלל)

(1) Der Chronist hat die Schilderung der Flügel der Cheruben über der Bundeslade aus 1 Kön 6, 24f. 27b so umgestaltet, daß eine Folge von ›generell – speziell – generell‹ entsteht: Zu Beginn und zum Abschluß der Beschreibung gibt er die Gesamtlänge der vier Cherubenflügel an, dazwischen führt er alle vier einzeln auf:

1 Kön 6, 24f. 27b	*2 Chr 3, 11-13*
	Die Länge der Cherubenflügel betrug *zwanzig Ellen*.
Fünf Ellen maß der eine Flügel des Cherubs und fünf Ellen der andere; zehn Ellen vom Ende des einen Flügels bis zum Ende des anderen ... ... und die Cherubenflügel waren ausgebreitet	Ein Flügel des einen, fünf Ellen lang, ... und der andere Flügel, fünf Ellen lang ... ein Flügel des einen, fünf Ellen lang ... und der andere Flügel, fünf Ellen lang ... Die Flügel dieser Cheruben maßen ausgebreitet *zwanzig Ellen*.

(2) In 2 Kön 12, 12-15 steht, das zur Instandsetzung des Tempels gespendete Geld sei ausschließlich zu diesem Zweck verwendet worden und nicht zur Anfertigung von Tempelgeräten. 2 Chr 24, 12-14a

---

16 Die Aufzählung der Namen ist hier gegenüber V. 6 chiastisch verschränkt:
    V. 6: Die Syrer von **Beth-Rehob** und die Syrer von *Zoba*,
    den König von **Maacha** ... und die *Leute von Tob*.
    V. 8: Die Syrer von *Zoba* und **Rehob**, die *Leute von Tob* und **Maacha**.
17 Dieser Vers ist gegenüber V. 16 im Kapitel davor chiastisch verschränkt.

dagegen wird berichtet, nach Abschluß der Renovierungsarbeiten sei vom übrigen Geld Tempelgerät angefertigt worden:

2 Kön 12, 14f	*2 Chr 24, 14a*
	Und als sie damit fertig waren, brachten sie den Rest des Geldes vor den
Doch ließ man im Tempel von dem Gelde, das dorthin gebracht wurde, keine silbernen Becken, Messer, Sprengschalen, Trompeten, noch irgendein goldenes oder silbernes Gerät machen, sondern man gab es den Arbeitern, daß sie davon den Tempel ausbesserten.	König und Jojada *und machten daraus Geräte für den* Tempel des Herrn, Geräte für den Dienst und für das Opfer und Schalen und *goldene und silberne Geräte.*

Die sachliche Abweichung des Chronisten vom älteren Text rührt wohl daher, daß nach seinem Bericht zuvor ›die gottlose Athalja und ihre Bauleute‹ in den Tempel eingebrochen waren und ›alle die heiligen Geschenke des Tempels den Baalen zugewandt‹ hatten (V. 7 – ›Zusatz‹).[18] Jedenfalls konstruiert er hier eine Folge von ›generell – speziell – generell‹:

generell: *Geräte* für den Tempel des Herrn,
speziell: Geräte für den Dienst und für das Opfer und Schalen,
generell: und *goldene und silberne Geräte.*

---

18 Elmslies Vermutung, Chron (1916), 276, der Chronist habe den Text 2 Kön 12, 13f entweder nicht gekannt oder nicht richtig verstanden, überzeugt nicht. Ebensowenig überzeugt der Harmonisierungsversuch im babylonischen Talmud, nach dem Text in Chr sei Spendengeld übriggeblieben, nach dem Text in Kön dagegen nicht (b Ketubbot 106b).

Nachwort
Der Beitrag der vorliegenden Arbeit zur Forschung

Die vorliegende Arbeit – meines Wissens die erste ihrer Art – ist bemüht, Techniken der literarischen Bearbeitung und Schreibweise des Chronisten systematisch zu erfassen und auszuwerten. Dabei berührt sie auch einige methodische Aspekte im Zusammenhang mit der Erforschung der biblischen Historiographie.

Direkte Zeugnisse über den literarischen und historiographischen Zugang des Schriftstellers zu seinem Material haben wir über den Chronisten so wenig wie über die übrigen biblischen Autoren. Für die Erhellung dieses Punktes sind wir auf sorgfältige literarische Analyse des Werkes angewiesen. Dafür ist die Heranziehung der Paralleltexte besonders hilfreich: Ein behutsamer Vergleich zwischen dem Wortlaut der Chronik und den jeweiligen Vorlagen in den Samuel- und Königsbüchern läßt eine Fülle von Formen und Strukturen, literarischen Techniken, Weisen redaktioneller Bearbeitung und historiographischer Gestaltung zutagetreten, die der Chronist auf die älteren Texte angewandt hat.

Die Aufdeckung der literarischen und historiographischen Techniken ist von nicht zu unterschätzender Bedeutung für ein tieferes Verständnis des in der Chronik Ausgesagten in all seiner Vielschichtigkeit. Dabei wird deutlich, daß es sich bei diesen technischen Momenten nicht nur um schmückendes Beiwerk oder rhetorische Floskeln handelt, die zum Verständnis des Textes nichts Wesentliches beitragen; vielmehr sind sie ein integraler Bestandteil des Textgehalts, nach dem Goetheschen Wort: »Gehalt bringt die Form mit; Form ist nie ohne Gehalt«[1]. Ohne auf die Strukturen und Formen, Techniken und Arbeitsweisen des Chronisten einzugehen, bliebe uns der Gehalt seiner Aussage weitgehend verschlossen, die tiefere Bedeutung und die Besonderheit seines Werks wären unserem Zugriff entzogen. Mit anderen Worten: Das ›Was‹ ist nicht zu trennen vom ›Wie‹, der Inhalt von der Form, der historische Bericht von seiner literarischen Gestaltung und historiographischen Redaktion; wer einen im Bilde dargestellten Vorgang betrachtet, muß auch technische Details wie die Beschaffenheit des Rahmens, Menge, Intensität und Verteilung der Farben beachten.

---

1 J. W. v. Goethe, Paralipomena, in: Gedenkausgabe der Werke, Briefe und Gespräche, Bd. 5, hrsg. v. E. Beutler, Zürich/Stuttgart 1949, 541; vgl. auch: Weiß, Bible, 21-27 mit weiterer Literatur.

Die Aufdeckung der vom Chronisten verwendeten literarischen und historiographischen Techniken verhilft uns zu einer exakteren Bestimmung von Abweichungen, Auslassungen, Zusätzen und redaktioneller Bearbeitung im Vergleich zu den früheren Texten. Dies wirft auch neues Licht auf die Glaubwürdigkeit der Chronik als historischer Quelle. Besonders die Historizität des chronistischen Sonderguts ist daraufhin neu zu überdenken, wobei wir dahingestellt lassen wollen, ob der Chronist weitere, uns unbekannte Quellen zur Verfügung hatte und wie diese aussahen, bevor er sie für sein Geschichtswerk verwendete.

Aus dieser Studie sind also neue, bisher zu wenig beachtete Kriterien für die Beurteilung der Geschichtlichkeit des chronistischen Berichts zu gewinnen – und dies angesichts der Tatsache, daß über den Wert der Chronik als historische Quelle für die israelitische Königszeit unter den Erforschern der biblischen Geschichte noch keine Einmütigkeit herrscht[2].

Die Beobachtung technischer Aspekte wie Schreib- und Abschreibverfahren, Techniken der Redaktion und literarisch-historiographischen Bearbeitung bei der Tätigkeit des Chronisten erhellt weitere Punkte bei der Erforschung der Chronik:

In textkritischer Hinsicht: Mutmaßliche Entstellungen, Streichungen und Emendationen durch Übersetzer, Exegeten und nicht zuletzt moderne Forscher werden neu hinterfragt. Aus der Beobachtung der literarischen und historiographischen Techniken, die zur jetzigen Textgestalt geführt haben, ergibt sich in vielen Fällen ein neuer Ansatz zum Verständnis einzelner Stellen. Es gibt einige Variationen zwischen Samuel – Könige und Chroniken, die ein Produkt der stylistischen literarischen Aktivität des Chronisten sind eher als spätere Additionen oder Irrtümer von ihm oder jemand anders.[3]

Überhaupt gewinnen wir aus solchen Beobachtungen eine Vorstellung davon, wie frei die prä-massoretische Tradition mit dem Bibeltext umging: Damals beschränkten sich die Tradenten nicht auf die Bewahrung des Vorhandenen, sondern sie korrigierten und änderten,

---

2   Zusammenfassende Darstellung der verschiedenen Positionen bei Welten, Geschichte, 1-6; danach S. Japhet, The Historical Reliability of Chronicles: The History of the Problem and Its Place in Biblical Research, in: JSOT 33 (1985), 83-107. Japhet schließt ihre Ausführungen mit den Worten: »As yet, the question of the Chronicler's historical reliability cannot be considered a ›closed case‹. We are still looking forward to a broadening of our knowledge, a deepening of our understanding, a clarification of our terms and definitions, an improvement of our evaluation, all of which may enlighten our use of the book of Chronicles as a source for the history of Israel« (p. 99).

3   Dazu auch I. Kalimi, The Contribution of the Literary Study of Chronicles to the Solution of Its Textual Problems, in: BI 2 (1994), im Druck.

etwa um Widersprüche zu harmonisieren oder schwierige Passagen verständlich zu machen, wie bei der Adaption der Texte aus Samuel und Könige durch den Chronisten zu erkennen.

In ideologisch-theologischer Hinsicht: Es hat sich herausgestellt, daß zahlreiche Abweichungen des Chronisten von seiner jeweiligen Vorlage nicht aufgrund dieser oder jener Tendenz oder Weltanschauung zu erklären sind, sondern einfach als Ausfluß bestimmter literarischer Techniken, deren der Verfasser sich befleißigte. Anders gesagt: Je besser sich ein Vers der Chronik in den Rahmen einer literarischen Technik fügt, desto weniger Aufschlußwert hat er für Einstellung und Position des Chronisten.

Im Hinblick auf die Geschlossenheit des Werkes: Die Forscher sind sich uneinig über die literarische Geschlossenheit der Chronik. Zwei Grundthesen werden vertreten: Nach der einen ist die Chronik aus einem Guß, als ein historiographisches Werk aus der Feder des Chronisten hervorgegangen; nach der anderen ist das Buch ein literarisches Konglomerat aus dem ursprünglichen Text des Chronisten und Zusätzen und Ergänzungen späterer Schriftsteller und Redaktoren. Im letzteren Falle stellt sich dann noch die Frage nach Abgrenzung und Umfang des späteren Materials, worüber die Meinungen ebenfalls auseinandergehen. Umstritten sind besonders die verschiedenen Listen in Kapitel 1-9; 12, 1-23; 23-27 sowie einiges aus den Kapiteln 15 und 16; einige sehen darin einen integralen Bestandteil des ursprünglichen vom Chronisten niedergeschriebenen Textes[4], andere wieder betrachten die Listen insgesamt oder teilweise als Zusätze eines späteren Redaktors, des sog. zweiten Chronisten, oder etlicher Redaktoren[5]. Zwischen den beiden Extrempositionen wird auch die These vertreten, die meisten Listen in diesen Kapiteln seien zwar Zutat verschiedener später Redaktoren, einige wenige stammten jedoch vom Chronisten selbst[6].

---

4   Z.B. Keil, Chron, 21f; Curtis, Chron, 6-8. 57. 260f; Mazar, Chronik, 597. 605f; Japhet, Ideology, 229 Anm. 106; 278-285. 288f. 352ff. Zu Kap. 1-9 vgl. noch Japhet, Historiographie, 189-191; idem, Conquest, 218; Johnson, Genealogies, 47-55 (zu Kap. 1-9); Liver, Peraqim, 11 (zu Kap. 23-26. 27); Williamson, Chron, 14. 39 (zu Kap. 1-9). 104-106 (zu Kap. 12, 1-23 – dazu auch seinen Aufsatz »We are Yours, . . . «, 164-176).

5   De Vaux, Ancient Israel, 390; Newsome, Understanding, 215 etwa plädieren gegen 1-9. 23-27; Welch, Judaism, 185f; idem, Chronicler, 1; Uffenheimer, Secharja, 175; Myers, I Chron, XXXIf; Freedman, Purpose, 215; Cross, Reconstruction; McKenzie, Chron, 25f plädieren gegen Kap. 1-9. Mosis, Untersuchungen, 44 Anm. 2 plädiert gegen Kap. 23-27.

6   Z.B. Noth, ÜS, 152-173; Eißfeldt, Einleitung, 668; Rudolph, Problems, 402; idem, Chron, 1-5. 93. 103. 149. Rudolph etwa spricht dem Chronisten erhebliche Teile der Kapitel 1-9 und 15f ab, 12, 1-23, die Kapitel 23-27 sowie einiges aus 2 Chr 28. Ebenso Willi, Chron, 194-204, vgl. auch Ackroyd, Israel, 295; idem, I & II Chron, 20f.

Die Tatsache, daß gleiche oder ähnliche Verwendung von literarischen Techniken oder historiographischen Mitteln in allen Teilen der Chronik, d.h. sowohl in den Paralleltexten als auch im Sondergut (einschließlich der genealogischen Listen) anzutreffen ist, wie in der vorliegenden Arbeit dargelegt, ist ein wichtiges Argument für die Einheitlichkeit des Buches und ein Kriterium für die Bestimmung seines ursprünglichen Umfangs. Mit anderen Worten: Diese Studie scheint den Ausschlag zugunsten der ersten These zu geben, wonach die ganze Chronik aus der Feder des Chronisten stammt (vielleicht mit Ausnahme der beiden letzten Verse des Buches, 2 Chr 36, 22f // Esr 1, 1-3a, die als positiver Abschluß nachträglich hinzugesetzt wurden[7], sowie einiger verstreuter Ausdrücke).

Im Hinblick auf die Charakterisierung des Verfassers und seines Werkes: Durch Aufdeckung der literarischen Techniken und historiographischen Verfahrensweisen des Chronisten erscheint dieser in anderem Licht: Nicht mehr als gedankenloser Abschreiber, sondern als schöpferischer Schriftsteller mit literarischem und historiographischem Talent; als ein geübter, sozusagen professioneller, Historiker, der über raffinierte erzählerische Mittel verfügt; als ein Historiker, der nicht nur aus älteren Texten das ihm Gemäße auswählt, sondern den ihm vorliegenden Stoff auch auffrischt, neu schreibt und literarisch gestaltet[8]. Ähnliches gilt für die Paralleltexte in der Chronik: Was dort

---

7   Ähnlich wie die Schlußverse der Königsbücher (2 Kön 25, 27-30), wo die Freilassung Jojachins durch den babylonischen König Evil-Merodach berichtet wird. Die Schlußverse der Chronik gehören in die Proklamation des Kyros bei Esra, dort fügen sie sich organisch in den Erzählzusammenhang von der Rückkehr aus dem babylonischen Exil. In der Chronik dagegen erscheinen sie am Rande des Berichts von den letzten Tagen der judäischen Königtums, inhaltlich wie chronologisch isoliert; außerdem fehlt ihnen dort die historische Verknüpfung mit der Proklamation. Vgl. Welch, Judaism, 185-187; idem, Chronicler, 1; Liver, Geschichte, 226; Williamson, Israel, 7-10; idem, Chron, 419. Anders erklärt Mazar, Chronik, 597 die Übernahme der ersten Verse von Esra in den Schluß der Chronik: »Der Zusatz stammt von den Endredaktoren der Bibel und sollte zur engeren Verknüpfung der Bücher Chronik und Esra-Nehemia dienen, um eine zusammenhängende Darstellung der Geschichte Judas von der Frühzeit bis zum Abschluß des biblischen Kanons zu schaffen«. Eine andere Auffassung vertritt Young, Introduction, 389: Er meint, die Anfangsverse von Esra seien in leicht abgewandelter Form aus 2 Chr 36, 22f übernommen, und das Kyros-Edikt stehe in voller oder erweiterter Form bei Esra.

8   Nicht verschwiegen werden dürfen allerdings gewisse Inkonsequenzen in der literarischen und historiographischen Neubearbeitung der älteren Texte; Beispiele dafür finden sich im Anhang A. Es kommt auch vor, daß gerade die chronistische Bearbeitung zu Widersprüchen entweder innerhalb der Chronik selbst oder zwischen der Chronik und anderen biblischen Quellen geführt hat – Beispiele dafür im Anhang B (Dies steht im Gegensatz zur durchgängigen Bemühung des Chronisten um Harmonisierung, vgl. oben Kap. VII, B). Manche historiographische Veränderungen der Chronik scheinen auf mangelnde Vertrautheit des Chronisten mit den histori-

vorliegt, ist keine bloße Abschrift oder langweilige Wiederholung des in der klassischen biblischen Geschichtsschreibung bereits Gesagten, kein Wiederkäuen, von dem der Leser nichts profitierte.

Eine solche Einschätzung der Paralleltexte in der Chronik steht offenbar hinter dem Titel, mit dem die Bearbeiter der Septuaginta das Buch versahen: παραλειπομένων, d.h. [aus den Königsbüchern] Ausgelassenes. Demnach läge die Bedeutung der Chronik in dem zusätzlichen Material, das in den ihr vorangehenden Königsbüchern nicht enthalten (also »ausgelassen«) sei, wobei die Septuaginta unter βίβλος (τῶν) βασιλειῶν die Bücher Samuel und Könige des massoretischen Textes versteht. Demnach wären die Paralleltexte völlig uninteressant. Der Titel »Paralipomenon« ist auch von der Vulgata und einigen modernen Übersetzungen übernommen worden.

Eine ähnliche Einstellung findet sich bei Exegeten und Denkern verschiedener Epochen: Don Isaak Abarbanel (1437-1503) äußert in seiner Vorrede zu seinem Samuel-Kommentar Verwunderung, weshalb Esra in der Chronik Dinge wiederholt habe, die doch bei Samuel schon geschrieben stünden; solche Wiederholung scheint dem mittelalterlichen Kommentator völlig nutzlos und überflüssig. Im 17. Jahrhundert schreibt dann Spinoza (Tractatus theologico-politicus X Anfang): »Über die zwei Bücher der Chronik habe ich nichts Gewisses und Wichtiges zu bemerken, als daß sie lange nach Esra und vielleicht sogar nach der Wiederherstellung des Tempels durch Judas Makkabäus geschrieben wurden ... Übrigens bin ich über ihren wirklichen Verfasser ebensowenig wie über ihre Autorität, ihren Nutzen und ihre Lehre ins Klare gekommen. Ja, ich kann mich nicht genug darüber wundern, daß sie unter die heiligen Schriften aufgenommen worden sind von Männern, die das Buch der Weisheit, das Buch Tobias und die übrigen sogenannten Apokryphen vom Kanon der heiligen Schriften ausgeschlossen haben«[9]. – So erstaunlich und überflüssig braucht die Aufnahme der Chronik in den Kanon nun wieder nicht zu erscheinen. Handelt es sich doch um einen eindrucksvollen Versuch (den ersten seiner Art, soweit unsere Kenntnisse reichen), die Geschichte Israels unter den Davididen von ihren Anfängen bis zur Zerstörung des Ersten Tempels einmal geschlossen und systematisch darzustellen. Ein solches Werk war ein Gebot der Zeit, angesichts der religiösen, sozialen, sprachlichen und literarischen Normen, die sich seit Abschluß der Samuel- bzw. Königsbücher herausgebildet hatten. So hatte jede Zeit ihre eigene Geschichtsschreibung: Das neue Werk

---

schen, geographischen, sprachlichen und kulturellen Verhältnissen der israelitischen Königszeit zurückzugehen – Beispiele dafür in Anhang C.

9 Spinoza, Benedictus de, Opera: lat. u. dt. = Werke Spinoza; Bd. 1. Tractatus theologico-politicus, hrsg. v. G. Gawlick u. F. Niewöhner, Darmstadt 1979, 344-347.

vermittelte einem anderen Publikum zu einer anderen Zeit eine andere Botschaft als die früheren historischen Schriften, und diese Botschaft war geprägt durch die Bedürfnisse der neuen Epoche und der veränderten historischen Umstände. Wenn man überhaupt auf dieser Ebene argumentieren wollte, wäre eher die Aufnahme der Bücher Samuel-Könige in den Kanon erstaunlich, denn die Chronik mit ihrer Tendenz zur inhaltlichen Harmonisierung (vgl. oben Kap. VII, B) steht den Anschauungen der Festleger des Kanons ungleich näher als die Bücher Samuel-Könige. Diese negative Einschätzung der Chronik insgesamt und ihrer Paralleltexte insbesondere steht offenbar hinter der generationenlangen Vernachlässigung des Buches.[10] Auch die moderne Bibelwissenschaft hat die Chronik in der Regel nicht um ihrer selbst willen erforscht, sondern im Zuge der Pentateuchforschung, so daß die Chronik ein rechtes ›Stiefkind‹ der Wissenschaft geblieben ist.

Uns jedenfalls erscheint die Chronik als eine alt-neue literarisch-historiographische Schöpfung, die durch ihre raffinierte Durchgestaltung besticht. Bei ihren Abweichungen von älteren Texten handelt es sich nicht nur um geringfügige sprachliche Veränderungen oder um textuelle, ideologisch-theologische Adaptionen, sondern um eine literarische Neugestaltung, die dem älteren Material einen neuen Sinn verleiht und eine andere Bedeutung, als es an seiner ursprünglichen Stelle in den Samuel- und Königsbüchern hatte.

In historiographischer und historischer Hinsicht: Durch den Vergleich der jeweiligen Paralleltexte wird deutlich, wie der Chronist bei der literarischen und historiographischen Aufbereitung des ihm vorliegenden Materials vorgegangen ist. Wir haben hier ein einzigartiges Beispiel vor uns, aus dem wir, zumindest in gewissem Umfang, Schlüsse ziehen können auf die Arbeitsweise biblischer Schriftsteller und Redaktoren, wie sie ältere Vorlagen für ihr eigenes Werk aufbereiteten (so hat etwa auch der Verfasser der Königsbücher älteres Material herangezogen).

Im Zuge dieser Arbeit sind wir auf nicht wenige Hindernisse gestoßen, welche die biblischen Quellen und in erster Linie die Bücher der Chronik dem modernen Forscher bieten, der den Verlauf der israelitischen Geschichte nachzeichnen möchte. So wird das Bewußtsein des Althistorikers für die Problematik der historischen Schlußfolgerung aus diesen Quellen geschärft. Erschwerend kommt hinzu, daß die biblischen Schriften bis heute die nahezu einzigen Quellen darstellen, nach denen die Hauptlinien der biblischen Ge-

---

10 Zur Vernachlässigung des Buches in der jüdischen Welt vgl. die Vorrede von R. David Kimchi zu seinem Chronik-Kommentar sowie die weiteren Ausführungen Don Isaak Abarbanels in seiner erwähnten Vorrede. Zur Vernachlässigung des Buches in der christlichen Welt vgl. Coggins, Chron, 1-3.

schichte Israels zu ziehen sind. Die uns verfügbaren außerbiblischen Quellen vervollständigen zwar unsere Kenntnis etlicher in der Bibel erwähnter Ereignisse oder erhellen gewisse Aspekte derselben; bisweilen vermitteln sie uns sogar Informationen, die in der Bibel gar nicht stehen (über Ahabs Teilnahme an der Schlacht bei Karkar im Jahre 853 v. Chr. etwa wissen wir nur aus der Monolith-Inschrift Salmanassars III. aus Kurch). Aber aufgrund außerbiblischer Quellen allein wäre es doch völlig unmöglich, auch nur die Hauptzüge der israelitischen Geschichte in alter Zeit zu entwerfen.

Im Hinblick auf künftige Forschungen: An die vorliegende Arbeit können sich weitere Studien zu literarischen und historiographischen Unterschieden anschließen sowohl in sonstigen Paralleltexten innerhalb des biblischen Schrifttums[11] als auch in anderer altorientalischer Literatur, wie etwa der mesopotamischen Geschichtsschreibung, die der biblischen in manchem nahesteht. So gibt es etwa in den neu-assyrischen Königsinschriften parallele Episoden, die in kurzem zeitlichen Abstand voneinander aufgezeichnet sind. Diese Episoden unterscheiden sich zumeist in der Stelle ihrer Erwähnung innerhalb des Gesamtberichts über die Taten des betreffenden Königs, in ihrer Länge, Detailliertheit, Tendenz, Formulierung, literarischen Gestaltung und erzählerischen Kristallisierung. Allerdings ist der zeitliche Abstand zwischen der Niederschrift der Samuel- und Königsbücher und der Abfassung der Chronik ungleich größer als der Zeitraum, der die einzelnen neu-assyrischen Königsinschriften voneinander trennt. Auch ist durchaus kein direktes Abhängigkeitsverhältnis der literarischen Gestaltung der Paralleltexte in der Chronik von der Ausformung der parallelen Episoden in den assyrischen Königsinschriften anzunehmen, aber in typologischer Hinsicht sind sie doch an manchen Punkten vergleichbar, zumindest was die Techniken der Aufzeichnung und Bearbeitung betrifft[12]. Die Erhebung von ähnlichen literarischen und

---

11 Aufgeführt sind diese innerbiblischen Parallelen bei Chapman, Introduction, 266; zusammengestellt sind sie bei Bendavid, Maqbilot.

12 Die Erforschung der Parallel-Episoden in den assyrischen Königsinschriften hat in den letzten Jahren einen deutlichen Aufschwung genommen, vgl. R. Borger, Einleitung in die assyrischen Königsinschriften, Erster Teil: Das zweite Jahrtausend v. Chr., Leiden/Köln 1961; W. Schramm, Einleitung in die assyrischen Königsinschriften, Zweiter Teil: 934-722 v. Chr., Leiden/Köln 1973; A. Spalinger, Esarhaddon and Egypt: An Analysis of the First Invasion of Egypt, in: Or 43 (1974), 295-326; idem, Assurbanipal and Egypt: A Source Study, in: JAOS 94 (1974), 316-328; M. Cogan, Ashurbanipal Prism F: Notes on Scribal Techniques and Editorial Procedures, in: JCS 29 (1977), 97-107; H. Tadmor, History and Ideology in the Assyrian Royal Inscriptions, in: F. M. Fales (Ed.), Assyrian Royal Inscriptions – New Horizons, Rom 1981, 13-33; L. D. Levin, Preliminary Remarks on the Historical Inscriptions of Sennacherib, in: H. Tadmor / M. Weinfeld (Eds.), History, Historiography and Interpretation, Jerusalem 1983, 58-75.

historiographischen Erscheinungen unter den genannten historischen Quellen ist ein Beitrag zum Verständnis der Arbeitsweise altorientalischer Schriftsteller sowie der literarischen Techniken, die sie bei der Gestaltung des ihnen vorliegenden historiographischen Materials verwendeten. Ein solches Beispiel hat Cogan[13] gefunden: Er deckt die Pseudo-Datierung nach Regierungsjahren (šanat reš šarrūti), die in acht zu verschiedenen Zeiten entstandenen Fassungen der ›babylonischen Chronik‹ des assyrischen Königs Asarhaddon vorkommt, als Mittel zum Ausdruck einer historiographischen Konzeption auf und verweist auf drei Fälle von ähnlich bewußtem Einsatz chronologischer Daten in der Chronik (etwa 2 Chr 29, 3: »im ersten Jahr seiner Regierung im ersten Monat«).

---

13 Cogan, Chronology, 197-209.

Anhänge

Die drei folgenden Anhänge illustrieren weitere Aspekte im Schaffen des Chronisten und ergänzen so das allgemeine Bild seiner literarisch-historiographischen Tätigkeit: Zum einen eine gewisse Inkonsequenz in der literarisch-historiographischen Neugestaltung älterer Texte in der Chronik (A); zum andern einige Unstimmigkeiten innerhalb der Chronik oder zwischen der Chronik und anderen biblischen Schriften, die durch vom Chronisten vorgenommene Änderungen zustandegekommen sind (B); diese stehen in eklatantem Widerspruch zu seinen sonstigen Bemühungen, Widersprüche durch Harmonisierung zu beseitigen (s. oben Kap. VII, B); und drittens beruhen einige historiographische Veränderungen des Chronisten offenbar auf mangelnder Kenntnis des historischen, geographischen, sprachlichen und kulturellen Hintergrund der israelitischen Geschichte zur Königszeit (C).

Die Beobachtungen der ersten beiden Anhänge samt den theologisch-ideologischen Inkonsequenzen, die der Chronist bei der Bearbeitung der älteren Texte an den Tag legt[1], verdeutlichen auch, daß mangelnde Konsequenz auf weite Strecken nicht unbedingt auf Zusätze und reaktionelle Überarbeitung späterer Schreiber zurückzuführen sind. Vielleicht lassen sich die hier gezogenen Schlüsse auf die Arbeitsweise des Chronisten, etwa die Abwesenheit von systematischer Durcharbeitung und Streben nach Vollständigkeit, sogar ein Stück weit auf die Arbeit anderer biblischer Schriftsteller übertragen, die von der Forschung meistens an den Kriterien griechisch-abendländischen Denkens gemessen werden.

Anhang A: Inkonsequente Bearbeitung des älteren Textes

a) Inkonsequenz bei der Überarbeitung
älteren historiographischen Materials

(1) In 2 Kön 8, 18 wird Athalja als »Tochter Ahabs« bezeichnet, in der Fortsetzung desselben Textes (V. 26) heißt sie »die Tochter Omris, des Königs von Israel«, demnach wäre sie eine Schwester von Ahab gewesen. Der Chronist hat diese widersprüchlichen Angaben

---

1 S. z.B. die bei Japhet, Ideology, 221. 227f. 254 angeführten Beispiele.

unverändert übernommen (2 Chr 21, 6; 22, 2, s. auch 2 Kön 11, 1 //
2 Chr 22, 10) und keinen Versuch gemacht, die beiden durch Auslassung oder Abänderung zu harmonisieren. Dies hat der Übersetzer
der Peschitta getan: Er schreibt in 2 Chr 21, 6 im Unterschied zu allen übrigen Textzeugen »Schwester (statt ›Tochter‹) Ahabs«; dadurch
paßt er den Vers an die Bezeichnung »Tochter Omris« aus 2 Chr 22,
2 an. Eine andere Form der Harmonisierung hat etwa die ›Revised
Standard Version‹ gefunden: Dort steht in 2 Chr 22, 2 statt »Tochter
Omris« ›Enkelin‹, damit die Angabe »Tochter Ahabs« aus 2 Chr 21,
6 bestehen bleiben kann.[2]

(2) In 1 Sam 7, 1f wird erzählt, daß die Lade des Herrn zwanzig
Jahre lang im Hause Abinadabs in Gibea stand und daß dieser seinen
Sohn Eleasar zum Hüter der Lade bestimmte. In 1 Chr 13, 7 // 2 Sam
6, 3 ist berichtet, wie David die Lade aus dem Hause Abinadabs nach
Jerusalem hinaufführte. Anders als Obed-Edom der Gathiter[3] macht
der Chronist Abinadab nicht zum Leviten.

Was der Chronist hier verabsäumte, wurde Generationen später
von Josephus Flavius ganz im Sinne des Chronisten ›nachgeholt‹. Josephus läßt in den Strom seiner 1 Sam 7, 1 folgenden Erzählung die
Information einfließen, Abinadab habe dem Stamme Levi angehört:
»Dort brachten sie die Lade ins Haus eines Mannes, Aminadab[4] vom
Stamme Levi, der ob seiner Gerechtigkeit und Gottesfürchtigkeit als
frommer Mann bekannt war« (ant. VI 18).[5]

b) Inkonsequenz bei der inhaltlichen Harmonisierung

(1) In 2 Chr 34, 28 (// 2 Kön 22, 20) bringt der Chronist die Prophezeiung der Prophetin Hulda über König Josia: »Wenn ich dich dereinst
zu deinen Vätern versammle, sollst du in Frieden in deiner Grabstätte

---

2   Wahrscheinlicher ist die Annahme, daß Athalja Omris Tochter und Ahabs Schwester
    war, vgl. H. J. Katzenstein, Who Were the Parents of Athaliah?, in: IEJ 5 (1955),
    194-197; idem, Art. ›Athalja‹ (hebr.), in: Encyclopaedia Miqrat VI, 430; Williamson,
    Chron, 305.

3   Dazu oben, Kap. II, D, Beispiel 4.

4   Wie die LXX hat Josephus die Namensform Ἀμιναδὰβ, im massoretischen Text
    dagegen steht Abinadab (Vertauschung der Labiale b und m), vgl. 1 Kön 4, 11, wo
    ebenfalls im massoretischen Text ›Sohn des Abinadab‹ steht und in der LXX sowie
    bei Josephus υἱὸς Ἀμιναδὰβ.

5   Vgl. die Darstellung in ant. VII 83: »ein frommer Mann namens Obed-Edom vom
    Stamme Levi«. Manche gingen sogar noch weiter als Josephus und machten Abina-
    dab zum Priester und identifizierten Gibea/Kirjath Jearim mit der Priesterstadt Geba
    aus Jos 21, 17, s. S. Klein, Priester-, Leviten und Zufluchtsstädte (hebr.), in: Kovez
    haChevra havrit leChaqirat Erez-Israel weAtiqoteha, hrsg. v. N. Slouschz, Jerusalem
    1934, 86f.

geborgen werden, und deine Augen sollen all das Unglück, das ich über diesen Ort und seine Bewohner bringen will, nicht schauen«. Das angekündigte Unglück brauchte Josia tatsächlich nicht mitanzusehen, aber der Bericht von seinem Tod in der Schlacht gegen Pharao Necho bei Megiddo 2 Chr 35, 20-24 (vgl. 2 Kön 23, 29f) steht im Widerspruch zu dem verheißenen Begräbnis ›in Frieden‹, d.h. die Prophezeiung erfüllte sich nur zum Teil.[6]

(2) In Judas Genealogie 1 Chr 2, 4 spielt der Chronist auf die Affäre zwischen Juda und Tamar (berichtet in Gen 38) an: »und seine Schwiegertochter Tamar gebar ihm den Perez und den Serah ...«. Dieser Hinweis ist erstaunlich, wie schon in dem Raschi zugeschriebenen Kommentar bemerkt: »Wie kann er nur eine Schandtat von Davids Ahnherrn erwähnen?«, zumal Judas Tat in eklatantem Widerspruch zu dem Verbot Lev 18, 15 steht, dessen Übertretung mit der Todesstrafe für beide Beteiligten belegt ist (ebd. 20, 12, s. auch Ez 22, 11). Hier wie im vorigen Beispiel ließ der Chronist diese Diskrepanz bestehen, obwohl er sie durch die Tilgung des Attributs ›seine Schwiegertochter‹ oder Weglassung des Namens ›Tamar‹ leicht hätte vermeiden können.

c) Inkonsequenz bei der Ergänzung von elliptischen Ausdrücken

In den älteren Texten vorgefundene elliptische Wendungen ergänzt der Chronist nicht immer.[7] Gelegentlich läßt er in idiomatischen Wendungen die zweite Hälfte weg: So etwa bei dem idiom ›einen Bund schließen‹ (כרת ברית), das er in 2 Chr 5, 10 elliptisch aus 1 Kön 8, 9 übernommen und in 2 Chr 7, 18 für ein blasseres verbum dicendi aus 1 Kön 9, 5 eingesetzt hat.[8] Hier war die Bedeutung der Ausdrücke dem Leser wohl so klar, daß der Chronist eine Ergänzung überflüssig fand; aber eine gewisse Inkonsequenz spricht doch daraus. Ähnlich verfährt der Chronist mit dem idiomatischen Ausdruck עצר כח (›vermögen‹, ›Macht haben‹): In 2 Chr 20, 37[9]; 2 Chr 14, 10 (›Zusätze‹) verwendet er den Ausdruck elliptisch, d.h. ohne das Substantiv כח, an zwei anderen Stellen (2 Chr 13, 20; 2 Chr 22, 9) dagegen vollständig.

Eine andere Form von Ellipse liegt 2 Chr 1, 2f (›Zusatz‹) vor, wo berichtet ist, daß die ganze Gemeinde mit Salomo nach Gibeon zog,

---

6 Daraus läßt sich schließen, daß die Prophezeiung bereits vor Josias Tod und nicht erst ›post eventum‹ geäußert wurde, vgl. Curtis, Chron, 510; Elmslie, Chron (1916), 336; Montgomery, Kings, 526.
7 Zur Ausfüllung von elliptischen Versen durch den Chronisten s. oben, Kap. III, B.
8 Vgl. auch 1 Sam 20, 16, wo das Substantiv ברית ebenfalls weggelassen ist.
9 Vgl. den Kommentar des R. David Kimchi z.St.

ohne daß der entsprechende Befehl vorher ausdrücklich erwähnt wäre; diese inhaltliche Leerstelle ist vom Leser ohne weiteres aufzufüllen. Ein ähnlicher Fall liegt in 2 Chr 2, 2 vor, wo Salomo sich König Huram gegenüber auf dessen Lieferungen an seinen Vater bezieht, ohne ausdrücklich zu erwähnen, daß er solche auch für sich wünscht.[10]

Syntaktisch elliptisch sind Verse mit Auslassung des Relativums אשר, etwa 1 Chr 29, 3 und 2 Chr 32, 31 (beide ›Zusätze‹), wohingegen es in Dtn 8, 2 steht.[11] Die Verwendung der elliptischen Ausdrücke in den ›Zusätzen‹ läßt vielleicht auf eine literarische Absicht des Chronisten schließen; er ahmte den Stil der älteren Texte nach, um seinen Zusätzen einen authentischen Anstrich zu verleihen.

Anhang B: Widersprüche zu anderen Versen durch Textänderung

a) Unstimmigkeiten durch Abweichungen vom älteren Text

Gelegentlich ergab sich durch eine vom Chronisten am älteren Text vorgenommene Änderung ein Widerspruch gegenüber einem Vers im Pentateuch oder einem anderen biblischen Buch, unter Umständen sogar der Chronik selbst, z.B.:

(1) Die neue zeitliche Ansetzung der Tempeleinweihungsfeierlichkeiten in der Chronik kollidiert mit dem im Pentateuch festgesetzten Datum des Versöhnungstages. Laut dem Bericht im Königsbuch versammelte Salomo zum Abschluß des Tempelbaus ganz Israel in Jerusalem, und zwar im siebten Monat, am [Laubhütten-]Fest und weihte das Haus des Herrn ein (1 Kön 7, 51 – 8, 2. 63). Und in der Fortsetzung heißt es: »So beging Salomo das Fest und ganz Israel mit ihm, . . . sieben Tage und sieben Tage, vierzehn Tage. Am achten Tage aber entließ er das Volk; und sie nahmen Abschied vom König und zogen zu ihren Zelten« (8, 65f). Die Wörter ›und sieben Tage, vierzehn Tage‹ sind eine spätere Glosse, offenbar unter dem Einfluß der Parallelstelle 2 Chr 7, 9.[12] Mit großer Wahrscheinlichkeit ist aus der Fortsetzung ›am achten Tag entließ er das Volk‹ zu entnehmen, daß die Einweihungsfeierlichkeiten sich zeitlich mit dem siebentägigen ›Fest‹, d.h. dem Laubhüttenfest deckten.[13]

---

10 Vgl. Curtis, Chron, 320. Ein weiteres Beispiel dafür ist vielleicht 1 Chr 11, 11a (s. oben Kap. XIII, B, Beispiel 3).

11 Ben-Sira 44, 24 und 47, 20 finden sich Beispiele für Weiterführungen von Relativsätzen ohne אשר.

12 Dazu ausführlich oben, Kap. VII, B, Beispiel 2.

13 Nach Ex 29, 37 dauerte auch die Einweihung des Altars im Stiftszelt sieben Tage, vgl. auch ebd. V. 30; Lev 8, 33 (nach Num 7, 10-88 zog sie sich allerdings über zwölf Tage hin). Eine vergleichbare Angabe findet sich auf einem Rollsiegel des

Der Chronist scheint nach dem späteren rabbinischen Grundsatz verfahren zu sein, nicht zwei freudige Anlässe gleichzeitig zu begehen[14]. In seinen Augen war die Einweihung des Salomonischen Tempels anscheinend so ein wichtiges Ereignis in der israelitischen Geschichte, daß sie durch Arbeitsruhe, Opfer und Festmahle getrennt zu begehen war, nicht zusammen mit dem Laubhüttenfest, zu dessen freudiger Feier jeder Israelit nach dem Pentateuch ohnehin verpflichtet war (Lev 23, 33-36; Num 29, 12-34; Dtn 16, 13-15). Daher trennt der Chronist in 2 Chr 7, 8-10 zwischen beiden Ereignissen, der Einweihung des Tempels und dem Laubhüttenfest: »Und Salomo beging zu jener Zeit das Fest sieben Tage lang, und ganz Israel mit ihm, ... Und am achten Tag das Schlußfest; *denn die Einweihung des Altars hatten sie sieben Tage lang gefeiert*[15] und *das Fest sieben Tage*. Am 23. Tag des siebten Monats entließ er das Volk zu seinen Zelten«. Der Chronist scheint nicht beachtet zu haben, daß seine ersten sieben Tage der Tempeleinweihung auch den zehnten Tag des siebten Monats umfaßten, das biblische Datum des Versöhnungstags, an dem Fasten und Kasteiungen geboten sind (Lev 23, 26-32; Num 29, 7-11). Nach seiner Darstellung hätten Salomo und das ganze Volk die Einweihung des Tempels bzw. Altars vom 8. bis 14. des siebten Monats gefeiert, vom 15. bis 21. dann das Laubhüttenfest und am 22. das Schlußfest, so daß die Festgemeinde sich am 23. des Monats zerstreuen konnte. Demnach hätten Salomo und das ganze Volk das pentateuchische Gebot des Versöhnungstags nicht gekannt oder doch in jenem Jahr nicht gehalten, denn die Einweihungsfeierlichkeiten bestanden aus »Friedensopfern, Essen und Trinken«[16], was mit Fasten und Kasteiungen nicht zusammengeht. Schon die antiken Rabbinen empfanden diese Schwierigkeit und suchten sie zu beheben: »R. Levi sprach: Es steht geschrieben ›denn die Einweihung des Altars hatten sie sieben Tage lang gefeiert und das Fest sieben Tage‹ [2 Chr 7, 9]; in die sieben Tage vor dem Laubhüttenfest fielen aber ein Sabbat und der Versöhnungstag, und

---

Königs Gudea von Lagasch: Die Einweihung des Tempels [lu]É-ninnu des Gottes Ningirsu dauerte sieben Tage lang; s. A. Falkenstein / W. von Soden, Sumerische und akkadische Hymnen und Gebete, Zürich/Stuttgart 1953, 180.

14 j Moed qatan I 7 (6a); b Moed qatan 9a, s. auch Jalquṭ Schim'oni, II, §193 zu 1 Kön 8, 65.

15 Die Verbindung ›Einweihung des Altars‹ kommt in der Bibel nur hier und im Zusammenhang mit dem Altar im Stiftszelt (Num 7, 10. 11. 84. 88 – P) vor. Wie schon erwähnt, dauerte laut Ex 29, 37 (P) auch die Einweihung jenes Altars sieben Tage lang. Möglicherweise greift die Formulierung des Chronisten hier bewußt auf P zurück; in 2 Chr 7, 5 // 1 Kön 8, 63 spricht er allerdings von der Einweihung des Gotteshauses, und vielleicht wollte er danach nur betonen, daß der Altar der wichtigste Bestandteil des Tempels und seiner Gerätschaften sei.

16 R. David Kimchi zu 2 Chr 7, 9.

während dieser sieben Tage aßen und tranken die Israeliten, waren fröhlich und zündeten Lichter an. Danach gingen sie in sich und bedauerten, was sie getan: ›Womöglich haben wir gesündigt, indem wir den Sabbat entweihten und am Versöhnungstag nicht fasteten!‹ Um sie zu beruhigen, daß ihr Tun dem Heiligen gelobt sei Er wohlgefällig sei, ging eine Himmelsstimme aus und sprach zu ihnen: ›Ihr alle habt Anteil an der künftigen Welt!‹«.[17]

(2) In 2 Kön 18, 19 (= Jes 36, 4) wird erzählt, wie sich der Rabsake an Hiskias Minister wendet:

> Und der Rabsake sprach zu ihnen:
> Sagt doch dem Hiskia:
> So spricht der Großkönig, der König von Assyrien[18]:
> Was hegst du da für eine Zuversicht? ...

Statt des letzten Satzes schreibt der Chronist 2 Chr 32, 10:

> So spricht Sanherib, der König von Assyrien:
> Worauf verlaßt ihr euch, daß ihr belagert in Jerusalem bleibt?

Und in der Fortsetzung der Rede nach der chronistischen Version werden die schwerwiegenden Folgen des Belagerungszustands hervorgehoben: »Hiskia verführt euch, um euch preiszugeben, daß ihr verhungert und verdurstet ... « (V. 11).

Die hier angesprochene Belagerung Jerusalems mit ihren Folgen[19] ist schlechterdings nicht in Einklang zu bringen mit dem Spruch des Propheten Jesaja 2 Kön 19, 32f (// Jes 37, 33f):

> So spricht der Herr über den König von Assyrien:
> Er wird nicht hineinkommen in diese Stadt
> und keinen Pfeil darein schießen,

---

17 Gen. R. XXXV 3; ähnlich auch b Moed qatan 9a: »R. Farnach sagte, R. Jochanan habe gesagt: In jenem Jahr begingen die Israeliten den Versöhnungstag nicht, da wurden sie besorgt und sprachen: ›Womöglich haben Israels Feinde [Euphemismus für die Israeliten selbst] den Untergang verdient?‹ Da ging eine Himmelsstimme aus und sprach zu ihnen: ›Ihr alle seid zum Leben der künftigen Welt bestimmt‹«; s. auch Jalqut Schim'oni, II, §193 (zu 1 Kön 8, 65) und im Kommentar des R. David Kimchi zu 2 Chr 7, 9.

18 Im Paralleltext 2 Chr 32, 10 steht: »So spricht Sanherib, der König von Assyrien«. Aber der Titel »der Großkönig, der König von Assyrien«, der in der Rede des Rabsake noch einmal vorkommt (2 Kön 18, 28 // Jes 36, 13), entspricht einem der authentischen Titel des assyrischen Königs: šarru rabbu šar Aššur; s. Ch. Cohen, Neo-Assyrian Elements in the First Speech of the Biblical Rab-Šaqê, in: IOS 9 (1979), 38f mit weiteren bibliographischen Angaben.

19 In 2 Chr 32, 2-5 (›Zusatz‹) schildert der Chronist die Vorkehrungen, die Hiskia im Hinblick auf diese Belagerung getroffen hat; seine Formulierung schließt sich dabei ganz deutlich an 2 Kön 20, 20 und vor allem an Jes 22, 8-11 an:

mit keinem Schilde gegen sie anrücken
und keinen Damm wider sie aufschütten.
Auf dem Weg, den er gekommen, wird er zurückkehren,
in diese Stadt aber wird er nicht hineinkommen[20],
spricht der Herr.[21]

Anscheinend erzählt der Chronist die Belagerung Jerusalems so ausführlich, um das Wunder der Errettung sowie Sanheribs Scheitern eindrucksvoller zu gestalten: Trotz begonnener Belagerung geschah dem frommen König ein Wunder, so daß er, sein Volk und seine Stadt errettet wurden und der Vertreter der feindlichen Großmacht unverrichteter Dinge abziehen mußte.

Eine scheinbare Bestätigung findet der chronistische Bericht von der assyrischen Belagerung Jerusalems in Sanheribs Annalen über seinen dritten Kriegszug (i. J. 701 v.Chr.): šâšu kīma iṣṣūr quppi qereb ᵘʳᵘUrsalimmu āl šarrūtišu ēsiršu. ᵘʳᵘbīrāti elīšu urakkišma āṣê abul ālīšu utirra ikkibuš (»ihn [Hiskia] habe ich eingeschlossen wie einen Vogel im Käfig in Jerusalem, der Stadt seines Königtums. Ich blockierte ihn mit Schilden und machte ihm den Ausgang aus dem Tor seiner Stadt tabu«).[22*] In Wirklichkeit jedoch handelt es sich hier um einen literarisch-formelhaften Bericht, durch den begründet werden soll,

---

... und du schautest an jenem Tage nach dem Rüstzeug im Waldhaus.
Und nach den Mauerrissen der Stadt Davids saht ihr – denn ihrer waren viele –, und ihr faßtet die Wasser des untern Teiches;
und ihr prüftet die Häuser Jerusalems und bracht sie ab, die Mauer zu befestigen und ein Sammelbecken machtet ihr zwischen beiden Mauern für die Wasser des alten Teichs ...

Doch während Jesaja diese Vorkehren tadelt, weil er sie als Ausdruck mangelnden Gottvertrauens wertet – »aber ihr schautet nicht auf den, der es tat, und nach dem, der es von lange her bereitet hat, saht ihr nicht« – heißt der Chronist Hiskias Maßnahmen gut und schreibt ausdrücklich, Hiskia habe auf Gott vertraut und auch das Volk dazu angehalten (2 Chr 32, 6-8, ›Zusatz‹), ganz im Gegensatz zu Jesajas Darstellung.

20 ›in diese Stadt wird er nicht hineinkommen‹ ist eine chiastische Wiederholung des Verses vom Anfang der Prophetenrede ›er wird nicht hineinkommen in diese Stadt‹; die beiden Verse zusammen bilden einen literarischen Rahmen.

21 Williamson, Chron, 383, vermutet, der Chronist habe den Halbvers 2 Kön 18, 17b »mit großer Armee von Lachis aus zum König Hiskia nach Jerusalem« weggelassen und statt dessen betont »während er [Sanherib] mit seiner ganzen Macht vor Lachis lag« (2 Chr 32, 9), um den Widerspruch zwischen 2 Kön 18, 17b und Jesajas Spruch 2 Kön 19, 32 (// Jes 37, 33) aufzuheben. Aber des Chronisten eigene Erwähnung einer Belagerung Jerusalems durch die Assyrer (2 Chr 32, 10f) widerspricht jener Prophetenrede. Myers (II Chron, 186) will die Wörter ›und sitzt belagert‹ (וישבים במצור) emendieren zu ›und sitzt in der Festung‹ (וישבים במצודה), aber dieser Vorschlag kann sich auf keinerlei Textzeugen stützen und ist ein reiner Harmonisierungsversuch.

22*Chicago Oriental Institute Inscription, col. III, 27-30; s. Luckenbill, Annals, 33; Pritchard, ANET, 288.

weshalb die Hauptstadt des aufständischen Königtums nicht erobert und sein König nicht abgesetzt worden sei.[22] Tadmor hat wohl recht mit seiner Feststellung, Jerusalem sei zwar für einen nicht allzu langen Zeitraum abgeschnitten gewesen, aber eine eigentliche Belagerung mit der ganzen Maschinerie habe nicht stattgefunden.[23]

(3) In 1 Chr 15, 29 (// 2 Sam 6, 16) erwähnt der Chronist Sauls Tochter Michal, und in 1 Chr 8, 33 // 9, 39 erwähnt er Sauls Sohn Esbaal, der unter den bei der Schlacht auf dem Gilboa gefallenen Söhnen Sauls nicht genannt war (1 Chr 10, 2 // 1 Sam 31, 2); und in 1 Chr 8, 34-40 // 9, 40-44 führt er zwölf Generationen Nachkommenschaft von Sauls Sohn Jonathan auf.[24] Diese Hinweise auf weitere Nachkommen Sauls stehen im Widerspruch zu seiner eigenen Feststellung 1 Chr 10, 6: »So starben Saul ... und *sein ganzes Haus;* miteinander starben sie« (statt 1 Sam 31, 6: »So starb Saul, seine drei Söhne und sein Waffenträger, auch all seine Leute, an jenem Tage miteinander«).

Doch sollten wir uns daraufhin nicht vorschnell dazu hinreißen lassen, die betreffenden genealogischen Angaben aus 1 Chr 8 und 9 dem Chronisten abzusprechen.[25] Auch die Herunterspielung von ›sein ganzes Haus‹ aus 1 Chr 10, 6 als »a careless statement by the chronicler«[26] scheint keine Lösung. Vielmehr gehört dieser Widerspruch in die Reihe der Inkonsequenzen, die sich bei der Neubearbeitung älteren Materials durch den Chronisten beobachten lassen. Anscheinend wollte der Chronist einerseits zeigen, daß David sowohl Jonathans Wunsch (» ... so entziehe niemals meinem Hause deine Huld!« – 1 Sam 20, 15) als auch Sauls Forderung (»So schwöre mir denn bei dem Herrn, daß du meine Nachkommen nach meinem Tode nicht ausrotten und meinen Namen aus meines Vaters Hause nicht austilgen wirst. Und David schwur Saul« – 1 Sam 24, 22f) erfüllt habe. Außerdem war er anscheinend nicht bereit davon abzugehen, daß David unmittelbar nach Sauls Tod die Königswürde erlangt habe, und zwar weil alle Angehörigen des Königshauses auf dem Gilboa gefallen waren.[27] Insofern kann man die genealogischen Listen von 1 Chr 8 und 9 nicht gerade als ›passende Einleitung‹ zum Bericht von Sauls Ende in 1 Chr 10 bezeichnen.[28]

---

22 Dazu ausführlicher Tadmor, Sanherib, 65-80, bes. 74f.

23 Tadmor, Sanherib, 75, s. auch 78.

24 In ihrer gegenwärtigen Form reicht diese Aufzählung bis in die Zeit des babylonischen Exils, vgl. Demsky, Geba, 18-20. 23.

25 Dies tut etwa Rudolph, Chron, 95. Auch Noth, ÜS, 122, spricht Sauls Genealogie dem Chronisten ab, jedoch aus anderen Gründen.

26 Dies tut Curtis, Chron, 181.

27 Ein weiteres Beispiel für das Widerspiel von gegenläufigen Tendenzen in der Chronik s. 1 Chr 21, 1-27; 22, 1 gegenüber 21, 28-30; dazu Japhet, Ideology, 142.

28 Gegen Elmslie, Chron (1916), 162; Myers, I Chron, 73; Demsky, Genealogy, 17.

(4) In 2 Chr 3, 10-13 bringt der Chronist die Beschreibung der Cheruben über der Bundeslade aus 1 Kön 6, 23-28 und erwähnt außerdem, daß auf dem Vorhang vor dem Allerheiligsten Cheruben aufgestickt waren (V. 14, ›Zusatz‹). Der Fachausdruck für diesen Vorhang (פרכת) kommt in der biblischen Literatur 25mal vor, davon 24mal im Priester-Kodex im Zusammenhang mit dem Stiftszelt, und ein einziges Mal hier in 2 Chr 3, 14, einer Stelle, die keine Parallele in den Königsbüchern hat. Aufgrund dieser Beobachtung und der starken Ähnlichkeit dieses Verses mit der Schilderung des Wüstenheiligtums in Ex 26, 31-35; 36, 35f speziell in Bezug auf den Vorhang, der das Allerheiligste vom Heiligen trennt, sowie aufgrund der Tatsache, daß ein solcher Vorhang im Salomonischen Tempel sonst nirgends erwähnt ist, läßt sich wohl schließen, daß der Vorhang in der Vorlage des Chronisten nicht vorkam, sondern von ihm in Analogie zum Wüstenheiligtum hinzugefügt wurde:[29]

Ex 26, 31; 36, 35	*2 Chr 3, 14*
26, 31. Du sollst einen Vorhang machen aus blauem und rotem Purpur, Karmesin und gezwirntem Byssus; in Kunstweberarbeit soll man ihn machen, mit Cheruben. 36, 35. Dann machte er den Vorhang aus blauem und rotem Purpur, Karmesin und gezwirntem Byssus; in Kunstweberarbeit machte er ihn, mit Cheruben.	Und er machte den Vorhang aus blauem und rotem Purpur, Karmesin und Byssus und brachte darauf Cherube an.

Laut 1 Makk 1, 22 nahm Antiochus als Beute aus dem Tempel auch den Vorhang mit. Und als Judas der Makkabäer den Tempel wieder einweihte, »legten sie die Brote auf den Tisch und hängten die Vorhänge wieder auf« (ebd. 4, 51). Nach Auskunft von Josephus (bell V 5, 5f) gab es im Herodianischen Tempel einen Vorhang, der das Allerheiligste vom Heiligen trennte. Das Vorhandensein eines solchen Vorhangs im Zweiten Tempel ist auch in der Mischna bezeugt (M Joma V 1) sowie in frühen christlichen Quellen (Mt 27, 51 // Lk 23, 45). Dieser Vorhang könnte bereits zur Zeit des Chronisten im Zweiten Tempel gehangen haben, so daß dieser ihn anachronistisch auch

---

29 Vgl. Curtis, Chron, 327; Myers, II Chron, 18; Mosis, Untersuchungen, 143f; Williamson, Chron, 209. Gegen Rudolph, Chron, 204f, der (in der Nachfolge von Thenius, Šanda und anderen) behauptet, die Vokabel ›Vorhang‹ habe in 1 Kön 6, 21b zwischen und gestanden und sei von einem späteren Abschreiber wegen der Ähnlichkeit mit versehentlich ausgelassen worden. Diese These hat keinen Anhalt in den alten Textzeugen von Kön; außerdem widerspräche die Erwähnung eines Vorhangs in 1 Kön 6, 21b dem Fortgang der Erzählung in den VV. 31f sowie 1 Kön 7, 50, wie noch zu zeigen sein wird.

für den Ersten Tempel annahm, zumal er für das Wüstenheiligtum belegt war.[30] Die Zufügung des Vorhangs in der Beschreibung des Salomonischen Tempels nach dem Vorbild des Wüstenheiligtums sollte außerdem die Kontinuität der heiligen Stätten dokumentieren, die sich dann im Zweiten Tempel fortsetzte.[31] Allerdings steht die Erwähnung des Vorhangs zur Scheidung des Allerheiligsten vom Heiligen im Widerspruch zu der Angabe 2 Chr 4, 22b // 1 Kön 7, 50b, wonach Türen diese Funktion gehabt hätten. Außerdem widerspricht sie 1 Kön 6, 31f: »Und als Eingang in das Allerheiligste ließ er Türflügel von Ölbaumholz machen; ... Und auf die zwei Türflügel von Ölbaumholz ließ er Schnitzwerk von Cheruben, ... anbringen«.

Angesichts der häufigeren Vorkommens solcher Fälle in der Chronik ist wohl auch die Diskrepanz zwischen 2 Chr 3, 14 und 2 Chr 4, 22b auf Inkonsequenz des Chronisten bei der literarischen Neufassung der älteren Texte zurückzuführen. Er hat den Zusatz 2 Chr 3, 14 gemacht, ohne darauf zu achten, daß er im Widerspruch zu 1 Kön 7, 50b steht; deshalb hat er letzteren Vers übernommen (2 Chr 4, 22b), ohne ihn entsprechend umzugestalten. Wenn die Dinge sich so verhalten, brauchen wir 2 Chr 3, 14 weder für die spätere Zutat eines ›zweiten Chronisten‹ zu halten[32] noch umgekehrt 2 Chr 4, 22 für einen späteren Zusatz nach dem Muster von 1 Kön 7.[33]

(5) In 1 Chr 18, 1 bringt der Chronist den schwierigen Vers 2 Sam 8, 1f in veränderter Form; diese Veränderung steht in Widerspruch zu 1 Kön 2, 39-41.[34]

b) Umstimmigkeiten zwischen der Chronik und Vorschriften des Pentateuch

Gelegentlich weist der Chronist darauf hin, etwas geschehe ›wie geschrieben steht‹, ›wie Mose geboten‹ o.ä., offenbar um den religionsgesetzlichen Rang der betreffenden Handlung zu erhöhen. Doch bei näherer Überprüfung stellt sich heraus, daß bisweilen Unstimmigkeiten, ja geradezu Widersprüche zwischen den Daten der Chronik und

---

30 Gegen Mosis, Untersuchungen, 144.

31 Ein weiteres Beispiel für Zusätze zum Bericht des Tempelbaus unter Salomo nach dem Muster des Zeltes, das Mose in der Wüste errichtete, sind vielleicht die Qualitäten der von Huram entsandten Facharbeiter 2 Chr 2, 6. 13 im Vergleich zu den Fähigkeiten des Bezalel Ex 35, 32. 35.

32 Gegen Galling, Chron, 83.

33 Gegen Benzinger, Chron, 89; Rudolph, Chron, 3. 205; Mosis, Untersuchungen, 137 Anm. 38.

34 Ausführlich behandelt ist dieses Beispiel oben, Kap. VI, A, Beispiel 3.

den Vorschriften des Pentateuch bestehen.[35] Etliche Forscher haben
daraus den Schluß gezogen, der dem Chronisten bekannte Pentateuch
sei von dem uns vorliegenden verschieden gewesen.[36] Aber auch was in
jener ›Tora‹ geschrieben stand, wurde sicher Mose zugeschrieben, und
es ist doch unwahrscheinlich, daß zur Zeit des Chronisten mehrere
verschiedene ›Lehren‹ nebeneinander bestanden, die jeweils auf Mose
zurückgeführt wurden. Eher ist anzunehmen, daß der Pentateuch damals schon weitgehend konsolidiert und bis zu einem gewissen Grade
auch kanonisiert war (s. Neh 8, 1-3. 8f. 13f. 18). Vielleicht beruht die
Diskrepanz zwischen der Vorschrift des Pentateuch und der in der
Chronik berichteten Praxis nur darauf, daß der Chronist den Wortlaut des Pentateuch anders verstand und interpretierte als wir heute.

Anhang C: Falsche historiographische Veränderungen

Etliche der historiographischen Veränderungen der Informationen
aus den älteren Texten in der Chronik sind offenbar darauf zurückzuführen, daß der Chronist mit einigen terminici technici, festen
sprachlichen Wendungen oder mit den historischen und geographischen Gegebenheiten der israelitischen Königszeit unzureichend vertraut war. Dies sind Symptome der Distanz zwischen dem späteren
Geschichtsschreiber zur persischen Zeit und den von ihm zur Abfassung seines Werks über die Epoche des Ersten Tempels benützten
älteren Quellen. Mit anderen Worten: Trotz der beträchtlichen literarischen und historiographischen Verdienste des Chronisten ist sein
Werk nicht frei von Fehlern und Mißverständnissen.

Diese Erscheinung ist auch aus anderen historiographischen Schriften bekannt, etwa aus der Geschichtsschreibung des Makkabäer-
Aufstands:

a. 1 Makk 1, 29 heißt es: »Nach zwei Jahren sandte der König
einen ›Steuerfürsten‹ (ἄρχοντα φορονολογίας) in die Städte Judas ... «.
Gemeint ist damit offenbar Apollonius, der in 2 Makk 5, 24 als ›Fürst
der Mysier‹ (μυσάρχην)bezeichnet wird, weil er die Söldner aus My-
sien (Μυσία in NW-Kleinasien) befehligte. Der griechische Übersetzer
des ersten Makkabäerbuches kannte offenbar weder die geographische
Bezeichnung noch den davon abgeleiteten militärischen Rang, sondern
gab eine erläuternde Paraphrase, indem er den ›Mysier‹ als ›Steuern‹
(hebr. מִסִּים) deutete.[37]

---

35 Japhet, Ideology, 239 und die dort, 240-244 angeführten Beispiele.
36 S. von Rad, Geschichtsbild, 63 mit Anm. 106; Rudolph, Chron, XV; Japhet, Ideology, 244 Anm. 149.
37 Vgl. J. A.Goldstein, I Maccabees, Garden City, NY 1976, 211f; idem, II Maccabees,

b. 1 Makk 3, 13 wird Seron als ἄρχων τῆς δυνάμεως Συρίας bezeichnet. Doch aus dem folgenden Vers (V. 14) geht eindeutig hervor, daß
Seron nicht an der Spitze der Seleukiden-Armee stand: »Er [Seron]
sprach: Ich will Ehre einlegen, daß ich im ganzen Königreich geprie-
sen werde, und will Judas und seinen Haufen, der des Königs Gebot
verachtet, schlagen«; demnach war der Seleukidenkönig der oberste
Befehlshaber der Truppen und bestimmte jeweils den Feldherrn. Als
dann Josephus diese Quelle benutzte (ant. XII 288), verstand er die
Stelle nach dem Gebrauch des militärischen Terminus zu seiner Zeit
und bezeichnete Seron als ›den Feldherrn von Coelesyrien‹ (στρατηγὸς
τῆς κοίλης Συρίας).[38]

Im folgenden ein paar Beispiele für objektiv falsche historiographische Veränderungen in der Chronik:

(1) Der Ausdruck ›Tarsis-Schiffe‹ fungiert in der Bibel als terminus technicus zur Bezeichnung einer Sorte von Schiffen bestimmter
Größe und Ausstattung, die sowohl in der tyrischen als auch in der
israelitischen Flotte üblich waren und im Mittelmeer wie im Schilfmeer eingesetzt wurden (1 Kön 10, 22; 22, 49; Jes 2, 16; 23, 1. 14; Ez
27, 25; Ps 48, 8).[39]

Garden City, NY 1983, 265.

38 S. Goldstein, I Maccabees, 246; B. Bar-Kochba, Seron and Cestius Gallus at Beith
   Horon, in: PEQ 108 (1976), 15f.

39 Vgl. M. Elat, Art. ›Tarsis‹ (hebr.), in: Encyclopaedia Miqrat VIII, 944. So versteht
   bereits Don Isaak Abarbanel in seinem Kommentar zu 1 Kön 10, 22 die Stelle: »Genannt sind sie ›Tarsis-Schiffe‹ nach ihrem Bau, sie waren gebaut wie die in Tarsis
   hergestellten Schiffe, und alle nach diesem Modell allerorts gebauten Schiffe hießen
   ›Tarsis-Schiffe‹«. In der Forschung wurden die verschiedensten Deutungen des Namens ›Tarsis‹, seine Bildung und seinen Zusammenhang mit Schiffen vorgebracht;
   einen Überblick bietet Elat, op. cit., 944f; idem, Wirtschaftsbeziehungen, 147f. 181f;
   S. B. Hoenig, Tarshish, in: JQR 69 (1979), 181f; M. Elat, Tarshish and the Problem
   of Phoenician Colonisation in the Western Mediterranean, in: OLP 13 (1982), 56-
   59. Als analoges Beispiel zur Namensbildung ›Tarsis-Schiffe‹ können die ägyptischen
   ›Byblos-Schiffe‹ (kbn.t/kpn.t) dienen, die nach Punt (in der Gegend von Ophir) fuhren (zur Lokalisierung an der Nordküste von Somalia s. A. Malamat, Das Königreich
   von David und Salomo und seine Beziehungen zu Ägypten (hebr.), in: idem, Israel,
   169f). Im ersten Viertel des 15. Jhs. v. Chr. dienten ›Byblos-Schiffe‹ der Königin
   Hatschepsut zum Import von Waren aus Punt, und diese Waren sind identisch mit
   denen, die Salomo und Hiram auf ›Tarsis-Schiffen‹ aus Ophir brachten. Dazu Breasted, Records, II, p. 109 § 265; E. Naville, Temple of Deir el Bahari, Part III, London 1898, pl. LXIX-LXXIX; K. A. Kitchen, Art. ›Punt‹, in: Lexikon der Ägyptologie, IV, Wiesbaden 1982, 1198-1201. Zum ägyptischen Terminus ›Byblos-Schiffe‹ s.
   S. H. Horn, Byblos in Ancient Records, in: AUSS 1 (1963), 53. Ein weiteres Beispiel
   aus dem semitischen Kulturbereich sind die in ugaritischen Urkunden erwähnten
   anyt. mihd, s. M. Dietrich / O. Loretz / J. Sanmartin, Die Keilalphabetischen Texte
   aus Ugarit, Neukirchen-Vluyn 1976, 202, 4. 81. Laut A. Alt, ägyptisch-Ugaritisches,
   in: AfO 15 (1945-51), 69 Anm. 3 waren dies solche Schiffe, wie sie im Mihd, d. h.

1 Kön 10, 22 heißt es von Salomo, er »hatte Tarsis-Schiffe auf dem Meer bei den Schiffen Hirams. Einmal alle drei Jahre kamen die Tarsis-Schiffe heim und brachten Gold, Silber, Elfenbein, Affen und Pfauen«. Auch vom judäischen König Josaphat wird berichtet: »Josaphat hatte auch ein Tarsis-Schiff bauen lassen, das nach Ophir gehen sollte, um Gold zu holen; aber man fuhr nicht, denn sein Schiff scheiterte in Ezjon-Geber« (22, 49). An den chronistischen Parallelstellen in der Chronik erscheinen die ›Tarsis-Schiffe‹ in erweiterter Benennung als ›Schiffe, die nach Tarsis gehen‹:

> 2 Chr 9, 21: Denn der König hatte Schiffe, die nach Tarsis gingen . . . .
> 2 Chr 20, 36f: und er verbündete sich mit ihm, Schiffe zu bauen, die nach Tarsis gehen sollten; und sie bauten die Schiffe in Ezjon-Geber . . . .

Täckholm[40] meint, der Chronist habe hier eine alte authentische Überlieferung bewahrt. ›Tarsis‹ sei der Name eines Ortes in Afrika an der Küste des Roten Meeres, wo Edelsteine gefunden wurden, darunter der ›Tarsis-Stein‹ (Ex 28, 20; 39, 13), und die Schiffe trügen diesen Namen, weil sie aus diesem Land ›Tarsis‹-Steine (und sonstige exotische Waren) brachten. Doch gibt es keinen Beleg dafür, daß Salomo und Hiram auf den ›Tarsis-Schiffen‹ ›Tarsis‹ importiert hätten, dazu noch unten. Auch Elats[41] Vermutung, die Lesart ›Tarsis‹ in 2 Chr 9, 21 und 20, 36f sei ein »Fehler eines Schreibers oder Kopisten«, scheint unbegründet, denn Elat erklärt nicht, wie der Fehler zustandegekommen sein soll, auch bieten die alten Textzeugen keine Stütze dafür. Außerdem wäre es doch erstaunlich, daß ein ›Schreiber oder Kopist‹ in zwei verschiedenen Erzählungen über zwei verschiedene Könige genau denselben Fehler gemacht haben sollte.

Offenbar haben wir es mit einer bewußten Textänderung des Chronisten zu tun, der den Ausdruck ›Tarsis-Schiffe‹ verständlicher machen wollte. Da er den älteren terminus technicus nicht als solchen identifizierte, paraphrasierte er und machte aus ›Tarsis‹ das Ziel der Fahrt an der Küste des Schilfmeers. Demnach haben wir einen frühen Erklärungsversuch vor uns in der Art, wie sich in der späteren jüdischen Literatur noch etliche finden, z.B.:

a. In der LXX zu 1 Kön 10, 22 steht für ›Tarsis-Schiffe‹: »Schiffe aus Tarsis«, d.h. Schiffe, die aus Tarsis kommen.

b. Josephus schrieb in ant. VIII 181: »Denn der König [Salomo] hatte viele Schiffe, die im Meer ankerten, welches ›das tarsische Meer‹

---

im Hafen von Ugarit, gebaut wurden.
40 U. Täckholm, Tarsis, Tartessos und die Säulen des Herakles, in: OR 5 (1965), 151, Anm. 6. 145. 151-153. 166; idem, Neue Studien zum Tarsis-Tartessosproblem, in: OR 10 (1974), 46ff.
41 Elat, ›Tarsis‹, 942.

hieß«, demnach wären ›Tarsis-Schiffe‹ Schiffe, die in der tarsischen See verkehren.

c. Im Targum Jonathan zu Jes 2, 16 (»auf allen Tarsis-Schiffen«) heißt es: »auf allen Schiffen des Meeres«, demnach leitete der Übersetzer ›Tarsis‹ vom griechischen Wort für ›Meer‹ (θάλασσα) ab, wie schon die LXX z. St.: πλοῖον θαλάσσης.[42]

d. Der Targum zu 2 Chr 20, 36 gibt den Namen ›Tarsis‹ als טורסוס wieder und erklärt dazu: »am großen Meer«. Demnach wurden verschiedene Versuche gemacht, die Vokabel ›Tarsis‹ auf eine ähnlich klingende zurückzuführen, doch sind sie allesamt weit entfernt vom ursprünglichen Sinn des Wortes.[43]

Daß die in der Chronik gegebene Deutung des Namens nicht richtig sein kann, geht schon aus dem älteren Kontext hervor: »Josaphat ließ Tarsis-Schiffe bauen, die **nach Ophir** gehen sollten« (1 Kön 22, 49) – entweder nach Ophir oder nach Tarsis! Außerdem geht aus diesem Text hervor, daß Josaphats Tarsis-Schiffe Gold bringen sollten. Daß aus Ophir Gold importiert wurde, geht auch aus den Seefahrten unter Salomo hervor (1 Kön 9, 26-28 // 2 Chr 8, 17f; 1 Kön 10, 11 // 2 Chr 9, 10).[44] Aus Tarsis dagegen wurde in erster Linie Silber gebracht, auch Eisen, Zinn und Blei (Jer 10, 9; Ez 27, 12). Die vom Chronisten gegebene Deutung des Ausdrucks stimmt auch nicht mit der historisch-geographischen Realität zur Zeit des Ersten Tempels überein. Eine Hafenstadt (oder mehrere Hafenstädte) namens ›Tarsis‹ gab es damals an der Mittelmeerküste, nicht am Ufer des Schilfmeers, wo aber Ezjon-Geber liegt, von wo Josaphats Schiffe laut Auskunft des Chronisten nach Tarsis auslaufen sollten. Daß die Stadt Tarsis am Mittelmeer lag, geht eindeutig hervor aus einer Inschrift des assyrischen Königs Asarhaddon: šarrāni[meš] ša qabal tamtim kališúnu ultu māt Iadanana māt Iaman adi māt Tarsisi ana šēpeya iknušú (›alle Könige, die mitten im Meere wohnen, von Iadanana [= Zypern] und Griechenland nach Tarsis beugten sich unter meine Füße‹);[45] aus dem Bericht über den Propheten Jona auf der Flucht vor dem göttlichen Auftrag: »Er ging hinab nach *Jaffa;* dort fand er ein Schiff, das nach Tarsis fuhr« (Jona 1, 3); aus der Völkertafel Gen 10, 4f (die der Chronist in sein Werk übernahm, 1 Chr 1, 7!), wo ›Tarsis‹ unter den Söhnen Jawans [=

---

42 Noch später auch Hieronymus in seinem Kommentar z. St., dazu L. Ginzberg, Die Haggada bei den Kirchenvätern: VI Der Kommentar des Hieronymus zu Jesaja, in: Jewish Studies in Memory of G. A. Kohut, edt. by S. W. Baron/A. Marx, New York 1935, 280f.

43 Gegen Hoenig, Tarshish, 181f, der die Gleichsetzung ›Tarsis‹= θάλασσα für wahrscheinlich hält.

44 Daher die Wortverbindung ›Ophir-Gold‹ Jes 13, 12; Ps 45, 10; Hi 28, 16; 1 Chr 29, 4 sowie auf dem Ostrakon Nr. 2 aus Tell-Qasile, s. Maisler (= Mazar), Tell-Qasile, 67.

45 S. Borger, Asarhaddon, 86, §57: 10f.

Griechenlands] Elisa [= Zypern], Kittäern und Dedanäern aufgeführt ist.[46]

(2) In 2 Kön 15, 5 steht, Jotham habe den Titel »der über das Haus« (על הבית) getragen, als er die Herrschaft über Juda übernahm, weil sein Vater, König Usia, an Aussatz erkrankt war:[47]

> Der Herr aber schlug den König,
> daß er aussätzig ward bis an den Tag seines Todes,
> und er wohnte in einem abgesonderten Hause (בית החפשית)[48].
> Und Jotham, der Sohn des Königs, ›der über das Haus‹,
> war Regent (שפט)[49] über das Landvolk (עם הארץ)[50].

An der Parallelstelle, 2 Chr 26, 21, schreibt der Chronist: »und sein Sohn Jotham war über das Haus des Königs« anstelle des Titels ›der über das Haus‹ im älteren Text.

Biblisch kommt der Titel ›der über das Haus‹ außer in unserem Text noch in der Aufzählung von Salomos Beamten, 1 Kön 4, 6, vor: »Und Ahisar war ›der über das Haus‹«.[51] In der vollständigeren Form ›der über das Haus Gesetzte‹ (אשר על הבית) kommt der Titel in der frühen biblischen Historiographie vor

---

46 Über Identität und Lage des biblischen Tarsis sind sich die Gelehrten nicht einig. Die verschiedenen vorgebrachten Ansichten sind zusammengestellt bei Elat, Wirtschaftsbeziehungen, 148-153; Hoenig, Tarsis, 181f; Elat, Tarsis, 942-944; idem, Tarshish, 55-69.

47 Nominell scheint Usia den Königstitel weiter geführt zu haben; diesen erhielt Jotham erst nach dem Tod seines Vaters; s. 2 Kön 15, 7b // 2 Chr 26, 23b; 2 Kön 15, 32 // 2 Chr 27, 1.

48 Zu diesem Ausdruck ausführlich oben, Kap. VI, A, Beispiel 4.

49 Daß der Titel שפט hier ›Regent‹ bedeuten muß (und nicht ›Richter‹) geht aus Bibelversen hervor, in denen er in Parallele mit ›König‹ steht (z.B. Jes 33, 22; Hos 7, 7; Ps 2, 10) oder mit ›Fürst‹ (z.B.: Am 2, 3; Mi 7, 3; Spr 8, 16; s. auch 1 Sam 8, 5f. 20; Mi 4, 14; Dan 9, 12). Diese Bedeutung hat die Amtsbezeichnung שפט auch in anderen semitischen Sprachen, z.B. ugaritisch tpt, das in Parallele zu mlk/zbl steht; akkadisch ›šapātu‹; s. auch Ehrlich, Mikrâ Ki-Pheschutô, 366. Gegen Katzenstein, Royal Steward, 152, der hier vom Verb שפט in der Bedeutung ›richten‹ ausgehen will.

50 Mit עם הארץ sind anscheinend sämtliche Untertanen des Königs von Juda gemeint (vgl. 2 Kön 25, 3 // Jer 52, 6; Lev 4, 27; 20, 2. 4; Ez 33, 2; 39, 13); der Ausdruck scheint hier nichts mit dem politischen terminus technicus in 2 Kön 14, 14-20; 21, 24; 23, 30. 35; zu tun zu haben (gegen Cogan-Tadmor, II Kings, 167).

51 Hier wäre allerdings auch an eine andere Worteinteilung zu denken wie ›Und Ahi war der Fürst (hebr. sar) über das Haus‹. Die LXX Vaticanus (B) hat καὶ Ἀχει ἦν οἰκονόμος, im lukianischen Text (L): καὶ Ἀχιὴλ ἦν οἰκονόμος. Textkritisch käme noch eine Möglichkeit in Frage: ו[א]שר על הבית [...]ראחי. Der Name Ahi könnte eine Kurzform von Ahia, Ahiel, Ahimelech u.ä. sein. Der Titel οἰκονόμος bezeichnete im ptolemäischen Ägypten einen Bezirksvorsteher, demnach handelt es sich vielleicht um anachronistischen Sprachgebrauch des griechischen Übersetzers; dazu Mettinger, State Officials, 72f.

(1 Kön 16, 9; 18, 3; 2 Kön 18, 18), in der klassischen Prophetie (Jes 22, 15, vgl. 36, 3), in einer Grabinschrift aus dem Dorfe
Silwan: יהו אשר על הבית [...] [קברת] זאת[^52] und auf einem in Lachisch gefundenen Stempelsiegel: [ת]אש[ר על הבי / [א[שר על הבי]ת], das
von der Schriftform her um 600 v. Chr. datiert wird;[^53] auf einer Siegelinschrift ל[י]דר אשר ע[ל הבית], die Avigad nach Schrift
und Dekoration ins 7. vorchristliche Jahrhundert datiert[^54] und auf
drei weiteren Siegelabdrücken, zwei von einem gewissen Adoniahu
(לאדניהו / אשר על הבית), eine von ›Nathan‹: לנתן אשר ע[ל בית]
(hier fehlt versehentlich der bestimmte Artikel).[^55]

Demnach bezeichnete der Titel ›der über das Haus (Gesetzte)‹ den
Träger eines höheren Hofamtes zur Zeit des Ersten Tempels. Die
Funktion des betreffenden Beamten scheint nicht auf Belange des
königlichen Palastes beschränkt gewesen zu sein, vielmehr war er wohl
eine Art oberster Minister im Königtum. Seine Vollmachten waren
recht weitreichend, wie aus etlichen biblischen Kontexten hervorgeht.
An erster Stelle ist hier Jesajas Weissagung wider Sebna zu nennen, der
den Titel ›der über das Haus Gesetzte‹ an Eljakim, den Sohn Hilkias,
abgeben mußte: »ich werde ... deine Gewalt in seine Hand geben,
daß er ein Vater sei den Bewohnern Jerusalems und dem Hause Juda.
Ich will ihm auch den Schlüssel des Hauses David auf die Schultern
legen; und wenn er auftut, so wird niemand schließen, und wenn er
schließt, wird niemand auftun« (Jes 22, 21f). ›Eljakim, der Sohn Hilkias, der über das Haus Gesetzte‹ wird auch an der Spitze der Minister
genannt, die zu dem Rabsake hinausziehen (Jes 36, 3 // 2 Kön 18, 18).
Das Trinkgelage, in dessen Verlauf der israelitische König Ela ermordet
wurde, fand im Hause des ›Arza, des über das Haus Gesetzten‹, statt
(1 Kön 16, 9), und ›Obadja, der über das Haus Gesetzte‹ übte dieselben Funktionen aus wie König Ahab selbst (1 Kön 18, 3. 6). Schon die
Tatsache, daß Jotham, der Thronfolger, noch nachdem er anstelle sei-

---

[^52]: S. Donner-Röllig, KAI, Nr. 191B Z. 1; dazu N. Avigad, Die Grabinschrift
יהו אשר על הבית ... (hebr.), in: EI 3 (1954), 66-72; idem, Mazzevot qedumot be-
Nahal Qidron, Jerusalem 1974, 9-17; D. Ussishkin, Das Grab יהו אשר על הבית
(hebr.), in: Leschonenu 33 (1969), 297-303.

[^53]: S. Moscati, L'epigrafia ebraica 1935-1950, Roma 1951, 62, Nr. 30. Manche wollen den
Gedaljahu der Siegelinschrift mit Gedalja b. Ahikam identifizieren (in der Bibel wird
jener Gedalja allerdings nicht mit dem Titel ›der über das Haus Gesetzte‹ belegt), der
nach der Zerstörung Jerusalems von Nebukadnezar zum Statthalter Judas eingesetzt
wurde (2 Kön 25, 22; Jer 40, 7); dazu etwa de Vaux, Ancient Israel, 130.

[^54]: S. N. Avigad, Einige hebräische Siegel aus der Sammlung des Dr. Hecht (hebr.), in:
FS R. Hecht, Jerusalem 1979, 123f.

[^55]: S. N. Avigad, Bulot ivriot mIme Jeremia, Jerusalem 1986, 21-23. Avigad hält Adoniahu und Nathan für Zeitgenossen Baruchs des Schreibers, so daß die unter den
Königen Josia bis Zedekia amtiert haben könnten.

nes aussätzigen Vaters die Regierung übernommen hatte, dieses Amt bekleidete (2 Kön 15, 5), spricht für dessen hohes Ansehen.[56]

Die Veränderung dieses Titels aus der Verwaltungssprache durch den Chronisten rührt offenbar daher, daß der spätere Historiograph den älteren terminus technicus nicht als solchen identifizierte. Daher hat er eine Paraphrase verwendet, wodurch Jothams Amtsbefugnisse auf den Bereich des königlichen Palastes eingeschränkt werden.[57]

(3) Das hebräische Substantiv ›bèdèq‹ (בֶּדֶק) bezeichnet in der Bibel einen Riß, ein Loch in einem Gebäude oder Schiff. Diese Bedeutung hat die Vokabel auch in den verwandten semitischen Sprachen: ugaritisch *bdqt*,[58] akkadisch *batqu*,[59] auch aramäisch ist dies eine der Bedeutungen von בדקא.

Im älteren biblischen Hebräisch wird die Ausbesserung eines Schadens an einem Gebäude mit dem terminus technicus ›besserte den Schaden von X aus‹ (x בדק חזק) bezeichnet. So erscheint der Ausdruck sechsmal im Buch der Könige im Zusammenhang mit der Renovierung des Tempels unter Joas und Josia (2 Kön 12, 6-9. 13; 22, 5), und zweimal als מחזיקי בדקך (mit vertauschter Wortfolge) im Hebräisch der Übergangszeit, in Ezechiels Spruch über Tyrus in Bezug auf ein Schiff (Ez 27, 9. 27). Vergleichbar ist der akkadische Ausdruck ›batqu ša ... ṣabātu‹.[60]

---

56 S. de Vaux, Ancient Israel, 129-131; Katzenstein, Royal Steward, 150; gegen Mettinger, State Officials, 73-79: aufgrund des Vergleichs mit dem ägyptischen Titel ›mr pr wr‹ will Mettinger die Befugnisse des ›über das Haus Gesetzten‹ auf das Besitztum des Königs einschränken. Überzeugender scheint ein Vergleich mit einem Titel aus dem semitischen Kulturbereich, dem akkadischen ša pān ekalli (s. CAD, vol. 4 [E], 62a) und ša elî bītî / ša elî bitanu/i; dazu Art. ›Beamter – d. Assyrische Zeit‹, in: Reallexikon der Assyriologie, vol. I, hrsg. v. E. Ebeling / B. Meissner, Berlin/Leipzig 1928, 464f.

57 Ein weiteres Attribut Jothams in diesem Kontext, ›der Sohn des Königs‹, kommt auch als Amtsbezeichnung vor; dazu G. Brin, Zum Titel ›Sohn des Königs‹, in: Leschonenu 31 (1967), 5-20. 85-90. 240 mit älterer Literatur. Träger dieses Titels versahen offenbar untergeordnete Polizeidienste (Jer 36, 26; 38, 6), gehörten jedenfalls nicht zu den höheren Beamten (1 Kön 22, 26 // 2 Chr 18, 25 wird ein ›Sohn des Königs‹ nach dem ›Fürsten der Stadt‹ genannt); dazu S. Yeivin, Art. ›Ben-haMelech‹, in: Encyclopaedia Miqrat II, 160; idem, Israelitische Verwaltung (hebr.), in: Malamat, Kultur, 117. Von daher ist es unwahrscheinlich, daß Jotham zusätzlich zu seinem hohen Rang noch ein so relativ niedriges Amt gehabt haben sollte. Der Chronist faßt Jothams Bezeichnung als ›Sohn des Königs‹ hier wohl mit Recht genealogisch auf und schreibt ›sein Sohn‹; ähnlich wie er das Genitivattribut aus 2 Sam 3, 5 (›Davids Frau‹) in 1 Chr 3, 3 durch ein Possessivum (›seine Frau‹) ersetzt.

58 S. Gordon, Ugaritic, 173, Text 51: VII 17-19, – wy[p]tḥ.bdqt.ᶜrpt = ›riß die Wolken auf‹.

59 S. CAD, vol. 2 (B), 167b.

60 Dazu J. C. Greenfield, Lexicographical Notes I, in: HUCA 29 (1958), 221 Anm. 24; V. Hurowitz, Another Fiscal Practice in the Ancient Near East: 2 Kings 12:5-17 and a Letter to Esarhaddon (LAS 277), in: JNES 45 (1986), 293, bringt ein Beispiel.

Anstelle des Fachausdrucks ›den Schaden des Tempels auszubes-sern‹ im Bericht von der Tempelrenovierung 2 Kön 22, 5 setzt der Chronist 2 Chr 34, 10 ›den Tempel zu untersuchen und auszubes-sern‹ (לבדוק ולחזק הבית), eine Wortverbindung, die biblisch sonst nicht vorkommt. Anscheinend kannte er weder den terminus techni-cus ›x בדק חזק‹ noch die Bedeutung des Substantivs ›bedeq‹ innerhalb desselben, vielmehr leitete er es vom Verb בָּדַק ›prüfen, untersuchen‹ ab. Aus demselben Grund hat er wohl den Terminus im Bericht von der Tempelrenovierung unter Joas nicht übernommen: 2 Kön 12, 6 steht »und sie sollen den Schaden des Tempels ausbessern, wo immer sich ein solcher findet«, dafür schreibt der Chronist »und sammelt Geld von ganz Israel, das Haus eures Gottes auszubessern« (2 Chr 24, 5a); und anstelle von 2 Kön 12, 13 »den Schaden am Haus des Herrn auszubessern« schreibt der Chronist »das Haus des Herrn auszubes-sern« (2 Chr 24, 12). Dieselbe Umgehung des schwierigen Ausdrucks ist bei der Gegenüberstellung der folgenden Verse zu beobachten:

2 Kön 12, 7-9	2 Chr 24, 5b-6
7. Und die Priester besserten den Schaden am Tempel nicht aus	5b. ... die Leviten beeilten sich nicht.
8. Weshalb bessert ihr den Schaden am Tempel nicht aus? Nun aber, nehmt kein Geld von euren Bekann-ten, sondern gebt es für die Risse des Tempels.	6. Weshalb verlangst du nicht von den Leviten, aus Juda und Jerusalem die Abgabe beizubringen, die Mose, der Knecht des Herrn, ... für das Zelt des Gesetzes zusammenbrachten?
9. Und die Priester waren einverstanden, ... und die Schäden am Tempel nicht auszubessern.	

Vielleicht verstand der Chronist das Verb בדק aber auch in der Bedeutung ›ausbessern, instandsetzen‹, wie es einmal bei Ben-Sira (um 200 v. Chr.) vorkommt: »in dessen Generation das Haus ausgebessert / in dessen Tagen der Tempel instandgesetzt« (50, 1)[61] und häufiger im rabbinischen Schrifttum, etwa M Scheqalim IV 2; ebd. V 4; M Mela IX 2.[62] Demnach wäre das Verb בדק ungefähr gleichbedeutend mit חזק und die Wortverbindung לבדוק ולחזק in 2 Chr 34, 10 ein Hendiadyoin.

Somit haben wir hier ein weiteres Beispiel für Unverständnis bzw. anachronistisches Mißverständnis[63] eines terminus technicus im älte-ren Text, das durch Paraphrase umgangen wird, was den Sinn des Textes verändert.

---

61 M. Z. Segal, Sefer Ben-Sira haschalem, Jerusalem 1959, 342f.
62 Weitere Beispiele bei Ch. J. Kasowski, Ozar Leschon haTalmud, vol. VII, Jerusalem 1959, 34-36.
63 Gegen Willi, Chron, 89, der meint, die Ersetzung von לחזק בדק הבית durch לבדוק ולחזק הבית habe rein stilistische Gründe.

(4) Laut 1 Kön 9, 26-28 ließ Salomo in Ezjon-Geber bei Eloth[64] am Schilfmeer Schiffe bauen, und der tyrische König Hiram sandte ihm »seine Knechte, seekundige Schiffsleute[65], die zusammen mit Salomos Leuten nach Ophir ausfuhren, um von dort Gold zu bringen.

2 Chr 8, 17f wollte der Chronist vielleicht zeigen, daß die Initiative zu diesem Unternehmen von Salomo ausgegangen sei. Er schreibt, Salomo sei »nach Ezjon-Geber und nach Eloth am Schilfmeer« (statt »Ezjon-Geber bei Eloth«) gegangen und Huram habe ihm nicht nur tyrische Seeleute geschickt, sondern auch Schiffe: »Und Huram sandte ihm durch seine Knechte Schiffe und seekundige Leute, die fuhren mit Salomos Knechten zusammen nach Ophir und holten dort ... Gold«. Rudolph[66] sah hierin eine Textverderbnis, die er in »er sandte ihm für die Schiffe seekundige Knechte« emendieren wollte, doch scheint mir diese Annahme nicht zwingend, zumal sie durch keinerlei Textzeugen gestützt wird. Eher dürfte eine Paraphrase des älteren Textes vorliegen[67], in der allerdings die erheblichen geographischen und technischen Schwierigkeiten, die mit dem Transport von Schiffen[68] zu Wasser oder zu Land von Tyros am Mittelmeer nach Ezjon-Geber am Schilfmeer verbunden sind, ignoriert werden. Höchst unwahrscheinlich ist, daß die tyrischen Seeleute ganz Afrika umschifft hätten, um ins Schilfmeer zu gelangen, und für Salomos Zeit ist auch kein Kanal zwischen dem Nil und dem Schilfmeer belegt.[69] Solche technischen Möglichkeiten bestanden vielleicht zur Zeit des Chronisten, wie aus Herodot II 158; IV 42 zu entnehmen sowie aus Stelen, die Darius I. (522-486 v. Chr.) an dem Verbindungskanal zwischen dem Nil und dem Schilfmeer errichten ließ. Auf einer dieser Stelen erzählt Darius: »Ich be[fa]hl, diesen [Kana]l zu graben, von dem Strome namens Nil, der in Ägypten flie[ßt, na]ch dem Meere, das von Persien ausgeht. D[a] wurde dieser Kanal gegraben s[o, wie] ich befohlen hatte, u[nd Schiffe] fuhren von Ägypten du[rch dies]en Kanal bis nach Per[sien, s]o wie (es) mei[n Wille war]«.[70] Dagegen bieten unsere Quellen kei-

---

64 In der LXX lautet die Namensform hier wie in 2 Kön 14, 22 Ἀιλαθ. Die Angabe ›Ezjon-Geber bei Eloth spricht gegen die These von N. Glueck, Art. ›Elath‹, in: Encyclopaedia Miqrat I, 268. 272, der Ezjon-Geber und Elath für zwei Namen desselben Ortes hält. S. Ahituv, Art. ›Ezjon-Geber‹, in: Encyclopaedia Miqrat VI, 332f, bezieht den Namen Ezjon-Geber auf den Küstenstreifen der Sinaihalbinsel gegenüber der Insel Gezirat Far'an sowie auf diese Insel selbst, den Namen Elath auf das spätere Aila (Aqaba).

65 Hendiadyoin.

66 Rudolph, Chron, 220.

67 Vgl. Curtis, Chron, 355; Elmslie, Chron (1916), 202.

68 Transportiert werden ausdrücklich nicht Baumaterialien, sondern ›Schiffe‹.

69 Dazu K. W. Butzer, Art. ›Kanal, Nil-Rotes Meer‹, in: Lexikon der Ägyptologie III, Wiesbaden 1980, 312f.

70 Gewicht-Inschriften, Dar. Pond. a., s. F. H. Weissbach, Die Keilinschriften der

nen Anhaltspunkt dafür, daß eine solche Verbindung bereits zu Salomos Zeiten bestanden hätte.

(5) In 2 Sam 10, 6 ist nicht erzählt, wo die syrischen und sonstigen von den Ammonitern angeworbenen Hilfstruppen lagerten. In 1 Chr 19, 7 hat der Chronist eine Ortsangabe hinzugefügt: »sie lagerten vor Medaba«.[71] In 1 Chr 19, 16f dagegen hat er den Namen des Orts, wo Hadad-Esers Truppen sich versammelten, weggelassen, obwohl er 2 Sam 10, 16f angegeben ist: ›Helam‹. Wahrscheinlich war ihm der geographische Name unbekannt; wohl deshalb las er in 2 Sam 10, 17 ›zu ihnen‹ (אלהם) statt ›nach Helam‹ (חלאמה):[72]

2 Sam 10, 16f	1 Chr 19, 16f
Und Hadad-Eser sandte hin und ließ die Syrer jenseits des Jordans ausrücken, und sie kamen ... *nach Helam*.	sie sandten Boten hin und ließen die Syrer jenseits des Euphrat ausrücken ——— ...
Als David dies erfuhr, sammelte er ganz Israel, zog über den Jordan und kam *nach Helam*.	Als David dies erfuhr, sammelte er ganz Israel, zog über den Jordan und kam *zu ihnen*.

Die Lage jenes ›Helam‹ ist allerdings bis heute nicht eindeutig geklärt.[73]

(6) Dasselbe Unverständnis spricht aus einer Bemerkung des Chronisten am Ende des genealogischen Verzeichnisses der israelitischen Stämme im Ostjordanland.

In 2 Kön 15 ist von zwei assyrischen Kriegszügen gegen Israel berichtet: Einer in den Tagen des israelitischen Königs Menahem, Sohn Gadis: »da kam *Phul*, der König von Assyrien, über das Land. Da zahlte Menahem an *Phul* tausend Talente Silber, daß er ihm helfe, die Herrschaft in seiner Hand zu befestigen« (V. 19); der andere in den Tagen des israelitischen Königs Pekah: »da kam Tiglat-Pileser, der König von Assyrien, eroberte Ijon, Avel-Beth-Maacha, Janoah, Kedes, Hazor, Gilead und Galiläa, das ganze Land Naphthali, und führte die Bewohner ins Exil nach Assyrien« (V. 29).[74] Diese Feldzüge fanden unter verschiedenen israelitischen Königen und mit zeitlichem Abstand statt: der unter Menahem offenbar im Jahre 738 v. Chr.[75], der

---

Achämeniden, Leipzig 1911, 104f, Abschnitt 3, s. auch 102f; Y. Zafrir, Die Vergangenheit der Suez-Gegend (hebr.), in: Qadmoniot 6 (1974), 94f.

71 Dazu s. oben, Kap. III, D, Beispiel 6.

72 Gegen Curtis, Chron, 241, und andere, die hier nach 2 Sam emendieren: ›und kam nach Halama‹.

73 Z. Kallai, Art. ›Helam‹, in: Encyclopaedia Miqrat III, 114; McCarter, II Sam, 273.

74 Vgl. diesen Vers mit den Annalen Tiglat-Pilesers III., s. Luckenbill, ARAB, I, §772. 815-819; Pritchard, ANET, 283f.

75 S. H. Tadmor, Der judäische König Asaria in assyrischen Inschriften (hebr.), in: A. Malamat (Ed.), bIme Bait rischon, Jerusalem 1962, 180-187.

unter Pekah vermutlich gegen Ende des Jahres 733 oder zu Beginn des Jahres 732 v.Chr. Auf der Gegenseite stand jeweils derselbe assyrische König, der die Namen ›Phul‹[76] und ›Tiglat-Pileser‹[77] führte.

In 1 Chr 5, 26 schließt der Chronist dieses Verzeichnis mit einem Ausblick auf das weitere Schicksal dieser Stämme unter den Assyrern. Aus diesem Vers wird deutlich, daß er die beiden Namen ›Phul‹ und ›Tiglat-Pileser‹ nicht als zwei Namen desselben Königs auffaßte, sondern als zwei verschiedene Personen: »da erregte der Gott Israels den Geist Phuls, des Königs von Assyrien, und den Geist Tiglat-Pilnesers[78], des Königs von Assyrien; der führte die Rubeniten, die Gaditen und den halben Stamm Manasse gefangen hinweg und verbrachte sie nach Halah, nach Habor, הרא[79] und an den Fluß Gosan, bis auf diesen Tag«.

---

76 In neubabylonischen Quellen: Pulu; s. H. Tadmor, Art. ›Phul‹, in: Encyclopaedia Miqrat VI, 443; Cogan-Tadmor, II Kings, 171f mit älterer Literatur.

77 In assyrischen Urkunden: Tukultī-apil-Ešarra, dazu H. Tadmor, Art. ›Tiglat-Pileser‹, in: Encyclopaedia Miqrat VIII, 415; Cogan-Tadmor, II Kings, 187.

78 In 1 Chr 5, 6 und 2 Chr 28, 20 lautet der Name ›Tiglat-Pilneser‹, eine späte, anscheinend durch Dissimilation entstandene Form.

79 Ein Ortsname הרא ist weder an den Stellen, aufgrund derer der Chronist seine Angaben zusammengestellt hat (2 Kön 17, 6; 18, 11) noch sonst im inner- oder außerbiblischen Schrifttum erwähnt. Vielleicht handelt es sich einfach um Dittographie mit der unmittelbar folgenden Vokabel ›Fluß‹ (נהר), so daß zu lesen ist: »an den Habor, den Fluß von Gosan«, d.h. an den Habor, den Fluß des assyrischen Distrikts Gosan.

Bibliographie

Hier sind nur Titel aufgeführt, die im Verlauf der Arbeit mehrmals zitiert werden; einmalig erwähnte Titel sind am Ort vollständig angegeben. Eine ausführliche Bibliographie zur Chronik habe ich separat veröffentlicht: Kalimi, *Bibliography* (s.u.).

Von hebräischen Arbeiten sind Aufsatztitel übersetzt, Zeitschriften- und Buchtitel in Transkription gegeben, da sie sich sonst nicht identifizieren lassen.

Abramsky, König Salomo – S. Abramsky, König Salomo in den Augen des Chronisten (hebr.), in: EI 16 (1982), 3-14.

Abramsky, Saul-David – S. Abramsky, Malchut Saul uMalchut David, Jerusalem 1977.

Ackroyd, Israel – P. R. Ackroyd, Israel under Babylon and Persia, Oxford 1979.

Ackroyd, I & II Chron – P. R. Ackroyd, I & II Chronicles, Ezra, Nehemiah; Introduction and Commentary. London 1973.

Ackroyd, Chronicler – P. R. Ackroyd, The Chronicler as Exegete, in: JSOT 2 (1977), 2-32.

Aharoni, Arad – Y. Aharoni, Ketovot Arad, Jerusalem 1976.

Aharoni, Land – Y. Aharoni, Das Land der Bibel – Eine historische Geographie, Neukirchen-Vluyn 1984.

Albright, Archaeology – W. F. Albright, Archaeology and the Religion of Israel, Baltimore 1942.

Albright, Chronicler – W. F. Albright, The Date and Personality of the Chronicler, in: JBL 40 (1921), 104-124.

Avishur, Wortverbindungen – Y. Avishur, Zimde haMilim baMiqra uMaqbilehem baSafot haschemiot schel haMisrach haQadmon, Diss. Jerusalem 1974.

Bar-Efrat, Narrative Art – S. Bar-Efrat, Narrative Art in the Bible, Sheffield 1989.

Bendavid, Maqbilot – A. Bendavid, Maqbilot baMiqra, Jerusalem 1972.

Bendavid, Leschon Miqra – A. Bendavid, Leschon Miqra uLeschon Chachamim, vol. I, Tel-Aviv 1967; vol. II, Tel-Aviv 1971.

Ben-Porath, Anspielungen – S. Ben-Porath, Leser, Text und literarische Anspielungen. Aspekte der Realisierung literarischer Anspielungen (hebr.), in: Ha-Sifrut 26 (1978), 2-26.

Bentzen, Introduction – A. Bentzen, Introduction to the Old Testament, vol. II, Copenhagen 1952.

Benzinger, Chron – I. Benzinger, Die Bücher der Chronik, Tübingen/Leipzig 1901.

Benzinger, Könige – I. Benzinger, Die Bücher der Könige, Freiburg 1899.

Bertheau, Chron – E. Bertheau, Die Bücher der Chronik, Leipzig 1854.

Bickerman, Ezra – E. Bickerman, From Ezra to the Last of the Maccabees, New York 1966.

Borger, Asarhaddon – R. Borger, Die Inschriften Asarhaddon Königs von Assyrien, Graz 1956.

Braun, Apologetic – R. L. Braun, Solomonic Apologetic in Chronicles, in: JBL 92 (1973), 503-516.

Braun, Solomon – R. L. Braun, Solomon, the Chosen Temple Builder: The Significance of I Chronicles 22, 28 and 29 for the Theology of Chronicles, in: JBL 95 (1976), 581-590.

Braun, 1 Chron – R. L. Braun, 1 Chronicles, Waco, TX 1986.

Braun, Chronicles – R. L. Braun, Chronicles, Ezra and Nehemiah – Theology and Literary History, in: SVT 30 (1979), 52-64.

Breasted, Records – J. H. Breasted, Ancient Records of Egypt, vol. II, New York 1906.

Brin, Bibelübersetzer – G. Brin, Die Arbeitsweise der Bibelübersetzer und ihr Einfluß auf die Festlegung des Bibeltextes (hebr.), in: Tarbiz 57 (1988), 445-449.

Briggs, Psalms – C. A. Briggs / E. G. Briggs, The Book of Psalms, I-II, Edinburgh 1906-07.

Brunet, Chroniste – A. M. Brunet, Le Chroniste et ses Sources, in: RB 60 (1953), 481-508; RB 61 (1954), 349-386.

Budde, Samuel – D. K. Budde, Die Bücher Samuel, Tübingen/Leipzig 1902.

Burney, Kings – C. F. Burney, Notes on the Hebrew Text of the Book of Kings, Oxford 1903.

Cassuto, Anath – U. Cassuto, The goddess Anath, Jerusalem 1965.

Chapman, Introduction – A. T. Chapman, An Introduction to the Pentateuch, Cambridge 1911.

Clements, Isaiah – R. E. Clements, Isaiah 1-39, London 1982.

Cogan, Chronology – M. Cogan, The Chronicler's Use of Chronology as Illuminated by Neo-Assyrian Royal Inscriptions, in: J. H. Tigay (Ed.), Empirical Models for Biblical Criticism, Philadelphia 1985, 197-209.

Cogan-Tadmor, Hiskia – M. Cogan/H. Tadmor, Ereignisse im vierzehnten Regierungsjahr des Hiskia: Die Krankheit des Königs und der Besuch der babylonischen Gesandtschaft (hebr.), in: EI 16 (1982), 198-201

Cogan-Tadmor, Ahas – M. Cogan/ H. Tadmor, Ahas und Tiglat-Pileser im Buch der Könige – historiographische Untersuchungen (hebr.), in: EI 14 (1978), 55-61.

Cogan-Tadmor, II Kings – M. Cogan/ H. Tadmor, II Kings – A New Translation with Introduction and Commentary, [Garden City, NY] 1988.

Coggins, Chron – R. J. Coggins, The First and Second Books of the Chronicles, Cambridge 1976.

Cowley, Aramaic Papyri – A. Cowley, Aramaic Papyri of the Fifth Century B. C., Oxford 1923.

Cross, Ancient Library – F. M. Cross, The Ancient Library of Qumran and Modern Biblical Studies, London 1958.

Cross, Biblical Fragment – F. M. Cross, A New Qumran Biblical Fragment Related to the Original Hebrew Underlying the Septuagint, in: BASOR 132 (1953), 15-26.

Cross, Contribution – F. M. Cross, The Contribution of the Qumran Discoveries to the Study of the Biblical Text, in: IEJ 16 (1966), 81-95.

Cross, History – F. M. Cross, The History of the Biblical Text in the Light of Discoveries in the Judaean Desert, in: HTR 57 (1964), 292-297.

Cross, Oldest Manuscript – F. M. Cross, The Oldest Manuscript from Qumran, in: JBL 74 (1955),147-172.

Cross, Report – F. M. Cross, A Report on the Biblical Fragments of Cave Four in Wâdi-Qumran, in: BASOR 141 (1956), 9-13.

Cross, Reconstruction – F. M. Cross, Reconstruction of the Judean Restoration, in: JBL 94 (1975), 11-18.

Cross, Samaria – F. M. Cross, Samaria und Jerusalem (hebr.), in: Tadmor, Schivat Zion, 81-94. 271-274.

Curtis, Chron – E. L. Curtis/A. A. Madsen, A Critical and Exegetical Commentary on the Books of Chronicles, Edinburgh 1910.

Dahood, Psalms – M. Dahood, Psalms 1-50, Introduction, Translation and Notes, Garden City, NY 1966.

Delitzsch, Fehler – F. Delitzsch, Die Lese- und Schreibfehler im Alten Testament, Berlin/Leipzig 1920.

Demsky, Geba – A. Demsky, Geba, Gibeah and Gibeon – an Historico-Geographic Riddle, in: BASOR 121 (1973), 26-31.

Demsky, Genealogy – A. Demsky, The Genealogy of Gibeon (I Chronicles 9:35-44): Biblical and Epigraphic Consideration, in: BASOR 202 (1971), 16-23.

Dillard, 2 Chron – R. B. Dillard, 2 Chronicles, Waco, TX 1987.

Dillard, Solomon Narrative – R. B. Dillard, The Literary Structure of the Chronicler's Solomon Narrative, in: JSOT 30 (1984), 85-93.

Donner-Röllig, KAI – H. Donner/W. Röllig, Kanaanäische und Aramäische Inschriften, Band I: Texte, Wiesbaden 1966.

Driver, Abbreviations – G. R. Driver, Abbreviations in the Massoretic Text, in: Textus 1 (1960), 112-131.

Driver, Introduction – S. R. Driver, An Introduction to the Literature of the Old Testament, Edinburgh/New York 1910.

Driver, Samuel – S. R. Driver, Notes on the Hebrew Text of the Books of Samuel, Oxford 1890.

Ehrlich, Mikrâ ki-Pheschutô – A. B. Ehrlich, Mikrâ ki-Pheschutô, Band II: Divre Soferim, Berlin 1900.

Ehrlich, Randglossen – A. B. Ehrlich, Randglossen zur Hebräischen Bibel, Band 7, Leipzig 1914, 326-384.

Eichrodt, Theologie – W. Eichrodt, Theologie des Alten Testaments, Teil I, Stuttgart/Göttingen 1962.

Eißfeldt, Einleitung – O. Eißfeldt, Einleitung in das Alte Testament, 2nd ed., Tübingen 1956.

Elat, Wirtschaftsbeziehungen – M. Elat, Qischre Kalkala bejn Arzot haMiqra biJme Bait Rischon, Jerusalem 1977.

Elmslie, Chron (1916) – W. A. L. Elmslie, The Books of Chronicles, Cambridge 1916.

Elmslie, Chron (1954) – W. A. L. Elmslie, The First and Second Books of Chronicles, New York/Nashville, TN 1954.

Eph'al, Arabs – I. Eph'al, The Ancient Arabs – Nomads on the Borders of the Fertile Crescent 9th-5th Centuries B. C., Jerusalem 1984.

Eph'al, Historia – I. Eph'al (Ed.), Historia schel Erez-Israel, vol. II: Israel wiJehuda biTequfat haMiqra, Jerusalem 1984.

Eph'al, Sanherib – I. Eph'al, Art. ›Sanherib‹, in: Encyclopaedia Miqrat V, 1063-1069.

Eph'al, Syria-Palestine – I. Eph'al, Syria-Palestine under Achaemenid Rule, in: CAH 2nd ed., vol. IV, 1988, 139-164.

Freedman, Purpose – D. N. Freedman, The Chronicles's Purpose, in: CBQ 23 (1961), 436-442.

Galling, Chron – K. Galling, Die Bücher der Chronik, Esra, Nehemia, übersetzt und erklärt, Göttingen 1954.

Garsiel, Malchut David – M. Garsiel, Malchut David, Tel-Aviv 1975.

Gerleman, Septuagint – G. Gerleman, Studies in the Septuagint: II Chronicles, Lund 1946.

Gerleman, Synoptic Studies – G. Gerleman, Synoptic Studies in the Old Testament, Lund 1948.

Gesenius-Kautzsch, Hebräische Grammatik – Wilhelm Gesenius' Hebräische Grammatik, völlig umgearbeitet von E. Kautzsch, 28. vielfach verb. u. verm. Aufl., Leipzig 1909.

Gibson, Textbook – J. C. L. Gibson, Textbook of Syrian Semitic Inscriptions, vol. I: Hebrew and Moabite Inscriptions, Oxford 1971; vol. II: Aramaic Inscriptions, Oxford 1975; vol. III: Phoenician Inscriptions, Oxford 1982.

Ginzberg, Ugarit – H. L. Ginzberg, Kitve Ugarit, Jerusalem 1936.

Gordon, Ugaritic – C. H. Gordon, Ugaritic Textbook, Rome 1965.

Graf, Chron – K. H. Graf, Die geschichtlichen Bücher des Alten Testaments – zwei historisch-kritische Untersuchungen, Leipzig 1866: II. Das Buch der Chronik als Geschichtsquelle, 114-247.

Gray, Kings – J. Gray, I & II Kings – A Commentary, London 1970.

Grayson, ABC – A. K. Grayson, Assyrian and Babylonian Chronicles, Locust Valley, NY 1975.

Grintz, Episoden – Y. M. Grintz, Episoden aus der Geschichte des Hohepriestertums (hebr.), in: Zion 23/24 (1958/59),

Grintz, Mozaè Dorot – Y. M. Grintz, Mozaè Dorot – Mechqarim beQadmoniot ha-Miqra weReschit Toldot Israel weSifruto, Jerusalem 1969.

Grintz, Davids Leben – Y. M. Grintz, Zur Darstellung von Davids Leben bei Samuel und in der Chronik (hebr.), in: Beth Mikra 1 (1956), 69-75 (= idem, Mozaè Dorot, 344-353).

Hanson, Israelite Religion – P. D. Hanson, Israelite Religion in the Early Postexilic Period, in: P. D. Miller, Jr./P. D. Hanson/ S. D. McBride (Eds.), FS F. M. Cross, Philadelphia 1987, 488-499.

Haran, Priester – M. Haran, Priester und Leviten (hebr.), in: idem, Tequfot, 77-107.

Haran, Temple – M. Haran, Temple and Temple-Service in Ancient Israel, Oxford 1978.

Haran, Tequfot – M. Haran, Tequfot uMossadot baMiqra, Tel-Aviv 1973.

Harper, ABL – R. F. Harper, Assyrian and Babylonian Letters, Part VII, Chicago 1902; Part XI, Chicago 1911.

Harrison, Introduction – R. K. Harrison, Introduction to the Old Testament, Grand Rapids, MI 1969.

Hauer, Jerusalem – C. E. Hauer, Jr., Jerusalem, The Stronghold and Rephaim, in: CBQ 32 (1970), 571-578.

Hobbs, 2 Kings – T. R. Hobbs, 2 Kings, Waco, TX 1985.

Hurowitz, Temple Building – V. (A.) Hurowitz, I Have Built You an Exalted House – Temple Building in the Bible in Light of Mesopotamian and Northwest Semitic Writings, Sheffield 1992.

Hurvitz, Laschon – A. Hurvitz, bejn Laschon leLaschon, Jerusalem 1972.

Hurvitz, haLaschon havrit – A. Hurvitz, haLaschon havrit baTequfa haparsit, in: Tadmor, Schivat Zion, 210-223. 306-309.

Hurvitz, Linguistic Study – A. Hurvitz, A Linguistic Study of the Relationship between the Priestly Source and the Book of Ezekiel: A New Approach to an Old Problem, Paris 1982.

Japhet, Common Authorship – S. Japhet, The Supposed Common Authorship of Chronicles and Ezra-Nehemiah Investigated Anew, in: VT 18 (1968), 330-371.

Japhet, Conquest – S. Japhet, Conquest and Settlement in Chronicles, in: JBL 98 (1979), 205-218.

Japhet, Ideology – S. Japhet, The Ideology of the Book of Chronicles and Its Place in Biblical Thought, Frankfurt a.M. et al. 1989.

Japhet, Historiographie – S. Japhet, Die biblische Historiographie zur Perserzeit (hebr.), in: Tadmor, Schivat Zion, 176-202. 295-303.

Japhet, Interchanges – S. Japhet, Interchanges of Verbal Roots in Parallel Texts in Chronicles, in: HS 28 (1987), 9-50.

Jellin, Chiqre Miqra – D. Jellin, Chiqre Miqra, Kitve D. Jellin IV, hrsg. v. E. Z. Melammed, Jerusalem 1983.

Johnson, Genealogies – D. M. Johnson, The Purpose of the Biblical Genealogies, Cambridge 1969.

Jones, Kings – G. H. Jones, 1 & 2 Kings, Grand Rapids, MI/London 1984.

Kalimi, Abfassungszeit – I. Kalimi, Die Abfassungszeit der Chronik – Forschungsstand und Perspektiven, in: ZAW 105 (1993), 223-233.

Kalimi, Bibliography – I. Kalimi, The Books of Chronicles – A Classified Bibliography, Jerusalem 1990.

Kalimi, Moriah – I. Kalimi, The Land of Moriah, Mount Moriah and the Site of Solomon's Temple in Biblical Historiography, in: HTR 83 (1990), 345-362.

Kalimi, Streit – I. Kalimi, Der jüdisch-samaritanische Streit um den Ort der Opferung Isaaks, in: Trumah 2 (1990), 47-52.

Katzenstein, Royal Steward – H. J. Katzenstein, The Royal Steward (Asher 'al haBayith), in: IEJ 10 (1960), 149-154.

Katzenstein, Tyre – H. J. Katzenstein, The History of Tyre, Jerusalem 1973.

Kaufmann, Toldot haEmuna – Y. Kaufmann, Toldot haEmuna haIsraelit, I-VIII, Jerusalem/Tel-Aviv 1960.

Keil, Apologetischer Versuch – C. F. Keil, Apologetischer Versuch über die Bücher der Chronik und über die Integrität des Buches Esra, Berlin 1833.

Keil, Chron – C. F. Keil, The Books of Chronicles, Edinburgh 1872.

Keil, Manual – C. F. Keil, Manual of Historico-Critical Introduction to the Canonical Scriptures of the Old Testament, vol. II, transl. from the second German edition (Dorpat 1868), by G. C. M. Douglas, Grand Rapids, MI 1952.

Kittel, Chron – R. Kittel, Die Bücher der Chronik, Göttingen 1902.

Klostermann, Samuel-Könige – A. Klostermann, Die Bücher Samuelis und der Könige, 3rd ed., Nördlingen 1887.

König, Einleitung – E. König, Einleitung in das Alte Testament, Bonn 1893.

König, Stilistik – E. König, Stilistik, Rhetorik, Poetik in Bezug auf die biblische Literatur, Leipzig 1900.

Kropat, Syntax – A. Kropat, Die Syntax des Autors der Chronik, Gießen 1909.

Kutscher, Language – E. Y. Kutscher, The Language and Linguistic Background of Isaiah Scroll (1QIsa^a), 2nd ed., Leiden 1979.

Lemke, Synoptic Problem – W. E. Lemke, The Synoptic Problem in the Chronicler's History, in: HTR 58 (1965), 349-363.

Lieberman, Hellenism – S. Lieberman, Hellenism in Jewish Palestine, New York 1950.

Liver, Chiqre Miqra – J. Liver, Chiqre Miqra uMegillot Midbar Jehuda, Jerusalem 1972.

Liver, Chronologie – J. Liver, Zu Problemen der Chronologie des Königs Hiram von Tyros (hebr.), in: Chiqre Miqra, 109-130.

Liver, Geschichte – J. Liver, Geschichte und Geschichtsschreibung in der Chronik (hebr.), in: GS A. Biram (hrsg. v. H. M. I. Gevaryahu, B. Z. Luria u. I. Mehlman), Jerusalem 1956, 154-156.

Liver, Historia zevat – J. Liver (Ed.), Historia zevat schel Erez-Israel bime haMiqra, Tel-Aviv 1970.

Liver, König – J. Liver, Art. ›König, Königtum‹ (hebr.), in: Encyclopaedia Miqrat IV, 1080-1112.

Liver, Kriege – J. Liver, Die Kriege zwischen Israel und Edom (hebr.), in: idem, Historia zevat, 190-205.

Liver, Peraqim – J. Liver, Peraqim beToldot haKehuna, Jerusalem 1969.

Loewenstamm, Hasael – S. E. Loewenstamm, Art. ›Hasael, Hasa-El‹, in: Encyclopaedia Miqrat III, 87f.

Luckenbill, ARAB – D. D. Luckenbill, Ancient Records of Assyria and Babylonia, vol. I, Chicago 1926; vol. II, Chicago 1927.

Luckenbill, Annals – D. D. Luckenbill, Annals of Sennacherib, Chicago 1924.

Luzzatto, Jesaja – S. D. Luzzatto, Perusch al Sefer Jesaja, hrsg. v. P. Schlesinger u. M. Chovav, Tel-Aviv 1970.

Malamat, Außenpolitik – A. Malamat, Israels Außenpolitik unter David und Salomo (hebr.), in: idem, Israel, 195-222.

Malamat, Israel – A. Malamat, Israel biTequfat haMiqra, Jerusalem 1983.

Malamat, Politik – A. Malamat (Ed.), haHistoria schel Am Israel, Jeme haMelucha – Historia medinit, Jerusalem 1982.

Malamat, Kultur – A. Malamat (Ed.), haHistoria schel Am Israel, Jeme haMelucha – Tarbut weChevra, Jerusalem 1982.

Malamat, Longevity – A. Malamat, Longevity: Biblical Concepts and Some Ancient Near Eastern Parallels, in: Beihefte AfO 19 (1982), 215-224.

Maisler (= Mazar), Tell-Qasile – B. Maisler (= Mazar), Die Ausgrabungen in Tell-Qasile (hebr.), in: EI 1 (1951), 45-71.

Mazar, Arim uGelilot – B. Mazar, Arim uGelilot bErez-Israel – Mechqarim topografiim-historiim, Jerusalem 1976.

Mazar, Biblical Period – B. Mazar, The Early Biblical Period – Historical Studies, Jerusalem 1986.

Mazar, Chron – B. Mazar, Art. ›Chronik‹ (Divre haJamim, hebr.), in: Encyclopaedia Miqrat II, 596-606.

Mazar, David und Salomo – B. Mazar, Die Zeit Davids und Salomos (hebr.), in: Malamat, Politik, 62-81.

Mazar, David's Reign – B. Mazar, David's Reign in Hebron and the Conquest of Jerusalem, in: D. J. Silver (Ed.), In the Time of Harvest – Essays in Honor of A. H. Silver, New York/London 1963, 235-244.

Mazar, Geva – B. Mazar, Art. ›Geva‹, in: Encyclopaedia Miqrat II, 411f.

Mazar, Gotteshöhe – B. Mazar, Die Gotteshöhe (hebr.), in: idem, Arim uGelilot, 80-83.

Mazar, Jerusalem – B. Mazar, Jerusalem im biblischen Zeitalter (hebr.), in: idem, Arim uGelilot, 11-41.

Mazar, Military Élite – B. Mazar, The Military Élite of King David, in: idem, Biblical Period, 83-103.

Mazar, Samaria – B. Mazar, The Historical Background of the Samaria Ostraca, in: idem, Biblical Period, 173-188.

Mazar, Shishak – B. Mazar, Pharaoh Shishak's Campaign to the Land of Israel, in: idem, Biblical Period, 139-150.

McCarter, I Sam – P. K. McCarter, Jr., I Samuel – A New Translation with Introduction, Notes and Commentary, Garden City, NY 1980.

McCarter, II Sam – P. K. McCarter, Jr., II Samuel – A New Translation with Introduction, Notes and Commentary, Garden City, NY 1984.

McKenzie, Chron – S. L. McKenzie, The Chronicler's Use of the Deuteronomistic History, Atlanta, GA 1985.

Melammed, Mefarsche haMiqra – E. Z. Melammed, Mefarsche haMiqra, I-II, 2nd ed., Jerusalem 1978.

Mettinger, State Officials – T. N. D. Mettinger, Solomonic State Officials – A Study of the Civil Government Officials of the Israelite Monarchy, Lund 1971.

Miller-Hayes, History – J. M. Miller/J. H. Hayes, A History of Ancient Israel and Judah, Philadelphia 1986.

Montgomery, Archival Data – J. A. Montgomery, Archival Data in the Book of Kings, in: JBL 53 (1934), 46-52.

Montgomery, Kings – J. A. Montgomery, A Critical and Exegetical Commentary on the Books of Kings, edited by H. S. Gehman, Edinburgh 1951.

Mosis, Untersuchungen – R. Mosis, Untersuchungen zur Theologie des chronistischen Geschichtswerkes, Freiburg/Basel/Wien 1973.

Myers, Chron – J. M. Myers, I-II Chronicles: Introduction, Translation and Notes, Garden City, NY 1965.

Na'aman, Nomadische Hirten – N. Na'aman, Nomadische Hirten im Süden von Juda nach der Reichsteilung (hebr.), in: Zion 52 (1987), 261-278.

Newsome, Understanding – J. D. Newsome Jr., Toward A New Understanding of the Chronicler and His Purposes, in: JBL 94 (1975), 201-217.

Noth, Geschichte Israels – M. Noth, Geschichte Israels, Göttingen 1950.

Noth, Könige – M. Noth, Könige, Neukirchen-Vluyn 1968.

Noth, ÜS – M. Noth, Überlieferungsgeschichtliche Studien, Halle 1943.

Noth, Welt – M. Noth, Die Welt des Alten Testaments, 2nd ed., Berlin 1953.

Oded, Israel und Juda – B. Oded, Die Reiche Israel und Juda (ca. 1020 bis 586 v. Chr.) [hebr.], in: Eph'al, Historia.

Olmstead, Text – A. T. Olmstead, Source Study and Biblical Text, in: AJSLL 30 (1913), 1-35.

Öttli, Chron – S. Öttli, Die Bücher der Chronik, Esra und Nehemia, Nördlingen 1889, 3-147.

Paran, Signon – M. Paran, Darke haSignon hakohani – Degamim, Schimusche Laschon uMivnim, Jerusalem 1989.

Parpola, Correspondence – S. Parpola, The Correspondence of Sargon II, Part I: Letters from Assyria and the West, Helsinki 1987.

Parpola, Murderer – S. Parpola, The Murderer of Senacharib, in: B. Alster (Ed.), Death in Mesopotamia (= Mesopotamia 8), Copenhagen 1980, 171-182.

Pisano, Additions – S. Pisano, Additions or Omissions in the Books of Samuel, Göttingen 1984.

Pitard, Damascus – W. T. Pitard, Ancient Damascus, Winona Lake, IN 1987.

Polzin, Biblical Hebrew – R. Polzin, Late Biblical Hebrew: Toward an Historical Typology of Biblical Hebrew Prose, Missoula, MT 1976.

Porter, Historiography – J. R. Porter, Old Testament Historiography, in: J. W. Anderson (Ed.), Tradition and Interpretation, Oxford 1979, 152-162.

Pritchard, ANET – J. B. Pritchard (Ed.), Ancient Near Eastern Texts Relating to the Old Testament, 3rd ed. with supplement, Princeton, NJ 1969.

von Rad, Geschichtsbild – G. von Rad, Das Geschichtsbild des chronistischen Werkes, Stuttgart 1930.

Radday, Chiasmus – Y. T. Radday, Chiasmus in Hebrew Biblical Narrative, in: Welch, Chiasmus, 50-117.

Rehm, Könige – M. Rehm, Das erste Buch der Könige, ein Kommentar, Würzburg 1979.

Rehm, Untersuchungen – M. Rehm, Textkritische Untersuchungen zu den Parallelstellen der Samuel-Königsbücher und der Chronik, Münster 1937.

Reviv, Bet-Aw – H. Reviv, miBet-Aw leMamlacha – Israel biTequfat haMiqra, Jerusalem 1979.

Roberts, Text – B. J. Roberts, The Old Testament Text and Versions, Cardiff, Wales (UK) 1951.

Rofé, Mal'achim – A. Rofé, haEmuna beMal'achim beIsrael biTequfat Bait rischon, Diss. Jerusalem 1969.

Rofé, Prophetical Stories – A. Rofé, The Prophetical Stories, Jerusalem 1988.

Rothstein-Hänel, Chron – J. W. Rothstein/J. Hänel, Das erste Buch der Chronik übersetzt und erklärt, Leipzig 1927.
Rudolph, Chron – W. Rudolph, Chronikbücher, Tübingen 1955.
Rudolph, Esra – W. Rudolph, Esra und Nehemia, Tübingen 1949.
Rudolph, Problems – W. Rudolph, Problems of the Book of Chronicles, in: VT 4 (1954), 401-409.
Šanda, Könige – A. Šanda, Die Bücher der Könige, Münster 1911.
Schley, Shiloh – D. G. Schley, Shiloh – A Biblical City in Tradition and History, Sheffield 1989.
Seeligmann, Anzeichen – I. L. Seeligmann, Anzeichen für redaktionelle Veränderungen und Bearbeitungen im massoretischen Text und in der Septuaginta (hebr.), in: M. Weinfeld (Ed.), Liqute Tarbiz I – Anthologie zur Bibelwissenschaft, Jerusalem 1979,
Seeligmann, Geschichtsschreibung – I. L. Seeligmann, Hebräische Erzählung und biblische Geschichtsschreibung, in: TZ 18 (1962), 305-325.
Seeligmann, Übergang – I. L. Seeligmann, Der Übergang von historischer Realität zur Historiosophie in der Bibel (hebr.), in: Peraqim II (1969-1974), hrsg. v. A. S. Rosental, 273-313.
Seeligmann, Vorboten – I. L. Seeligmann, Vorboten des Midrasch in der Chronik (hebr.), in: Tarbiz 49 (1980), 14-32.
Seidel, Chiqre Miqra – M. Seidel, Chiqre Miqra, Jerusalem 1978.
Seidel, Parallelen – M. Seidel, Parallelen zwischen Jesaja und Psalmen (hebr.), in: idem, Chiqre Miqra, 1-97.
Segal, Bücher – M. Z. Segal, Die Bücher Esra -Nehemia (hebr.), in: Tarbiz 14 (1953), 81-88.
Segal, Esra-Nehemia – M. Z. Segal, Art. ›Esra-Nehemia‹ (hebr.), in: Encyclopaedia Miqrat VI, 143-151.
Segal, Mewo haMiqra- M. Z. Segal, Mewo haMiqra, vol. I-IV, Jerusalem 1977.
Segal, Samuel – M. Z. Segal, Sifre Samuel, Jerusalem 1977.
Shenkel, Synoptic Parallels – J. D. Shenkel, A Comparative Study of the Synoptic Parallels in I Paraleipomena and I-II Reigns, in: HTR 62 (1969), 63-85.
Smend, Entstehung – R. Smend, Die Entstehung des Alten Testaments, Stuttgart/Berlin/Köln 1989.
Smith, Samuel – H. P. Smith, A Critical and Exegetical Commentary on the Books of Samuel, Edinburgh 1899.
Snaith, Kings – N. H. Snaith, The First and Second Books of Kings, New York/Nashville, TN 1954.
Sperber, Parallel Transmission – A. Sperber, Hebrew Based upon Biblical Passages in Parallel Transmission, in: HUCA 14 (1939), 153-251.
Stade, Kings – B. Stade, The Books of Kings, Leipzig/Baltimore/London 1904.
Stern, Authors – M. Stern, Greek and Latin Authors on Jews and Judaism, vol. I-III, Jerusalem 1974-84.
Stern, Hintergrund – E. Stern, Der geographisch-historische Hintergrund des Landes Israel zur Perserzeit (hebr.), in: Eph'al, Historia, 224-250.
Steuernagel, Einleitung – D. C. Steuernagel, Lehrbuch der Einleitung in das Alte Testament, Tübingen 1912.
Tadmor, Chronologie – H. Tadmor, Art. ›Chronologie‹ (hebr.), in: Encyclopaedia Miqrat IV, 245-310.
Tadmor, Feldzüge – H. Tadmor, Die assyrischen Feldzüge gegen das Philisterland (hebr.), in: Liver, Historia zevat, 261-285.
Tadmor, Jehu – H. Tadmor, Art. ›Jehu‹, in: Encyclopaedia Miqrat III, 473-478.

Tadmor, Sanherib – H. Tadmor, Sanherib Feldzug gegen Juda – historiographische und historische Untersuchungen (hebr.), in: Zion 50 (1985), 65-80.

Tadmor, Schivat Zion – H. Tadmor (Ed.), haHistoria schel Am Israel, Schivat Zion-Jeme Schilton Paras, Jerusalem 1983.

Tadmor, Zeit des Ersten Tempels – H. Tadmor, Die Zeit des Ersten Tempels und der Heimkehr aus dem babylonischen Exil (hebr.), in: H. H. Ben-Sasson (Ed.), Toldot Am Israel, vol. I: BIme Qedem, Tel-Aviv 1969, 93-173.

Talmon, Aspects – Sh. Talmon, Aspects of the Textual Transmission of the Bible in the Light of Qumran Manuscripts, in: Textus 4 (1964), 95-132.

Talmon, Double Readings – Sh. Talmon, Double Readings in the Massoretic Text, in: Textus 1 (1960), 144-185.

Talmon, Kifle Girsa – Sh. Talmon, Kifle Girsa – Tofa'at Jessod beToldot haMassora schel Nussach hamiqra, Diss. Jerusalem 1957.

Talmon, Leitlinien – Sh. Talmon, Leitlinien für die textliche Untersuchung des samaritanischen Pentateuch (hebr.), in: Tarbiz 22 (1951), 124-128.

Talmon, Stilkritik – Sh. Talmon, Stilkritik vs. Textkritik in der Bibel (hebr.), in: Shnaton 2 (1977), 116-163.

Talmon, Textual Study – Sh. Talmon, The Textual Study of the Bible – A New Outlook, in: F. M. Cross / Sh. Talmon (Eds.), Qumran and the History of the Biblical Text, Cambridge, MA/London 1975, 321-400.

Tcherikover, Jerusalem – A. Tcherikover, Die Geschichte Jerusalems zur Zeit des Zweiten Tempels (hebr.), in: Sefer Jerusalem, I (hrsg. v. M. Avi-Yonah), Jerusalem/Tel-Aviv 1957, 221-251.

Thenius, Könige – O. Thenius, Die Bücher der Könige, Leipzig 1849.

Thenius, Samuel – O. Thenius, Die Bücher Samuels, Leipzig 1842.

Thompson, Textual Criticism – J. A. Thompson, Art. ›Textual Criticism – Old Testament‹, in: The Interpreter's Dictionary of the Bible – Supplementary volume, Nashville, TN 1976,

Throntveit, Speech – M. A. Throntveit, When Kings Speak – Royal Speech and Royal Prayer in Chronicles, Atlanta, GA 1987.

Torrey, Ezra Studies – C. C. Torrey, Ezra Studies, Chicago 1910.

Tov, Harmonizations – E. Tov, The Nature and Background of Harmonizations in Biblical Manuscripts, in: JSOT 31 (1985), 3-29.

Tov, Kriterien – E. Tov, Kriterien für die Beurteilung von Lesarten (hebr.), in: Beth Mikra 30 (1985), 112-132.

Tur-Sinai, Lachisch – N. H. Tur-Sinai, Tèudot Lachisch, Michtavim mIme Jeremia ha-Navi, Jerusalem 1940.

Tur-Sinai, Peschuto – N. H. Tur-Sinai, Peschuto schel Miqra, II: Sifre heNeviim harischonim, Jerusalem 1965; IV: Sefer Tehillim uMischle Salomo, Jerusalem 1967.

Uffenheimer, haMiqra – B. Uffenheimer (Ed.), haMiqra weToldot Israel [GS J. Liver], Tel-Aviv 1972.

Uffenheimer, Secharja – B. Uffenheimer, Chasonot Secharja, Jerusalem 1961.

Ulrich, Qumran – E. C. Ulrich, The Qumran Text of Samuel and Josephus, Missoula, MT 1978.

Ussishkin, Conquest – D. Ussishkin, The Conquest of Lachish by Sennacherib, Tel-Aviv 1982.

Ussishkin, Lachisch – D. Ussishkin, Lachisch zur Zeit der judäischen Könige – Bericht über die neueren Ausgrabungen (hebr.), in: Qadmoniot 15 (1982), 297-303.

de Vaux, Ancient Israel – R. de Vaux, Ancient Israel – Its Life and Institutions, New York/Toronto/London 1961.

de Vries, 1 Kings – S. J. de Vries, 1 Kings. Waco, TX 1985.

Watson, Poetry – W. G. E. Watson, Classical Hebrew Poetry, Sheffield 1984.

Watts, Isaiah – J. D. W. Watts, Isaiah 1-33, Waco, TX 1985.

Weiß, Bible – M. Weiß, The Bible from Within – The Method of Total Interpretation, Jerusalem 1984.

Weiß, Chiasmus – R. Weiß, Zum Chiasmus in der Bibel (hebr.), in: Beth Mikra 7 (1962), 46-51.

Weiß, Maschot beMiqra – R. Weiß, Maschot beMiqra, Jerusalem [1976].

Weiß, Mechqare Miqra – R. Weiß, Mechqare Miqra, Jerusalem 1981.

Welch, Chronicler – A. C. Welch, The Work of the Chronicler – its Purpose and its Date, London 1939.

Welch, Judaism – A. C. Welch, Post-Exilic Judaism, Edinburgh/London 1935.

Welch, Chiasmus – J. W. Welch (Ed.), Chiasmus in Antiquity- Structures, Analyses, Exegesis, Hildesheim 1981.

Wellhausen, Prolegomena – J. Wellhausen, Prolegomena zur Geschichte Israels, Berlin 1878.

Welten, Geschichte – P. Welten, Geschichte und Geschichtsdarstellung in den Chronikbüchern, Neukirchen-Vluyn 1973.

de Wette, Beiträge – W. M. L. de Wette, Beiträge zur Einleitung in das Alte Testament, Halle 1806, 1-132: Teil I. Historisch-kritische Untersuchung über die Bücher der Chronik.

de Wette, Lehrbuch – W. M. L. de Wette, Lehrbuch der historisch-kritischen Einleitung in die kanonischen und apokryphischen Bücher des Alten Testamentes I, Berlin 1845.

Wilda, Königsbild – G. Wilda, Das Königsbild des Chronistischen Geschichtswerks, Bonn 1954.

Wildberger, Jesaja – H. Wildberger, Jesaja 28-39, Neukirchen-Vluyn 1982.

Willi, Chron – Th. Willi, Die Chronik als Auslegung, Göttingen 1972.

Williamson, Accession – H. G. M. Williamson, The Accession of Solomon in the Books of Chronicles, in: VT 26 (1976), 351-361.

Williamson, Chron – H. G. M. Williamson, 1 and 2 Chronicles, Grand Rapids, MI / London 1982.

Williamson, Israel – H. G. M. Williamson, Israel in the Books of Chronicles, Cambridge 1977.

Williamson, »We are Yours … « – H. G. M. Williamson, »We are Yours, O David«. The Setting and Purpose of 1 Chronicles XII 1-23, in: OTS 21 (1981), 164-176.

Wiseman, Chronicles – D. J. Wiseman, Chronicles of Chaldean Kings, London 1956.

Würthwein, Text – E. Würthwein, Der Text des Alten Testaments, 3rd ed., Stuttgart 1966.

Yeivin, Milchamot David – S. Yeivin, Milchamot David, in: Liver, Historia zevat, 149-165.

Yeivin, Reich – S. Yeivin, Das gespaltene Reich: Rehabeam-Ahas / Jerobeam Pekach, in: Malamat, Politik, 82-120. 232-240.

Yeivin, Salomo – S. Yeivin, Art. ›Salomo‹ (hebr.), in: Encyclopaedia Miqrat VII, 693-699.

Yeivin, Usia – S. Yeivin, Art. ›Usia‹ (hebr.), in: Encyclopaedia Miqrat VI, 126-131.

Young, Introduction – E. J. Young, An Introduction to the Old Testament, London 1964.

Zakovitch, drei/vier – Y. Zakovitch, The Pattern of the Numerical Sequence Three-Four in the Bible (hebr.), Diss. Jerusalem 1978.

Zalewski, Salomo – S. Zalewski, Alijat Salomo laMelucha, Jerusalem 1981.

Abkürzungsverzeichnis der
Zeitschriften und Handbücher

AfO	Archiv für Orientforschung
AJBI	Annual of the Japanese Biblical Institute
AJSLL	The American Journal of Semitic Languages and Literatures
AOAT	Alter Orient und Altes Testament
ARM	Archives royales de Mari
AUSS	Andrews University Seminary Studies
BA	Biblical Archaeologist
BASOR	Bulletin of the American Schools of Oriental Research
BDB	F. Brown – S. R. Driver – C. A. Briggs, *Hebrew and English Lexicon to the Old Testament,* revised edition, Oxford 1957
Beth Mikra	Quarterly published by the Israel Society for Biblical Research
BH	R. Kittel (Ed.), *Biblia Hebraica,* 3rd ed., Stuttgart 1966
BHS	K. Elliger – W. Rudolph (Eds.), *Biblia Hebraica Stuttgartensia,* Stuttgart 1984
BI	Biblical Interpretation – A Journal of Contemporary Approaches
Bib	Biblica, Commentarii Periodici Pontificii Instituti Biblici
BZAW	Beihefte zur Zeitschrift für die alttestamentliche Wissenschaft
CAD	The Assyrian Dictionary of the Oriental Institute of the University of Chicago, Chicago
CAH	Cambridge Ancient History
CBQ	Catholic Biblical Quarterly
EI	Eretz-Israel, Archaeological, Historical and Geographical Studies
Eshel Beer-Sheva	Studies in Jewish Thought, Ben-Gurion University, Beer-Sheva
Ha-Sifrut	Theory, Poetics – Hebrew and Comparative Literature, Tel-Aviv University
HS	Hebrew Studies – A Journal Devoted to Hebrew Language and Literature
HUCA	Hebrew Union College Annual
IEJ	Israel Exploration Journal
INJ	Israel Numismatic Journal
IOS	Israel Oriental Studies
JAOS	Journal of the American Oriental Society
JBL	Journal of Biblical Literature
JCS	Journal of Cuneiform Studies
JH	Jewish History
JNES	Journal of Near Eastern Studies
JQR	Jewish Quarterly Review
JSOT	Journal for the Study of the Old Testament
JSS	Journal of Semitic Studies
Qadmoniot	Quarterly for the Antiquities of Eretz-Israel and Bible Lands
LB	Linguistica Biblica

Leschonenu	Lĕšonénu, A Journal for the Study of the Hebrew Language and Cognate Subjects
Mesopotamia	Mesopotamia, Copenhagen Studies in Assyriology
OLP	Orientalia Lovaniensia Periodica
OR	Opuscula Romana
Or	Orientalia
OTS	Oudtestamentische Studien
PAAJR	Proceedings of the American Academy for Jewish Research
PEFQSt	Palestine Exploration Fund Quarterly Statement
PEQ	Palestine Exploration Quarterly
PjB	Palästina jahrbuch
RB	Revue Biblique
RS	Revue Semitique D'epigraphie et D'histoire Ancienne
SH	Scripta Hierosolymitana
Shnaton	An Annual for Biblical and Ancient Near Eastern Studies
SVT	Supplements to Vetus Testamentum
TA	Tel-Aviv, Journal of the Tel-Aviv University, Institute of Archaeology
Tarbiz	A Quarterly for Jewish Studies, The Hebrew University of Jerusalem
Te'uda	The Chaim Rosenberg School of Jewish Studies Research Series, Tel-Aviv University
Textus	Studies of the Hebrew University Bible Project
Trumah	Jahrbuch, Hochschule für Jüdische Studien Heidelberg
TZ	Theologische Zeitschrift
VT	Vetus Testamentum
WO	Die Welt des Orients – Wissenschaftliche Beiträge zur Kunde des Morgenlandes
Yediot	Bulletin of the Israel Exploration Society
ZAW	Zeitschrift für die altestamentliche Wissenschaft
ZDMG	Zeitschrift der Deutschen Morgenländischen Gesellschaft
Zion	A Quarterly for Research in Jewish History, the Historical Society of Israel

Abkürzungsverzeichnis

A	Codex Alexandrinus	hebr.	hebräisch
a.a.O.	am angegebenen Ort	Hi	Hiob
akk	akkadisch	Hinw.	Hinweis
Am	Amos	Hos	Hosea
Anm.	Anmerkung(en)	hrsg.	herausgegeben
ant.	Antiquitates Judicae	J	Jehwist
Art.	Artikel	j	jerusalemischer Talmud
Aufl.	Auflage	Jdt	Judith
B	Codex Vaticanus	Jer	Jeremia
b	babylonischer Talmud	Jes	Jesaja
Bd.	Band, Bände	Jh.	Jahrhundert
bell.	Bellum Judaicum	Jos	Josua
bes.	besonders	Jub	Jubiläenbuch
B.M.	British Museum	Kap.	Kapitel
bzw.	beziehungsweise	kl. Propheten	kleine Propheten
ca.	circa	Koh	Kohelet (Prediger)
Cant	Canticum (Hoheslied)	1 Kön	1. Könige
C. Ap.	Contra Apionem	2 Kön	2. Könige
1 Chr	1. Chronik	L	Lukianus
2 Chr	2. Chronik	Lev	Leviticus
col.	column	Lk	Lukas
D	Deuteronomist	LXX	Septuaginta
Dan	Daniel	M	Mischna
d.h.	das heißt	1 Makk	1. Makkabäer
Diss.	Dissertation	2 Makk	2. Makkabäer
Dtn	Deuteronomium	Mal	Maleachi
dtr.	deuteronomistisch	Mi	Micha
E	Elohist	MSS	Manuscript(e)
ebd.	ebenda	MT	Massoretischer Text
ed.	edition	Mt	Matthäus
Ed(s).	Editor(s)	Neh	Nehemiah
Esr	Esra	Nr.	Nummer, number
Est	Ester	Num	Numeri
et al.	et aliī	o.ä.	oder ähnlich(es) / (em)
Ex	Exodus	obv.	obverse
Ez	Ezechiel	OG	›Old Greek‹ Übersetzung
f.	für	op. cit.	opere citato
f, ff	folgende(s)	orig.	original
FS	Festschrift	P	Priesterschrift
Gen	Genesis	pl.	plate
GS	Gedächtnisschrift	Ps	Psalm(en)
Hab	Habakuk	R.	Rabba
Hag	Haggai	R.	Rabbi

rev.	reverse	transl.	translated
Ri	Richter	u.	und
Rut	Ruth	u.a.	und andere(n); unter an-
s.	siehe		derem
S.	Seite(n)	u.a.m.	und andere(s) mehr
s.a.	siehe auch	u.ö.	und öfter
Sach	Sacharja	usw.	und so weiter
1 Sam	1. Samuel	v.	von
2 Sam	2. Samuel	V(V)	Verse(e)
s.o.	siehe oben	v.Chr.	vor Christus
sog.	sogenannt	verb.	verbessert
Spr	Sprüche (Proverbia)	verm.	vermehrt
s.u.	siehe unten	vgl.	vergleiche
Suppl.	Supplement	vol.	volume
T	Tosefta	Z.	Zeile(n)
Taf.	Tafel(n)	z.B.	zum Beispiel
Thr	Threni (Klagelieder)	Zeph	Zephanja
Tob	Tobit	z.St.	zur Stelle

Verzeichnis der Stellen

A) ›Biblische Quellen‹

B) Antike Bibel-Versionen

C) *Altorientalische Quellen*

1. Ägyptische Quellen

7. Ugaritische Texte

D) Griechische, jüdisch-hellenistische und lateinische Quellen

E) Rabbinische Schriften

F) Christliche Quellen

Verzeichnis der Autoren

99 Anm. 39, 110 Anm. 53, 140
     Anm. 89, 177 Anm. 19, 227
     Anm. 67, 235, 235 Anm. 1, 288
     Anm. 40, 329
Rehm, M. 14 Anm. 51, 93 Anm. 6, 103
     Anm. 17
Reviv, H. 32 Anm. 41, 281 Anm. 17,
     281 Anm. 18, 284 Anm. 28
Roberts, B.J. 11 Anm. 39
Rofé, A. 69 Anm. 44, 136 Anm. 73,
     234 Anm. 87, 235 Anm. 2
Rosenthal, F. 81 Anm. 5
Rosenzweig, F. 300 Anm. 3
Rost, L. 62 Anm. 19, 306 Anm. 6
Rothstein, J.W./Hänel, J. 79 Anm. 84,
     87 Anm. 25, 91 Anm. 36, 134
     Anm. 67, 246 Anm. 43, 272
     Anm. 63, 279 Anm. 11
Rudolph, W. 6 Anm. 19, 7 Anm. 23, 8
     Anm. 30, 9 Anm. 35, 14 Anm. 50,
     25, 25 Anm. 25, 40 Anm. 17,
     41, 41 Anm. 20, 41 Anm. 24,
     41 Anm. 27, 44 Anm. 40, 52
     Anm. 68, 55 Anm. 83, 56, 56
     Anm. 86, 68 Anm. 39, 79 Anm. 84,
     87 Anm. 25, 90 Anm. 33, 93
     Anm. 6, 94 Anm. 13, 95 Anm. 21,
     105, 105 Anm. 31, 116 Anm. 9,
     122 Anm. 26, 124 Anm. 36,
     126 Anm. 44, 126 Anm. 45,
     140 Anm. 89, 143 Anm. 95, 147
     Anm. 108, 155 Anm. 14, 166
     Anm. 7, 167 Anm. 12, 172 Anm. 4,
     177 Anm. 19, 177 Anm. 22, 178
     Anm. 23, 184 Anm. 43, 199
     Anm. 24, 199 Anm. 25, 226
     Anm. 65, 227 Anm. 67, 237,
     237 Anm. 5, 237 Anm. 10, 239
     Anm. 17, 241, 241 Anm. 26,
     246 Anm. 43, 254, 254 Anm. 9,
     255 Anm. 12, 256 Anm. 16,
     257 Anm. 20, 259 Anm. 22,
     270 Anm. 56, 270 Anm. 57, 272
     Anm. 63, 273 Anm. 65, 279,
     279 Anm. 10, 279 Anm. 11,
     286 Anm. 36, 288 Anm. 43,
     289 Anm. 47, 299 Anm. 12,
     306 Anm. 7, 307 Anm. 14, 310
     Anm. 25, 310 Anm. 26, 313
     Anm. 7, 316 Anm. 12, 321 Anm. 6,
     334 Anm. 25, 335 Anm. 29, 336

Anm. 33, 337 Anm. 36, 345, 345
     Anm. 66

Šanda, A. 41 Anm. 24, 53 Anm. 74,
     103 Anm. 17, 316 Anm. 14, 335
     Anm. 29
Sapan, R. 192 Anm. 5
Sarna, N.M. 120 Anm. 20
Schley, D.D. 209, 209 Anm. 17
Schley, D.G. 132 Anm. 60, 132
     Anm. 62
Schmoldt, H. 235 Anm. 2
Schoors, A. 53 Anm. 74
Schramm, W. 325 Anm. 12
Schunck, K.D. 132 Anm. 60
Scott, R.B.Y. 238 Anm. 13
Seeligmann, I.L. 7 Anm. 24, 9
     Anm. 35, 11 Anm. 39, 38 Anm. 8,
     94 Anm. 13, 97 Anm. 28, 103
     Anm. 17, 103 Anm. 20, 136
     Anm. 73, 140 Anm. 89, 141
     Anm. 89, 143 Anm. 95, 233
     Anm. 83, 235 Anm. 2, 238
     Anm. 11, 245, 245 Anm. 37
Segal, J.S. 309 Anm. 24
Segal, M.Z. 6 Anm. 19, 8 Anm. 27,
     8 Anm. 30, 9 Anm. 35, 54
     Anm. 79, 57 Anm. 1, 58 Anm. 6,
     66 Anm. 31, 68 Anm. 39, 69
     Anm. 44, 87 Anm. 25, 87 Anm. 26,
     90 Anm. 35, 103 Anm. 18, 110
     Anm. 53, 111 Anm. 57, 112
     Anm. 58, 123 Anm. 31, 124
     Anm. 36, 137 Anm. 77, 138
     Anm. 79, 140 Anm. 89, 146
     Anm. 105, 249 Anm. 2, 249
     Anm. 3, 270 Anm. 58, 292
     Anm. 55, 344 Anm. 61
Seidel, M. 205, 205 Anm. 1, 206
     Anm. 8
Shanks H. 19 Anm. 4
Shenkel, J.D. 13 Anm. 44
Simon, U. 97 Anm. 27
Slouschz, N. 328 Anm. 5
Smend, R. 6 Anm. 21, 226 Anm. 62
Smith, H.P. 14 Anm. 51, 19 Anm. 4,
     49 Anm. 60, 52 Anm. 73, 69
     Anm. 44, 112 Anm. 58, 23 Anm. 30
Smith, R.F. 192 Anm. 9

Walter de Gruyter
Berlin • New York

DIE MISCHNA

Text, Übersetzung und ausführliche Erklärung mit eingehenden geschichtlichen und sprachlichen Einleitungen und textkritischen Anhängen

Begründet von Georg Beer und Oscar Holtzmann. Unter Mitarbeit zahlreicher Gelehrter des In- und Auslandes in Gemeinschaft mit Günter Mayer und Rudolf Meyer† herausgegeben von Karl Heinrich Rengstorf und Leonhardt Rost†

Groß-Oktav. Kartoniert

Walter de Gruyter
Berlin • New York

6.Traktat. Sota (Die des Ehebruchs Verdächtigen)
Bearb. von Hans Bietenhard.- VII, 212 Seiten. 1956. DM 155.-
ISBN 3-11-005226-1

V. Seder. Kodaschim
5.Traktat. Arakin (Schätzungen)
Bearb. von Michael Krupp. - X, 161 Seiten. 1971. DM 120.-
ISBN 3-11-001873-X

VI. Seder. Toharot
1.Traktat. Kelim (Gefäße)
Bearb. von Wolfgang Bunte. - VI, 558 Seiten. 1972. DM 390.-
ISBN 3-11-000463-2

2.Traktat. Ohalot (Zelte)
Bearb. von Wolfgang Bunte. - IX, 471 Seiten. 1988. DM 298.-
ISBN 3-11-9808-3

4.Traktat. Para (die rote Kuh)
Bearb. von Günter Mayer. - VII, 164 Seiten. 1964. DM 120.-
ISBN 3-11-005233-4

5.Traktat. Toharot (Reinheiten)
Bearb. von Wolfgang Bunte. - VIII, 330 Seiten. 1981. DM 240.-
ISBN 3-11-006837-0

7.Traktat. Nidda (Unreinheit der Frau)
Bearb. von Benyamin Barslai. - X, 193 Seiten. 1980. DM 142.-
ISBN 3-11-002465-9

9.Traktat. Zabim (Die mit Samenfluß Behafteten)
Bearb. von Wolfgang Bunte. - VII, 122 Seiten. 1958. DM 89.-
ISBN 3-11-005228-8

10.Traktat. Tebul Jom (Der am selben Tage Untergetauchte)
Bearb. von Gerhard Lisowsky. - VI, 69 Seiten. 1964. DM 55.-
ISBN 3-11-005234-2

11.Traktat. Jadajim (Hände)
Bearb. von Gerhard Lisowsky. - VI, 97 Seiten. 1956. DM 72.-
ISBN 3-11005227-X

12.Traktat. Uskim (Stiele)
Bearb. von Gerhard Lisowsky. - IV, 62 Seiten. 1966. DM 46.50
ISBN 3-11-005227-X

(Die Abonnementspreise liegen um etwa 15% unter den hier angegebenen Ladenpreisen)

Preisänderungen vorbehalten